조경국
경제학원론

조경국 편저

1차 | 베스트 기출정선 제4판

8년 연속

★ 전 체
★ 수 석

합 격 자 배 출

박문각 감정평가사

브랜드만족
1위
박문각

감정평가사 등 각종 자격시험 1차에서 경제학이 차지하는 비중은 절대적이다. 다양한 시험에서 경제학은 미시, 거시 및 국제경제학의 다양한 분야별로 출제가 되고 있기 때문에 다른 과목들과 비교할 때 훨씬 방대한 분량을 자랑한다. 또한 경제학은 수험생들이 매우 기피하는 수식 및 그래프와 같은 수학적 기법의 사용이 필수적이기 때문에 난이도 면에서도 다른 과목들을 가히 압도하고도 남음이 있다. 결국 경제학은 각종 시험 준비에 있어서 최대의 걸림돌일 뿐만 아니라 수험생들에게 수험기간 내내 괴로움과 좌절을 안겨 주는 존재가 되고 있다.

그러나 이를 다른 관점에서 바라보자. 만일 경제학을 정복할 수만 있다면 합격으로 가는 길에 있어서 최대 난관을 제거할 수 있게 되고 고통스러운 수험생활을 보다 수월하게 극복해 낼 수 있다는 뜻이 된다. 다양한 시험과목 중에서 무엇보다도 경제학을 잘 마스터해 놓을 경우 그로 인한 긍정적 효과는 타과목 공부 및 전반적인 수험과정으로 파급되어 합격의 가능성을 더욱 높여줄 수 있다. 본서는 수험생들이 경제학에 보다 쉽게 접근하고 이를 통해 목표로 삼고 있는 각종 시험에서 원하는 성과를 얻을 수 있도록 도움을 주기 위해 집필되었다.

저자는 과거 행정고등고시 재경직에 합격하여 우리나라 미시경제정책의 핵심부서라고 할 수 있는 경쟁당국(공정거래위원회)에서 다양한 경험을 쌓았으며, 이후에는 숭실대학교 경제학과에서 교수로 근무하며 경제학을 강의해 왔다. 이를 통해 경제관료로서 경제정책 집행과 대학교수로서 경제이론 연구 및 강의라는 귀중한 경험을 쌓게 되었다. 본서는 그러한 과정에서 축적된 경제이론 및 정책에 대한 치열한 문제의식과 최선의 해법을 반영한 결과물임과 동시에 각종 시험을 준비하는 수험생들에게 합격으로 가는 길을 보여주는 가이드라인이다.

본서의 특징은 다음과 같다.

첫째, "국가대표급 문제"만을 정선하였다.
본서는 최근 15년간 출제된 감정평가사 및 타시험(보험계리사, 공인노무사, 공인회계사, 각종 공무원 시험)의 기출문제들 중에서 엄선에 엄선을 거듭하여, 가장 좋은 "경제학원론 베스트 기출정선"을 최종적으로 "정선"하였다. 너무 쉬운 문제이거나 난도가 지나치게 높은 문제는 모두 배제하고 향후 감정평가사 시험에 출제될 수 있는 최적의 난이도를 가진 문제들 중에서 다양한 출제이슈를 최적의 범위에서 포괄하고 있는 이른바 "국가대표급 문제"만을 엄선하였다.

둘째, "출제가능한 모든 이슈"를 완벽하게 커버하였다.
본서는 감정평가사 시험을 주축으로 하되, 각종 타시험에 출제된 문제들도 모두 철저히 분석하여 출제이슈를 추출한 후에 이를 씨줄과 날줄로 촘촘히 엮어냄으로써 향후 감정평가사 시험에 나올 수 있는 이슈를 빠짐없이 완벽하게 잡아낼 수 있는 그물망의 역할을 한다. 특정한 시험에 기출된 문제만을 대충 푸는 것은 느슨하고 듬성듬성한 그물망을 얼기설기 만들어 물고기를 잡으러 가는 무지한 어부의 게으름과 다름없다.

셋째, "지면제약 하에서 가장 상세한 최적의 해설"을 제시하였다.

저자의 모든 교재가 그러하듯이 본서도 다루고 있는 기출문제에 대하여 친절하고 상세한 해설을 제시하였다. 많은 수험생들이 이론을 제대로 공부하지도 않은 상태에서 성급하게 문제풀이에 진입한다. 더구나 문제에 대한 해설이 상세하지 못한 많은 교재들로 인해서 경제학 문제풀이에 좌절하고 이론과 문제의 갭이 크다며 고민을 토로하는 수험생들이 대다수이다. 저자는 이를 안타깝게 여겨서 "이보다 더 자세할 수는 없는 해설"을 담은 문제집을 이미 출간하여 이론에서 문제로의 자연스러운 연착륙 방법을 제시한 바 있다. 본서는 본 저자의 문제집 해설방식을 그대로 원용하되 지면의 제약을 고려하고 완벽하게 최적화시켜서 보다 진화된 해설로 재탄생하였다.

넷째, "기본서 – 요약서 – 문제집의 삼위일체"로서의 체계를 유기적으로 연계하였다.

기본서를 통해서 경제학의 논리적인 체계와 흐름을 테마 중심으로 제시하였다면, 요약서 교재인 단권화 합격노트를 통해서는 시험에 출제된 내용을 이슈 중심으로 압축하였다. 문제집의 역할을 하는 본서는 요약서의 목차와 완전히 동일하며, 목차별 출차이슈마다 가장 적합한 문제가 배치되도록 하였다. 그 뿐만 아니라 본서와 함께 출간된 "경제학원론 15년간 단원별 기출문제집"과 기존에 출간된 본 저자의 "경제학원론 문제집"도 모두 동일한 목차를 공유함으로써 문제집 상호 간의 유기적인 체계를 도모하였다. 이를 통해 수험생들은 다양한 수험목적과 니즈에 따라 용이하게 저자의 교재들을 보완적으로 활용할 수 있을 것이다.

짧은 시간 동안에 합격가능한 점수를 만들어 내기 위한 가장 효율적인 문제풀이 공부를 하기 원한다면 본서인 "경제학원론 베스트 기출정선"을 집중적으로 마스터하라. 보다 풍부하고 기본서가 필요없을 정도의 자세한 문제해설과 함께 다양한 유제들을 폭넓게 많이 풀고 싶다면 "경제학원론 문제집" 교재로 보완하라. 그동안 출제되었던 감정평가사 문제들만 마지막으로 집중정리하고 출제경향을 최종체크하고 싶다면 "경제학원론 15년간 단원별 기출문제집"을 활용하라.

저자는 그동안 감정평가사 수험생들을 위해서 경제학 기본서, 문제집과 단권화 합격노트를 저술하였고 "경제학원론 베스트 기출정선"과 "경제학원론 15년간 단원별 기출문제집"으로 대미를 장식하게 되었다. 이제 "조경국 경제학"이란 브랜드 안에서 다양한 수험목적에 따른 저자의 여러 책들이 마치 한가족처럼 동일한 체계를 가지며 핵심적인 가치와 철학을 공유하는 이른바 "패밀리룩"으로 완성되었다. 이를 통해 수험생들은 저자직강의 강의와 교재 중에서 자신에게 가장 필요한 것만을 현명하게 선별하여 수강하고 공부할 수 있게 되었다. 뿐만 아니라 수험생들은 "조경국 경제학"이라는 가장 신뢰할 수 있는 "수험경제학의 뉴패러다임"을 통해 혼동없이 일관되게 감정평가사 1차 시험을 쉽게 정복할 수 있을 것으로 저자는 믿어 의심치 않는다.

한정된 짧은 시간 동안 책을 집필한다는 것은 여전히 변함없이 고되면서도 희열 넘치는 일이다. 수험생들의 합격을 기원한다.

조경국

★ **차례** ★

CONTENTS | PREFACE |

★ 차례 ★

CONTENTS | PREFACE |

PART

01

미시경제학

경제학의 기초

기회비용

비용에 관한 설명으로 옳은 것을 모두 고른 것은? ▶ 2017년 감정평가사

ㄱ. 기회비용은 어떤 선택을 함에 따라 포기해야 하는 여러 대안들 중에 가치가 가장 큰 것이다.
ㄴ. 생산이 증가할수록 기회비용이 체감하는 경우에는 두 재화의 생산가능곡선이 원점에 대해 볼록한 형태이다.
ㄷ. 모든 고정비용은 매몰비용이다.
ㄹ. 동일한 수입이 기대되는 경우, 기회비용이 가장 작은 대안을 선택하는 것이 합리적이다.

① ㄱ, ㄴ   ② ㄱ, ㄹ   ③ ㄴ, ㄷ   ④ ㄱ, ㄴ, ㄹ   ⑤ ㄴ, ㄷ, ㄹ

출제이슈 기회비용의 개념
핵심해설 정답 ④

ㄱ. 옳은 내용이다.
어느 대안을 선택함으로써 포기한 모든 자원의 가치가 그 대안의 기회비용이 된다. 기회비용은 어느 대안을 선택함으로써 포기할 수밖에 없는 다수의 다른 대안들 중에서 가장 가치있는 것의 순편익으로 측정한다. 즉, 차선의 기회의 가치가 된다.

ㄴ. 옳은 내용이다.
생산가능곡선은 기회비용적 관점을 반영하고 있다. 특정생산자의 주관적 기술체계 내에서 생산의 파레토효율을 유지한다는 가정하에서 재화 간 선택은 특정재화를 선택하면 다른 재화의 일부는 포기해야 하는 관계가 되므로 기회비용 차원에서 접근이 가능하다. 일반적으로 원점에 대해 오목한 생산가능곡선은 자원의 희소성 및 기회비용 체증을 반영한다. 만일 생산가능곡선이 원점에 대해 볼록한 경우라면, 특정재화의 생산이 증가할수록 기회비용은 체감함을 의미한다.

ㄷ. 틀린 내용이다.
고정비용은 고정투입요소에 대한 비용(예 공장부지, 기계 임차에 따른 비용)으로서 회수가능한 비용과 회수불가능한 비용(매몰비용)으로 구성된다. 모든 고정비용이 매몰비용인 것은 아니다. 재판매가 가능한 생산시설에 소요된 비용의 경우, 고정비용으로서 일부는 회수가능한 비용이 된다. 따라서 고정비용이면서 회수불가능한 매몰비용인 경우도 있고 회수가능한 비용인 경우도 있다. 회수불가능한 매몰비용은 기회비용이 0이라는 것을 의미하므로 의사결정과정에 고려해서는 안 된다.

ㄹ. 옳은 내용이다.
선택가능한 각각의 대안에 대하여 편익과 비용을 구한 후 순편익이 가장 큰 대안을 선택하는 것이 합리적이다. 만일 설문에서와 같이 동일한 수입이 기대된다면, 모든 대안에 있어서 편익이 동일하므로 비용이 가장 작은 대안을 선택하는 것이 합리적이다. 특히, 주의할 것은 경제적 의사결정에서의 비용은 회계적 비용이 아니라 경제적 비용으로서 기회비용을 의미하며 명시적 비용과 함께 암묵적 비용을 포괄한다.

Issue 02 　생산가능곡선

원점에 대해 오목한 생산가능곡선에 관한 설명으로 옳지 않은 것은?　　▶ 2021년 감정평가사

① X축 상품생산이 늘어나면 기울기가 더 가팔라진다.
② 생산기술이 향상되면 생산가능곡선이 원점에서 더 멀어진다.
③ 기회비용 체증의 법칙이 성립한다.
④ 생산가능곡선 기울기의 절댓값이 한계변환율이다.
⑤ 생산가능곡선상의 점에서 파레토 개선이 가능하다.

출제이슈 　생산가능곡선
핵심해설 　정답 ⑤

① 옳은 내용이다.
　생산가능곡선은 우하향하며 그 기울기는 점점 커진다(원점에 대하여 오목). 이는 상품생산에 있어서 기회비용
　이 점점 커지는 것을 의미한다. 만일 생산가능곡선이 원점에 대해 볼록한 경우 기회비용 체감을 반영하는
　것이다.

② 옳은 내용이다.
　생산기술이 향상되면 동일한 요소투입에도 더 많은 생산량의 산출을 달성할 수 있기 때문에 생산가능곡선이
　원점에서 더 멀어진다.

③ 옳은 내용이다.
　특정재화의 생산이 증가할수록 기회비용은 체증한다. 이는 자원의 희소성을 반영하고 있기 때문이다. 특정재화
　의 기회비용이 증가하는 경우 다른 재화의 기회비용은 상대적으로 감소한다.

④ 옳은 내용이다.
　생산가능곡선의 기울기의 절댓값은 한계전환율 혹은 한계변환율이라고 하며 이는 한계비용의 비율로 표시할
　수 있다.

⑤ 틀린 내용이다.
　생산가능곡선상의 점에서 파레토 개선이 불가능하다. 생산가능곡선상의 점은 생산의 효율성을 반영하고 있다.
　생산가능곡선 바깥은 실현 불가능하며 내부는 비효율을 의미한다.

원점에 대해 오목한 생산가능곡선에 대한 설명으로 옳지 않은 것은? ▶2017년 지방직 7급

① 기술진보가 이루어지면 생산가능곡선은 원점으로부터 바깥쪽으로 이동한다.

② 생산가능곡선이 원점에 대해 오목한 것은 재화 생산의 증가에 따른 기회비용이 체증하기 때문이다.

③ 원점에 대해 볼록한 사회무차별곡선이 주어진다면 생산가능곡선 선상의 한 점에서 최적의 생산수준이 결정된다.

④ 생산가능곡선의 외부에 위치하는 점은 비효율적인 생산점인 반면, 내부에 위치하는 점은 실현이 불가능한 생산점이다.

출제이슈 기회비용과 생산가능곡선
핵심해설 정답 ④

① 옳은 내용이다.
기술진보가 이루어지면 이전과 동일한 생산요소를 투입하고도 더 많은 생산물을 산출해 낼 수 있기 때문에 생산가능곡선은 바깥쪽으로 확장하여 이동한다.

② 옳은 내용이다.
생산가능곡선이 우하향하는 것은 자원의 희소성과 기회비용을 반영한 것이며, 생산가능곡선이 원점에 대해 오목한 것은 재화 생산의 증가에 따라 기회비용이 증가하기 때문이다.

③ 옳은 내용이다.
사회적 최적 수준의 생산은 생산제약하에서 사회후생을 극대화할 때 달성되는데, 이를 기하적으로 나타내면 사회무차별곡선과 생산가능곡선이 접할 때가 된다.

④ 틀린 내용이다.
생산가능곡선의 외부에 위치하는 점은 실현이 불가능한 생산점이며, 내부에 위치하는 점은 비효율적인 생산점이다.

생산가능곡선에 관한 설명으로 옳은 것을 모두 고른 것은? ▶ 2025년 감정평가사

ㄱ. 곡선의 외부에 있는 점은 비효율적인 생산점이고, 내부에 있는 점은 실현불가능한 생산점이다.

ㄴ. 곡선이 원점에 대해 오목하면 한 재화의 생산을 늘릴수록 기회비용이 증가한다.

ㄷ. 곡선이 직선이면 한 재화의 생산을 늘릴수록 기회비용이 감소한다.

① ㄱ
② ㄴ
③ ㄱ, ㄷ
④ ㄴ, ㄷ
⑤ ㄱ, ㄴ, ㄷ

출제이슈 기회비용과 생산가능곡선
핵심해설 정답 ②

ㄱ. 생산가능곡선의 외부에 위치하는 점은 실현이 불가능한 생산점이며, 내부에 위치하는 점은 비효율적인 생산점이다.

ㄴ. 생산가능곡선이 원점에 대해서 오목하면 기회비용체증을 반영하는 것이므로, 한 재화 생산이 늘어날수록 그 기회비용이 커짐을 의미한다.

ㄷ. 생산가능곡선이 직선의 형태이면 특정재화의 생산에 대하여 기회비용이 일정함을 의미한다.

X재와 Y재를 생산하는 K국가의 생산가능곡선상에는 두 개의 재화생산조합점 (x_1, y_1) $= (200, 300)$과 $(x_2, y_2) = (240, 290)$이 있다. 다음 중 기회비용체증의 법칙이 성립하기 위한 이 생산가능곡선상의 재화생산조합점 (x_3, y_3)은? (단, x_1, x_2, x_3는 각각 X재의 생산량, y_1, y_2, y_3는 각각 Y재의 생산량) ▶ 2011년 감정평가사

① $(160, 310)$ ② $(160, 315)$ ③ $(280, 270)$
④ $(280, 280)$ ⑤ $(280, 285)$

출제이슈 기회비용과 생산가능곡선
핵심해설 정답 ③

1) $(x_1, y_1) = (200, 300)$과 $(x_2, y_2) = (240, 290)$ 사이의 한계전환율

$$MRT_{X, Y} = -\frac{290 - 300}{240 - 200} = 0.25$$

2) $(x_2, y_2) = (240, 290)$과 $(x_3, y_3) = (280, 270)$ 사이의 한계전환율

$$MRT_{X, Y} = -\frac{270 - 290}{280 - 240} = 0.5$$

따라서 X재 생산에 따라 포기해야 하는 Y재의 양으로서의 X재 기회비용이 증가하게 됨을 알 수 있다. 다른 경우의 수에 따른 기회비용 계산은 간단하므로 독자 여러분에게 맡긴다.

수요함수와 수요곡선의 이동

> 정상재인 커피의 수요곡선을 좌측으로 이동(shift)시키는 요인으로 옳은 것은?
>
> ▶ 2019년 공인노무사
>
> ① 커피의 가격이 하락한다.
> ② 소비자의 소득이 증가한다.
> ③ 소비자의 커피에 대한 선호도가 높아진다.
> ④ 대체재인 홍차의 가격이 상승한다.
> ⑤ 보완재인 설탕의 가격이 상승한다.

출제이슈 수요곡선의 이동과 수요곡선상의 이동
핵심해설 정답 ⑤

① 틀린 내용이다.
수요곡선상의 이동은 재화가격의 변화에 기인한다. 커피가격이 변화할 경우 커피에 대한 수요곡선상에서 이동한다.

②, ③, ④ 수요곡선 자체의 이동은 소득, 다른 재화 가격, 선호의 변화에 기인한다. 소득이나 선호가 변화하거나 대체재, 보완재 가격이 변화할 경우 전력에 대한 수요곡선 자체가 이동한다.

② 틀린 내용이다.
소비자의 소득이 증가하는 경우, 동일한 가격에서 수요량이 증가하므로 이를 수요의 증가라고 표현한다. 이때는 수요곡선이 우측으로 이동한다.

③ 틀린 내용이다.
소비자의 커피에 대한 선호도가 높아지는 경우, 동일한 가격에서 수요량이 증가하므로 이를 수요의 증가라고 표현한다. 이때는 수요곡선이 우측으로 이동한다.

④ 틀린 내용이다.
대체재인 홍차의 가격이 상승하는 경우, 홍차를 소비하고 있던 소비자 중 일부가 홍차의 대체재로서 커피로 이동하기 때문에, 동일한 커피 가격에서 커피 수요량이 증가하므로 이를 커피 수요의 증가라고 표현한다. 이때는 커피 수요곡선이 우측으로 이동한다.

⑤ 옳은 내용이다.
보완재인 설탕의 가격이 상승하는 경우, 설탕의 수요량이 감소하고 이에 따라 설탕과 보완적으로 소비되던 커피의 수요량도 동일하게 감소한다. 즉 동일한 커피 가격에서 커피 수요량이 감소하므로 이를 커피 수요의 감소라고 표현한다. 이때는 커피 수요곡선이 좌측으로 이동한다.

Issue 02 수요함수와 재화의 성격

수요곡선에 관한 설명으로 옳지 않은 것은?   ▶ 2021년 감정평가사

① 우하향하는 수요곡선의 경우 수요의 법칙이 성립한다.
② 기펜재(Giffen goods)의 수요곡선은 대체효과보다 소득효과가 크기 때문에 우하향한다.
③ 사적재화의 시장수요는 개별수요의 수평합이다.
④ 우하향하는 수요곡선의 높이는 한계편익이다.
⑤ 소비자의 소득이 변하면 수요곡선이 이동한다.

출제이슈 수요함수의 특징
핵심해설 정답 ②

① 옳은 내용이다.
시장에서 가격이 오르면 수요량은 감소하고 반대로 가격이 내리면 수요량은 증가하는 것이 일반적인 현상으로서 수요량과 가격이 역의 관계에 있음을 수요의 법칙이라고 한다. 수요법칙을 기하적으로 표현하면 수요곡선으로서 특히 수요곡선이 우하향함을 의미한다.

② 틀린 내용이다.
기펜재의 수요곡선은 우하향하지 않고 우상향한다. 기펜재는 소득 증가에도 불구하고 소비가 감소하는 이른바 열등재로서 매우 특이한 재화를 말하는데 가격변화에 따른 대체효과보다 소득효과가 더 큰 경우에 해당한다.

③ 옳은 내용이다.
먼저 사적재화 혹은 사용재란 시장에서 가격을 지불하고 구입하는 일체의 재화와 서비스를 의미한다. 단순히 민간부문에 의해서 생산되고 민간부문이 사용하는 재화와 서비스가 사용재인 것은 아니다. 사적재화는 배제성과 경합성의 특징을 갖는다. 사용재의 소비에 있어서 개별 소비자들은 모두 동일한 가격에 직면하지만, 서로 상이한 양을 소비하게 된다. 이 과정에서 개별 소비자들은 진실한 선호를 표출(진실된 개별수요곡선)하게 되고 시장수요는 개별수요의 수평합으로 구할 수 있다.

④ 옳은 내용이다.
수요곡선의 높이는 수요자가 지불할 의향(willingness to pay)이 있는 최대가격으로서 수요가격이 된다. 이는 수요에 따른 한계편익의 크기를 의미한다.

⑤ 옳은 내용이다.
수요곡선 자체의 이동은 수요의 변화로 인하여 수요곡선 자체가 이동하는 것을 의미한다. 가격이 불변인 상황에서 수요량에 영향을 미치는 다른 요인이 변화할 때 수요량이 변화하는 것을 수요의 변화라고 한다. 수요곡선의 이동을 가져오는 수요변화의 원인으로는 소득의 변화, 다른 재화 가격의 변화, 기호의 변화 등을 들 수 있다. 예를 들어 해당 재화의 가격이 변하지 않는 상황에서 소득만 증가한 경우 해당 재화가 정상재라면 수요량이 늘어나는 것을 의미한다.

맥주시장의 수요함수가 $Q_D = 100 - 4P - P_C + 2I$일 때, 옳은 것을 모두 고른 것은? (단, Q_D는 맥주수요량, P는 맥주가격, P_C는 치킨가격, I는 소득) ▶ 2020년 감정평가사

ㄱ. 맥주는 열등재이다.
ㄴ. 맥주는 치킨의 보완재이다.
ㄷ. 치킨가격이 인상되면 맥주수요는 감소한다.

① ㄱ   ② ㄷ   ③ ㄱ, ㄴ
④ ㄴ, ㄷ   ⑤ ㄱ, ㄴ, ㄷ

출제이슈 수요함수와 재화의 성격
핵심해설 정답 ④

ㄱ. 틀린 내용이다.

맥주시장의 수요함수 $Q_D = 100 - 4P - P_C + 2I$(단, Q_D는 맥주수요량, P는 맥주가격, P_C는 치킨가격, I는 소득)에서 소득이 증가하면 맥주수요가 증가함을 의미하므로 맥주는 정상재임을 알 수 있다.

참고로, 정상재란 소득이 증가할 때 소비가 증가하는 재화로서 소득탄력성이 0보다 큰 재화를 의미한다. 특히 소득탄력성이 0보다 크고 1보다 작은 경우에는 필수재라고 하며 소득탄력성이 1보다 큰 경우에는 사치재로 분류할 수 있다. 한편, 열등재란 소득이 증가할 때 소비가 감소하는 재화로서 소득탄력성이 0보다 작은 재화를 의미한다.

ㄴ, ㄷ. 둘 다 옳은 내용이다.

맥주시장의 수요함수 $Q_D = 100 - 4P - P_C + 2I$(단, Q_D는 맥주수요량, P는 맥주가격, P_C는 치킨가격, I는 소득)에서 치킨가격이 상승하면 맥주수요가 감소함을 의미한다. 치킨가격 상승으로 치킨수요량이 감소하면 맥주수요도 감소하므로 치킨과 맥주는 보완관계에 있음을 알 수 있다.

참고로, 대체재의 가격이 상승하는 경우 해당 재화에 대한 수요량이 증가할 것이므로 대체재의 교차탄력성은 0보다 크다. 반면, 보완재의 가격이 상승하는 경우 해당 재화에 대한 수요량도 보완재와 함께 감소할 것이므로 보완재의 교차탄력성은 0보다 작다. 해당 재화와 다른 재화 간에 대체나 보완의 관계가 성립하지 않고 서로 독립적일 경우에는 교차탄력성의 절댓값이 0에 가까워진다.

> 베이글과 크림치즈는 서로 보완재이고 베이글과 베이컨은 서로 대체재이다. 베이글의 원료인 밀
> 가루 가격의 급등에 따라 베이글의 생산비용이 상승하였을 때, 각 시장의 변화로 옳지 않은 것
> 은? (단, 베이글, 크림치즈, 베이컨 모두 수요와 공급의 법칙을 따르며 다른 조건은 일정하다.)
>
> ▶ 2015년 감정평가사
>
> ① 베이글의 가격은 상승한다.
> ② 크림치즈의 거래량은 감소한다.
> ③ 크림치즈 시장의 생산자잉여는 감소한다.
> ④ 베이컨의 판매수입은 증가한다.
> ⑤ 베이컨 시장의 총잉여는 변함이 없다.

출제이슈 수요함수와 재화의 성격
핵심해설 정답 ⑤

① 옳은 내용이다.

베이글의 원료인 밀가루 가격의 급등에 따라 베이글의 생산비용이 상승하게 되면, 베이글의 공급이 감소하게
되므로 베이글의 가격이 상승한다.

② 옳은 내용이다.

베이글 가격 상승은 베이글과 보완 또는 대체의 관계에 있는 연관재화의 수요 및 가격에 영향을 미칠 수 있다.
특히 베이글 가격 상승으로 인해서 베이글 수요량이 감소하면서 동시에 베이글과 보완관계에 있는 크림치즈의
수요를 감소시킨다. 따라서 크림치즈 시장에서 크림치즈의 거래량은 이전보다 감소한다.

③ 옳은 내용이다.

베이글 가격 상승으로 인해서 베이글과 보완관계에 있는 크림치즈의 수요가 감소하여 크림치즈의 가격이 하락
한다. 결국 크림치즈 시장에서는 거래량이 감소하고 가격이 하락하게 되므로 생산자잉여는 이전보다 감소한다.

④ 옳은 내용이다.

베이글 가격 상승은 베이글과 보완 또는 대체의 관계에 있는 연관재화의 수요 및 가격에 영향을 미칠 수 있다.
특히 베이글 가격 상승은 베이글과 대체관계에 있는 베이컨의 수요를 증가시켜 결국 베이컨의 가격이 상승한
다. 따라서 베이컨 시장에서는 거래량이 증가하고 가격이 상승하게 되므로 이전보다 판매수입은 증가한다.

⑤ 틀린 내용이다.

베이글 가격 상승으로 인하여 베이컨 시장에서는 거래량이 증가하고 가격이 상승하게 되므로 이전보다 총잉여
는 증가한다.

X재와 Y재는 서로 대체재이고 X재와 Z재는 서로 보완재이다. X재의 가격이 상승할 때 균형의 변화에 관한 설명으로 옳은 것을 모두 고른 것은? (단, Y재와 Z재의 수요곡선은 우하향하고 공급곡선은 우상향하며 다른 조건은 일정하다.) ▶ 2025년 감정평가사

ㄱ. Y재의 가격이 상승하고 거래량은 증가한다.
ㄴ. Y재의 가격이 하락하고 거래량은 감소한다.
ㄷ. Z재의 가격이 상승하고 거래량은 증가한다.
ㄹ. Z재의 가격이 하락하고 거래량은 감소한다.

① ㄱ
② ㄱ, ㄷ
③ ㄱ, ㄹ
④ ㄴ, ㄷ
⑤ ㄴ, ㄹ

출제이슈 수요함수와 재화의 성격
핵심해설 정답 ③

1) X재와 Y재
  ① X재와 Y재는 서로 대체재이므로 X재 가격이 상승하면 Y재 수요는 증가한다.
  ② 이를 그래프로 분석할 경우 Y재 수요곡선이 우측으로 이동한다.
  ③ Y재 수요곡선 우측이동에 따라 Y재 가격은 상승하고 Y재 거래량은 증가한다.

2) X재와 Z재
  ① X재와 Z재는 서로 보완재이므로 X재 가격이 상승하면 Z재 수요는 감소한다.
  ② 이를 그래프로 분석할 경우 Z재 수요곡선이 좌측으로 이동한다.
  ③ Z재 수요곡선 좌측이동에 따라 Z재 가격은 하락하고 Z재 거래량은 감소한다.

시장수요이론에 관한 설명으로 옳지 않은 것을 모두 고른 것은? ▶ 2021년 감정평가사

ㄱ. 네트워크효과가 있는 경우 시장수요곡선은 개별 수요곡선의 수평합이다.
ㄴ. 상품 소비자의 수가 증가함에 따라 그 상품수요가 증가하는 효과를 속물효과(snob effect)라고 한다.
ㄷ. 열등재라도 대체효과의 절대적 크기가 소득효과의 절대적 크기보다 크면 수요곡선은 우하향한다.
ㄹ. 소득이 증가할 때, 소비가 증가하는 재화는 정상재이다.

① ㄱ, ㄴ　　　　② ㄱ, ㄷ　　　　③ ㄱ, ㄹ
④ ㄴ, ㄷ　　　　⑤ ㄴ, ㄹ

출제이슈 수요함수와 재화의 성격 및 네트워크 효과
핵심해설 정답 ①

ㄱ. 틀린 내용이다.
　시장수요곡선은 개별수요곡선을 수평합하여 도출할 수 있다. 따라서 시장수요곡선은 개별수요곡선보다 더 완만하게 나타난다. 만일 특정수요가 다른 사람들의 수요에 영향을 받는 네트워크효과가 존재할 경우에는 시장수요곡선은 이를 반영하여 완만하거나 가파른 모습을 보인다. 특히 네트워크효과 중에서 bandwagon 효과가 있는 경우에는 다른 사람들의 수요량 증가로 인해 전체 수요가 오히려 더 늘게 되므로 시장수요곡선은 이를 반영하여 보다 완만하게 된다. 반대로 snob 효과가 있는 경우에는 다른 사람들의 소비와 차별화시키려는 경향이 나타나면서 다른 사람들의 수요량 증가로 인해 차별화된 소비를 원하는 이들의 수요는 감소하기 때문에 시장수요곡선은 보다 가파르게 된다. 정리하자면, 시장수요곡선은 개별수요곡선을 수평합하여 도출하지만 bandwagon 효과나 snob 효과와 같은 네트워크효과가 있는 경우에는 수평합된 수요곡선보다 더 완만하거나 가파르게 변화할 수 있다.

ㄴ. 틀린 내용이다.
　상품 소비자의 수가 증가함에 따라 그 상품수요가 감소하는 효과를 속물효과(snob effect)라고 한다.

ㄷ. 옳은 내용이다.
　열등재란 소득이 증가할 때 소비가 감소하는 재화로서 소득탄력성이 0보다 작은 재화를 의미한다. 특히 열등재의 일종인 기펜재의 경우 가격변화에 따른 대체효과의 절대적 크기보다 소득효과의 절대적 크기가 더 크기 때문에 수요곡선은 우상향하며 수요법칙이 성립하지 않는다. 그러나 기펜재가 아닌 열등재의 경우 대체효과의 절대적 크기가 소득효과의 절대적 크기보다 더 크기 때문에 수요곡선은 우하향하며 수요법칙은 성립한다.

ㄹ. 옳은 내용이다.
　정상재란 소득이 증가할 때 소비가 증가하는 재화로서 소득탄력성이 0보다 큰 재화를 의미한다. 특히 소득탄력성이 0보다 크고 1보다 작은 경우에는 필수재라고 하며 소득탄력성이 1보다 큰 경우에는 사치재로 분류할 수 있다. 한편, 열등재란 소득이 증가할 때 소비가 감소하는 재화로서 소득탄력성이 0보다 작은 재화를 의미한다.

Issue 03	가격탄력성

X재의 수요곡선이 $Q = 10 - 2P$일 때, 수요의 가격탄력성이 1이 되는 가격은? (단, Q는 수요량, P는 가격)

▶ 2020년 감정평가사

① 1   ② 1.5   ③ 2

④ 2.5   ⑤ 5

출제이슈 가격탄력성의 계산
핵심해설 정답 ④

수요의 가격탄력성 및 공급의 가격탄력성을 기하적으로 도출하면 다음과 같다.

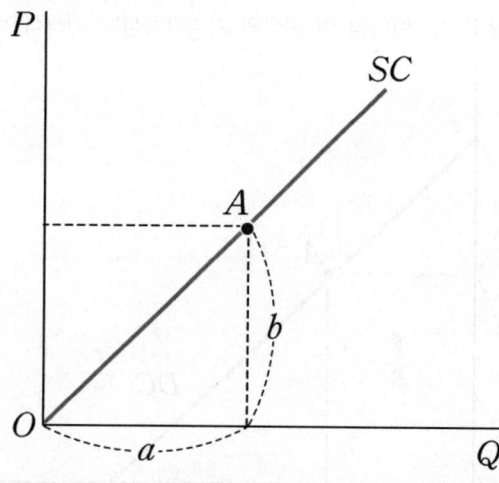

$$e_p = -\frac{\frac{dQ}{Q}}{\frac{dP}{P}} = -\frac{dQ}{dP} \cdot \frac{P}{Q} = \frac{c}{a} \cdot \frac{b}{c} = \frac{b}{a}$$

$$e = \frac{\frac{dQ}{Q}}{\frac{dP}{P}} = \frac{dQ}{dP} \cdot \frac{Q}{P} = \frac{a}{b} \cdot \frac{b}{a} = 1$$

설문에서 수요함수 $Q = 10 - 2P$는 $P = 5 - 0.5Q$로 위와 같이 그래프를 그릴 수 있다. 이때, 가격탄력성이 1이 되기 위해서는 위의 탄력성 산식에서 $a = b$가 되어야 한다. 따라서 수요곡선의 종축절편이 5임을 고려할 때 가격탄력성이 1이 되려면 $a = b = 2.5$이므로 그때의 가격이 바로 2.5가 된다.

X재에 대한 시장수요함수는 $P = 2,400 - 20Q$이다. 수요곡선상에서 수요의 가격탄력성이 1인 A점의 수요량과 가격을 바르게 연결한 것은? (단, P는 가격, Q는 수량이다.)

▶ 2022년 국가직 7급

	수요량	가격
①	30	600
②	60	1,200
③	120	2,400
④	240	4,800

출제이슈 가격탄력성의 계산

핵심해설 정답 ②

수요의 가격탄력성 및 공급의 가격탄력성을 기하적으로 도출하면 다음과 같다.

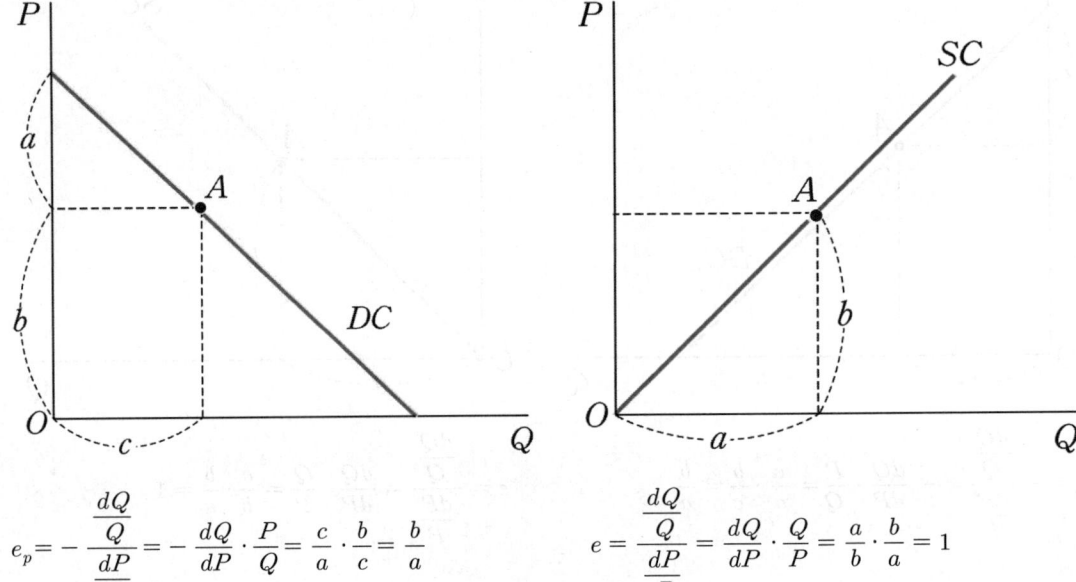

$$e_p = -\frac{\frac{dQ}{Q}}{\frac{dP}{P}} = -\frac{dQ}{dP} \cdot \frac{P}{Q} = \frac{c}{a} \cdot \frac{b}{c} = \frac{b}{a}$$

$$e = \frac{\frac{dQ}{Q}}{\frac{dP}{P}} = \frac{dQ}{dP} \cdot \frac{Q}{P} = \frac{a}{b} \cdot \frac{b}{a} = 1$$

설문에서 수요함수는 $P = 2,400 - 20Q$로서 위와 같이 우하향하는 일차함수 형태의 그래프로 그릴 수 있다. 이때, 가격탄력성이 1이 되기 위해서는 위의 탄력성 산식에서 $a = b$가 되어야 한다. 따라서 수요곡선의 종축절편이 2,400임을 고려할 때 가격탄력성이 1이 되려면 $a = b = 1,200$이므로 그때의 가격이 바로 1,200이 된다. 그리고 가격 1,200을 수요함수 $P = 2,400 - 20Q$에 대입하면 수요량은 60이 된다.

소비자 갑은 담배가격의 변화에 관계없이 담배구매에 일정한 금액을 지출한다. 갑의 담배에 대한 수요의 가격탄력성 e는? (단, 담배에 대한 수요의 법칙이 성립하고, 수요의 가격탄력성 e는 절댓값으로 표시한다.)

▶ 2016년 감정평가사

① $e = 0$　　　　　② $0 < e < 1$　　　　　③ $e = 1$
④ $0 < e < \infty$　　　　⑤ $e = \infty$

출제이슈 지출액이 일정한 경우 가격탄력성
핵심해설 정답 ③

설문에서 소비자 갑은 담배가격의 변화에 관계없이 담배구매에 일정한 금액을 지출하므로 $PQ = k$(일정)이라고 할 수 있다.

가격탄력성의 산식을 이용하여 도출하면 다음과 같다.

$$e_p = -\frac{\frac{dQ}{Q}}{\frac{dP}{P}} = -\frac{dQ}{dP} \cdot \frac{P}{Q} = \frac{k}{P^2}\frac{P}{\frac{k}{P}} = 1$$

특히 재화에 대한 지출액이 일정할 경우, 수요의 가격탄력성은 1이 된다는 것을 알 수 있다.

따라서 설문에서 해당 재화에 대한 지출액은 항상 일정하므로 위와 같이 수요의 가격탄력성은 1이다.

> X재의 수요함수와 공급함수가 각각 $Q_D = 200 - 2P$, $Q_S = 100 + 3P$ 이다. 시장균형에서
> X재에 대한 수요의 가격탄력성은? (단, Q_D는 수요량, Q_S는 공급량, P는 가격이다. 수요의
> 가격탄력성은 절댓값으로 표시한다.) ▶ 2015년 감정평가사
>
> ① 0.25 ② 0.38 ③ 0.5
> ④ 1.0 ⑤ 16.0

출제이슈 가격탄력성의 계산
핵심해설 정답 ①

가격탄력성의 개념과 산식은 다음과 같다.

1) 개념
　① 가격변화에 따른 수요량 변화 정도를 측정
　② 가격이 변화할 때 그에 따른 수요량이 얼마나 민감하게 반응하는지 측정

2) 계산식 $e_p = - \dfrac{\dfrac{dQ}{Q} \text{(수요량 변화율)}}{\dfrac{dP}{P} \text{(가격 변화율)}}$

먼저 시장균형을 도출하면 다음과 같다. 시장균형은 수요와 공급이 일치할 때 달성되므로 $Q_D = 200 - 2P$와
$Q_S = 100 + 3P$를 등치로 놓고 풀면 $P^* = 20$, $Q^* = 160$이 된다.

이제 가격탄력성의 산식을 이용하여 가격탄력성을 구하면 다음과 같다.

$$e_p = - \dfrac{\dfrac{dQ}{Q}}{\dfrac{dP}{P}} = - \dfrac{dQ}{dP} \cdot \dfrac{P}{Q} = -(-2) \times \dfrac{P}{Q} = 2 \times \dfrac{20}{160} = 0.25$$

> X재 시장에 소비자는 갑과 을만이 존재하고 X재에 대한 갑과 을의 개별수요함수가 각각 $Q_D = 10 - 2P$, $Q_D = 15 - 3P$ 이다. X재의 가격이 2.5일 때, 시장수요의 가격탄력성은? (단, Q_D는 수요량, P는 가격이고, 수요의 가격탄력성은 절댓값으로 표시한다.)   ▶ 2016년 감정평가사
>
> ① 0.5   ② 0.75   ③ 1
> ④ 1.25   ⑤ 1.5

출제이슈 시장수요함수의 도출과 가격탄력성의 계산
핵심해설 정답 ③

1) 시장수요함수 구하기
① 개별수요함수가 $Q_D = 10 - 2P$, $Q_D = 15 - 3P$ 이므로 시장수요함수는 이들을 수평합하여 구한다.
② 개별수요함수를 수평합하면 $Q = (10 - 2P) + (15 - 3P) = 25 - 5P$, $P = 5 - 0.2Q$ 가 된다.

2) 가격탄력성 구하기
① 수요의 가격탄력성을 구하기 위한 기하적 산식에서 $a + b = 5$로 P축 절편이다.
② 가격이 $P = 2.5$이므로 $b = 2.5$가 된다.
③ 따라서 위 ①에서 $a + b = 5$, 위 ②에서 $b = 2.5$이므로 $a = 2.5$가 된다.
④ 수요의 가격탄력성은 $\dfrac{b}{a} = \dfrac{2.5}{2.5} = 1$이 된다.

수리적으로 도출하면, 가격 $P = 2.5$를 수요함수에 대입하면 $Q = 12.5$, 수요함수에서 $\dfrac{\Delta Q}{\Delta P} = -5$가 된다.

$$e_p = -\frac{\dfrac{\Delta Q}{Q} \,(\text{수요량 변화율})}{\dfrac{\Delta P}{P} \,(\text{가격 변화율})} = -\frac{\Delta Q}{\Delta P} \cdot \frac{P}{Q} = 5 \times \frac{2.5}{12.5} = 1$$

시간당 임금이 5,000에서 6,000으로 인상될 때, 노동수요량이 10,000에서 9,000으로 감소하였다면 노동수요의 임금탄력성은? (단, 노동수요의 임금탄력성은 절댓값이다.)

▶ 2018년 공인노무사

① 0.67　　　　　　② 1　　　　　　③ 0.5
④ 1　　　　　　　⑤ 2

출제이슈 노동수요의 임금탄력성
핵심해설 정답 ③

가격이 노동의 가격인 임금이고, 수요량이 노동에 대한 수요량일 경우에는 노동수요에 대한 가격탄력성이므로 노동수요의 임금탄력성이라고 할 수 있으므로 다음과 같이 변형가능하다.

$$\text{노동수요의 임금탄력성 } e_W = -\frac{\dfrac{dL}{L} \, (\text{노동수요량 변화율})}{\dfrac{dW}{W} \, (\text{임금 변화율})}$$

현재 임금이 $W = 5,000$에서 $W = 6,000$으로 상승함에 따라서 노동수요는 $L = 10,000$에서 $L = 9,000$으로 감소하였으므로 이를 노동의 임금탄력성에 대입하면 다음과 같다.

$$\text{노동수요의 임금탄력성 } e_W = -\frac{\dfrac{dL}{L}}{\dfrac{dW}{W}} = -\frac{\dfrac{-1,000}{10,000}}{\dfrac{1,000}{5,000}} = \frac{10\%}{20\%} = \frac{0.5\%}{1\%} = 0.5$$

즉, 임금이 1% 변화함에 따라서 노동수요가 0.5% 변화함을 나타낸다. 주의할 점은 노동의 임금탄력성을 비롯한 수요의 가격탄력성은 순수한 숫자이지 %가 아니며, 다만, 그 해석에 있어서 %로 해석된다.

K시네마가 극장 입장료를 5에서 9로 인상하였더니 매출액이 1,500에서 1,800으로 증가하였다. 중간점공식(호탄력도)을 이용하여 수요의 가격탄력성을 구하면? (단, 소수점 셋째자리에서 반올림)

▶ 2018년 보험계리사

① 0.32 　　　　　　　　　　 ② 0.42
③ 0.70 　　　　　　　　　　 ④ 1.13

출제이슈 호탄력성의 계산
핵심해설 정답 ③

1) 수요량의 변화 구하기

　먼저 수요량의 변화를 구하면 다음과 같다.

　입장료가 5일 때, 매출액이 1,500이므로 판매량(수요량)은 300이 된다.

　입장료가 9일 때, 매출액이 1,800이므로 판매량(수요량)은 200이 된다.

　따라서 가격이 5에서 9로 상승함에 따라서 수요량은 300에서 200으로 감소한 것이다.

2) 호탄력성 구하기

　호탄력성의 산식은 다음과 같다.

$$e_p = -\frac{\dfrac{\Delta Q}{\dfrac{Q_1 + Q_2}{2}}}{\dfrac{\Delta P}{\dfrac{P_1 + P_2}{2}}} = -\frac{\dfrac{\Delta Q}{Q_1 + Q_2}}{\dfrac{\Delta P}{P_1 + P_2}}$$

　설문의 자료를 위의 산식에 대입하여 호탄력성을 구하면 다음과 같다.

$$e_p = -\frac{\dfrac{\Delta Q}{Q}}{\dfrac{\Delta P}{P}} = \frac{\dfrac{100}{\dfrac{300 + 200}{2}}}{\dfrac{4}{\dfrac{5 + 9}{2}}} = \frac{\dfrac{100}{500}}{\dfrac{4}{14}} = \frac{1}{5} \times \frac{14}{4} = 0.7$$

수요의 가격탄력성에 관한 설명으로 옳지 않은 것은? (단, Q는 수량, P는 가격이다.)

▶ 2021년 공인노무사

① 상품가격이 변화할 때, 상품수요가 얼마나 변하는가를 측정하는 척도이다.

② 수요곡선이 수직선이면 언제나 일정하다.

③ 수요곡선이 $Q = \dfrac{5}{P}$인 경우, 수요의 가격탄력성(절댓값)은 수요곡선상 모든 점에서 항상 1이다.

④ 정상재인 경우 수요의 가격탄력성이 1보다 클 때, 가격이 하락하면 기업의 총수입은 증가한다.

⑤ 사치재에 비하여 생활필수품은 수요의 가격탄력성이 작다.

출제이슈 수요의 가격탄력성
핵심해설 정답 ①

① 틀린 내용이다.
   수요의 가격탄력성은 상품가격이 변화할 때, 상품수요량이 얼마나 변하는가를 측정하는 척도이다.

② 옳은 내용이다.
   수요곡선이 수직선이면 가격이 변화하더라도 수요량은 언제나 일정함을 의미하므로 수요의 가격탄력성은 0으로 일정하다.

③ 옳은 내용이다.
   재화에 대한 지출액이 일정할 경우, 수요의 가격탄력성은 1이 된다.

④ 옳은 내용이다.
   정상재인 경우 수요의 가격탄력성이 1보다 클 때, 가격이 하락하면 수요량이 탄력적으로 반응하므로 가격하락보다는 수요량 증가의 효과가 더 커서 기업의 총수입은 증가한다.

⑤ 옳은 내용이다.
   사치재의 경우 가격변화에 대하여 필수재보다 더 민감하게 반응하는 경향이 있어서 상대적으로 가격탄력성이 더 큰 경향을 보인다.

수요의 탄력성에 대한 설명으로 옳지 않은 것은? ▶ 2022년 국가직 7급

① 대부분 재화의 경우, 수요는 단기보다 장기에 더 가격탄력적이다.
② 재화의 대체재가 적을수록 수요는 더 가격탄력적이다.
③ 열등재의 경우, 수요의 소득탄력성은 음(−)의 값을 갖는다.
④ 두 재화가 보완재인 경우, 수요의 교차탄력성은 음(−)의 값을 갖는다.

출제이슈 수요의 탄력성
핵심해설 정답 ②

① 옳은 내용이다.
고려하는 기간의 길이가 길면 그 기간 동안 소비자가 대체재를 찾아볼 수도 있고 다른 생산자에 의해 대체재가 개발될 수도 있기 때문에 가격탄력성이 크다고 할 수 있다.

② 틀린 내용이다.
대체재가 존재하고 또 다수로 다양하게 존재하면 특정재화의 가격변화에 대하여 대체재로 수요가 이동할 가능성이 매우 큼을 의미한다. 따라서 이때는 가격탄력성이 크다고 할 수 있다.

③ 옳은 내용이다.
열등재란 소득이 증가할 때 소비가 감소하는 재화로서 소득탄력성이 0보다 작은 재화를 의미한다.

참고로, 정상재란 소득이 증가할 때 소비가 증가하는 재화로서 소득탄력성이 0보다 큰 재화를 의미한다. 특히 소득탄력성이 0보다 크고 1보다 작은 경우에는 필수재라고 하며 소득탄력성이 1보다 큰 경우에는 사치재로 분류할 수 있다. 만일 재화의 성격이 필수재인 경우에는 가격이 변화하더라도 수요량의 변화는 크지 않을 것이지만 반면 사치재인 경우에는 가격변화에 대하여 수요량이 매우 민감하게 반응할 수 있다.

④ 옳은 내용이다.
대체재의 가격이 상승하는 경우 당해 재화에 대한 수요량이 증가할 것이므로 대체재의 교차탄력성은 0보다 크다. 반면, 보완재의 가격이 상승하는 경우 당해 재화에 대한 수요량도 보완재와 함께 감소할 것이므로 보완재의 교차탄력성은 0보다 작다. 당해 재화와 다른 재화 간에 대체나 보완의 관계가 성립하지 않고 서로 독립적일 경우에는 교차탄력성의 절댓값이 0에 가까워진다.

Issue 04 가격탄력성과 기업의 총수입

( )에 들어갈 내용으로 옳은 것은? (단, P는 가격, Q는 수요량이다.) ▶2022년 감정평가사

독점기업의 수요곡선은 $P = 30 - 2Q$이고 현재 가격이 10이다. 이때 수요의 가격탄력성은 (ㄱ)이고, 총수입을 증대시키기 위해 가격을 (ㄴ)해야 한다.

① ㄱ : 비탄력적, ㄴ : 인하
② ㄱ : 비탄력적, ㄴ : 인상
③ ㄱ : 단위탄력적, ㄴ : 유지
④ ㄱ : 탄력적, ㄴ : 인하
⑤ ㄱ : 탄력적, ㄴ : 인상

출제이슈 가격탄력성과 기업의 총수입
핵심해설 정답 ②

수요가 탄력적인 구간에서는 가격이 하락하는 경우 가격하락의 효과보다도 수요량 증가의 효과가 더 크기 때문에 총수입이 증가한다. 반대로 수요가 비탄력적인 구간에서는 가격이 상승하는 경우 가격상승의 효과가 수요량 감소의 효과보다 더 크기 때문에 총수입이 증가한다.

수리적으로 수요의 가격탄력성 산식을 이용하여 도출하면 더욱 쉽다.

현재 가격이 $P = 10$이고, 이를 수요함수에 대입하면 $Q = 10$이며, 수요함수에서 $\dfrac{dQ}{dP} = -0.5$가 된다.

따라서 수요의 가격탄력성은 다음과 같다.

$$e_p = -\frac{\dfrac{dQ}{Q} \ (\text{수요량 변화율})}{\dfrac{dP}{P} \ (\text{가격 변화율})} = -\frac{dQ}{dP}\frac{P}{Q} = 0.5 \times \frac{10}{10} = 0.5 가 된다.$$

가격탄력성이 0.50이므로 비탄력적이다. 비탄력적인 구간에서 가격을 인상하는 경우 가격인상의 효과가 수요량 감소의 효과보다 더 클 것이므로 총수입은 이전보다 증가한다.

어느 재화의 가격이 1천원에서 1% 상승하면 판매 수입은 0.2% 증가하지만, 5천원에서 가격이 1% 상승하면 판매 수입은 0.1% 감소한다. 이 재화에 대한 설명으로 옳은 것은? (단, 수요곡선은 수요의 법칙이 적용된다.)
▶ 2018년 국가직 7급

① 가격이 1천원에서 1% 상승 시, 가격에 대한 수요의 탄력성은 탄력적이다.
② 가격이 5천원에서 1% 상승 시, 가격에 대한 수요의 탄력성은 비탄력적이다.
③ 가격이 1천원에서 1% 상승 시, 수요량은 0.2% 감소한다.
④ 가격이 5천원에서 1% 상승 시, 수요량은 1.1% 감소한다.

출제이슈 가격탄력성과 기업의 총수입
핵심해설 정답 ④

1) 총수입 TR은 다음과 같이 계산된다.
   $TR = PQ$, P : 가격, Q : 거래량

2) 이를 변화율 형태로 근사하여 쓰면 다음과 같다.
   총수입 변화율 = 가격변화율 + 거래량(수요량) 변화율

설문에서 가격이 1천원에서 1% 상승하면 판매 수입은 0.2% 증가한다고 하였으므로,
이는 수요량 변화율은 −0.8%를 의미한다. 따라서 ③은 틀린 내용이 된다.

따라서 가격변화율과 수요량 변화율을 조합하면, 수요의 가격탄력성은 0.80이 된다.
이는 수요가 비탄력적임을 의미하므로 ①은 틀린 내용이 된다.

또한 가격이 5천원에서 가격이 1% 상승하면 판매 수입은 0.1% 감소한다고 하였으므로,
이는 수요량 변화율은 −1.1%를 의미한다. 따라서 ④는 옳은 내용이다.

따라서 가격변화율과 수요량 변화율을 조합하면, 수요의 가격탄력성은 1.10이 된다.
이는 수요가 탄력적임을 의미하므로 ②는 틀린 내용이 된다.

정상재 A, B의 가격이 각각 2% 상승할 때, A재의 소비지출액은 변화가 없었지만, B재의 소비지출액은 1% 감소하였다. 이때 두 재화에 대한 수요의 가격탄력성 ε_A, ε_B에 관한 설명으로 옳은 것은? (단, ε_A와 ε_B는 절댓값으로 표시한다.) ▸2019년 감정평가사

① $\varepsilon_A > 1$, $\varepsilon_B > 1$ ② $\varepsilon_A = 1$, $\varepsilon_B > 1$ ③ $\varepsilon_A = 0$, $\varepsilon_B < 1$

④ $\varepsilon_A = 1$, $\varepsilon_B < 1$ ⑤ $\varepsilon_A < 1$, $\varepsilon_B < 1$

출제이슈 가격탄력성과 기업의 총수입
핵심해설 정답 ②

1) 총수입의 변화와 수요량(판매량)의 변화

① A재의 가격이 2% 상승할 때, A재의 매출액(소비지출액)은 변화하지 않았으므로

A재 매출액(소비지출액) 변화율 = 가격변화율 + 거래량(수요량) 변화율 = 2% − 2% = 0%를 의미한다.

따라서 A재의 가격이 2% 상승할 때, A재의 수요량은 2% 감소하였다.

② B재의 가격이 2% 상승할 때, B재의 매출액(소비지출액)은 1% 감소하였으므로

B재 매출액(소비지출액) 변화율 = 가격변화율 + 거래량(수요량) 변화율 = 2% − 3% = −1%를 의미한다.

따라서 B재의 가격이 2% 상승할 때, B재의 수요량은 3% 감소하였다.

2) A재의 가격탄력성

위에서 A재의 가격이 2% 상승할 때, A재의 수요량은 2% 감소하였으므로 A재의 가격탄력성은 1이다.

3) B재의 가격탄력성

위에서 B재의 가격이 2% 상승할 때, B재의 수요량은 3% 감소하였으므로 B재의 가격탄력성은 1.5이다.

X재의 수요곡선은 우하향하는 직선이고, 가로축 절편이 a이다. 공급곡선은 $\frac{a}{2}$에서 수직인 직선이라고 할 때, 시장균형에서의 설명으로 옳은 것을 모두 고른 것은? (단, $a > 0$)

▶ 2025년 감정평가사

ㄱ. 수요의 가격탄력성은 절대치로 1이다.
ㄴ. 공급이 증가하면 기업의 총수입이 감소한다.
ㄷ. 공급이 증가하면 수요의 가격탄력성이 커진다.
ㄹ. 생산자잉여는 0이다.

① ㄱ, ㄴ
② ㄱ, ㄷ
③ ㄴ, ㄷ
④ ㄴ, ㄹ
⑤ ㄷ, ㄹ

출제이슈 가격탄력성과 기업의 총수입
핵심해설 정답 ①

1) 최초 시장균형

시장균형은 가로축 절편이 a인 우하향하는 직선인 수요곡선과 $\frac{a}{2}$에서 수직인 공급곡선의 교점에서 달성된다.

따라서 균형은 수요곡선의 중점에서 달성되므로 그 때, 수요의 가격탄력성은 1이 된다.

2) 공급증가시 시장균형

만일 공급이 증가하면 시장균형이 수요곡선의 중점에서 우하방으로 이동하므로 수요의 가격탄력성이 작아지고 가격은 하락한다.

3) 공급증가시 기업의 수입

가격이 하락함에 따라서 수요량 증가는 비탄력적인 반응을 보이게 되므로 이 두가지 요인을 동시에 고려하면 기업의 수입은 감소한다.

재화의 특성에 관한 설명으로 옳은 것은? ▶ 2024년 감정평가사

① 사치재는 수요의 가격탄력성이 1보다 큰 재화를 말한다.

② 열등재는 가격이 오르면 수요가 감소하는 재화를 말한다.

③ 절댓값으로 볼 때, 가격효과가 소득효과보다 큰 열등재를 기펜재(Giffen goods)라고 한다.

④ 두 상품이 완전 대체재이면 무차별 곡선은 원점에 대하여 볼록한 모양이다.

⑤ 수요가 가격 탄력적인 상품을 판매하는 기업이 가격을 내리면 판매수입은 증가한다.

출제이슈 재화의 성격 / 가격탄력성과 기업의 총수입
핵심해설 정답 ⑤

수요가 탄력적인 구간에서는 가격이 하락하는 경우 가격하락의 효과보다도 수요량 증가의 효과가 더 크기 때문에 총수입이 증가한다. 반대로 수요가 비탄력적인 구간에서는 가격이 상승하는 경우 가격상승의 효과가 수요량 감소의 효과보다 더 크기 때문에 총수입 혹은 소비자의 지출액이 증가한다.

정상재란 소득이 증가할 때 소비가 증가하는 재화로서 소득탄력성이 0보다 큰 재화를 의미한다. 특히 소득탄력성이 0보다 크고 1보다 작은 경우에는 필수재라고 하며 소득탄력성이 1보다 큰 경우에는 사치재로 분류할 수 있다. 한편, 열등재란 소득이 증가할 때 소비가 감소하는 재화로서 소득탄력성이 0보다 작은 재화를 의미한다.

열등재란 소득이 증가할 때 소비가 감소하는 재화로서 소득탄력성이 0보다 작은 재화를 의미한다. 특히 열등재의 일종인 기펜재의 경우 가격변화에 따른 대체효과의 절대적 크기보다 소득효과의 절대적 크기가 더 크기 때문에 수요곡선은 우상향하며 수요법칙이 성립하지 않는다. 그러나 기펜재가 아닌 열등재의 경우 대체효과의 절대적 크기가 소득효과의 절대적 크기보다 더 크기 때문에 수요곡선은 우하향하며 수요법칙은 성립한다.

Issue 05　소득탄력성과 교차탄력성

> 소비자 갑의 X재에 대한 수요곡선은 $Q_d = \dfrac{B}{2P}$ 이다. 시장가격 $P = 10$, 소비자 갑의 소득 $B = 200$일 때, X재 수요의 소득탄력성은?
>
> ▶ 2019년 보험계리사
>
> ① 0.25　　　　　　　　　　② 0.5
>
> ③ 1　　　　　　　　　　　④ 1.5

출제이슈 　소득탄력성

핵심해설 　정답 ③

1) 기초 데이터

　① 수요함수 $Q_d = \dfrac{M}{2P}$

　② 가격 $P = 10$, 소득 $M = 200$. 참고로, 소득은 B 대신 M의 기호를 사용하였다.

　③ 수요량 $Q_d = \dfrac{M}{2P} = \dfrac{200}{2 \times 10} = 10$

2) 소득탄력성

$$e_M = \dfrac{\dfrac{dQ}{Q}}{\dfrac{dM}{M}} = \dfrac{dQ}{dM} \cdot \dfrac{M}{Q} = \dfrac{1}{2P} \cdot \dfrac{M}{Q} = \dfrac{1}{2 \times 10} \times \dfrac{200}{10} = 1$$

참고로, 이 경우는 가격 및 소득의 정보가 없더라도 수요함수만으로 수요의 소득탄력성을 구할 수 있다.

$$e_M = \dfrac{\dfrac{dQ}{Q}}{\dfrac{dM}{M}} = \dfrac{dQ}{dM} \cdot \dfrac{M}{Q} = \dfrac{1}{2P} \cdot \dfrac{M}{Q} = \dfrac{1}{2P} \cdot \dfrac{2PQ}{Q} = 1$$

즉, 이러한 경우는 항상 소득탄력성이 1임을 알 수 있다. 뿐만 아니라 가격탄력성도 1로서 일정하다.

어떤 사람이 소득수준에 상관없이 소득의 절반을 식료품 구입에 사용한다. 〈보기〉 중 옳은 것을 모두 고르면?

▶ 2019년 서울시 7급

보기

ㄱ. 식료품의 소득탄력성의 절댓값은 1보다 작다.
ㄴ. 식료품의 소득탄력성의 절댓값은 1이다.
ㄷ. 식료품의 가격탄력성의 절댓값은 1보다 크다.
ㄹ. 식료품의 가격탄력성의 절댓값은 1이다.

① ㄱ, ㄷ   ② ㄱ, ㄹ
③ ㄴ, ㄷ   ④ ㄴ, ㄹ

출제이슈 소득탄력성과 가격탄력성
핵심해설 정답 ④

설문에서 소득의 절반을 항상 식료품 구입에 사용한다면 $P_X X = 0.5M$으로 나타낼 수 있다(단, X는 식료품). 이 수요함수를 가격탄력성과 소득탄력성의 공식에 대입하면 다음과 같이 쉽게 탄력성을 구할 수 있다.

1) 가격탄력성

$$e_p = -\frac{\frac{dQ}{Q}\ (\text{수요량 변화율})}{\frac{dP}{P}\ (\text{가격 변화율})} = \frac{dQ}{dP} \cdot \frac{P}{Q} = 1$$

2) 소득탄력성

$$e_M = \frac{\frac{dQ}{Q}\ (\text{수요량 변화율})}{\frac{dM}{M}\ (\text{소득 변화율})} = \frac{dQ}{dM} \cdot \frac{M}{Q} = 1$$

따라서 설문에서 식료품의 가격탄력성은 1(지문 ㄹ), 소득탄력성도 1(지문 ㄴ)이 된다.

상품 A의 수요함수가 $Q = 4P^{-2} Y^{0.4}$일 때, 이에 관한 설명으로 옳은 것은? (단, Q는 수요량, P는 가격, Y는 소득이다.) ▶ 2021년 공인노무사

① 가격이 상승하면, 총수입은 증가한다.

② 소득이 2% 감소하면, 수요량은 0.4% 감소한다.

③ 소득탄력성의 부호는 음(−)이다.

④ 가격이 상승함에 따라 수요의 가격탄력성도 증가한다.

⑤ 수요의 가격탄력성(절댓값)은 2이다.

출제이슈 가격탄력성과 소득탄력성
핵심해설 정답 ⑤

① 틀린 내용이다.
　가격탄력성이 2로서 탄력적이므로 가격이 상승하면, 수요량 감소의 효과가 더 커서 총수입은 감소한다.

② 틀린 내용이다.
　소득탄력성이 0.40이므로 소득이 2% 감소하면, 수요량은 0.8% 감소한다.

③ 틀린 내용이다.
　소득탄력성이 0.4로서 그 부호는 양(+)이다.

④ 틀린 내용이다.
　가격탄력성이 2로서 가격이 변화하더라도 불변이다.

⑤ 옳은 내용이다.
　수요의 가격탄력성의 절댓값은 2이다.

사과수요의 가격탄력성은 1.4, 사과수요의 감귤가격에 대한 교차탄력성은 0.9, 사과수요의 배가격에 대한 교차탄력성은 -1.5, 사과수요의 소득탄력성은 1.2이다. 다음 설명 중 옳은 것을 모두 고른 것은? (단, 수요의 가격탄력성은 절댓값으로 표시한다.) ▶ 2017년 감정평가사

ㄱ. 사과는 정상재이다.
ㄴ. 사과는 배와 대체재이다.
ㄷ. 사과는 감귤과 보완재이다.
ㄹ. 다른 조건이 불변일 때, 사과가격이 상승하면, 사과 판매자의 총수입은 감소한다.

① ㄱ, ㄴ　　　　　② ㄱ, ㄷ　　　　　③ ㄱ, ㄹ
④ ㄴ, ㄹ　　　　　⑤ ㄷ, ㄹ

출제이슈 소득탄력성과 교차탄력성
핵심해설 정답 ③

ㄱ. 옳은 내용이다.

정상재의 경우 소득이 증가할 때 수요량이 증가하는 재화이므로 소득변화율과 수요량 변화율이 동일방향으로서 정상재의 소득탄력성은 0보다 크다.

반대로 열등재의 경우 소득이 증가할 때 수요량이 감소하는 재화이므로 소득변화율과 수요량 변화율이 반대방향으로서 열등재의 소득탄력성은 0보다 작다.

설문에서 사과수요의 소득탄력성은 1.2로서 사과는 정상재가 됨을 알 수 있다.

ㄴ, ㄷ. 모두 틀린 내용이다.

대체재의 경우 교차탄력성이 양수이며, 보완재의 경우 교차탄력성이 음수이다. 한편 교차탄력성의 절댓값이 0에 가까우면 두 재화는 서로 독립적이다.

설문에서 사과수요의 감귤가격에 대한 교차탄력성은 0.9로서 사과와 감귤은 대체재임을 의미한다.
또한 사과수요의 배가격에 대한 교차탄력성은 -1.5로서 사과와 배는 보완재임을 의미한다.

ㄹ. 옳은 내용이다.

설문에서 사과수요의 가격탄력성은 1.4이므로 다른 조건이 불변일 때, 사과가격이 상승하는 경우, 가격상승의 효과보다 수요량 감소의 효과가 더 크기 때문에 결국 사과 판매자의 총수입은 감소한다.

X재 수요의 탄력성에 관한 설명으로 옳지 않은 것은? (단, 주어진 소득으로 X재와 Y재만 양 (+)의 소비를 한다.)　　　　　　　　　　　　　　▶ 2025년 감정평가사

① X재의 가격탄력성이 1일 때, X재 가격의 변동은 X재의 지출액을 변화시키지 않는다.
② X재 소득탄력성이 1이면, 소득소비곡선은 원점을 지나는 직선이다.
③ X재 소득탄력성이 1보다 크면, Y재 소득탄력성은 1보다 작다.
④ Y재의 X재 가격에 대한 교차탄력성이 1이면, X재의 가격탄력성은 1이다.
⑤ X재 소득탄력성이 1이면, Y재 소득탄력성도 1이다.

출제이슈 수요의 탄력성
핵심해설 정답 ④

Y재의 X재 가격에 대한 교차탄력성이 1이면, X재의 가격탄력성은 1이라는 것은 양립될 수 없다. 만일 X재의 가격 탄력성이 1보다 큰 경우라면 X재 가격 상승시 X재 지출액이 감소할 것이므로 교차탄력성 1과 양립가능하다.

만일 X재의 가격탄력성이 1이라면, X재에 대한 지출액은 변화하지 않으므로 전체소득이 고정된 상황에서는 Y재에 대한 지출액은 변화하지 않는다. 결국 X재 가격 상승시에 Y재 가격이 변화하지 않는다면 Y재 수요량도 변화하지 않는다. 그런데 이러한 상황에서 Y재의 X재 가격에 대한 교차탄력성이 1이면 X재 가격 상승시에 Y재 수요량은 증가해야 하므로 앞의 내용과 모순된다.

Issue 06　공급탄력성과 시장공급곡선

갑 기업의 공급함수는 $Q=100+2P$이다. $P>0$일 때, 갑의 공급에 대한 가격탄력성 e는?
(단, P는 가격, Q는 수량이다.)

▶ 2016년 감정평가사

① $e=0$　　　　　　② $0<e<1$　　　　　　③ $e=1$

④ $1<e<2$　　　　　⑤ $e=2$

출제이슈 공급의 가격탄력성
핵심해설 정답 ②

설문에서 갑 기업의 공급함수는 $Q=100+2P$이므로 이를 변형하면 $P=0.5Q-50$이다. 따라서 $P>0$일 때, 해당 공급곡선은 횡축인 Q축에서 출발하게 된다. 이때 공급의 가격탄력성은 1보다 작다.

참고로, 공급곡선이 $Q=100+2P$인 상황에서 임의의 점에서 공급의 가격탄력성을 수리적으로 도출하면 다음과 같다.

$$e=\frac{\dfrac{dQ}{Q}}{\dfrac{dP}{P}}=\frac{dQ}{dP}\cdot\frac{P}{Q}=2\cdot\frac{0.5Q-50}{Q}=\frac{Q-100}{Q}=1-\frac{100}{Q}<1$$

따라서 임의의 점에서 공급의 가격탄력성이 1보다 작음을 쉽게 알 수 있다.

수요와 공급의 가격탄력성에 관한 설명으로 옳은 것을 모두 고른 것은? ▶ 2019년 감정평가사

ㄱ. 대체재를 쉽게 찾을 수 있을수록 수요의 가격탄력성은 작아진다.
ㄴ. 동일한 수요곡선상에서 가격이 높을수록 수요의 가격탄력성은 항상 커진다.
ㄷ. 상품의 저장에 드는 비용이 클수록 공급의 가격탄력성은 작아진다.
ㄹ. 공급곡선이 원점을 지나고 우상향하는 직선형태일 경우, 공급의 가격탄력성은 항상 1이다.

① ㄱ, ㄴ   ② ㄱ, ㄷ   ③ ㄴ, ㄷ
④ ㄴ, ㄹ   ⑤ ㄷ, ㄹ

출제이슈 수요와 공급의 가격탄력성
핵심해설 정답 ⑤

ㄱ. 틀린 내용이다.
대체재를 쉽게 찾을 수 있을수록 가격이 상승함에 따라서 대체재로 수요의 전환이 쉽게 발생하게 된다. 따라서 대체재로의 수요의 전환이 커질수록 해당 재화에 대한 수요량의 감소폭이 커진다. 이는 가격상승에 따른 수요량 변화가 크다는 것이므로 수요의 가격탄력성이 커짐을 나타낸다.

ㄴ. 틀린 내용이다.

$$e_p = - \frac{\frac{dQ}{Q}}{\frac{dP}{P}} = - \frac{dQ}{dP} \cdot \frac{P}{Q} = \frac{k}{P^2} \cdot \frac{P}{\frac{k}{P}} = 1$$

따라서 재화에 대한 지출액이 일정할 경우, 수요의 가격탄력성은 1이 된다는 것을 알 수 있다.

ㄷ. 옳은 내용이다.
상품의 저장에 드는 비용이 클수록 상품의 저장이 쉽지 않아서 충분한 재고의 확보가 어렵게 된다. 따라서 가격이 변화하는 경우에 공급량을 쉽게 바꿔가면서 대응하기가 어렵다. 즉, 가격이 변화하는 경우 공급량의 변화가 크지 않다는 의미로서 이는 공급의 가격탄력성이 작음을 나타낸다.

ㄹ. 옳은 내용이다.
공급곡선이 원점을 통과하는 경우, 공급의 가격탄력성은 임의의 모든 점에서 항상 1이 된다.
따라서 기울기가 다른 공급곡선이라도 원점을 통과한다면 공급의 가격탄력성은 모두 1이다.

수요와 공급의 가격탄력성에 관한 설명으로 옳은 것을 모두 고른 것은? ▶ 2024년 감정평가사

ㄱ. 수요곡선이 수직선인 경우, 수요의 가격탄력성은 수요곡선상의 모든 점에서 동일하다.
ㄴ. 수요곡선이 직각쌍곡선 형태인 경우, 수요의 가격탄력성은 수요곡선상의 모든 점에서 동일하다.
ㄷ. 공급곡선이 원점을 지나는 직선인 경우, 공급의 가격탄력성은 기울기와 관계없이 동일하다.
ㄹ. 수요곡선이 우하향하는 직선인 경우, 수요의 가격탄력성은 수요곡선상의 모든 점에서 동일하다.

① ㄱ
② ㄱ, ㄴ
③ ㄱ, ㄴ, ㄷ
④ ㄴ, ㄷ, ㄹ
⑤ ㄱ, ㄴ, ㄷ, ㄹ

출제이슈 수요와 공급의 가격탄력성
핵심해설 정답 ③

수요곡선이 우하향하는 직선인 경우, 수요곡선상의 각 점에서 측정하는 가격탄력성은 모두 상이하다.

수요곡선이 수직선이면 가격이 변화하더라도 수요량은 언제나 일정함을 의미하므로 수요의 가격탄력성은 0으로 일정하다.

공급곡선이 원점을 통과하는 경우, 공급의 가격탄력성은 임의의 모든 점에서 항상 1이 된다.
따라서 기울기가 다른 공급곡선이라도 원점을 통과한다면 모두 공급의 가격탄력성은 1이다.

수요와 공급의 탄력성에 관한 설명으로 옳은 것은?   ▶ 2021년 감정평가사

① 수요곡선이 수직이면 가격탄력성이 무한대이다.
② 우하향하는 직선의 수요곡선상 모든 점에서 가격탄력성은 같다.
③ 가격탄력성이 1보다 크면 비탄력적이다.
④ 우상향 직선의 공급곡선 Y축 절편이 0보다 크면 가격탄력성은 무조건 1보다 크다.
⑤ 수요의 교차탄력성이 1보다 크면 두 상품은 보완재 관계이다.

출제이슈 수요와 공급의 탄력성 종합
핵심해설 정답 ④

① 틀린 내용이다.
　　수요곡선이 수직이면 가격의 변화에도 불구하고 수요량은 변화가 없기 때문에 가격탄력성은 0이 된다.

② 틀린 내용이다.
　　우하향하는 직선의 수요곡선에서 수요곡선상의 점의 위치에 따라서 수요의 가격탄력성은 상이하다.

③ 틀린 내용이다.
　　가격탄력성이 1보다 크면 탄력적이다.

④ 옳은 내용이다.
　　우상향 직선의 공급곡선 Y축 절편이 0보다 크면 가격탄력성은 무조건 1보다 크고, 반대로 우상향 직선의 공급곡선 Y축 절편이 0보다 작으면 가격탄력성은 무조건 1보다 작다. 그리고 원점을 통과하는 우상향 공급곡선의 경우에는 가격탄력성이 1이다.

⑤ 틀린 내용이다.
　　두 재화 간의 교차탄력성이 1보다 크면 양수에 해당하므로 두 재화는 대체관계에 있다.

수요 및 공급의 탄력성에 관한 설명으로 옳은 것은? ▶ 2023년 감정평가사

① 수요의 교차탄력성이 양(+)이면 두 재화는 보완관계이다.

② 수요의 소득탄력성이 0보다 큰 상품은 사치재이다.

③ 수요곡선이 수평이면 수요곡선의 모든 점에서 가격탄력성은 0이다.

④ 공급곡선의 가격축 절편이 양(+)의 값을 갖는 경우에는 공급의 가격탄력성이 언제나 1보다 작다.

⑤ 원점에서 출발하는 우상향 직선의 공급의 가격탄력성은 언제나 1의 값을 갖는다.

출제이슈 수요와 공급의 탄력성 종합
핵심해설 정답 ⑤

① 틀린 내용이다.
대체재의 가격이 상승하는 경우 당해 재화에 대한 수요량이 증가할 것이므로 대체재의 교차탄력성은 0보다 크다. 반면, 보완재의 가격이 상승하는 경우 당해 재화에 대한 수요량도 보완재와 함께 감소할 것이므로 보완재의 교차탄력성은 0보다 작다. 당해 재화와 다른 재화 간에 대체나 보완의 관계가 성립하지 않고 서로 독립적일 경우에는 교차탄력성의 절댓값이 0에 가까워진다.

② 틀린 내용이다.
정상재의 경우 소득이 증가할 때 수요량이 증가하는 재화이므로 소득변화율과 수요량 변화율이 동일방향으로서 정상재의 소득탄력성은 0보다 크다. 반대로 열등재의 경우 소득이 증가할 때 수요량이 감소하는 재화이므로 소득변화율과 수요량 변화율이 반대방향으로서 열등재의 소득탄력성은 0보다 작다. 한편, 정상재는 다시 소득탄력성 1을 기준으로 하여 나눌 수 있는데, 1보다 더 큰 경우 사치재, 0보다 크고 1보다 작은 경우 필수재라고 한다.

③ 틀린 내용이다.
수평의 수요곡선의 경우 가격변화가 없기 때문에 가격탄력성은 이론상 무한대가 된다. 이는 수요의 가격탄력성 산식이 수요량변화율을 가격변화율로 나누고 있음을 고려하면 쉽게 알 수 있다. 좀 더 직관적으로 설명하면 아주 작은 가격의 변화에도 수요량은 대단히 크게 변화하기 때문에 무한탄력적이 된다고 할 수 있다. 한편, 수직의 수요곡선의 경우 가격의 변화에도 불구하고 수요량은 변화하지 않으므로 가격탄력성은 0이 된다.

④ 틀린 내용이다.
공급곡선의 가격축 절편이 양(+)의 값을 가져서 종축에서부터 출발하는 공급곡선의 경우 공급의 가격탄력성은 항상 1보다 크다.

⑤ 옳은 내용이다.
원점에서 출발하는 공급곡선의 경우 공급의 가격탄력성은 항상 1이다.

Issue 07 시장균형 및 균형의 변화

재화 X의 시장수요곡선(D)과 시장공급곡선(S)이 아래 그림과 같을 때, 균형가격(P^*)과 균형거래량(Q^*)은? (단, 시장수요곡선과 시장공급곡선은 선형이며, 시장공급곡선은 수평이다.)

▶ 2022년 감정평가사

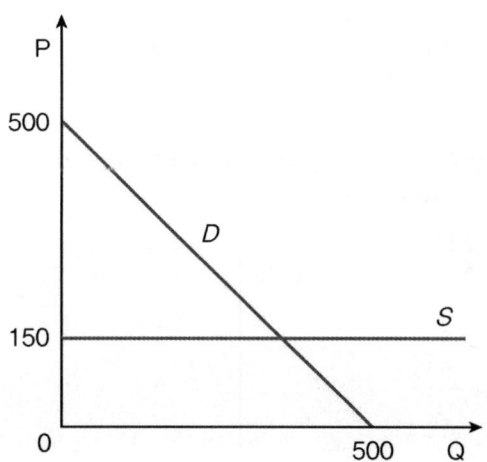

① $P^* = 150, \ Q^* = 150$ ② $P^* = 150, \ Q^* = 350$ ③ $P^* = 150, \ Q^* = 500$

④ $P^* = 350, \ Q^* = 150$ ⑤ $P^* = 500, \ Q^* = 150$

출제이슈 시장균형의 도출
핵심해설 정답 ②

시장에서의 균형은 수요와 공급의 힘이 일치할 때 달성된다. 수리적으로는 수요함수의 수요량과 공급함수의 공급량이 일치할 때 시장균형이 달성된다.

설문에서 주어진 그래프를 통해서 시장수요함수가 $Q = -P + 500$이고, 시장공급함수가 $P = 150$임을 쉽게 알 수 있다. 시장균형은 수요와 공급이 일치하는 $Q = -P + 500 = -150 + 500 = 350$일 때 달성된다. 즉 균형거래량은 $Q^* = 350$이 되고, 균형가격은 $P^* = 150$이 된다.

시장수요함수와 시장공급함수가 각각 $Q_D = 36 - 4P$, $Q_S = -4 + 4P$일 때, 시장균형에서 (ㄱ) 생산자잉여와 (ㄴ) 소비자잉여는? (단, Q_D는 수요량, Q_S는 공급량, P는 가격이다.)

▶ 2023년 감정평가사

① ㄱ : 32, ㄴ : 32   ② ㄱ : 25, ㄴ : 25   ③ ㄱ : 25, ㄴ : 32

④ ㄱ : 32, ㄴ : 25   ⑤ ㄱ : 0, ㄴ : 64

출제이슈 시장균형의 도출 및 잉여의 계산

핵심해설 정답 ①

시장의 균형(균형가격과 균형거래량), 소비자잉여, 생산자잉여를 기하적으로 표시하면 아래와 같다.

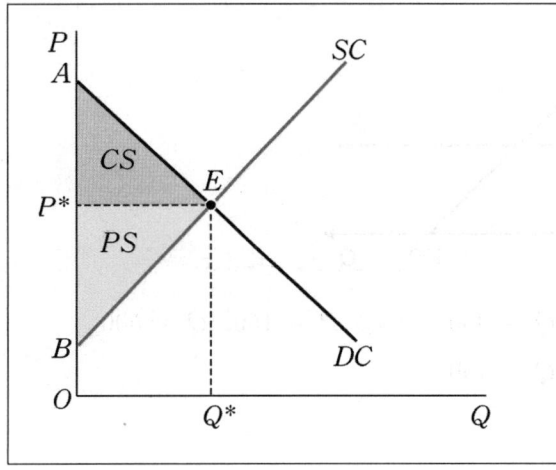

설문에서 주어진 수요함수와 공급함수를 이용하여 시장균형 및 소비자잉여, 생산자잉여 그리고 사회총잉여를 구하면 아래와 같다.

수요함수는 $Q_D = 36 - 4P$, 공급함수는 $Q_S = -4 + 4P$이므로 이를 변형하면, 수요함수와 공급함수는 각각 $P = 9 - 0.25Q$, $P = 0.25Q + 1$이다. 이때, 수요함수의 종축절편은 $A = 9$, 공급함수의 종축절편은 $B = 1$가 된다. 수요와 공급이 일치하는 시장균형은 $P = 5$, $Q = 16$이 된다.

$$CS = \frac{(A - P^*)Q^*}{2} = \frac{(9 - 5) \times 16}{2} = 32$$

$$PS = \frac{(P^* - B)Q^*}{2} = \frac{(5 - 1) \times 16}{2} = 32$$

X재의 수요함수와 공급함수가 각각 $Q_D = 100 - 2P$, $Q_S = -80 + 4P$ 이다. 시장균형에서 소비자잉여(CS)와 생산자잉여(PS)는? (단, Q_D는 수요량, Q_S는 공급량, P는 가격이다.)

▶ 2015년 감정평가사

① $CS = 200$, $PS = 400$

② $CS = 400$, $PS = 200$

③ $CS = 600$, $PS = 200$

④ $CS = 600$, $PS = 300$

⑤ $CS = 800$, $PS = 400$

출제이슈 시장균형의 도출 및 잉여의 계산
핵심해설 정답 ②

시장의 균형과 소비자잉여, 생산자잉여를 기하적으로 표시하면 아래와 같다.

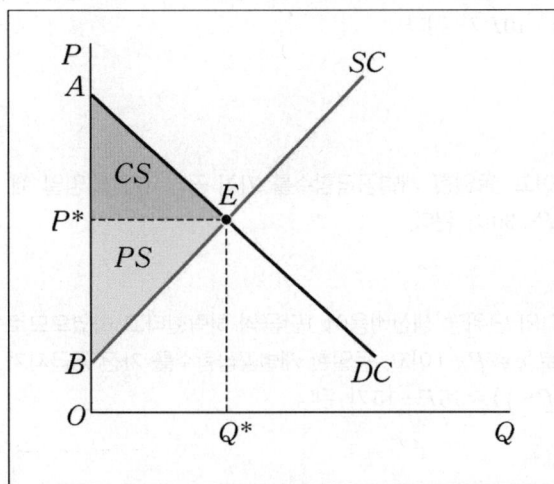

1) 시장균형 구하기

먼저 주어진 자료를 이용하여 시장균형을 구하면 수요량과 공급량이 일치하는 수준에서 $P^* = 30$, $Q^* = 40$이 된다. 그리고 수요곡선의 종축절편은 50(위의 그래프에서 A에 해당), 공급곡선의 종축절편은 20(위의 그래프에서 B에 해당)이 된다.

2) 소비자잉여와 생산자잉여 구하기

이때, 소비자잉여는 $CS = \dfrac{(50 - 30) \times 40}{2} = 400$, 생산자잉여는 $PS = \dfrac{(30 - 20) \times 40}{2} = 200$이다.

사적재화 X재의 개별수요함수가 $P = 7 - q$인 소비자가 10명이 있고, 개별공급함수가 $P = 2 + q$인 공급자가 15명 있다. X재 생산의 기술진보 이후 모든 공급자의 단위당 생산비가 1만큼 하락하는 경우, 새로운 시장균형가격 및 시장균형거래량은? (단, P는 가격, q는 수량이다.)

▶ 2017년 감정평가사

① 3.4, 36   ② 3.8, 38   ③ 4.0, 40

④ 4.5, 42   ⑤ 5.0, 45

출제이슈 시장수요 및 공급의 도출과 시장균형의 계산
핵심해설 정답 ①

1) 시장수요의 도출

설문에서 재화 X에 대한 개별수요함수는 $q = 7 - P$이고, 동일한 개별수요함수를 가진 소비자가 10명일 때, X재의 시장수요함수는 $Q_D = 10q = 10(7 - P) = 70 - 10P$가 된다.

따라서 시장수요함수는 $Q_D = 70 - 10P$가 된다.

2) 시장공급의 도출

설문에서 재화 X에 대한 개별공급함수는 $q = P - 2$이고, 동일한 개별공급함수를 가진 공급자가 15명일 때, X재의 시장공급함수는 $Q_S = 15q = 15(P - 2) = 15P - 30$이 된다.

따라서 시장공급함수는 $Q_S = 15P - 30$이 된다.

그런데 해당 시장에서 기술진보로 인하여 모든 공급자의 단위당 생산비용이 1만큼씩 하락한다고 하였으므로 재화 X에 대한 개별공급함수는 $P = (2 + q) - 1$이므로 $q = P - 1$이고, 동일한 개별공급함수를 가진 공급자가 15명일 때, X재의 시장공급함수는 $Q_S = 15q = 15(P - 1) = 15P - 15$가 된다.

따라서 시장공급함수는 $Q_S = 15P - 15$가 된다.

3) 시장균형의 도출

시장에서의 균형은 수요와 공급의 힘이 일치할 때 달성된다. 수리적으로는 수요함수의 수요량과 공급함수의 공급량이 일치할 때 시장균형이 달성된다.

시장수요함수, 시장공급함수가 각각 $Q_D = 70 - 10P$, $Q_S = 15P - 15$이므로
시장균형은 $70 - 10P = 15P - 15$일 때 달성된다. 이때, 균형가격은 $P = 3.4$가 된다.

위에서 구한 균형가격을 수요함수나 공급함수에 대입하면 균형거래량을 구할 수 있으며 균형거래량은 $Q = 36$이 된다.

밑줄 친 변화에 따라 2018년 Y재 시장에서 예상되는 현상으로 옳지 않은 것은? (단, 수요곡선은 우하향, 공급곡선은 우상향하며, 다른 조건은 일정하다.) ▶ 2018년 감정평가사

2017년 Y재 시장의 균형가격은 70만원이며, 균형거래량은 500만이다. 2018년에 Y재 생산에 필요한 부품가격이 상승하였다.

① 공급곡선은 왼쪽으로 이동한다.
② 균형가격은 낮아진다.
③ 균형거래량은 줄어든다.
④ 소비자잉여는 감소한다.
⑤ 사회적 후생은 감소한다.

출제이슈 부품가격 변화와 시장균형의 변화
핵심해설 정답 ②

시장의 균형은 수요나 공급에 영향을 주는 수요 측 혹은 공급 측 요인이 변화할 때 변하게 된다. 그 요인을 살펴보면 다음과 같다.

1) **수요 측 요인의 변화** : 수요곡선의 이동
   cf. 가격의 변화 : 수요곡선상의 이동

   ① 소득의 변화
   ② 선호의 변화

2) **공급 측 요인의 변화** : 공급곡선의 이동
   cf. 가격의 변화 : 공급곡선상의 이동

   ① 노동비용, 자본비용의 변화
   ② 기술의 변화

설문에서 Y재 시장의 공급 측면에서 부품가격이 상승하여 생산비용이 상승한 경우, 공급곡선은 좌상방으로 이동하게 된다. 이에 따라서 새로운 균형에서는 기존균형에 비해 가격은 상승하고 거래량은 감소하게 된다. 한편, 가격 상승 및 거래량 감소로 인하여 소비자잉여는 감소하고 사회총잉여도 감소한다.

완전경쟁시장에서 모든 기업이 이윤을 극대화하고 있는 산업 A는 비용곡선이 $C(Q) = 2 + \dfrac{Q^2}{2}$인 100개의 기업과 $C(Q) = \dfrac{Q^2}{10}$인 60개의 기업으로 구성되어 있다. 신규 기업의 진입이 없을 때, 가격이 2보다 큰 경우 산업 A의 공급곡선은? (단, Q는 생산량이다.)

▶ 2024년 감정평가사

① $Q = 200P$ ② $Q = 300P$ ③ $Q = 400P$

④ $Q = 415P$ ⑤ $Q = 435P$

출제이슈 시장공급의 도출
핵심해설 정답 ③

설문에서 한계비용함수가 $MC = Q$인 경우, 재화에 대한 개별공급함수는 $P = Q$이고, 동일한 개별공급함수를 가진 공급자가 100개일 때의 공급함수는 $Q_S = 100P$가 된다.

한편, 한계비용함수가 $MC = 0.2Q$인 경우 재화에 대한 개별공급함수는 $P = 0.2Q$, $Q = 5P$이고, 동일한 개별공급함수를 가진 공급자가 60개일 때의 공급함수는 $Q = 5P \times 60 = 300P$가 된다.

따라서 위 두 유형의 공급자들을 모두 포괄하는 시장공급함수는 $Q = 100P$와 $Q_S = 300P$의 수평합으로 구할 수 있으며, $Q = 400P$가 된다.

주유소에서 휘발유를 구입하는 모든 소비자들은 항상 "5만원어치 넣어주세요"라고 하는 반면, 경유를 구입하는 모든 소비자들은 항상 "40리터 넣어주세요"라고 한다. 현재의 균형상태에서 휘발유의 공급은 감소하고, 경유의 공급이 증가한다면, 휘발유 시장과 경유 시장에 나타나는 균형가격의 변화는? (단, 휘발유 시장과 경유 시장은 완전경쟁시장이며, 각 시장의 공급곡선은 우상향하고, 다른 조건은 일정하다.)

▶ 2018년 감정평가사

① 휘발유 시장 : 상승, 경유 시장 : 상승
② 휘발유 시장 : 상승, 경유 시장 : 하락
③ 휘발유 시장 : 하락, 경유 시장 : 불변
④ 휘발유 시장 : 하락, 경유 시장 : 하락
⑤ 휘발유 시장 : 불변, 경유 시장 : 불변

출제이슈 특수한 수요곡선과 시장균형의 변화
핵심해설 정답 ②

1) 항상 "5만원어치 휘발유를 넣어주세요"의 경우

① 수요함수의 도출
소비자의 지출액은 휘발유의 가격이 상승하든, 하락하든 관계없이 5만원으로 일정하다.
따라서 이 경우 $PQ = 50,000$으로서 이를 $Q_D = \dfrac{50,000}{P}$의 수요함수로 해석할 수 있다.
이는 우하향하는 직각쌍곡선 형태의 수요곡선을 의미한다.

② 시장균형의 도출
공급곡선이 우상향할 때, 현재의 균형상태에서 휘발유의 공급이 감소하게 되면, 휘발유 공급곡선이 좌상방으로 이동하게 되어 휘발유 균형가격은 상승하게 된다. 참고로 휘발유 균형거래량은 감소한다.

2) 항상 "40리터 경유를 넣어주세요"의 경우

① 수요함수의 도출
소비자의 구입량은 경유의 가격이 상승하든, 하락하든 관계없이 40리터로 일정하다.
따라서 이 경우 $Q = 40$으로서 이를 $Q_D = 40$의 수요함수로 해석할 수 있다.
이는 수직 형태의 수요곡선을 의미한다.

② 시장균형의 도출
공급곡선이 우상향할 때, 현재의 균형상태에서 경유의 공급이 증가하게 되면, 경유 공급곡선이 우하방으로 이동하게 되어 경유 균형가격은 하락하게 된다. 참고로 경유 균형거래량은 불변이다.

Issue 08 소비자잉여와 생산자잉여

어떤 재화 시장에서 소비자잉여와 생산자잉여에 대한 설명으로 옳은 것은? (단, 수요곡선은 우하향하며, 공급곡선은 우상향한다.) ▶ 2021년 국가직 7급

① 소비자잉여는 실제로 지불한 금액이 지불할 용의가 있는 최대 금액을 초과하는 부분이다.

② 소비자잉여는 소비자가 재화의 소비에서 얻는 편익의 총합과 같다.

③ 고정비용이 없는 장기에 생산자잉여는 기업의 이윤과 같다.

④ 기업에 단위당 T원의 물품세를 생산자에 부과하면 가격이 상승하여 생산자잉여가 증가한다.

출제이슈 소비자잉여와 생산자잉여
핵심해설 정답 ③

시장에서 소비자가 상품구입을 위해서 지불할 의사가 있는 최대금액과 실제지불액의 차이를 소비자잉여라고 하고, 시장에서 생산자가 상품판매를 하고 그 대가로 수취하여야 할 최소금액과 실제수취액의 차이를 생산자잉여라고 한다.

① 틀린 내용이다.
  소비자잉여는 지불할 용의가 있는 최대금액이 실제로 지불한 금액을 초과하는 부분이다.

② 틀린 내용이다.
  소비자잉여는 소비자가 재화의 소비에서 얻는 편익의 총합에서 실제로 지불한 금액을 초과한 부분이다.

③ 옳은 설명이다.
  생산자잉여는 고정비용과 이윤의 합과 같으므로 고정비용이 없는 장기에는 생산자잉여가 이윤과 같다.

④ 틀린 내용이다.
  기업에 단위당 T원의 물품세를 부과하면 가격이 상승하고 소비자잉여와 생산자잉여는 감소한다.

완전경쟁시장에서 거래되는 어느 재화의 수요곡선과 공급곡선이 다음과 같다. 정부가 균형가격을 시장가격으로 설정하고 시장거래량을 2로 제한할 때, 소비자잉여와 생산자잉여의 합은? (단, Q_D는 수요량, Q_S는 공급량, P는 가격이다.)

▶ 2019년 국가직 7급

> 수요곡선 : $Q_D = 10 - 2P$
> 공급곡선 : $Q_S = -2 + 2P$

① 2

② 4

③ 6

④ 8

출제이슈 거래제한과 잉여계산
핵심해설 정답 ③

시장의 균형과 소비자잉여, 생산자잉여를 기하적으로 표시하면 아래와 같다.

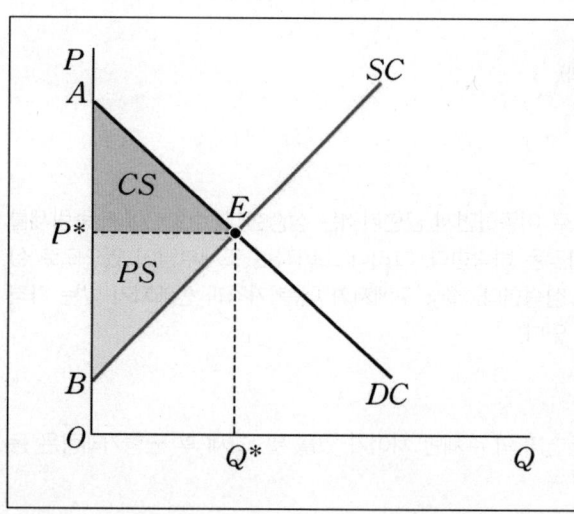

설문에서 주어진 자료를 이용하여 시장균형을 구하면 수요량과 공급량이 일치하는 수준에서 $P = 3$, $Q = 4$가 된다. 그러나 정부의 거래량 규제로 인하여 거래량은 4가 아니라 2가 되고, 가격 역시 정부규제로 인하여 기존 시장가격인 3이 된다.

이때, 소비자잉여는 $CS = \dfrac{2 \times 4}{2} - \dfrac{2 \times 1}{2} = 3$, 생산자잉여는 $PS = \dfrac{2 \times 4}{2} - \dfrac{2 \times 1}{2} = 3$이다.

따라서 소비자잉여와 생산자잉여의 합은 6이 된다.

Issue 09 조세의 귀착과 탄력성

( )에 들어갈 내용으로 옳지 않은 것은? (단, 수요곡선은 우하향, 공급곡선은 우상향한다.)

▶ 2022년 감정평가사

정부는 X재에 대해 종량세를 부과하려고 한다. 동일한 세율로 판매자에게 부과하는 경우와 구매자에게 부과하는 경우를 비교할 때, ( )

① 구매자가 내는 가격은 동일하다.
② 판매자가 받는 가격은 동일하다.
③ 조세수입의 크기는 동일하다.
④ 균형거래량이 모두 증가한다.
⑤ 총잉여는 모두 감소한다.

출제이슈 조세부과의 효과(조세부과와 시장균형의 변화)
핵심해설 정답 ④

①, ② 옳은 내용이다.
공급자에게 종량세를 부과하면 공급곡선이 좌상방으로 이동하면서 균형가격은 상승한다. 수요자에게 종량세를 부과하면 수요곡선이 좌하방으로 이동하면서 균형가격은 하락한다. 그러나 소비자는 조세부담이 있으므로 실질적인 소비자부담은 균형가격의 하락에도 불구하고 상승한다. 결국 구매자가 내는 가격과 판매자가 받는 가격은 모두 동일하게 됨을 위의 분석을 통해서 알 수 있다.

③ 옳은 내용이다.
종량세를 공급자에게 부과하든 수요자에게 부과하든 납부의 주체만 차이가 있을 뿐, 과세 후 균형거래량은 동일하기 때문에 정부의 조세수입은 같다.

④ 틀린 내용이다.
공급자에게 종량세를 부과하면 공급곡선이 좌상방으로 이동하면서 균형거래량은 감소한다. 수요자에게 종량세를 부과하면 수요곡선이 좌하방으로 이동하면서 균형거래량은 감소한다.

⑤ 옳은 내용이다.
종량세를 공급자에게 부과하든 수요자에게 부과하든 소비자 직면가격, 생산자 직면가격 그리고 균형거래량 분석이 동일하므로 경제적 순손실(deadweight loss)도 동일하다. 특히 경제적 순손실이 생기므로 총잉여는 감소한다.

경쟁시장에서 공급곡선은 완전 비탄력적이고 수요곡선은 우하향한다. 현재 시장균형가격이 20일 때, 정부가 판매되는 제품 1단위당 4만큼 세금을 부과할 경우 (ㄱ) 판매자가 받는 가격과 (ㄴ) 구입자가 내는 가격은?

▶ 2020년 감정평가사

① ㄱ : 16,   ㄴ : 16   ② ㄱ : 16,   ㄴ : 20
③ ㄱ : 18,   ㄴ : 22   ④ ㄱ : 20,   ㄴ : 20
⑤ ㄱ : 20,   ㄴ : 24

출제이슈 공급이 완전비탄력적인 경우 조세부과의 효과
핵심해설 정답 ②

경쟁시장에서 공급곡선이 완전비탄력적인 상황에서 현재 시장균형가격이 20일 때, 정부가 판매되는 제품 1단위당 4만큼 세금을 부과할 경우 거래량은 불변이고 시장균형가격(소비자 직면가격)은 불변이므로 소비자는 전혀 부담을 지지 않는다. 따라서 원래의 시장균형가격인 20이 구입자가 내는 가격이 된다.

한편 이 경우 모든 부담은 생산자가 지게 되며, 생산자 직면가격은 이전보다 단위당 조세가 차감된 금액이 된다. 따라서 원래의 시장균형가격인 20에서 단위당 조세 4를 차감한 16이 판매자가 받는 가격이 된다.

X재의 시장수요곡선과 시장공급곡선이 각각 $Q_D = 100 - 2P$, $Q_S = 20$이다. 정부가 X재 한 단위당 10의 세금을 공급자에게 부과한 이후 X재의 시장가격은? (단, Q_D는 수요량, Q_S는 공급량, P는 가격이다.)

▶ 2023년 감정평가사

① 10   ② 20   ③ 30
④ 40   ⑤ 50

출제이슈 공급이 완전비탄력적인 경우 조세부과의 효과
핵심해설 정답 ④

경쟁시장에서 공급곡선이 완전비탄력적인 상황에서 현재 시장균형가격을 구해보면 40이 된다. 균형가격은 수요함수와 공급함수인 $Q_D = 100 - 2P$, $Q_S = 20$를 연립하여 풀면 쉽게 구할 수 있다.

이때, 정부가 X재 한 단위당 10의 세금을 공급자에게 부과할 경우, 거래량은 불변이고 시장균형가격(소비자 직면가격)도 40으로 불변이므로 소비자는 전혀 부담을 지지 않는다. 원래의 시장균형가격인 40이 구입자가 내는 가격이 된다.

한편 이 경우 모든 부담은 생산자가 지게 되며, 생산자 직면가격은 이전보다 단위당 조세가 차감된 금액이 된다. 따라서 원래의 시장균형가격인 40에서 단위당 조세 10을 차감한 30이 판매자가 받는 가격이 된다.

수요곡선은 $P = 10$, 공급곡선은 $Q_S = P$ 이다. 정부가 한 단위당 2원의 물품세를 소비자에게 부과한 결과로 옳은 것은? (단, Q_S 는 공급량, P 는 가격이다.) ▶ 2021년 감정평가사

① 소비자 대신 생산자에게 물품세를 부과하면 결과는 달라진다.

② 소비자잉여는 감소하였다.

③ 생산자잉여의 감소분은 24원이다.

④ 자중손실(deadweight loss)은 2원이다.

⑤ 조세수입은 20원 증가하였다.

출제이슈 수요가 완전탄력적인 경우 조세부과의 효과

핵심해설 정답 ④

① 틀린 내용이다.

조세를 소비자에게 부과하든 생산자에게 부과하든 그 효과는 동일하다.

② 틀린 내용이다.

수요가 완전탄력적이어서 수요곡선이 수평선(수요의 가격탄력성이 무한대)인 경우 소비자에게 조세가 부과되면 거래량은 감소하고 소비자 직면가격은 불변이며, 소비자 직면가격이 불변이므로 소비자는 전혀 부담을 지지 않는다. 소비자잉여는 변함없이 0으로 동일하다.

③ 틀린 내용이다.

조세부과 이전 가격이 10, 거래량이 10임을 고려하면 생산자잉여는 50이 된다. 소비자에게 조세부과 이후 가격이 8, 거래량이 8, 생산자 직면가격이 8임을 고려하면 생산자잉여는 32가 된다. 따라서 생산자잉여의 감소분은 18(원)이 된다.

④ 옳은 내용이다.

조세부과 이후 거래량이 8, 단위당 조세가 2원임을 고려할 때, 조세수입은 16(원)이 된다. 수요가 완전탄력적이므로 소비자잉여는 없으며 생산자잉여의 감소분이 18(원)임을 고려하면 사회총잉여의 감소분, 즉 자중손실은 2(원)가 된다.

⑤ 틀린 내용이다.

조세부과 이후 거래량이 8, 단위당 조세가 2(원)임을 고려할 때, 조세수입은 16(원)이 된다.

다음과 같이 시장수요곡선(D)와 시장공급곡선(S)이 주어졌을 때, 정부가 생산자에게 세금을 부과하여 공급곡선이 S에서 S'으로 이동하였다. 다음 중 옳은 것은? (단, 시장수요곡선은 완전탄력적이며, 시장공급곡선은 우상향한다.)

▶ 2015년 감정평가사

① 모든 세금은 소비자가 부담한다.
② 균형거래량은 변화가 없다.
③ 생산자잉여는 감소한다.
④ 소비자잉여는 증가한다.
⑤ 정부의 조세수입은 발생하지 않는다.

출제이슈 수요가 완전탄력적인 경우 조세부과의 효과
핵심해설 정답 ③

① 틀린 내용이다.
소비자 직면가격이 불변이므로 소비자는 전혀 부담을 지지 않으며 모든 부담은 생산자가 지게 된다.

② 틀린 내용이다.
수요가 완전탄력적이어서 수요곡선이 수평선(수요의 가격탄력성이 무한대)인 경우 생산자에게 조세가 부과되면 거래량은 감소한다.

③ 옳은 내용이다.
수요가 완전탄력적이어서 수요곡선이 수평선(수요의 가격탄력성이 무한대)인 경우 생산자에게 조세가 부과되면 생산자잉여는 감소한다.

④ 틀린 내용이다.
수요가 완전탄력적이어서 수요곡선이 수평선(수요의 가격탄력성이 무한대)인 경우 소비자잉여는 발생하지 않으므로 조세가 부과되어도 불변이다.

⑤ 틀린 내용이다.
조세부과 이후의 균형거래량에 단위당 조세를 곱한 만큼 정부의 조세수입이 발생한다.

정부가 공급자에게 종량세를 부과할 때, 공급자의 세금 부담이 가장 큰 경우는? (단, 수요곡선은 우하향하며, 공급곡선은 우상향한다.) ▶ 2022년 지방직 7급

① 공급의 가격 탄력성이 작을수록, 수요의 가격 탄력성이 클수록

② 공급의 가격 탄력성이 작을수록, 수요의 가격 탄력성이 작을수록

③ 공급의 가격 탄력성이 클수록, 수요의 가격 탄력성이 클수록

④ 공급의 가격 탄력성이 클수록, 수요의 가격 탄력성이 작을수록

출제이슈 조세의 귀착과 탄력성

핵심해설 정답 ①

수요의 가격탄력성이 클수록 소비자부담은 작고, 생산자부담은 크다. 반대로 공급의 가격탄력성이 클수록 생산자부담은 작고, 소비자부담은 크다.

정부가 공급자에게 종량세를 부과할 때, 공급자의 세금 부담이 가장 큰 경우는 수요의 가격탄력성이 크고, 공급의 가격탄력성이 작은 때가 된다.

어느 기업이 생산하는 물품에 대해 종량세를 부과하는 경우, 소비자에게 전가되는 조세 부담이 가장 큰 것은? (단, 종량세의 세율은 같고, 해당 물품에 대한 수요곡선은 우하향하는 직선이고 공급곡선은 우상향하는 직선이다.) ▶ 2022년 국가직 9급

① 수요의 가격탄력성은 0.2, 공급의 가격탄력성은 1.8

② 수요의 가격탄력성은 0.3, 공급의 가격탄력성은 0.7

③ 수요의 가격탄력성은 0.7, 공급의 가격탄력성은 0.3

④ 수요의 가격탄력성은 1.8, 공급의 가격탄력성은 0.2

출제이슈 조세의 귀착과 탄력성

핵심해설 정답 ①

수요의 가격탄력성이 클수록 소비자부담은 작고, 생산자부담은 크다. 반대로 공급의 가격탄력성이 클수록 생산자부담은 작고, 소비자부담은 크다.

정부가 종량세를 부과할 때, 소비자의 세금 부담이 가장 큰 경우는 수요의 가격탄력성이 작고, 공급의 가격탄력성이 큰 때가 된다. 따라서 설문에서 ① 수요의 가격탄력성은 0.2, 공급의 가격탄력성은 1.8인 경우가 이에 해당한다.

Issue 10 　조세의 귀착 계산

甲국에서 X재에 대한 국내 수요곡선과 국내 공급곡선은 다음과 같다.

- 국내 수요곡선 : $Q_D = 700 - P$
- 국내 공급곡선 : $Q_S = 200 + 4P$

소비자에게 X재 1개당 10의 세금이 부과될 때, 소비자가 지불하는 가격(P_B)과 공급자가 받는 가격(P_S)을 바르게 연결한 것은? (단, Q_D는 국내 수요량, Q_S는 국내 공급량, P는 X재 가격이다.)

▶ 2021년 지방직 7급

	P_B	P_S			P_B	P_S
①	98	108		②	108	98
③	100	110		④	110	100
⑤	110	110				

출제이슈　조세부담의 귀착 계산
핵심해설　정답 ②

1) 조세부과 이전의 균형
   ① 조세부과 이전 수요곡선이 $Q_D = 700 - P$이고 공급곡선은 $Q_S = 200 + 4P$이므로 시장균형은 수요와 공급이 일치하는 $700 - P = 200 + 4P$에서 달성된다.
   ② 따라서 균형가격은 $P = 100$이고, 균형거래량은 $Q = 600$이 된다.

2) 소비자에게 조세부과 이후의 균형
   ① 조세부과 이전 수요곡선은 $Q_D = 700 - P$이므로 이를 변형하면 $P = 700 - Q$이고 단위당 10의 조세부과 이후 수요곡선은 $P = 700 - Q - 10 = 690 - Q$가 된다.
   ② 공급곡선이 $Q_S = 200 + 4P$, $P = 0.25Q - 50$이므로 시장균형은 수요와 공급이 일치하는 $690 - Q = 0.25Q - 50$에서 달성된다.
   ③ 따라서 균형거래량은 $Q = 592$이고, 균형가격은 $P = 98$이 된다.
   ④ 이때, 소비자 직면가격은 균형가격에서 조세액 10을 가산한 108이고, 생산자 직면가격은 균형가격인 98이 된다.
   ⑤ 조세부과 이전 균형가격은 100이고 조세부과 이후 소비자 직면가격이 108, 생산자 직면가격이 98이므로 소비자 조세부담은 8, 생산자의 조세부담은 2가 되어 소비자와 생산자 부담의 합 10이 조세액 10과 일치한다.
   ⑥ 이때, 전체조세수입은 과세 후 균형거래량 592에 단위당 10을 고려한 5,920이 된다.

> **노동수요는** $L_d = 19,000 - w$, **노동공급은** $L_s = -4,000 + w$**이고, 정부가 근로시간당 1,000 의 세금을 부과할 때, 근로자가 받을 세후 임금과 정부의 조세수입을 각각 순서대로 올바로 나열한 것은? (단,** w**는 시간당 임금)** ▶ 2018년 보험계리사
>
> ① 11,000 ; 7,000,000　　　　② 11,000 ; 7,500,000
> ③ 11,500 ; 7,000,000　　　　④ 12,000 ; 7,500,000

출제이슈 조세부담의 귀착(근로소득세)
핵심해설 정답 ①

재화시장에 조세가 부과되었을 경우나 노동시장에 조세가 부과되었을 경우나 분석방법은 동일하다.

1) 조세부과 이전의 균형

① 조세부과 이전 노동수요곡선이 $L_d = 19,000 - w$이고 노동공급곡선은 $L_s = -4,000 + w$이므로 노동시장 균형은 노동수요와 노동공급이 일치하는 $19,000 - w = -4,000 + w$에서 달성된다.

② 따라서 균형임금은 $w = 11,500$이고, 균형고용량은 $L = 7,500$이 된다.

2) 생산재(근로자)에게 조세부과 이후의 균형

① 조세부과 이전 노동공급곡선은 $L_s = -4,000 + w$이므로 이를 변형하면 $w = L + 4,000$이고 단위(근로시 간)당 1,000의 조세부과 이후 노동공급곡선은 $w = L + 4,000 + 1,000$이 된다.

② 노동수요곡선이 $L_d = 19,000 - w$이므로 시장균형은 수요와 공급이 일치하는 $19,000 - L = L + 5,000$에 서 달성된다.

③ 따라서 균형고용량은 $L = 7,000$이고 균형임금은 $w = 12,000$이 된다.

④ 이때, 노동수요자(기업)가 직면하는 임금은 12,000이고, 노동공급자(근로자)가 직면하는 임금은 균형임금 12,000에서 조세액 1,000을 차감한 11,000이 된다.

⑤ 조세부과 이전 균형임금은 $w = 11,500$이고 조세부과 이후 노동수요자가 직면하는 임금은 12,000, 노동공 급자가 직면하는 임금은 11,000이므로 노동수요자의 조세부담은 500, 노동공급자의 조세부담은 500이 되 어 노동수요자와 노동공급자의 부담의 합 1,000이 조세액 1,000과 일치한다.

⑥ 이때, 전체조세수입은 과세 후 균형고용량 7,000에 단위당 1,000을 고려한 7,000,000이 된다.

따라서 설문에서 근로자가 받을 세후 임금은 11,000이며, 정부의 조세수입은 7,000,000이다.

Issue **11**   ## 조세의 초과부담과 탄력성

정상적인 수요곡선과 공급곡선에서 일반적으로 조세는 경제적 비용을 유발한다. 이러한 현상에 대한 설명으로 옳지 않은 것은?   ▶ 2017년 국가직 9급

① 주어진 수요곡선하에서 공급의 가격탄력성이 비탄력적일수록 세금 부과에 의한 경제적 순손실은 작다.
② 주어진 공급곡선하에서 수요의 가격탄력성이 비탄력적일수록 세금 부과에 의한 경제적 순손실은 작다.
③ 세금이 부과되면 거래량이 감소하고 소비자잉여와 생산자잉여가 감소한다.
④ 세금이 부과되면 소비자잉여의 감소분과 생산자잉여의 감소분의 합은 정부의 조세수입과 같아지게 된다.

출제이슈 조세의 초과부담
핵심해설 정답 ④

조세가 부과되면 소비자가 인식하는 가격과 생산자가 인식하는 가격이 괴리되어 가격왜곡이 생겨난다. 조세부과 이전의 가격과 조세부과 이후의 인식가격 간의 차이로 인해서 소비자와 생산자에 조세부담이 생겨날 뿐만 아니라 사회전체적으로는 모든 주체들의 부담을 초과하는 추가적인 부담이 생겨나는데 이를 초과부담이라고 한다. 초과부담은 조세로 인한 사회총잉여의 감소분으로서 비효율성을 보여준다.

①, ② 옳은 내용이다.
수요 또는 공급의 가격탄력성이 작을수록 세금부과에 따른 경제적 순손실의 크기는 줄어든다.

③ 옳은 내용이다.
과세로 인하여 거래량은 감소하고 소비자잉여 및 생산자잉여는 감소한다.

④ 틀린 내용이다.
과세로 인한 소비자잉여 및 생산자잉여의 감소분의 합은 정부의 조세수입보다 더 크다. 이는 조세의 초과부담으로 인하여 발생하는 경제적 순손실이다.

Issue 12　조세의 초과부담 계산

X재의 시장수요함수와 시장공급함수가 각각 $Q_D = 3,600 - 20P$, $Q_S = 300$이다. 정부가 X 재 한 단위당 100원의 세금을 소비자에게 부과할 때, 자중손실(deadweight loss)은? (단, Q_D는 수요량, Q_S는 공급량, P는 가격이다.) ▶ 2016년 감정평가사

① 0원　　　　　　　② 10,000원　　　　　　③ 20,000원
④ 30,000원　　　　　⑤ 40,000원

출제이슈 공급이 완전비탄력적인 경우의 초과부담
핵심해설 정답 ①

설문에서 수요함수와 공급함수는 $Q_D = 3,600 - 20P$, $Q_S = 300$인데, 특히 공급곡선이 수직선 형태로서 공급이 고정되어 있음을 알 수 있다. 이 경우에는 공급이 완전비탄력적이기 때문에 조세가 부과될 경우, 소비자에게 부과되더라도, 소비자의 부담은 전혀 없으며 공급자가 모든 조세부담을 지게 된다.

또한 조세부과로 인한 거래량의 감소가 없기 때문에 조세의 초과부담은 0이 된다.

Issue 13 · 최고가격규제

완전경쟁시장에서 거래되는 X재에 대한 시장균형 가격보다 낮은 수준에서 가격상한제를 실시하였다. 이로 인해 나타날 수 있는 일반적인 현상으로 옳은 것을 모두 고른 것은? (단, X재는 수요와 공급의 법칙을 따른다.)

▸ 2015년 감정평가사

ㄱ. X재의 품귀현상이 일어난다.
ㄴ. X재의 공급과잉이 발생한다.
ㄷ. X재의 암시장이 발생할 수 있다.
ㄹ. X재의 품질이 좋아진다.

① ㄱ, ㄴ   ② ㄱ, ㄷ   ③ ㄴ, ㄷ
④ ㄴ, ㄷ, ㄹ   ⑤ ㄱ, ㄴ, ㄷ, ㄹ

출제이슈 최고가격규제의 효과
핵심해설 정답 ②

ㄱ. 옳은 내용이다.
가격상한제를 실시할 경우 시장균형가격보다 낮은 수준에 상한가격이 설정되기 때문에 수요량이 늘어나서 초과수요가 발생하면서 품귀현상이 나타난다.

ㄴ. 틀린 내용이다.
가격상한제를 실시할 경우 시장균형가격보다 낮은 수준에 상한가격이 설정되기 때문에 수요량이 늘어나서 초과수요가 발생하므로 공급과잉과는 거리가 멀다.

ㄷ. 옳은 내용이다.
가격상한제로 초과수요가 발생함에도 여전히 가격은 최고가격수준에 고정되어 있기 때문에 초과수요로 인한 암시장이 발생할 가능성이 커진다.

ㄹ. 틀린 내용이다.
가격상한제로 초과수요가 발생함에도 여전히 가격은 최고가격수준에 고정되어 있기 때문에 공급자들은 높은 가격을 받을 수 없어 대신 재화의 품질을 떨어뜨릴 가능성이 커진다.

X재 시장의 수요곡선은 $Q_D = 500 - 4P$이고 공급곡선은 $Q_S = -100 + 2P$이다. 시장균형에서 정부가 $P = 80$의 가격상한을 설정할 때, (ㄱ) 소비자잉여의 변화와 (ㄴ) 생산자잉여의 변화는? (단, Q_D는 수요량, Q_S는 공급량 P는 가격) ▶ 2020년 감정평가사

① ㄱ : 증가, ㄴ : 증가
② ㄱ : 증가, ㄴ : 감소
③ ㄱ : 불변, ㄴ : 불변
④ ㄱ : 감소, ㄴ : 증가
⑤ ㄱ : 감소, ㄴ : 감소

출제이슈 최고가격규제의 효과
핵심해설 정답 ②

1) 최고가격규제 실시 이전

   $Q_D = 500 - 4P$와 $Q_S = -100 + 2P$가 일치하는 $P^* = 100$, $Q^* = 100$ 수준에서 균형이 달성된다.

2) 최고가격규제 실시 이후

   최고가격 $P = \overline{P} = 80$ 수준에서 수요는 $\overline{Q_D} = 180$, 공급은 $\overline{Q_S} = 60$으로 괴리가 발생하면서 초과수요 $\overline{Q_D} - \overline{Q_S} = 120$이 나타난다.

3) 소비자잉여의 변화

   최고가격규제로 인한 소비자잉여의 변화분은 $-b + c = -\dfrac{(10 \times 40)}{2} + (20 \times 60) = 1{,}000$이 된다.

   따라서 소비자잉여는 최고가격규제로 인하여 증가한다.

4) 생산자잉여의 변화

   최고가격규제로 인한 생산자잉여의 변화분은 $-c - d = -(20 \times 60) - \dfrac{(20 \times 40)}{2} = -1{,}600$이 된다.

   따라서 생산자잉여는 최고가격규제로 인하여 감소한다.

5) 사회총잉여의 감소

   최고가격설정으로 인하여 소비자잉여는 1,000만큼 증가하고 생산자잉여는 1,600만큼 감소하므로 사회총잉여는 600만큼 감소한다.

어떤 재화의 시장수요함수는 $Q = 100 - P$ 이고, 시장공급함수는 $Q = -10 + P$ 이다. 정부가 $P = 40$에서 가격상한제를 실시할 경우, 생산자 잉여의 감소분 중 소비자 잉여로 이전 (transfer)되는 크기는? (단, P는 가격, Q는 수량) ▸ 2025년 감정평가사

① 350　　　　　　　　　　　　　　② 400

③ 450　　　　　　　　　　　　　　④ 500

⑤ 550

출제이슈　최고가격규제의 효과

핵심해설　정답 ③

1) 생산자잉여의 감소분

　최초 균형 $P = 55$, $Q = 45$에서 가격상한제로 인하여 균형이 $P = 40$, $Q = 30$으로 바뀜을 고려하면 생산자잉여의 감소분은 $450 + 112.5$가 된다.

2) 생산자잉여 감소분의 이전

　생산자잉여의 감소분 $450 + 112.5$ 중에서 소비자에게 이전된 것은 450이고, 자중손실로 된 것은 112.5이다.

甲국에서 X재에 대한 국내 수요곡선과 국내 공급곡선은 다음과 같다.

- 국내 수요곡선 : $Q_D = 16 - P$
- 국내 공급곡선 : $Q_S = 2P - 8$

甲국 정부가 X재의 최고가격을 $P = 7$로 설정하는 정책을 실시할 때 甲국의 사회후생의 변화는? (단, Q_D는 국내 수요량, Q_S는 국내 공급량, P는 X재 가격이다.) ▶ 2021년 지방직 7급

① 3만큼 증가   ② 3만큼 감소

③ 6만큼 증가   ④ 6만큼 감소

출제이슈 최고가격규제의 효과
핵심해설 정답 ②

1) 최고가격규제 실시 이전

$Q_D = 16 - P$와 $Q_S = 2P - 8$이 일치하는 $P^* = 8$, $Q^* = 8$ 수준에서 균형이 달성된다.

2) 최고가격규제 실시 이후

최고가격 $P = \overline{P} = 7$ 수준에서 수요는 $\overline{Q_D} = 9$, 공급은 $\overline{Q_S} = 6$으로 괴리가 발생하면서 초과수요가 $\overline{Q_D} - \overline{Q_S} = 3$이 나타난다.

3) 소비자잉여의 변화

최고가격규제로 인한 소비자잉여의 변화분은 $-b + c = -\dfrac{(2 \times 2)}{2} + (1 \times 6) = 4$가 된다.

따라서 소비자잉여는 최고가격규제로 인하여 증가한다.

4) 생산자잉여의 변화

최고가격규제로 인한 생산자잉여의 변화분은 $-c - d = -(1 \times 6) - \dfrac{(2 \times 1)}{2} = -7$이 된다.

따라서 생산자잉여는 최고가격규제로 인하여 감소한다.

5) 사회총잉여의 감소

최고가격설정으로 인하여 소비자잉여는 4만큼 증가하고 생산자잉여는 7만큼 감소하므로 사회총잉여는 3만큼 감소한다.

A국에서 어느 재화의 수요곡선은 $Q_d = 280 - 3P$ 이고 공급곡선은 $Q_s = 10 + 7P$ 이다. A국 정부는 이 재화의 가격상한을 20원으로 설정하였고, 이 재화의 생산자에게 보조금을 지급하여 공급량을 수요량에 맞추고자 한다. 이 조치에 따른 단위당 보조금은? (단, P는 이 재화의 단위당 가격이다.)

▶ 2018년 국가직 7급

① 10원

② 12원

③ 14원

④ 16원

출제이슈 최고가격규제와 보조금 지급

핵심해설 정답 ①

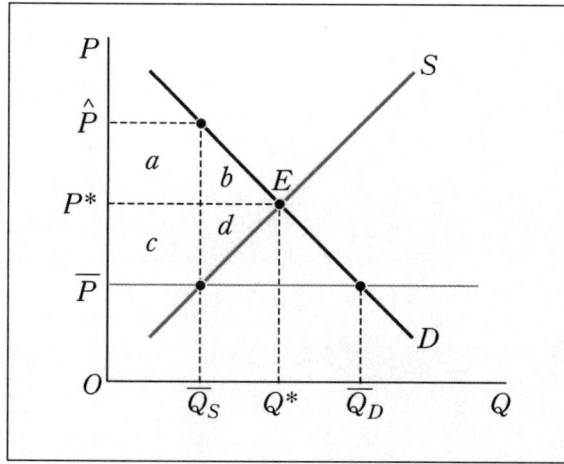

가격상한제로 인하여 발생한 초과수요는 $(\overline{Q_D} - Q^*) + (Q^* - \overline{Q_S}) = (\overline{Q_D} - \overline{Q_S})$ 이다.

이때, 정부는 초과수요 해소를 위하여 공급 측에 보조금을 지급할 수 있다.

규제 이전 시장가격 P^*=27원이고, 상한가격 $\overline{P}$=20원이다.

상한가격 20원하에서 수요 $\overline{Q_D}$=220, 공급 $\overline{Q_S}$=150으로서 초과수요는 70이 된다.

초과수요 70을 해소하기 위하여 정부는 보조금을 S만큼 지급하여 공급을 늘리도록 유인할 수 있다.

따라서 보조금 지급 이전 공급곡선 $Q = 10 + 7P$에서 보조금 S 지급 이후 공급곡선 $Q = 10 + 7(P + S)$가 된다.

이는 원래의 공급곡선을 횡축 방향으로 70(초과수요의 크기)만큼 평행이동하도록 보조금 S를 지급함을 의미한다.

따라서 보조금 S 지급 이후에는 공급곡선이 $Q - 70 = 10 + 7P$가 된다.

$Q = 10 + 7(P + S)$와 $Q - 70 = 10 + 7P$는 동일해야 하므로 보조금 규모 S는 10(원)이 된다.

Issue 14 최저가격규제

> **노동수요는** $E^D = 1,000 - 50w$ **이고 노동공급은** $E^S = 100w - 800$ **이다. 최저임금을 16으로 설정할 경우에 발생하는 경제적 순손실은 얼마인가? (단, w는 임금이다.)** ▶2021년 보험계리사
>
> ① 200   ② 400   ③ 600
> ④ 1,400   ⑤ 2,000

출제이슈 최저임금제의 효과
핵심해설 정답 ③

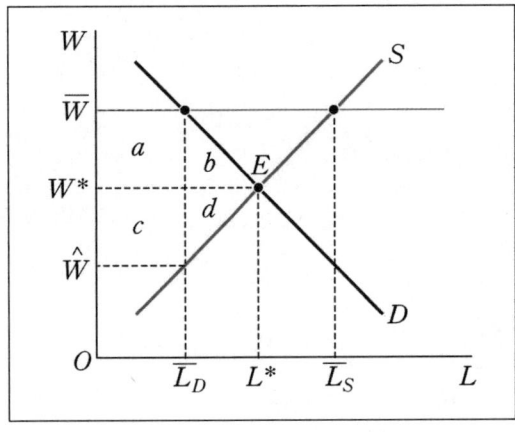

사회총잉여의 감소분 $-(b+d)$를 구하기 위해서 설문에서 주어진 자료를 활용하면 다음과 같다.

최저임금제 시행 이전 균형고용량 $L^* = 400$, 시장균형임금 $W^* = 12$

최저임금제 시행 이후 노동수요량 $\overline{L_D} = 200$, 최저임금 $\overline{W} = 16$, $\widehat{W} = 10$

따라서 사회총잉여의 감소분 $-(b+d)$의 면적은 $\dfrac{(16-10) \times (400-200)}{2} = 600$이 된다.

甲국에서 X재에 대한 국내 수요곡선과 국내 공급곡선은 다음과 같다.

- 국내 수요곡선 : $Q_D = 100 - P$
- 국내 공급곡선 : $Q_S = P$

甲국 정부가 X재의 최저가격을 $P = 60$으로 설정하는 대신 X재를 구입하는 소비자에게 단위당 일정액의 보조금을 지급하려고 한다. 甲국 정부가 최저가격 설정 전의 거래량을 유지하고자 할 때 필요한 보조금의 총액은? (단, Q_D는 국내 수요량, Q_S는 국내 공급량, P는 X재 가격이다.)

▶ 2021년 지방직 7급

① 250 ② 500 ③ 750
④ 1,000 ⑤ 1,200

출제이슈 최저가격규제와 보조금 지급
핵심해설 정답 ②

규제 이전 시장가격 $P^* = 50$이고, 거래량은 50이었다. 이제 최저가격규제의 시행으로 인하여 최저가격 $\overline{P} = 60$하에서 수요량은 40이고 공급량은 60으로서 초과공급이 발생하고 있다. 정부가 최저가격규제 시행 이전의 거래량 50을 유지하기 위해서는 수요를 늘리기 위해서 보조금을 지급할 필요가 있다.

만일 보조금을 소비자에게 지급할 경우 수요곡선이 상방으로 이동하게 된다. 이렇게 상방으로 이동한 보조금 지급 이후의 수요곡선이 최저가격인 $\overline{P} = 60$과 산출량 50에서 교차하도록 하면 된다.

이를 수리적으로 표현하면 다음과 같다.

최초의 수요곡선 $Q_D = 100 - P$, 즉 $P = 100 - Q$로부터 단위당 보조금을 S만큼 지급하는 경우의 수요곡선은 $P = 100 - Q + S$로 도출 가능하다.

이제 보조금 지급 시 수요곡선은 최저가격인 $\overline{P} = 60$과 산출량 50을 만족하므로 이를 대입하면 다음과 같다.

$$P = 100 - Q + S, \quad 60 = 100 - 50 + S$$

따라서 단위당 보조금 $S = 10$이 되므로 전체 보조금의 액수는 거래량 50을 고려하면 500이 된다.

정부의 실효성 있는 가격규제의 효과에 관한 설명으로 옳은 것은? (단, 수요곡선은 우하향, 공급곡선은 우상향한다.) ▶ 2024년 감정평가사

① 가격상한제가 실시되면, 시장에서의 실제 거래량은 실시 이전보다 증가할 것이다.
② 가격하한제가 실시되면, 시장에서의 실제 거래량은 실시 이전보다 증가할 것이다.
③ 최저임금제는 가격상한제에 해당하는 가격규제이다.
④ 가격하한제가 실시되면, 초과수요가 발생하여 암시장이 형성된다.
⑤ 가격상한제와 가격하한제 모두 자중손실(deadweight loss)이 발생한다.

출제이슈 가격규제와 비효율성
핵심해설 정답 ⑤

정부가 시장에서 형성되는 균형가격이 사회적 관점에서 너무 높거나 혹은 너무 낮다고 판단할 경우에는 시장에 개입하여 가격의 하한 혹은 상한을 설정할 수 있는데, 이를 가격규제라고 한다. 가격규제에는 가격의 상한을 설정하는 최고가격제(가격상한제, Price Ceiling)와 하한을 설정하는 최저가격제(가격하한제, Price Floor)가 있다. 최고가격제로는 대표적으로 분양가상한제를 그리고 최저가격제로는 대표적으로 최저임금제를 예로 들 수 있다.

시장에서 자유롭게 형성되어야 할 가격에 제약을 가해서 거래가격의 상한이나 하한을 통제하게 되면 수급량이 괴리되고 이로 인해서 당연히 가격변화 압력이 나타난다. 그러나 가격은 통제되고 있기 때문에 가격변화의 압력은 다른 식으로 우회로를 찾게 된다. 결국 가격규제로 인해서 사회총잉여는 감소하여 비효율을 노정하게 된다. 가격상한제든 가격하한제든 관계없이 시장에 대한 정부개입으로 인해서 자중손실이 발생한다.

소비이론

무차별곡선과 예산선

무차별곡선에 관한 설명으로 옳지 않은 것은?   ▶ 2021년 감정평가사

① 무차별곡선은 동일한 효용 수준을 제공하는 상품묶음들의 궤적이다.
② 무차별곡선의 기울기는 한계대체율이며 두 재화의 교환비율이다.
③ 무차별곡선이 원점에 대해 오목하면 한계대체율은 체감한다.
④ 완전대체재 관계인 두 재화에 대한 무차별곡신은 직선의 형태이다.
⑤ 모서리해를 제외하면 무차별곡선과 예산선이 접하는 점이 소비자의 최적점이다.

출제이슈 무차별곡선
핵심해설 정답 ③

① 옳은 내용이다.
무차별곡선은 동일한 효용 수준을 제공하는 상품묶음들의 궤적이다.

② 옳은 내용이다.
무차별곡선의 기울기는 한계대체율이며 두 재화의 교환비율이다.

③ 틀린 내용이다.
일반적으로 무차별곡선은 원점에 대해 볼록하지만 만일 특정한 성질의 재화를 상정하여 무차별곡선이 원점에 대해 오목할 경우에는 한계대체율은 체감하는 것이 아니라 체증한다.

④ 옳은 내용이다.
완전대체재 관계인 두 재화에 대한 무차별곡선은 직선의 형태로서 한계대체율이 일정하다.

⑤ 옳은 내용이다.
소비자의 최적소비선택은 주어진 예산제약하에서 효용을 극대화할 때 달성된다. 이때 모서리해를 제외하면 무차별곡선과 예산선이 접하는 점이 바로 소비자의 최적선택이 된다.

두 재화 X, Y에 대해 효용을 극대화하는 갑의 효용함수가 $U(X, Y) = (X+2)(Y+1)$이다. 한계대체율이 4이고, X재 선택은 14일 때, Y재의 선택은? (단, 한계대체율은 $\left|\dfrac{dY}{dX}\right|$이다.)

▶ 2024년 감정평가사

① 10   ② 18   ③ 32
④ 63   ⑤ 68

출제이슈 한계대체율
핵심해설 정답 ④

한계대체율은 두 재화 간의 주관적 교환비율로서 두 재화의 한계효용의 비율로 나타낼 수 있으며, 기하적으로는 무차별곡선의 기울기가 된다.

설문에서 한계대체율($\dfrac{MU_X}{MU_Y}$)을 구하면 $\dfrac{MU_X}{MU_Y} = \dfrac{Y+1}{X+2}$이 된다.

이때, 한계대체율이 4이며 X재 선택이 14임을 고려하여 다시 쓰면 아래와 같다.

$$\frac{MU_X}{MU_Y} = \frac{Y+1}{X+2} = \frac{Y+1}{14+2} = 4$$

이를 풀면 $Y = 63$이 된다.

다음은 X재와 Y재를 소비하는 소비자의 무차별곡선을 나타낸 그림이다. 이에 대한 설명으로 옳지 않은 것은? (단, 소비자의 효용수준은 $U_1 < U_2 < U_3$이다.) ▶ 2022년 지방직 7급

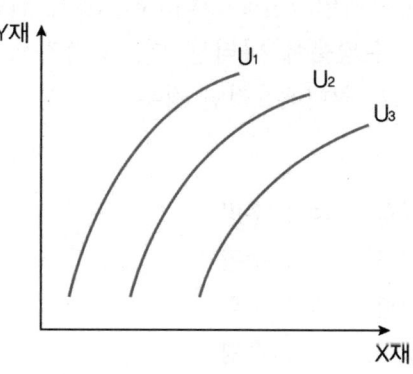

① Y재는 비재화이다.
② Y재의 한계효용은 음(−)의 값을 갖는다.
③ Y재의 대표적인 예로 소음공해를 들 수 있다.
④ 예산제약하의 효용 극대화 조건은 소득 전체를 Y재에 지출하는 것이다.

출제이슈 비재화의 무차별곡선
핵심해설 정답 ④

일반적으로 무차별곡선은 소비를 고려하고 있는 두 상품 모두 효용을 가져다 주는 재화의 성격을 가지고 있지만, 현실에서는 비효용을 초래하거나 효용에 기여하지 못하는 비재화나 중립재가 존재하는 경우를 상정해 볼 수 있다. 예를 들어 손실의 위험이 발생하는 자산의 경우 이 자산의 수익률의 기댓값이 커질수록 효용이 증가하지만 반대로 수익률의 분산이나 표준편차가 커지는 경우 효용은 감소하게 될 것이다. 이때 위험자산의 선택은 사실상 수익률의 평균과 분산의 선택으로서 평균은 재화의 역할을, 분산은 비재화의 역할을 하게 된다.

설문에서 소비자의 효용수준이 $U_1 < U_2 < U_3$임을 고려할 때, X재의 경우는 소비량 증가에 따라서 효용이 증가하며, Y재의 경우는 소비량 증가에 따라서 효용이 감소함을 알 수 있다. 따라서 X재는 재화의 성격을 가지며, Y재는 비재화의 성격을 가진다. 비재화는 소비할수록 효용이 감소하므로 한계효용이 음(−)이라고 할 수 있으며 대표적으로 쓰레기, 소음, 공해 등을 들 수 있다. 효용극대화를 위해서는 비재화의 소비를 최소화해야 한다.

(   )에 들어갈 내용으로 옳은 것은? ▶ 2018년 감정평가사

위험자산에 대한 투자자의 무차별곡선을 그리고자 한다. 위험자산의 수익률 평균은 수직축, 수익률 표준편차는 수평축에 나타낼 때, 투자자의 무차별곡선 형태는 위험기피적인 경우 (ㄱ)하고, 위험애호적인 경우 (ㄴ)하며, 위험중립적인 경우에는 (ㄷ)이다.

① ㄱ : 우상향, ㄴ : 우상향, ㄷ : 수평
② ㄱ : 우상향, ㄴ : 우하향, ㄷ : 수평
③ ㄱ : 우상향, ㄴ : 우하향, ㄷ : 수직
④ ㄱ : 우하향, ㄴ : 우상향, ㄷ : 수평
⑤ ㄱ : 우하향, ㄴ : 우상향, ㄷ : 수직

출제이슈 비재화의 무차별곡선
핵심해설 정답 ②

ㄱ. 위험기피자의 경우 수익률 평균의 증가에 따라서 효용이 증가하나 수익률의 표준편차의 증가는 효용감소를 가져온다. 따라서 수익률 평균은 재화, 수익률의 표준편차는 비재화의 성격을 가진다. 비재화는 원점에 가까워질수록 효용이 증가하고 재화는 원점에서 멀어질수록 효용이 증가한다. 따라서 이를 가로축에 수익률의 표준편차, 세로축에 수익률 평균을 표시한 평면에서 조합하여 그리면 우상향하는 형태이다.

ㄴ. 위험애호자의 경우 수익률 평균의 증가 및 수익률의 표준편차의 증가에 따라서 효용이 증가한다. 따라서 수익률 평균은 재화, 수익률의 표준편차도 재화의 성격을 가진다. 재화는 원점에서 멀어질수록 효용이 증가한다. 따라서 이를 가로축에 수익률의 표준편차, 세로축에 수익률 평균을 표시한 평면에서 조합하여 그리면 우하향하는 형태이다.

ㄷ. 위험중립자의 경우 수익률 평균의 증가에 따라서 효용이 증가하나 수익률의 표준편차의 증가는 효용과 무관하다. 따라서 수익률 평균은 재화, 수익률의 표준편차는 중립재의 성격을 가진다. 이 경우 효용은 재화에 의해서만 결정되므로 가로축에 수익률의 표준편차, 세로축에 수익률 평균을 표시한 평면에서 조합하여 그리면 수평의 형태이다.

효용극대화를 추구하는 소비자 갑의 효용함수는 $U(x,\,y) = x + y$이다. 갑의 무차별곡선에 관한 설명으로 옳지 않은 것은? (단, 갑은 X재와 Y재만 소비하고, x는 X재 소비량, y는 Y재 소비량이며, $x,\,y$는 양수이다.) ▶ 2015년 감정평가사

① 원점에서 멀리 있는 무차별곡선은 원점에서 가까이 있는 무차별곡선보다 선호된다.
② 무차별곡선은 우하향한다.
③ 무차별곡선들은 서로 교차하지 않는다.
④ 동일한 무차별곡선상에서 한계대체율은 체감한다.
⑤ 무차별곡선의 기울기는 모든 소비조합(consumption bundle)에서 동일하다.

출제이슈 완전대체 무차별곡선
핵심해설 정답 ④

① 옳은 내용이다.
무차별곡선의 성질인 단조성에 따라 원점에서 멀리 있는 무차별곡선은 원점에서 가까이 있는 무차별곡선보다 선호된다.

② 옳은 내용이다.
무차별곡선의 성질인 대체성에 따라 무차별곡선은 우하향한다.

③ 옳은 내용이다.
무차별곡선의 성질인 이행성 및 단조성에 따라 무차별곡선은 교차하지 않는다.

④ 틀린 내용이다.
보통의 경우 무차별곡선은 그 기울기가 점차 감소하여 한계대체율이 체감하지만 완전한 대체가 가능한 재화의 경우에는 무차별곡선의 기울기가 항상 일정하여 한계대체율이 일정하다.

⑤ 옳은 내용이다.
완전한 대체가 가능한 재화의 경우에는 무차별곡선의 기울기가 항상 일정하다. 이는 모든 소비조합(consumption bundle)에서 그 기울기가 일정하다.

소비자 갑이 두 재화 X, Y를 소비하고 효용함수는 $U = \min\{x + 2y, \ 2x + y\}$ 이다. 소비점 (3, 3)을 지나는 무차별곡선의 형태는? (단, x는 X의 소비량, y는 Y의 소비량이다.)

▶ 2018년 감정평가사

①

②

③

④

⑤

출제이슈 특수한 무차별곡선
핵심해설 정답 ④

다음과 같이 경우의 수를 나누어서 그리면 된다.

1) $x + 2y > 2x + y$, 즉 $y > x$
   $U = 2x + y$, 따라서 $y > x$인 영역에서는 기울기가 -2인 우하향하는 직선이 된다.
   예를 들어 $U = 9$인 경우 $y = -2x + 9$를 그리면 된다.

2) $x + 2y = 2x + y$, 즉 $y = x$
   $U = x + 2y = 2x + y$, 따라서 $y = x$에서는 그 점 자체가 된다.
   예를 들어 $U = 9$인 경우 $x = y = 3$을 표시하면 된다.

3) $x + 2y < 2x + y$, 즉 $y < x$
   $U = x + 2y$, 따라서 $y < x$인 영역에서는 기울기가 -0.5인 우하향하는 직선이 된다.
   예를 들어 $U = 9$인 경우 $y = -\dfrac{1}{2}x + \dfrac{9}{2}$를 그리면 된다.

위의 식에 따라 무차별곡선의 개형을 그리면 ④가 된다.

두 재화 X, Y에 대한 갑의 효용함수가 $U=X+Y+\min\{X,Y\}$일 때, 갑의 무차별 곡선으로 적절한 것은?

▸ 2024년 감정평가사

①

②

③

④

⑤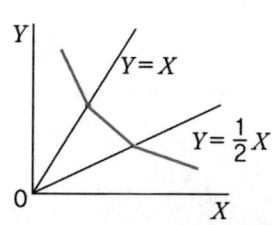

출제이슈 특수한 무차별곡선

핵심해설 정답 ④

다음과 같이 경우의 수를 나누어서 그리면 된다.

1) $X>Y$인 경우 $U=X+2Y$

$X>Y$인 영역에서는 기울기가 $-\dfrac{1}{2}$인 우하향하는 직선이 된다.

예를 들어, $U=1$인 경우, $1=X+2Y$, 즉 $Y=-\dfrac{1}{2}X+\dfrac{1}{2}$을 그리면 된다.

2) $X=Y$인 경우 $U=3X=3Y$

예를 들어, $U=1$인 경우, $X=Y=\dfrac{1}{3}$, 즉 점 자체를 표시하면 된다.

3) $X<Y$인 경우 $U=2X+Y$

$X<Y$인 영역에서는 기울기가 -2인 우하향하는 직선이 된다.
예를 들어, $U=1$인 경우, $1=2X+Y$, 즉 $Y=-2X+1$을 그리면 된다.

위의 식에 따라 무차별곡선의 개형을 그리면 ④가 된다.

재화 X, Y에 대한 소비자 갑의 예산제약선이 $P_X X + P_Y Y = M$이다. 정부가 소득에 대해 정액세(lump-sum tax) u를, X에 대해 단위당 종량세(quantity tax) t를 부과하고 Y에 대해 단위당 보조금(subsidy) s를 지급할 때, 새로운 예산제약선으로 옳은 것은? (단, P_X, P_Y는 재화 X, Y의 가격이며, M은 소비자 갑의 소득이다.) ▶ 2022년 보험계리사

① $(P_X - t)X + (P_Y + s)Y = M - u$

② $(P_X - t)X + (P_Y + s)Y = M + u$

③ $(P_X + t)X + (P_Y - s)Y = M - u$

④ $(P_X + t)X + (P_Y - s)Y = M + u$

출제이슈 예산선의 이동
핵심해설 정답 ③

1) 소득 M의 변화

정부가 소득에 대해 정액세(lump-sum tax) u를 부과하는 경우, 소득이 u만큼 감소하여 $M - u$가 된다.

2) X재 가격 P_X의 변화

정부가 X재에 대해 단위당 종량세(quantity tax) t를 부과하는 경우, X재 가격이 t만큼 상승하여 $P_X + t$가 된다.

3) Y재 가격 P_Y의 변화

정부가 Y재에 대해 단위당 보조금(subsidy) s를 지급하는 경우 Y재 가격이 s만큼 하락하여 $P_Y - s$가 된다.

4) 예산선의 변화

위에서 살펴본 정액세, 종량세, 보조금을 모두 반영한 예산선은 다음과 같다.

$(P_X + t)X + (P_Y - s)Y = M - u$

참고로, 본 문제에서는 좀 더 엄밀하게 개인에 대한 부과, 지급이라는 조건 혹은 시장에서의 수요 및 공급에 대한 조건이 명확히 제한되어야만 위와 같은 분석이 가능하지만, 그러한 조건이 명확하게 제시되지 않았다. 따라서 출제자의 의도를 선해하여 풀기로 한다.

(   )에 들어갈 내용으로 옳은 것은? ▶ 2024년 감정평가사

아래 그림과 같이 두 재화 X, Y에 대한 갑의 예산선이 AC에서 BC로 변했을 때, Y재 가격이 변하지 않았다면, X재 가격은 (ㄱ)하고, 소득은 (ㄴ)한 것이다.

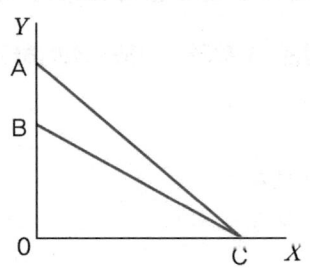

① ㄱ : 하락, ㄴ : 감소   ② ㄱ : 하락, ㄴ : 증가

③ ㄱ : 불변, ㄴ : 감소   ④ ㄱ : 상승, ㄴ : 증가

⑤ ㄱ : 상승, ㄴ : 불변

출제이슈 예산선의 이동

핵심해설 정답 ①

1) **Y재 가격의 상승**

   Y재 가격이 상승하는 경우, 예산선은 횡축절편을 중심으로 시계 반대방향으로 회전이동하면서 예산집합이 축소된다.

2) **X재 가격의 하락**

   X재 가격이 하락하는 경우, 예산선은 종축절편을 중심으로 시계 반대방향으로 회전이동하면서 예산집합이 확장된다.

3) **소득의 변화**

   소득이 감소하는 경우, 예산선은 평행하게 원점을 향해서 이동하면서 예산집합이 축소된다.

따라서 Y재 가격이 절대적으로 상승하는 1)의 효과는 상대가격의 하락과 소득의 감소로 분해가능하므로 이는 2)와 3)의 조합으로 달성가능하다.

Issue 02 소비자 최적선택의 조건

갑의 효용함수는 $U = U(x, y) = xy$이고 X재와 Y재의 가격이 각각 2,000원과 8,000원이며, 소득은 100,000원이다. 예산제약 하에서 갑의 효용이 극대화되는 소비점에서 한계대체율$(MRS_{X, Y} = -\frac{\Delta Y}{\Delta X})$은? (단, 갑은 X재와 Y재만 소비하고, x는 X재의 소비량, y는 Y의 소비량이다.)

▶ 2016년 감정평가사

① 0.25   ② 0.5   ③ 0.75

④ 2.0   ⑤ 2.5

출제이슈 소비자 최적선택
핵심해설 정답 ①

소비자 최적선택의 조건은 한계대체율$(\frac{MU_X}{MU_Y})$ = 상대가격$(\frac{P_X}{P_Y})$이므로 $\frac{y}{x} = \frac{2,000}{8,000}$이 성립한다.

따라서 한계대체율 $MRS_{X, Y} = \frac{MU_X}{MU_Y}$은 0.25가 된다.

현재 소비자 갑은 주어진 소득 3,000원을 모두 사용하여 가격이 60원인 X재 20단위와 가격이 100원인 Y재 18단위를 소비하려고 한다. 이때, X재와 Y재의 한계효용이 각각 20으로 동일하다면 효용극대화를 위한 갑의 선택으로 옳은 것은? (단, 소비자 갑의 X재와 Y재에 대한 무차별곡선은 우하향하고 원점에 대해 볼록하다.) ▶ 2016년 감정평가사

① 현재 계획하고 있는 소비조합을 선택한다.

② X재 18단위와 Y재 18단위를 소비한다.

③ X재 20단위와 Y재 20단위를 소비한다.

④ X재의 소비량은 감소시키고 Y재의 소비량은 증가시켜야 한다.

⑤ X재의 소비량은 증가시키고 Y재의 소비량은 감소시켜야 한다.

출제이슈 소비자 최적선택
핵심해설 정답 ⑤

소비자 최적선택의 조건의 충족 여부를 보면, $\dfrac{MU_X}{MU_Y}=\dfrac{20}{20}=1$, $\dfrac{P_X}{P_Y}=\dfrac{60}{100}$ 이므로 $\dfrac{MU_X}{MU_Y}>\dfrac{P_X}{P_Y}$ 가 된다.

X재 1원어치의 효용이 Y재 1원어치의 효용보다 크기 때문에 X재 소비를 늘리고 Y재 소비를 줄여야 효용을 더욱 증가시킬 수 있다.

소비자 갑은 두 재화 X, Y만을 소비하고 있다. X, Y재의 가격이 각각 4, 3이며, 갑은 현재 X재 8단위, Y재 6단위를 소비하고, 이때 한계효용이 각각 12, 9이다. 이에 관한 설명으로 옳은 것은? (단, 소비자 갑의 선호는 강볼록성(strict convexity)을 만족한다.) ▶ 2022년 보험계리사

① X재 소비를 1단위 늘리고, Y재 소비를 1단위 줄이면 효용이 극대화된다.

② Y재 소비를 1단위 늘리고, X재 소비를 1단위 줄이면 효용이 극대화된다.

③ X재 소비만 1단위 줄이면 효용이 극대화된다.

④ 현재 효용을 극대화하고 있다.

출제이슈 소비자 최적선택
핵심해설 정답 ④

소비자 최적선택의 조건은 $\dfrac{MU_X}{MU_Y}=\dfrac{12}{9}=\dfrac{4}{3}$, $\dfrac{P_X}{P_Y}=\dfrac{4}{3}$ 이므로 $\dfrac{MU_X}{MU_Y}=\dfrac{P_X}{P_Y}$ 가 된다.

X재 1원어치의 효용이 Y재 1원어치의 효용과 동일하기 때문에 현재는 효용극대화 상태라고 할 수 있다.

Issue 03 소비자 최적선택의 도출과 예외

소비자 갑이 두 재화 X, Y를 소비하고 효용함수는 $U(x, y) = xy$ 이다. X, Y의 가격이 각각 5원, 10원이다. 소비자 갑의 소득이 1,000원일 때, 효용극대화 소비량은? (단, x는 X의 소비량, y는 Y의 소비량이다.)

▶ 2018년 감정평가사

① $x = 90, \ y = 55$ ② $x = 100, \ y = 50$

③ $x = 110, \ y = 45$ ④ $x = 120, \ y = 40$

⑤ $x = 130, \ y = 35$

출제이슈 소비자 최적선택 도출
핵심해설 정답 ②

$$\begin{cases} U = U(X, Y) \\ P_X X + P_Y Y = M \\ Max \ U \end{cases} \qquad \begin{cases} U = xy \ ----------------- ① \\ 5X + 10Y = 1,000 \ --------- ② \\ Max \ U \ ----------------- ③ \end{cases}$$

$$P_X X + P_Y Y = M \qquad \begin{cases} \dfrac{y}{x} = \dfrac{5}{10} \\ 5x + 10y = 1,000 \end{cases}$$

위의 식을 풀면 $x = 100, \ y = 50$이 된다.

어느 소비자가 재화 A를 x_A만큼 소비하고 재화 B를 x_B만큼 소비할 때 얻는 효용은 $x_A^{0.4}\, x_B^{0.6}$ 이다. 재화 A의 가격은 20이고 재화 B의 가격은 40, 그리고 이 소비자의 소득이 250일 때, 이 소비자의 효용과 최적 선택에 대한 설명으로 옳은 것은? ▶ 2021년 지방직 7급

① 재화 A의 최적 소비 단위는 4이다.
② 재화 B의 최적 소비 단위는 3.75이다.
③ 최적 선택 상태에서 한계대체율은 상대가격 비율보다 작다.
④ 두 재화의 소비를 동시에 2배 증가시킬 때, 효용은 2배보다 크게 증가한다.
⑤ 최적 선택 상태에서 한계대체율은 상대가격 비율보다 크다.

출제이슈 소비자 최적선택 도출
핵심해설 정답 ②

$$\begin{cases} U = X_A^{0.4} X_B^{0.6} \ ---------- \ ① \\ 20X_A + 40X_B = 250 \ ------- \ ② \\ Max\ U \ -------------- \ ③ \end{cases}$$

$$\begin{cases} \dfrac{0.4}{0.6}\ \dfrac{X_B}{X_A} = \dfrac{20}{40} \\ 20X_A + 40X_B = 250 \end{cases}$$

위의 식을 풀면 $X = 5$, $Y = 3.75$가 된다.

① 틀린 내용이다. 재화 A의 최적 소비 단위는 5이다.

② 옳은 내용이다. 재화 B의 최적 소비 단위는 3.75이다.

③, ⑤ 모두 틀린 내용이다. 최적 선택 상태에서 한계대체율은 상대가격 비율과 같다.

④ 틀린 내용이다. 두 재화의 소비를 동시에 2배 증가시킬 때, 효용은 2배 증가한다.

효용을 극대화하는 소비자의 효용함수는 $U(x_1, x_2) = \sqrt{x_1} + \sqrt{x_2}$ 이다. 재화 x_1과 x_2의 가격은 각각 2, 1이고, 예산은 200이다. 다른 조건이 일정하고, 정부가 x_2에 단위당 1의 종량세를 부과할 때, 얻게 되는 조세수입은? (단, x_i는 정상재 i의 소비량이고, i = 1, 2이다.)

▶ 2022년 국가직 7급

① 25   ② 50

③ 75   ④ 100

출제이슈 소비자 최적선택의 도출
핵심해설 정답 ②

편의상 x_1, x_2를 X, Y로 나타내기로 한다.

$$\begin{cases} U = \sqrt{X} + \sqrt{Y} \text{---------} ① \\ 2X + 2Y = 200 \text{-----------} ② \\ Max\ U \text{----------------} ③ \end{cases}$$

이때, 정부가 재화 Y에 단위당 1의 조세를 부과하므로 재화 Y의 세후가격은 2가 됨에 유의하자.

여기서 효용극대화는 효용함수의 $MRS_{X,Y}$(한계대체율) $= \dfrac{MU_X}{MU_Y} = \dfrac{\sqrt{Y}}{\sqrt{X}}$ 와 상대가격 1을 일치시키는 것이 출발점이다. 따라서 $\dfrac{\sqrt{Y}}{\sqrt{X}} = 1$이 된다.

이를 예산선 $2X + 2Y = 200$과 연립하여 풀면 $X = Y = 50$이 된다.

따라서 재화 Y의 소비량이 50이므로 단위당 조세 1을 고려하면 전체 조세수입은 50이 된다.

어느 소비자에게 X재와 Y재는 완전대체재이며 X재 2개를 늘리는 대신 Y재 1개를 줄이더라도 동일한 효용을 얻는다. X재의 시장가격은 2만원이고 Y재의 시장가격은 6만원이다. 소비자가 X재와 Y재에 쓰는 예산은 총 60만원이다. 이 소비자가 주어진 예산에서 효용을 극대화할 때 소비하는 X재와 Y재의 양은?

▶ 2019년 서울시 7급

	X재(개)	Y재(개)
①	0	10
②	15	5
③	24	2
④	30	0

출제이슈 예외적인 소비자 최적선택
핵심해설 정답 ④

설문에서 한계대체율($\frac{MU_X}{MU_Y}$) = 상대가격($\frac{P_X}{P_Y}$)이 충족되지 않는 이유는 무차별곡선의 기울기가 항상 일정하여 예산선과의 기울기와 비교했을 때, 같은 소비점이 존재하지 않기 때문이다.

이러한 경우 $\frac{MU_X}{MU_Y} = \frac{1}{2} > \frac{P_X}{P_Y} = \frac{2}{6}$ 이므로 항상 X재만 소비한다.

X재와 Y재를 소비하는 소비자의 효용함수가 $u(x,y)=2x+y$이며, 두 재화의 상대가격이 $\dfrac{P_X}{P_Y}=\dfrac{1}{2}$인 상황에 대한 설명으로 옳은 것은? (단, P_X는 X재의 가격, P_Y는 Y재의 가격, x는 X재의 소비량, y는 Y재의 소비량이다.)

▶ 2022년 지방직 7급

① X재와 Y재는 완전보완재이다.
② 소비자가 효용을 극대화하기 위해서는 Y재를 소비하지 않아야 한다.
③ 한계대체율은 재화의 소비량에 따라 변화한다.
④ 소비자가 효용을 극대화하기 위해서는 소득 전체를 Y재에 지출해야 한다.

출제이슈 예외적인 소비자 최적선택
핵심해설 정답 ②

설문에서 한계대체율 ($\dfrac{MU_X}{MU_Y}$) = 상대가격 ($\dfrac{P_X}{P_Y}$) 이 충족되지 않는 이유는 무차별곡선의 기울기가 항상 일정하여 예산선과의 기울기와 비교했을 때, 같은 소비점이 존재하지 않기 때문이다.

설문과 같이 우하향하는 직선형태의 효용함수의 경우, 한계대체율이 항상 일정하며, 이때 $\dfrac{MU_X}{MU_Y}=\dfrac{2}{1} > \dfrac{P_X}{P_Y}=\dfrac{1}{2}$ 이므로 항상 X재만 소비한다.

① 틀린 내용이다.
　X재와 Y재는 완전보완관계가 아니라 완전대체관계에 있다.

② 옳은 내용이다.
　이 소비자가 효용을 극대화하기 위해서는 $\dfrac{MU_X}{MU_Y}=\dfrac{2}{1} > \dfrac{P_X}{P_Y}=\dfrac{1}{2}$ 이므로 Y재를 소비하지 않고 항상 X재만 소비해야 한다.

③ 틀린 내용이다.
　설문과 같이 우하향하는 직선형태의 효용함수의 경우, 한계대체율이 항상 일정하며, 여기서는 2가 된다.

④ 틀린 내용이다.
　이 소비자가 효용을 극대화하기 위해서는 $\dfrac{MU_X}{MU_Y}=\dfrac{2}{1} > \dfrac{P_X}{P_Y}=\dfrac{1}{2}$ 이므로 Y재를 소비하지 않고 소득 전체를 X재에만 지출해야 한다.

재화 X, Y에 대한 소비자 갑의 효용함수가 $U(X, Y) = \sqrt{X+Y}$ 이다. X의 가격은 2, Y의 가격은 1, 갑의 소득은 10이다. 효용을 극대화하는 X의 수요량은? ▶ 2022년 보험계리사

① 0   ② $\sqrt{5}$

③ 5   ④ $\sqrt{10}$

출제이슈 예외적인 소비자 최적선택
핵심해설 정답 ①

설문에서 제시된 효용함수 $U(X, Y) = \sqrt{X+Y}$ 는 완전대체의 선형효용함수로서 한계대체율이 항상 1로 일정하다.

이러한 경우 한계대체율($\frac{MU_X}{MU_Y}$) = 상대가격($\frac{P_X}{P_Y}$)이 충족되지 않는 이유는 무차별곡선의 기울기가 항상 일정하여 예산선과의 기울기와 비교했을 때, 그 둘이 일치하는 소비점이 존재하지 않기 때문이다.

이러한 경우 설문에서 $\frac{MU_X}{MU_Y} = 1 < \frac{P_X}{P_Y} = \frac{2}{1}$ 이므로 항상 Y재만 소비한다. 따라서 Y재의 가격이 1이고 소득이 10임을 고려하면, Y재 소비량은 10이 되고, X재는 소비하지 않는다.

소비자 갑의 효용함수는 $U = \min\{X, 2Y\}$, X재 가격은 1, Y재 가격은 2, 갑의 소득은 10 이다. 효용을 극대화하는 X재의 수요량은? ▶ 2018년 보험계리사

① 2

② 2.5

③ 4

④ 5

출제이슈 예외적인 소비자 최적선택

핵심해설 정답 ④

설문에서 한계대체율($\frac{MU_X}{MU_Y}$) = 상대가격($\frac{P_X}{P_Y}$)이 충족되지 않는 이유는 무차별곡선이 L자 형태로서 꺾이는 지점 에서는 수학적으로 한계대체율이 정의되지 않기 때문이다.

이러한 경우에 효용이 극대화되는 소비점은 항상 무차별곡선이 꺾이는 점이 되며, 그 소비점은 반드시 예산선 위에 존재하여야 한다.

따라서 무차별곡선이 꺾이는 점의 궤적과 예산선의 교점이 소비자 최적선택이 된다.

설문에서 $X = 2Y$와 예산선 $X + 2Y = 10$이 만나는 점에서 효용극대화 소비가 이루어진다.

이를 연립하여 풀면 $X = 5$, $Y = 2.5$가 된다.

소비자 갑의 효용함수가 $U = \min\{X + 2Y, \ 2X + Y\}$ 이다. 갑의 소득은 150, X재의 가격은 30, Y재의 가격은 10일 때, 효용을 극대화하는 갑의 Y재 소비량은? (단, 갑은 X재와 Y재만 소비한다.)

▶ 2019년 감정평가사

① 0   ② 2.5   ③ 5

④ 7.5   ⑤ 15

출제이슈 예외적인 소비자 최적선택

핵심해설 정답 ⑤

다음과 같이 경우의 수를 나누어서 무차별곡선을 그릴 수 있다. $U = \min\{X + 2Y, \ 2X + Y\}$

1) $X + 2Y > 2X + Y$, 즉 $Y > X$

　$U = 2X + Y$, 따라서 $Y > X$인 영역에서는 기울기가 -2인 우하향하는 직선이 된다.

　예를 들어 $U = 15$인 경우 $Y = -2X + 15$를 그리면 된다.

2) $X + 2Y = 2X + Y$, 즉 $Y = X$

　$U = X + 2Y = 2X + Y$, 따라서 $Y = X$에서는 그 점 자체가 된다.

　예를 들어 $U = 15$인 경우 $X = Y = 5$를 표시하면 된다.

3) $X + 2Y < 2X + Y$, 즉 $y < x$

　$U = X + 2Y$, 따라서 $Y < X$인 영역에서는 기울기가 -0.5인 우하향하는 직선이 된다.

　예를 들어 $U = 15$인 경우 $Y = -\dfrac{1}{2}X + \dfrac{15}{2}$ 를 그리면 된다.

따라서 무차별곡선의 기울기는 $Y > X$인 영역에서는 -2로 일정하고 $Y < X$인 영역에서는 -0.5로 일정하다. 그리고 예산선의 기울기인 상대가격은 3으로 주어졌다.

즉, 이러한 경우 $\dfrac{MU_X}{MU_Y} = 2$ or $0.5 < \dfrac{P_X}{P_Y} = 3$이므로 항상 Y재만 소비하는 것이 소비자의 최적선택이 된다.

이때, Y재의 가격이 10이고 소득이 150이므로 Y재 소비량은 15가 된다.

갑은 X재 소비량이 Y재보다 많으면 X재 5개에 Y재 1개와 교환하려 하고, Y재 소비량이 X재보다 많으면 X재 1개에 Y재 5개와 교환하려는 효용함수를 가진다. 만약 X재의 가격이 1, Y재의 가격이 2, 그리고 소득이 120일 때 효용을 극대화하는 소비량은?   ▶ 2025년 감정평가사

① X : 20, Y : 50   ② X : 30, Y : 45
③ X : 40, Y : 40   ④ X : 50, Y : 35
⑤ X : 60, Y : 30

출제이슈 예외적인 소비자 최적선택
핵심해설 정답 ③

1) $X > Y$인 경우

한계대체율이 0.2로 일정하고 우하향하는 직선형태의 무차별곡선이 된다.

2) $X < Y$인 경우

한계대체율이 5로 일정하고 우하향하는 직선형태의 무차별곡선이 된다.

3) $X = Y$

이 둘을 나누는 경계는 $Y = X$이다.

4) 소비자 효용극대화

예산선이 $X + 2Y = 120$으로 제시되어 있으므로 효용극대화는 $Y = X$와 $X + 2Y = 120$의 교점에서 달성된다. 이를 구하면, 효용극대화 소비량은 $X = Y = 40$이 된다.

효용극대화를 추구하는 소비자 갑의 효용함수는 $U = (x, y) = \min(2x, \ y)$이다. 갑의 수요에 관한 설명으로 옳지 않은 것은? (단, 갑은 X재와 Y재만 소비하고, x는 X재 소비량, y는 Y재 소비량이다.)

▶ 2013년 감정평가사

① 상대가격변화에 따른 대체효과는 0이다.
② X재 수요의 소득탄력성은 1이다.
③ 가격소비곡선은 수직선의 형태를 갖는다.
④ 소득소비곡선은 원점에서 출발하는 직선의 형태를 갖는다.
⑤ 갑의 효용함수는 1차동차함수이다.

출제이슈 예외적인 소비자 최적선택
핵심해설 정답 ③

완전보완의 무차별곡선에서 한계대체율($\frac{MU_X}{MU_Y}$) = 상대가격($\frac{P_X}{P_Y}$)이 충족되지 않는 이유는 무차별곡선이 ㄴ자형태로서 꺾이는 지점에서는 수학적으로 한계대체율이 정의되지 않기 때문이다.

이러한 경우에 효용이 극대화되는 소비점은 항상 무차별곡선이 꺾이는 점이 되며, 그 소비점은 반드시 예산선 위에 존재하여야 한다.

따라서 무차별곡선이 꺾이는 점의 궤적과 예산선의 교점이 소비자 최적선택이 된다.

설문에서 주어진 자료를 활용하여 소비자 최적선택과 수요곡선을 구하면 다음과 같다.

무차별곡선이 꺾이는 점의 궤적은 $2X = Y$이며 예산선은 일반적인 $P_X X + P_Y Y = M$이다.

이를 정리하면 $X = \dfrac{M}{P_X + 2P_Y}$, $Y = \dfrac{2M}{P_X + 2P_Y}$ 가 된다. 그리고 가격소비곡선은 $2X = Y$가 된다.

소비자 갑의 효용함수는 $U = 3X^2 + Y^2$이며 X재 가격은 6, Y재 가격은 2, 소득은 120이다. 효용을 극대화하는 갑의 최적소비조합 (X, Y)은?
▶ 2022년 감정평가사

① (0, 60)
② (6, 42)
③ (10, 30)
④ (15, 15)
⑤ (20, 0)

출제이슈 예외적인 소비자 최적선택

핵심해설 정답 ①

설문의 경우는 무차별곡선이 직선이거나 L자형의 경우가 아니며 타원형으로 주어져 있다. 무차별곡선이 타원인 경우에는 한계대체율이 체감하지 않고 체증하게 되며, 이때 한계대체율과 상대가격이 같은 경우라도 효용극대화가 달성되지 않게 됨에 유의해야 한다. 이는 효용극대화 2계조건과 관련이 있는데 아래에서 상술하기로 한다.

효용극대화 1계조건이 만족되었다고 해서 반드시 효용극대화가 달성된다는 것은 아니다. 경우에 따라서는 효용극대화가 아니라 오히려 효용극소화가 될 수도 있기 때문이다. 따라서 1계조건 이외에 2계조건을 통해서 효용극대화 여부를 판정할 필요가 있다. 이러한 2계조건은 무차별곡선의 형태와 밀접한 관련이 있는데 무차별곡선이 원점에 대하여 볼록한 경우에는 효용극대화 2계조건을 충족한다.

만일 무차별곡선이 원점에 대하여 오목한 경우에는 효용극대화 1계조건을 충족했다고 하더라도 효용극대화가 달성될 수 없다. 이렇게 원점에 대하여 오목한 무차별곡선의 경우 효용극대화는 내부해가 아니라 모서리해 또는 코너해에서 달성되므로 주의할 필요가 있다.

참고로 무차별곡선이 원점에 대하여 볼록하더라도 상당히 가파르거나 완만하여 예산선과 비교할 때, 동일한 기울기를 갖지 못하는 경우에는 역시 모서리해를 갖게 된다. 이는 무차별곡선이 L자이거나 직선인 경우와 유사하게 한계대체율($\frac{MU_X}{MU_Y}$) = 상대가격($\frac{P_X}{P_Y}$)이라는 1계 필요조건이 충족되지 않는다.

설문의 무차별곡선은 원점에 대하여 오목한 형태인 타원형으로서 효용극대화는 내부해가 아니라 모서리부분에서 달성된다. 따라서 예산선의 횡축절편과 종축절편에서의 효용수준을 구한 후 이를 비교하여 최종적으로 효용극대화 여부를 판정할 수 있다. 예산선은 $6X + 2Y = 120$이므로 예산선의 횡축절편은 20, 종축절편은 60이 된다. 이때 효용은 각각 1,200과 3,600이므로 종축절편에서 효용이 극대화됨을 알 수 있으며 소비량은 X재는 0, Y재는 60이 된다.

Issue **04**   소비자 최적선택의 변화

효용함수가 $u(x,\ y) = x + y$인 소비자가 있다. $p_x = 2,\ p_y = 3$일 때, 이 소비자의 소득소비곡선(income-consumption curve)을 바르게 나타낸 식은?

▶ 2017년 국가직 7급

① $x = 0$

② $y = 0$

③ $y = \dfrac{2}{3}x$

④ $y = \dfrac{3}{2}x$

출제이슈 소득변화와 소비자 최적선택의 변화
핵심해설 정답 ②

소득의 변화에 따른 새로운 소비자 최적선택도 역시 한계대체율($\dfrac{MU_X}{MU_Y}$) = 상대가격($\dfrac{P_X}{P_Y}$)을 만족하여야 한다. 그런데 예외적인 경우에는 한계대체율($\dfrac{MU_X}{MU_Y}$) = 상대가격($\dfrac{P_X}{P_Y}$)이 충족되지 않는다. 그 이유는 설문과 같이 무차별곡선의 기울기가 항상 "1"로 일정하여, 예산선과의 기울기와 비교했을 때 그 둘이 같은 소비점은 존재하지 않기 때문이다.

이러한 경우는 횡축상에서 항상 최적소비가 달성된다. 왜냐하면, $\dfrac{MU_X}{MU_Y} > \dfrac{P_X}{P_Y}$이므로 항상 X재만 소비하는 것이 유리하기 때문이다. 이때 소득이 증가함에 따라서 항상 X재만 소비하므로 소득소비곡선은 X축 자체가 된다.

설문에서 $\dfrac{MU_X}{MU_Y} = 1 > \dfrac{P_X}{P_Y} = \dfrac{2}{3}$ 이므로 항상 X재만 소비한다. 따라서 소득이 증가함에 따라서 항상 X재만 소비하므로 소득소비곡선은 X축 자체가 된다.

두 재화 X, Y를 소비하는 갑의 효용함수가 $U = XY^2$이고, X재의 가격은 1, Y재의 가격은 2, 소득은 90이다. 효용함수와 소득이 각각 $U = \sqrt{XY}$, 100으로 변경되었을 경우, 갑의 효용이 극대화되는 X재와 Y재의 구매량의 변화로 옳은 것은? ▶ 2023년 감정평가사

① X재 10 증가, Y재 5 감소　　② X재 10 증가, Y재 5 증가
③ X재 20 증가, Y재 5 감소　　④ X재 20 증가, Y재 10 감소
⑤ X재 20 증가, Y재 10 증가

출제이슈 효용함수 및 소득의 변화와 소비자 최적선택의 변화
핵심해설 정답 ③

1) 효용함수 및 소득 변화 이전

$$\begin{cases} U = XY^2 \text{ ------------ ①} \\ X + 2Y = 90 \text{ ---------- ②} \\ Max\ U \text{ ------------ ③} \end{cases}$$

2) 효용함수 및 소득 변화 이후

$$\begin{cases} U = \sqrt{XY} \text{ ----------- ①} \\ X + 2Y = 100 \text{ --------- ②} \\ Max\ U \text{ ------------ ③} \end{cases}$$

$$\begin{cases} \dfrac{Y^2}{2XY} = \dfrac{1}{2} \\ X + 2Y = 90 \end{cases}$$

$\therefore\ X = 30,\ Y = 30$

$$\begin{cases} \dfrac{Y}{X} = \dfrac{1}{2} \\ X + 2Y = 100 \end{cases}$$

$\therefore\ X = 50,\ Y = 25$

따라서 X재 구매량은 30에서 50으로 20만큼 증가하고, Y재 구매량은 30에서 25로 5만큼 감소한다.

소득이 600인 소비자 갑은 X재와 Y재만을 소비하며, 효용함수는 $U = x + y$이다. $P_X = 20$, $P_Y = 15$이던 두 재화의 가격이 $P_X = 20$, $P_Y = 25$로 변할 때, 최적소비에 관한 설명으로 옳은 것은? (단, x는 X재 소비량, y는 Y재 소비량이다.) ▶ 2017년 감정평가사

① X재 소비를 30단위 증가시킨다.
② X재 소비를 40단위 증가시킨다.
③ Y재 소비를 30단위 증가시킨다.
④ Y재 소비를 40단위 증가시킨다.
⑤ Y재 소비를 30단위 감소시킨다.

출제이슈 가격변화와 소비자 최적선택의 변화
핵심해설 정답 ①

1) $P_X = 20$, $P_Y = 15$인 경우 소비자 최적선택

이러한 경우는 종축(Y축) 상에서 항상 최적소비가 달성된다.

왜냐하면, $\dfrac{MU_X}{MU_Y} = 1 < \dfrac{P_X}{P_Y} = \dfrac{20}{15}$ 이므로 항상 Y재만 소비하는 것이 유리하기 때문이다.

소득이 600이고 Y재의 가격이 15이므로 Y재의 소비량은 40이 되고 X재 소비량은 0이다.

2) $P_X = 20$, $P_Y = 25$인 경우 소비자 최적선택

이러한 경우는 횡축(X축) 상에서 항상 최적소비가 달성된다.

왜냐하면, $\dfrac{MU_X}{MU_Y} = 1 > \dfrac{P_X}{P_Y} = \dfrac{20}{25}$ 이므로 항상 X재만 소비하는 것이 유리하기 때문이다.

소득이 600이고 X재의 가격이 200이므로 X재의 소비량은 300이 되고 Y재 소비량은 0이다.

3) 따라서 위의 내용을 정리하면, 가격의 변화에 따라서 Y재의 소비량은 40 감소하고 X재 소비량은 30 증가한다.

효용을 극대화하는 갑의 효용함수는 $U(x, y) = xy$ 이다. 갑의 소득은 96이다. X재 가격이 12, Y재 가격이 1이다. X재 가격만 3으로 하락할 때, (ㄱ) X재의 소비변화와 (ㄴ) Y재의 소비변화는? (단, x는 X재 소비량, y는 Y재 소비량) ▶ 2020년 감정평가사

① ㄱ : 증가,   ㄴ : 증가   ② ㄱ : 증가,   ㄴ : 불변

③ ㄱ : 증가,   ㄴ : 감소   ④ ㄱ : 감소,   ㄴ : 불변

⑤ ㄱ : 감소,   ㄴ : 증가

출제이슈 가격변화와 소비자 최적선택의 변화

핵심해설 정답 ②

1) X재 가격이 변화하기 전

$$\begin{cases} U = XY \text{ ------------- ①} \\ 12X + Y = 96 \text{ --------- ②} \\ Max\ U \text{ ------------- ③} \end{cases}$$

$$\begin{cases} \dfrac{Y}{X} = \dfrac{12}{1} \\ 12X + Y = 96 \end{cases}$$

$\therefore\ X = 4,\ Y = 48$

2) X재 가격이 변화한 후

$$\begin{cases} U = XY \text{ ------------- ①} \\ 3X + Y = 96 \text{ ---------- ②} \\ Max\ U \text{ ------------- ③} \end{cases}$$

$$\begin{cases} \dfrac{Y}{X} = \dfrac{3}{1} \\ 3X + Y = 96 \end{cases}$$

$\therefore\ X = 16,\ Y = 48$

따라서 (ㄱ) X재의 소비는 증가하고 (ㄴ) Y재의 소비는 불변이다.

> 효용을 극대화하는 갑의 효용함수는 $U(x, y) = \min\{x, y\}$이다. 소득이 1,800, X재와 Y재의 가격은 각각 10이다. X재 가격만 8로 하락할 때, 옳은 것을 모두 고른 것은? (단, x는 X재 소비량, y는 Y재 소비량)
>
> ▶ 2020년 감정평가사
>
> ㄱ. X재 소비량의 변화 중 대체효과는 0이다.
> ㄴ. X재 소비량의 변화 중 소득효과는 10이다.
> ㄷ. 한계대체율은 하락한다.
> ㄹ. X재 소비는 증가하고, Y재 소비는 감소한다.
>
> ① ㄱ, ㄴ   ② ㄱ, ㄷ   ③ ㄴ, ㄷ
> ④ ㄴ, ㄹ   ⑤ ㄴ, ㄹ

출제이슈 가격변화와 소비자 최적선택의 변화
핵심해설 정답 ①

ㄱ. 옳은 내용이다.

설문에서의 효용함수는 $U(x, y) = \min\{x, y\}$로서 재화 간 완전보완의 관계에 있으므로 대체가 불가능하다. 따라서 X재 가격변화에 따른 X재 소비량의 변화 중 대체효과는 0이며, 소득효과만 나타나게 된다.

ㄴ. 옳은 내용이다.

X재 가격이 10, Y재 가격은 10인 경우 최적의 소비선택은 $x = 90$, $y = 90$이며, X재 가격만 8로 하락하는 경우 최적의 소비선택은 $x = 100$, $y = 100$으로 변화한다. 이때, 완전보완의 효용함수임을 고려하면 X재 가격변화에 따른 X재 소비량의 변화 중 대체효과는 0이며, 소득효과만 나타나므로 소득효과의 크기는 10이 되며 가격효과의 크기와 동일하다.

ㄷ. 틀린 내용이다.

설문과 같은 효용함수 $U(x, y) = \min\{x, y\}$는 무차별곡선이 ㄴ자 형태로서 꺾이는 지점에서는 수학적으로 한계대체율이 정의되지 않는다. 극단적으로 수직인 구간에서는 한계대체율이 무한대가 되고 수평인 구간에서는 한계대체율이 0이 된다.

ㄹ. 틀린 내용이다.

X재 가격이 10, Y재 가격은 10인 경우 최적의 소비선택은 $x = 90$, $y = 90$이며, X재 가격만 8로 하락하는 경우 최적의 소비선택은 $x = 100$, $y = 100$으로 변화한다. 따라서 X재 소비도 증가하고, Y재 소비도 증가한다.

두 재화 X, Y에 대해 양(+)의 소득 M을 가지고 효용을 극대화하는 갑의 효용함수는 $U(X, Y) = X + Y$이다. Y재 가격은 6이며, X재 가격은 5에서 8로 상승하였다. 이에 관한 설명으로 옳은 것은?

▶ 2024년 감정평가사

① X재 수요량 변화는 대체효과에 기인한다.
② X재 수요량 변화는 소득효과에 기인한다.
③ Y재 수요량 변화는 없다.
④ 수요량 변화의 1/3은 대체효과에 기인한다.
⑤ 수요량 변화의 2/3는 소득효과에 기인한다.

출제이슈 가격변화와 예외적인 소비자선택
핵심해설 정답 ①

1) X재 가격이 5이고, Y재 가격이 6인 경우

$\dfrac{MU_X}{MU_Y} = 1 > \dfrac{P_X}{P_Y} = \dfrac{5}{6}$ 이므로 항상 X재만 소비한다.

2) X재 가격이 8로 상승하고, Y재 가격은 6으로 그대로인 경우

$\dfrac{MU_X}{MU_Y} = 1 < \dfrac{P_X}{P_Y} = \dfrac{8}{6}$ 이므로 항상 Y재만 소비한다.

위와 같이 완전대체효용함수에서 X재만 소비하고 있던 상황에서 X재 가격이 상승함에 따라서 X재 소비를 전혀 하지 않게 되는 경우, 이는 가격효과를 분해해 볼 때 대체효과에 의한 것이다.

즉 대체효과에 의하여 X재 소비가 극단적으로 0이 되는 수준으로 줄고 Y재 소비는 늘며, 소득효과에 의하여는 추가적인 Y재 소비의 감소가 나타난다.

주어진 소득으로 X재, Y재 두 재화만을 소비하는 갑의 효용함수가 $U = x^{\frac{1}{3}} y^{\frac{2}{3}}$일 때, 설명으로 옳지 않은 것은? (단, x는 X재 소비량, y는 Y재 소비량이며, 소득과 두 재화의 가격은 0보다 크다.)

▶ 2017년 감정평가사

① X재는 정상재이다.

② Y재는 정상재이다.

③ 갑의 무차별곡선은 원점에 대해 볼록하다.

④ 두 재화의 가격비율에 따라 어느 한 재화만 소비하는 결정이 갑에게 최적이다.

⑤ 두 재화의 가격이 동일하다면 Y재를 X재보다 많이 소비하는 것이 항상 갑에게 최적이다.

출제이슈 수요함수의 도출
핵심해설 정답 ④

$\dfrac{MU_X}{MU_Y} = \dfrac{Y}{2X}$ 이므로 $2P_X X = P_Y Y$가 된다. 이를 예산선에 대입하여 정리하면,

$P_X X + 2P_X X = M$이 되어 $X = \dfrac{M}{3P_X}$, $Y = \dfrac{2M}{3P_Y}$이 된다.

① 옳은 내용이다.

$X = \dfrac{M}{3P_X}$이므로 소득이 증가함에 따라서 X재 소비는 증가한다. 따라서 X재는 정상재이다.

② 옳은 내용이다.

$Y = \dfrac{2M}{3P_Y}$이므로 소득이 증가함에 따라서 Y재 소비는 증가한다. 따라서 Y재는 정상재이다.

③ 옳은 내용이다.

효용함수가 $U = x^{\frac{1}{3}} y^{\frac{2}{3}}$인 경우 전형적인 Cobb - Douglas 함수로서 원점에 대하여 볼록하다.

④ 틀린 내용이다.

효용함수가 $U = x^{\frac{1}{3}} y^{\frac{2}{3}}$인 경우 전형적인 Cobb - Douglas 함수로서 원점에 대하여 볼록하다. 따라서 어느 한 재화만 소비하여 효용극대화하지 않고, 두 재화를 적절히 배합하여 효용극대화를 달성하게 된다.

⑤ 옳은 내용이다.

$X = \dfrac{M}{3P_X}$, $Y = \dfrac{2M}{3P_Y}$이기 때문에 만일 두 재화의 가격이 동일하다면 Y재를 X재의 2배 소비하는 것이 최적의 선택이 된다.

X재의 한계효용은 y이고 Y재의 한계효용은 x이며, 예산선은 $P_X\,x + P_Y\,y = E$로 주어져 있다. 이때 X재의 수요함수는? (단, E는 소득, P_X는 X재의 가격, P_Y는 Y재의 가격, x는 X재의 소비량, y는 Y재의 소비량이다.)

▶ 2022년 지방직 7급

① $x = \dfrac{E}{2P_X}$

② $x = \dfrac{E}{P_X}$

③ $x = E - P_X$

④ $x = \dfrac{E}{P_X + P_Y}$

출제이슈 수요함수의 도출
핵심해설 정답 ①

1) 효용함수의 도출

먼저 설문에서 총효용함수는 주어지지 않았으나 한계효용함수는 $MU_X = y$, $MU_Y = x$로 주어졌다.

2) 소비자 최적선택의 도출

주어진 한계효용함수가 $MU_X = y$, $MU_Y = x$임을 고려하면, 한계대체율은 $\dfrac{MU_X}{MU_Y} = \dfrac{y}{x}$가 된다. 따라서 소비자 최적선택은 한계대체율과 상대가격이 일치할 때 달성되므로 $\dfrac{y}{x} = \dfrac{P_X}{P_Y}$가 된다. 여기서 P_X가 특정값으로 주어지지 않았으므로 부정방정식이 된다. 따라서 특정한 소비자 최적선택점은 도출할 수 없으나 수요함수의 도출은 가능하다.

3) 수요함수의 도출

위에서 도출된 식 $\dfrac{y}{x} = \dfrac{P_X}{P_Y}$와 예산선 $P_X\,x + P_Y\,y = E$를 이용하여 수요함수를 도출할 수 있다.

먼저 $\dfrac{y}{x} = \dfrac{P_X}{P_Y}$를 변형한 식 $P_X\,x = P_Y\,y$를 예산선 $P_X\,x + P_Y\,y = E$에 대입하면 $P_X\,x + P_X\,x = E$이다.

따라서 $2P_X\,x = E$이므로 $x = \dfrac{E}{2P_X}$가 된다.

두 재화 X, Y를 소비하는 갑의 효용함수가 $U(X,\ Y) = X^{0.3}Y^{0.7}$이다. 이에 관한 설명으로 옳지 **않은** 것은?

▶ 2022년 감정평가사

① 선호체계는 단조성을 만족한다.

② 무차별곡선은 원점에 대해 볼록하다.

③ 효용을 극대화할 때, 소득소비곡선은 원점을 지나는 직선이다.

④ 효용을 극대화할 때, 가격소비곡선은 X재 가격이 하락할 때 Y재의 축과 평행하다.

⑤ 효용을 극대화할 때, 소득이 2배 증가하면 X재의 소비는 2배 증가한다.

출제이슈 소비자 최적선택의 변화와 수요함수의 도출
핵심해설 정답 ④

① 옳은 내용이다.

갑의 효용함수가 $U(X,\ Y) = X^{0.3}Y^{0.7}$이므로 재화 소비량이 증가함에 따라서 효용은 증가한다.

② 옳은 내용이다.

갑의 $U(X,\ Y) = X^{0.3}Y^{0.7}$에서 한계대체율은 $\dfrac{MU_X}{MU_Y} = \dfrac{3Y}{7X}$이므로 X재 소비증가에 따라서 한계대체율이 점차로 감소함을 쉽게 알 수 있다. 한계대체율이 체감하므로 무차별곡선은 원점에 대해 볼록하다.

③ 옳은 내용이다.

소득소비곡선은 소득의 변화에 따라서 변화하는 최적의 소비자 선택점들의 궤적을 의미한다. 이러한 궤적은 예산선의 기울기와 무차별곡선의 기울기가 같게 된다. 따라서 $U(X,\ Y) = X^{0.3}Y^{0.7}$에서 $\dfrac{MU_X}{MU_Y} = \dfrac{3Y}{7X}$이므로 $\dfrac{3Y}{7X} = \dfrac{P_X}{P_Y}$, 즉 $Y = \dfrac{7P_X}{3P_Y}X$이 소득소비곡선임을 알 수 있다.

④ 틀린 내용이다.

가격소비곡선은 가격의 변화에 따라서 변화하는 최적의 소비자 선택점들의 궤적을 의미한다. 이러한 궤적은 예산선의 기울기와 무차별곡선의 기울기가 같게 된다. 따라서 $U(X,\ Y) = X^{0.3}Y^{0.7}$에서 $\dfrac{MU_X}{MU_Y} = \dfrac{3Y}{7X}$이므로 $\dfrac{3Y}{7X} = \dfrac{P_X}{P_Y}$이 성립하고 또한 X재의 가격하락을 반영하기 위해 $P_X X + P_Y Y = M$을 고려하면 $7(M - P_Y Y) = 3P_Y Y$, 즉 $Y = \dfrac{0.7M}{P_Y}$으로서 횡축인 X재의 축과 평행하다.

⑤ 옳은 내용이다.

X재의 수요곡선은 $X = \dfrac{0.3M}{P_X}$이므로 소득이 2배로 증가할 때, X재 소비의 최적량은 2배로 증가한다.

갑은 X재와 Y재 두 재화를 1 : 1 비율로 묶어서 소비한다. X재의 가격과 수요량을 각각 P_X와 Q_X라고 한다. 소득이 1,000이고 Y재의 가격이 10일 때 갑의 X재 수요함수로 옳은 것은? (단, 소비자는 효용을 극대화하고 소득을 X재와 Y재 소비에 모두 지출한다.)

▶ 2016년 감정평가사

① $Q_X = \dfrac{1,000}{(10 + P_X)}$　　　　　　② $Q_X = 990 - P_X$

③ $Q_X = 500 - P_X$　　　　　　　　　　④ $Q_X = 1,000 - P_X$

⑤ $Q_X = \dfrac{500}{P_X}$

출제이슈　수요함수의 도출
핵심해설　정답 ①

1) 효용함수의 도출

먼저 설문에서 소비자 갑이 X재와 Y재 두 재화를 1 : 1 비율로 묶어서 소비하는 것은 전형적인 완전보완재의 소비로서 그 효용함수는 $U = \min\{X, Y\}$가 된다.

2) 소비자 최적선택의 도출

설문에서 $X = Y$와 예산선 $P_X X + 10Y = 1,000$이 만나는 점에서 효용극대화 소비가 이루어진다. 그런데 현재 P_X가 특정값으로 주어지지 않았으므로 부정방정식이 된다. 따라서 특정한 소비자 최적선택점은 도출할 수 없으나 수요함수의 도출은 가능하다.

3) 수요함수의 도출

위에서 도출된 식 $X = Y$와 예산선 $P_X X + 10Y = 1,000$을 이용하여 수요함수를 도출할 수 있다.

$X = Y$를 예산선에 대입하면 $P_X X + 10X = 1,000$이다.

따라서 $X = \dfrac{1,000}{(P_X + 10)}$ 이 된다.

X재와 Y재만 소비하는 갑의 효용함수가 $U = \min\{X, \ Y\}$이며, 재화의 가격은 각각 P_X, P_Y이다. 다음 중 옳지 않은 것은?

▶ 2025년 감정평가사

① 소득소비곡선은 원점을 지나는 45도 선이다.
② 가격소비곡선은 원점을 지나는 45도 선이다.
③ X재의 소득탄력성은 1이다.
④ X재 수요의 가격탄력성의 절대치는 1보다 작다.
⑤ P_Y에 대한 X재 수요의 교차탄력성은 1이다.

출제이슈 소비자 최적선택과 수요함수
핵심해설 정답 ⑤

1) 소득소비곡선과 가격소비곡선

효용극대화는 $Y = X$와 예산선이 만나는 점에서 이루어짐을 고려하면, 소득소비곡선과 가격소비곡선은 모두 $Y = X$로서 원점을 지나는 45도 선이 된다.

2) 수요함수

위의 효용극대화 조건을 이용하여 X재 수요함수를 구하면 $X = \dfrac{M}{P_X + P_Y}$이 된다.

3) 교차탄력성

위의 수요함수에서 X재와 Y재는 보완관계로서 Y재 가격에 대한 X재 수요의 교차탄력성은 음수이다. 따라서 교차탄력성은 1이 될 수 없다.

주어진 예산으로 효용극대화를 추구하는 소비자 A의 효용함수는 $U(X, Y) = X^{0.3} Y^{0.7}$일 때, A의 수요에 관한 설명 중 옳지 않은 것은? ▶2021년 보험계리사

① X재의 가격이 상승하면, X재의 수요량은 감소한다.
② Y재 수요는 Y재 가격에 대해 단위탄력적이다.
③ X재의 소득탄력성은 1이다.
④ X재의 가격이 상승하면 Y재의 수요량은 감소한다.
⑤ Y재의 소득탄력성은 1이다.

출제이슈 소비자 최적선택과 수요함수
핵심해설 정답 ④

설문에서 주어진 효용함수가 $U = X^{0.3} Y^{0.7}$임을 고려하면, 한계대체율은 $\dfrac{MU_X}{MU_Y} = \dfrac{3}{7} \dfrac{Y}{X}$가 된다.

따라서 소비자 최적선택은 한계대체율과 상대가격이 일치할 때 달성되므로 $\dfrac{3Y}{7X} = \dfrac{P_X}{P_Y}$가 된다.

이를 예산선 $P_X X + P_Y Y = M$에 대입하면 X재 수요함수는 $X = \dfrac{0.3 M}{P_X}$, Y재 수요함수는 $Y = \dfrac{0.7 M}{P_Y}$이 된다.

① 옳은 내용이다.

X재의 수요함수가 $X = \dfrac{0.3 M}{P_X}$임을 고려하면, X재의 가격이 상승하면, X재의 수요량은 감소한다.

② 옳은 내용이다.

Y재의 수요함수가 $Y = \dfrac{0.7 M}{P_Y}$임을 고려하면, Y재 지출액은 불변이므로 Y재 수요의 가격탄력성은 1이 된다.
따라서 Y재 수요는 Y재 가격에 대해 단위탄력적이다.

③ 옳은 내용이다.

X재의 수요함수가 $X = \dfrac{0.3 M}{P_X}$임을 고려하면, X재의 소득탄력성은 1이다.

④ 틀린 내용이다.

Y재의 수요함수가 $Y = \dfrac{0.7 M}{P_Y}$임을 고려하면, X재의 가격이 상승하더라도 Y재의 수요량은 불변이다.

⑤ 옳은 내용이다.

Y재의 수요함수가 $Y = \dfrac{0.7 M}{P_Y}$임을 고려하면, Y재의 소득탄력성은 1이다.

주어진 예산에서 효용을 극대화하는 소비자 甲의 효용함수가 $U(X, Y) = \ln X + Y$이다. 甲의 수요에 관한 설명 중 옳지 않은 것은?
▶ 2021년 보험계리사

① Y재의 가격이 상승하면, X재의 수요량이 증가한다.

② 甲의 소득이 증가하더라도 X재의 수요량은 변화가 없다.

③ 甲의 소득이 증가하면, Y재의 수요량은 증가한다.

④ X재의 가격소비곡선은 우상향한다.

⑤ X재의 Y재에 대한 한계대체율은 오로지 X재의 소비량에 의해서만 결정된다.

출제이슈 소비자 최적선택과 준선형효용함수
핵심해설 정답 ④

1) X재와 Y재의 수요함수 도출

효용함수가 $U(X, Y) = \ln X + Y$이므로 한계대체율은 $\dfrac{MU_X}{MU_Y} = \dfrac{1}{X}$이 된다. 따라서 소비자 최적선택은 한계대체율과 상대가격이 일치할 때 달성되므로 $\dfrac{1}{X} = \dfrac{P_X}{P_Y}$가 된다. 이를 예산선 $P_X X + P_Y Y = M$에 대입하면 X재 수요함수는 $X = \dfrac{P_Y}{P_X}$이 되고, Y재 수요함수는 $Y = \dfrac{M - P_Y}{P_Y}$가 된다.

2) 가격소비곡선의 도출

소비자 최적선택은 한계대체율과 상대가격이 일치할 때 달성되므로 $\dfrac{1}{X} = \dfrac{P_X}{P_Y}$인데, 가격소비곡선은 X재 가격이 변화할 때 소비자 최적선택의 궤적이므로 X와 Y의 관계식으로 도출된다. 따라서 $\dfrac{1}{X} = \dfrac{P_X}{P_Y}$를 예산선 $P_X X + P_Y Y = M$과 동시에 고려하여 X와 Y의 관계식을 구하면 $Y = \dfrac{M - P_Y}{P_Y}$가 된다.

①, ②, ③ 옳은 내용이다.

X재 수요함수가 $X = \dfrac{P_Y}{P_X}$이므로 Y재 가격상승 시 X재 수요량은 증가하며, 소득이 증가하더라도 X재의 수요량은 변화가 없다. Y재 수요함수가 $Y = \dfrac{M - P_Y}{P_Y}$이므로 소득증가 시 Y재의 수요량은 증가한다.

④ 틀린 내용이다. X재의 가격소비곡선은 $Y = \dfrac{M - P_Y}{P_Y}$로서 X와 Y평면에서 수평선이 된다.

⑤ 옳은 내용이다.

효용함수가 $U(X, Y) = \ln X + Y$이므로 한계대체율은 $\dfrac{MU_X}{MU_Y} = \dfrac{1}{X}$이 된다. 따라서 X재의 Y재에 대한 한계대체율은 오로지 X재의 소비량에 의해서만 결정된다.

소비자 이론에 관한 설명으로 옳은 것은? (단, 소비자는 X재와 Y재만 소비한다.)

▶ 2016년 감정평가사

① 소비자의 효용함수가 $U = 2XY$일 때, 한계대체율은 체감한다.

② 소비자의 효용함수가 $U = \sqrt{XY}$일 때, X재의 한계효용은 체증한다.

③ 소비자의 효용함수가 $U = \min\{X, Y\}$일 때, 수요의 교차탄력성은 0이다.

④ 소비자의 효용함수가 $U = \min\{X, Y\}$일 때, 소득소비곡선의 기울기는 음(−)이다.

⑤ 소비자의 효용함수가 $U = X + Y$일 때, X재의 가격이 Y재의 가격보다 크더라도 X재와 Y재를 동일 비율로 소비한다.

출제이슈 다양한 효용함수의 특징
핵심해설 정답 ①

① 옳은 내용이다.

소비자의 효용함수가 $U = 2XY$일 때, 한계대체율은 $\dfrac{MU_X}{MU_Y} = \dfrac{Y}{X}$이므로 X재 소비증가에 따라서 한계대체율이 점차로 감소함을 알 수 있다.

② 틀린 내용이다.

소비자의 효용함수가 $U = \sqrt{XY}$일 때, X재의 한계효용은 $MU_X = \dfrac{Y^{0.5}}{2X^{0.5}}$가 되어 X재 소비증가에 따라서 한계효용은 점차로 감소함을 알 수 있다.

③ 틀린 내용이다.

소비자의 효용함수가 $U = \min\{X, Y\}$일 때, 재화 간 완전보완의 관계에 있으므로 수요의 교차탄력성은 0이 아니라 음(−)이 된다.

④ 틀린 내용이다.

소비자의 효용함수가 $U = \min\{X, Y\}$일 때, 소비자 최적선택은 $Y = X$에서 달성된다. 따라서 소득이 변화할 때 소비자 최적선택의 궤적으로서의 소득소비곡선은 $Y = X$가 되어 원점을 통과하고 기울기가 1이 된다.

⑤ 틀린 내용이다.

소비자의 효용함수가 $U = X + Y$일 때, 한계대체율은 1로서 일정하다. 만일 X재의 가격이 Y재의 가격보다 더 큰 경우에는 상대가격이 1보다 크게 되어 한계대체율보다 더 크다. 이 경우 항상 Y재만 소비한다.

Issue **05**   가격효과

기펜재(Giffen goods)의 수요에 관한 설명으로 옳은 것을 모두 고른 것은? ▶ 2016년 감정평가사

ㄱ. 가격이 하락할 때 수요량은 증가한다.
ㄴ. 보상수요곡선은 우하향한다.
ㄷ. 수요의 소득탄력성은 0보다 작다.

① ㄱ   ② ㄴ   ③ ㄱ, ㄷ
④ ㄴ, ㄷ   ⑤ ㄱ, ㄴ, ㄷ

출제이슈 가격효과와 기펜재
핵심해설 정답 ④

ㄱ. 틀린 내용이다.
　　기펜재는 가격이 하락할 때 수요량이 증가하는 것이 아니라 오히려 감소한다.

ㄴ. 옳은 내용이다.
　　기펜재의 경우에도 대체효과에 의하여 보상수요곡선은 우하향한다.

ㄷ. 옳은 내용이다.
　　기펜재는 열등재로서 소득 증가 시 수요가 감소하기 때문에 수요의 소득탄력성은 0보다 작다.

작년에 어느 나라의 감자 가격이 하락했음에도 감자에 대한 소비량은 감소했다. 이때, 이 나라에서 감자에 대한 설명으로 옳지 않은 것은? ▶ 2022년 국가직 9급

① 감자는 기펜재(Giffen goods)이다.
② 대체효과에 의해 감자의 소비량은 증가한다.
③ 소비자의 소득이 증가하면 감자의 소비량은 감소한다.
④ 감자 가격 하락에 따른 가격효과의 경우, 소득효과의 절댓값이 대체효과의 절댓값보다 작다.

출제이슈 가격효과와 기펜재
핵심해설 정답 ④

① 옳은 내용이다.
기펜재는 수요법칙의 예외로서 가격하락 시 수요량이 오히려 감소한다. 설문에서 감자 가격이 하락했음에도 감자에 대한 소비량은 감소하였으므로 감자는 기펜재(Giffen goods)에 해당한다.

② 옳은 내용이다.
대체효과에 의하여, 기펜재의 가격하락 시 기펜재에 대한 수요량은 증가한다. 따라서 기펜재인 감자의 가격하락 시 대체효과에 의하여 감자의 소비량은 증가한다.

③ 옳은 내용이다.
소득효과에 의하여, 기펜재의 가격하락에 따라 실질소득이 증가하고 수요량이 감소한다. 따라서 기펜재인 감자의 가격하락 시 소득효과에 의하여 감자의 소비량은 감소하며 이는 감자라는 기펜재는 열등재임을 의미한다.

④ 틀린 내용이다.
기펜재는 가격이 하락할 때, 소득효과에 의한 수요량 감소가 대체효과에 의한 수요량 증가보다 더 크기 때문에 가격하락 시 가격효과가 수요량 감소로 나타난다. 이는 감자 가격 하락에 따른 가격효과에 있어서 소득효과의 절댓값이 대체효과의 절댓값보다 더 큼을 나타낸다.

기펜재(Giffen goods)에 관한 설명으로 옳지 않은 것은? ▶ 2021년 공인노무사

① 가격이 하락하면 재화의 소비량은 감소한다.
② 소득효과가 대체효과보다 큰 재화이다.
③ 가격 상승 시 소득효과는 재화의 소비량을 감소시킨다.
④ 기펜재는 모두 열등재이지만 열등재가 모두 기펜재는 아니다.
⑤ 가격 하락 시 대체효과는 재화의 소비량을 증가시킨다.

출제이슈 가격효과와 기펜재
핵심해설 정답 ③

① 옳은 내용이다.
수요법칙에는 예외가 있을 수 있는데 가격이 오름에도 불구하고 수요량이 감소하지 않고 오히려 증가하는 현상을 보이는 기펜재가 바로 그것이다. 기펜재의 경우 가격이 오르면 오히려 수요량이 늘어나고, 가격이 내리면 수요량이 감소한다. 따라서 기펜재의 수요곡선은 우하향하지 않고 우상향한다.

② 옳은 내용이다.
기펜재는 소득 증가에도 불구하고 소비가 감소하는 이른바 열등재로서 매우 특이한 재화를 말하는데, 가격변화에 따른 대체효과보다 소득효과가 더 큰 경우에 해당한다.

③ 틀린 내용이다.
기펜재는 가격이 하락하는 경우 상대적으로 싸진 재화의 소비가 증가하는 대체효과와 실질소득의 증가로 소비가 오히려 감소하는 소득효과가 발생한다. 반대로 가격이 상승하는 경우 상대적으로 비싸진 재화의 소비가 증가하는 대체효과와 실질소득의 감소로 소비가 오히려 증가하는 소득효과가 발생한다.

④ 옳은 내용이다.
소득의 감소로 인하여 소비가 감소하는 경우 열등재라고 하며, 열등재에는 소득효과가 대체효과를 압도하는 기펜재가 포함된다. 따라서 소득효과의 측면에서 볼 때, 기펜재는 열등재이지만, 열등재라고 해서 기펜재인 것은 아니다.

⑤ 옳은 내용이다.
가격이 하락하는 경우 상대적으로 싸진 재화의 소비가 증가하고 반대로 상대적으로 비싸진 재화의 소비는 감소하는데 이를 대체효과라고 한다. 대체효과에 의하여 이전과 동일한 효용을 유지하는 데 있어서 실질적인 지출액을 줄일 수 있게 되고 이제 남는 실질적인 지출액을 추가적인 소비에 활용하여 효용을 더욱 증진시킬 수 있게 되는 것이다.

보상수요(compensated demand)에 관한 설명으로 옳지 않은 것은? ▶ 2019년 감정평가사

① 가격변화에서 대체효과만 고려한 수요개념이다.

② 기펜재의 보상수요곡선은 우하향하지 않는다.

③ 소비자잉여를 측정하는 데 적절한 수요개념이다.

④ 수직선 형태 보상수요곡선의 대체효과는 항상 0이다.

⑤ 소득효과가 0이면 통상적 수요(ordinary demand)와 일치한다.

출제이슈 가격효과와 보상수요
핵심해설 정답 ②

① 옳은 내용이다.

가격변화로 인한 가격효과는 대체효과와 소득효과로 분해된다. 가격효과를 반영한 것이 통상수요라면, 대체효과만 반영한 것이 보상수요이다.

② 틀린 내용이다.

기펜재의 경우에도 대체효과는 정상재와 마찬가지로 작동한다. 따라서 기펜재의 보상수요곡선은 우하향한다. 다만, 기펜재의 통상수요곡선은 수요법칙의 예외로서 우상향한다.

③ 옳은 내용이다.

소비자잉여는 소비자들이 지불할 용의가 있는 금액과 실제 지불액과의 차이를 의미하며 이는 소비자의 수요곡선을 통해서 측정될 수 있다. 그런데 수요곡선 중 통상의 수요곡선은 순수한 가격변화에 따른 소비자의 수요량 변화뿐만 아니라 실질소득의 변화에 따른 수요량 변화까지 반영한 것이다. 따라서 실질소득의 변화를 제거하고 순수한 가격변화에 의하여 도출된 보상수요곡선을 이용하여 소비자잉여를 측정하는 것이 더 적절하다고 할 수 있다. 보상수요곡선은 효용을 일정하게 유지한 채 상대가격의 변화에 따른 재화 간 대체를 통해서 도출된 것이므로 보상수요곡선상의 임의의 점에서는 모두 효용이 동일하다. 따라서 보상수요곡선은 동일한 효용을 유지한다는 전제하에서 지불할 용의가 있는 금액을 측정해 준다. 만일 통상수요곡선을 이용하는 경우에는 소비자들이 지불할 용의가 있는 금액이 실질소득의 변화에 따라서 과대 혹은 과소 측정되어 왜곡될 수 있다.

④ 옳은 내용이다.

보상수요곡선이 수직이라는 것은 재화가격의 변화에도 불구하고 대체효과에 의한 수요량 변화가 없음을 의미하므로 대체효과는 0이 된다.

⑤ 옳은 내용이다.

가격효과를 반영한 것이 통상수요이므로 소득효과가 0인 경우에는 가격효과 자체가 대체효과를 의미하여 결국 통상수요와 보상수요가 일치하게 된다.

X재 가격이 하락할 때 아래의 설명 중 옳은 것을 모두 고른 것은? (단, X재와 Y재만 존재하며 주어진 소득을 두 재화에 모두 소비한다.)　　▶ 2022년 감정평가사

ㄱ. X재가 정상재인 경우 보상수요곡선은 보통수요곡선보다 더 가파르게 우하향하는 기울기를 가진다.
ㄴ. X재가 열등재인 경우 보상수요곡선은 우상향한다.
ㄷ. X재가 기펜재인 경우 보통수요곡선은 우상향하고 보상수요곡선은 우하향한다.

① ㄱ　　　　　　② ㄴ　　　　　　③ ㄱ, ㄷ
④ ㄴ, ㄷ　　　　⑤ ㄱ, ㄴ, ㄷ

출제이슈 가격효과와 보상수요
핵심해설 정답 ③

ㄱ. 옳은 내용이다.
　가격변화로 인한 가격효과는 대체효과와 소득효과로 분해된다. 가격효과를 반영한 것이 통상수요라면, 대체효과만 반영한 것이 보상수요이다. 정상재의 경우, 가격이 하락할 때, 대체효과에 의하여 소비량이 증가하고 소득효과에 의하여도 소비량이 증가한다. 정상재 보상수요의 경우 가격이 하락할 때, 소득효과에 의한 소비량의 증가는 반영되지 않으므로 정상재 보상수요곡선은 더 가파르다.

ㄴ. 틀린 내용이다.
　열등재의 경우, 대체효과가 소득효과보다 작으면 가격이 하락할 때 대체효과에 의하여 소비량이 증가하지만, 소득효과에 의하여는 소비량이 감소한다. 열등재 보상수요의 경우 가격이 하락할 때 소득효과에 의한 소비량의 감소는 반영되지 않고 오로지 대체효과에 의한 소비량 증가만 반영되므로 열등재 보상수요곡선은 우하향한다.

ㄷ. 옳은 내용이다.
　소득효과가 대체효과보다 크면 가격 하락에 따라 수요량은 감소하며, 이러한 매우 특수한 열등재를 기펜재라고 한다. 즉 기펜재의 경우 가격이 하락할 때, 대체효과에 의하여 소비량이 증가하지만, 소득효과에 의하여는 소비량이 감소하며, 특히 소득효과가 대체효과보다 크기 때문에 결국 소비량이 감소한다.

　따라서 기펜재의 경우 가격이 하락할 때, 대체효과에 의한 소비량 증가보다 소득효과에 의한 소비량 감소가 더 크므로 대체효과와 소득효과를 모두 반영한 보통수요곡선은 우상향한다. 한편, 가격이 하락할 때, 대체효과에 의한 소비량 증가만 반영하는 보상수요곡선은 우하향한다.

효용이 극대가 되도록 두 재화 x, y를 소비하는 을의 효용함수는 $u(x, y) = 2\sqrt{xy}$ 이다. y의 가격이 4배가 되었을 때 원래의 효용 수준을 유지하기 위해 필요한 추가 소득을 구하면? (단, 가격 변화 전의 소득은 60, x와 y의 가격은 각각 1이다.) ▶ 2021년 국가직 7급

① 60   ② 80   ③ 100

④ 120   ⑤ 150

출제이슈 가격효과의 응용(보상변화와 동등변화)

핵심해설 정답 ①

$$\begin{cases} U = 2\sqrt{XY} \ \text{————} \ ① \\ X + Y = 60 \ \text{————} \ ② \\ Max \ U \ \text{——————} \ ③ \end{cases} \qquad \begin{cases} \dfrac{Y}{X} = 1 \\ X + Y = 60 \end{cases}$$

위의 식을 풀면 $X = 30$, $Y = 30$이 된다.

1) 지출극소화 모형

$$\begin{cases} E = X + 4Y \ \text{————} \ ① \\ 2\sqrt{XY} = 60 \ \text{————} \ ② \\ Min \ E \ \text{——————} \ ③ \end{cases} \qquad \begin{cases} \dfrac{Y}{X} = \dfrac{1}{4} \\ XY = 900 \end{cases}$$

위의 식을 풀면 $X = 60$, $Y = 15$가 된다.

따라서 이때의 지출액은 $E = 60 + 4 \cdot 15 = 120$이므로 원래의 지출액 60과의 차이는 60이다. 즉 원래의 효용 수준을 유지하기 위해서 가격이 상승했을 때 필요한 추가 소득은 60이 된다는 의미이다.

소비자이론에 관한 설명으로 옳은 것을 모두 고른 것은? ▶ 2023년 감정평가사

ㄱ. 무차별곡선은 효용을 구체적인 수치로 표현할 수 있다는 가정하에 같은 만족을 주는 점들을 연결한 것이다.

ㄴ. 상품의 특성에 따라 무차별곡선은 우상향할 수도 있다.

ㄷ. 열등재이면서 대체효과보다 소득효과의 절대적 크기가 매우 클 경우 그 재화는 기펜재(Giffen goods)이다.

ㄹ. 유행효과(bandwagon effect)가 존재하면 독자적으로 결정한 개별수요의 수평적 합은 시장수요이다.

① ㄱ, ㄴ   ② ㄱ, ㄷ   ③ ㄱ, ㄹ
④ ㄴ, ㄷ   ⑤ ㄴ, ㄹ

출제이슈 소비자이론 전반
핵심해설 정답 ④

ㄱ. 틀린 내용이다.

특정소비자에게 같은 수준의 효용을 주는 상품조합을 연결한 곡선을 무차별곡선이라고 한다. 이는 2상품 효용함수 $U = U(X, Y)$, $U = U_0, U_1, U_2, \cdots$ 의 기하적 표현이라고 할 수 있다. 원래는 이를 3차원 공간에서 효용곡면으로 나타내야 하지만 분석의 편이를 위해서 2차원 평면에서 무차별곡선으로 나타낸다. 무차별곡선은 기수적 효용함수에 단조변환을 거쳐 얻은 다양한 효용함수들을 의미하므로 서수적 효용이라고 할 수 있다. 서수적 효용은 선호순서에만 관심을 가질 뿐 효용의 절대적 크기와 절대적 크기 간 차이에 대해서는 관심을 가지지 않는다. 즉, 무차별곡선 이론에서는 효용을 구체적인 수치로 표현할 수 있다는 가정을 하지 않는다.

ㄹ. 틀린 내용이다.

bandwagon 효과는 가격이 하락하여 타인의 소비가 증가할수록 본인의 효용을 증가시켜서 본인의 소비가 증가하는 현상으로서 가격하락 시 수요량의 증가를 더욱 증폭시켜서 수요곡선이 완만하게 형성되는 원인으로 작용한다(가격 하락 → 타인소비 증가 → 본인소비 증가). 다른 사람들의 수요에 영향을 받는 것으로서 bandwagon 효과가 있는 경우에는 다른 사람들의 수요량 증가로 인해 전체 수요가 오히려 더 늘게 되므로 시장수요곡선은 이를 반영하여 보다 완만하게 될 것이며, 반대로 snob 효과가 있는 경우에는 다른 사람들의 소비와 차별화시키려는 경향이 나타나면서 시장수요곡선은 보다 가파르게 될 것이다. 따라서 bandwagon 효과가 있는 경우 독자적으로 결정한 개별수요의 수평적 합에 의한 시장수요보다 더 완만하다.

Issue 06   여가 – 소득 선택모형

소득 – 여가 결정모형에서 효용극대화를 추구하는 갑의 노동공급에 관한 설명으로 옳은 것은?
(단, 소득과 여가는 모두 정상재이며, 소득효과 및 대체효과의 크기 비교는 절댓값을 기준으로
한다.) ▶ 2015년 감정평가사

① 시간당 임금이 상승할 경우, 대체효과는 노동공급 감소요인이다.
② 시간당 임금이 상승할 경우, 소득효과는 노동공급 증가요인이다.
③ 시간당 임금이 하락할 경우, 소득효과와 대체효과가 동일하다면, 노동공급은 감소한다.
④ 시간당 임금이 하락할 경우, 소득효과가 대체효과보다 크다면, 노동공급은 증가한다.
⑤ 시간당 임금의 상승과 하락에 무관하게 소득과 여가가 결정된다.

출제이슈 여가 – 소득 선택모형에서 임금률 변화의 효과
핵심해설 정답 ④

① 틀린 내용이다.
  소득과 여가가 정상재인 경우 임금률 상승 시 대체효과에 의하면 상대적으로 비싸진 여가수요가 감소하므로
  노동공급은 증가한다.

② 틀린 내용이다.
  소득과 여가가 정상재인 경우 임금률 상승 시 소득효과에 의하면 실질소득의 증가에 따라서 여가수요가 증가하
  므로 노동공급은 감소한다.

③ 틀린 내용이다.
  소득과 여가가 정상재인 경우 임금률 하락 시 대체효과에 의하면 상대적으로 싸진 여가수요가 증가하므로 노동
  공급은 감소한다. 이때 소득효과에 의하면 임금률 하락에 따른 실질소득의 감소에 따라서 여가수요가 감소하므
  로 노동공급은 증가한다. 만일 대체효과에 의한 노동공급의 감소와 소득효과에 의한 노동공급의 증가가 동일하
  다면 노동공급은 변화가 없다.

④ 옳은 내용이다.
  소득과 여가가 정상재인 경우 임금률 하락 시 대체효과에 의하면 상대적으로 싸진 여가수요가 증가하므로 노동
  공급은 감소한다. 이때 소득효과에 의하면 임금률 하락에 따른 실질소득의 감소에 따라서 여가수요가
  감소하므로 노동공급은 증가한다.

⑤ 틀린 내용이다.
  시간당 임금의 상승과 하락을 반영한 대체효과와 소득효과에 의하여 소득과 여가의 최적선택 그리고 노동공급
  의 최적선택이 결정된다.

소득 – 여가 선택모형에서 효용극대화를 추구하는 개인의 노동공급 의사결정에 관한 설명으로 옳지 않은 것은? (단, 여가(L)와 소득(Y)은 효용을 주는 재화이며, 한계대체율($MRS = \left| \dfrac{\Delta Y}{\Delta L} \right|$)은 체감한다.)

▶ 2021년 공인노무사

① 여가가 정상재인 경우 복권당첨은 근로시간의 감소를 초래한다.
② 여가가 열등재라면 노동공급곡선은 우하향한다.
③ 임금률이 한계대체율보다 크다면 효용극대화를 위해 근로시간을 늘려야 한다.
④ 개인 간 선호의 차이는 무차별곡선의 모양 차이로 나타난다.
⑤ 시장임금이 유보임금(reservation wage)보다 낮다면, 노동을 제공하지 않는다.

출제이슈 여가 – 소득 선택모형
핵심해설 정답 ②

① 옳은 내용이다.
여가가 정상재인 경우 복권당첨은 소득의 증가를 가져오므로 여가가 증가하고 근로시간은 감소한다.

② 틀린 내용이다.
여가가 열등재라면 임금이 상승하는 경우 대체효과에 의하여 상대적으로 비싸진 여가는 감소하고, 소득효과에 의하여 소득은 증가하지만 열등재인 여가소비는 감소한다. 따라서 여가가 열등재인 경우 임금의 방향과 여가소비의 방향이 반대이다. 따라서 여가가 열등재인 경우 임금의 방향과 노동공급의 방향은 같으므로 노동공급곡선은 우상향한다.

③ 옳은 내용이다.
한계대체율이 여가의 주관적인 가치이고 임금률이 여가의 객관적인 가치이므로, 만일 임금률이 한계대체율보다 크다면 효용극대화를 위해 여가를 줄여야 한다. 즉 근로시간을 늘려야 한다.

④ 옳은 내용이다.
개인 간 선호의 차이는 효용함수의 차이 및 무차별곡선의 모양 차이로 나타난다.

⑤ 옳은 내용이다.
유보임금(reservation wage)이란 노동자가 최소한 받고자 하는 임금으로서 이는 노동공급함수로 나타낼 수 있다. 만일 시장임금이 유보임금보다 낮다면, 노동을 제공하지 않거나 노동공급을 줄여야 한다.

갑의 효용함수는 $U = \sqrt{LF}$ 이며 하루 24시간을 여가(L)와 노동($24-L$)에 배분한다. 갑은 노동을 통해서만 소득을 얻으며 소득은 모두 식품(F)을 구매하는 데 사용한다. 시간당 임금은 10,000원, 식품의 가격은 2,500원이다. 갑이 예산제약하에서 효용을 극대화할 때, 여가시간과 구매하는 식품의 양은? ▶ 2018년 감정평가사

① $L=8, \quad F=64$ ② $L=10, \ F=56$

③ $L=12, \ F=48$ ④ $L=14, \ F=40$

⑤ $L=16, \ F=32$

출제이슈 여가 – 소득 선택모형 계산

핵심해설 정답 ③

$$\begin{cases} U = U(l, M) \ \text{------} ① \\ \overline{W}\, l + M = 24\,\overline{W} \ \text{-----} ② \\ Max\ U \ \text{-----------} ③ \end{cases} \qquad \begin{cases} U = \sqrt{LF} \ \text{-------------} ① \\ 10{,}000\,L + 2{,}500\,F = 240{,}000 \ \text{---} ② \\ Max\ U \ \text{----------------} ③ \end{cases}$$

여기서 효용극대화는 효용함수의 $MRS_{L,F}$(한계대체율) $= -\dfrac{dF}{dL} = \dfrac{MU_L}{MU_F} = \dfrac{F}{L}$ 와 상대가격(4)을 일치시키는 것이 출발점이다. 따라서 $\dfrac{F}{L} = 4$ 이 된다.

이 식과 위의 $10{,}000L + 2{,}500F = 240{,}000$을 연립하여 풀면, $L = 12, \quad F = 48$이 된다.

여가(L) 및 복합재(Y)에 대한 갑의 효용은 $U(L,\ Y) = \sqrt{L} + \sqrt{Y}$ 이고, 복합재의 가격은 1이다. 시간당 임금이 w일 때, 갑의 여가시간이 L이면, 소득은 $w(24-L)$이 된다. 시간당 임금 w가 3에서 5로 상승할 때, 효용을 극대화하는 갑의 여가시간 변화는?

▶ 2020년 감정평가사

① 1만큼 증가한다.　　　　　　　　　② 2만큼 증가한다.

③ 변화가 없다.　　　　　　　　　　　④ 2만큼 감소한다.

⑤ 1만큼 감소한다.

출제이슈 여가 – 소득 선택모형 계산

핵심해설 정답 ④

$$\begin{cases} U = U(l, M) \ \text{------①} \\ \overline{W}\, l + M = 24\,\overline{W} \ \text{-----②} \\ Max\ U \ \text{------------③} \end{cases} \qquad \begin{cases} U = \sqrt{L} + \sqrt{Y} \ \text{----------①} \\ wL + Y = 24w \ \text{-----------②} \\ Max\ U \ \text{----------------③} \end{cases}$$

여기서 효용극대화는 효용함수의 $MRS_{L,Y}$(한계대체율)$= -\dfrac{dY}{dL} = \dfrac{MU_L}{MU_Y} = \dfrac{\sqrt{Y}}{\sqrt{L}}$ 와 상대가격 w 를 일치시키는 것이 출발점이다. 따라서 $\dfrac{\sqrt{Y}}{\sqrt{L}} = w$ 이 된다.

1) $w = 3$인 경우

$\dfrac{\sqrt{Y}}{\sqrt{L}} = 3$과 $3L + Y = 72$를 연립하여 풀면, $L = 6$, $Y = 54$가 된다.

2) $w = 5$인 경우

$\dfrac{\sqrt{Y}}{\sqrt{L}} = 5$와 $5L + Y = 120$을 연립하여 풀면, $L = 4$, $Y = 100$이 된다.

따라서 $L = 6$($w = 3$인 경우)에서 $L = 4$($w = 5$인 경우)가 되어 여가는 2만큼 감소한다.

병은 하루 24시간을 여가시간(ℓ)과 노동시간(L)으로 나누어 사용한다. 효용은 노동을 통해 얻는 근로소득(Y)과 여가시간을 통해서만 결정된다고 할 때, 병의 노동공급곡선에 대한 설명으로 옳은 것은? (단, $Y = wL$이며 w는 시간당 임금이다.) ▶ 2021년 국가직 7급

① 여가가 열등재일 경우 노동공급곡선의 후방굴절(backward bending)이 나타날 수 있다.
② 시간당 임금 상승으로 인한 대체효과는 노동공급량을 증가시킨다.
③ 여가가 정상재일 경우 시간당 임금 상승 시 소득효과가 대체효과보다 더 크면 노동공급량이 증가한다.
④ 근로소득과 여가가 완전보완관계일 경우 시간당 임금 상승 시 소득효과가 발생하지 않는다.
⑤ 여가가 정상재일 경우 비근로소득이 정액으로 증가하면 노동공급은 증가한다.

출제이슈 여가 – 소득 선택모형에서 임금 및 소득변화의 효과
핵심해설 정답 ②

① 틀린 내용이다.
여가가 열등재일 경우 임금상승에 따라서 항상 여가소비는 감소하고 노동공급은 증가하기 때문에 노동공급곡선의 후방굴절(backward bending)이 나타날 수 없다.

② 옳은 내용이다.
시간당 임금 상승으로 인한 대체효과는 상대적으로 비싸진 여가소비를 줄이는 방향으로 작용한다. 따라서 노동공급량은 증가한다.

③ 틀린 내용이다.
여가가 정상재일 경우 시간당 임금이 상승 시 대체효과에 의하여 여가소비가 감소하고 소득효과에 의하여 여가소비가 증가한다. 따라서 만일 설문에서처럼 소득효과가 대체효과보다 더 크면 여가소비가 증가하고 노동공급량은 감소한다.

④ 틀린 내용이다.
근로소득과 여가가 완전보완관계일 경우 완전보완의 레온티에프형 효용함수를 가지게 된다. 따라서 시간당 임금이 상승하더라도 대체효과는 발생하지 않고 오직 소득효과만 나타나게 된다.

⑤ 틀린 내용이다.
여가가 정상재일 경우 비근로소득이 정액으로 증가하면 여가소비가 증가하고 노동공급은 감소한다.

Issue **07**　　**시점간 소비선택 모형**

피셔(I.Fisher)의 기간간 선택(intertemporal choice)모형에서 최적소비선택에 관한 설명으로 옳은 것을 모두 고른 것은? (단, 기간은 현재와 미래이며, 현재소비와 미래소비는 모두 정상재이다. 무차별곡선은 우하향하며 원점에 대하여 볼록한 곡선이다.)　　▶ 2019년 감정평가사

ㄱ. 실질이자율이 상승하면, 현재 대부자인 소비자는 미래소비를 증가시킨다.
ㄴ. 실질이자율이 하락하면, 현재 대부자인 소비자는 현재저축을 감소시킨다.
ㄷ. 실질이자율이 상승하면, 현재 차입자인 소비자는 현재소비를 감소시킨다.
ㄹ. 미래소득이 증가하여도 현재 차입제약에 구속된(binding) 소비자이 현재소비는 변하지 않는다.

① ㄱ, ㄴ　　　　② ㄴ, ㄷ　　　　③ ㄷ, ㄹ
④ ㄱ, ㄷ, ㄹ　　　⑤ ㄴ, ㄷ, ㄹ

출제이슈 시점간 소비선택 모형에서 이자율 상승의 효과
핵심해설 정답 ④

ㄱ. 옳은 내용이다.
　이자율 상승 시 현재소비의 상대가격이 상승하므로 저축자의 경우 대체효과에 의하여 현재소비가 감소하고 미래소비가 증가한다. 이자율 상승으로 저축자는 실질소득이 증가하게 되므로 소득효과에 의하여 현재소비와 미래소비가 모두 증가한다. 따라서 미래소비는 확실히 증가한다.

ㄴ. 틀린 내용이다.
　이자율 하락 시 현재소비의 상대가격이 하락하므로 저축자의 경우 대체효과에 의하여 현재소비가 증가한다. 이자율 하락으로 저축자는 실질소득이 감소하게 되므로 소득효과에 의하여 현재소비가 감소한다. 따라서 현재소비의 방향은 불확실하므로 저축의 방향 역시 불확실하다.

ㄷ. 옳은 내용이다.
　이자율 상승 시 현재소비의 상대가격이 상승하므로 차입자의 경우 대체효과에 의하여 현재소비가 감소한다. 이자율 상승으로 차입자는 실질소득이 감소하게 되므로 소득효과에 의하여 현재소비가 감소한다. 따라서 현재소비는 확실히 감소한다.

ㄹ. 옳은 내용이다.
　미래소득이 증가하는 경우 예산선이 평행이동하게 된다. 그러나 차입제약이 있을 경우에는 현재소득 및 현재소비를 나타내는 횡축의 방향으로는 확장되지 못하고 오로지 종축의 방향으로만 확장하게 된다. 따라서 차입제약에 구속된 소비자는 미래소득이 늘어나더라도 현재소비는 불변이다.

현재와 미래 두 기간에 걸쳐 소비하는 갑의 현재소득 1,000, 미래소득 300, 현재 부(wealth) 200이다. 이자율이 2%로 일정할 때, 갑의 현재소비가 800이라면 최대가능 미래소비는?

▸ 2020년 감정평가사

① 504   ② 700   ③ 704

④ 708   ⑤ 916

출제이슈 시점간 소비선택모형 계산

핵심해설 정답 ④

$$\begin{cases} U = U(C_1, C_2) \text{ ------- ①} \\ C_1 + \dfrac{C_2}{1+r} = Y_1 + \dfrac{Y_2}{1+r} \text{ --- ②} \\ Max\ U \text{ ----------- ③} \end{cases} \qquad \begin{cases} U = U(C_1, C_2) \text{ --------- ①} \\ C_1 + \dfrac{C_2}{1.02} = 1,200 + \dfrac{300}{1.02} \text{ --- ②} \\ Max\ U \text{ ------------- ③} \end{cases}$$

설문에서는 효용함수가 주어진 것이 아니므로 최적소비를 구할 수는 없으며 다만, 예산제약을 토대로 그 식을 해석하면서 문제를 풀면 된다.

설문에서 현재소득 1,000, 미래소득 300, 현재 부(wealth) 200 그리고 이자율이 2%를 반영한 예산제약식은 $C_1 + \dfrac{C_2}{1.02} = 1,200 + \dfrac{300}{1.02}$ 이 된다.

이때 갑의 현재소비가 800인 경우 $C_1 = 800$ 이므로 이를 예산제약식에 대입하면 $C_1 + \dfrac{C_2}{1.02} = 1,200 + \dfrac{300}{1.02}$ 가 된다.

따라서 $C_2 = 708$ 이 된다.

> 2기간 소비선택모형에서 소비자의 효용함수는 $U(C_1, C_2) = C_1 C_2$이고, 예산제약식은 $C_1 + \dfrac{C_2}{1+r} = Y_1 + \dfrac{Y_2}{1+r}$이다. 이 소비자의 최적소비 행태에 대한 설명으로 옳지 않은 것은? (단, C_1은 1기의 소비, C_2는 2기의 소비, Y_1은 1기의 소득으로 100, Y_2는 2기의 소득으로 121, r은 이자율로 10%이다.)
>
> ▶ 2017년 지방직 7급
>
> ① 한계대체율과 $(1+r)$이 일치할 때 최적소비가 발생한다.
> ② 1기보다 2기에 소비를 더 많이 한다.
> ③ 1기에 이 소비자는 저축을 한다.
> ④ 유동성제약이 발생하면 1기의 소비는 감소한다.

출제이슈 시점간 소비선택 모형 계산
핵심해설 정답 ③

$$\begin{cases} U = U(C_1, C_2) \ ------- ① \\ C_1 + \dfrac{C_2}{1+r} = Y_1 + \dfrac{Y_2}{1+r} \ --- ② \\ Max \ U \ ------------- ③ \end{cases} \qquad \begin{cases} U = C_1 C_2 \ ---------- ① \\ C_1 + \dfrac{C_2}{1.1} = 100 + \dfrac{121}{1.1} \ --- ② \\ Max \ U ----------- ③ \end{cases}$$

설문에서 한계대체율은 $\dfrac{C_2}{C_1}$이고, 예산선의 기울기인 상대가격은 1.1이 되며, 둘은 일치해야 한다. 따라서 $C_2 = 1.1 C_1$이다. 이를 예산선과 함께 연립하여 풀면 $C_1 = 105$, $C_2 = 115.5$가 된다.

① 한계대체율과 상대가격이 일치할 때 최적소비가 가능하다.

② $C_1 = 105$, $C_2 = 115.5$이므로 2기의 소비는 1기보다 많다.

③ 틀린 내용이다. $C_1 = 105$, $C_2 = 115.5$이고 $Y_1 = 100$, $Y_2 = 121$이므로 1기는 차입이 발생한다.

④ 유동성이 발생하는 경우 차입이 어려워지기 때문에 1기의 소비는 감소한다.

효용을 극대화하는 갑은 1기의 소비(C_1)와 2기의 소비(C_2)로 구성된 효용함수 $U = U(C_1, C_2)$ $= C_1 C_2^2$을 가지고 있다. 갑은 시점간 선택(intertemporal choice) 모형에서 1기에 3,000만원, 2기에 3,300만원의 소득을 얻고 이자율 10%로 저축하거나 빌릴 수 있다. 1기의 최적선택에 관한 설명으로 옳은 것은? (단, 인플레이션은 고려하지 않는다.) ▶ 2018년 감정평가사

① 1,000만원을 저축할 것이다.
② 1,000만원을 빌릴 것이다.
③ 저축하지도 빌리지도 않을 것이다.
④ 1,400만원을 저축할 것이다.
⑤ 1,400만원을 빌릴 것이다.

출제이슈 시점간 소비선택 모형 계산
핵심해설 정답 ①

$$\begin{cases} U = U(C_1, C_2) \ \text{------} \ ① \\ C_1 + \dfrac{C_2}{1+r} = Y_1 + \dfrac{Y_2}{1+r} \ \text{---} \ ② \\ Max \ U \ \text{------------} \ ③ \end{cases} \qquad \begin{cases} U = C_1 C_2^2 \ \text{------------} \ ① \\ C_1 + \dfrac{C_2}{1.1} = 3,000 + \dfrac{3,300}{1.1} \ \text{--} \ ② \\ Max \ U \ \text{------------} \ ③ \end{cases}$$

설문에서 한계대체율은 $\dfrac{C_2}{2C_1}$이고, 예산선의 기울기인 상대가격은 1.1이 되며, 둘은 일치해야 한다.

따라서 $C_2 = 2.2 C_1$이다. 이를 예산선과 함께 연립하여 풀면 $C_1 = 2,000$, $C_2 = 4,400$이 된다. (단위 : 만원)

1기 소득이 3,000만원인데 1기 소비는 2,000만원이므로 저축이 1,000만원이 된다.

소비자가 X재의 판매자일 때, 실물부존(real endowment) 모형에 관한 설명으로 옳지 않은 것은? (단, 주어진 소득으로 X재와 Y재만 양(+)의 소비를 한다.) ▸ 2025년 감정평가사

① 최적소비점은 예산선과 무차별곡선이 접하는 점이며 실물부존점과 일치하지 않을 수 있다.

② X재의 가격이 하락하고 효용이 증가하였다면, 소비자는 X재 구매자로 전환된다.

③ Y재의 가격이 하락하면, 소비자의 효용은 증가한다.

④ X재의 가격이 상승하고 Y재가 정상재라면, Y재의 소비는 증가한다.

⑤ X재의 가격이 상승하고 X재가 열등재라면, X재의 소비는 증가한다.

출제이슈 실물부존모형
핵심해설 정답 ⑤

1) 예산선의 변화

실질부존모형에서 가격변화는 초기 부존점을 중심으로 회전이동하게 되는데 이 문제에서는 X재 판매자가 소비자이므로 현재 부존량보다 덜 소비하고 있는 상황이다.

2) 실질소득의 변화

X재 가격상승으로 인하여 예산선이 회전이동하면서 기존의 균형과 비교하면 예산선이 확장하여 실질소득이 증가하게 된다.

3) 수요량의 변화

X재의 가격이 상승함에 따라서 대체효과에 의하여 X재 수요량이 감소하고, 소득효과에 의해서도 X재 수요량이 감소한다. 특히 X재 가격상승으로 인하여 실질소득이 증가함에 유의하고 X재가 열등재임을 고려하면 수요량은 감소한다.

Issue 08	사회복지제도

> 매년 40만원을 정부로부터 지원받는 한 저소득층 가구에서 매년 100kg의 쌀을 소비하고 있었
> 다. 그런데 정부가 현금 대신 매년 200kg의 쌀을 지원하기로 했다. 쌀의 시장가격은 kg당
> 2,000원이어서 지원되는 쌀의 가치는 40만원이다. 쌀의 재판매가 금지되어 있다고 할 때, 다
> 음 설명 중 옳지 않은 것은? (단, 이 가구의 무차별곡선은 원점에 대해 볼록하다.)
>
> ▶ 2016년 지방직 7급
>
> ① 이 가구는 새로 도입된 현물급여보다 기존의 현금급여를 선호할 것이다.
> ② 현물급여를 받은 후 이 가구의 예산집합 면적은 현금급여의 경우와 차이가 없다.
> ③ 이 가구는 새로운 제도하에서 쌀 소비량을 늘릴 가능성이 크다.
> ④ 만약 쌀을 kg당 1,500원에 팔 수 있는 재판매 시장이 존재하면, 이 가구는 그 시장을 활
>   용할 수도 있다.

출제이슈 사회복지제도
핵심해설 정답 ②

① 옳은 내용이다.
   이 가구는 새로 도입된 현물급여보다 기존의 현금급여를 효용 측면에서 더 선호한다.

② 틀린 내용이다.
   현물급여와 현금급여에 따른 예산선은 차이가 있다.

③ 옳은 내용이다.
   새로운 현물급여제도하에서는 E_2와 같이 쌀 소비량이 늘어날 수 있다.

④ 옳은 내용이다.
   보조받은 현물인 쌀을 재판매 시장에서 시장가격보다 낮은 수준에서 판매하여 현금을 마련할 수 있다면 그러한
   거래기회를 활용할 수도 있다. 다만, 재판매가격이 너무 낮아서 현물보조 시 효용보다 감소하게 되는 경우 재판
   매를 포기할 수도 있다.

Issue 09 　현시선호이론

갑의 소득은 24이고 X재와 Y재만 소비한다. 갑은 두 재화의 가격이 $P_X = 4$, $P_Y = 2$일 때, $A(x = 5,\ y = 1)$을 선택했고, 두 재화의 가격이 $P_X = 3$, $P_Y = 3$일 때, $B(x = 2,\ y = 6)$을 선택했다. 갑의 선택에 관한 설명으로 옳은 것을 모두 고른 것은? (단, x는 X재 소비량, y는 Y재 소비량)

▶ 2020년 감정평가사

> ㄱ. 갑은 가격 변화 전 B를 선택할 수 있었음에도 불구하고 A를 선택했다.
> ㄴ. 갑은 가격 변화 후 A를 선택할 수 없었다.
> ㄷ. 갑의 선택은 현시선호 약공리를 만족하지 못한다.
> ㄹ. 갑은 주어진 예산제약하에서 효용을 극대화하는 소비를 하고 있다.

① ㄱ, ㄴ　　　　　② ㄱ, ㄷ　　　　　③ ㄴ, ㄷ
④ ㄴ, ㄹ　　　　　⑤ ㄷ, ㄹ

출제이슈 현시선호의 약공리
핵심해설 정답 ②

ㄱ. 옳은 내용이다.
　갑은 가격 변화 전 $P_X = 4$, $P_Y = 2$일 때, 소비점 A를 선택할 수 있었을 뿐만 아니라 실제로 선택하였고, 이때 지출액은 22가 된다. 한편, $P_X = 4$, $P_Y = 2$와 소비점 B의 소비량 $B(x = 2,\ y = 6)$을 고려하면 소비점 B는 지출액 20으로 소득 24의 범위 내이므로 선택가능하였지만 선택하지 않았음을 알 수 있다. 즉, 갑은 가격 변화 전 B를 선택할 수 있었음에도 불구하고 A를 선택하였다.

ㄴ. 틀린 내용이다.
　갑은 가격 변화 후 $P_X = 3$, $P_Y = 3$일 때, 소비점 B를 선택할 수 있었을 뿐만 아니라 실제로 선택하였고, 이때 지출액은 24가 된다. 한편, $P_X = 3$, $P_Y = 3$과 소비점 A의 소비량 $A(x = 5,\ y = 1)$을 고려하면 소비점 A는 지출액 18로 소득 24의 범위 내이므로 선택가능하였지만 선택하지 않았음을 알 수 있다. 즉, 갑은 가격 변화 후 A를 선택할 수 있었음에도 불구하고 B를 선택하였다.

ㄷ. 옳은 내용이다.
　갑은 가격 변화 전 B를 선택할 수 있었음에도 불구하고 A를 선택하였으며 가격 변화 후에는 A를 선택할 수 있었음에도 불구하고 B를 선택했다. 이는 일관되지 못한 소비행위로서 약공리 위반이다.

ㄹ. 틀린 내용이다.
　갑의 소득은 24인데, $P_X = 4$, $P_Y = 2$일 때, 소비점 A 선택의 경우 지출액은 22에 불과하므로 갑의 소비는 효용극대화를 충족하지 못한다.

두 재화 X와 Y의 가격이 제1기에 $P_X = 10$, $P_Y = 40$이었으며, 갑은 재화소비조합점 $(x, y) = (60, 20)$을 선택하였다. 현시선호이론에 관한 다음 설명 중 옳은 것만을 모두 고른 것은? (단, x, y는 각각 X재와 Y재의 소비량, P_X와 P_Y는 각각 X재와 Y재의 가격)

▶ 2011년 감정평가사

ㄱ. 제2기에 가격이 $P_X = 20$, $P_Y = 30$으로 변화했을 때, 갑이 재화소비조합점 $(65, 15)$를 선택했다면, 갑의 선택은 약공리를 위배하지 않는다.

ㄴ. 제2기에 가격이 $P_X = 20$, $P_Y = 20$으로 변화했을 때, 갑이 재화소비조합점 $(50, 30)$을 선택했다면, 갑의 선택은 약공리를 위배한다.

ㄷ. 강공리가 성립하면 약공리는 항상 성립한다.

① ㄱ   ② ㄱ, ㄴ   ③ ㄴ, ㄷ

④ ㄱ, ㄷ   ⑤ ㄱ, ㄴ, ㄷ

출제이슈 현시선호의 약공리

핵심해설 정답 ④

ㄱ. 옳은 내용이다.

갑은 1기에 $P_X = 10$, $P_Y = 40$인 경우 재화소비조합점 $(x, y) = (60, 20)$를 선택하였고 이때의 지출액은 1,400이다. 이때, 재화소비조합점이 $(x, y) = (65, 15)$인 경우 지출액은 1,250이므로 재화소비점 $(x, y) = (65, 15)$도 선택가능하였지만 선택하지 않았다. 이제 2기에 가격이 $P_X = 20$, $P_Y = 30$으로 변화했을 때, 갑이 재화소비조합점 $(65, 15)$를 선택하였고, 이때의 지출액은 1,750이다. 이때, 재화소비점이 $(x, y) = (60, 20)$인 경우 지출액은 1,800이므로 2기의 지출액을 넘어서게 되어 이에 대한 선택이 불가능할 수 있다. 따라서 2기에 가격변화에 따라서 1기에 선택가능했던 소비조합점에서 다른 소비조합점으로 이동하더라도 약공리 위반이 아니다.

ㄴ. 틀린 내용이다.

갑은 1기에 $P_X = 10$, $P_Y = 40$인 경우 재화소비조합점 $(x, y) = (60, 20)$를 선택하였고 이때의 지출액은 1,400이다. 이때, 재화소비조합점이 $(x, y) = (50, 30)$인 경우 지출액은 1,700이므로 재화소비점 $(x, y) = (50, 30)$은 선택불가능하기 때문에 선택하지 않았다. 이제 2기에 가격이 $P_X = 20$, $P_Y = 20$으로 변화했을 때, 갑이 재화소비조합점 $(50, 30)$를 선택하였고, 이때의 지출액은 1,600이다. 이때, 재화소비점이 $(x, y) = (60, 20)$인 경우 지출액은 1,600이므로 이에 대한 선택도 가능하다. 따라서 2기에 가격변화에 따라서 1기에 선택가능했던 소비조합점에서 2기에(1기에는 선택불가능하였지만, 2기에는 선택가능한) 다른 소비조합점으로 이동하더라도 약공리 위반이 아니다.

두 재화 X재와 Y재를 소비하는 갑은 가격이 $(P_X,\ P_Y) = (1,\ 4)$일 때 소비조합 $(X,\ Y) = (6,\ 3)$, 가격이 $(P_X,\ P_Y) = (2,\ 3)$으로 변화했을 때 소비조합 $(X,\ Y) = (7,\ 2)$, 그리고 가격이 $(P_X,\ P_Y) = (4,\ 2)$으로 변화했을 때 소비조합 $(X,\ Y) = (6,\ 4)$를 선택하였다. 이에 관한 설명으로 옳은 것을 모두 고른 것은? ▶ 2022년 감정평가사

ㄱ. 소비조합 $(X,\ Y) = (6,\ 3)$이 소비조합 $(X,\ Y) = (7,\ 2)$보다 직접 현시선호되었다.
ㄴ. 소비조합 $(X,\ Y) = (6,\ 4)$가 소비조합 $(X,\ Y) = (7,\ 2)$보다 직접 현시선호되었다.
ㄷ. 소비조합 $(X,\ Y) = (6,\ 3)$이 소비조합 $(X,\ Y) = (6,\ 4)$보다 직접 현시선호되었다.
ㄹ. 선호체계는 현시선호이론의 약공리를 위배한다.

① ㄱ, ㄴ   ② ㄱ, ㄷ   ③ ㄱ, ㄹ
④ ㄴ, ㄷ   ⑤ ㄷ, ㄹ

출제이슈 현시선호와 약공리
핵심해설 정답 ①

ㄱ. 옳은 내용이다.
갑은 가격이 $(P_X,\ P_Y) = (1,\ 4)$일 때 소비조합 $(X,\ Y) = (6,\ 3)$을 선택하였고, 이때의 지출액은 18이다. 만일 가격이 $(P_X,\ P_Y) = (1,\ 4)$일 때 소비조합이 $(X,\ Y) = (7,\ 2)$인 경우 지출액은 15이므로 소비조합 $(X,\ Y) = (7,\ 2)$도 선택가능하였지만 갑은 이를 선택하지 않았다. 따라서 소비조합 $(X,\ Y) = (6,\ 3)$은 소비조합 $(X,\ Y) = (7,\ 2)$보다 직접현시선호되었다.

ㄴ. 옳은 내용이다.
갑은 가격이 $(P_X,\ P_Y) = (4,\ 2)$일 때 소비조합 $(X,\ Y) = (6,\ 4)$를 선택하였고, 이때의 지출액은 32이다. 만일 가격이 $(P_X,\ P_Y) = (4,\ 2)$일 때 소비조합이 $(X,\ Y) = (7,\ 2)$인 경우 지출액은 32이므로 소비조합 $(X,\ Y) = (7,\ 2)$도 선택가능하였지만 갑은 이를 선택하지 않았다. 따라서 소비조합 $(X,\ Y) = (6,\ 4)$는 소비조합 $(X,\ Y) = (7,\ 2)$보다 직접현시선호되었다.

Issue **10** 위험에 대한 태도

다음 중 기대효용이론에 관한 설명으로 옳지 않은 것은? ▶ 2021년 보험계리사

① 한계효용이 체감하는 효용함수를 가진 투자자는 위험회피성향을 보인다.

② 한계효용이 일정한 효용함수를 가진 투자자는 기대수익에 따른 의사결정과 기대효용에 따른 의사결정이 동일하다.

③ 한계효용이 체감하는 효용함수에서 기대수익과 확실성등가의 차이를 위험프리미엄이라고 한다.

④ 한계효용이 체증하는 효용함수를 가진 투자자는 위험 – 기대수익 평면에 표시한 무차별곡선이 우상향한다.

⑤ 한계효용이 체증하는 효용함수를 가진 투자자에 있어서 위험프리미엄은 음수가 된다.

출제이슈 위험에 대한 태도
핵심해설 정답 ④

① 옳은 내용이다.
　한계효용이 체감하는 효용함수를 가진 투자자는 공정한 복권의 기회라고 하더라도 그 효용이 확실한 금액의 효용에 미치지 못하기 때문에 위험회피성향을 보인다.

② 옳은 내용이다.
　한계효용이 일정한 효용함수를 가진 투자자는 위험중립적으로서 기대수익에 따른 의사결정과 기대효용에 따른 의사결정이 동일하다.

③ 옳은 내용이다.
　한계효용이 체감하는 효용함수에서 투자자는 위험기피적이며, 이때, 기대수익과 확실성등가의 차이를 위험프리미엄이라고 한다.

④ 틀린 내용이다.
　한계효용이 체증하는 효용함수를 가진 투자자는 위험애호적이므로 위험과 기대수익 모두가 재화적 성격을 가진다. 따라서 위험 – 기대수익 평면에 표시한 무차별곡선은 우하향한다.

⑤ 옳은 내용이다.
　한계효용이 체증하는 효용함수를 가진 투자자는 위험애호적이므로 기대수익보다 확실성등가가 더 크다. 따라서 위험프리미엄이 음수가 된다.

Issue **11**   복권과 위험프리미엄

효용함수 $U(I) = \dfrac{1}{100}\sqrt{I}$ 를 가진 구직자가 새로운 직장을 찾고 있다. 새로운 직장에서는 자신의 노력 여부와 상관없이 기업의 성과에 따라 64만원의 월 소득을 받거나 혹은 196만원의 월 소득을 받을 수 있다. 64만원을 받을 확률과 196만원을 받을 확률이 각각 50%로 동일할 경우, 기대효용은? (단, U는 효용이고, I는 원으로 표시된 월 소득이다.)

▶ 2020년 국가직 9급

① 11   ② 12
③ 13   ④ 14

출제이슈   기대효용
핵심해설   정답 ①

A라는 특정상황(결과)에 대한 효용 $U(A) = U(640,000) = \dfrac{1}{100}\sqrt{640,000}$ 이고, B라는 특정상황(결과)에 대한 효용 $U(B) = U(1,960,000) = \dfrac{1}{100}\sqrt{1,960,000}$ 이 된다.

따라서 기대효용은 $U(L) = 0.5 \times \dfrac{1}{100}\sqrt{640,000} + 0.5 \times \dfrac{1}{100}\sqrt{1,960,000} = 11$ 이 된다.

A군은 친구가 하는 사업에 100만원을 투자하려고 한다. 사업이 성공하면 A군은 0.5의 확률로 196만원을 돌려받고, 사업이 실패하면 0.5의 확률로 64만원을 돌려받게 된다. A군의 효용함수가 $U(y) = 10y^{0.5}$ 이고 y는 소득을 나타낸다. 이 투자기회에 대한 A군의 확실성등가와 위험프리미엄은?

▶ 2015년 지방직 7급

	확실성등가	위험프리미엄
①	110만원	9만원
②	110만원	20만원
③	121만원	9만원
④	121만원	20만원

출제이슈 확실대등액과 위험프리미엄

핵심해설 정답 ③

1) 확실대등액 C_E : $U(L) = U(C_E)$

$U(L) = 0.5\,U(196) + 0.5\,U(64) = 11,000$

$U(L) = U(C_E)$에 따라서 확실대등액을 계산하면 $U(C_E) = 10\sqrt{C_E} = 11,000$, $C_E = 1,210,000$이 된다.

2) 위험프리미엄 $RP = E(L) - C_E$

$E(L) = (0.5 \times 196) + (0.5 \times 64) = 1,300,000$

$RP = E(L) - C_E = 1,300,000 - 1,210,000 = 90,000$

화재가 발생하지 않는 경우 철수 집의 자산가치는 10,000이고, 화재가 발생하는 경우 철수 집의 자산가치는 2,500이다. 철수 집에 화재가 발생하지 않을 확률은 0.8이고, 화재가 발생할 확률은 0.2이다. 위험을 기피하는 철수의 효용함수는 $U(X) = X^{1/2}$이다. 화재의 위험에 대한 위험 프리미엄(risk premium)은? (단, X는 자산가치이다.)　　▶ 2016년 지방직 7급

① 200　　　　　　　　　　　② 300
③ 400　　　　　　　　　　　④ 500

출제이슈 확실대등액과 위험프리미엄
핵심해설 정답 ③

1) 확실대등액 C_E : $U(L) = U(C_E)$

$U(L) = 0.2\,U(2,500) + 0.8\,U(10,000) = 0.2\sqrt{2,500} + 0.8\sqrt{10,000} = 10 + 80 = 90$

$U(L) = U(C_E)$에 따라서 확실대등액을 계산하면 $U(C_E) = \sqrt{C_E} = 90$, $C_E = 8,100$이 된다.

2) 위험프리미엄 $RP = E(L) - C_E$

$E(L) = (0.2 \times 2,500) + (0.8 \times 10,000) = 500 + 8,000 = 8,500$

$RP = E(L) - C_E = 8,500 - 8,100 = 400$

Issue 12	공정보험료와 최대보험료

A는 현재 시가로 1,600만원인 귀금속을 보유하고 있는데, 이를 도난당할 확률이 0.4라고 한다. A의 효용함수는 $U = 2\sqrt{W}$(W는 보유자산의 화폐가치)이며, 보험에 가입할 경우 도난당한 귀금속을 현재 시가로 전액 보상해준다고 한다. 보험 가입 전 A의 기대효용과 A가 보험에 가입할 경우 지불할 용의가 있는 최대보험료는?

▶ 2019년 서울시 7급

	기대효용	최대보험료
①	36	1,276만원
②	48	1,024만원
③	36	1,024만원
④	48	1,276만원

출제이슈 최대보험료와 공정보험료
핵심해설 정답 ②

1) 기대소득 $E(L)$
$E(L) = 0.4 \times 0 + 0.6 \times 1,600 = 960$

2) 기대효용 $U(L)$
$U(L) = 0.6\,U(1,600) + 0.4\,U(0) = 0.6 \times 2\sqrt{1,600} + 0.4 \times 2\sqrt{0} = 48$

3) 확실대등액 C_E
$U(L) = 0.6\,U(1,600) + 0.4\,U(0) = 0.6 \times 2\sqrt{1,600} + 0.4 \times 2\sqrt{0} = 48$
$U(L) = U(C_E)$에 따라서 확실대등액을 계산하면 $U(C_E) = 2\sqrt{C_E} = 48$, $C_E = 576$이 된다.

4) 최대보험료 : $B - C_E = 1,600 - 576 = 1,024$
<u>보험 가입 후 기대되는 효용$U(B)$과</u> <u>보험 가입 전 기대되는 효용$U(L)$의</u> 차이
→ 금액으로 계량화 B → 금액으로 계량화 C_E

5) 공정보험료 : $B - E(L) = 1,600 - 960 = 640$
<u>보험 가입 후 기대되는 자산·소득과</u> <u>보험 가입 전 기대되는 자산·소득의</u> 차이
→ 금액으로 계량화 B → 금액으로 계량화 $E(L)$

(가)와 (나)에 해당하는 값을 바르게 연결한 것은? ▶ 2021년 국가직 7급

> (가) 갑의 재산 x에 대한 효용함수는 $u(x) = \sqrt{x}$ 이며, 재산은 사고가 없을 때 100원, 사고가 나면 0원이 되고, 사고가 날 가능성이 20%일 때 갑의 위험프리미엄
>
> (나) (가)와 같은 상황에서 사고 시 보험료 지불 후의 최종 재산이 64원이 되도록 보장하는 보험에 가입한다면 지불할 용의가 있는 최대보험료

	(가)	(나)
①	8원	32원
②	8원	36원
③	16원	32원
④	16원	36원
⑤	32원	36원

출제이슈 위험프리미엄과 보험료
핵심해설 정답 ④

1) 기대소득 $E(L)$

$E(L) = 0.2 \times 0 + 0.8 \times 100 = 80$

2) 기대효용 $U(L)$

$U(L) = 0.2\,U(0) + 0.8\,U(100) = 0.6 \times \sqrt{0} + 0.8 \times \sqrt{100} = 8$

3) 확실대등액 C_E

$U(L) = 0.2\,U(0) + 0.8\,U(100) = 0.6 \times \sqrt{0} + 0.8 \times \sqrt{100} = 8$

$U(L) = U(C_E)$에 따라서 확실대등액을 계산하면 $U(C_E) = \sqrt{C_E} = 8$, $C_E = 64$가 된다.

4) 위험프리미엄

$E(L) - C_E = 80 - 64 = 16$

5) 최대보험료 : $B - C_E = 100 - 64 = 36$

<u>보험 가입 후 기대되는 효용 $U(B)$과</u> <u>보험 가입 전 기대되는 효용 $U(L)$의</u> 차이
→ 금액으로 계량화 B　　　　→ 금액으로 계량화 C_E

6) 공정보험료 : $B - E(L) = 100 - 80 = 20$

<u>보험 가입 후 기대되는 자산·소득과</u> <u>보험 가입 전 기대되는 자산·소득의</u> 차이
→ 금액으로 계량화 B　　　　→ 금액으로 계량화 $E(L)$

생산함수의 성격

등량곡선에 관한 설명으로 옳은 것을 모두 고른 것은? (단, 한계기술대체율은 절댓값으로 나타
낸다.)
▶ 2024년 감정평가사

ㄱ. 한계기술대체율은 두 생산요소의 한계생산 비율과 같다.
ㄴ. 두 생산요소 사이에 완전 대체가 가능하다면 등량곡선은 직선이다.
ㄷ. 등량곡선이 원점에 대해 볼록한 모양이면 한계기술대체율체감의 법칙이 성립한다.
ㄹ. 콥–더글러스(Cobb–Douglas) 생산함수의 한계기술대체율은 0이다.

① ㄱ, ㄴ   ② ㄴ, ㄷ   ③ ㄷ, ㄹ
④ ㄱ, ㄴ, ㄷ   ⑤ ㄱ, ㄴ, ㄷ, ㄹ

출제이슈 등량곡선
핵심해설 정답 ④

한계기술대체율은 두 생산요소 간의 주관적 교환비율로서 두 생산요소의 한계생산의 비율로 나타낼 수 있으며,
기하적으로 등량곡선의 기울기가 된다.

두 생산요소 사이에 완전 대체의 관계가 있다면 등량곡선은 우하향하는 직선이며, 완전 보완의 관계가 있다면 ㄴ자
형으로 나타난다.

CD생산함수가 $Q = AL^\alpha K^\beta$ 일 때, 한계기술대체율은 $\dfrac{MP_L}{MP_K} = \dfrac{\alpha K}{\beta L}$ 이 된다.

두 생산요소 노동(L)과 자본(K)을 투입하는 생산함수 $Q = 2L^2 + 2K^2$ 에서 규모수익 특성과 노동의 한계생산으로 각각 옳은 것은?

▶ 2018년 감정평가사

① 규모수익 체증, $4L$ ② 규모수익 체증, $4K$

③ 규모수익 체감, $4L$ ④ 규모수익 체감, $4K$

⑤ 규모수익 불변, $4L$

출제이슈 규모에 대한 수익

핵심해설 정답 ①

1) 규모수익 특성

    $Q = 2L^2 + 2K^2$에서 요소투입을 동시에 늘릴 때, $2(jL)^2 + 2(jK)^2 = j^2(2L^2 + 2K^2)$이 된다.

    따라서 $j^2(2L^2 + 2K^2) > j(2L^2 + 2K^2)$이므로 해당 생산함수는 규모수익 체증의 성격을 가진다.

2) 노동의 한계생산

$$MP_L = \frac{\partial Q}{\partial L} = \frac{\partial(2L^2 + 2K^2)}{\partial L} = 4L$$

다음 생산함수에서 규모에 대한 수확이 체증, 불변, 체감의 순으로 짝지은 것으로 옳은 것은? (단, q는 생산량, L은 노동, K는 자본이다.) ▶ 2022년 공인노무사

ㄱ. $q = 2L + 3K$　　　　　　ㄴ. $q = (2L + K)^{\frac{1}{2}}$

ㄷ. $q = 2LK$　　　　　　ㄹ. $q = L^{\frac{1}{3}} K^{\frac{2}{3}}$　　　　　　ㅁ. $q = 3L^{\frac{1}{2}} + 3K$

① ㄱ - ㄴ - ㄷ　　② ㄴ - ㄹ - ㅁ　　③ ㄷ - ㄱ - ㄴ　　④ ㄷ - ㄴ - ㅁ

출제이슈 규모에 대한 수익
핵심해설 정답 ③

ㄱ. 규모수익 불변

　$q = 2L + 3K$에서 요소투입을 동시에 늘릴 때, 산출량은 $2(jL) + 3(jK) = j(2L + 3K)$가 된다.
　따라서 $j(2L + 3K) = j(2L + 3K)$이므로 당해 생산함수는 규모수익 불변의 성격을 가진다.

ㄴ. 규모수익 체감

　$q = (2L + K)^{\frac{1}{2}}$에서 요소투입을 동시에 늘릴 때, 산출량은 $(2(jL) + jK)^{\frac{1}{2}} = j^{\frac{1}{2}}(2L + K)^{\frac{1}{2}}$이 된다.
　따라서 $j^{\frac{1}{2}}(2L + K)^{\frac{1}{2}} < j(2L + K)^{\frac{1}{2}}$이므로 당해 생산함수는 규모수익 체감의 성격을 가진다.

ㄷ. 규모수익 체증

　$q = 2LK$에서 요소투입을 동시에 늘릴 때, 산출량은 $2 \times (jL) \times (jK) = j^2 \times 2LK$가 된다.
　따라서 $j^2 \times 2LK > j \times 2LK$이므로 당해 생산함수는 규모수익 체증의 성격을 가진다.

ㄹ. 규모수익 불변

　$q = L^{\frac{1}{3}} K^{\frac{2}{3}}$에서 요소투입을 동시에 늘릴 때, 산출량은 $(jL)^{\frac{1}{3}}(jK)^{\frac{2}{3}} = j^{\frac{1}{3}} j^{\frac{2}{3}} L^{\frac{1}{3}} K^{\frac{2}{3}} = j L^{\frac{1}{3}} K^{\frac{2}{3}}$이 된다.
　따라서 $(jL)^{\frac{1}{3}}(jK)^{\frac{2}{3}} = j L^{\frac{1}{3}} K^{\frac{2}{3}}$이므로 당해 생산함수는 규모수익 불변의 성격을 가진다.

ㅁ. 규모수익 체감

　$q = 3L^{\frac{1}{2}} + 3K$에서 요소투입을 동시에 늘릴 때, 산출량은 $q = 3(jL)^{\frac{1}{2}} + 3(jK) = j^{\frac{1}{2}} 3L^{\frac{1}{2}} + j\, 3K$가 된다.
　따라서 $j^{\frac{1}{2}} 3L^{\frac{1}{2}} + j\, 3K < j\, 3L^{\frac{1}{2}} + j\, 3K$이므로 당해 생산함수는 규모수익 체감의 성격을 가진다.

다음 그림은 X재와 Y재의 등량곡선을 나타낸 것이다. X재와 Y재의 생산함수에 대한 특성을 바르게 짝지은 것은? (단, Q_A, Q_B, Q_C는 등량곡선을 의미한다.) ▸ 2017년 공인회계사

	X재 생산	Y재 생산
①	규모에 대한 수확불변	규모에 대한 수확체증
②	규모에 대한 수확불변	규모에 대한 수확체감
③	규모에 대한 수확체증	규모에 대한 수확체감
④	규모에 대한 수확체증	규모에 대한 수확불변
⑤	규모에 대한 수확체감	규모에 대한 수확체증

출제이슈 규모에 대한 수익

핵심해설 정답 ①

X재의 경우 요소투입증가에 따라 등량곡선의 간격이 일정하므로 요소투입이 2배, 3배 등 증가함에 따라서 생산량의 증가도 2배, 3배 등으로 일정하게 유지되므로 규모에 대한 수익불변이고, Y재의 경우 요소투입증가에 따라 등량곡선의 간격이 좁아지므로 요소투입이 2배, 3배 등 증가함에 따라서 생산량이 2배 초과, 3배 초과하여 더 증가하게 되므로 규모에 대한 수익체증이다.

A 기업의 생산함수는 $Y = \sqrt{K+L}$ 이다. 이 생산함수에 대한 설명으로 옳은 것은?

▶ 2015년 지방직 7급

① 규모에 대한 수확불변을 나타낸다.
② 자본과 노동은 완전보완관계이다.
③ 이윤극대화를 위해 자본과 노동 중 하나만 사용해도 된다.
④ 등량곡선(iso – quant curve)은 원점에 대해 볼록하다.

출제이슈 규모에 대한 수익
핵심해설 정답 ③

① 틀린 내용이다.
규모에 대한 수익 체감(DRS)은 모든 생산요소의 투입을 j배 증가시킬 때 생산량은 j배 미만 증가하는 경우로서 $Q = f(L, K)$, $f(jL, jK) < j \cdot f(L, K)$를 의미한다.
따라서 설문에서 $\sqrt{jK+jL} = \sqrt{j}\sqrt{K+L} < j\sqrt{K+L}$ 이므로 규모수익 체감의 성질을 가진다.

②. ④ 틀린 내용이다.
생산함수 $Y = \sqrt{K+L}$ 는 양변을 제곱하면, 등량곡선이 우하향하는 직선 형태를 가지게 된다. 따라서 자본과 노동은 완전대체의 관계에 있다. 선형생산함수는 $Q = \dfrac{L}{a} + \dfrac{K}{b}$ 형태로서 우하향하는 직선의 등량곡선이다. 이 경우 한계대체율이 체감하지 않고 일정하며 요소 간 완전대체가 가능하다.

③ 옳은 내용이다.
위에서 본 바와 같이 해당 생산함수의 요소는 완전대체가 가능하기 때문에, 두 요소 중 어느 하나만 사용해도 이윤극대화를 위한 생산이 가능하다. 다만, 어느 생산요소를 사용해야 하는지는 생산요소 간 상대가격과 대체 비율을 고려하여 결정해야 한다. 이때는 예외적인 생산자균형으로서 1계 필요조건을 달성할 필요가 없게 된다.

완전경쟁시장에서 이윤극대화를 추구하는 기업의 생산함수가 $Q = AK^\alpha L^\beta$ 일 때, 이에 관한 설명으로 옳지 않은 것은? (단, Q는 생산량, A, α, β는 상수, K는 자본, L은 노동을 나타내고 $\alpha + \beta = 1$이다.)

▶ 2017년 보험계리사

① 자본이 1% 증가할 때, 생산량은 α% 증가한다.
② 생산함수는 규모에 대한 수익 불변을 나타낸다.
③ β는 노동분배율을 나타낸다.
④ $\beta = \dfrac{\text{노동의 평균생산}}{\text{노동의 한계생산}}$

출제이슈 $C - D$ 생산함수의 성격
핵심해설 정답 ④

① 옳은 내용이다.
생산의 자본규모에 대한 탄력성은 자본이 1% 증가할 때, 생산량이 얼마나 증가하는지를 나타내주는 지표로서 $C - D$ 생산함수 $Q = AK^\alpha L^{1-\alpha}$의 경우 α가 된다. 참고로, α는 자본소득분배율, $\beta = 1 - \alpha$는 노동소득분배율이다.

② 옳은 내용이다.
생산함수가 $Q = AK^\alpha L^{1-\alpha}$일 때, 자본과 노동이 같은 비율로 변화할 경우 생산도 역시 같은 비율로 변화하는 1차 동차생산함수이므로 규모수익 불변이다.

③ 옳은 내용이다.
위의 생산함수를 다시 쓰면 다음과 같다.
$$F(L, K) = Y = AK^\alpha L^{1-\alpha} = K MP_K + L MP_L = \alpha Y + (1 - \alpha) Y$$
이때, 자본소득분배율은 α, 노동소득분배율은 $1 - \alpha = \beta$임을 알 수 있다.

④ 틀린 내용이다.
노동의 평균생산은 $AP_L = AK^\alpha L^{\beta-1}$이고 노동의 한계생산은 $MP_L = \beta AK^\alpha L^{\beta-1}$이다.
따라서 $\beta = \dfrac{MP_L}{AP_L} = \dfrac{\beta AK^\alpha L^{\beta-1}}{AK^\alpha L^{\beta-1}} = \dfrac{\text{노동의 한계생산}}{\text{노동의 평균생산}}$ 이 된다.

기업 A의 생산함수가 $Q = \min\{L, 3K\}$ 이다. 생산요소조합 ($L = 10$, $K = 5$)에서 노동과 자본의 한계생산은 각각 얼마인가? (단, Q는 생산량, L은 노동량, K는 자본량이다.)

▶ 2019년 감정평가사

① 0, 1   ② 1, 0   ③ 1, 3

④ 3, 1   ⑤ 10, 5

출제이슈   완전보완 생산함수의 성격

핵심해설   정답 ②

생산요소조합 ($L = 10$, $K = 5$)에서 생산량은 $Q = \min\{L, 3K\} = \min\{10, 15\} = 10$이 된다.

이때, 노동을 추가적으로 1단위 더 투입하면, 생산은 11이 되므로 노동의 한계생산은 1이 된다.

그러나 자본을 추가적으로 1단위 더 투입하더라도 여전히 생산은 11이 되므로 자본의 한계생산은 0이 된다. 이는 요소 간 완전보완의 관계라는 독특한 성질에서 연유하는 것이다.

기업 A의 생산함수는 $Q = \min\{L, K\}$이다. 이에 관한 설명으로 옳은 것을 모두 고른 것은? (단, Q는 산출량, w는 노동 L의 가격, r은 자본 K의 가격이다.) ▶ 2018년 감정평가사

ㄱ. 생산요소 L과 K의 대체탄력성은 0이다.
ㄴ. 생산함수는 1차 동차함수이다.
ㄷ. 비용함수는 $C(w, r, Q) = Q^{w+r}$로 표시된다.

① ㄱ   ② ㄴ   ③ ㄱ, ㄴ
④ ㄴ, ㄷ   ⑤ ㄱ, ㄴ, ㄷ

출제이슈 완전보완 생산함수의 성격
핵심해설 정답 ③

ㄱ. 옳은 내용이다.
주어진 생산함수는 레온티에프 생산함수로서 요소 간 완전보완의 성격을 가지므로 요소 간 대체탄력성은 0이 된다.

ㄴ. 옳은 내용이다.
$Q = \min\{L, K\}$, $\min\{jL, jK\} = j\min\{L, K\}$이 성립하므로 생산함수는 1차 동차함수이다.

ㄷ. 틀린 내용이다.
완전보완의 생산함수 $Q = \min\{L, K\}$에서는 $L = K$와 비용선이 만나는 점에서 최적의 생산이 이루어진다. 이를 수리적으로 표현하면, $L = K = Q$가 되며 이를 비용식에 대입하면 다음과 같다.

$$C = wL + rK = (w+r)Q$$

따라서 비용함수는 $C(w, r, Q) = (w+r)Q$로 표시된다.

> **생산자이론에 관한 설명으로 옳지 않은 것은?**
> ▶ 2023년 감정평가사
>
> ① 한계기술대체율은 등량곡선의 기울기를 의미한다.
> ② 등량곡선이 직선일 경우 대체탄력성은 무한대의 값을 가진다.
> ③ 0차 동차생산함수는 규모수익불변의 성격을 갖는다.
> ④ 등량곡선이 원점에 대해 볼록하다는 것은 한계기술대체율이 체감하는 것을 의미한다.
> ⑤ 규모수익의 개념은 장기에 적용되는 개념이다.

출제이슈 생산함수의 특성
핵심해설 정답 ③

② 옳은 내용이다.
선형에 가까운 등량곡선의 경우 요소상대가격 변화 시 요소집약도의 변화가 크고 노동 – 자본 간 대체가 상대적으로 더 쉽기 때문에 대체탄력성이 크다. 극단적으로 등량곡선이 선형인 경우 요소 간 대체가 완전하여, 대체탄력성은 무한대가 된다.

③ 틀린 내용이다.
생산함수가 만일 α차 동차 생산함수라면 $j^{\alpha} \cdot f(L, K) = j \cdot f(L, K)$이 성립하므로 $\alpha = 1$ 즉 1차 동차함수가 규모수익불변이 된다.

④ 옳은 내용이다.
등량곡선이 원점에 대해 볼록한 경우 한계기술대체율은 점차 감소한다. 한편 등량곡선이 우하향하는 직선인 경우 한계기술대체율은 불변이다.

⑤ 옳은 내용이다.
고려되는 기간이 일부 생산요소의 투입량을 변화시킬 수 없는 기간으로서 고정투입요소가 존재하고 가변투입요소가 노동 하나뿐인 경우일 때를 단기라고 한다. 고려되는 기간이 모든 생산요소의 투입량을 변화시킬 수 있는 기간으로서 고정투입요소가 존재하지 않고 가변투입요소만 존재하는 경우를 장기라고 한다. 한편, 모든 생산요소의 투입을 일정한 비율로 변화시킬 때 그에 따른 생산량의 변화를 규모에 대한 수익(returns to scale) 혹은 간단히 규모수익이라고 한다. 따라서 규모수익은 개념상 모든 생산요소의 투입량이 변화할 수 있기 때문에 장기에 적용된다고 할 수 있다.

Issue 02   비용함수의 성격

기업 A의 총비용곡선에 관한 설명으로 옳지 않은 것은? (단, 생산요소는 한 종류이며, 요소가격은 변하지 않는다.)

▶ 2018년 감정평가사

① 총평균비용곡선은 U자형 모형을 가진다.
② 총평균비용이 하락할 때 한계비용이 총평균비용보다 크다.
③ 평균고정비용곡선은 직각 쌍곡선의 모양을 가진다.
④ 생산량이 증가함에 따라 한계비용곡선은 평균가변비용곡선의 최저점을 아래에서 위로 통과한다.
⑤ 생산량이 증가함에 따라 총비용곡선의 기울기가 급해지는 것은 한계생산이 체감하기 때문이다.

출제이슈 비용의 분류와 개념
핵심해설 정답 ②

① 옳은 내용이다.
   평균비용곡선은 U자형을 나타낸다. 이는 생산을 증가시킴에 따라서 평균비용이 감소하다가 최저를 기록한 후에는 다시 평균비용이 증가하기 시작함을 의미한다.

② 틀린 내용이다.
   평균비용 하락 시 한계비용은 평균비용보다 작고, 평균비용 상승 시 한계비용이 평균비용보다 크다.

④ 옳은 내용이다.
   생산량이 증가함에 따라 한계비용곡선은 평균가변비용곡선과 평균비용곡선의 최저점을 아래에서 위로 통과한다.

⑤ 옳은 내용이다.
   생산량이 증가함에 따라 총비용곡선의 기울기가 급해지는 것은 한계비용이 체증하는 것을 의미한다. 그런데 한계비용의 체증이 나타나는 것은 한계생산이 체감하기 때문이다.

A기업의 총비용함수는 $TC = 20Q^2 - 15Q + 4,500$이다. 다음 설명 중 옳지 않은 것은? (단, Q는 생산량이다.)

▶ 2021년 보험계리사

① 평균가변비용을 최소화하는 생산량은 4이다.

② 총고정비용은 4,500이다.

③ 한계비용은 우상향한다.

④ 평균비용을 최소화하는 생산량은 15이다.

⑤ 총고정비용은 회수가능한 부분과 회수불가능한 부분으로 나뉠 수 있다.

출제이슈 비용의 분류와 개념
핵심해설 정답 ①

총비용함수는 $TC = 20Q^2 - 15Q + 4,500$으로 주어져 있다. 따라서 다음을 알 수 있다.

총고정비용은 4,500이고 총가변비용은 $20Q^2 - 15Q$이 된다. 그리고 평균고정비용은 $\dfrac{4,500}{Q}$이고, 평균가변비용은 $20Q - 15$가 된다. 한편, 한계비용은 $40Q - 15$가 된다.

① 틀린 내용이다.

총가변비용은 $20Q^2 - 15Q$이므로 평균가변비용은 $20Q - 15$가 된다. 이때, 평균가변비용이 0 이상이라고 가정할 경우, 평균가변비용을 최소화하는 생산량은 $\dfrac{3}{4}$이다. 만일 음의 비용을 받아들인다고 하면, 그때 평균가변비용을 최소화하는 생산량은 0이 될 것이다.

② 옳은 내용이다.

총비용함수 $TC = 20Q^2 - 15Q + 4,500$에서 총고정비용은 4,500이다.

③ 옳은 내용이다.

한계비용은 총비용함수를 미분하여 구할 수 있으며 $40Q - 15$가 되어 우상향함을 알 수 있다.

④ 옳은 내용이다.

평균비용은 평균고정비용 $\dfrac{4,500}{Q}$과 평균가변비용 $20Q - 15$의 합으로서 $20Q - 15 + \dfrac{4,500}{Q}$가 된다. 이때, 평균비용을 최소화하는 생산량은 평균비용을 미분하여 0으로 둠으로써 구할 수 있으며 이때 생산량은 15이다.

⑤ 옳은 내용이다.

총고정비용은 일부는 회수가능한 비용이며 또 일부는 회수불가능한 비용으로서 특히 회수불가능한 부분을 매몰비용이라고 한다.

완전경쟁시장에서 이윤 극대화를 추구하는 기업 A의 공급곡선은 $Q_A(P) = \dfrac{P}{2}$ 이다. 이 기업의 생산량이 5일 때, 가변비용은? (단, Q_A는 공급량, P는 가격이다.) ▸ 2024년 감정평가사

① 23　　　　　② 25　　　　　③ 37.5

④ 46　　　　　⑤ 50

출제이슈 비용의 분류와 개념

핵심해설 정답 ②

완전경쟁기업의 공급곡선이 $Q_A(P) = \dfrac{P}{2}$ 이므로 한계비용곡선은 $MC = 2Q$가 됨을 알 수 있다. 가변비용은 한계비용을 적분하여 구할 수 있으며 특히 적분상수가 0일 때 해당한다. 혹은 보다 쉽게 구하기 위해서는 한계비용곡선의 그래프를 그린 후에 특정 생산량 수준(여기서는 5)에서 한계비용곡선 아래의 면적을 구하면 된다.

먼저 적분하여 적분상수가 0임을 고려하면, 가변비용 $TVC = Q^2$ 이 되므로 $Q = 5$일 때, $TVC = 25$가 된다. 혹은 한계비용곡선을 그린 후에 $Q = 5$일 때 $MC = 10$임을 이용하여 한계비용곡선 아래 부분의 면적을 구하면 $\dfrac{5 \times 10}{2} = 25$가 됨을 다시 한 번 확인할 수 있다.

갑 기업의 단기총비용함수가 $C = 25 + 5Q$일 때, 갑 기업의 단기비용에 관한 설명으로 옳은 것은? (단, Q는 양(+)의 생산량이다.)

▶ 2016년 감정평가사

① 모든 생산량 수준에서 평균가변비용과 한계비용은 같다.

② 모든 생산량 수준에서 평균고정비용은 일정하다.

③ 생산량이 증가함에 따라 한계비용은 증가한다.

④ 평균비용곡선은 U자 형태이다.

⑤ 생산량이 일정 수준 이상에서 한계비용이 평균비용을 초과한다.

출제이슈 비용의 분류와 개념

핵심해설 정답 ①

단기총비용함수가 $C = 25 + 5Q$로 주어져 있다. 따라서 다음을 알 수 있다.

총고정비용은 25, 총가변비용은 $5Q$가 된다. 그리고 평균고정비용은 $\dfrac{25}{Q}$, 평균가변비용은 5가 된다.

한편, 한계비용은 5로서 일정하다.

① 옳은 내용이다.

모든 생산량 수준에서 평균가변비용과 한계비용은 5로서 같다.

② 틀린 내용이다.

평균고정비용은 $\dfrac{25}{Q}$로서 생산량이 증가함에 따라서 감소한다.

③ 틀린 내용이다.

생산량이 증가하더라도 한계비용은 5로서 일정하다.

④ 틀린 내용이다.

평균비용은 평균고정비용과 평균가변비용을 더한 것으로서 $\dfrac{25}{Q} + 5$가 된다. 따라서 평균비용곡선은 U자 형태가 아니며 생산량 증가에 따라서 하락하는 모양을 보인다.

⑤ 틀린 내용이다.

한계비용은 5이고 평균비용은 $\dfrac{25}{Q} + 5$이므로 평균비용이 항상 한계비용을 초과한다.

비용곡선에 관한 설명으로 옳은 것을 모두 고른 것은?   ▶ 2024년 감정평가사

> ㄱ. 기술진보는 평균비용곡선을 아래쪽으로 이동시킨다.
> ㄴ. 규모에 대한 수익이 체증하는 경우 장기평균비용곡선은 우하향한다.
> ㄷ. 단기에서 기업의 평균비용곡선은 한계비용곡선의 최저점에서 교차한다.
> ㄹ. 규모의 경제가 있으면 평균비용곡선은 수평이다.

① ㄱ, ㄴ   ② ㄱ, ㄷ   ③ ㄴ, ㄷ

④ ㄴ, ㄹ   ⑤ ㄷ, ㄹ

출제이슈 평균비용과 한계비용의 관계
핵심해설 정답 ①

ㄷ, ㄹ이 틀린 내용이며 이를 옳게 고치면 다음과 같다.

ㄷ. 단기한계비용곡선은 단기평균곡선의 최저점을 왼쪽 아래에서부터 통과하여 교차하면서 오른쪽 위로 지나간다.
단기한계비용곡선은 단기평균비용곡선의 최저점에서 교차한다.

ㄹ. 생산량이 증가함에 따라 장기평균비용이 하락하는 현상을 규모의 경제라고 한다. 규모의 경제가 있는 경우
평균비용곡선은 우하향하는 형태이며, 반대로 규모의 불경제가 있는 경우 평균비용곡선은 우상향하는 형태를
보인다. 장기평균비용곡선의 최하점을 기준으로 하여 좌측은 규모의 경제, 우측은 규모의 불경제이다.

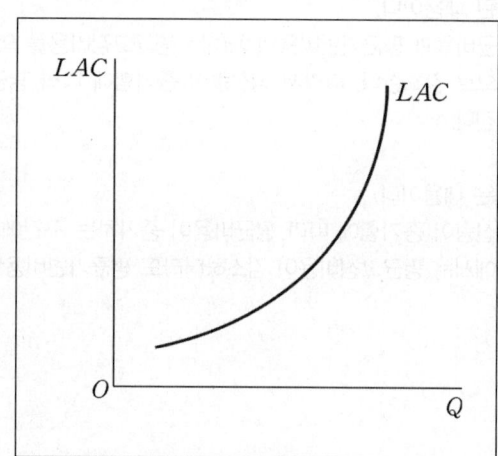

단기비용곡선에 관한 설명으로 옳은 것을 모두 고른 것은? (단, 양(+)의 고정비용과 가변비용이 소요된다.) ▶ 2019년 감정평가사

> ㄱ. 평균비용은 총비용곡선 위의 각 점에서의 기울기다.
> ㄴ. 한계비용곡선은 고정비용 수준에 영향을 받지 않는다.
> ㄷ. 생산량이 증가함에 따라 평균비용과 평균가변비용 곡선 간의 차이는 커진다.
> ㄹ. 생산량이 증가함에 따라 평균비용이 증가할 때, 평균가변비용도 증가한다.

① ㄱ, ㄴ   ② ㄱ, ㄹ   ③ ㄴ, ㄷ
④ ㄴ, ㄹ   ⑤ ㄷ, ㄹ

출제이슈 평균비용과 한계비용의 관계
핵심해설 정답 ④

ㄱ. 틀린 내용이다.
평균비용은 총비용곡선 위의 각 점과 원점을 연결한 선의 기울기다.

ㄴ. 옳은 내용이다.
한계비용은 생산을 추가적으로 늘림에 따라 증가하는 비용의 증가분을 의미한다. 생산을 추가적으로 늘린다고 해서 고정비용은 변화하지 않으므로 한계비용곡선은 고정비용 수준에 영향을 받지 않는다.

ㄷ. 틀린 내용이다.
평균비용과 평균가변비용의 차이는 평균고정비용을 의미한다. 평균고정비용은 생산량이 증가함에 따라서 지속적으로 감소한다. 따라서 생산량이 증가함에 따라 평균비용과 평균가변비용 곡선 간의 차이는 지속적으로 작아진다.

ㄹ. 옳은 내용이다.
생산량이 증가함에 따라 평균비용이 증가하는 구간에서는 평균가변비용도 같이 증가한다. 유의할 점은 이 구간에서는 평균고정비용이 감소하더라도 평균가변비용의 증가가 이를 압도하여 평균비용은 증가한다는 점이다.

기업 A의 고정비용은 400이고, 단기생산함수는 $Q = 4L^{0.5}$이다. 가변생산요소의 가격이 400일 때, 단기 총비용곡선은? (단, Q는 생산량, L은 가변생산요소이다.) ▸2024년 감정평가사

① $\dfrac{400}{Q} + 400$

② $800Q$

③ $400Q + 400$

④ $0.25Q^2 + 400$

⑤ $25Q^2 + 400$

출제이슈 비용함수의 도출
핵심해설 정답 ⑤

1) 비용

① 단기비용은 가변비용인 노동비용과 고정비용인 자본비용으로 구성되며 다음과 같이 표현할 수 있다.
$C = wL + rK$ (단, w는 가변생산요소인 노동의 임금, r은 고정생산요소인 자본의 임대료, K는 자본투입량, L은 노동투입량)

② 설문에서 주어진 가변생산요소의 가격 400, 고정비용 400을 대입하여 위의 식을 다시 표현하자.
$C = wL + rK = 400L + 400$

2) 생산함수

① 설문에서 단기생산함수는 $Q = 4L^{0.5}$와 같이 주어져 있다.

② 위의 식을 변형하면 $L = \dfrac{1}{16}Q^2$이 된다.

3) 비용함수의 도출

위에서 구한 1) ② $C = 400L + 400$에 2) ② $L = \dfrac{1}{16}Q^2$을 대입하면 다음과 같이 단기총비용함수가 도출된다.

$C = 400L + 400 = 400 \times \dfrac{1}{16}Q^2 + 400 = 25Q^2 + 400$

이윤을 극대화하는 A기업의 생산함수가 $Q = 5L^{\frac{1}{2}}K^{\frac{1}{2}}$ 이다. A기업은 생산을 시작하기 전에 이미 자본재 1단위당 2의 임대료에 4단위의 자본재를 임대하였고, 이윤극대화 생산을 위해 노동투입을 결정하려고 한다. 임금이 2일 때, 다음 설명 중 옳은 것은? (단, Q는 생산량, L은 노동, K는 자본, 생산물시장과 생산요소시장은 모두 완전경쟁적이다.) ▶ 2021년 보험계리사

① 총고정비용은 2이다.

② 평균가변비용은 $\frac{2}{25}Q$이다.

③ 한계비용은 $\frac{Q}{25}$이다.

④ 평균비용은 $\frac{2}{25}Q + 2$이다.

⑤ 평균고정비용은 $\frac{8}{Q} + 8$이다.

출제이슈 비용함수의 도출과 각종 비용의 개념
핵심해설 정답 ③

1) 비용

① 비용은 노동비용과 자본비용으로 구성되며 다음과 같이 표현할 수 있다.

$C = wL + rK$ (단, w는 노동임금, r은 자본임대료, K는 자본투입량, L은 노동투입량)

② 설문에서 주어진 임금 2, 자본임대료 2, 자본 4단위를 대입하여 위의 식을 다시 표현하자.

$C = wL + rK = 2L + 2 \times 4 = 2L + 8$

2) 생산함수

① 설문에서 생산함수는 $Q = 5L^{\frac{1}{2}}K^{\frac{1}{2}}$와 같이 주어져 있다.

② 설문에서 주어진 자본 4단위를 대입하여 위의 생산함수식을 다시 쓰면 $Q = 5 \times 2L^{\frac{1}{2}} = 10\sqrt{L}$ 이 된다.

③ 위의 식을 변형하면 $L = \frac{1}{100}Q^2$이 된다.

3) 비용함수의 도출

1) ② $C = 2L + 8$에 2) ③ $L = \frac{1}{100}Q^2$을 대입하면 $C = 2L + 8 = \frac{1}{50}Q^2 + 8$의 비용함수가 도출된다.

4) 각종 비용의 개념

① 총비용 $TC = \frac{1}{50}Q^2 + 8$, 평균비용 $AC = \frac{1}{50}Q + \frac{8}{Q}$

② 총가변비용 $TVC = \frac{1}{50}Q^2$, 총고정비용 $TFC = 8$

③ 평균가변비용 $AVC = \frac{1}{50}Q$, 평균고정비용 $AFC = \frac{8}{Q}$, ④ 한계비용 $MC = \frac{1}{25}Q$

재화 및 생산요소의 가격이 일정할 때, 콥―더글라스 생산함수 $Q = L^{0.5}K^{0.5}$을 가진 기업의 특징이 아닌 것은?

▶ 2014년 감정평가사

① 단기평균총비용이 체증한다.
② 단기한계비용이 체증한다.
③ 단기평균가변비용이 체증한다.
④ 장기한계비용이 일정하다.
⑤ 장기평균비용이 일정하다.

출제이슈 비용함수의 도출과 각종 비용의 개념
핵심해설 정답 ①

① 틀린 내용이다.
단기평균비용은 감소 후 증가의 모습, 즉 U자형의 모습을 보인다.

② 옳은 내용이다.
한계생산감소에 따라서 단기한계비용은 증가한다.

③ 옳은 내용이다.
평균생산감소에 따라서 단기평균가변비용은 증가한다.

④, ⑤ 모두 옳은 내용이다.
장기에서 평균비용과 한계비용 모두 $2\sqrt{wr}$로 동일하며 일정하다. 참고로 이 문제는 간단히 동차함수의 성질을 이용하여 풀 수도 있다. 설문에서 주어진 생산함수는 1차 동차 생산함수로서 이러한 경우에는 규모수익불변임과 동시에 규모의 불변 경제임을 나타낸다. 규모의 불변 경제는 장기평균비용이 일정한 상태이다. 장기평균비용이 일정하다는 것은 장기한계비용도 일정함을 의미한다.

두 생산요소 x_1, x_2로 구성된 기업 A의 생산함수가 $Q = \max\{2x_1, x_2\}$이다. 생산요소의 가격이 각각 w_1과 w_2일 때, 비용함수는?

▶ 2018년 감정평가사

① $(2w_1 + w_2)Q$　　　② $\dfrac{(2w_1 + w_2)}{Q}$　　　③ $(w_1 + 2w_2)Q$

④ $\min\left\{\dfrac{w_1}{2},\ w_2\right\}Q$　　　⑤ $\max\left\{\dfrac{w_1}{2},\ w_2\right\}Q$

출제이슈 특수한 비용함수의 도출
핵심해설 정답 ④

주어진 생산함수 $Q = \max\{2x_1, x_2\}$는 다음과 같이 경우의 수를 나누어서 등량곡선을 그릴 수 있다.

1) $2x_1 > x_2$인 경우

$Q = 2x_1$이므로 $2x_1 > x_2$인 영역에 $x_1 = \dfrac{1}{2}Q$를 그린다.

예를 들어, $Q = 1$인 경우 $x_1 = \dfrac{1}{2}$을 그리면 된다.

2) $2x_1 = x_2$인 경우

$Q = 2x_1 = x_2$ 따라서 $2x_1 = x_2$에서는 그 점 자체가 된다.

예를 들어, $Q = 1$인 경우 $x_1 = \dfrac{1}{2}$, $x_2 = 1$을 표시하면 된다.

3) $2x_1 < x_2$인 경우

$Q = x_2$이므로 $2x_1 < x_2$인 영역에 $x_2 = Q$를 그린다.
예를 들어, $Q = 1$인 경우 $x_2 = 1$을 그리면 된다.

이러한 경우 등량곡선은 ㄱ자 형태로 생겼으며, 비용선의 기울기에 따라서 어느 한 요소만을 투입해야 비용극소화가 달성가능하다(코너해). 어느 요소만을 투입할 것인지는 비용선의 기울기에 달려있다.

결국 특정생산량의 생산을 위해서 투입되는 비용은 요소가격이 주어질 경우, 각 요소의 투입비용이 작은 쪽으로 선택되어 비용이 계산된다. Q만큼의 생산을 위해 x_1만 투입할 경우 비용은 $\dfrac{1}{2}w_1 Q$가 필요하고, x_2만 투입할 경우 비용은 $w_2 Q$가 필요하므로 이 둘 중 작은 비용이 선택될 것이다. 따라서 이를 수리적으로 표현하면, $C = \min\left\{\dfrac{1}{2}w_1,\ w_2\right\}Q$가 된다.

Issue 03 생산자 최적선택(생산극대화 & 비용극소화)과 예외

> 현재 A기업에서 자본의 한계생산은 노동의 한계생산보다 2배 크고 노동가격이 8, 자본가격이 4이다. 이 기업이 동일한 양의 최종생산물을 산출하면서도 비용을 줄이는 방법은? (단, A기업은 노동과 자본만을 사용하고 한계생산은 체감한다.)
>
> ▶ 2020년 감정평가사
>
> ① 자본투입을 늘리고 노동투입을 줄인다.
> ② 노동투입을 늘리고 자본투입을 줄인다.
> ③ 비용을 더 이상 줄일 수 없다.
> ④ 자본투입과 노동투입을 모두 늘린다.
> ⑤ 자본투입과 노동투입을 모두 줄인다.

출제이슈 생산자 최적선택의 조건
핵심해설 정답 ①

생산자 최적선택을 위해서는 한계기술대체율($\frac{MP_L}{MP_K}$) = 요소상대가격 $\frac{w}{r}$ 이어야 한다.

설문에서 노동의 한계생산을 $MP_L = \alpha$라고 하면, 자본의 한계생산은 $MP_K = 2\alpha$가 된다. 그리고 노동가격이 8, 자본가격이 4로 주어져 있다. 이를 위의 조건식에 대입하면 다음과 같다.

$\frac{MP_L}{MP_K} = \frac{\alpha}{2\alpha} < \frac{w}{r} = \frac{8}{4}$ 이므로 기업 내에서 노동의 자본으로 표시한 상대적인 가치가 시장에서 노동의 가치보다 작기 때문에 노동투입의 이득이 노동투입의 비용보다 작은 상황이다. 따라서 생산최적화를 위해서는 노동투입을 줄이고 자본투입을 늘려야 한다.

그리고 위의 식을 변형하면 $\frac{MP_L}{w} = \frac{\alpha}{8} < \frac{MP_K}{r} = \frac{2\alpha}{4}$ 가 되는데 이는 노동의 1원당 한계생산이 자본의 1원당 한계생산보다 작기 때문에 노동투입을 줄이고 자본투입을 늘려야 비용을 절감할 수 있음을 보여준다.

완전경쟁시장에서 비용을 극소화하는 기업 A의 생산함수는 $Q(L, K) = L^{0.5}K^{0.5}$ 이고, 생산요소 L, K의 가격이 각각 12, 24일 때, 두 생산요소의 투입관계는? (단, Q는 생산량이다.)

▶ 2024년 감정평가사

① $L = K$　　　　② $L = 0.5K$　　　　③ $L = 2K$

④ $L = 12K$　　　　⑤ $L = 24K$

출제이슈 생산자 최적선택의 조건

핵심해설 정답 ③

비용극소화는 주어진 생산량 제약 하에서 비용을 극소화한 상태로서 비용선과 등량곡선이 접하는 점에서 달성될 수 있다.

이는 한계기술대체율($\dfrac{MP_L}{MP_K}$) = 요소상대가격 $\dfrac{w}{r}$ 이어야 함을 의미한다.

따라서 $\dfrac{MP_L}{MP_K} = \dfrac{w}{r}$, $\dfrac{K}{L} = \dfrac{12}{24} = 2$, $L = 2K$가 된다.

참고로 비용극소화 조건식을 변형하면, 노동 구입 1원의 한계생산 ($\dfrac{MP_L}{w}$) = 자본 구입 1원의 한계생산 ($\dfrac{MP_K}{r}$) 이 됨에 유의하자.

어느 기업의 생산함수는 $Q = 2LK$이다. 단위당 임금과 단위당 자본비용이 각각 2원 및 3원으로 주어져 있다. 이 기업의 총 사업자금이 60원으로 주어졌을 때, 노동의 최적 투입량은? (단, Q는 생산량, L은 노동투입량, K는 자본투입량이며, 두 투입요소 모두 가변투입요소이다.)

▶ 2016년 국가직 7급

① $L = 10$ ② $L = 15$

③ $L = 20$ ④ $L = 25$

출제이슈 생산자 최적선택 계산

핵심해설 정답 ②

$Q = Q(L, K)$ $Q = 2LK$ ――――――― ①

$wL + rK = C$ $2L + 3K = 60$ ――――― ②

$Max\ Q$ $Max\ Q$ ――――――― ③

$\dfrac{MP_L}{MP_K} = \dfrac{w}{r}$ $\dfrac{2K}{2L} = \dfrac{2}{3}$

$wL + rK = C$ $2L + 3K = 60$

위의 식을 풀면 $L = 15$, $K = 10$이 된다.

다음은 A기업의 한계생산물과 비용을 나타낸다. $w = 5$, $r = 10$인 경우, 최대산출량을 가져다 주는 노동과 자본을 바르게 연결한 것은? (단, L은 노동, K는 자본, w는 임금, r은 자본의 임대료이다.)

▶ 2022년 국가직 7급

- 노동의 한계생산물: $MP_L = 100K - L$
- 자본의 한계생산물: $MP_K = 100L - 4K$
- 비용: $wL + rK = 1{,}000$

	노동	자본
①	70	65
②	80	60
③	90	55
④	100	50

출제이슈 생산자 최적선택 계산

핵심해설 정답 ④

$Q = Q(L, K)$

$wL + rK = C$

$Max\ Q$

$\dfrac{MP_L}{MP_K} = \dfrac{w}{r}$ $\qquad \dfrac{100K - L}{100L - 4K} = \dfrac{5}{10}$

$wL + rK = C$ $\qquad 5L + 10K = 1{,}000$

위의 식을 풀면 $L = 100$, $K = 50$이 된다.

A기업의 생산함수가 $Q = 4L + 8K$ 이다. 노동가격은 3이고 자본가격은 5일 때, 재화 120을 생산하기 위해 비용을 최소화하는 생산요소 묶음은? (단, Q는 생산량, L은 노동, K는 자본)

▶ 2020년 감정평가사

① $L = 0$, $K = 15$ ② $L = 0$, $K = 25$

③ $L = 10$, $K = 10$ ④ $L = 25$, $K = 0$

⑤ $L = 30$, $K = 0$

출제이슈 예외적인 생산자 최적선택

핵심해설 정답 ①

설문에서 $\dfrac{MP_L}{MP_K} = \dfrac{4}{8} < \dfrac{w}{r} = \dfrac{3}{5}$ 이므로 노동은 투입하지 않고 항상 자본만 투입하는 것이 생산자의 최적선택이 된다.

따라서 생산함수가 $Q = 4L + 8K$임을 고려하면 재화 120을 생산하기 위해서는 자본만 15단위를 투입해야 한다.

이 문제에서 주의할 것은 총비용을 제시한 것이 아니라 달성해야 하는 총생산량을 제시했기 때문에 생산함수를 통해서 요소투입량을 계산해야 한다는 점이다.

기업 A의 생산함수는 $Q = \min\{L, 2K\}$이다. 노동가격은 3이고, 자본가격은 5일 때, 최소 비용으로 110을 생산하기 위한 생산요소 묶음은? (단, Q는 생산량, L은 노동, K는 자본이다.)

▶ 2022년 감정평가사

① $L = 55$, $K = 55$ ② $L = 55$, $K = 110$ ③ $L = 110$, $K = 55$

④ $L = 110$, $K = 70$ ⑤ $L = 110$, $K = 110$

출제이슈 예외적인 생산자 최적선택
핵심해설 정답 ③

설문에서 주어진 생산함수와 비용자료를 분석하면, $L = 2K$와 등비용선 $C = 3L + 5K$가 만나는 점에서 비용극소화가 이루어짐을 알 수 있다.

즉 $L = 2K$와 $C = 3L + 5K$의 교점을 구하면 된다.

이때, 기업의 생산은 110이므로 $L = 2K = 110$이 성립한다.

따라서 이를 풀면, 노동투입량은 $L = 110$, 자본투입량은 $K = 55$가 된다.

노동(L)과 자본(K)만 이용하여 재화를 생산하는 기업의 생산함수가 $Q = \min\left(\dfrac{L}{2}, K\right)$이다. 노동가격은 2원이고 자본가격은 3원일 때 기업이 재화 200개를 생산하고자 할 경우 평균비용(원)은? (단, 고정비용은 없다.)

▶ 2021년 감정평가사

① 6   ② 7   ③ 8   ④ 9   ⑤ 10

출제이슈 예외적인 생산자 최적선택
핵심해설 정답 ②

설문에서 $\dfrac{L}{2} = K$와 등비용선 $C = 2L + 3K$가 만나는 점에서 비용극소화가 이루어지며, 설문에서 이 경우 기업이 재화 200개를 생산하고 있기 때문에 $Q = \dfrac{L}{2} = K = 200$이 성립한다. 따라서 노동투입량은 400, 자본투입량은 200이 된다. 따라서 총비용은 1,400이 된다. 평균비용은 총비용을 총생산 200개로 나눈 7(원)이 된다.

Issue 04 　생산자 최적선택의 변화

A기업의 생산함수는 $Q = 5L^{0.5}K^{0.5}$ 이다. 장기에 생산량이 증가할 때, 이 기업의 (ㄱ) 평균비용의 변화와 (ㄴ) 한계비용의 변화는? (단, L은 노동, K는 자본, Q는 생산량)

▶ 2020년 감정평가사

① (ㄱ) : 증가, （ㄴ） : 증가　　　　② (ㄱ) : 증가, （ㄴ） : 감소

③ (ㄱ) : 일정, （ㄴ） : 일정　　　　④ (ㄱ) : 감소, （ㄴ） : 증가

⑤ (ㄱ) : 감소, （ㄴ） : 일정

출제이슈 생산사 죄석선택과 비용함수의 도출
핵심해설 정답 ③

이 문제는 간단히 동차함수의 성질을 이용하여 풀 수도 있고 보다 엄밀하게 비용함수를 도출하여 풀 수도 있다. 먼저 설문에서 주어진 생산함수는 1차동차 생산함수로서 이러한 경우에는 규모수익불변임과 동시에 규모의 불변 경제임을 나타낸다. 규모의 불변 경제는 장기평균비용이 일정한 상태이다. 장기평균비용이 일정하다는 것은 장기 한계비용도 일정함을 의미한다.

아래에서는 보다 엄밀하게 비용함수를 도출하여 풀어보자.

1) 비용

비용은 노동비용과 자본비용으로 구성되며 다음과 같이 표현할 수 있다.

$C = wL + rK$ (단, w는 노동임금, r은 자본임대료, K는 자본투입량, L은 노동투입량)

2) 생산함수

설문에서 생산함수는 다음과 같이 주어져 있다.

$Q = 5L^{0.5}K^{0.5}$

3) 생산자 최적선택

생산자 최적선택을 위해서는 한계기술대체율($\frac{MP_L}{MP_K}$) = 요소상대가격 $\frac{w}{r}$ 이어야 한다.

따라서 $\frac{MP_L}{MP_K} = \frac{K}{L} = \frac{w}{r}$ 가 되며 $\frac{K}{L} = \frac{w}{r}$ 이다.

4) 비용함수의 도출

이제 위에서 도출된 $C = wL + rK$, $Q = 5L^{0.5}K^{0.5}$, $\frac{K}{L} = \frac{w}{r}$ 를 활용하여 풀면 다음과 같다.

$C = wL + rK = \frac{2}{5}\sqrt{wr}\,Q$, 즉 장기총비용함수는 원점을 통과하는 직선이 된다.

따라서 평균비용과 한계비용 모두 $\frac{2}{5}\sqrt{wr}$ 로 동일하며 일정하다.

Issue 05 규모의 경제와 범위의 경제

우하향하는 장기평균비용에 관한 설명으로 옳은 것은? (단, 생산기술은 동일하다.)

▶ 2021년 감정평가사

① 생산량이 서로 다른 기업의 평균비용은 동일하다.
② 진입장벽이 없는 경우 기업의 참여가 증가한다.
③ 소규모 기업의 평균비용은 더 낮다.
④ 장기적으로 시장에는 한 기업만이 존재하게 된다.
⑤ 소규모 다품종을 생산하면 평균비용이 낮아진다.

출제이슈 규모의 경제와 자연독점
핵심해설 정답 ④

① 틀린 내용이다.
동일한 기업 내에서도 생산량이 다른 경우 장기평균비용은 상이하며, 생산량이 서로 다른 기업의 경우 장기평균비용은 상이하다.

② 틀린 내용이다.
규모의 경제가 시장 전체에 걸쳐서 나타날 경우 다수의 기업이 경쟁하는 경쟁적 시장에서는 생산비용이 크게 높아지기 때문에 결국 퇴출이 발생하여 공존할 수 없다.

③ 틀린 내용이다.
소규모 기업의 경우 대규모 기업에 비하여 생산량이 적을 것이므로 평균비용이 높아지게 되고 퇴출압력을 받게 된다.

④ 옳은 내용이다.
규모의 경제가 강하게 존재하는 상황하에서는 최종적으로 자연스럽게 하나의 기업만이 살아남아 독점의 시장구조로 형성되는데 이를 자연독점이라고 한다.

⑤ 틀린 내용이다.
소규모 다품종을 생산하는 경우 대규모 소품종의 생산에 비하여 생산량이 적기 때문에 평균비용이 높아지게 되고 퇴출압력을 받게 된다. 참고로 소규모 다품종의 생산 자체가 범위의 경제가 있음을 의미하는 것은 아니다. 그리고 범위의 경제는 규모의 경제와는 무관하다.

생산함수가 $Q(L, K) = \sqrt{LK}$ 이고 단기적으로 K가 1로 고정된 기업이 있다. 단위당 임금과 단위당 자본비용이 각각 1원 및 9원으로 주어져 있다. 단기적으로 이 기업에서 규모의 경제가 나타나는 생산량 Q의 범위는? (단, Q는 생산량, L은 노동투입량, K는 자본투입량이다.)

▶ 2017년 지방직 7급

① $0 \le Q \le 3$

② $3 \le Q \le 4.5$

③ $4.5 \le Q \le 6$

④ $3 \le Q \le 6$

출제이슈 규모의 경제
핵심해설 정답 ①

생산함수가 $Q(L, K) = \sqrt{LK}$ 이고 단기적으로 K가 1로 고정되어 있으므로 $Q = \sqrt{L}$ 이 된다. 이를 변형하면, $Q^2 = L$이 된다.

이때, 단위당 임금과 단위당 자본비용이 각각 1원 및 9원으로 주어져 있으므로 비용은 $C = wL + rK = Q^2 + 9$가 되어 평균비용 $AC = Q + \dfrac{9}{Q}$가 된다.

따라서 설문에서처럼 단기적으로 이 기업에서 규모의 경제가 나타나는 생산량 Q의 범위는 평균비용의 최저를 기준으로 구할 수 있다.

평균비용의 최저는 $\dfrac{dAC}{dQ} = 0$에서 달성되며, $1 - \dfrac{9}{Q^2} = 0$이 되어 그때의 $Q = 3$이 된다.

따라서 규모의 경제는 생산량이 0과 3 사이에서 나타난다.

생산함수가 $Q = AL^\alpha K^\beta$일 때 기업의 비용에 관한 설명으로 옳은 것은? (단, Q는 수량, A는 상수, L은 노동, K는 자본, $\alpha, \beta > 0$)　　　▶ 2025년 감정평가사

① $\alpha + \beta = 1$이면 장기평균비용은 1로 일정하다.

② $\alpha + \beta < 1$이면 장기평균비용은 장기한계비용보다 크다.

③ $\alpha + \beta < 1$이면 규모에 대한 수익체증(increasing returns to scale)이 된다.

④ $\alpha + \beta > 1$이면 생산량이 증가함에 따라 장기평균비용은 감소한다.

⑤ $\alpha + \beta > 1$이면 규모의 불경제가 발생한다.

출제이슈 규모의 경제와 규모수익
핵심해설 정답 ④

$\alpha + \beta = 1$이면 규모수익 불변이 되고 요소가격이 일정할 경우 장기평균비용은 일정하다.

$\alpha + \beta < 1$이면 규모수익 체감이 되고 요소가격이 일정할 경우 장기평균비용이 상승하는 규모의 불경제가 나타난다.

$\alpha + \beta > 1$이면 규모수익 체증이 되고 요소가격이 일정할 경우 장기평균비용이 하락하는 규모의 경제가 나타난다.

생산비용에 대한 설명으로 옳은 것만을 모두 고른 것은?　　　　▶ 2015년 국가직 7급

ㄱ. 총비용함수가 $TC = 100 + \sqrt{Q}$ 인 경우 규모의 경제가 존재한다. (단, Q는 생산량이다.)
ㄴ. 한 기업이 두 재화 X, Y를 생산할 경우의 비용이 $C(X, Y) = 10 + 2X + 3Y - XY$이고, 두 기업이 X, Y를 독립적으로 하나씩 생산할 경우의 비용이 각각 $C(X) = 5 + 2X$, $C(Y) = 5 + 3Y$인 경우 범위의 경제가 존재한다.
ㄷ. 매몰비용과 관련된 기회비용은 0이다.

① ㄱ, ㄴ
② ㄱ, ㄷ
③ ㄴ, ㄷ
④ ㄱ, ㄴ, ㄷ

출제이슈 규모의 경제와 범위의 경제
핵심해설 정답 ④

ㄱ에서 $TC(Q) = 100 + \sqrt{Q}$이므로 $AC(Q) = \dfrac{100}{Q} + \dfrac{1}{\sqrt{Q}}$이 된다. 이때 $\dfrac{dAC}{dQ} = -\dfrac{100}{Q^2} - \dfrac{0.5}{Q^{1.5}}$가 되어 항상 음수가 된다. 따라서 규모의 경제가 항상 나타난다.

ㄴ에서 한 기업이 두 재화 X, Y를 생산할 경우의 비용이 $C(X, Y) = 10 + 2X + 3Y - XY$이고, 두 기업이 X, Y를 독립적으로 하나씩 생산할 경우의 비용이 각각 $C(X) = 5 + 2X$, $C(Y) = 5 + 3Y$이기 때문에 $C(X, Y) < C_X(X) + C_Y(Y)$이 성립한다. 따라서 범위의 경제가 존재한다.
$C(X, Y)$: X, Y 동시 생산 시 비용, $C_X(X)$: X만 생산 시 비용, $C_Y(Y)$: Y만 생산 시 비용

ㄷ에서 매몰비용은 회수할 수 없는 비용으로서 경제적 의사결정에서 고려되어서는 안 되며 기회비용이 0이 된다. 한편, 구별할 개념으로 고정비용은 고정투입요소에 대한 비용(예 공장부지, 기계 임차에 따른 비용)으로 회수가능한 비용과 회수불가능한 비용(매몰비용)으로 구성된다. 모든 고정비용이 매몰비용인 것은 아니다. 재판매가 가능한 생산시설에 소요된 비용의 경우, 고정비용으로서 일부는 매몰비용으로 회수불가능한 비용이지만, 일부는 회수가능한 비용이다.

Issue 06 대체탄력성

생산함수가 $Q = 2L + 3K$일 때, 노동과 자본 간의 대체탄력성(elasticity of substitution)은?
(단, Q, L, K는 각각 생산량, 노동투입량, 자본투입량, $Q \geq 0$, $L \geq 0$, $K \geq 0$)

▶ 2011년 감정평가사

① 0

② 1

③ $\dfrac{2}{3}$

④ 1.5

⑤ 무한대(∞)

출제이슈 대체탄력성
핵심해설 정답 ⑤

생산함수가 $Q = 2L + 3K$와 같이 선형인 경우, 요소 간 대체가 완전하여 대체탄력성은 무한대가 된다. 그리고 생산함수가 L자형인 경우, 요소 간 대체가 불가능하여 대체탄력성은 0이 된다.

생산함수가 $Q = L^2 K^2$으로 주어져 있다. 이 생산함수에 대한 설명으로 옳은 것만을 모두 고른 것은? (단, Q는 생산량, L은 노동량, K는 자본량이다.)

▶ 2017년 국가직 7급

ㄱ. 2차 동차함수이다.
ㄴ. 규모에 따른 수확체증이 있다.
ㄷ. 주어진 생산량을 최소비용으로 생산하는 균형점에서 생산요소 간 대체탄력성은 1이다.

① ㄱ

② ㄴ

③ ㄱ, ㄷ

④ ㄴ, ㄷ

출제이슈 동차함수, 규모수익, 대체탄력성
핵심해설 정답 ④

주어진 생산함수는 4차 동차생산함수로서 규모에 대하여 수익체증의 성격을 가진다.

ㄷ에서 주어진 생산량을 최소비용으로 생산하는 균형점에서는 $\dfrac{MP_L}{MP_K} = \dfrac{w}{r}$가 성립하고 $\dfrac{MP_L}{MP_K} = \dfrac{K}{L}$가 된다.

결국 $\dfrac{K}{L} = \dfrac{w}{r}$가 되므로 생산요소 간 대체탄력성은 1이다.

Issue 07 이윤 및 이윤극대화

전직 프로골퍼인 어떤 농부가 있다. 이 농부는 골프 레슨으로 시간당 3만원을 벌 수 있다. 어느 날 이 농부가 15만원어치 씨앗을 사서 10시간 파종하였는데 그 결과 30만원의 수확을 올렸다면, 이 농부의 회계학적 이윤(또는 손실)과 경제적 이윤(또는 손실)은 각각 얼마인가?

▶ 2015년 서울시 7급

① 회계학적 이윤 30만원, 경제적 이윤 30만원
② 회계학적 이윤 15만원, 경제적 손실 15만원
③ 회계학적 손실 15만원, 경제적 손실 15만원
④ 회계학적 손실 15만원, 경제적 이윤 15만원

출제이슈 회계적 이윤과 경제적 이윤
핵심해설 정답 ②

1) 수입 혹은 수익
농부가 15만원어치 씨앗을 사서 10시간 파종한 경우 수입 혹은 수익은 30만원으로 주어졌다.

2) 비용
① 명시적 비용 : 씨앗을 사는 데 지출한 15만원
② 암묵적 비용 : 시간당 3만원의 기회를 포기한 10시간의 비용으로서 30만원

3) 이윤
① 회계적 이윤 = 총수입 − 회계적 비용 = 총수입 − 명시적 비용 = 30 − 15 = 15(만원)
② 경제적 이윤 = 총수입 − 경제적 비용 = 총수입 − (명시적 비용 + 암묵적 비용) = 30 − 45 = −15(만원)

완전경쟁시장에서 개별 기업의 단기 총비용곡선이 $STC = a + \dfrac{q^2}{100}$일 때, 단기공급곡선

q_s는? (단, a는 고정자본비용, q는 수량, p는 가격이다.) ▶ 2017년 감정평가사

① $q_s = 50p$ ② $q_s = 60p$

③ $q_s = 200p$ ④ $q_s = 300p$

⑤ $q_s = 400p$

출제이슈 이윤극대화와 단기공급곡선의 도출

핵심해설 정답 ①

1) 단기비용곡선

단기 총비용곡선이 $STC = a + \dfrac{q^2}{100}$으로 주어졌으므로 단기 한계비용은 $SMC = \dfrac{q}{50}$가 된다.

2) 이윤극대화

단기 한계비용에 기업의 이윤극대화 조건인 $P = SMC$를 반영하면 $P = \dfrac{q}{50}$ 또는 $q = 50P$가 된다.

3) 단기공급곡선

앞에서 구한 이윤극대화 조건에서 가격을 일정하게 주어진 상수가 아니라 변수로 가정하면 주어진 가격 수준에서 이윤을 극대화할 수 있는 기업의 산출량을 나타내는 관계로 해석할 수 있다. 결국 경쟁시장에서 활동하는 기업의 단기 공급곡선은 단기 한계비용곡선과 일치함을 알 수 있다.

Issue 08 생산과 비용의 쌍대성

기업 A의 생산함수는 $Q = \sqrt{L}$ 이며, 생산물의 가격은 5, 임금률은 0.5이다. 이윤을 극대화하는 노동투입량(L^*)과 산출량(Q^*)은? (단, Q는 산출량, L은 노동투입량이며, 생산물시장과 노동시장은 완전경쟁시장이다.)

▶ 2022년 감정평가사

① $L^* = 10$, $Q^* = \sqrt{10}$　　　　② $L^* = 15$, $Q^* = \sqrt{15}$

③ $L^* = 20$, $Q^* = 2\sqrt{5}$　　　　④ $L^* = 25$, $Q^* = 5$

⑤ $L^* = 30$, $Q^* = \sqrt{30}$

출제이슈 생산과 비용의 쌍대성
핵심해설 정답 ④

1) 생산함수의 변형

$Q = \sqrt{L}$ 에서 이를 변형하면, $L = Q^2$ 이 된다.

2) 비용함수의 도출

비용은 $C = wL + rK$ 인데, 자본이 없기 때문에 주어진 정보를 활용하여 변형하면 다음과 같다.
$C = wL = 0.5L = 0.5Q^2$

따라서 한계비용은 $MC = Q$ 가 된다.

3) 경쟁기업의 이윤극대화 산출량

완전경쟁시장에서 가격이 5로 주어져 있으므로 해당 기업은 가격과 한계비용이 일치하는 수준에서 이윤을 극대화할 수 있다.
따라서 $P = 5$, $MC = Q$ 이므로 이윤극대화 산출량은 5가 된다.

4) 경쟁기업의 이윤극대화 투입량

이윤극대화 산출량 5를 위의 1)에서 구한 $L = Q^2$ 에 대입하면, 이윤극대화 노동투입량은 25가 됨을 알 수 있다.

모든 시장이 완전경쟁적인 갑국에서 대표적인 기업 A의 생산함수가 $Y = 4L^{0.5}K^{0.5}$ 이다. 단기적으로 A의 자본량은 1로 고정되어 있다. 생산물 가격이 2이고 명목임금이 4일 경우, 이윤을 극대화하는 A의 단기생산량은? (단, Y는 생산량, L은 노동량, K는 자본량이며, 모든 생산물은 동일한 상품이다.)

▶ 2019년 감정평가사

① 1   ② 2   ③ 4
④ 8   ⑤ 16

출제이슈 생산과 비용의 쌍대성
핵심해설 정답 ③

$Y = 4L^{0.5}K^{0.5}$ 에서 단기적으로 자본량은 1로 고정되어 있으므로 $Y = 4L^{0.5}$로 쓸 수 있다.

이를 변형하면 $Y^2 = 16L$ 이므로 $L = \dfrac{Y^2}{16}$이 된다.

비용은 $C = wL + rK$이므로 주어진 정보를 활용하여 변형하면 다음과 같다.

$C = wL + rK = 4 \times \dfrac{Y^2}{16} + r$

위의 비용함수를 미분하면 한계비용은 $MC = \dfrac{Y}{2}$가 된다.

완전경쟁시장에서 가격이 2이므로 해당 기업은 가격과 한계비용이 일치하는 수준에서 이윤을 극대화할 수 있다. 따라서 $2 = \dfrac{Y}{2}$이므로 이윤극대화 산출량은 4가 된다.

05 생산물시장이론

경쟁기업의 단기균형

완전경쟁시장에서 A기업의 단기총비용함수는 $STC = 100 + \dfrac{wq^2}{200}$ 이다. 임금이 4이고 시장가

격이 1일 때, 단기공급량은? (단, w는 임금, q는 생산량)   ▸ 2020년 감정평가사

① 10   ② 25

③ 50   ④ 100

⑤ 200

출제이슈 경쟁기업의 단기균형
핵심해설 정답 ②

A기업의 단기총비용함수는 $STC = 100 + \dfrac{wq^2}{200}$ 이며 임금이 4이므로 A기업의 단기한계비용함수는 $SMC = \dfrac{q}{25}$
가 됨을 알 수 있다.

이제 경쟁기업의 단기균형조건 $P = SMC$를 적용하자. 설문에서 가격은 1이므로 $1 = \dfrac{q}{25}$ 가 된다.

따라서 경쟁기업의 생산량은 $q = 25$가 된다.

완전경쟁시장에서 기업 A가 생산하는 휴대폰의 가격이 100이고, 총비용함수가 $TC = 4Q^2 + 4Q + 100$일 때, 이윤을 극대화하는 (ㄱ) 생산량과 극대화된 (ㄴ) 이윤은? (단, Q는 생산량이다.)

▶ 2024년 감정평가사

① ㄱ : 10, ㄴ : 476   ② ㄱ : 10, ㄴ : 566

③ ㄱ : 10, ㄴ : 1,000   ④ ㄱ : 12, ㄴ : 476

⑤ ㄱ : 12, ㄴ : 566

출제이슈 경쟁기업의 단기균형

핵심해설 정답 ④

가격 $P = 100$이고, A기업의 단기총비용함수는 $TC = 4Q^2 + 4Q + 100$ 이므로 경쟁기업의 균형조건 $P = MC$를 적용하면 $100 = 8Q + 4$가 된다.

따라서 경쟁기업의 생산량은 $Q = 12$가 된다.

따라서 총수입 $TR = P \times Q = 1,200$, 총비용 $TC = 724$이므로 이윤 $\pi = 476$이 된다.

완전경쟁시장에서 기업 A의 총비용함수는 $TC = 10Q^2 + 4Q + 10$이다. 기업 A가 생산하는 재화의 시장가격이 64일 때 생산자잉여는? (단, Q는 생산량이다.)

▶ 2021년 지방직 7급

① 54   ② 80

③ 90   ④ 128

⑤ 200

출제이슈 경쟁기업의 단기균형

핵심해설 정답 ③

가격은 64이고, $MC = 20Q + 4$이므로 이윤극대화 산출량은 $Q = 3$이다.

이때, 생산자잉여를 구하면 $PS = \dfrac{(64 - 4) \times 3}{2} = 90$이 된다.

완전경쟁시장에서 기업 A의 한계비용 $MC = 2Q$, 평균가변비용 $AVC = Q$이다. 시장가격이 12일 때, 기업 A의 이윤이 0이 되는 고정비용은? (단, Q는 양의 생산량이다.)

▶ 2022년 보험계리사

① 6
② 12
③ 24
④ 36

출제이슈 경쟁기업의 단기균형과 각종 비용의 개념
핵심해설 정답 ④

1) 총가변비용
평균가변비용이 $AVC = Q$이므로 총가변비용은 $TVC = Q^2$이 된다.

2) 총비용
총비용은 총가변비용과 총고정비용으로 이루어지므로 $TC = TVC + TFC = Q^2 + TFC$가 된다.

3) 한계비용
한계비용은 총비용을 생산량으로 미분하여 구할 수 있으므로 $MC = 2Q$가 된다.

4) 이윤극대화
설문의 기업의 완전경쟁시장에서 활동하므로 이윤극대화를 위해서는 $P = MC$가 성립한다. 시장가격이 12로 주어졌으므로 $P = MC$, $12 = 2Q$, $Q = 6$이 되어 이 기업은 6만큼을 생산한다.

5) 이윤 = 0
이 기업의 이윤은 총수입에서 총비용을 차감해서 구할 수 있으므로 다음이 성립한다.
$$\pi = TR - TC = PQ - (Q^2 + TFC) = 12 \times 6 - (6^2 + TFC) = 0$$

위의 식을 풀면, 총고정비용 $TFC = 36$이 된다.

어느 완전경쟁시장에서 X재에 대한 개별 기업의 총비용함수는 $TC = 100 + \dfrac{1}{4}q^2$으로 주어져 있다. 현재 이 시장에서 X재를 생산하는 50개의 기업은 모두 동일한 비용함수를 갖는다. 시장 수요곡선이 $Q_D = 1,800 - 20P$일 때, X재 시장에 대한 분석으로 옳은 것은? (단, TC는 총비용, q는 개별 기업의 생산량, Q_D는 시장 수요량, P는 X재의 가격이다.) ▶ 2022년 지방직 7급

① 개별 기업의 단기 공급곡선은 $q = 4P$이다.
② 단기적으로 시장 균형가격은 10이다.
③ 단기적으로 신규 기업들이 X재 시장에 진입하려는 유인이 존재한다.
④ 기업들의 진입과 퇴출이 허용되는 장기에서 시장 균형가격은 15이다.

출제이슈 경쟁기업과 경쟁시장의 균형
핵심해설 정답 ③

1) 개별기업의 공급함수 : $P = 0.5q$ 혹은 $q = 2P$

2) 시장공급함수 : $Q_S = 2P \times 50 = 100P$

3) 시장균형 : $P = 15$, $Q = 1,500$, $q = 30$

4) 기업의 이윤과 진입유인
   가격이 15, 평균비용이 약 10.83이므로 개별기업은 이윤을 보고 있기 때문에 다른 기업들은 충분히 진입의 유인을 가질 수 있다.

5) 장기 시장가격
   설문에서 주어진 정보가 부족하여 장기의 시장가격을 정확하게 구할 수는 없다. 앞에서 장기에 진입과 이탈이 자유로울 때, 다른 기업들의 진입유인이 있으므로 실제로 진입이 일어나서 시장공급이 증가할 경우, 현재의 가격 15보다는 하락할 것이라는 것만 예측할 수 있다.

③ 옳은 내용이다.
   신규 기업들이 X재 시장에 진입하면 초과이윤을 얻을 수 있기 때문에 진입하려는 유인이 존재한다.

④ 틀린 내용이다.
   기업들의 진입과 퇴출이 허용되는 장기에서 시장 균형가격은 현재 주어진 정보로는 정확하게 알 수 없다. 다만, 현재 단기의 시장균형가격인 15보다 낮을 것으로 예측될 뿐이다.

완전경쟁시장에서 개별기업은 U자형 평균비용곡선과 평균가변비용곡선을 가진다. 시장가격이 350일 때, 생산량 50 수준에서 한계비용은 350, 평균비용은 400, 평균가변비용은 200이다. 다음 중 옳은 것을 모두 고른 것은?

▶ 2019년 감정평가사

> ㄱ. 평균비용곡선이 우상향하는 구간에 생산량 50이 존재한다.
> ㄴ. 평균가변비용곡선이 우상향하는 구간에 생산량 50이 존재한다.
> ㄷ. 생산량 50에서 음(-)의 이윤을 얻고 있다.
> ㄹ. 개별기업은 단기에 조업을 중단해야 한다.

① ㄱ, ㄴ   ② ㄱ, ㄷ   ③ ㄱ, ㄹ   ④ ㄴ, ㄷ   ⑤ ㄴ, ㄹ

출제이슈 단기에 경쟁기업의 생산지속 및 중단의 의사결정
핵심해설 정답 ④

설문에서 시장가격이 350일 때, 생산량 50 수준에서 한계비용은 350, 평균비용은 400, 평균가변비용은 200으로 주어져 있다. 따라서 기본서의 해당 파트 산식 ③의 경우에 해당한다.

ㄱ. 틀린 내용이다.
　위 ③의 경우에 해당하므로 평균비용곡선이 우하향하는 구간에 생산량 50이 존재함을 알 수 있다.

ㄴ. 옳은 내용이다.
　위 ③의 경우에 해당하므로 평균가변비용곡선이 우상향하는 구간에 생산량 50이 존재함을 알 수 있다.

ㄷ. 옳은 내용이다.
　현재 가격이 평균비용보다 낮기 때문에 생산량 50에서 음(-)의 이윤을 얻고 있다.

ㄹ. 틀린 내용이다.
　현재 가격은 평균가변비용보다 높은 수준이기 때문에 개별기업은 단기에 조업을 중단할 필요가 없다.

단기 완전경쟁시장에서 이윤극대화하는 A기업의 현재생산량에서 한계비용은 50, 평균가변비용은 45, 평균비용은 55이다. 시장가격이 50일 때, 옳은 것을 모두 고른 것은?

▶ 2020년 감정평가사

ㄱ. 손실이 발생하고 있다.
ㄴ. 조업중단(shut-down)을 해야 한다.
ㄷ. 총수입으로 가변비용을 모두 충당하고 있다.
ㄹ. 총수입으로 고정비용을 모두 충당하고 있다.

① ㄱ, ㄴ   ② ㄱ, ㄷ   ③ ㄴ, ㄷ
④ ㄴ, ㄹ   ⑤ ㄷ, ㄹ

출제이슈 단기에 경쟁기업의 생산지속 및 중단의 의사결정
핵심해설 정답 ②

ㄱ. 옳은 내용이다.
$\boxed{AC=55} > \boxed{P=50} > \boxed{AVC=45}$, $TC > TR > TVC$로서 $TR-TC<0$이므로 $\pi<0$인바 손실을 보고 있다.

ㄴ. 틀린 내용이다.
$\boxed{AC=55} > \boxed{P=50} > \boxed{AVC=45}$, $TC > TR > TVC$를 변형하면 다음과 같다.
$0 > TR - TC(\text{생산 시 이윤}) > -TFC(\text{중단 시 이윤})$

이는 비록 손실을 보고 있지만 생산을 중단하게 되면 더 큰 손실을 보게 되므로 생산을 지속하는 것이 유리함을 의미한다. 만일 조업중단하게 되면 생산 시 손실보다 더 큰 손실(총고정비용)을 보게 된다.

ㄷ. 옳은 내용이다.
$\boxed{AC=55} > \boxed{P=50} > \boxed{AVC=45}$, $TC > TR > TVC$로서 $TR > TVC$인바 총수입이 총가변비용보다 크기 때문에 총수입으로 총가변비용은 충당할 수 있음을 뜻한다.

ㄹ. 틀린 내용이다.
$\boxed{AC=55} > \boxed{P=50} > \boxed{AVC=45}$, $TC > TR > TVC$로서 총수입으로 총가변비용을 충당할 수 있음을 의미함과 동시에 생산 시 이윤으로는 총고정비용을 충당하지 못함을 의미한다. 총수입이 총가변비용보다 크기 때문에 총수입으로 총가변비용을 회수하고도 남은 수입으로 총고정비용의 일부만을 회수할 뿐이다.

완전경쟁시장에서 이윤극대화를 추구하는 기업 A의 한계비용(MC), 평균총비용(AC), 평균가변비용(AVC)은 아래 그림과 같다. 시장가격이 P_1, P_2, P_3, P_4, P_5로 주어질 때, 이에 관한 설명으로 옳지 않은 것은?

▶ 2022년 감정평가사

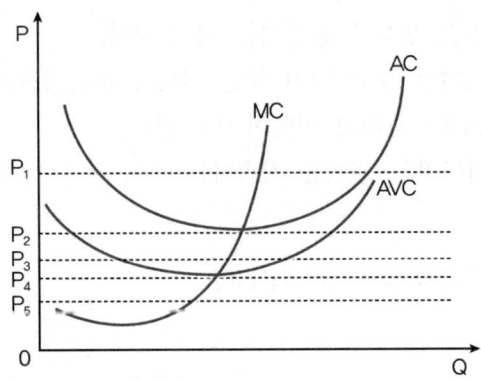

① P_1일 때 총수입이 총비용보다 크다.

② P_2일 때 손익분기점에 있다.

③ P_3일 때 총수입으로 가변비용을 모두 충당하고 있다.

④ P_4일 때 총수입으로 고정비용을 모두 충당하고 있다.

⑤ P_5일 때 조업중단을 한다.

출제이슈 단기에 경쟁기업의 생산지속 및 중단의 의사결정

핵심해설 정답 ④

① 옳은 내용이다. 이 경우 총수입이 총비용보다 크다.

$P = P_1$, $\boxed{P} > \boxed{AC} > \boxed{AVC}$, $TR > TC > TVC$ $\quad\quad \therefore TR - TC > 0$ $\quad \therefore \pi > 0$, 초과이윤

② 옳은 내용이다. 이 경우 이윤이 0이므로 손익분기점 상황을 의미한다.

$P = P_2$, $\boxed{P} = \boxed{AC} > \boxed{AVC}$, $TR = TC > TVC$ $\quad\quad \therefore TR = TC$ $\quad \therefore \pi = 0$, 정상이윤

③ 옳은 내용이다. 이 경우 총수입이 총가변비용보다 크므로 총수입으로 가변비용 충당이 가능하다.

$P = P_3$, $\boxed{AC} > \boxed{P} > \boxed{AVC}$, $TC > TR > TVC$ $\quad\quad \therefore TR - TC < 0$ $\quad \therefore \pi < 0$, 손실

$0 > TR - TC$(생산 시 이윤) $> -TFC$(중단 시 이윤) $\quad \therefore$ 생산을 지속

④ 틀린 내용이다. 이 경우 총수입이 총가변비용과 동일하므로 총수입으로 가변비용 충당이 가능하다.

$P = P_4$, $\boxed{AC} > \boxed{P} = \boxed{AVC}$, $TC > TR = TVC$ $\quad\quad \therefore TR - TC < 0$ $\quad \therefore \pi < 0$, 손실

$0 > TR - TC$(생산 시 이윤) $= -TFC$(중단 시 이윤) $\quad \therefore$ 생산 or 중단

⑤ 옳은 내용이다. 이 경우 생산 시 이윤이 중단 시 이윤보다 작으므로 생산을 중단한다.

$P = P_5$, $\boxed{AC} > \boxed{AVC} > \boxed{P}$, $TC > TVC > TR$ $\quad\quad \therefore TR - TC < 0$ $\quad \therefore \pi < 0$, 손실

$0 > -TFC$(중단 시 이윤) $> TR - TC$(생산 시 이윤) $\quad \therefore$ 생산을 중단

단기의 완전경쟁시장에서 기업 A의 고정비용은 0이고, 평균가변비용이
$AVC(q) = q^2 - 6q + 18(q$: 생산량)이라 할 때 옳지 않은 것은?　▶2021년 국가직 7급

① 시장가격이 6일 때 한계비용이 최소가 된다.

② 시장가격이 7이면 기업은 생산을 중단하는 편이 낫다.

③ 시장가격이 8이면 생산하는 것이 하지 않는 것보다 순손실을 줄일 수 있다.

④ 시장가격이 9일 때 기업의 경제적 이윤이 0이 된다.

⑤ 경제적 이윤이 음(−)이더라도 생산을 지속하는 것이 나을 때도 있다.

출제이슈 단기에 경쟁기업의 생산지속 및 중단의 의사결정

핵심해설 정답 ③

설문에서 $AVC(q) = q^2 - 6q + 18$이므로 $AVC(q)$의 최저점은 $q = 3$일 때이다.

이때, 가격 $P = 9$가 되므로 가격이 9에 미치지 못하는 경우 생산을 중단하는 것이 낫다.

Issue 02   경쟁기업의 장기균형

> **완전경쟁시장의 장기균형에 관한 설명으로 옳은 것은?**   ▶ 2018년 감정평가사
>
> ① 균형가격은 개별기업의 한계수입보다 크다.
> ② 개별기업의 한계수입은 평균총비용보다 크다.
> ③ 개별기업의 한계비용은 평균총비용보다 작다.
> ④ 개별기업은 장기평균비용의 최저점에서 생산한다.
> ⑤ 개별기업은 0보다 큰 초과이윤을 얻는다.

출제이슈   경쟁기업의 장기균형 조건
핵심해설   정답 ④

① 틀린 내용이다.

장기에서 조업하는 기업은 이윤극대화를 위해서 가격과 장기한계비용이 일치하는 점에서 생산을 결정한다. 가격은 한계비용으로 결정되며 한계수입이 경쟁시장에서는 바로 가격이 된다. 가격과 한계비용, 한계수입 모두 일치하므로 틀린 내용이다.

②, ③ 틀린 내용이다.

장기에도 당연히 이윤극대화가 달성되어야 하므로 가격과 장기한계비용은 일치한다. 그리고 개별기업은 자유로운 진입과 퇴출 그리고 장기조정에 따라서 결국 장기에는 더 이상의 진입과 퇴출이 발생하지 않는 상태가 된다. 이는 더 이상 초과이윤이 발생하지 않게 되어 발생하므로 가격이 장기평균비용과 같음을 의미한다. 결국 가격이 장기한계비용 및 장기평균비용과 모두 일치한다. 그런데 장기한계비용과 장기평균비용이 동일한 때는 바로 장기한계비용곡선이 장기평균비용곡선의 최저점을 통과할 때이다. 따라서 개별기업의 장기균형은 장기평균비용의 최저점에서 달성된다고 할 수 있다. 이때 가격은 한계수입, 한계비용 및 평균비용과 일치한다. 따라서 한계수입은 평균비용과 같으며, 한계비용은 평균비용과 같으므로 ②, ③ 모두 틀린 내용이다.

④ 옳은 내용이다.

개별기업은 자유로운 진입과 퇴출 그리고 장기조정에 따라서 결국 장기에는 더 이상의 진입과 퇴출이 발생하지 않는 상태가 되는 장기평균비용의 최저점에서 생산한다.

⑤ 틀린 내용이다.

개별기업은 자유로운 진입과 퇴출 그리고 장기조정에 따라서 결국 장기에는 더 이상의 진입과 퇴출이 발생하지 않는 상태가 되는 장기평균비용의 최저점에서 생산한다. 이때는 가격이 평균비용과 일치하기 때문에 경제적 이윤은 0이 되며, 이로 인해서 더 이상의 진입과 퇴출이 발생하지 않게 되는 것이다.

완전경쟁시장의 장기균형의 특징에 관한 설명으로 옳은 것을 모두 고른 것은? (단, LMC는 장기한계비용, LAC는 장기평균비용, P는 가격이다.) ▶ 2023년 감정평가사

ㄱ. $P = LMC$이다.
ㄴ. $P > LAC$이다.
ㄷ. 각 기업의 정상이윤이 0이다.
ㄹ. 시장의 수요량과 공급량이 같다.
ㅁ. 더 이상 기업의 진입과 이탈이 일어나지 않는 상태를 말한다.

① ㄱ, ㄴ, ㄷ
② ㄱ, ㄹ, ㅁ
③ ㄴ, ㄹ, ㅁ
④ ㄷ, ㄹ, ㅁ
⑤ ㄴ, ㄷ, ㄹ, ㅁ

출제이슈 경쟁기업의 장기균형 조건
핵심해설 정답 ②

1) 장기조정의 완료

장기조정의 완료는 당해 시장에 더 이상 진입 또는 퇴출의 유인이 없는 상태로서 초과이윤이 없는 상태, 즉 장기평균비용이 가격과 일치한 상태이다($P = LAC$). 정상이윤이 0이라는 것이 아니라 초과이윤이 0이라는 것에 유의한다.

2) 장기 이윤극대화

장기에서도 주어진 가격수준에서 경쟁기업의 이윤극대화 산출은 달성되어야 하므로, 장기한계비용이 가격과 일치하게 된다($P = LMC$).

완전경쟁시장에서 이윤을 극대화하는 개별기업의 장기비용함수가 $C = Q^3 - 4Q^2 + 8Q$이다. 완전경쟁시장의 장기균형가격(P)와 개별기업의 장기균형생산량(Q)은? (단, 모든 개별기업의 장기비용함수는 동일하다.)

▶ 2016년 감정평가사

① $P = 1$, $Q = 1$
② $P = 1$, $Q = 2$
③ $P = 2$, $Q = 4$
④ $P = 4$, $Q = 2$
⑤ $P = 4$, $Q = 4$

출제이슈 경쟁기업의 장기균형 계산
핵심해설 정답 ④

1) 장기평균비용의 최저와 장기 시장가격

설문에서 개별기업의 장기평균비용함수가 $LAC = Q^2 - 4Q + 8$이므로 장기평균비용의 최저(미분하여 0으로 놓고 계산하면 된다)는 생산이 2일 때이며 균형시장가격이 달성된다.

2) 개별기업의 산출량

따라서 개별기업의 산출량은 2가 되고 시장가격은 4가 된다.

완전경쟁시장에서 기업이 모두 동일한 장기평균비용함수 $LAC(q) = 40 - 6q + \frac{1}{3}q^2$ 과 장기

한계비용함수 $LMC(q) = 40 - 12q + q^2$ 을 갖는다. 시장수요곡선은 $D(P) = 2,200 - 100P$

일 때, 장기균형에서 시장에 존재하는 기업의 수는? (단, q는 개별기업의 생산량, P는 가격)

▶ 2020년 감정평가사

① 12　　　　　② 24　　　　　③ 50
④ 100　　　　⑤ 200

출제이슈 경쟁기업의 장기균형 계산
핵심해설 정답 ④

1) 장기 시장가격과 개별기업 산출량의 도출

① 장기평균비용의 최저와 개별기업의 산출량

설문에서 개별기업의 장기평균비용함수가 $LAC(q) = 40 - 6q + \frac{1}{3}q^2$ 이므로 장기평균비용의 최저(미분하여 0으로 놓고 계산하면 된다)를 구하면, 이때 시장가격과 일치하게 된다. 장기평균비용이 최저가 되는 개별기업의 산출량은 9로 계산된다.

② 장기 시장가격

앞에서 구한 개별기업의 산출량 9를 위의 장기평균비용함수에 대입하면 장기평균비용은 13이 된다. 경쟁기업의 장기균형에서는 장기평균비용과 가격이 동일하므로 시장가격은 13이 된다.

2) 시장수요량과 개별기업 수의 도출

① 시장수요량

시장가격 13을 수요함수 $D(P) = 2,200 - 100P$ 에 대입하면 균형하에서 시장수요량은 900이 된다.

② 개별기업의 수

개별기업의 산출량이 9임을 고려하면, 동질적인 전체 기업의 수는 100개가 되어야 시장수요량을 모두 충족시켜서 시장균형이 이루어진다.

완전경쟁시장의 시장수요함수는 $Q = 1,700 - 10P$이고, 이윤극대화를 추구하는 개별기업의 장기평균비용함수는 $LAC(q) = (q - 20)^2 + 30$으로 모두 동일하다. 장기균형에서 기업의 수는? (단, Q는 시장거래량, q는 개별기업의 생산량, P는 가격이다.)

▶ 2018년 감정평가사

① 100   ② 90   ③ 80

④ 70   ⑤ 60

출제이슈 경쟁기업의 장기균형 계산
핵심해설 정답 ④

1) 장기 시장가격과 개별기업 산출량이 도출

① 장기평균비용의 최저와 장기 시장가격

설문에서 개별기업의 장기평균비용함수가 $LAC(q) = (q - 20)^2 + 30$이므로 장기평균비용의 최저는 생산이 20일 때이며 균형시장가격 30이 달성된다.

② 개별기업의 산출량

따라서 개별기업의 산출량은 20이 되고, 시장가격은 30이 된다.

2) 시장산출량과 개별기업 수의 도출

① 시장산출량

시장가격 30을 수요함수에 대입하면 균형 하에서 시장수급량은 1,400이 된다.

② 개별기업의 수

개별기업의 산출량이 20임을 고려하면, 동질적인 전체 기업의 수는 70개가 되어야 한다.

완전경쟁시장에서 이윤극대화를 추구하는 기업들의 장기비용함수는 $C = 0.5q^2 + 8$로 모두 동일하다. 시장수요함수가 $Q_D = 1,000 - 10P$일 때, 장기균형에서 시장 참여기업의 수는? (단, C는 개별기업 총비용, q는 개별기업 생산량, Q_D는 시장수요량, P는 가격을 나타낸다.)

▶ 2017년 감정평가사

① 150   ② 210   ③ 240
④ 270   ⑤ 300

출제이슈 경쟁기업의 장기균형 계산
핵심해설 정답 ③

1) 장기 시장가격과 개별기업 산출량의 도출

① 장기평균비용의 최저와 장기 시장가격

설문에서 개별기업의 장기평균비용함수가 $LAC = 0.5q + \dfrac{8}{q}$이므로 장기평균비용이 최저(미분하여 0으로 놓고 계산하면 된다)가 되는 생산량은 4일 때이며 이때 균형시장가격이 달성된다.

② 개별기업의 산출량

따라서 개별기업의 산출량은 4가 되고, 시장가격은 4가 된다.

2) 시장산출량과 개별기업 수의 도출

① 시장산출량

시장가격 4를 수요함수에 대입하면 균형하에서 시장수급량은 960이 된다.

② 개별기업의 수

개별기업의 산출량이 4임을 고려하면, 동질적인 전체 기업의 수는 240개가 되어야 한다.

Issue 03 독점시장의 균형

> 독점기업의 이윤극대화에 관한 설명으로 옳지 않은 것은? (단, 수요곡선은 우하향하고 생산량
> 은 양(+)이고, 가격차별은 없다.)   ▶ 2017년 감정평가사
>
> ① 이윤극대화 가격은 한계비용보다 높다.
> ② 양(+)의 경제적 이윤을 획득할 수 없는 경우도 있다.
> ③ 현재 생산량에서 한계수입이 한계비용보다 높은 상태라면 이윤극대화를 위하여 가격을 인
>   상하여야 한다.
> ④ 이윤극대화 가격은 독점 균형거래량에서의 평균수입과 같다.
> ⑤ 이윤극대화는 한계비용과 한계수입이 일치하는 생산수준에서 이루어진다.

출제이슈 독점기업의 이윤극대화
핵심해설 정답 ③

① 옳은 내용이다.
   독점기업의 이윤극대화는 $P > MR = MC$(가격은 한계비용보다 크다)에서 달성된다.

② 옳은 내용이다.
   독점기업도 손실이 가능하다. 수요곡선이 평균비용보다 하방위치하는 등과 같이 평균비용이 가격을 상회하는
   경우에는 손실을 볼 수 있다. 따라서 양(+)의 경제적 이윤을 획득할 수 없는 경우도 있다.

③ 틀린 내용이다.
   현재 생산량에서 한계수입이 한계비용보다 높은 상태라면 이윤극대화를 위하여 생산을 늘려야 하며, 이 경우
   가격을 인하하여야 한다.

④ 옳은 내용이다.
   이윤극대화 가격은 독점 균형거래량에서의 평균수입과 같으며, 평균수입은 한계수입을 상회하고 있다.

⑤ 옳은 내용이다.
   이윤극대화는 한계비용과 한계수입이 일치하는 생산수준에서 이루어진다.

독점기업의 시장수요와 공급에 관한 설명으로 옳지 않은 것은? (단, 시장수요곡선은 우하향한다.)

▶ 2021년 공인노무사

① 독점기업은 시장의 유일한 공급자이기 때문에 수요곡선은 우하향한다.
② 독점기업의 공급곡선은 존재하지 않는다.
③ 독점기업의 한계수입은 가격보다 항상 높다.
④ 한계수입과 한계비용이 일치하는 점에서 독점기업의 이윤이 극대화된다.
⑤ 독점기업의 한계수입곡선은 항상 수요곡선의 아래쪽에 위치한다.

출제이슈 독점기업의 이윤극대화
핵심해설 정답 ③

① 옳은 내용이다.
독점기업은 시장의 유일한 공급자이기 때문에 독점기업이 직면하는 수요곡선은 우하향한다. 참고로 경쟁기업이 직면하는 수요곡선은 수평선이 된다.

② 옳은 내용이다.
공급곡선은 정의상 주어진 가격에 대하여 공급할 의향이 있는 공급량 간의 관계를 표현한 것이다. 그러나 독점기업은 자신의 이윤을 극대화시킬 수 있는 산출량에 대하여 이윤극대화 가격을 책정하기 때문에 문리적인 의미의 공급곡선은 존재하지 않는다고 할 수 있다.

③ 틀린 내용이다.
독점기업은 한계수입과 한계비용이 일치하는 수준에서 이윤극대화 산출량을 결정한다. 이때 가격은 수요곡선 상에서 책정하므로 가격은 한계수입보다 높은 수준이다.

④ 옳은 내용이다.
현재 생산량에서 한계수입이 한계비용보다 높은 상태라면 이윤극대화를 위하여 생산을 늘려야 하며, 반대로 한계수입이 한계비용보다 낮은 수준이라면 이윤극대화를 위해서 생산을 줄여야 한다. 따라서 이윤극대화는 한계비용과 한계수입이 일치하는 생산 수준에서 이루어진다.

⑤ 옳은 내용이다.
한계수입은 가격보다 낮다. 이는 다음의 산식을 통해서 쉽게 확인할 수 있다.

$$\text{한계수입 } MR = \frac{dTR}{dQ} = \frac{d(P(Q)Q)}{dQ} = \underset{(\text{부호: 음})}{\frac{dP}{dQ}} Q + P < P$$

독점기업 A가 직면한 수요함수는 $Q = -0.5P + 15$, 총비용함수는 $TC = Q^2 + 6Q + 3$이다. 이윤을 극대화할 때, 생산량과 이윤은? (단, P는 가격, Q는 생산량, TC는 총비용이다.)

▶ 2018년 감정평가사

① 생산량 = 3, 이윤 = 45
② 생산량 = 3, 이윤 = 48
③ 생산량 = 4, 이윤 = 45
④ 생산량 = 4, 이윤 = 48
⑤ 생산량 = 7, 이윤 = 21

출제이슈 독점기업의 이윤극대화 계산
핵심해설 정답 ③

$P = 30 - 2Q$, $MR = 30 - 4Q$, $MC = 2Q + 6$이므로 독점기업의 이윤극대화 $MR = MC$ 조건을 풀면 $30 - 4Q = 2Q + 6$이 되어 이윤극대화 생산량은 4가 된다.

이때, 가격은 생산량을 수요함수 $P = 30 - 2Q$에 대입하여 22로 설정할 수 있다.

따라서 총수입은 생산량 4에 가격 22를 곱한 88이 된다.

한편 총비용은 생산량 4를 비용함수에 대입하면, 43이 된다.

이윤은 $88 - 43 = 45$가 된다.

독점기업 A가 직면한 시장수요곡선이 $Q_d = 10P^{-3}$이고 비용함수가 $C(Q) = 2Q$일 때, 이윤을 극대화하는 생산량은? (단, Q_d는 시장수요량, P는 가격, Q는 생산량이다.)

▶ 2022년 보험계리사

① 10 ② 10×2^{-3} ③ 10×3^{-3} ④ 10×5^{-3}

출제이슈 독점기업의 이윤극대화 계산
핵심해설 정답 ③

1) 한계수입

수요함수가 $Q_d = 10P^{-3}$이므로 한계수입은 다음과 같이 구할 수 있다.

$$MR = \frac{dTR}{dQ} = \frac{d(P(Q)Q)}{dQ} = \frac{d\left(\left(\frac{10}{Q}\right)^{\frac{1}{3}}Q\right)}{dQ} = \frac{d(10^{\frac{1}{3}}Q^{\frac{2}{3}})}{dQ} = \frac{2}{3} \times 10^{\frac{1}{3}}Q^{-\frac{1}{3}}$$

2) 한계비용

비용함수가 $C(Q) = 2Q$이므로 한계비용 비용함수는 $MC = 2$가 된다.

3) 이윤극대화

한계수입과 한계비용이 일치할 때, 즉 $\frac{2}{3} \times 10^{\frac{1}{3}}Q^{-\frac{1}{3}} = 2$가 성립할 때 이윤극대화가 달성된다.

따라서 독점기업의 산출량 $Q = \frac{10}{3^3}$이 된다.

독점시장에서 이윤극대화를 추구하는 A기업의 수요곡선은 $Q^d = 10 - P$이고 총비용곡선은 $C = 4Q + 6$이다. 이에 관한 설명으로 옳지 않은 것은? (단, P는 가격, Q는 생산량이다.)

▶ 2020년 보험계리사

① 시장균형가격은 7이다.
② 생산량 3에서 최대이윤을 얻는다.
③ 정부가 가격을 3으로 규제하면 생산량은 증가한다.
④ 시장균형에서 수요의 가격탄력성은 1보다 크다.

출제이슈 독점기업의 이윤극대화 계산
핵심해설 정답 ③

설문에서 A기업의 수요곡선은 $Q^d = 10 - P$이고 총비용곡선은 $C = 4Q + 6$임을 고려하여 독점기업의 이윤극대화를 풀면 다음과 같다.

한계수입은 $MR = 10 - 2Q$, $MC = 4$이므로 이윤극대화를 위해서는 $10 - 2Q = 4$, $Q = 3$이 된다.
이때, 시장가격은 $Q = 3$을 수요함수 $Q^d = 10 - P$에 대입하여 구할 수 있는데 가격은 $P = 7$이 된다.

①, ② 모두 옳은 내용이다.
바로 앞의 분석에 따르면, 시장균형가격은 7이며, 생산량 3에서 최대이윤을 얻는다.

③ 틀린 내용이다.
A기업의 수요곡선이 $Q^d = 10 - P$임을 고려하면, 수요의 가격탄력성이 정확히 1이 되는 지점은 가격이 5일 때임을 쉽게 알 수 있다. 독점기업은 가격탄력성이 1보다 큰 이른바 탄력적인 구간에서 이윤극대화를 달성할 수 있다. 따라서 만일 정부가 가격을 3으로 규제하면 이는 가격탄력성이 비탄력적인 구간에 해당하여 이윤극대화가 불가능하다. 특히 규제가격 3에 의하여 한계수입이 한계비용 4보다 항상 작기 때문에 생산이 불가능하므로 생산량은 0이 된다.

④ 옳은 내용이다.
독점기업의 이윤극대화는 한계수입곡선과 한계비용곡선이 교차할 때 달성됨을 알 수 있다. 그런데 이를 위해서는 한계수입곡선이 0보다 커야 하며, 한계수입이 0보다 큰 구간을 수요곡선에서 찾아보면 수요가 탄력적인 구간에 대응된다. 따라서 독점기업의 이윤극대화 균형에서 수요의 가격탄력성은 1보다 크다고 할 수 있다.

독점기업 A가 직면한 수요곡선이 $Q = 100 - 2P$이고, 총비용함수가 $TC = Q^2 + 20Q$일 때, 기업 A의 이윤을 극대화하는 (ㄱ) 생산량과 (ㄴ) 이윤은? (단, Q는 생산량, P는 가격이다.)

▶ 2023년 감정평가사

① ㄱ : 10, ㄴ : 150 ② ㄱ : 10, ㄴ : 200 ③ ㄱ : 20, ㄴ : 250
④ ㄱ : 20, ㄴ : 300 ⑤ ㄱ : 30, ㄴ : 350

출제이슈 독점기업의 이윤극대화 계산
핵심해설 정답 ①

수요함수 $Q = 100 - 2P$를 변형하면 $P = 50 - 0.5Q$이므로 $MR = 50 - Q$가 된다. 총비용함수가 $TC = Q^2 + 20Q$이므로 $MC = 2Q + 20$이 된다.

이제 독점기업의 이윤극대화 $MR = MC$ 조건을 풀면 $50 - Q = 2Q + 20$이 되어 이윤극대화 생산량은 10이 된다.

이때, 가격은 생산량 10을 수요함수 $P = 50 - 0.5Q$에 대입하여 45로 설정할 수 있다.

따라서 총수입은 생산량 10에 가격 45를 곱한 450이 된다.

한편 총비용은 생산량 10을 비용함수 $TC = Q^2 + 20Q$에 대입하면, 300이 된다. 이윤은 150이 된다.

독점시장에서 기업 A의 수요함수는 $P=500-2Q$이고, 한계비용은 생산량에 관계없이 100으로 일정하다. 기업 A는 기술진보로 인해 한계비용이 하락하여 이윤극대화 생산량이 20단위 증가하였다. 기술진보 이후에도 한계비용은 생산량에 관계없이 일정하다. 한계비용은 얼마나 하락하였는가? (단, P는 가격, Q는 생산량이다.) ▶ 2019년 감정평가사

① 20   ② 40   ③ 50
④ 60   ⑤ 80

출제이슈 독점기업의 이윤극대화와 비용변화
핵심해설 정답 ⑤

1) 한계비용이 100인 경우

$P=500-2Q$, $MR=500-4Q$, $MC=100$이므로 독점기업의 이윤극대화 $MR=MC$ 조건을 풀면 $500-4Q=100$이 되어 이윤극대화 생산량은 100이 된다.

2) 한계비용이 하락한 경우

$P=500-2Q$, $MR=500-4Q$, $MC=x$이므로 독점기업의 이윤극대화 $MR=MC$ 조건을 풀면 $500-4Q=x$인데 이윤극대화 생산량은 100보다 20 증가한 120이 된다.

따라서 이를 $500-4Q=x$에 대입하면 $x=20$이 된다.

3) 즉 한계비용이 100에서 20으로 80만큼 하락하였다.

독점기업 갑의 시장수요함수는 $P = 1,200 - Q_D$이고 총비용함수는 $C = Q^2$이다. 정부가 갑 기업에게 제품 한 단위당 200원의 세금을 부과할 때, 갑기업의 이윤극대화 생산량은? (단, P 는 가격, Q 는 생산량, Q_D 는 수요량이다.)

▶ 2015년 감정평가사

① 200　　　　　② 250　　　　　③ 300

④ 350　　　　　⑤ 400

출제이슈 독점기업의 이윤극대화와 조세부과

핵심해설 정답 ②

1) 이윤 $\pi = TR - TC$

2) 총수입 $TR = PQ = (1,200 - Q)\,Q$

독점기업이 직면하는 수요곡선이 $P = 1,200 - Q_D$이므로 이를 대입하여 총수입을 구할 수 있다.

3) 총비용 $TC = C(Q) = Q^2 + 200Q$

독점기업의 비용은 원래 $C = Q^2$이지만, 정부의 단위당 200원 조세부과를 반영하면 위와 같다.

4) 이윤극대화 $\underset{Q}{Max}\ \pi = TR - TC = P(Q)\,Q - C(Q) = (1,200 - Q)\,Q - (Q^2 + 200Q)$

$$\therefore \frac{dTR}{dQ} - \frac{dTC}{dQ} = 0 \qquad \therefore 1,200 - 2Q - 2Q - 200 = 0 \qquad \therefore Q = 250$$

X재를 독점 공급하는 기업 A의 시장수요함수는 $P = 300 - Q$이고, 생산함수는 $Q = \min 0.2L$, $0.5M$이다. 노동임금은 $PL = 20$, 원료가격은 $PM = 10$일 때, 이윤을 극대화하는 생산량은? (단, P는 가격, Q는 수량, L은 노동, M은 원료)　　▶ 2025년 감정평가사

① 70　　　　　② 90　　　　　③ 110

④ 130　　　　　⑤ 150

출제이슈 독점기업의 이윤극대화와 쌍대성

핵심해설 정답 ②

1) 비용함수 구하기

주어진 생산함수에서 쌍대성의 원리를 이용하여 비용함수를 먼저 다음과 같이 구한다.

$0.2L = 0.5M$, $20L + 10M = C$ 따라서 $C = 24L = 120Q$

2) 독점기업의 최적화 구하기

한계수입과 한계비용을 이용하여 독점기업의 최적화를 구하면 다음과 같다.

$MR = 300 - 2Q$, $MC = 120$ 따라서 $300 - 2Q = 120$, $Q = 90$

이윤극대화를 추구하는 독점기업과 완전경쟁기업의 차이점에 관한 설명으로 옳지 않은 것은?

▶ 2018년 감정평가사

① 독점기업의 한계수입은 가격보다 낮은 반면, 완전경쟁기업의 한계수입은 시장가격과 같다.
② 독점기업의 한계수입곡선은 우상향하는 반면, 완전경쟁기업의 한계수입곡선은 우하향한다.
③ 독점기업이 직면하는 수요곡선은 우하향하는 반면, 완전경쟁기업이 직면하는 수요곡선은 수평이다.
④ 단기균형에서 독점기업은 가격이 한계비용보다 높은 점에서 생산하는 반면, 완전경쟁기업은 시장가격과 한계비용이 같은 점에서 생산한다.
⑤ 장기균형에서 독점기업은 경제적 이윤을 얻을 수 있는 반면, 완전경쟁기업은 경제적 이윤을 얻을 수 없다.

출제이슈 경쟁 및 독점의 특징
핵심해설 정답 ②

① 옳은 내용이다.
독점기업의 균형은 한계수입과 한계비용이 일치할 때 달성되며, 가격은 이보다 높은 수요곡선상에서 결정된다. 그러나 완전경쟁기업의 한계수입은 기업의 공급량의 다소와 관계없이 일정하며 시장가격과 같다.

② 틀린 내용이다.
독점기업의 한계수입은 생산 및 공급이 증가함에 따라서 가격이 하락하므로 감소한다. 따라서 독점기업의 한계수입곡선은 우하향한다. 그러나 경쟁기업의 한계수입은 생산 및 공급의 다소에 관계없이 일정하며 시장가격으로 정해진다. 따라서 경쟁기업의 한계수입곡선은 수평선이다.

③ 옳은 내용이다.
독점기업은 시장의 유일한 공급자이기 때문에 독점기업이 직면하는 수요곡선은 우하향한다. 그러나 경쟁기업은 주어진 시장가격하에서 원하는 만큼 판매가 가능하므로 경쟁기업이 직면하는 수요곡선은 수평선이 된다.

④ 옳은 내용이다.
독점기업은 단기에 한계비용과 한계수입이 일치하는 수준에서 생산하여 이윤극대화를 달성한다. 이때 독점가격은 수요곡선에 따라서 책정되므로 한계비용보다 높은 수준이 된다. 완전경쟁시장에서 활동하는 기업은 한계수입이 사실상 가격을 의미하므로 가격과 한계비용이 일치할 때 생산하여 이윤극대화를 달성할 수 있다.

⑤ 옳은 내용이다.
장기는 기업이 시장에 진입하거나 탈퇴하는 것이 가능한 시간이다. 장기에 독점기업이 시장에 존재한다는 것은 경제적 이윤을 얻을 수 있기 때문으로 해석한다. 한편 경쟁기업은 장기에 진퇴가 활발히 일어나면서 더 이상의 경제적 이윤을 획득할 수 없는 상태에 도달한다. 결국 경쟁기업은 장기에 경제적 이윤은 얻을 수 없으며 정상이윤만 획득할 수 있다.

그림과 같이 완전경쟁시장이 독점시장으로 전환되었다. 소비자로부터 독점기업에게 이전되는 소비자잉여는? (단, MR은 한계수입, MC는 한계비용, D는 시장수요곡선으로 불변이다. 독점기업은 이윤극대화를 추구한다.)

▶ 2020년 감정평가사

① 0 ② 750 ③ 1,500
④ 2,250 ⑤ 3,000

출제이슈 경쟁시장과 독점시장 균형의 비교 및 독점의 자중손실

핵심해설 정답 ③

1) 경쟁시장의 균형과 소비자잉여 : $CS_{경쟁} = \dfrac{(70-10) \times 100}{2} = 3,000$

2) 독점시장의 균형과 소비자잉여 : $CS_{독점} = \dfrac{(70-40) \times 50}{2} = 750$

3) 소비자로부터 독점기업에게 이전되는 소비자잉여

① 독점시장의 자중손실 : $DWL_{자중손실} = \dfrac{(40-10) \times (100-50)}{2} = 750$

② 소비자로부터 독점기업에게 이전되는 소비자잉여
경쟁시장의 소비자잉여가 3,000, 독점시장의 소비자잉여가 750, 자중손실이 750이므로 소비자잉여의 감소분 2,250이 일부는 소비자로부터 독점기업에게 이전된 것이며 일부는 자중손실로서 소멸된 것임을 알 수 있다. 따라서 소비자로부터 독점기업에게 이전되는 소비자잉여는 1,500이 된다.

$CS_{독점기업 이전분} = (40-10) \times 50 = 1,500$

Issue 04   독점시장 기타이슈

어느 재화에 대한 수요곡선은 $Q = 100 - P$이다. 이 재화를 생산하여 이윤을 극대화하는 독점 기업의 비용함수가 $C(Q) = 20Q + 10$일 때, 이 기업의 러너 지수(Lerner index) 값은?

▶ 2017년 지방직 7급

① $\dfrac{1}{4}$

② $\dfrac{1}{3}$

③ $\dfrac{2}{3}$

④ $\dfrac{3}{4}$

출제이슈 독점도
핵심해설 정답 ③

$P = 100 - Q$, $MR = 100 - 2Q$, $MC = 20$이므로 독점기업의 이윤극대화 $MR = MC$ 조건을 풀면 $100 - 2Q = 20$ 이 되어 이윤극대화 생산량 40, 가격 60이 된다.

독점시장의 독점도를 측정하는 지수로는 러너의 독점도와 힉스의 독점도가 있으며 그 산식은 각각 다음과 같다.

① 러너의 독점도 : $\dfrac{P - MC}{P}$

② 힉스의 독점도 : $\dfrac{1}{\epsilon_P}$

위에서 구한 자료들을 러너의 독점도 산식에 대입하면 $\dfrac{P - MC}{P} = \dfrac{60 - 20}{60} = \dfrac{2}{3}$ 가 된다.

기업 A는 차별화된 전통주를 독점적으로 생산하여 판매하고 있다. 이 제품에 대한 수요곡선은 $Q_d = -3P+480$으로 표현된다. 기업 A가 판매수입을 극대화하기 위해 책정해야 하는 전통주 1병당 가격은? (단, P는 만원 단위로 표시된 1병당 가격이다.) ▶ 2018년 국가직 9급

① 50 　　　　　　　　　　　② 60

③ 70 　　　　　　　　　　　④ 80

출제이슈 독점기업의 한계수입과 총수입극대화
핵심해설 정답 ④

$P = 160 - \frac{1}{3}Q$, $MR = 160 - \frac{2}{3}Q$이므로 독점기업의 총수입극대화 $MR=0$ 조건을 풀면,

$160 - \frac{2}{3}Q = 0$이 되어 총수입극대화 생산량 240, 가격 80이 된다.

독점기업인 자동차 회사 A가 자동차 가격을 1% 올렸더니 수요량이 4% 감소하였다. 자동차의 가격이 2,000만원이라면 자동차 회사 A의 한계수입은? ▶ 2013년 국가직 7급

① 1,000만원 　　　　　　　　② 1,500만원

③ 2,000만원 　　　　　　　　④ 2,500만원

출제이슈 독점기업의 한계수입과 Amoroso – Robinson 공식
핵심해설 정답 ②

Amoroso – Robinson 공식은 다음과 같다.

1) 의의 : 독점의 한계수입, 가격, 탄력성 간의 관계식을 의미한다.

2) 산식 : $MR = P(1 - \frac{1}{e})$(단, e : 가격탄력성)

설문에서 독점기업인 자동차 회사 A가 자동차 가격을 1% 올렸더니 수요량이 4% 감소한 것은 수요의 가격탄력성이 4임을 나타낸다.

설문의 자료를 위의 산식 $MR = P(1 - \frac{1}{e})$에 대입하면 다음과 같다.

$MR = 2,000(1 - \frac{1}{4}) = 1,500$(단위 : 만원)이다.

독점 기업 A의 비용 함수는 $C(Q) = 750 + 5Q$이고, 역수요함수는 $P = 140 - Q$이다. 이 기업이 '독점을 규제하는 법률'에 따라 한계비용과 동일하게 가격을 설정한다면, 이에 관한 설명으로 옳은 것은? (단, Q는 수량, P는 가격이다.) ▶ 2024년 감정평가사

① 양(+)의 이윤을 얻는다.
② 이윤은 0이다.
③ 손실이 375이다.
④ 손실이 450이다.
⑤ 손실이 750이다.

출제이슈 독점규제와 한계비용가격설정
핵심해설 정답 ⑤

독점체제는 자원배분의 효율성 및 소득분배의 공평성 측면에서 여러 가지 문제점들을 가지고 있기 때문에 정부는 여러 정책수단을 동원하여 이를 치유하기 위해 노력하고 있다. 이러한 독점규제는 대체로 가격규제방식, 국유화방식, 경쟁체제 도입방식으로 나누어 볼 수 있다.

한계비용가격설정은 독점기업의 가격수준을 한계비용으로 설정하는 방식으로서 자원배분의 효율성은 달성할 수 있다는 장점은 있으나 독점기업에 손실을 야기한다는 문제점이 있다.

한계비용가격설정에 따라 독점기업의 가격수준을 한계비용과 일치시키면 다음과 같다.

$MC = 5, \ P = 140 - Q, \ 5 = 140 - Q, \ Q = 135$

$TR = PQ = 5 \times 135 = 675, \quad TC = 750 + 5 \times 135 = 750 + 675$

$\pi = TR - TC = -750$

모든 생산량에서 평균비용이 감소하는 재화를 공급하는 자연독점기업이 있다. 정부는 이 재화의 가격에 대해서 한계비용 가격규제와 평균비용 가격규제를 고려하고 있다. 다음 설명 중 옳은 것은?

▶ 2016년 공인회계사

① 한계비용 가격규제를 실시할 때의 거래량은 평균비용 가격규제를 실시할 때의 거래량보다 적다.
② 한계비용 가격규제를 실시하면 사회적 순손실이 발생하고 그 크기는 완전경쟁의 경우보다 크다.
③ 한계비용 가격규제를 실시하면, 독점의 이윤이 발생하고 이 이윤의 크기는 가격규제를 하지 않을 때보다 크다.
④ 평균비용 가격규제를 실시하면, 사회적 순손실이 발생하고 그 크기는 한계비용 가격규제를 할 때의 사회적 순손실보다 작다.
⑤ 평균비용 가격규제를 실시하면, 기업의 이윤은 0이다.

출제이슈 독점규제와 한계 및 평균비용가격설정
핵심해설 정답 ⑤

독점체제는 자원배분의 효율성 및 소득분배의 공평성 측면에서 여러 가지 문제점들을 가지고 있기 때문에 정부는 여러 정책수단을 동원하여 이를 치유하기 위해 노력하고 있다. 이러한 독점규제는 대체로 가격규제방식, 국유화방식, 경쟁체제 도입방식으로 나누어 볼 수 있다.

한계비용가격설정은 독점기업의 가격수준을 한계비용으로 설정하는 방식으로서 자원배분의 효율성은 달성할 수 있다는 장점은 있으나 독점기업에 손실을 야기한다는 문제점이 있다.

평균비용가격설정은 독점기업의 가격수준을 평균비용으로 설정하는 방식으로서 독점기업에 손실을 야기하지 않는다는 장점은 있으나 자원배분의 효율성 달성에 실패한다는 문제점이 있다.

한편, 한계비용가격설정의 경우 경쟁체제에 준하는 생산량이 달성되므로 자중손실은 없지만, 평균비용가격설정은 한계비용가격설정 시 산출에 미달하고 자중손실도 발생한다.

독점기업의 독점력과 가격규제 정책에 관한 설명으로 옳지 않은 것은? ▶ 2024년 감정평가사

① 러너의 독점력지수(Lerner index of monopoly power)는 수요곡선상의 이윤극대화점에서 측정한 수요의 가격탄력성의 역수와 같은 값이다.

② 한계비용가격설정은 자연독점 기업에게 손실을 초래한다.

③ 평균비용가격설정은 기업이 손실을 보지 않으면서 가능한 많은 상품을 낮은 가격에 공급하도록 유도할 수 있다.

④ 이중가격설정(two-tier pricing)은 한계비용가격설정의 장점을 살리면서도 독점기업의 손실을 줄일 수 있도록 하는 정책이다.

⑤ 이중가격설정은, 낮은 가격은 한계비용과 한계수입이 일치하는 가격으로, 높은 가격은 한계비용곡선과 수요곡선이 교차하는 지점의 가격으로 판매하도록 하는 정책이다.

출제이슈 독점규제와 가격설정
핵심해설 정답 ⑤

이중가격 설정(Two-Tier pricing)은 다음과 같다.

1) 배경
한계비용가격설정은 독점기업의 가격수준을 한계비용으로 설정하는 방식으로서 자원배분의 효율성은 달성할 수 있다는 장점은 있으나 독점기업에 손실을 야기한다는 문제점이 있다. 한편 평균비용가격설정은 독점기업의 가격수준을 평균비용으로 설정하는 방식으로서 독점기업에 손실을 야기하지 않는다는 장점은 있으나 자원배분의 효율성 달성에 실패한다는 문제점이 있다. 따라서 효율적인 산출량을 실현하면서도 독점기업에 손실을 야기하지 않는 규제방식으로서 이중가격설정을 도입해 볼 수 있다.

2) 의의
이중가격 설정은 가격을 수요자에 따라서 특정 집단의 수요자에게는 낮은 가격(한계비용수준)을 그리고 다른 집단의 수요자에게는 높은 가격(손실보전 가능한 수준)을 설정하는 방식이다. 낮은 가격은 한계비용곡선과 수요곡선이 교차할 때 설정되고, 높은 가격은 손실을 보전할 수 있는 수준의 가격이 된다. 이는 수요자 집단에 따른 차별적 가격설정으로서 사실상 가격차별을 의미한다.

3) 한계
어떤 수요자 집단에는 높은 가격을 또 다른 수요자 집단에는 낮은 가격을 설정하게 되는데 어떤 기준에 의하여 수요자 집단을 나눠야 하는지도 문제가 될 수 있으며 또한 수요자 집단 간에 실질적인 소득 이전의 결과를 가져오므로 공평성의 문제가 발생하게 된다. 또한 서로 다른 수요자 집단 간에 적용되어야 할 가격 수준을 합리적으로 정확하게 산정하는 것은 매우 어려워서 사실상 적용이 제약되는 측면이 있다.

이윤극대화를 추구하는 독점기업의 수요함수는 $Q = 5 - 0.5P$ 이고 총비용함수는 $TC = 30 - 2Q + Q^2$ 이다. 이 독점기업의 이윤에 20%의 세금을 부과한다면? (단, Q는 생산량, P는 가격)

▶ 2018년 보험계리사

① 가격이 20%보다 더 많이 인상될 것이다.

② 가격이 20% 인상될 것이다.

③ 생산량이 20%보다 더 적게 감소할 것이다.

④ 생산량은 변화하지 않을 것이다.

출제이슈 독점규제와 조세
핵심해설 정답 ④

독점기업의 총수입은 $TR = PQ = (10 - 2Q)Q$ 가 된다. 따라서 주어진 비용함수를 고려하면 이윤은 다음과 같다.

$$\pi = (10 - 2Q)Q - 30 + 2Q - Q^2 = -3Q^2 + 12Q - 30$$

이때, 이윤에 20%의 세금을 부과하는 경우 세후 이윤은 다음과 같다.

$$(1 - 0.2)\pi = (1 - 0.2)(-3Q^2 + 12Q - 30)$$

이제 이윤극대화는 세금부과 후 이윤의 극대화가 되는데 이를 풀면 세전의 이윤극대화 조건과 동일하므로 세전의 이윤극대화 산출량과 세후의 이윤극대화 산출량은 동일하다. 따라서 세전의 가격과 세후의 가격도 동일하다.

가격차별

독점기업의 가격차별에 관한 설명으로 옳은 것은? ▶ 2019년 감정평가사

① 1급 가격차별 시 소비자잉여는 0보다 크다.

② 1급 가격차별 시 사중손실(deadweight loss)은 0보다 크다.

③ 2급 가격차별 시 대표적인 예로 영화관의 조조할인이 있다.

④ 3급 가격차별 시 한 시장에서의 한계수입은 다른 시장에서의 한계수입보다 크다.

⑤ 3급 가격차별 시 수요의 가격탄력성이 상대적으로 작은 시장에서 더 높은 가격이 설정된다.

출제이슈 가격차별
핵심해설 정답 ⑤

① 틀린 내용이다.

1급 가격차별의 경우 소비자가 낼 의향이 있는 모든 금액을 가격으로 책정하기 때문에 소비자잉여가 독점이윤으로 모두 흡수되어 소비자잉여는 0이 된다.

② 틀린 내용이다.

1급 가격차별에서 기업의 이윤극대화 산출량 결정은 역시 한계수입과 한계비용이 된다. 한계수입은 1급 가격차별에서는 소비자의 수요곡선(정확히는 보상수요곡선)이 되므로 이윤극대화 산출량은 수요곡선과 한계비용곡선이 만나는 점에서 결정된다. 그런데 이는 완전경쟁시장에서의 산출량과 동일하므로 자중손실은 0이 된다는 특징이 있다.

③ 틀린 내용이다.

영화관의 조조할인은 3급 가격차별의 예이다. 3급 가격차별은 소비자를 그 특성에 따라서 구분하여 각기 차별적인 가격을 설정한다. 이에 반해 2급 가격차별은 소비자를 특성별로 구분하는 것이 아니라는 점에서 3급 가격차별과 다르다.

④ 틀린 내용이다.

3급 가격차별의 경우 시장 간 한계수입이 동일하도록 가격이 설정되는데 특히 수요의 가격탄력성이 상대적으로 낮은 경우 더 높은 가격이 설정된다. 즉 3급 가격차별 시 이윤극대화는 $MC = MR_A = MR_B$에서 달성된다.

⑤ 옳은 내용이다.

3급 가격차별 시 이윤극대화 조건 $MC = MR_A = MR_B$을 Amoroso – Robinson의 공식을 이용하여 다시 풀어 쓰면 $P_A(1 - \frac{1}{\epsilon_A}) = P_B(1 - \frac{1}{\epsilon_B})$이 된다. 이는 탄력적인 수요자 집단에 대해서는 낮은 가격을, 비탄력적인 수요자 집단에 대해서는 높은 가격을 설정해야 함을 의미한다.

단일 가격을 부과하던 독점기업이 제1급(first-degree) 가격차별 또는 완전(perfect) 가격차별을 실행하는 경우에 나타나는 변화로 옳은 것을 모두 고른 것은? ▶ 2022년 감정평가사

ㄱ. 생산량이 증가한다.　　　　　　　ㄴ. 이윤이 증가한다.
ㄷ. 소비자잉여가 증가한다.　　　　　ㄹ. 총잉여가 감소한다.

① ㄱ, ㄴ　　　　　　② ㄱ, ㄷ　　　　　　③ ㄱ, ㄹ
④ ㄴ, ㄷ　　　　　　⑤ ㄷ, ㄹ

출제이슈 가격차별
핵심해설 정답 ①

1급 가격차별은 상품 수요량을 극단적으로 세분화하여 다른 가격을 설정하는 방식으로서, 이는 독점기업이 소비자의 선호체계를 완벽하게 파악하고 있을 뿐만 아니라 소비자가 지불할 의사가 있는 최대가격으로서 수요가격을 부과할 수 있어야 한다는 특징이 있다. 그러나 현실에서는 기업이 소비자의 선호체계를 완벽하게 파악하기 어려운 경우에는 이에 상응하는 다양한 가격체계를 통해서 우회하고 있다. 완전가격차별이라고 하기도 한다.

ㄱ. 옳은 내용이다.
　1급 가격차별이 되면 가격차별이 없는 독점일 때보다도 산출량이 증대하여 경쟁 수준의 산출량에 근접하게 된다.

ㄴ. 옳은 내용이다.
　1급 가격차별의 경우 소비자가 낼 의향이 있는 모든 금액을 가격으로 책정하기 때문에 소비자잉여가 독점이윤으로 모두 흡수되어 소비자잉여는 0이 되는 반면, 기업의 이윤은 증가한다.

ㄷ. 틀린 내용이다.
　1급 가격차별의 경우 소비자가 낼 의향이 있는 모든 금액을 가격으로 책정하기 때문에 소비자잉여가 독점이윤으로 모두 흡수되고 소비자잉여는 감소하여 0이 된다.

ㄹ. 틀린 내용이다.
　1급 가격차별에서 기업의 이윤극대화 산출량 결정은 독점과 마찬가지로 한계수입과 한계비용이 일치할 때 달성된다. 한계수입은 1급 가격차별에서는 소비자의 수요곡선(정확히는 보상수요곡선)이 되므로 이윤극대화 산출량은 수요곡선과 한계비용곡선이 만나는 점에서 결정된다. 그런데 이는 완전경쟁시장에서의 산출량과 동일하므로 자중손실은 0이 된다. 따라서 총잉여는 가격차별이 없는 독점의 경우에 비하여 증가한다.

가격차별에 관한 설명으로 옳지 않은 것은? ▶ 2023년 감정평가사

① 극장에서의 조조할인 요금제는 가격차별의 한 예이다.

② 이부가격제(two-part pricing)는 가격차별 전략 중 하나이다.

③ 제3급 가격차별을 가능하게 하는 조건 중 하나는 전매가 불가능해야 한다는 것이다.

④ 제3급 가격차별의 경우 수요의 가격 탄력성이 상대적으로 작은 시장에서 더 낮은 가격이 설정된다.

⑤ 제1급 가격차별에서는 소비자잉여가 발생하지 않는다.

출제이슈 가격차별
핵심해설 정답 ④

① 옳은 내용이다.

영화관의 조조할인은 3급 가격차별의 예이다. 3급 가격차별은 소비자를 특성별로 구분하여 각기 다른 가격을 설정한다. 참고로 2급 가격차별은 소비자를 특성별로 구분하는 것이 아니라는 점에서 3급 가격차별과 다르다.

② 옳은 내용이다.

만일 현실에서 소비자마다 다른 선호를 가지고 있는 경우에는 소비자마다 상이한 소비량과 상이한 가격에 직면하게 되므로 사실상 가격차별의 일종으로 기능하게 된다.

③ 옳은 내용이다.

3급 가격차별의 전제조건으로는 첫째, 소비자를 그룹별로 분리 가능하며(가격탄력성, 분리비용 고려), 둘째, 생산자는 독점력을 보유하며, 셋째, 소비자 그룹 간 전매(재판매)가 불가능해야 한다. 만일 전매(재판매)가 가능하다면, 가격이 싸게 책정된 그룹의 소비자가 상품을 대량구입하여 가격이 높이 책정된 그룹의 소비자들에게 적정한 이윤을 붙여서 판매할 수 있게 되어 가격차별은 붕괴하게 된다.

④ 틀린 내용이다.

3급 가격차별 시 이윤극대화 조건 $MC = MR_A = MR_B$을 Amoroso-Robinson의 공식을 이용하여 다시 풀어 쓰면 $P_A(1 - \dfrac{1}{\epsilon_A}) = P_B(1 - \dfrac{1}{\epsilon_B})$이 된다. 이는 상대적으로 탄력적인 수요자 집단에 대해서는 낮은 가격을, 상대적으로 비탄력적인 수요자 집단에 대해서는 높은 가격을 설정해야 함을 의미한다.

⑤ 옳은 내용이다.

1급 가격차별에서 기업의 이윤극대화 산출량 결정은 역시 한계수입과 한계비용이 된다. 한계수입은 1급 가격차별에서는 소비자의 수요곡선(엄밀하게는 보상수요곡선)이 되므로 이윤극대화 산출량은 수요곡선과 한계비용 곡선이 만나는 점에서 결정된다. 그런데 이러한 경우는 완전경쟁시장에서의 산출량과 동일하므로 자중손실이 0이 된다는 특징이 있다. 또한 1급 가격차별의 경우 소비자가 낼 의향이 있는 모든 금액을 가격으로 책정하기 때문에 소비자잉여가 기업의 독점이윤으로 모두 흡수되어 소비자잉여는 0이 된다는 특징이 있다. 즉, 자중손실과 소비자잉여가 모두 0이 된다.

수요의 특성이 다른 두 개의 분리된 시장 A와 B에서 이윤극대화를 추구하는 독점기업이 있다고 가정하자. 이 독점기업의 한계비용은 5이고, 시장 A와 시장 B에서 수요의 가격탄력성이 각각 1.5 및 1.2일 때, 시장 A와 시장 B에서의 독점가격은? ▶2013년 지방직 7급

	시장 A 독점가격	시장 B 독점가격
①	15	20
②	20	10
③	20	15
④	15	30

출제이슈 3급 가격차별
핵심해설 정답 ④

시장 A에서 수요의 가격탄력성 $e_A = 1.5$, 시장 B에서 수요의 가격탄력성 $e_B = 1.2$이다.

이때, Amoroso – Robinson 공식 $MR = P(1 - \dfrac{1}{e})$ (단, e : 가격탄력성)을 사용하면 다음과 같다.

$MR_A = P_A(1 - \dfrac{1}{e_A}) = P_A(1 - \dfrac{1}{1.5})$, $MR_B = P_B(1 - \dfrac{1}{e_B}) = P_B(1 - \dfrac{1}{1.2})$가 된다.

이제 가격차별의 산식 $MC = MR_A = MR_B$을 위의 식에 대입하면 다음과 같다.

$P_A(1 - \dfrac{1}{1.5}) = P_B(1 - \dfrac{1}{1.2}) = 5$가 된다. 따라서 $P_A = 15$, $P_B = 30$이 된다.

甲국과 乙국에서 X재를 독점 생산하는 기업이 있다. X재에 대한 수요의 가격탄력성은 甲국에서 2이고 乙국에서 3이다. 이 기업이 甲국에서 X재를 1,200에 판매하고 있다면, 乙국에서의 판매가격은? (단, 국가 간 차익거래는 없다.) ▶ 2022년 지방직 7급

① 900　　　　　② 1,000　　　　　③ 1,100　　　　　④ 1,200

출제이슈 3급 가격차별
핵심해설 정답 ①

이하에서는 편의상, 甲국을 시장 A, 乙국을 시장 B로 바꾸어서 풀기로 한다.

3급 가격차별의 경우 이윤극대화는 $MC = MR_A = MR_B$에서 달성된다.

시장 A에서 수요의 가격탄력성 $e_A = 2$, 시장 B에서 수요의 가격탄력성 $e_B = 3$이다.

이때, Amoroso-Robinson 공식 $MR = P(1 - \dfrac{1}{e})$(단, e : 가격탄력성)을 사용하면 다음과 같다.

$MR_A = P_A(1 - \dfrac{1}{e_A}) = P_A(1 - \dfrac{1}{2})$, $MR_B = P_B(1 - \dfrac{1}{e_B}) = P_B(1 - \dfrac{1}{3})$이 된다.

이제 가격차별의 산식 $MC = MR_A = MR_B$을 위의 식에 대입하면 다음과 같다.

$P_A(1 - \dfrac{1}{2}) = P_B(1 - \dfrac{1}{3})$이 된다. 이때 $P_A = 1,200$으로 주어졌으므로 $P_B = 900$이 된다.

따라서 乙국에서의 판매가격은 900이 된다.

어떤 독점기업이 시장을 A와 B로 나누어 이윤극대화를 위한 가격차별정책을 시행하고자 한다. A시장의 수요함수는 $Q_A = -2P_A + 60$이고 B시장의 수요함수는 $Q_B = -4P_B + 80$이라고 한다(Q_A, Q_B는 각 시장에서 상품의 총수요량, P_A, P_B는 상품의 가격임). 이 기업의 한계비용이 생산량과 관계없이 2원으로 고정되어 있을 때, A시장과 B시장에 적용될 상품가격은?

▶ 2019년 서울시 7급

	A시장	B시장
①	14	10
②	16	11
③	14	11
④	16	10

출제이슈 3급 가격차별

핵심해설 정답 ②

설문에 의하면 $MR_A = 30 - Q_A$, $MR_B = 20 - 0.5Q_B$, $MC = 2$이다.

가격차별 시 이윤극대화 조건 $MR_A = MR_B = MC$에 따라서 $30 - Q_A = 20 - 0.5Q_B = 2$가 된다.

이를 풀면 $Q_A = 28$, $P_A = 16$, $Q_B = 36$, $P_B = 11$이 된다.

기업 갑은 시장 A와 B에 자동차를 독점공급하고 있다. A시장의 수요함수는 $P_A = 600 - 2Q_A$, B시장의 수요함수는 $P_B = 1,200 - 5Q_B$이고, 기업의 비용함수는 $C(Q) = Q_2$이다. 3급 가격차별을 할 경우, 시장 A, B의 자동차 가격은? (단, P_i는 가격, Q, Q_i는 수량, $i = A, B$)

▶ 2025년 감정평가사

① A : 400, B : 400　　　　　② A : 400, B : 700

③ A : 500, B : 500　　　　　④ A : 700, B : 400

⑤ A : 700, B : 700

출제이슈 3급 가격차별

핵심해설 정답 없음

$MR_A = 600 - 4Q_A$, $MR_B = 1,200 - 10Q_B$, $MC = 2Q$

1) $MR_A = MC$

$600 - 4Q_A = 2Q = 2Q_A + 2Q_B$　∴ $6Q_A + 2Q_B = 600$

2) $MR_B = MC$

$1,200 - 10Q_B = 2Q = 2Q_A + 2Q_B$　∴ $12Q_A + 2Q_B = 1,200$

3) 균형

$Q_A = \dfrac{1,200}{17}$, $Q_B = \dfrac{1,500}{17}$　　$P_A = \dfrac{7,800}{17}$, $P_B = \dfrac{12,900}{17}$

PART · 01

X재를 공급하는 독점기업 A는 시장 1과 시장 2가 각기 다른 형태의 수요곡선을 갖고 있음을 알고 있다. 기업 A가 당면하는 시장 1과 시장 2에서의 역수요함수는 다음과 같다.

- 시장 1 : $P_1 = 12 - 2Q_1$
- 시장 2 : $P_2 = 8 - 2Q_2$

상품의 한계비용이 2일 때, 이윤을 극대화하는 독점기업 A에 대한 설명으로 옳은 것은? (단, P_i는 시장 i에서 X재의 가격, Q_i는 시장 i에서 X재의 수요량이다.) ▶ 2021년 지방직 7급

① 시장 2에서의 판매량이 시장 1에서의 판매량보다 크다.
② 시장 2에서의 한계수입이 시장 1에서의 한계수입보다 크다.
③ 시장 1에서의 판매가격을 시장 2에서의 판매가격보다 높게 책정한다.
④ 두 시장에서 수요의 가격탄력성이 동일하므로 각 시장에서 같은 가격을 책정한다.
⑤ 시장 1, 2에서 다른 가격을 책정한다면, 이는 1급 가격차별에 해당한다.

출제이슈 3급 가격차별
핵심해설 정답 ③

설문에 의하면, $MR_1 = 12 - 4Q_1$, $MR_2 = 8 - 4Q_2$, $MC = 2$이다. 가격차별 시 이윤극대화 조건 $MR_1 = MR_2 = MC$에 따라서 $12 - 4Q_1 = 8 - 4Q_2 = 2$가 된다. 이를 풀면 $Q_1 = 2.5$, $P_1 = 7$, $Q_2 = 1.5$, $P_2 = 5$가 된다.

① 틀린 내용이다. 시장 2에서의 판매량은 1.5로서 시장 1에서의 판매량 2.5보다 작다.

② 틀린 내용이다. 시장 2에서의 한계수입과 시장 1에서의 한계수입은 동일하다.

③ 옳은 내용이다. 시장 1에서의 판매가격은 7로서 시장 2에서의 판매가격 5보다 더 높다.

④ 틀린 내용이다.
$MR_1 = P_1(1 - \frac{1}{e_1}) = 7(1 - \frac{1}{e_1}) = 2$, $MR_2 = P_2(1 - \frac{1}{e_2}) = 5(1 - \frac{1}{e_2}) = 2$가 된다. 따라서 시장 1에서 수요의 가격탄력성 $e_1 = 1.4$, 시장 2에서 수요의 가격탄력성 $e_2 = 1.67$이 된다. 즉 가격차별을 하는 독점기업은 이윤극대화에 따라서, 탄력성이 낮은 그룹에 대하여 높은 가격을, 탄력성이 높은 그룹에 대하여 낮은 가격을 설정한다.

⑤ 틀린 내용이다.
기업이 시장 1, 2에서 다른 가격을 책정한다면, 이는 1급 가격차별이 아니라 3급 가격차별에 해당한다.

Issue 06 이부가격

독점기업의 가격차별 전략 중 이부가격제(two – part pricing)에 관한 설명으로 옳은 것을 모두 고른 것은?

▶ 2021년 감정평가사

ㄱ. 서비스 요금 설정에서 기본요금(가입비)과 초과사용량 요금(사용료)을 분리하여 부과하는 경우가 해당된다.
ㄴ. 적은 수량을 소비하는 소비자의 평균지불가격이 낮아진다.
ㄷ. 소비자잉여는 독점기업의 부과할 수 있는 가입비의 한도액이다.
ㄹ. 자연독점하의 기업이 평균비용 가격설정으로 인한 손실을 보전하기 위해 선택한다.

① ㄱ, ㄴ   ② ㄱ, ㄷ   ③ ㄴ, ㄷ
④ ㄱ, ㄴ, ㄷ   ⑤ ㄴ, ㄷ, ㄹ

출제이슈 이부가격
핵심해설 정답 ②

ㄱ. 옳은 내용이다.
독점기업이 독점이윤을 증가시킬 목적으로 1개의 가격이 아니라 가입비(entry fee)와 사용료(usage fee)의 2개의 가격을 부과하는 것이다. 예를 들어 서비스 요금 설정에서 가입비 혹은 기본요금을 받고 추가적으로 기준수량을 초과하는 사용량에 대하여 사용료를 부과하는 것을 들 수 있다.

ㄴ. 틀린 내용이다.
소비자가 소비하는 수량과 관계없이 가입비(entry fee)가 부과되기 때문에 적은 수량을 소비하는 소비자는 많은 수량을 소비하는 소비자에 비하여 평균적인 지불가격이 더 높다.

ㄷ. 옳은 내용이다.
이부가격제에서 가입비(entry fee)는 경쟁시장균형에서의 소비자잉여의 크기에 해당하는 것으로서 만일 가입비를 내야 한다면 최대한 낼 용의가 있는 금액이 된다. 그리고 사용료에 해당하는 가격(usage fee)은 경쟁시장균형에서의 시장가격 수준으로 부과된다.

ㄹ. 틀린 내용이다.
독점에 대한 규제로서 가격규제방식은 독점기업에 대하여 적정한 가격규제를 함으로써 독점기업이 스스로 효율적인 산출량을 선택하도록 만드는 방식이다. 대표적으로 한계비용 가격설정을 들 수 있으나 이로 인한 기업의 채산성 문제로 인하여 평균비용 가격설정과 이중가격설정의 방식도 도입될 수 있다.

다음 상황에서 기업 A가 선택하는 기본요금과 단위당 사용료를 바르게 연결한 것은?

▶ 2021년 국가직 7급

독점기업 A의 비용함수는 $C(Q) = 20Q$이고 개별 소비자의 수요함수는 모두 동일하게 $Q = 100 - P(Q : 수량, P : 가격)$이다. 이 기업은 이부가격제(two - part tariff)를 이용해 이윤을 극대화하려고 한다.

	기본요금	단위당 사용료
①	2,250	60
②	2,800	60
③	3,000	20
④	3,200	20
⑤	3,600	40

출제이슈 이부가격

핵심해설 정답 ④

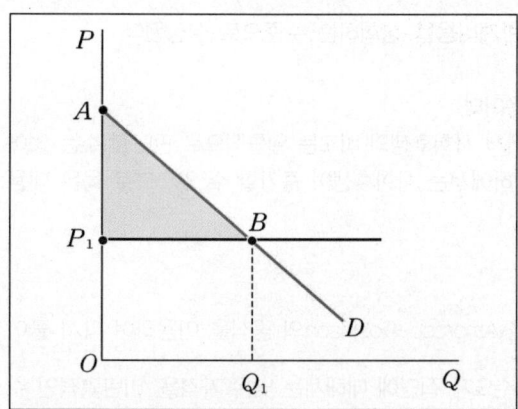

설문에서 수요함수 및 비용이 $P = 100 - Q$, $MC = 20$이며, 경쟁 시 균형가격은 $P = MC$에서 결정되므로 가격 $P_1 = 20$, 산출량 $Q_1 = 80$이 된다.

1) 가입비(entry fee)는 소비자잉여에 해당하는 부분으로 $\triangle AP_1B = \dfrac{(100 - 20) \times 80}{2} = 3,200$

2) 사용료(usage fee)는 경쟁시장균형에서의 시장가격으로서 $P_1 = 20$

독점기업의 가격 전략에 관한 설명으로 옳은 것은? ▶ 2022년 공인노무사

① 소비자잉여를 유지하며 생산자의 이윤을 극대화한다.

② 독점가격은 한계비용과 같다.

③ 가격차별을 하는 경우 단일 가격을 설정하는 것에 비해 사회적 후생은 증가한다.

④ 가격차별을 하는 경우 수요의 가격탄력성이 더 높은 소비자들에게 더 높은 가격을 부과한다.

⑤ 이부가격제는 소비자들의 수요 행태가 다양할 때 가장 효과적이다.

출제이슈 독점기업의 전략
핵심해설 정답 ③

① 틀린 내용이다.

독점기업은 완전경쟁시장에 비해 적은 양을 생산하고 더 높은 가격을 받는다. 이 과정에서 소비자잉여의 감소분 중 일부가 독점이윤으로 전환되고, 사회적 후생손실이 발생하게 되어 소비자와 생산자 간 분배상 문제가 발생하게 된다.

② 틀린 내용이다.

독점기업의 한계수입과 한계비용은 동일하지만, 가격은 한계비용을 상회하는 수준으로 설정된다.

③ 엄밀하게는 틀린 내용이지만 특정전제하에서는 옳은 내용이다.

가격차별을 하는 경우와 단일 가격을 설정하는 경우에 있어서 사회후생의 비교는 일률적으로 판단할 수는 없어서 엄밀하게는 본 지문은 틀린 내용이다. 그러나 특정전제하에서는 사회후생이 증가할 수 있으므로 옳은 내용이다.

④ 틀린 내용이다.

3급 가격차별 시 이윤극대화 조건 $MC = MR_A = MR_B$을 Amoroso-Robinson의 공식을 이용하여 다시 풀어쓰면 $P_A(1 - \dfrac{1}{\epsilon_A}) = P_B(1 - \dfrac{1}{\epsilon_B})$이 된다. 이는 탄력적인 수요자 집단에 대해서는 낮은 가격을, 비탄력적인 수요자 집단에 대해서는 높은 가격을 설정해야 함을 의미한다.

⑤ 틀린 내용이다.

이부가격 책정의 경우 1명의 소비자만 존재하거나 다수의 소비자가 모두 수요곡선이 동일하다면, 쉽게 가입비와 사용료를 구해낼 수 있다. 그러나 다수의 소비자가 존재하면서 수요곡선이 모두 상이하다면 이부가격의 설정이 이전보다 어려워지게 된다.

다공장독점

두 공장 1, 2를 운영하고 있는 기업 A의 비용함수는 각각 $C_1(q_1) = q_1^2$, $C_2(q_2) = 2q_2$이다. 총비용을 최소화하여 5단위를 생산하는 경우, 공장 1, 2에서의 생산량은? (단, q_1은 공장 1의 생산량, q_2는 공장 2의 생산량이다.) ▶ 2019년 감정평가사

① $q_1 = 5$, $q_2 = 0$ ② $q_1 = 4$, $q_2 = 1$

③ $q_1 = 3$, $q_2 = 2$ ④ $q_1 = 2$, $q_2 = 3$

⑤ $q_1 = 1$, $q_2 = 4$

출제이슈 다공장의 상황과 비용극소화
핵심해설 정답 ⑤

본 문제는 엄밀한 관점에서 다공장독점은 아니며 일반적인 다공장의 상황이나 다공장독점에 준하여 풀면 된다.

다공장독점은 독점 생산자가 하나 이상의 여러 개 공장에서 상품을 생산하는 경우를 말하며 이 경우 이윤극대화는 $MR = MC_1 = MC_2$을 통해 달성된다.

설문에 의하면, $MC_1 = 2q_1$, $MC_2 = 2$이다.

총비용을 최소화하기 위해서는 $MC_1 = MC_2$를 만족하여야 한다.

따라서 $q_1 = 1$이 된다.

한편 총 5단위를 생산하여야 하므로 $q_2 = 4$가 된다.

X재의 생산자는 A와 B, 두 기업밖에 없다고 하자. X재의 시장수요함수는 $Q = 32 - 0.5P$이고, 한계비용은 24로 일정하다. A와 B가 공모해서 독점 기업처럼 이윤극대화를 하고 생산량을 똑같이 나누기로 한다면, 기업 A가 얻는 이윤은? (단, 고정비용은 0이다.) ▶ 2017년 서울시 7급

① 20
② 64
③ 88
④ 100

출제이슈 다공장독점과 카르텔
핵심해설 정답 ④

카르텔 모형은 둘 이상의 사업자가 마치 독점사업자처럼 행동하는 경우로서 카르텔 참가기업을 다공장독점의 개별 공장으로 치환해서 취급하면 다공장독점과 동일하게 분석할 수 있다.

다공장독점은 독점 생산자가 하나 이상의 여러 개 공장에서 상품을 생산하는 경우를 말하며 이 경우 이윤극대화는 $MR = MC_1 = MC_2$을 통해 달성된다.

설문에 의하면, $MC_A = MC_B = 24$, $P = 64 - 2Q$, $MR = 64 - 4Q$이다.

따라서 다공장독점의 이윤극대화 조건 $MC_A = MC_B = MR$에 의하면 $24 = 64 - 4Q$가 된다.

이를 풀면, 이윤극대화 전체산출량은 $Q = 10$이 되고 $Q_A = Q_B = 5$가 된다.

이때 시장가격은 $P = 44$가 되고 A기업의 이윤은 $\pi = PQ_A - C_A = 44 \times 5 - 24 \times 5 = 100$이 된다.

이윤극대화를 추구하는 기업 A와 B는 복점시장에서 수량경쟁을 한다. 역수요함수는 $P = 100 - Q$ 이며, 두 기업의 한계비용은 20으로 일정하다. 두 기업이 담합을 통해 독점기업처럼 행동하고 생산량을 절반씩 나누어 생산하기로 합의했다. 이 때 기업 A만 합의를 어겼을 경우, 기업 A의 이윤은? (단, P는 가격, Q는 수량, 고정비용은 0이다)   ▸ 2025년 감정평가사

① 800   ② 850
③ 900   ④ 950
⑤ 1,000

출제이슈 카르텔모형과 배신
핵심해설 정답 ③

1) A, B 간 합의가 지켜진 경우
   $MR = 100 - 2Q$, $MC = 20$
   $Q = 40$, $Q_A = Q_B = 20$

2) A만 합의를 어긴 경우
   $\pi_A = PQ_A - 20Q_A = (100 - Q_A - 20)Q_A - 20Q_A$
   $MR_A = 80 - 2Q_A$, $MC_A = 20$
   $\therefore Q_A = 30$, $Q_B = 20$, $Q = 50$, $P = 50$

3) A의 이윤 : 900

Issue 08 꾸르노 모형

기업 갑과 을만 있는 상품시장에서 두 기업이 꾸르노(Cournot) 모형에 따라 행동하는 경우에 관한 설명으로 옳은 것을 모두 고른 것은? (단, 생산기술은 동일하다.) ▶ 2021년 감정평가사

ㄱ. 갑은 을이 생산량을 결정하면 그대로 유지될 것이라고 추측한다.
ㄴ. 갑과 을은 생산량 결정에서 서로 협력한다.
ㄷ. 갑, 을 두 기업이 완전한 담합을 이루는 경우와 꾸르노 균형의 결과는 동일하다.
ㄹ. 추가로 기업이 시장에 진입하는 경우 균형가격은 한계비용에 접근한다.

① ㄱ, ㄷ   ② ㄱ, ㄹ   ③ ㄴ, ㄷ
④ ㄴ, ㄹ   ⑤ ㄷ, ㄹ

출제이슈 꾸르노 모형
핵심해설 정답 ②

ㄱ. 옳은 내용이다.
    꾸르노 모형에서는 상대방의 생산량이 고정된 것으로 보고 이를 추종하여 자신의 최적 산출량을 결정한다. 즉 각 기업은 상대방이 산출량을 변화시키지 않을 것이라는 추측하에서 자신의 행동을 선택한다.

ㄴ. 틀린 내용이다.
    꾸르노 모형은 협조적 과점모형이 아니라 경쟁적 과점모형으로서 과점기업들은 협력이 아니라 경쟁관계에 있다. 따라서 꾸르노 모형의 주요변수인 생산량의 결정에 있어서 협력이 아니라 경쟁상황을 상정한다.

ㄷ. 틀린 내용이다.
    갑, 을 두 기업이 완전한 담합을 이루는 경우는 마치 독점의 경우와 유사한 결과가 나타나므로 꾸르노 균형의 결과와는 상이하다.

ㄹ. 옳은 내용이다.
    꾸르노 모형에서 기업들이 추가로 계속 진입할 경우에는 점차 경쟁시장과 유사한 자원배분상태로 접근하게 된다. 따라서 그때 꾸르노 모형의 균형가격은 경쟁시장의 균형가격인 한계비용에 접근하게 된다.

꾸르노(Cournot) 복점모형에서 시장수요곡선이 $Q = 20 - P$ 이고, 두 기업 A 와 B 의 한계비용이 모두 10으로 동일할 때, 꾸르노 균형에서의 산업전체 산출량은? (단, Q 는 시장전체의 생산량, P 는 가격이다.)

▶ 2023년 감정평가사

① 10/3　　　　② 20/3　　　　③ 40/3
④ 50/3　　　　⑤ 60/3

출제이슈 꾸르노 모형
핵심해설 정답 ②

1) 각 기업이 이윤극대화

① 기업 A의 이윤극대화
  i) 한계수입 $TR_A = PQ_A = (20 - Q_A - Q_B)Q_A$ 　∴ $MR_A = 20 - 2Q_A - Q_B$
  ii) 한계비용 $MC_A = 10$
  iii) 이윤극대화 $Max\ \pi_A \Leftrightarrow MR_A = MC_A$
  ∴ $20 - 2Q_A - Q_B = 10$ 　∴ $2Q_A + Q_B = 10$ → 반응곡선 RC_A

② 기업 B의 이윤극대화
  i) 한계수입 $TR_B = PQ_B = (20 - Q_A - Q_B)Q_B$ 　∴ $MR_B = 20 - Q_A - 2Q_B$
  ii) 한계비용 $MC_B = 10$
  iii) 이윤극대화 $Max\ \pi_B \Leftrightarrow MR_B = MC_B$
  ∴ $20 - Q_A - 2Q_B = 10$ 　∴ $Q_A + 2Q_B = 10$ → 반응곡선 RC_B

2) 균형 : $Q_A = \dfrac{10}{3}$, $Q_B = \dfrac{10}{3}$, $Q = \dfrac{20}{3}$, $P = \dfrac{40}{3}$

위에서 도출한 두 기업 A 와 B 의 반응곡선을 연립하여 풀면 꾸르노 모형의 균형을 구할 수 있다.

참고로 특정한 경우에 꾸르노 복점일 때의 산출량이 완전경쟁일 때의 산출량(가격 = 한계비용 조건을 이용하면 10이 됨)의 2/3 수준임을 이용하면 매우 쉽고 빠르게 구해낼 수도 있다.

꾸르노(Cournot) 복점모형에서 시장수요곡선이 $Q = 60 - \dfrac{1}{2}P$ 이고 두 기업 A, B의 비용함수가 각각 $C_A = 40Q_A + 10$, $C_B = 20Q_B + 50$일 때, 꾸르노 균형에서 총생산량(Q^*)과 가격(P^*)은? (단, Q는 총생산량, P는 가격, Q_A는 기업 A의 생산량, Q_B는 기업 B의 생산량이다.)

▶ 2022년 감정평가사

① $Q^* : 10$, $P^* : 100$ ② $Q^* : 20$, $P^* : 80$

③ $Q^* : 30$, $P^* : 60$ ④ $Q^* : 40$, $P^* : 40$

⑤ $Q^* : 50$, $P^* : 20$

출제이슈 꾸르노 모형
핵심해설 정답 ③

1) 각 기업의 이윤극대화

① 기업 A의 이윤극대화

 ⅰ) 한계수입 $TR_A = P Q_A = (120 - 2Q_A - 2Q_B)Q_A$ ∴ $MR_A = 120 - 4Q_A - 2Q_B$

 ⅱ) 한계비용 $MC_A = 40$

 ⅲ) 이윤극대화 $Max \ \pi_A \Leftrightarrow MR_A = MC_A$

 ∴ $120 - 4Q_A - 2Q_B = 40$ ∴ $2Q_A + Q_B = 40$ → 반응곡선 RC_A

② 기업 B의 이윤극대화

 ⅰ) 한계수입 $TR_B = P Q_B = (120 - 2Q_A - 2Q_B)Q_B$ ∴ $MR_B = 120 - 2Q_A - 4Q_B$

 ⅱ) 한계비용 $MC_B = 20$

 ⅲ) 이윤극대화 $Max \ \pi_B \Leftrightarrow MR_B = MC_B$

 ∴ $120 - 2Q_A - 4Q_B = 20$ ∴ $Q_A + 2Q_B = 50$ → 반응곡선 RC_B

2) 균형 : $Q_A = 10$, $Q_B = 20$, $Q = 30$, $P = 60$

한 지역에 동질의 휘발유를 판매하는 두 주유소 A, B 가 꾸르노(Cournot)경쟁을 하고 있다. 이 지역의 휘발유에 대한 시장수요함수는 $Q = 8,000 - 2P$ 이고, A와 B의 한계비용은 1,000 원으로 일정하며 고정비용은 없다. 이윤극대화를 추구하는 A와 B의 균형판매량은? (단, P 는 가격, $Q = Q_A + Q_B$ 이며 Q_A, Q_B 는 각각 A와 B의 판매량이다.) ▶ 2015년 감정평가사

① $Q_A = 1,500, \quad Q_B = 1,500$

② $Q_A = 1,500, \quad Q_B = 2,500$

③ $Q_A = 2,000, \quad Q_B = 2,000$

④ $Q_A = 2,500, \quad Q_B = 2,500$

⑤ $Q_A = 3,000, \quad Q_B = 3,000$

출제이슈 꾸르노 모형
핵심해설 정답 ③

1) 각 주유소의 이윤극대화

① 주유소 A의 이윤극대화

i) 한계수입 $TR_A = PQ_A = (4,000 - 0.5Q_A - 0.5Q_B)Q_A \quad \therefore MR_A = 4,000 - Q_A - 0.5Q_B$

ii) 한계비용 $MC_A = 1,000$

iii) 이윤극대화 $Max \ \pi_A \Leftrightarrow MR_A = MC_A$

$\therefore 4,000 - Q_A - 0.5Q_B = 1,000 \quad \therefore 2Q_A + Q_B = 6,000 \rightarrow$ 반응곡선 RC_A

② 주유소 B의 이윤극대화

i) 한계수입 $TR_B = PQ_B = (4,000 - 0.5Q_A - 0.5Q_B)Q_B \quad \therefore MR_B = 4,000 - 0.5Q_A - Q_B$

ii) 한계비용 $MC_B = 1,000$

iii) 이윤극대화 $Max \ \pi_B \Leftrightarrow MR_B = MC_B$

$\therefore 4,000 - 0.5Q_A - Q_B = 1,000 \quad \therefore Q_A + 2Q_B = 6,000 \rightarrow$ 반응곡선 RC_B

2) 균형 : $Q_A = 2,000, \quad Q_B = 2,000, \quad Q = 4,000, \quad P = 2,000$

어느 재화의 시장 수요곡선은 $Q = 30 - P$로 주어져 있다. 이 재화를 생산하는 개별 기업이 완전경쟁시장, 독점시장, 복점시장(꾸르노 모형)에서 이윤을 극대화할 때, 시장 공급량을 바르게 연결한 것은? (단, Q는 수요량이고, P는 가격이며, 개별 기업의 한계비용은 0으로 동일하다.)

▶ 2022년 지방직 7급

	완전경쟁시장	독점시장	복점시장(꾸르노 모형)
①	25	5	10
②	25	5	20
③	30	15	10
④	30	15	20

출제이슈 경쟁 vs 독점 vs 과점(꾸르노)
핵심해설 정답 ④

경쟁기업의 균형은 $P = MC$에서 달성되며, 경쟁시장의 균형은 $P = \sum MC$에서 달성된다. 설문에서 가격은 수요함수에서 $P = 30 - Q$이고, $MC = 0$이므로 개별기업의 이윤극대화 산출량을 모두 더한 시장전체의 공급량은 $30 - Q = 0$, $Q = 30$이 된다. 이때, 가격은 $P = 0$이 된다.

독점의 균형은 $MR = MC$에서 달성되며, 설문에서 수요함수가 $P = 30 - Q$임을 고려하면, 독점기업의 한계수입함수는 $MR = 30 - 2Q$가 됨을 알 수 있다. 따라서 독점 시 산출량은 $30 - 2Q = 0$, $Q = 15$가 된다. 이때, 가격은 $P = 15$가 된다.

설문과 같이 매우 특수한 경우에는 완전경쟁시장 산출량의 2/3가 꾸르노복점의 산출량이 되는데 이를 적용하기 위해서는 시장 참가기업들의 비용조건이 모두 동일해야 하는 매우 특수한 경우가 전제되어야 한다.

Issue **09**　　**베르뜨랑 모형**

가격경쟁(price competition)을 하는 두 기업의 한계비용은 각각 0이다. 각 기업의 수요함수가 다음과 같을 때, 베르뜨랑(Bertrand) 균형가격 P_1, P_2는? (단, Q_1은 기업 1의 생산량, Q_2는 기업 2의 생산량, P_1은 기업 1의 상품가격, P_2는 기업 2의 상품가격이고 기업 1과 기업 2는 차별화된 상품을 생산한다.)　▶ 2017년 감정평가사

$$Q_1 = 30 - P_1 + P_2$$
$$Q_2 = 30 - P_2 + P_1$$

① 20, 20　　　　② 20, 30　　　　③ 30, 20
④ 30, 30　　　　⑤ 40, 40

출제이슈　베르뜨랑 모형
핵심해설　정답 ④

1) 기업 1의 이윤극대화
　① 총수입 $TR_1 = P_1 \cdot Q_1 = P_1(30 - P_1 + P_2)$
　② 총비용 TC_1
　③ 이윤극대화 $Max\ \pi_1$, $\pi_1 = P_1 \cdot Q_1 - TC_1 = P_1(30 - P_1 + P_2) - TC_1$
　$\therefore \dfrac{d\pi_1}{dP_1} = 30 - 2P_1 + P_2 = 0$　$\therefore 2P_1 - P_2 = 30 \rightarrow$ 반응곡선 RC_1

2) 기업 2의 이윤극대화
　① 총수입 $TR_2 = P_2 \cdot Q_2 = P_2(30 - P_2 + P_1)$
　② 총비용 TC_2
　③ 이윤극대화 $Max\ \pi_2$, $\pi_2 = P_2 \cdot Q_2 - TC_2 = P_2(30 - P_2 + P_1) - TC_2$
　$\therefore \dfrac{d\pi_2}{dP_2} = 30 - 2P_2 + P_1 = 0$　$\therefore 2P_2 - P_1 = 30 \rightarrow$ 반응곡선 RC_2

3) 균형 : $P_1 = 30$, $P_2 = 30$

베르뜨랑(Bertrand) 복점기업 A, B가 직면한 시장수요곡선은 $P = 56 - 2Q$이다. 두 기업의
한계비용이 각각 20일 때, 균형가격과 기업A의 생산량은?   ▶ 2022년 보험계리사

	균형가격	기업A의 생산량
①	20	9
②	20	12
③	32	9
④	32	12

출제이슈 베르뜨랑 모형
핵심해설 정답 ①

일반적으로 베르뜨랑 모형은 동질적인 과점을 대상으로 한다. 이러한 특수한 경우에는 베르뜨랑 모형의 균형은
매우 간단하다. 각 기업의 최선의 가격전략은 상대방의 가격보다 조금 낮게 설정하는 것이 된다. 이 과정을 거치게
되면, 결국 두 기업 간 가격경쟁의 결과, 시장가격은 두 기업의 한계비용과 같게 되어 완전경쟁시장과 유사한 상태
를 보이게 된다. 두 기업의 한계비용을 모두 4라고 가정하면 다음과 같다.

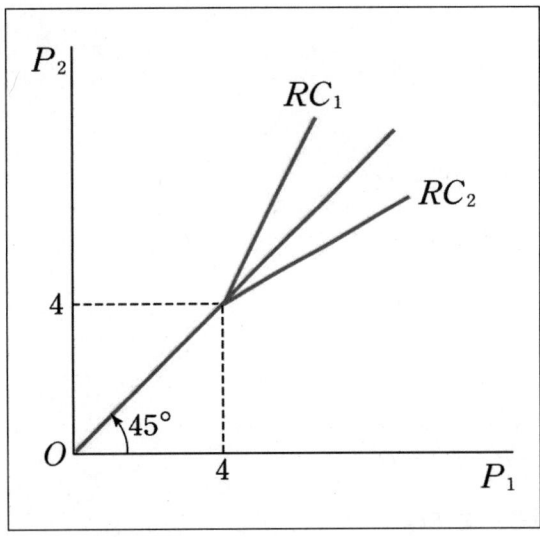

① 반응곡선
   각기업의 최선의 가격전략은 상대방의 가격보다 조
   금 낮게 설정하는 것이며 이는 45도선을 중심으로
   상반된 방향으로 각각의 반응곡선이 위치함을 의미
   한다.

② 균형
   ⅰ) 두 기업 모두 가격을 바꾸지 않고 유지할 때 균
      형이 달성된다.

   ⅱ) $P_1 = MC_1 = 4$
      $P_2 = MC_2 = 4$

   ⅲ) 완전경쟁시장에서의 가격 및 산출량과 동일하다.

이제 설문에서 제시된 자료에 $P = MC$ 조건을 적용해보면, $P = MC$, $56 - 2Q = 20$, $Q = 18$가 되어 시장산출량
은 18이 된다. 시장산출량 18을 수요함수에 대입하면 시장가격은 20이 된다. 그리고 각 기업의 산출량은 동일한
것으로 가정하면 시장산출량 18의 절반으로 각각 9가 된다.

Issue 10	슈타켈버그 모형(슈타켈버그 수량모형)

수요함수가 $P = 100 - Q$인 시장에서 기업 A는 슈타켈버그(Stackelberg) 모형의 선도자, B는 추종자로 행동한다. 기업 A의 한계비용이 10, 기업 B의 한계비용이 20일 때, 이윤을 극대화하는 기업 A의 생산량은? (단, P는 가격, Q는 수량) ▶ 2025년 감정평가사

① 30 　　　② 33 　　　③ 35

④ 40 　　　⑤ 50

출제이슈 슈타켈버그 모형
핵심해설 정답 ⑤

1) 모형의 조건

　① 수요조건 : 시장수요 $P = 100 - Q$

　② 공급조건(비용조건) : 기업 A의 한계비용 $MC_A = 10$, 기업 B의 한계비용 $MC_B = 20$

2) 수리적 분석 : 이윤극대화 과정

　① 기업 A의 이윤극대화

　　ⅰ) 한계수입 $TR_A = PQ_A = (100 - Q_A - Q_B)Q_A$ 　　∴ $MR_A = 100 - 2Q_A - Q_B$

　　ⅱ) 한계비용 $MC_A = 10$

　　ⅲ) 이윤극대화 $Max\ \pi_A \Leftrightarrow MR_A = MC_A$

　　　∴ $100 - 2Q_A - Q_B = 10$ 　　∴ $2Q_A + Q_B = 90$ 　→ 반응곡선 RC_A

　② 기업 B의 이윤극대화

　　ⅰ) 한계수입 $TR_B = PQ_B = (100 - Q_A - Q_B)Q_B$ 　　∴ $MR_B = 100 - Q_A - 2Q_B$

　　ⅱ) 한계비용 $MC_B = 20$

　　ⅲ) 이윤극대화 $Max\ \pi_B \Leftrightarrow MR_B = MC_B$

　　　∴ $100 - Q_A - 2Q_B = 20$ 　　∴ $Q_A + 2Q_B = 80$ 　→ 반응곡선 RC_B

　③ 슈타켈버그 수량모형에서 선도자 기업 A의 변형된 이윤극대화

　　ⅰ) 한계수입 $TR_A = PQ_A = \{100 - Q_A - (40 - 0.5Q_A)\}Q_A = 60Q_A - 0.5Q_A^2$

　　　∴ $MR_A = 60 - Q_A$

　　ⅱ) 한계비용 $MC_A = 10$

　　ⅲ) 이윤극대화 $Max\ \pi_A \Leftrightarrow MR_A = MC_A$

　　　∴ $60 - Q_A = 10$ 　　∴ $Q_A = 50$

3) 균형 : $Q_A = 50$, $Q_B = 15$

다음 글에 따를 때 슈타켈버그(Stackelberg) 경쟁의 결과로 옳은 것은? ▶ 2019년 국회직 8급

- 시장에는 A, B 두 기업만 존재한다.
- 시장수요곡선 : $Q = 30 - P$
  (단, $Q = Q_A + Q_B$이고 Q_A, Q_B는 각각 A기업과 B기업의 생산량을 의미한다.)
- 한계비용 : $MC_A = MC_B = 0$
- B기업은 A기업의 반응곡선을 알고 A기업은 B기업의 반응곡선을 모른다.

	Q_A	Q_B			Q_A	Q_B
①	6	12		②	6.5	13
③	7	14		④	7.5	15
⑤	8	16				

출제이슈 슈타켈버그 모형
핵심해설 정답 ④

1) 모형의 조건
　① 수요조건 : 시장수요 $Q = 30 - P$
　② 공급조건(비용조건) : $MC_A = MC_B = 0$

2) 수리적 분석 : 이윤극대화 과정
　① 기업 A의 이윤극대화
　　ⅰ) 한계수입 $TR_A = PQ_A = (30 - Q_A - Q_B)Q_A$ ∴ $MR_1 = 30 - 2Q_A - Q_B$　ⅱ) 한계비용 $MC_A = 0$
　　ⅲ) 이윤극대화 $Max\ \pi_A \Leftrightarrow MR_A = MC_A$ ∴ $30 - 2Q_A - Q_B = 0$ ∴ $2Q_A + Q_B = 30$

　② 기업 B의 이윤극대화
　　ⅰ) 한계수입 $TR_B = PQ_B = (30 - Q_A - Q_B)Q_B$ ∴ $MR_B = 30 - Q_A - 2Q_B$　ⅱ) 한계비용 $MC_B = 0$
　　ⅲ) 이윤극대화 $Max\ \pi_B \Leftrightarrow MR_B = MC_B$ ∴ $30 - Q_A - 2Q_B = 0$ ∴ $Q_A + 2Q_B = 30$

　③ 기업 B가 선도자인 경우 슈타켈버그 모형에서 기업 B의 변형된 이윤극대화
　　ⅰ) 한계수입 $TR_B = PQ_B = (30 - 15 + 0.5Q_B - Q_B)Q_B = 15Q_B - 0.5Q_B^2$ ∴ $MR_B = 15 - Q_B$
　　ⅱ) 한계비용 $MC_B = 0$　ⅲ) 이윤극대화 $Max\ \pi_1 \Leftrightarrow MR_1 = MC_1$
　　∴ $15 - Q_B = 0$ ∴ $Q_B = 15$ 그리고 이를 기업 A의 반응곡선에 대입하면 $Q_A = 7.5$가 된다.

3) 균형 : $Q_B = 15$, $Q_A = 7.5$

| Issue **11** | 차별적 가격선도 모형(슈타켈버그 가격모형) |

차별적 과점시장에서 활동하는 두 기업 1, 2가 직면하는 수요곡선은 다음과 같다. 두 기업은 가격을 전략변수로 이용하며, 기업 1이 먼저 가격을 책정하고, 기업 2는 이를 관찰한 후 가격을 정한다. 두 기업의 균형가격을 옳게 짝지은 것은? (단, Q_1은 기업 1의 생산량, Q_2는 기업 2의 생산량, P_1은 기업 1의 가격, P_2는 기업 2의 가격이고, 각 기업의 한계비용과 고정비용은 0이다.)

▶ 2020년 국가직 7급

- 기업 1의 수요곡선 : $Q_1 = 20 - P_1 + P_2$
- 기업 2의 수요곡선 : $Q_2 = 32 - P_2 + P_1$

	P_1	P_2
①	34	32
②	36	34
③	38	36
④	40	38

출제이슈 차별적 가격선도모형
핵심해설 정답 ②

1) 모형의 조건
   ① 수요조건 : 기업 1의 수요 $Q_1 = 20 - P_1 + P_2$, 기업 2의 수요 $Q_2 = 32 - P_2 + P_1$
   ② 비용조건 : 기업 1의 한계비용 $MC_1 = 0$, 기업 2의 한계비용 $MC_2 = 0$

2) 수리적 분석 : 이윤극대화 과정

   ① 기업의 이윤극대화

   $$\frac{d\pi_1}{dP_1} = 20 - 2P_1 + P_2 = 0, \ 2P_1 - P_2 = 20, \ \frac{d\pi_2}{dP_2} = 32 - 2P_2 + P_1 = 0 \ \therefore \ 2P_2 - P_1 = 32$$

   ③ 기업 1이 선도자인 경우 차별적 가격선도 모형에서 기업 1의 변형된 이윤극대화

   $$\frac{d\pi_1}{dP_1} = 36 - P_1 = 0 \quad \therefore \ P_1 = 36 \quad \text{이를 기업 2의 반응곡선에 대입하면 } P_2 = 34\text{가 된다.}$$

3) 균형 : $P_1 = 36, \ P_2 = 34$

큰 기업인 A와 다수의 작은 기업으로 구성된 시장이 있다. 작은 기업들의 공급함수를 모두 합하면 $S(p) = 200 + p$, 시장의 수요곡선은 $D(p) = 400 - p$, A의 비용함수는 $c(y) = 20y$이다. 이때 A의 잔여수요함수($D_A(p)$)와 균형가격(p)은? (단, y는 A의 생산량이다.)

▶ 2018년 지방직 7급

	잔여수요함수	균형가격
①	$D_A(p) = 400 - 2p$	$p = 50$
②	$D_A(p) = 200 - 2p$	$p = 60$
③	$D_A(p) = 200 - 2p$	$p = 50$
④	$D_A(p) = 400 - 2p$	$p = 60$

출제이슈 담합적 가격선도모형
핵심해설 정답 ②

1) 모형의 조건

① 수요조건 : 시장수요 $Q = 400 - P$
② 공급조건 : 지배기업의 한계비용 $MC_A = 20$, 군소기업의 공급 $\sum q = 200 + P$

2) 수리적 분석 : 이윤극대화 과정

① 잔여수요함수 = 시장수요 − 군소기업의 공급
$Q = 400 - P - 200 - P = 200 - 2P$

② 지배기업의 이윤극대화

ⅰ) 잔여수요함수 $Q_A^D = 400 - P - 200 - P = 200 - 2P$. 따라서 $MR_A = 100 - Q_A$
ⅱ) 지배기업의 한계비용 $MC_A = 20$
ⅲ) 이윤극대화 $Max\ \pi_A \Leftrightarrow MR_A = MC_A$
∴ $100 - Q_A = 20$ ∴ $Q_A = 80$, $P = 60$

③ 군소기업의 공급 $\sum q = 200 + P = 260$

3) 잔여수요함수는 $Q = 200 - 2P$, 시장가격은 60, 지배기업의 공급 80, 군소기업의 공급 260이 된다.

Issue 12 굴절수요곡선 모형

> **굴절수요곡선 모형에서 가격 안정성에 관한 설명으로 옳은 것은?** ▶ 2021년 감정평가사
>
> ① 기업이 선택하는 가격에 대한 예상된 변화가 대칭적이기 때문이다.
> ② 기업은 서로 담합하여 가격의 안정성을 확보한다.
> ③ 일정 구간에서 비용의 변화에도 불구하고 상품가격은 안정적이다.
> ④ 경쟁기업의 가격 인상에만 반응한다고 가정한다.
> ⑤ 비가격경쟁이 증가하는 현상을 설명한다.

출제이슈 굴절수요곡선
핵심해설 정답 ③

① 틀린 내용이다.

수요곡선에 굴절이 생기게 된 요인으로서 특정과점기업의 가격인상과 가격인하에 따른 다른 기업들의 전략적 의사결정으로 인한 추측된 변화에 있어서 비대칭적 차이를 들 수 있다. 이는 한 기업이 가격을 인하하면 다른 기업도 그에 맞춰서 같이 가격을 인하하여 대응함을 의미하며, 반대로 한 기업이 가격을 인상하면 다른 기업은 가격을 변경하지 않고 그대로 유지함을 의미한다.

② 틀린 내용이다.

과점이론 중 카르텔 모형에 의하면, 과점시장에서 담합이 있다면 가격이 고정 혹은 안정적일 것으로 예상된다. 이에 대해 P. Sweezy의 굴절수요곡선 모형은 과점시장에서 담합이 없더라도 가격이 안정적일 수 있음을 보이는 모형이다.

③ 옳은 내용이다.

현재 가격을 P_A 수준이라고 하면, 굴절수요곡선이라는 상황을 반영하게 되면 한계비용이 변화하더라도 이 기업은 동일한 산출량 수준을 유지하고 역시 가격도 동일하게 경직적으로 유지하는 것이 최선이다. 따라서 가격은 P_A 수준에서 경직성을 보이게 된다.

④ 틀린 내용이다.

굴절수요곡선 모형에 의하면 한 기업이 가격을 인하하면 다른 기업도 그에 맞춰서 같이 가격을 인하하여 대응함을 상정하며 반대로 한 기업이 가격을 인상하면 다른 기업은 가격을 변경하지 않고 그대로 유지함을 상정한다. 즉 경쟁기업의 가격 인하에는 같은 방향으로 반응하지만 가격 인상에는 반응하지 않는 것이다.

⑤ 틀린 내용이다.

과점시장이 아닌 독점적 경쟁시장에서는 기업들이 상품차별화에 따라 어느 정도 독점력을 보유하기 때문에 가격경쟁을 하기보다는 차별적인 상품의 개발 및 출시를 통해서 경쟁할 가능성이 크다. 따라서 상품의 질, 애프터서비스 등과 같은 비가격경쟁(non – price competition)을 하는 경우가 많다고 할 수 있다.

Issue 13 　독점적 경쟁시장

독점적 경쟁시장의 특성에 해당하는 것을 모두 고른 것은? (단, 독점적 경쟁시장의 개별기업은 이윤극대화를 추구한다.)　　　　　　　　　　　　　　　▶ 2016년 감정평가사

ㄱ. 개별기업은 한계수입이 한계비용보다 높은 수준에서 산출량을 결정한다.
ㄴ. 개별기업은 한계수입이 가격보다 낮은 수준에서 산출량을 결정한다.
ㄷ. 개별기업이 직면하는 수요곡선은 우하향한다.
ㄹ. 개별기업의 장기적 이윤은 0이다.

① ㄱ, ㄴ　　　　　　② ㄱ, ㄷ　　　　　　③ ㄷ, ㄹ
④ ㄱ, ㄴ, ㄹ　　　　⑤ ㄴ, ㄷ, ㄹ

출제이슈 독점적 경쟁시장
핵심해설 정답 ⑤

ㄱ. 틀린 내용이다.
　　독점적 경쟁시장에서 개별기업의 이윤극대화는 $MR = MC$에서 달성되며 가격은 한계비용보다 높은 수준이며, 한계수입과 한계비용은 같은 수준이다.

ㄴ. 옳은 내용이다.
　　독점적 경쟁시장에서 개별기업의 이윤극대화는 $MR = MC$에서 달성되며 가격은 한계비용보다 높은 수준이다. 따라서 한계수입은 가격보다 낮은 수준이다.

ㄷ. 옳은 내용이다.
　　독점적 경쟁시장 내의 기업들은 조금씩 차별화된 상품을 생산하고 있으며 개별기업은 어느 정도의 독점력을 보유하면서 일정한 범위 내에서 시장을 지배하고 있다. 따라서 시장에서의 가격을 받아들이는 것이 아니라 직접 설정할 수 있다. 이는 개별기업이 직면하는 수요곡선이 우하향함을 의미한다.

ㄹ. 옳은 내용이다.
　　독점적 경쟁시장은 단기에 초과이윤을 얻을 수도 있지만 장기는 새로운 기업이 진입할 수 있는 정도의 기간으로서, 만일 독점기업이 초과이윤을 얻고 있다면 신규기업들은 장기에 진입을 시도할 것이다. 신규편입은 시장 내 기업들이 더 이상 초과이윤을 얻지 못할 때까지 계속되고 결국 수요가 감소하게 되어 가격이 하락하여 장기에는 정상이윤만을 얻게 된다.

독점적 경쟁시장에서 조업하고 있으며 평균비용곡선이 U자형인 기업의 장기균형에 대한 설명으로 옳지 않은 것은?

▶ 2021년 지방직 7급

① 경제적 이윤은 0이다.
② 규모의 경제가 발생한다.
③ 가격과 한계비용이 일치한다.
④ 균형 산출량이 평균비용이 극소화되는 산출량보다 작다.
⑤ 가격은 한계수입보다 더 높은 수준이다.

출제이슈 독점적 경쟁시장의 장기균형
핵심해설 전답 ③

① 옳은 내용이다.
독점적 경쟁시장은 단기에 초과이윤을 얻을 수도 있지만 장기는 새로운 기업이 진입할 수 있는 정도의 기간으로서, 만일 독점기업이 초과이윤을 얻고 있다면 신규기업들은 진입을 시도할 것이다. 신규편입은 시장 내 기업들이 더 이상 초과이윤을 얻지 못할 때까지 계속되고 결국 수요가 감소하게 되어 가격이 하락하여 장기에는 정상이윤만을 얻게 된다.

②. ④ 모두 옳은 내용이다.
장기균형은 $MR = LMC$ 에서 달성되고 가격은 한계비용보다 높다. 정상이윤만을 얻기 때문에 평균비용곡선과 수요곡선이 접하는 지점에서 가격이 결정된다. 따라서 장기평균비용의 최저점보다 더 적은 양을 산출하면서 규모의 경제가 시현된다.

③ 틀린 내용이다.
독점적 경쟁시장에서 개별기업의 이윤극대화는 $MR = MC$ 에서 달성되며 가격은 한계비용보다 높은 수준이며, 한계수입과 한계비용은 같은 수준이다.

⑤ 옳은 내용이다.
장기균형은 $MR = LMC$ 에서 달성되고 가격은 한계수입보다 높다.

다음은 X재에 대한 독점적 경쟁시장에서의 장기균형을 나타낸 그림이다. 이윤을 극대화하는 기업의 장기균형에 대한 설명으로 옳은 것은?

▶ 2022년 국가직 7급

① 기업이 부과하는 가격과 평균총비용은 다르다.

② 기업은 125를 생산한다.

③ 기업의 경제적 이윤은 0보다 크다.

④ 기업은 초과설비(excess capacity)를 보유한다.

출제이슈 독점적 경쟁시장의 장기균형

핵심해설 정답 ④

① 틀린 내용이다.

　독점적 경쟁시장의 개별기업의 장기 이윤극대화는 $MR = LMC$에서 달성되며 가격은 한계비용보다 높은 수준이다. 이때, 가격과 장기평균비용이 일치하며 장기평균비용곡선과 수요곡선이 접하게 된다. 기업이 부과하는 가격과 평균총비용은 같으므로 설문의 그래프에서 둘 다 모두 50이 된다.

② 틀린 내용이다.

　독점적 경쟁시장의 개별기업의 이윤극대화는 $MR = LMC$에서 달성되므로, 이때 가격은 50이며 산출량은 100이 된다.

③ 틀린 내용이다.

　독점적 경쟁시장의 개별기업의 장기 이윤극대화는 $MR = LMC$에서 달성되며 가격과 장기평균비용이 일치하므로 경제적 이윤 혹은 초과이윤은 0이 된다. 단, 정상이윤은 0 이상임에 유의하기 바란다.

④ 옳은 내용이다.

　장기평균비용의 최저점보다 왼쪽에서 생산이 이루어지고 있는 것에 대해 시설규모를 효율적으로 활용하지 못하고 초과설비, 유휴시설 혹은 과잉시설(excess capacity)이 존재한다고 보는 견해도 있다.

독점 및 독점적 경쟁시장에 관한 설명으로 옳은 것은? ▶ 2023년 감정평가사

① 자연독점은 규모의 불경제가 존재할 때 발생한다.
② 순수독점은 경제적 순손실(deadweight loss)을 발생시키지 않는다.
③ 독점적 경쟁시장의 장기균형에서 각 기업은 0의 이윤을 얻고 있다.
④ 독점적 경쟁시장은 동질적 상품을 가정하고 있다.
⑤ 독점적 경쟁시장에서 기업들은 비가격경쟁이 아니라 가격경쟁을 한다.

출제이슈 독점 및 독점적 경쟁시장
핵심해설 정답 ③

① 틀린 내용이다.
대규모 장치산업같은 경우 생산기술의 특성상 대량생산으로 인한 이점 즉 생산량 증가에 따라서 비용이 하락할 수 있다. 이렇게 생산규모가 커짐에 따라서 평균비용과 한계비용이 모두 하락하는 규모의 경제가 나타날 수 있으며 이 경우 비용상의 이점으로 인해서 기업은 산출량을 늘리게 되는 유인이 생기고 이로 인해서 당해 산업은 독점화될 가능성이 매우 크며 이를 자연독점이라고 한다.

② 틀린 내용이다.
순수독점이란 가격차별이 없는 경우의 독점을 의미하며, 가격차별이 있는 경우의 독점은 차별독점이다.
순수독점의 경우, 한계수입과 한계비용이 일치하는 수준에서 산출량이 결정된다. 이때, 가격은 한계비용을 상회하는 수준으로 결정되기 때문에 자중손실 또는 경제적 순손실(deadweight loss)이 발생한다. 참고로 순수독점이 아닌 차별독점의 경우, 극단적으로 1급 가격차별이 성립한다면, 경제적 순손실은 발생하지 않는다.

③ 옳은 내용이다.
독점적 경쟁시장은 단기에 초과이윤을 얻을 수도 있지만 장기는 새로운 기업이 진입할 수 있는 정도의 기간으로서, 만일 독점기업이 초과이윤을 얻고 있다면 신규기업들은 진입을 시도할 것이다. 신규편입은 시장 내 기업들이 더 이상 초과이윤을 얻지 못할 때까지 계속되고 결국 수요가 감소하게 되어 가격이 하락하여 장기에는 정상이윤만을 얻게 된다.

④ 틀린 내용이다.
독점적 경쟁(monopolistic competition)시장이란 완전경쟁시장과 독점시장의 중간적 형태로서 두 시장의 특징을 모두 가진 시장을 의미한다. 특히 독점의 특징으로서 독점적 경쟁시장 내의 기업들은 모두 조금씩 차별화된 상품을 생산하고 있다.

⑤ 틀린 내용이다.
독점적 경쟁시장에서는 기업들이 상품차별화에 따라 어느 정도 독점력을 보유하기 때문에 가격경쟁을 하기 보다는 차별적인 상품의 개발 및 출시를 통해서 경쟁할 가능성이 크다. 상품의 질, 애프터서비스 등과 같은 비가격경쟁(non-price competition)을 하는 경우가 많다고 할 수 있다.

Issue 14 우월전략균형과 내쉬균형

다음은 A국과 B국의 교역관계에 대한 보수행렬(payoff matrix)이다. 이에 관한 설명으로 옳은 것은? (단, 보수쌍에서 왼쪽은 A국의 보수이고, 오른쪽은 B국의 보수이다.)

▶ 2016년 감정평가사

	전략	B국	
		저관세	고관세
A국	저관세	(250, 250)	(300, 100)
	고관세	(100, 300)	(200, 200)

① 내쉬균형은 2개이다.
② 내쉬균형에 해당하는 보수쌍은 (200, 200)이다.
③ 우월전략균형에 해당하는 보수쌍은 (100, 300)이다.
④ A국의 우월전략은 고관세이다.
⑤ B국의 우월전략은 저관세이다.

출제이슈 우월전략균형 및 내쉬균형
핵심해설 정답 ⑤

① 틀린 내용이다.
우월전략균형이 내쉬균형이며 1개이다.

② 틀린 내용이다.
우월전략균형이 내쉬균형이며, 저관세전략, 저관세전략의 짝이 된다. 이때 보수쌍은 (250, 250)이다.

③ 틀린 내용이다.
우월전략균형은 저관세전략, 저관세전략의 짝이 된다. 이때 보수쌍은 (250, 250)이다.

④ 틀린 내용이다.
A국의 우월전략은 고관세전략이 아니라 저관세전략이다.

⑤ 옳은 내용이다.
B국의 우월전략은 저관세이다. 상대방이 어떤 전략을 선택하든지간에 나의 보수를 더 크게 만들어 주는 전략이 우월전략이며 이를 구하기 위해서는 보수행렬표에서 상대방의 전략을 제외하고 자신의 전략만을 비교하여 보수를 가장 극대화시키는 전략을 선택한다. A국이 저관세전략을 선택하든, 고관세전략을 선택하든 관계없이 B국은 자신의 보수를 더 크게 하는 저관세전략이 보수를 극대화시킬 수 있는 최선의 전략이다. 왜냐하면, B국은 A국이 저관세전략을 선택할 때 고관세전략보다 저관세전략을 선택하는 것이 더 큰 보수(250>100)를 주고, A국이 고관세전략을 선택할 때도 고관세전략보다 저관세전략을 선택하는 것이 더 큰 보수(300>200)를 주기 때문이다.

다음 표는 이동통신시장을 양분하고 있는 갑과 을의 전략(저가요금제와 고가요금제)에 따른 보수행렬이다. 갑과 을이 전략을 동시에 선택하는 일회성 게임에 관한 설명으로 옳지 않은 것은? (단, 괄호 속의 왼쪽은 갑의 보수, 오른쪽은 을의 보수를 나타낸다.) ▶ 2015년 감정평가사

		을	
		저가요금제	고가요금제
갑	저가요금제	(500, 500)	(900, 400)
	고가요금제	(300, 800)	(700, 600)

① 갑은 을의 전략과 무관하게 저가요금제를 선택하는 것이 합리적이다.
② 갑이 고가요금제를 선택할 것으로 을이 예상하는 경우 을은 고가요금제를 선택하는 것이 합리석이다.
③ 갑과 을의 합리적 선택에 따른 결과는 파레토효율적이지 않다.
④ 내쉬균형(Nash equilibrium)이 한 개 존재한다.
⑤ 을에게는 우월전략이 존재한다.

출제이슈 우월전략균형 및 내쉬균형
핵심해설 정답 ②

① 옳은 내용이다.
보수행렬표에서 갑의 저가요금제 전략은 고가요금제 전략에 비하여 500＞300, 900＞700이므로 우월전략이 된다. 따라서 갑은 을의 전략과 무관하게 저가요금제를 선택하는 것이 합리적이다. 참고로 을의 경우도 저가요금제 전략이 우월전략이 된다.

② 틀린 내용이다.
갑이 고가요금제를 선택할 것으로 을이 예상하는 경우 을은 저가요금제를 선택하면 800의 보수, 고가요금제를 선택하면 600의 보수를 얻을 수 있다. 따라서 을은 더 높은 보수를 가능케 하는 저가요금제를 선택하는 것이 합리적이다.

③ 옳은 내용이다.
앞서 ①에서 살펴본바 갑과 을 모두 저가요금제 전략이 우월전략이므로 우월전략균형 및 내쉬균형은 모두 저가요금제의 조합으로 실현되며 이로 인한 보수는 (500, 500)이 된다. 이는 갑과 을 모두 고가요금제 전략을 사용할 경우 달성가능한 보수인 (700, 600)보다 열등하다. 따라서 갑과 을의 합리적 선택에 따른 결과는 파레토효율적이지 않다.

④ 옳은 내용이다.
앞서 ①에서 살펴본바 갑과 을 모두 저가요금제 전략이 우월전략이므로 우월전략균형 및 내쉬균형은 모두 저가요금제의 조합으로 실현되며 이는 유일한 내쉬균형이다.

⑤ 옳은 내용이다.
앞서 ①에서 살펴본바 갑과 을 모두 저가요금제 전략이 우월전략이다.

복점(duopoly)시장에서 기업 A와 B는 각각 1, 2의 전략을 갖고 있다. 성과보수 행렬(payoff matrix)이 다음과 같을 때 내쉬균형의 보수쌍은? (단, 보수행렬 내 괄호 안 왼쪽은 A, 오른쪽은 B의 보수이다.)

▶ 2018년 감정평가사

		기업 B	
		전략1	전략2
기업 A	전략1	(15, 7)	(8, 6)
	전략2	(3, 11)	(10, 7)

① (15, 7)　　　　② (8, 6)　　　　③ (10, 7)

④ (3, 11)과 (8, 6)　　　⑤ (15, 7)과 (10, 7)

출제이슈 내쉬균형

핵심해설 정답 ①

1) 만약 기업 A가 전략1을 선택한다고 할 경우
　 이를 주어진 것으로 보고 기업 B는 주어진 상황에서 자신의 보수를 극대화하는 전략1이 최선의 전략이다.

2) 이제 기업 B가 전략1을 선택할 때
　 이를 주어진 것으로 보고 기업 A는 주어진 상황에서 자신의 보수를 극대화하는 전략1이 최선의 전략이다.

3) 기업 A가 전략1 선택을 계속 유지한다면
　 역시 기업 B도 이를 주어진 것으로 보고 전략1을 계속 유지하는 것이 최적이다.

4) 결국 기업 A는 전략1, 기업 B는 전략1을 선택하며 이 전략의 조합이 바로 내쉬균형이 된다.

또 다른 내쉬균형의 존재 여부를 확인하는 것은 독자 여러분에게 맡긴다.

두 운전자 A, B가 서로 마주보고 운전하다가 한쪽이 충돌을 회피하면 지는 치킨게임을 고려하자. 이 게임의 보수행렬이 아래와 같을 때 내쉬균형은 몇 개인가? (단, 행렬에서 보수는 (A의 보수, B의 보수)로 표시)

▶ 2018년 보험계리사

구분		B	
		회피	직진
A	회피	(10, 10)	(5, 20)
	직진	(20, 5)	(0, 0)

① 0

② 1

③ 2

④ 4

출제이슈 내쉬균형
핵심해설 정답 ③

1) 만약 운전자 A가 회피를 선택한다고 할 경우, 이를 주어진 것으로 보고 운전자 B는 주어진 상황에서 자신의 보수를 극대화하는 직진이 최선의 전략이다.

2) 이제 운전자 B가 직진을 선택할 때, 이를 주어진 것으로 보고 운전자 A는 주어진 상황에서 자신의 보수를 극대화하는 회피가 최선의 전략이다.

3) 운전자 A가 회피 선택을 계속 유지한다면, 역시 운전자 B도 이를 주어진 것으로 보고 직진을 계속 유지하는 것이 최적이다.

4) 결국 운전자 A는 회피, 운전자 B는 직진을 선택하며 이 전략의 조합이 바로 내쉬균형이 된다.

또 다른 내쉬균형의 존재 여부를 확인하는 것은 독자 여러분에게 맡긴다.

복점시장에서 기업 1과 2는 각각 a와 b의 전략을 갖고 있다. 성과보수 행렬이 다음과 같을 때 내쉬균형을 모두 고른 것은? (단, 보수행렬 내 괄호 안 왼쪽은 기업 1의 보수, 오른쪽은 기업 2의 보수이다.) ▶ 2023년 감정평가사

		기업 2	
		전략a	전략b
기업 1	전략a	(16, 8)	(8, 6)
	전략b	(3, 7)	(10, 11)

① (16, 8)   ② (10, 11)   ③ (8, 6), (10, 11)
④ (16, 8), (3, 7)   ⑤ (16, 8), (10, 11)

출제이슈 내쉬균형
핵심해설 정답 ⑤

1) 만약 기업 1이 전략a를 선택한다고 할 경우
   이를 주어진 것으로 보고 기업 2는 주어진 상황에서 자신의 보수를 극대화하는 전략a가 최선의 전략이다.

2) 이제 기업 2가 전략a를 선택할 때
   이를 주어진 것으로 보고 기업 1은 주어진 상황에서 자신의 보수를 극대화하는 전략a가 최선의 전략이다.

3) 기업 1이 전략a 선택을 계속 유지한다면
   역시 기업 2도 이를 주어진 것으로 보고 전략a를 계속 유지하는 것이 최적이다.

4) 결국 기업 1은 전략a, 기업 2는 전략a를 선택하며 이 전략의 조합이 바로 내쉬균형이 된다.

또 다른 내쉬균형의 존재 여부를 확인하는 것은 독자 여러분에게 맡긴다.

갑과 을의 동시선택게임에서 전략이 각각 L, R과 T, D일 때, 다음 설명 중 옳은 것은? (단, 괄호 안 왼쪽은 갑, 오른쪽은 을의 보수)

▶ 2025년 감정평가사

		을	
		T	D
갑	L	(5, 5)	(0, 20)
	R	(20, 30)	(25, 0)

① 갑의 전략 L에 대한 을의 최선반응(best response)은 T이다.
② 을의 전략 T에 대한 갑의 최선반응은 L이다.
③ 갑은 우월전략이 없다.
④ T는 을의 우월전략이다.
⑤ 전략조합 $(R,\ T)$는 내쉬균형이다.

출제이슈 내쉬균형
핵심해설 정답 ⑤

갑의 경우 R전략이 우월전략이다. 갑의 R전략에 대해서 을은 자신의 보수를 극대화하기 위해서 T전략을 사용해야 하므로 결국 내쉬균형은 갑 R전략, 을 T전략이 된다.

다음 표는 두 기업이 어떠한 전략을 사용하느냐에 따라 발생하는 이윤을 표시하고 있다. 이때 순수전략에 의한 내쉬균형의 개수는? (단, 괄호 안의 첫 번째 숫자는 기업 A의 이윤, 두 번째 숫자는 기업 B의 이윤을 나타낸다.)

▶ 2013년 지방직 7급

		기업 B	
		전략 b_1	전략 b_2
기업 A	전략 a_1	(1, 1)	(1, 0)
	전략 a_2	(2, 1)	(0, 2)

① 0
② 1
③ 2
④ 3

출제이슈 내쉬균형의 부존재
핵심해설 정답 ①

1) 만약 기업 A가 전략 a_1을 선택한다고 할 경우
   이를 주어진 것으로 보고 기업 B는 주어진 상황에서 자신의 보수를 극대화하는 전략 b_1이 최선의 전략이다.

2) 이제 기업 B가 전략 b_1을 선택할 때
   이를 주어진 것으로 보고 기업 A는 주어진 상황에서 자신의 보수를 극대화하는 전략 a_2가 최선의 전략이 된다.
   즉, 기업 A가 최초에 선택한 전략이 바뀌게 된다.

3) 이제 기업 A가 전략 a_2로 바뀌게 되면
   이를 주어진 것으로 보고 기업 B는 주어진 상황에서 자신의 보수를 극대화하는 전략 b_2가 최선의 전략이다.
   이에 따라서 기업 B는 최초에 선택한 전략 b_1을 전략 b_2로 바꿀 유인이 있다.

4) 이제 기업 B가 전략 b_2를 선택할 때
   이를 주어진 것으로 보고 기업 A는 주어진 상황에서 자신의 보수를 극대화하는 전략 a_1이 최선의 전략이 된다.
   즉, 기업 A가 이전에 선택한 전략 a_2가 전략 a_1로 바뀌게 된다.

5) 게임의 균형이란 게임에 참가한 각 경기자들이 선택한 자신들의 전략에 의해서 어떤 결과가 나타났을 때 모두 이에 만족하고 더 이상 자신의 전략을 수정하지 않고 현재의 상태에 머물려고 하는 것을 의미하는데, 해당 설문에서는 계속하여 내쉬균형전략이 변경되고 있으므로 내쉬균형이 존재하지 않는다.

복점(duopoly)시장에서 기업 A와 B는 각각 1, 2, 3의 생산량 결정 전략을 갖고 있다. 성과보수행렬(payoff matrix)이 다음과 같을 때 내쉬균형은? (단, 게임은 일회성이며, 보수행렬 내 괄호 안 왼쪽은 A, 오른쪽은 B의 보수이다.)

▶ 2017년 감정평가사

		B		
		전략 1	전략 2	전략 3
A	전략 1	(7, 7)	(5, 8)	(4, 9)
	전략 2	(8, 5)	(6, 6)	(3, 4)
	전략 3	(9, 4)	(4, 3)	(0, 0)

① (7, 7), (6, 6), (0, 0) ② (7, 7), (5, 8), (9, 4)
③ (8, 5), (6, 6), (3, 4) ④ (9, 4), (5, 8), (0, 0)
⑤ (9, 4), (6, 6), (4, 9)

출제이슈 3가지 이상 전략에서 내쉬균형의 도출
핵심해설 정답 ⑤

만약 A가 전략 1을 선택한다고 할 경우 이를 주어진 것으로 보고 B는 주어진 상황에서 자신의 보수를 극대화하는 전략 3이 최선의 전략이다. 이제 B가 전략 3을 선택할 때 이를 주어진 것으로 보고 A는 주어진 상황에서 자신의 보수를 극대화하는 전략 1이 최선의 전략이 된다. 이에 따라서 A는 최초에 선택한다고 가정한 전략 1이 바뀔 유인이 없다. 결국 A는 전략 1, B는 전략 3을 선택하며 이 전략의 조합이 바로 내쉬균형이 된다.

이하에서는 또 다른 내쉬균형의 존재 여부를 확인한다. 만약 A가 전략 2를 선택한다고 할 경우 이를 주어진 것으로 보고 B는 주어진 상황에서 자신의 보수를 극대화하는 전략 2가 최선의 전략이다. 이제 B가 전략 2를 선택할 때 이를 주어진 것으로 보고 A는 주어진 상황에서 자신의 보수를 극대화하는 전략 2가 최선의 전략이 된다. 이에 따라서 A는 최초에 선택한다고 가정했던 전략 2가 바뀔 유인이 없다. 결국 A는 전략 2, B는 전략 2를 선택하며 이 전략의 조합이 바로 내쉬균형이 된다.

이하에서는 추가적으로 또 다른 내쉬균형의 존재 여부를 확인한다. 만약 A가 전략 3을 선택한다고 할 경우 이를 주어진 것으로 보고 B는 주어진 상황에서 자신의 보수를 극대화하는 전략 1이 최선의 전략이다. 이제 B가 전략 1을 선택할 때, 이를 주어진 것으로 보고 A는 주어진 상황에서 자신의 보수를 극대화하는 전략 3이 최선의 전략이 된다. 이에 따라서 A는 최초에 선택한다고 가정했던 전략 3이 바뀔 유인이 없다. 결국 A는 전략 3, B는 전략 1을 선택하며 이 전략의 조합이 바로 내쉬균형이 된다.

정리하면, 본 게임에서 내쉬균형은 3개 존재한다. 각각 (전략 1, 전략 3), (전략 2, 전략 2), (전략 3, 전략 1)이 된다. 그에 따른 보수조합은 각각 (4, 9), (6, 6), (9, 4)가 된다.

아래 표는 기업 갑과 을의 초기 보수행렬이다. 제도 변화 후 오염을 배출하는 을은 배출 1톤에서 2톤으로 증가하는데 갑에게 보상금 5를 지불하게 되어 보수행렬이 변화했다. 보수행렬 변화 전, 후에 관한 설명으로 옳은 것은? (단, 1회성 게임이며 보수행렬 ( ) 안 왼쪽은 갑, 오른쪽은 을의 것이다.)

▶ 2021년 감정평가사

		을	
		1톤 배출	2톤 배출
갑	조업중단	(0, 4)	(0, 8)
	조업가동	(10, 4)	(3, 8)

① 초기 상태의 내쉬균형은 (조업중단, 2톤 배출)이다.
② 초기 상태의 갑과 을의 우월전략은 없다.
③ 제도 변화 후 갑의 우월전략은 있으나 을의 우월전략은 없다.
④ 제도 변화 후 갑과 을의 전체 보수는 감소했다.
⑤ 제도 변화 후 오염물질의 총배출량은 감소했다.

출제이슈 보수행렬표의 변화와 내쉬균형의 도출
핵심해설 정답 ⑤

① 틀린 내용이다.
초기 상태에서 내쉬균형전략은 기업 갑은 조업가동 전략, 기업 을은 2톤 배출전략이 된다. 두 전략의 짝이 바로 내쉬균형이 된다.

② 틀린 내용이다.
초기 상태에서 기업 갑의 우월전략은 조업가동 전략이며, 기업 을의 우월전략은 2톤 배출전략이다. 이 둘의 짝이 바로 우월전략균형이 된다.

③ 틀린 내용이다.
제도 변화 후 기업 갑의 우월전략은 조업가동 전략이며, 기업 을의 우월전략은 1톤 배출전략이다. 이 둘의 짝이 우월전략균형이 된다.

④ 틀린 내용이다.
제도 변화 후 갑과 을의 전체 보수는 11에서 14로 증가하였다.

⑤ 옳은 내용이다.
초기 상태에서 오염물질의 총배출량은 2톤인 반면, 제도 변화 후 오염물질의 총배출량은 1톤으로 감소하였다.

보수행렬이 아래와 같은 전략형 게임(strategic form game)에서 보수 a 값의 변화에 따른 설명으로 옳은 것은? (단, 보수행렬의 괄호 안 첫 번째 값은 갑의 보수, 두 번째 값은 을의 보수이다.)

▸ 2020년 감정평가사

		을	
		인상	인하
갑	인상	(a, a)	$(-5, 5)$
	인하	$(5, -5)$	$(-1, -1)$

① $a > 5$ 이면, (인상, 인상)이 유일한 내쉬균형이다.
② $-1 < a < 5$ 이면, 인상은 갑의 우월전략이다.
③ $a < -5$ 이면, 내쉬균형이 두 개 존재한다.
④ $a < 5$ 이면, (인하, 인하)가 유일한 내쉬균형이다.
⑤ $a = 5$ 인 경우와 $a < 5$ 인 경우의 내쉬균형은 동일하다.

출제이슈 보수행렬의 재구성
핵심해설 정답 ④

① 틀린 내용이다.
  $a > 5$ 이면 (인상, 인상)과 (인하, 인하)가 복수의 내쉬균형으로 도출된다.

② 틀린 내용이다.
  ⅰ) 을이 인상전략을 선택하든, 인하전략을 선택하든 관계없이 갑에게 자신의 보수를 더 크게 하는 전략이 우월전략이다.
  ⅱ) 갑에게 인상전략이 우월전략이 되려면 $a > 5$ 그리고 $-5 > -1$ 이어야만 하는데 이는 불가능하므로 결국 갑에게는 인상전략이 우월전략이 될 수 없다.

③ 틀린 내용이다.
  $a < -5$ 이면, (인하, 인하)가 유일한 내쉬균형으로 도출된다.

④ 옳은 내용이다.
  $a < 5$ 이면, (인하, 인하)가 유일한 내쉬균형으로 도출된다.

⑤ 틀린 내용이다.
  $a = 5$ 인 경우 (인상, 인상)과 (인하, 인하)가 복수의 내쉬균형으로 도출된다.

Issue 15 순차게임

A기업과 B기업의 전개형 게임이다. 기업A와 기업B는 각각 전략X와 전략Y에 따라 다른 보수를 얻는다. 이 전개형 게임의 완전균형은?

▶ 2020년 보험계리사

$$A기업 \begin{cases} X \quad B기업 \begin{cases} X \quad (A기업\ 200, \quad B기업\ 200) \\ Y \quad (A기업\ 300, \quad B기업\ 400) \end{cases} \\ Y \quad B기업 \begin{cases} X \quad (A기업\ 400, \quad B기업\ 300) \\ Y \quad (A기업\ 100, \quad B기업\ 100) \end{cases} \end{cases}$$

① A기업은 전략X를, B기업은 전략Y를 선택
② A기업은 전략Y를, B기업은 전략X를 선택
③ 두 기업 모두 전략X를 선택
④ 두 기업 모두 전략Y를 선택

출제이슈 순차게임
핵심해설 정답 ②

1) 기업 B의 입장에서
　① 첫 번째 부속게임에서 기업 B의 최적전략은 Y전략이 된다.
　② 두 번째 부속게임에서 기업 B의 최적전략은 X전략이 된다.

2) 기업 A의 입장에서
　① 기업 B의 Y전략에 대해 기업 A가 X전략이면 300의 보수를 얻는다.
　② 기업 B의 X전략에 대해 기업 A가 Y전략이면 400의 보수를 얻는다.

3) 따라서 기업 B가 X전략을 구사하고 기업 A는 Y전략을 채택한다.

이윤을 극대화하는 기업 A와 B의 생산량과 이윤행렬은 다음과 같다. A는 슈타켈버그 (Stackelberg)모형의 선도자, B는 추종자로 행동할 때, A와 B의 생산량 $(Q_A,\ Q_B)$은? (단, 이윤행렬의 괄호 안의 수에서 왼쪽은 A의 이윤이고, 오른쪽은 B의 이윤이다.)

▶ 2014년 감정평가사

		기업 B의 생산량		
		15	20	30
기업 A의 생산량	15	(450, 450)	(375, 500)	(225, 450)
	20	(500, 375)	(400, 400)	(200, 300)
	30	(450, 225)	(300, 200)	(0, 0)

① (15, 15)　　　　② (20, 15)　　　　③ (20, 20)
④ (30, 15)　　　　⑤ (30, 20)

출제이슈 순차게임
핵심해설 정답 ④

1) 기업 B의 입장에서
　① 첫 번째 부속게임에서 기업 B의 최적전략은 생산량 20 전략이 된다.
　② 두 번째 부속게임에서 기업 B의 최적전략은 생산량 20 전략이 된다.
　③ 세 번째 부속게임에서 기업 B의 최적전략은 생산량 15 전략이 된다.

2) 기업 A의 입장에서
　① 첫 번째 부속게임에서 기업 B의 생산량 20 전략에 대해 기업 A는 375의 보수를 얻는다.
　② 두 번째 부속게임에서 기업 B의 생산량 20 전략에 대해 기업 A는 400의 보수를 얻는다.
　③ 세 번째 부속게임에서 기업 B의 생산량 15 전략에 대해 기업 A는 450의 보수를 얻는다.

3) 따라서 기업 B가 생산량 15 전략을 구사하고 기업 A는 생산량 30 전략을 채택한다.

( )에 들어갈 내용으로 옳은 것은? ▶ 2022년 감정평가사

과점시장에서 보수를 극대화하는 두 기업 A와 B가 각각 전략 1과 전략 2를 통해 아래 표와 같은 보수(payoff)를 얻을 수 있다.

		기업 B	
		전략 1	전략 2
기업 A	전략 1	(22, 10)	(33, 8)
	전략 2	(32, 14)	(30, 12)

※ ( ) 안의 앞의 숫자는 기업 A의 보수, 뒤의 숫자는 기업 B의 보수이다.

- 기업 A와 기업 B가 동시에 전략을 선택할 때, 균형에서 기업 A의 보수는 (ㄱ)이다.
- 기업 A가 먼저 전략을 선택하고 신뢰할 수 있는 방법으로 확약할 때, 균형에서 기업 B의 보수는 (ㄴ)이다.

① ㄱ : 22, ㄴ : 8 ② ㄱ : 30, ㄴ : 8 ③ ㄱ : 32, ㄴ : 10
④ ㄱ : 32, ㄴ : 14 ⑤ ㄱ : 33, ㄴ : 12

출제이슈 동시게임과 순차게임
핵심해설 정답 ④

1) 동시게임의 균형

기업 A의 경우 우월전략은 존재하지 않으며, 기업 B의 경우 우월전략은 전략 1이 된다. 따라서 기업 B가 전략 1을 사용할 경우 기업 A는 전략 1이 아니라 전략 2를 사용해야 자신의 보수를 극대화할 수 있다. 결국 이 동시게임에서는 기업 A는 전략 2, 기업 B는 전략 1을 선택하는 것이 균형이 된다. 이때, 기업 A의 보수는 32가 된다.

2) 순차게임의 균형

ⅰ) 기업 B의 입장에서
① 첫 번째 부속게임에서 기업 B의 최적전략은 기업 A가 전략 1을 선택하는 경우 기업 B도 전략 1을 선택하는 것이다.
② 두 번째 부속게임에서 기업 B의 최적전략은 기업 A가 전략 2를 선택하는 경우 기업 B는 전략 1을 선택하는 것이다.

ⅱ) 기업 A의 입장에서
① 위 첫 번째 부속게임에서 기업 B가 선택한 전략 1에 대해 기업 A가 전략 1을 선택하면 기업 A는 22의 보수를 얻는다.
② 위 두 번째 부속게임에서 기업 B가 선택한 전략 1에 대해 기업 A가 전략 2를 선택하면 기업 A는 32의 보수를 얻는다.

3) 따라서 기업 B가 전략 1을 선택하고 기업 A는 전략 2를 채택한다. 이때, 기업 B의 보수는 14가 된다.

> **게임이론에 관한 설명으로 옳은 것은?**　　　▶ 2023년 감정평가사
>
> ① 내쉬균형은 상대방의 전략에 관계없이 자신에게 가장 유리한 전략을 선택하는 것을 말한다.
> ② 복점시장에서의 내쉬균형은 하나만 존재한다.
> ③ 어떤 게임에서 우월전략균형이 존재하지 않더라도 내쉬균형은 존재할 수 있다.
> ④ 순차게임에서는 내쉬조건만 충족하면 완전균형이 된다.
> ⑤ 승자의 불행(winner's curse) 현상을 방지하기 위해 최고가격입찰제(first-price sealed-bid auction)가 도입되었다.

출제이슈 게임이론 전반
핵심해설 정답 ③

③ 옳은 내용이다.
우월전략 및 우월전략균형은 직관적으로 매우 명백하지만 현실적으로 우월전략이 항상 존재하는 게임이 흔하지는 않다. 우월전략이라는 것은 상대방 경기자가 선택하는 어떠한 전략에 대해서도, 즉 모든 전략에 대해서 항상 자신의 최적 전략이라는 뜻이므로 상대방이 어떠한 전략을 취하든 관계없이 나 자신이 선택할 수 있는 최선의 전략이 현실에서 항상 존재하기는 어려운 것이다.

따라서 이러한 극단적 상황 및 요구를 조금 완화하여 상대방이 전략이 주어졌을 때, 그때 나 자신이 선택할 수 있는 최선의 전략을 도입해 볼 수 있다. 이러한 전략을 내쉬균형전략이라고 한다. 우월전략에 비하여 내쉬균형전략은 요구되는 조건이 완화된 것이므로 우월전략균형보다는 내쉬균형의 존재가능성이 더 커짐을 의미한다. 즉 우월전략균형이 존재하지 않더라도 내쉬균형의 존재가능성은 있다.

④ 틀린 내용이다.
순차게임에서는 신빙성 없는 위협과 같은 전략이 구사될 수도 있기 때문에 이를 제외하여 신빙성 있는 전략으로 정제하는 과정이 필요하다(신빙성 조건). 기존의 내쉬조건뿐만 아니라 이제 신빙성 조건까지 충족된 균형을 완전균형이라고 한다.

⑤ 틀린 내용이다.
승자의 불행 혹은 승자의 저주(winner's curse)란 최종적인 낙찰자가 경매물의 실제가치보다 더 많은 비용을 들여 구입하게 되거나 경매입찰에 필요한 비용보다 더 많은 비용을 들여 구입하게 되는 것을 뜻한다. 입찰제에 있어서 승자의 불행 혹은 승자의 저주(winner's curse)가 발생할 수 있는 것이지, 승자의 불행을 막기 위해서 최고가격입찰제가 도입된 것은 아니다.

경매이론(Auction theory)에 대한 설명으로 옳은 것은? ▶ 2018년 지방직 7급

① 비공개 차가 경매(Second price sealed bid auction)에서는 구매자가 자신이 평가하는 가치보다 낮게 입찰하는 것이 우월전략이다.

② 영국식 경매(English auction)의 입찰전략은 비공개 차가 경매의 입찰전략보다는 비공개 최고가 경매(First price sealed bid auction)의 입찰전략과 더 비슷하다.

③ 네덜란드식 경매(Dutch auction)는 입찰자가 경매를 멈출 때까지 가격을 높이는 공개 호가식 경매(Open outcry auction)이다.

④ 수입등가 정리(Revenue equivalence theorem)는 일정한 가정하에서 영국식 경매, 네덜란드식 경매, 비공개 최고가 경매, 비공개 차가 경매의 판매자 기대수입이 모두 같을 수 있다는 것을 의미한다.

출제이슈 경매이론의 기초
핵심해설 정답 ④

① 틀린 내용이다.

영국식 경매와 제2가격 입찰제는 자신의 평가액을 진실되게 그대로 제시하는 것이 경매참가자에게 유리한 우월전략이 된다. 따라서 설문에서 비공개 차가 경매(Second price sealed bid auction)에서는 구매자가 자신이 평가하는 가치보다 낮게 입찰하는 것은 잘못된 전략이다.

② 틀린 내용이다.

영국식 경매와 제2가격 입찰제는 자신의 평가액을 진실되게 그대로 제시하는 것이 경매참가자에게 유리하게 되며 이 두 방식의 경매 하에서 결과는 동일하다. 따라서 설문에서 영국식 경매(English auction)의 입찰전략은 비공개 최고가 경매(First price sealed bid auction)의 입찰전략보다는 비공개 차가 경매의 입찰전략과 더 비슷하다.

③ 틀린 내용이다.

네덜란드식 경매는 경매인이 가장 높은 가격부터 시작하여 구매자가 없으면 가격을 낮춰서 구매자를 찾는 방식으로서 가격이 내려가면서 구매자가 나오면 그 상황에서 가격이 결정되고 거래가 이루어지는 방식을 말한다. 따라서 설문에서 입찰자가 경매를 멈출 때까지 가격을 높이는 공개 호가식 경매(Open outcry auction)는 네덜란드식 경매가 아니라 영국식 경매이다.

④ 옳은 내용이다.

수입등가 정리(Revenue equivalence theorem)는 경매에 참가하는 사람이 모두 동질적이며 모두 위험에 대해 중립적인 태도를 갖고 최종낙찰자가 지불하는 금액은 경매참가인들이 부른 금액만의 함수의 가정하에서 영국식 경매, 네덜란드식 경매, 비공개 최고가 경매, 비공개 차가 경매의 판매자 기대수입이 모두 같을 수 있다는 것을 의미한다.

생산요소시장이론

생산요소시장 균형과 변화

밑줄 친 변화에 따라 각국의 노동시장에서 예상되는 현상으로 옳은 것은? (단, 노동수요곡선은
우하향, 노동공급곡선은 우상향하며, 다른 조건은 일정하다.) ▸ 2018년 감정평가사

- 갑국에서는 (A) 인구 감소로 노동시장에 참여하고자 하는 사람들이 감소하였다.
- 을국의 정부는 (B) 규제가 없는 노동시장에 균형임금보다 높은 수준에서 최저임금제를
도입하려고 한다.

① (A) : 노동수요 감소, (B) : 초과수요 발생
② (A) : 노동수요 증가, (B) : 초과공급 발생
③ (A) : 노동공급 감소, (B) : 초과수요 발생
④ (A) : 노동공급 증가, (B) : 초과공급 발생
⑤ (A) : 노동공급 감소, (B) : 초과공급 발생

출제이슈 생산요소시장 균형의 변화
핵심해설 정답 ⑤

(A) 인구감소로 인하여 노동시장에 참가하고자 하는 사람들이 감소하는 경우 노동공급이 감소한다.

(B) 규제가 없는 노동시장에 균형임금보다 높은 수준에서 최저임금제를 도입하는 경우 최저임금하에서 노동공급은
증가하고 노동수요는 감소하므로 노동의 초과공급이 발생한다.

사람들의 선호체계가 변화하여 막걸리 수요가 증가하고 가격이 상승했다고 하자. 이와 같은 막걸리 가격 상승이 막걸리를 생산하는 인부의 균형고용량과 균형임금에 미치는 효과에 대한 설명으로 가장 옳은 것은? (단, 막걸리를 생산하는 인부의 노동시장은 완전경쟁적이다.)

▶ 2019년 서울시 7급

① 노동의 한계생산가치는 증가하여 고용량은 증가하고 임금은 증가한다.
② 노동의 한계생산가치는 증가하여 고용량은 감소하고 임금은 증가한다.
③ 노동의 한계생산가치는 감소하여 고용량은 증가하고 임금은 감소한다.
④ 노동의 한계생산가치는 감소하여 고용량은 감소하고 임금은 감소한다.

출제이슈 생산요소시장 균형의 변화
핵심해설 정답 ①

생산물시장에서 선호의 변화로 생산물에 대한 수요가 증가하면 생산물시장의 재화가격이 상승한다. 이에 따라서 생산물시장의 공급량 및 거래량이 증가하여 노동수요가 증가하므로 노동수요곡선이 우측이동한다. 따라서 임금은 상승하고 노동고용량은 증가한다.

기술혁신으로 노동의 한계생산이 증가한다면, (ㄱ) 균형 노동량의 변화와 (ㄴ) 균형 임금률의 변화는? (단, 생산물시장과 노동시장은 완전경쟁적이며, 노동공급곡선은 우상향, 노동수요곡선은 우하향하고 있다.)

▶ 2022년 감정평가사

① ㄱ : 감소, ㄴ : 감소   ② ㄱ : 감소, ㄴ : 증가   ③ ㄱ : 감소, ㄴ : 불변
④ ㄱ : 증가, ㄴ : 감소   ⑤ ㄱ : 증가, ㄴ : 증가

출제이슈 생산요소시장 균형의 변화
핵심해설 정답 ⑤

어떤 산업에서 생산물 가격이 상승하는 경우 생산은 증가하고 요소수요도 증가한다. 요소수요의 증가로 요소가격은 상승하고 요소고용량은 증가한다.
마찬가지로 어떤 산업에서 노동의 한계생산성이 증가하는 경우 생산은 증가하고 요소수요도 증가한다. 요소수요의 증가로 요소가격은 상승하고 요소고용량은 증가한다.

경제적 지대(economic rent)에 관한 설명으로 옳은 것을 모두 고른 것은? ▸2019년 감정평가사

ㄱ. 공급이 제한된 생산요소에 발생하는 추가적 보수를 말한다.
ㄴ. 유명 연예인이나 운동선수의 높은 소득과 관련이 있다.
ㄷ. 생산요소의 공급자가 받고자 하는 최소한의 금액을 말한다.
ㄹ. 비용불변산업의 경제적 지대는 양(+)이다.

① ㄱ, ㄴ   ② ㄱ, ㄷ   ③ ㄱ, ㄹ
④ ㄴ, ㄷ   ⑤ ㄴ, ㄹ

출제이슈 경제적 지대와 선용수입
핵심해설 정답 ①

ㄱ. 옳은 내용이다.
생산요소의 공급이 가격에 대해 비탄력적이기 때문에 추가적으로 발생하는 요소소득으로서 비탄력적인 요소
공급은 공급이 제한된 생산요소를 의미한다.

ㄴ. 옳은 내용이다.
전문자격증 보유자 및 유명 연예인이나 운동선수의 경우 공급이 가격에 대해 매우 비탄력적으로서 공급이 제
한되어 있기 때문에 해당 요소의 보수가 높을 뿐만 아니라 나아가 해당 요소의 수입 중에서 경제적 지대가
차지하는 비중이 매우 크다고 할 수 있다.

ㄷ. 틀린 내용이다.
생산요소의 공급자가 받고자 하는 최소한의 금액은 전용수입(transfer earnings)으로서 생산요소가 전용되더라
도, 즉 다른 곳에서 고용되더라도 받을 수 있는 수입, 즉 생산요소의 기회비용을 말한다. 다른 곳에서 전용수입
만큼 벌 수 있으므로 이곳에서도 최소한 그만큼은 보장되어야 한다는 의미이다.

ㄹ. 틀린 내용이다.
공급이 비탄력적인 경우에는 경제적 지대가 차지하는 비중이 커지고, 공급이 탄력적인 경우에는 경제적 지대
가 차지하는 비중이 작아진다. 극단적으로 비용불변산업의 경우 공급곡선이 수평이기 때문에 경제적 지대는
0이 된다.

노동시장에서 경제적 지대(economic rent)와 전용수입(transfer earnings)에 관한 설명으로 옳은 것은? ▶ 2022년 공인노무사

① 공급이 고정되어 있는 노동에 대한 사용의 대가로 지불하는 금액은 전용수입에 해당한다.
② 노동공급곡선이 수평이면 지급한 보수 전액이 경제적 지대이다.
③ 노동을 현재의 고용상태로 유지하기 위해 지급해야 하는 최소한의 보수는 전용수입에 해당한다.
④ 경제적 지대의 비중이 높은 노동은 다른 요소로 대체하기가 더욱 수월하다.
⑤ 경제적 지대의 비중이 높은 노동의 경우 임금률이 상승할 때 노동 공급량이 쉽게 증가한다.

출제이슈 경제적 지대와 전용수입
핵심해설 정답 ③

① 틀린 내용이다.
경제적 지대는 생산요소의 공급이 가격에 대해 비탄력적이기 때문에 추가적으로 발생하는 요소소득이다. 따라서 공급이 고정되어 있는 노동에 대한 사용의 대가로 지불하는 금액은 경제적 지대에 해당한다.

② 틀린 내용이다.
경제적 지대는 생산요소의 공급이 가격에 대해 비탄력적이기 때문에 추가적으로 발생하는 요소소득이다. 특히 어떤 생산요소의 공급이 비탄력적일수록 그 요소의 수입 중에서 경제적 지대가 차지하는 비중이 크다. 반대로 생산요소의 공급이 탄력적일수록 그 요소의 수입 중에서 경제적 지대가 차지하는 비중은 작다. 극단적으로 생산요소의 공급이 완전탄력적인 경우, 예를 들어 노동공급곡선이 수평인 경우 노동의 보수는 모두 전용수입에 해당한다.

③ 옳은 내용이다.
전용수입(transfer earnings)이란 생산요소가 전용되더라도, 즉 다른 곳에서 고용되더라도 받을 수 있는 수입, 즉 생산요소의 기회비용을 말한다. 다른 곳에서 전용수입만큼 벌 수 있으므로 이곳에서도 최소한 그만큼은 보장되어야 현재 이곳의 고용상태에 머물도록 할 수 있다는 의미이다.

④ 틀린 내용이다.
어떤 생산요소의 공급이 비탄력적일수록 그 요소의 수입 중에서 경제적 지대가 차지하는 비중이 크다. 요소의 공급이 비탄력적이라는 것은 다른 요소로 대체가 어려움을 의미한다. 따라서 경제적 지대의 비중이 높은 노동은 다른 요소로 대체하기가 매우 어렵다.

⑤ 틀린 내용이다.
경제적 지대의 비중이 높은 노동의 경우 임금률이 상승할 때 노동 공급량이 쉽게 증가한다. 어떤 생산요소의 공급이 비탄력적일수록 그 요소의 수입 중에서 경제적 지대가 차지하는 비중이 크다. 요소의 공급이 비탄력적이라는 것은 임금률이 상승할 때, 노동 공급량이 많이 증가하지 않음을 의미한다. 따라서 경제적 지대의 비중이 높은 노동은 임금률이 상승할 때, 노동 공급량이 쉽게 증가하지 못한다.

생산요소시장에서 경제적 지대(economic rent)에 관한 설명으로 옳지 않은 것은?

▶ 2025년 감정평가사

① 생산요소의 기회비용을 초과해 추가로 지불되는 보수로 해석할 수 있다.
② 전용수입(transfer earnings)은 생산요소를 현재 수준으로 유지하기 위한 것과 관련된 기회비용이다.
③ 공급이 비탄력적일수록 경제적 지대는 커진다.
④ 희소성이 큰 생산요소일수록 경제적 지대가 크다.
⑤ 공급이 완전탄력적일 경우 전용수입이 발생하지 않는다.

출제이슈 경제적 지대와 전용수입
핵심해설 정답 ⑤

전용수입이란 생산요소가 전용되더라도, 즉 다른 곳에서 고용되더라도 받을 수 있는 수입으로서 생산요소의 기회비용을 말한다. 다른 곳에서 전용수입만큼 벌 수 있으므로 현재 고용시에도 최소한 그만큼은 보장되어야 고용상태가 유지될 수 있다.

경제적 지대는 생산요소의 공급이 가격에 대해 비탄력적이기 때문에 추가적으로 발생하는 요소소득이다. 따라서 공급이 비탄력적이거나 희소성이 큰 요소일 경우 경제적 지대가 전체수입에서 차지하는 비중이 커진다.

공급이 완전탄력적인 경우 경제적 지대는 0이므로, 요소수입은 모두 전용수입이 된다.
공급이 완전비탄력적인 경우 전용수입이 0이므로, 요소수입은 모두 경제적 지대가 된다.

노동의 시장수요함수와 시장공급함수가 다음과 같을 때 균형에서 경제적 지대(economic rent)와 전용수입(transfer earnings)은? (단, L은 노동량, w는 임금이다.) ▸2017년 감정평가사

(시장수요함수) $L_D = 24 - 2w$

(시장공급함수) $L_S = -4 + 2w$

① 0, 70   ② 25, 45   ③ 35, 35

④ 45, 25   ⑤ 70, 0

출제이슈 경제적 지대와 전용수입

핵심해설 정답 ②

1) 시장균형 구하기

시장수요와 시장공급이 $L_D = 24 - 2w$, $L_S = -4 + 2w$이므로 수요와 공급이 일치할 때, 시장균형이 달성된다. $24 - 2w = -4 + 2w$일 때 균형이 달성되며, 그때 균형임금은 $w = 7$, 균형고용량은 $L = 10$이다.

2) 경제적 지대 구하기

위의 그래프에서 $\triangle AEW^*$의 면적에 해당하는 것이 경제적 지대이다. A의 좌표는 공급곡선의 종축절편이다. 공급곡선은 $L_S = -4 + 2w$인데, 이를 변형하면 $w = 2 + 0.5L$이므로 $A = 2$가 된다. 그리고 $W^* = 7$이고 $L^* = 10$이 된다. 따라서 $\triangle AEW^*$의 면적은 $\triangle AEW^* = \dfrac{(7-2) \times 10}{2} = 25$가 되며 이것이 경제적 지대의 크기이다.

3) 전용수입 구하기

요소의 총수입이 70이고 경제적 지대가 25이므로 전용수입은 45가 된다.

Issue 02 생산요소시장에서 기업의 이윤극대화

A기업의 단기생산함수가 다음과 같을 때, 완전경쟁시장에서 A기업은 이윤을 극대화하는 생산 수준에서 노동 50단위를 고용하고 있다. 노동 한 단위당 임금이 300일 경우, 이윤을 극대화하는 생산물 가격은? (단, 노동시장은 완전경쟁시장이고, Q는 생산량, L은 노동이다.)

▶ 2020년 국가직 7급

- A기업의 단기생산함수 : $Q(L) = 200L - L^2$

① 1
② 3
③ 5
④ 9

출제이슈 생산요소시장에서 기업의 이윤극대화 계산
핵심해설 정답 ②

$$\begin{cases} \pi = P(200L - L^2) - (wL + r\overline{K}) \\ s.t.\ P = ?,\ w = 300,\ r = \overline{r} \\ Max\ \pi \end{cases}$$

$$\frac{d\pi}{dL} = \frac{dTR}{dL} - \frac{dTC}{dL} = P(200 - 2L) - 300 = 0$$

$P(200 - 2L) - 300 = 0$의 조건에서 이윤극대화 고용이 달성된다.

일반적인 경우 가격을 제시하고 이윤극대화 고용량을 구하는 것인데, 본 문제에서는 역으로 이윤극대화 고용량을 제시하고 가격을 구해내야 한다.

$P(200 - 2L) - 300 = 0$에 설문에서 주어진 이윤극대화 고용량 $L = 50$을 대입하면 가격 $P = 3$이 된다.

기업 갑의 생산함수는 $Q=2L^{0.5}$ 이며 Q의 가격은 4, L의 가격은 0.25이다. 이윤을 극대화 하는 갑의 (ㄱ) 노동투입량과 (ㄴ) 균형산출량은? (단, L은 노동, Q는 산출물이며, 산출물시 장과 노동시장은 완전경쟁적이다.) ▶ 2021년 감정평가사

① ㄱ : 2, ㄴ : 2 　　　　② ㄱ : 2, ㄴ : 4
③ ㄱ : 4, ㄴ : 4 　　　　④ ㄱ : 4, ㄴ : 8
⑤ ㄱ : 8, ㄴ : 16

출제이슈 생산요소시장에서 기업의 이윤극대화 계산
핵심해설 정답 없음, $L=256$, $Q=32$가 정답임

$$\begin{cases} \pi = P \cdot 2L^{0.5} - wL \\ s.t.\ P=4,\ w=0.25 \\ Max\ \pi \end{cases}$$

$\dfrac{d\pi}{dL} = 4L^{-0.5} - 0.25 = 0$, 따라서 $L=256$, $Q=32$가 된다.

갑기업의 생산함수는 $f(K, L) = K^{\frac{1}{2}} L^{\frac{1}{4}}$ 이고 산출물의 가격은 4, K의 가격은 2, L의 가격 은 1이다. 이윤을 극대화하는 갑기업의 K와 L은 각각 얼마인가? (단, K와 L은 각각 자본, 노동투입량을 나타내고 생산물시장과 생산요소시장은 완전경쟁시장이다.) ▶ 2015년 감정평가사

① $K=1$, $L=1$ 　　　　② $K=1$, $L=2$
③ $K=2$, $L=2$ 　　　　④ $K=2$, $L=4$
⑤ $K=4$, $L=2$

출제이슈 생산요소시장에서 기업의 이윤극대화 계산
핵심해설 정답 ①

$$\begin{cases} \pi = PK^{\frac{1}{2}} L^{\frac{1}{4}} - (wL + rK) \\ s.t.\ P=4,\ w=1,\ r=2 \\ Max\ \pi \end{cases}$$

$\dfrac{d\pi}{dL} = K^{\frac{1}{2}} L^{-\frac{3}{4}} - 1 = 0$, $\dfrac{d\pi}{dK} = 2K^{-\frac{1}{2}} L^{\frac{1}{4}} - 2 = 0$, 따라서 $L=1$, $K=1$이 된다.

Issue 03 　불완전경쟁과 생산요소시장

> A기업은 노동시장에서 수요독점자이다. 다음 설명 중 옳지 않은 것은? (단, A기업은 생산물
> 시장에서 가격수용자이다.)
> ▶ 2016년 공인노무사
>
> ① 균형에서 임금은 한계요소비용(marginal factor cost)보다 낮다.
> ② 균형에서 노동의 한계생산가치(VMP_L)와 한계요소비용이 같다.
> ③ 한계요소비용곡선은 노동공급곡선의 아래쪽에 위치한다.
> ④ 균형에서 완전경쟁인 노동시장에 비해 노동의 고용량이 더 적어진다.
> ⑤ 균형에서 완전경쟁인 노동시장에 비해 노동의 가격이 더 낮아진다.

출제이슈　수요독점과 이윤극대화
핵심해설　정답 ③

①, ② 모두 옳은 내용이다.
　　균형은 한계요소비용과 노동의 한계생산가치가 일치하는 데서 달성된다. 그런데 임금은 수요독점자로서의 지위를 활용하여 한계요소비용이 아니라 그보다 더 낮은 수준으로 설정된다. 따라서 균형에서 임금은 한계요소비용(marginal factor cost)보다 낮다.

③ 틀린 내용이다.
　　한계요소비용곡선은 노동공급곡선의 아래쪽이 아니라 위쪽에 있다.

④ 옳은 내용이다.
　　완전경쟁적인 노동시장이라면, 노동의 한계생산가치곡선과 노동공급곡선이 교차하는 지점에서 균형이 형성된다. 그러나 수요독점적 노동시장에서는 노동의 한계생산가치곡선과 한계요소비용(한계노동비용)곡선이 교차하는 지점에서 균형이 형성된다. 따라서 경쟁적 노동시장에 비해 노동의 고용량이 더 적다.

⑤ 옳은 내용이다.
　　균형은 한계요소비용과 노동의 한계생산가치가 일치하는 데서 달성된다. 그런데 임금은 수요독점자로서의 지위를 활용하여 한계요소비용이 아니라 그보다 더 낮은 수준으로 설정된다. 따라서 균형에서 완전경쟁인 노동시장에 비해 노동의 가격이 더 낮아진다.

노동시장이 수요독점일 때 이에 관한 설명으로 옳은 것을 모두 고른 것은? (단, 생산물 시장은 완전경쟁시장이며, 노동수요곡선은 우하향, 노동공급곡선은 우상향한다.) ▶ 2022년 감정평가사

ㄱ. 노동의 한계생산가치(value of marginal product of labor)곡선이 노동수요곡선이다.
ㄴ. 한계요소비용(marginal factor cost)곡선은 노동공급곡선의 아래쪽에 위치한다.
ㄷ. 균형 고용량은 노동의 한계생산가치곡선과 한계요소비용곡선이 만나는 점에서 결정된다.
ㄹ. 노동시장이 완전경쟁인 경우보다 균형 임금률이 낮고 균형 고용량이 많다.

① ㄱ, ㄴ ② ㄱ, ㄷ ③ ㄱ, ㄹ
④ ㄴ, ㄷ ⑤ ㄷ, ㄹ

출제이슈 수요독점과 이윤극대화
핵심해설 정답 ② (단, 엄밀하게는 ㄷ만 옳음에 유의하라.)

ㄱ. 엄밀하게는 틀린 내용이다.

기업의 노동수요에 따른 한계수입은 노동의 한계생산가치를 의미한다. 노동시장이 수요독점일 때 엄밀하게는 노동수요곡선은 존재하지 않는다. 이는 상품시장이 공급독점일 때 엄밀하게는 상품공급곡선이 존재하지 않는 것과 같은 이치이다. 다만, 설문에서 단서로서 생산물 시장은 완전경쟁시장이며, 노동수요곡선은 우하향한다고 주어진 것을 선해하도록 한다. 그러나 노동시장의 수요독점을 엄밀하게 고려하면 노동수요곡선은 존재하지 않으므로 틀린 내용임에 유의하라.

ㄴ. 틀린 내용이다.

기업의 노동수요에 따른 한계비용이 한계요소비용(한계노동비용)이다. 노동시장이 수요독점일 때 한계요소비용은 가계의 노동공급과 기업의 임금설정을 모두 고려하여 도출된다. 이는 상품시장이 공급독점일 때 한계비용이 가계의 상품수요와 기업의 가격설정을 모두 고려하여 도출되는 것과 같은 이치이다.

한계요소비용은 요소를 추가적으로 고용함에 따른 비용의 증가분으로서 총요소비용을 요소고용량으로 미분하여 구할 수 있다. 따라서 한계요소비용은 $MFC = [W(L) \cdot L]'$이 되며 기하적으로는 노동공급곡선의 좌상방에 위치함을 위의 그래프에서 확인할 수 있다.

ㄷ은 옳은 내용이고 ㄹ은 틀린 내용이다.

생산요소시장의 수요 측면에서 요소수요자의 이윤의 극대화를 달성하기 위해서는 요소수요에 따른 한계적 편익과 요소수요에 따른 한계적 비용이 일치해야 한다. 특히 요소수요 측면에 독점적 요소가 존재하는 경우 한계적 비용은 $[W(L) L]'$이며, 요소수요의 한계적 편익은 이와 무관하게 $P MP_L$이 된다. 이 둘을 일치시키는 수준에서 최적의 요소수요량이 결정되고 이에 기해서 요소공급자의 수취의사요소가격에 맞춰서 요소가격을 설정하게 된다. 따라서 균형 고용량은 노동의 한계생산가치곡선과 한계요소비용곡선이 만나는 점에서 결정된다. 이때 균형점은 아래에서 $E(L^*, W^*)$로서 요소시장이 완전경쟁인 경우와 비교하여 낮은 고용량, 낮은 임금의 특징을 갖게 된다.

기업 A가 직면하는 노동공급곡선은 $w = 60 + 0.08L$이다. 현재 기업 A가 1,000의 노동량을 고용할 때, 노동의 한계요소비용은? (단, w는 임금률, L은 노동량이다.) ▶ 2024년 감정평가사

① 임금률보다 80 크다.   ② 임금률보다 160 크다.

③ 임금률과 같다.   ④ 임금률보다 80 작다.

⑤ 임금률보다 160 작다.

출제이슈 수요독점과 한계요소비용
핵심해설 정답 ①

요소시장의 수요 측면이 독점적인 경우 한계요소비용은 한계비용과 한계생산의 곱으로 이루어지며, $[W(L) \, L]'$ 과 같이 도출할 수 있다. 이때 $W = W(L)$은 노동공급함수이다.

노동공급곡선이 $w = w(L) = 60 + 0.08L$로 주어진 경우, 한계요소비용 MFC를 구하면 다음과 같다.

$$MFC = [w(L) \, L]' = [(60 + 0.08L)L]' = 60 + 0.16L$$

따라서 노동량 $L = 1,000$인 경우 한계요소비용은 $MFC = 60 + 0.16 \times 1,000 = 220$이 된다.

이때, 임금 $w = w(L) = 60 + 0.08L = 60 + 0.08 \times 1,000 = 140$이 된다.

따라서 한계요소비용 220은 임금 140보다 80만큼 더 높다.

> A대학교 근처에는 편의점이 하나밖에 없으며 편의점 사장에게 아르바이트 학생의 한계생산가
> 치는 $VMP_L = 60 - 3L$이다. 아르바이트 학생의 노동공급이 $L = w - 40$이라고 하면 균형고
> 용량과 균형임금은 각각 얼마인가? (단, L은 노동량, w는 임금이다.) ▶ 2019년 감정평가사
>
> ① 2, 42 ② 4, 44 ③ 4, 48
> ④ 6, 42 ⑤ 6, 46

출제이슈 수요독점과 이윤극대화 계산
핵심해설 정답 ②

A대학교 근처에 편의점은 한 개밖에 없고 아르바이트 학생들은 다른 곳에서는 일자리를 구할 수 없는 상황이므로 전형적인 요소시장의 수요독점에 해당한다.

1) 한계요소비용

한계요소비용은 요소를 추가적으로 고용함에 따른 비용의 증가분으로서 총요소비용을 요소고용량으로 미분하면 한계요소비용은 $[W(L) \cdot L]' = [(L+40) \cdot L]' = \dfrac{d(L^2 + 40L)}{dL} = 2L + 40$ 이 된다.

2) 한계수입생산 혹은 한계생산가치

한계수입생산은 요소를 추가적으로 고용함에 따른 수입의 증가분으로서 총수입을 요소고용량으로 미분하여 구할 수 있다. 그런데 여기서는 경쟁적인 생산물시장이므로 한계수입생산은 한계생산물가치로 대체된다. 한계생산가치는 $VMP_L = 60 - 3L$로 주어져 있다.

3) 이윤극대화

한계요소비용과 한계생산가치가 일치할 때, $[(L+40)L]' = 2L + 40 = 60 - 3L$에서 이윤극대화가 달성된다. 따라서 이윤극대화 노동고용량은 $L = 4$가 된다. 한편 수요독점자는 독점력을 이용하여 임금을 설정할 수 있으므로 이윤극대화 노동고용량을 노동공급함수 $W = W(L) = L + 40$에 대입하여 임금을 구하면 $W = 44$가 된다.

기업 A는 노동만을 이용하여 재화 X를 생산한다. 기업 A의 생산함수는 $Q = \sqrt{L}$ 이며 X의 시장가격은 500이다. 기업 A는 노동에 대해 수요독점자이며, 노동시장에서 노동공급은 $w = L$ 이다. 기업 A가 선택할 임금률과 고용량을 바르게 연결한 것은? (단, w 는 임금률, L 은 노동량, Q 는 생산량이다.)

▶ 2021년 지방직 7급

	임금률	고용량
①	25	25
②	25	50
③	50	25
④	50	50
⑤	50	75

출제이슈 수요독점과 이윤극대화 계산

핵심해설 정답 ①

설문에서 기업 A 는 노동에 대해 수요독점자로 주어진 상황이다. 따라서 주어진 자료를 수요독점의 균형조건식 $[W(L) \cdot L]' = \overline{P}$ or $MR \cdot MP_L$ 에 산식을 대입하면 다음과 같다.

1) 한계요소비용

한계요소비용은 요소를 추가적으로 고용함에 따른 비용의 증가분으로서 총요소비용을 요소고용량으로 미분하여 구할 수 있다.

따라서 한계요소비용은 $[W(L) \cdot L]' = [L \times L]' = \dfrac{d(L^2)}{dL} = 2L$ 이 된다.

2) 한계수입생산 혹은 한계생산가치

한계수입생산은 요소를 추가적으로 고용함에 따른 수입의 증가분으로서 총수입을 요소고용량으로 미분하여 구할 수 있다.

따라서 한계생산가치는 $VMP_L = 500 \times \dfrac{d\sqrt{L}}{dL} = \dfrac{250}{\sqrt{L}}$ 이 된다.

3) 이윤극대화

한계요소비용과 한계생산가치가 일치할 때, $2L = \dfrac{250}{\sqrt{L}}$ 에서 수요독점자의 이윤극대화가 달성된다. 따라서 이윤극대화 노동고용량은 $L = 25$ 가 된다. 한편 수요독점자는 독점력을 이용하여 임금을 설정할 수 있으므로 이윤극대화 노동고용량을 노동공급함수 $W = W(L) = L$ 에 대입하여 임금을 구하면 $W = 25$ 가 된다.

물류회사 갑은 A지역 내에서 근로자에 대한 수요독점자이다. 다음과 같은 식이 주어졌을 때 이윤극대화를 추구하는 갑이 책정하는 임금은? (단, 노동공급은 완전경쟁적이며 w는 임금, L은 노동량이다.)

▶ 2015년 감정평가사

> A지역의 노동공급곡선 : $w = 800 + 10L$
> 노동의 한계수입생산 : $MRP_L = 2,000 - 10L$

① 800   ② 1,000   ③ 1,200
④ 1,400   ⑤ 1,600

출제이슈 수요독점과 이윤극대화 계산
핵심해설 정답 ③

설문에서 물류회사 갑은 A지역 내에서 근로자에 대한 수요독점자로서 전형적인 요소시장의 수요독점에 해당한다. 설문의 자료를 이용하여 요소시장의 수요독점 이윤극대화를 풀면 다음과 같다.

주어진 자료를 수요독점의 균형조건식 $[W(L) \cdot L]' = \overline{P} \text{ or } MR \cdot MP_L$에 산식을 대입하면 다음과 같다.

1) 한계요소비용

한계요소비용은 요소를 추가적으로 고용함에 따른 비용의 증가분으로서 총요소비용을 요소고용량으로 미분하여 구할 수 있다.

따라서 한계요소비용은 $[W(L) \cdot L]' = [(800 + 10L) \cdot L]' = \dfrac{d(800L + 10L^2)}{dL} = 800 + 20L$ 이 된다.

2) 한계수입생산

한계수입생산은 요소를 추가적으로 고용함에 따른 수입의 증가분으로서 총수입을 요소고용량으로 미분하여 구할 수 있는데, 설문에서 한계수입생산은 $\overline{P} \text{ or } MR \cdot MP_L = 2,000 - 10L$ 로 주어져 있다.

3) 이윤극대화

한계요소비용과 한계수입생산이 일치할 때, $[(800 + 10L)L]' = 800 + 20L = 2,000 - 10L$ 에서 이윤극대화가 달성된다. 따라서 이윤극대화 노동고용량은 $L = 40$이 된다. 한편 수요독점자는 독점력을 이용하여 임금을 설정할 수 있으므로 이윤극대화 노동고용량을 노동공급함수 $w = 800 + 10L$에 대입하여 임금을 구하면 $W = 1,200$이 된다.

노동을 수요독점하고 있는 A기업의 노동의 한계생산물가치는 $VMP_L = 38 - 4L$이고, 노동 공급곡선은 $w = 2 + L$이다. A기업의 이윤을 극대화하기 위한 임금은? (단, 생산물시장은 완전경쟁적이며 A기업은 생산요소로 노동만 사용하고 L은 노동, w는 임금이다.)

▶ 2021년 보험계리사

① 4   ② 6   ③ 8
④ 10   ⑤ 12

출제이슈 수요독점과 이윤극대화 계산
핵심해설 정답 ③

설문에서 주어진 자료를 수요독점의 균형조건식 $\left[W(L) \cdot L \right]' = \overline{P}$ or $MR \cdot MP_L$에 산식을 대입하면 다음과 같다.

1) 한계요소비용

한계요소비용은 요소를 추가적으로 고용함에 따른 비용의 증가분으로서 총요소비용을 요소고용량으로 미분하여 구할 수 있다.

따라서 한계요소비용은 $\left[W(L) \cdot L \right]' = \left[(2+L) \cdot L \right]' = \dfrac{d(L^2 + 2L)}{dL} = 2L + 2$ 가 된다.

2) 한계수입생산 혹은 한계생산가치

한계수입생산은 요소를 추가적으로 고용함에 따른 수입의 증가분으로서 총수입을 요소고용량으로 미분하여 구할 수 있다. 그런데 여기서는 경쟁적인 생산물시장이므로 한계수입생산은 한계생산물가치로 대체된다. 한계생산가치는 $VMP_L = 38 - 4L$로 주어져 있다.

3) 이윤극대화

한계요소비용과 한계생산가치가 일치할 때, $2L + 2 = 38 - 4L$에서 이윤극대화가 달성된다. 따라서 이윤극대화 노동고용량은 $L = 6$이 된다. 한편 수요독점자는 독점력을 이용하여 임금을 설정할 수 있으므로 이윤극대화 노동고용량을 노동공급함수 $W = W(L) = 2 + L$에 대입하여 임금을 구하면 $W = 8$이 된다.

노동시장에서 수요독점자인 A기업의 생산함수는 $Q = 2L + 100$이다. 생산물시장은 완전경쟁이고, 생산물가격은 100이다. 노동공급곡선이 $W = 10L$인 경우 다음을 구하시오. (단, Q는 산출량, L은 노동투입량, W는 임금이며, 기업은 모든 근로자에게 동일한 임금을 지급한다.)

▶ 2021년 공인노무사

ㄱ. A기업의 이윤극대화 임금
ㄴ. 노동시장의 수요독점에 따른 사회후생 감소분(절댓값)의 크기

① ㄱ : 50, ㄴ : 100   ② ㄱ : 50, ㄴ : 200   ③ ㄱ : 100, ㄴ : 300
④ ㄱ : 100, ㄴ : 400   ⑤ ㄱ : 100, ㄴ : 500

출제이슈 수요독점과 사회후생감소 계산
핵심해설 정답 ⑤

설문에서 A기업은 노동시장에서 수요독점자로 설정되어 있으므로 이윤극대화 과정은 다음과 같다.

1) 한계요소비용

한계요소비용은 요소를 추가적으로 고용함에 따른 비용의 증가분으로서 총요소비용을 요소고용량으로 미분하여 구할 수 있다.

따라서 한계요소비용은 $[W(L) \cdot L]' = [10L^2]' = 20L$이 된다.

2) 한계수입생산 혹은 한계생산가치

한계수입생산은 요소를 추가적으로 고용함에 따른 수입의 증가분으로서 총수입을 요소고용량으로 미분하여 구할 수 있다. 그런데 여기서는 경쟁적인 생산물시장이므로 한계수입생산은 한계생산물가치로 대체된다. 따라서 한계생산가치는 $VMP_L = 100 \times 2 = 200$이 된다.

3) 이윤극대화

한계요소비용과 한계생산가치가 일치할 때, $20L = 200$에서 이윤극대화가 달성된다. 따라서 이윤극대화 노동고용량은 $L = 10$이 된다. 한편 수요독점자는 독점력을 이용하여 임금을 설정할 수 있으므로 이윤극대화 노동고용량을 노동공급함수 $W = W(L) = 10L$에 대입하여 임금을 구하면 $W = 100$이 된다.

4) 사회후생 감소분

노동시장이 경쟁인 경우라면 노동수요곡선 $W = VMP_L = 100 \times 2 = 200$과 노동공급곡선 $W = 10L$이 교차하는 $L = 20$, $W = 200$에서 균형이 달성된다. 따라서 수요독점으로 인한 자중손실은 다음과 같이 계산할 수 있다.

$$D.\ W.\ L = \frac{(20 - 10) \times (200 - 100)}{2} = 500$$

생산요소시장에 관한 설명으로 옳은 것을 모두 고른 것은? ▸2023년 감정평가사

> ㄱ. 수요독점의 노동시장에서 수요독점자가 지불하는 임금률은 노동의 한계수입 생산보다 낮다.
> ㄴ. 노동시장의 수요독점은 생산요소의 고용량과 가격을 완전경쟁시장에 비해 모두 더 낮은 수준으로 하락시킨다.
> ㄷ. 생산요소의 공급곡선이 수직선일 경우 경제적 지대(economic rent)는 발생하지 않는다.
> ㄹ. 전용수입(transfer earnings)은 고용된 노동을 현재 수준으로 유지하기 위해 생산요소의 공급자가 받아야 하겠다는 최소한의 금액이다.

① ㄷ, ㄹ   ② ㄱ, ㄴ, ㄷ   ③ ㄱ, ㄴ, ㄹ
④ ㄴ, ㄷ, ㄹ   ⑤ ㄱ, ㄴ, ㄷ, ㄹ

출제이슈 요소수요독점시장, 경제적 지대와 전용수입
핵심해설 정답 ③

ㄷ. 틀린 내용이다.

경제적 지대란 전용수입을 초과한 보수로서 생산요소의 기회비용을 초과하여 추가적으로 지불되는 보수를 의미한다. 경제적 지대란 생산요소의 공급이 가격에 대해 비탄력적이기 때문에 추가적으로 발생하는 요소소득의 성격을 가지게 되고 어떤 생산요소의 공급이 비탄력적일수록 그 요소의 수입 중에서 경제적 지대가 차지하는 비중이 커지게 되는 특징이 있다. 극단적으로 요소공급이 완전비탄력적인 경우 요소수입의 전부가 경제적 지대이다.

Issue 04 기능별 소득분배

> 상품시장과 생산요소시장이 완전경쟁시장이고, 상품의 가격은 1이다. 기업들의 생산함수는 $F(K, L) = AK^{0.4}L^{0.6}$으로 동일하다. 균형에서 1,000개의 기업이 존재하고 각 기업의 자본에 대한 지출은 10이다. 균형에 관한 설명으로 옳은 것을 모두 고르면? (단, A는 생산기술, K는 자본, L은 노동이다.)
>
> ▶ 2020년 보험계리사
>
> 가. 생산은 25,000이다.
> 나. 노동소득분배율은 60%이다.
> 다. 개별기업의 노동에 대한 지출은 15이다.
>
> ① 가, 나　　　② 가, 다　　　③ 나, 다　　　④ 가, 나, 다

출제이슈 기능별 소득분배
핵심해설 정답 ④

생산요소에 대한 보수를 소득으로 보고 노동, 자본과 같은 요소 간 보수의 분배를 기능별 소득분배라고 한다. 특히 Cobb – Douglas 생산함수에서 노동소득과 자본소득을 나타내는 지표는 다음과 같다.

$Q = AK^{\alpha}L^{1-\alpha}$(단, Y : 생산량, K : 자본, L : 노동, A : 기술수준, $0 < \alpha < 1$)

1) 노동소득과 노동소득분배율

$Q = AK^{\alpha}L^{1-\alpha}$에서 $MP_L = AK^{\alpha}(1-\alpha)L^{-\alpha}$이며, 이는 노동의 보수이다.
따라서 노동의 총보수 혹은 총노동소득은 $LMP_L = AK^{\alpha}(1-\alpha)L^{1-\alpha} = (1-\alpha)Q$가 된다.
이때, $1-\alpha$가 노동소득분배율이다.

2) 자본소득과 자본소득분배율

$Q = AK^{\alpha}L^{1-\alpha}$에서 $MP_K = A\alpha K^{\alpha-1}L^{1-\alpha}$이며, 이는 자본의 보수이다.
따라서 자본의 총보수 혹은 총자본소득은 $KMP_K = A\alpha K^{\alpha}L^{1-\alpha} = \alpha Q$가 된다.
이때, α가 자본소득분배율이다.

따라서 설문에서 기업의 생산함수가 $F(K, L) = AK^{0.4}L^{0.6}$이므로 노동소득분배율은 0.6, 자본소득분배율은 0.4가 된다. 이때, 기업의 자본에 대한 지출이 10이므로 이는 자본소득을 의미한다. 따라서 노동소득분배율은 0.6, 자본소득분배율은 0.4임을 고려하면 노동소득은 자본소득의 1.5배이므로 15가 되는데, 이것은 기업입장에서 노동에 대한 지출이다. 자본소득이 10, 노동소득이 15이므로 총소득 혹은 기업의 총지출은 25가 된다. 시장균형에서 1,000개의 기업이 존재하므로 전체총지출은 25,000이 되며 이것이 총생산이다.

Issue **05** 　　　**계층별 소득분배**

소득분배가 완전히 균등한 경우를 모두 고른 것은?　　　▶ 2016년 감정평가사

　ㄱ. 로렌츠곡선이 대각선이다.
　ㄴ. 지니계수가 0이다.
　ㄷ. 십분위분배율이 2이다.

① ㄱ　　　　　　　　② ㄴ　　　　　　　　③ ㄱ, ㄷ
④ ㄴ, ㄷ　　　　　　⑤ ㄱ, ㄴ, ㄷ

출제이슈 불평등도 지수의 특징
핵심해설 정답 ⑤

ㄱ. 옳은 내용이다.
　로렌츠곡선은 소득 하위계층부터 시작하여 인구의 누적점유율과 그에 대응하는 소득의 누적점유율(소득하위 인구의 x%가 전체소득의 y%를 점유)을 연결한 곡선이다. 로렌츠곡선이 대각선에 가까울수록 소득분배가 균등하며, 완전히 균등한 소득분배의 경우에 대각선과 일치한다. 한편, 로렌츠곡선은 증가함수이며, 로렌츠곡선의 기울기도 증가함수이다.

ㄴ. 옳은 내용이다.
　지니계수는 로렌츠곡선이 완전균등분배선인 대각선에서 얼마나 이탈해 있는지를 측정해주는 지표로서 다음과 같이 계산된다.

　지니계수 $G = \dfrac{\text{로렌츠 곡선의 } \alpha \text{면적}}{\text{로렌츠 곡선의 } \alpha + \beta \text{면적}}$

　이때, 로렌츠곡선이 완전균등분배선인 대각선에 접근할수록 지니계수는 작아지며 소득분배는 균등해진다. 완전균등한 소득분배인 경우 로렌츠곡선이 완전균등분배선인 대각선과 일치하므로 지니계수는 0이 된다. 완전불균등한 소득분배인 경우에는 지니계수가 1이 된다.

ㄷ. 옳은 내용이다.
　십분위분배율은 하위 40%가 점유하는 소득을 상위 20%가 점유하는 소득으로 나눈 값이다. 따라서 십분위분배율이 클수록 소득분배는 균등해진다고 할 수 있다. 완전균등한 소득분배인 경우 하위 40%가 점유하는 소득은 정확히 상위 20%가 점유하는 소득의 2배가 되므로 십분위분배율은 2가 된다. 완전불균등한 소득분배인 경우 십분위분배율은 0이 된다.

소득분배와 관련된 지표에 대한 설명으로 옳지 않은 것은? ▸ 2022년 국가직 7급

① 10분위분배율은 최하위 40% 소득계층의 소득점유율을 최상위 20% 소득계층의 소득점유율로 나눈 값이다.

② 5분위 배율은 값이 커질수록 소득분배가 불평등함을 나타낸다.

③ 지니계수는 값이 커질수록 소득분배가 불평등함을 나타낸다.

④ 지니계수는 특정 소득계층의 소득분배상태 측정에 유용하다.

출제이슈 불평등도 지수의 특징
핵심해설 정답 ④

④ 틀린 내용이다.

지니계수는 전체 소득계층의 전반적인 소득분배상태를 나타내기 때문에 특정 소득계층의 소득분배상태 측정에는 유용하지 않다. 특정 소득계층의 소득분배상태는 십분위분배율, 5분위 배율, 10분위 배율, 로렌츠곡선 등을 통해 살펴볼 수 있다. 특히 로렌츠곡선의 경우 각 소득계층의 소득점유율 자료를 모두 보여 주기 때문에 적절히 해석하면 매우 유용하다. 로렌츠곡선은 소득 하위계층부터 시작하여 인구의 누적점유율과 그에 대응하는 소득의 누적점유율(소득하위 인구의 $x\%$가 전체소득의 $y\%$를 점유)을 연결한 곡선이다. 로렌츠곡선이 대각선에 가까울수록 소득분배가 균등하며, 완전히 균등한 소득분배의 경우에 대각선과 일치한다. 한편, 로렌츠곡선은 증가함수이며, 로렌츠곡선의 기울기도 증가함수이다.

소득분배를 측정하는 방식에 관한 설명으로 옳지 않은 것은? ▶ 2018년 공인노무사

① 지니계수 값이 커질수록 더 불균등한 소득분배를 나타낸다.

② 십분위분배율 값이 커질수록 더 균등한 소득분배를 나타낸다.

③ 모든 구성원의 소득이 동일하다면 로렌츠곡선은 대각선이다.

④ 동일한 지니계수 값을 갖는 두 로렌츠곡선은 교차할 수 없다.

⑤ 전체 구성원의 소득기준 하위 10% 계층이 전체소득의 10%를 벌면 로렌츠곡선은 대각선이다.

출제이슈 불평등도 지수의 특징
핵심해설 정답 ④

① 옳은 내용이다.

지니계수는 로렌츠곡선이 완전균등분배선인 대각선에서 얼마나 이탈해 있는지를 측정해주는 지표로서 완전균등분배선인 대각선에 접근할수록 지니계수는 작아지며 소득분배는 균등해진다. 완전균등한 소득분배인 경우 지니계수는 0이 되고, 완전불균등한 소득분배인 경우에는 지니계수가 1이 된다. 따라서 지니계수의 값이 커질수록 더 불평등한 분배상태를 나타낸다.

② 옳은 내용이다.

십분위분배율은 하위 40%가 점유하는 소득을 상위 20%가 점유하는 소득으로 나눈 값이다. 완전균등한 소득분배인 경우 하위 40%가 점유하는 소득은 정확히 상위 20%가 점유하는 소득의 2배가 되므로 십분위분배율은 2가 된다. 완전불균등한 소득분배인 경우 십분위분배율은 0이 된다. 따라서 십분위분배율이 클수록 소득분배는 균등해진다고 할 수 있다.

③ 옳은 내용이다.

로렌츠곡선은 소득 하위계층부터 시작하여 인구의 누적점유율과 그에 대응하는 소득의 누적점유율(소득하위 인구의 x%가 전체소득의 y%를 점유)을 연결한 곡선이다. 로렌츠곡선이 대각선에 가까울수록 소득분배가 균등하며, 완전히 균등한 소득분배의 경우에 대각선과 일치한다. 한편, 로렌츠곡선은 증가함수이며, 로렌츠곡선의 기울기도 증가함수이다.

④ 틀린 내용이다.

두 로렌츠곡선이 같은 형태는 아니어도 기하적인 면적계산을 통해 도출되는 지니계수 값은 동일할 수도 있다. 따라서 지니계수 값이 동일하더라도 로렌츠곡선은 다른 형태일 수 있으므로 교차할 수도 있다.

⑤ 옳은 내용이다.

로렌츠곡선은 소득하위 인구의 x%가 전체소득의 y%를 점유함을 의미하기 때문에 소득하위 인구의 추가적 증분에 따른 전체소득의 비율의 추가적 증분은 반드시 증가해야 한다. 즉, 이는 로렌츠곡선은 증가함수이면서 그 기울기도 증가함수임을 의미한다. 최초에 하위 10% 계층이 전체소득의 10%를 벌면 로렌츠곡선의 기울기가 1로 일정함을 의미하며 그 이후로는 이전의 기울기보다 크거나 같게 된다. 그런데 이후의 기울기가 1보다 크게 되면 로렌츠곡선에서 완전균등선의 제약을 벗어나는 것이므로 불가능하다. 결국 기울기가 1이 될 수밖에 없다.

소득분배에 관한 설명으로 옳은 것을 모두 고른 것은?

▶ 2023년 감정평가사

ㄱ. 국민소득이 임금, 이자, 이윤, 지대 등으로 나누어지는 몫이 얼마인지 보는 것이 계층별 소득분배이다.

ㄴ. 로렌츠곡선이 대각선에 가까울수록 보다 불평등한 분배 상태를 나타낸다.

ㄷ. 두 로렌츠곡선이 교차하면 소득분배 상태를 비교하기가 불가능하다.

ㄹ. 지니계수 값이 1에 가까울수록 보다 불평등한 분배 상태를 나타낸다.

① ㄱ, ㄴ   ② ㄱ, ㄷ   ③ ㄴ, ㄷ

④ ㄴ, ㄹ   ⑤ ㄷ, ㄹ

출제이슈 불평등도 지수의 특징
핵심해설 정답 ⑤

ㄱ. 틀린 내용이다.

생산요소에 대한 보수를 소득으로 보고 노동, 자본 등 요소 간 보수의 분배를 기능별 소득분배라고 한다. 생산요소 중 노동은 임금소득, 자본은 이자소득, 토지는 지대소득을 획득하게 되는데 각 요소에 대한 보수는 생산요소시장에서의 요소가격에 의하여 결정된다. 따라서 기능별 소득분배이론은 생산요소시장에서의 요소가격결정에 기하여 소득분배를 분석하게 된다. 한편 계층별 소득분배는 집단구성원의 소득을 크기에 따라서 순서대로 나열하여 상위계층부터 하위계층으로 구분하는 경우 상위계층과 하위계층의 계층 간, 집단 간 소득의 분배를 분석한다.

ㄴ. 틀린 내용이다.

로렌츠곡선은 소득 하위계층부터 시작하여 인구의 누적점유율과 그에 대응하는 소득의 누적점유율(소득하위 인구의 x%가 전체소득의 y%를 점유)을 연결한 곡선이다. 로렌츠곡선이 대각선에 가까울수록 소득분배가 균등하며, 완전히 균등한 소득분배의 경우에 대각선과 일치한다. 한편, 로렌츠곡선은 증가함수이며, 로렌츠곡선의 기울기도 증가함수이다.

ㄷ. 옳은 내용이다.

서로 다른 두 집단 혹은 국가 간 로렌츠 곡선은 교차할 수 있으며 이 경우에는 로렌츠 곡선만을 가지고는 소득분배 상태에 대하여 일률적인 판단을 내릴 수 없다. 이 경우에는 보통 지니계수를 추가적으로 활용한다.

ㄹ. 옳은 내용이다.

지니계수는 로렌츠곡선이 완전균등분배선인 대각선에서 얼마나 이탈해있는지를 측정해주는 지표로서 로렌츠곡선이 완전균등분배선인 대각선에 접근할수록 지니계수는 작아지며 소득분배는 균등해진다. 완전균등한 소득분배인 경우 로렌츠곡선이 완전균등분배선인 대각선과 일치하므로 지니계수는 0이 된다. 완전불균등한 소득분배인 경우에는 지니계수가 1이 된다.

A국에서 국민 20%가 전체 소득의 절반을, 그 외 국민 80%가 나머지 절반을 균등하게 나누어 가지고 있다. A국의 지니계수는?

▶ 2019년 국가직 7급

① 0.2

② 0.3

③ 0.4

④ 0.5

출제이슈 지니계수 계산

핵심해설 정답 ②

$$G = \frac{\text{로렌츠곡선의 }\alpha\text{면적}}{\text{로렌츠곡선의 }\alpha+\beta\text{면적}} = \frac{①+②}{①+②+③+④+⑤} = \frac{30 \times 50}{100 \times 100 \times 0.5} = 0.3$$

A국, B국, C국의 소득분위별 소득점유비중이 다음과 같다. 소득분배에 관한 설명으로 옳은 것은? (단, 1분위는 최하위 20%, 5분위는 최상위 20%의 가구를 의미한다.) ▶ 2015년 감정평가사

	A국	B국	C국
1분위	0	20	6
2분위	0	20	10
3분위	0	20	16
4분위	0	20	20
5분위	100	20	48

① A국은 B국보다 소득분배가 상대적으로 평등하다.

② B국은 C국보다 소득분배가 상대적으로 불평등하다.

③ C국의 십분위분배율은 $\frac{1}{8}$이다.

④ A국의 지니계수는 0이다.

⑤ B국의 지니계수는 A국의 지니계수보다 작다.

출제이슈 십분위분배율과 지니계수 계산
핵심해설 정답 ⑤

① 틀린 내용이다.

A국은 최상위 20%가 모든 소득을 가지고 있으므로 매우 불평등하며, B국은 각 분위별로 소득분배몫이 동일하므로 상대적으로 A국보다 소득분배가 평등하다고 할 수 있다.

② 틀린 내용이다.

C국은 1분위까지 하위 20%가 6%, 2분위까지 하위 40%가 16%, 3분위까지 하위 60%가 32%, 4분위까지 하위 80%가 52%의 소득을 점유하고 있다. 한편 B국은 1분위까지 하위 20%가 20%, 2분위까지 하위 40%가 40%, 3분위까지 하위 60%가 60%, 4분위까지 하위 80%가 80%의 소득을 점유하고 있다. 따라서 B국은 C국보다 소득분배가 상대적으로 평등하다고 할 수 있다.

③ 틀린 내용이다.

C국은 하위 40%가 전체소득의 16%를 차지하고 있으며, 상위 20%가 전체소득의 48%를 차지하고 있다. 따라서 C국의 십분위분배율은 $\frac{16}{48} = \frac{1}{3}$이 된다.

④ 틀린 내용이다.

$$G = \frac{\text{로렌츠 곡선의 } \alpha \text{ 면적}}{\text{로렌츠 곡선의 } \alpha + \beta \text{ 면적}} = \frac{①}{①+②} = \frac{80 \times 100 \times 0.5}{100 \times 100 \times 0.5} = 0.8$$

⑤ 옳은 내용이다.

A국은 최상위 20%가 모든 소득을 가지고 있으므로 매우 불평등하며, B국은 각 분위별로 소득분배몫이 동일하므로 상대적으로 A국보다 소득분배가 평등하다고 할 수 있다. 지니계수 G가 작을수록 소득분배가 균등하기 때문에 B국의 지니계수는 A국의 지니계수보다 작다.

개인 A와 B로 구성된 한 사회에서 개인의 소득이 각각 $I_A = 400$만원, $I_B = 100$만원이다. 개인 i = A, B의 효용함수가 $U_i = I_i$이고, 이 사회의 사회후생함수(SW)가 다음과 같을 때, 앳킨슨 지수(Atkinson index)를 구하면? ▶ 2021년 국가직 7급

$$SW = \min(U_A,\ 2U_B)$$

① 0.20 　　　　② 0.25 　　　　③ 0.30

④ 0.35 　　　　⑤ 0.50

출제이슈 앳킨슨 지수 계산
핵심해설 정답 ①

1) 현재 상황

　$I_A = 400$, $I_B = 100$이므로 평균소득은 250이며, $U_A = 400$, $U_B = 100$이 된다.
　따라서 $SW = \min(U_A,\ 2U_B) = 200$이 된다.

2) 가상 상황

　모든 이들에게 균등한 소득으로 분포되어 있는 가상적 상황을 상정하면 $I_A = Y_{EDE}$, $I_B = Y_{EDE}$이므로 평균소득도 Y_{EDE}가 되고 사회후생도 Y_{EDE}가 된다. 이때, 앳킨슨 지수의 요소인 Y_{EDE}의 정의에 의하면 가상적 상황의 사회후생이 현재 상황의 사회후생과 동일하다. 따라서 가상적 상황의 사회후생의 크기인 Y_{EDE}가 바로 현재 상황의 사회후생의 크기인 200과 동일하다.

3) 앳킨슨 지수의 계산

　현재 상황의 평균소득이 250, 균등분배대등소득 Y_{EDE}가 200임을 고려하면 앳킨슨 지수는 다음과 같다.

　$A = \dfrac{(\text{현재의 평균소득} - \text{균등분배대등소득})}{\text{현재의 평균소득}} = \dfrac{250 - 200}{250} = 0.2$

시장균형과 효율 및 후생

소비의 파레토효율

> 두 재화 X와 Y만을 소비하는 두 명의 소비자 갑과 을이 존재하는 순수교환경제에서 갑의 효
> 용함수는 $U_갑(X_갑, Y_갑) = \min\{X_갑, Y_갑\}$, 을의 효용함수는 $U_을(X_을, Y_을) = X_을 \times Y_을$
> 이다. 갑과 을의 초기 부존자원(X, Y)이 각각 (30, 60), (60, 30)이고 X재의 가격이 1이다.
> 일반균형(general equilibrium)에서 Y재의 가격은?   ▶ 2022년 감정평가사
>
> ① 1/3   ② 1/2   ③ 1
> ④ 2   ⑤ 3

출제이슈 일반균형과 파레토효율
핵심해설 정답 ③

일반균형에서 초과수요 조건은 파레토효율에서도 당연히 달성되므로 고려할 필요가 없고, 여기서는 일반균형에서 최적화 조건을 보도록 하자. 이는 소비자가 주어진 가격에서 효용극대화를 달성할 조건으로서 한계대체율과 상대 가격이 일치하면 된다. 주의할 것은 한계대체율과 상대가격이 일치하는 일반균형점은 계약곡선 위에 존재한다는 것이다.

1) 한계대체율(이하에서는 갑, 을 대신 A, B라고 하자)

   소비자 B의 한계대체율은 콥－더글러스 효용함수임을 고려하면, $MRS^B_{X,Y} = \dfrac{Y}{X}$ 가 된다. 일반균형을 달성시 키는 배분점은 반드시 계약곡선 위에 존재하므로 $Y = X$를 만족한다. 그리고 계약곡선 위에서 한계대체율 $MRS^B_{X,Y} = \dfrac{Y}{X}$ 를 동시에 고려하면 $MRS^B_{X,Y} = \dfrac{Y}{X} = 1$임을 알 수 있다. 참고로 소비자 A의 경우 계약곡선 위에서 한계대체율이 정의되지 않으므로 고려하지 않아도 된다.

2) 상대가격

   일반균형의 최적화 조건을 위해서는 한계대체율과 상대가격이 일치하므로 상대가격은 1이 된다.

X재의 가격이 1이라고 주어졌으므로 일반균형에서 상대가격이 1임을 고려하면 Y재의 가격도 1이다.

두 재화 맥주(B)와 커피(C)를 소비하는 두 명의 소비자 1과 2가 존재하는 순수교환경제를 가정한다. 소비자 1의 효용함수는 $U_1(B_1,\ C_1) = \min\{B_1,\ C_1\}$, 소비자 2의 효용함수는 $U_1(B_2,\ C_2) = B_2 + C_2$이다. 소비자 1의 초기 부존자원은 $(10,\ 20)$, 소비자 2의 초기 부존자원은 $(20,\ 10)$이고, 커피의 가격은 1이다. 일반균형(general equilibrium)에서 맥주의 가격은? (단, 초기 부존자원에서 앞의 숫자는 맥주의 보유량, 뒤의 숫자는 커피의 보유량이다.)

▶ 2018년 감정평가사

① $\dfrac{1}{3}$　　　② $\dfrac{1}{2}$　　　③ 1　　　④ 2　　　⑤ 3

출제이슈 일반균형
핵심해설 정답 ③

1) 일반균형과 파레토효율

위에서 지적한대로 일반균형이 달성되는 균형배분점은 계약곡선 위에 존재하므로 설문에서 주어진 두 소비자의 효용함수를 무차별곡선으로 그려서 계약곡선의 개형을 그려보면 균형점의 위치를 쉽게 파악할 수 있다.

2) 계약곡선의 개형

소비자 1의 효용함수는 완전보완관계의 레온티에프 함수로서 L자 형태의 무차별곡선을 갖는다. 소비자 2의 효용함수는 완전대체관계의 함수로서 우하향하는 직선의 형태를 갖는다. 파레토효율이 달성되는 계약곡선의 개형을 그려보면 계약곡선이 L자형의 무차별곡선의 꺾인 점들을 지나는 것을 알 수 있다. 설문에서 L자형의 무차별곡선의 꺾인 점들의 궤적은 바로 $B = C$의 직선이 되는 것도 쉽게 찾아낼 수 있다. 따라서 일반균형은 $B = C$의 직선 위에 위치하게 된다.

3) 최적화 조건

① 한계대체율

소비자 2의 한계대체율은 완전대체 효용함수임을 고려하면 1이 된다. 일반균형을 달성시키는 배분점은 반드시 계약곡선 위에 존재하므로 $B = C$를 만족한다. 소비자 1의 경우 계약곡선 위에서 한계대체율이 정의되지 않으므로 고려하지 않아도 된다.

② 상대가격

일반균형의 최적화 조건을 위해서는 한계대체율과 상대가격이 일치하므로 상대가격은 1임을 쉽게 알 수 있다.

4) 설문의 해결

설문에서 커피의 가격이 1이라고 주어졌으므로 위에서 구한 바와 같이 일반균형에서 상대가격이 1임을 고려하면 맥주의 가격도 역시 1이 됨을 알 수 있다.

두 재화 X와 Y를 소비하는 소비자 갑과 을이 존재하는 순수교환경제를 가정한다. 두 소비자의 효용함수는 $U(x, y) = xy$로 동일하고, 갑의 초기부존은 $(x = 10, \ y = 5)$, 을의 초기부존은 $(x = 5, \ y = 10)$일 때, 옳은 것을 모두 고른 것은? (단, x는 X재 소비량, y는 Y재 소비량)

▶ 2020년 감정평가사

ㄱ. 초기부존에서 갑의 한계대체율은 0.5, 을의 한계대체율은 2이다.
ㄴ. 초기부존에서 갑의 X재 1단위와 을의 Y재 2단위가 교환될 때, 파레토 개선이 이루어진다.
ㄷ. 일반균형은 X재 가격이 1일 때, Y재 가격은 1이다.
ㄹ. 일반균형에서 갑은 X재보다 Y재를 더 많이 소비한다.

① ㄱ, ㄴ   ② ㄱ, ㄷ   ③ ㄴ, ㄷ   ④ ㄴ, ㄹ   ⑤ ㄷ, ㄹ

출제이슈 교환–소비의 파레토효율과 일반균형
핵심해설 정답 ②

ㄱ. 옳은 내용이다.

두 소비자의 효용함수는 $U(x, y) = xy$이기 때문에 한계대체율은 $\dfrac{y}{x}$가 된다. 이때, 소비자 갑의 한계대체율은 $MRS_{X,Y}^{갑} = \dfrac{5}{10} = 0.5$이며 소비자 을의 한계대체율은 $MRS_{X,Y}^{을} = \dfrac{10}{5} = 2$가 된다.

ㄴ. 틀린 내용이다.

갑의 초기부존은 $(x = 10, \ y = 5)$이므로 효용은 50 수준이다. 이때, 갑의 X재 1단위와 을의 Y재 2단위가 교환되면, 갑은 $(x = 9, \ y = 7)$이 되어 효용은 63 수준으로 증가한다. 한편 을의 초기부존은 $(x = 5, \ y = 10)$이므로 효용은 50 수준이다. 이때, 갑의 X재 1단위와 을의 Y재 2단위가 교환되면, 을은 $(x = 6, \ y = 8)$이 되어 효용은 48 수준으로 감소한다.

ㄷ. 옳은 내용이다.

일반균형일 때, 상대가격은 $\dfrac{P_Y}{P_X} = 1$이므로 X재 가격이 1일 때, Y재 가격은 1임을 의미한다.

ㄹ. 틀린 내용이다.

갑의 수요함수는 $X_A = 5 + 2.5\dfrac{P_Y}{P_X}$, 을의 수요함수는 $X_B = 2.5 + 5\dfrac{P_Y}{P_X}$이며, 경쟁균형가격은 $\dfrac{P_Y}{P_X} = 1$이고 갑의 수요량은 $X_A = 5 + 2.5\dfrac{P_Y}{P_X} = 7.5$가 된다. 초기부존에서 갑은 $X = 10$, $Y = 5$만큼 소비하였는데 균형에서는 X재를 7.5만큼 소비하고 있다. 따라서 X재 소비를 2.5만큼 줄이고 Y재 소비는 2.5만큼 늘리게 된다. 결국 Y재는 7.5만큼 소비하게 된다. 즉 갑의 X재 소비량과 Y재 소비량은 동일하다.

Issue 02	생산의 파레토효율

> 총 노동량과 총 자본량이 각각 12단위인 경제를 가정하자. 완전보완관계인 노동 1단위와 자본 2단위를 투입하여 X재 한 개를 생산하며, 완전대체관계인 노동 1단위 혹은 자본 1단위를 투입하여 Y재 한 개를 생산한다. 이 경우 X재 생산량이 6일 때, 생산의 파레토 최적 달성을 위한 Y재 생산량은?
>
> ▶ 2017년 국가직 7급
>
> ① 8 ② 6
> ③ 4 ④ 3

출제이슈 생산의 파레토효율
핵심해설 정답 ②

1) X재의 생산함수

X재의 경우 완전보완관계인 노동 1단위와 자본 2단위를 투입하여 X재 1단위가 생산되므로 그 생산함수는 레온티에프형 생산함수로서 $Q = Min\left\{L, \dfrac{K}{2}\right\}$가 된다.

2) Y재의 생산함수

Y재의 경우 완전대체관계인 노동 1단위 또는 자본 1단위를 투입하여 Y재 1단위가 생산되므로 그 생산함수는 선형 생산함수로서 $Q = L + K$가 된다.

3) 현재 X재의 생산현황

① 현재 X재는 6단위가 생산되고 있다.
② 이를 위해서는 노동 6단위와 자본 12단위가 투입되고 있다는 의미이다.

4) 부존자원현황

① 총 노동량은 12단위, 총 자본량은 12단위이다.
② 현재 X재 생산에 노동 6단위와 자본 12단위가 투입되고 있기 때문에 잔여 노동과 자본은 각각 6단위와 0단위이다.

5) 생산의 파레토효율 달성을 위한 Y재의 생산

① 잔여 노동과 자본 각각 6단위와 0단위를 활용하여 최대로 산출가능한 Y재 수량은 6단위가 된다.
② 만일 Y재 생산량을 늘리기 위해서는 노동과 자본의 추가투입이 필요하며, 이에 따라 X재 생산이 감소할 수밖에 없다. 따라서 현재 상태는 파레토 개선이 불가능하며 생산의 파레토효율을 달성하게 된다.

Issue 03 소비와 생산의 종합적 파레토효율

효용가능경계(utility possibilities frontier)에 대한 설명으로 옳은 것은 모두 고르면?

▶ 2017년 서울시 7급

ㄱ. 효용가능경계 위의 점들에서는 사람들의 한계대체율이 동일하며, 이 한계대체율과 한계생산변환율이 일치한다.

ㄴ. 어느 경제에 주어진 경제적 자원이 모두 고용되면 이 경제는 효용가능경계 위에 있게 된다.

ㄷ. 생산가능곡선상의 한 점에서 생산된 상품의 조합을 사람들 사이에 적절히 배분함으로써 얻을 수 있는 최대 효용수준의 조합을 효용가능경계라고 한다.

① ㄱ   ② ㄷ   ③ ㄱ, ㄴ   ④ ㄱ, ㄷ

출제이슈 효용가능경계
핵심해설 정답 ①

ㄱ. 옳은 내용이다.
효용가능경계는 소비의 파레토효율, 생산의 파레토효율, 소비 및 생산의 종합적 파레토효율을 모두 만족하기 때문에 효용가능경계에서는 사람들의 한계대체율이 모두 동일하고, 재화생산에 있어서 한계기술대체율이 모두 동일할 뿐만 아니라 한계대체율과 한계전환율(설문의 한계생산변환율)이 일치한다.

ㄴ. 틀린 내용이다.
어느 경제의 경제적 자원이 모두 고용된다고 해서 효용가능경계 위에 존재하는 것은 아니다. 왜냐하면, 모두 고용이 되더라도 비효율적인 요소 투입이 발생할 수 있으며 이로 인해서 경제는 효율성 달성에 실패할 수도 있다. 완전고용이 반드시 효율성을 의미하는 것은 아니다. 이러한 경우에는 효용가능경계 위에 존재하지 못하게 된다.

ㄷ. 틀린 내용이다.
생산가능곡선상의 "한" 점에서 생산된 상품의 조합을 사람들 사이에 적절히 배분함으로써 얻을 수 있는 최대 효용수준의 조합은 효용가능경계가 아니라 효용가능곡선이다. 효용가능경계는 무수히 많은 효용가능곡선들의 포락선을 의미한다. 효용가능곡선은 소비의 파레토효율을 만족하지만 효용가능경계는 소비의 파레토효율뿐만 아니라 생산의 파레토효율 그리고 소비와 생산의 종합적 파레토효율 모두 만족해야 한다.

사회후생 관점에서 자원의 효율적 활용에 관한 설명으로 옳지 않은 것은? ▶ 2024년 감정평가사

① 계약곡선상의 점들은 생산의 효율성을 보장하는 점들의 집합이다.
② 효용가능곡선은 주어진 상품을 두 사람에게 배분할 때, 두 사람이 얻을 수 있는 최대한의 효용수준의 조합이다.
③ 효용가능경계란 한 경제에 존재하는 경제적 자원을 가장 효율적으로 배분했을 때 얻을 수 있는 효용수준의 조합이다.
④ 종합적 효율성(overall efficiency)이란 생산의 효율성과 교환의 효율성이 동시에 달성된 상태를 말한다.
⑤ 생산가능곡선은 한 나라의 경제가 주어진 생산요소와 생산기술을 사용하여 최대한 생산할 수 있는 산출물들이 조합이다.

출제이슈 파레토효율
핵심해설 정답 ①

소비의 파레토효율이란 소비에 있어서 효용이 가장 극대화된 상태로서 더 이상 소비의 파레토 개선이 불가능한 상태를 의미한다. 만일 다른 이에게 손해를 주지 않으면서 최소한 한 사람 이상의 효용을 증가시킬 수 있으면 소비의 파레토 개선이 가능한 상황이다. 소비의 파레토효율이 달성되도록 두 사람의 한계대체율이 서로 같게 되는 점들을 연결한 곡선을 소비의 계약곡선이라고 한다. 소비의 계약곡선상의 점들이 소비의 효율성을 보장한다. 효용가능곡선이란 소비의 계약곡선상의 점에 대응하는 두 사람의 효용수준의 조합을 연결한 곡선으로서 소비의 파레토효율이 달성되는 효용수준의 조합의 궤적을 의미한다.

생산의 파레토효율이란 생산에 있어서 재화의 산출이 가장 극대화된 상태로서 더 이상 생산의 파레토 개선이 불가능한 상태를 의미한다. 만일 어느 한 재화의 생산을 감소시키지 않고서 다른 재화의 생산을 증가시킬 수 있으면 생산의 파레토 개선이 가능한 상황이다. 생산의 파레토효율이 달성되도록 두 재화의 요소 간 한계기술대체율이 서로 같게 되는 점들을 연결한 곡선을 계약곡선이라고 한다. 생산의 계약곡선상의 점들이 생산의 효율성을 보장한다. 생산가능곡선이란 생산의 계약곡선상의 점에 대응하는 두 재화의 산출량 수준의 조합을 연결한 곡선으로서 생산의 파레토효율이 달성되는 산출량 수준의 조합의 궤적을 의미한다.

소비·생산 전체의 파레토효율이란 소비와 생산의 종합적 관점에서 소비로 인한 편익과 생산의 비용의 차이로서의 잉여가 가장 극대화된 상태로서 더 이상 소비·생산의 파레토 개선이 불가능한 상태를 의미한다. 만일 다른 주체에게 손해를 주지 않으면서 잉여를 증가시킬 수 있으면 소비·생산의 파레토 개선이 가능한 상황이다.

Issue 04 후생경제학 제1, 2 정리

> **후생경제이론에 관한 설명으로 옳은 것은?**　　　　　　　　　　　　▶ 2021년 감정평가사
>
> ① 파레토(Pareto)효율적인 상태는 파레토 개선이 가능한 상태를 뜻한다.
> ② 제2정리는 모든 사람의 선호가 오목성을 가지면 파레토효율적인 배분은 일반경쟁균형이
>   된다는 것이다.
> ③ 제1정리는 모든 소비자의 선호체계가 약단조성을 갖고 외부성이 존재하면 일반경쟁균형
>   의 배분은 파레토효율적이라는 것이다.
> ④ 제1정리는 완전경쟁시장 하에서 사익과 공익은 서로 상충된다는 것이다.
> ⑤ 제1정리는 아담 스미스(A.Smith)의 '보이지 않는 손'의 역할을 이론적으로 뒷받침해주는
>   것이다.

출제이슈 후생경제학 제1, 2정리
핵심해설 정답 ⑤

① 틀린 내용이다.
　소비, 교환의 파레토효율이란 더 이상 소비의 파레토 개선이 불가능한 상태로서 다른 이에게 손해를 주지 않으
　면서 최소한 한 사람 이상이 효용을 증가시키는 것이 불가능한 상태이다. 즉, 다른 이에게 손해를 주지 않으면
　서 최소한 한 사람 이상이 효용을 증가시킬 수 있으면 파레토 개선이 가능함을 의미하는데, 이러한 파레토 개선
　이 불가능한 상태이다. 한편, 생산의 파레토효율이란 더 이상 생산의 파레토 개선이 불가능한 상태를 말한다.
　즉, 어느 한 재화의 생산을 감소시키지 않고서 다른 재화의 생산을 증가시킬 수 있으면 파레토 개선이 가능함을
　의미하는데, 이러한 파레토 개선이 불가능한 상태이다.

② 틀린 내용이다.
　만일 초기부존자원이 적절히 분배된 상황에서 모든 사람의 선호가 연속적이고 강단조적이고 볼록성을
　가지면 파레토효율적인 배분은 일반경쟁균형이 된다. 이를 후생경제학 제2정리라고 한다.

③ 틀린 내용이다.
　모든 소비자의 선호체계가 강단조성을 갖고 경제 안에 외부성이 존재하지 않으면 일반경쟁균형에 의한 배분은
　파레토효율적이다. 이를 후생경제학 제1정리라고 하며 간단히 표현하면 일반경쟁효율은 파레토효율적임을 나
　타낸다.

④는 틀린 내용이며 ⑤는 옳은 내용이다.
　후생경제학 제1정리는 '보이지 않는 손'의 현대적 해석이라고 할 수 있다. 각 경제주체의 상충되는 욕구를 조정
　하여 무질서한 혼돈의 상태에 균형이란 질서를 부여하고 그 결과 개인의 사리와 공익은 조화를 이루게 된다는
　것이다.

후생경제이론에 관한 설명으로 옳지 않은 것은? ▸ 2023년 감정평가사

① 계약곡선 위의 모든 점은 파레토효율적 배분을 대표한다.
② 일정한 전제하에서 왈라스균형은 일반경쟁균형이 될 수 있다.
③ 차선의 이론에 따르면 점진적 접근방식에 의한 부분적 해결책이 최선은 아닐 수 있다.
④ 후생경제학의 제1정리에 따르면 일반경쟁균형의 배분은 파레토효율적이다.
⑤ 후생경제학의 제2정리는 재분배를 위한 목적으로 가격체계에 개입하는 것에 정당성을 부여한다.

출제이슈 일반균형, 후생경제학 제정리, 차선의 이론
핵심해설 정답 ⑤

⑤ 틀린 내용이다.
　만일 초기부존자원이 적절히 분배된 상황에서 모든 사람의 선호가 연속적이고 강단조적이고 볼록성을 가지면 파레토효율적인 배분은 일반경쟁균형이 된다. 이를 후생경제학 제2정리라고 하며 간단히 표현하면 특정 조건이 충족된 상황에서는 파레토효율적 배분을 일반경쟁균형을 통해서 달성할 수 있음을 나타낸다.

후생경제학 제2정리의 성립을 위해서는 반드시 초기배분상태에 대한 적절한 재분배 과정이 필요하다. 즉 정액세 부과 및 보조를 통하여 초기 부존자원을 재분배하여야 하는데 이는 재분배의 이론적 가능성만을 보여주는 것일 뿐 확실하게 현실가능성이 있는 것은 아니라는 한계가 있다. 그리고 재분배를 위해서는 가격체계를 건드리지 않고 정액세-현금이전의 방식이 바람직함이 알려져 있다. 만일 정부가 가격체계를 건드리는 경우 가격체계에 왜곡을 가져와 비효율을 초래하게 된다.

Issue 05 바람직한 자원배분

사회후생에 관한 설명으로 옳지 않은 것은? ▶ 2021년 감정평가사

① 차선의 이론은 부분적 해결책이 최적은 아닐 수 있음을 보여준다.

② 롤즈(J.Rawls)적 가치판단을 반영한 사회무차별곡선은 L자형이다.

③ 파레토효율성 조건은 완전경쟁의 상황에서 충족된다.

④ 공리주의적 사회후생함수는 최대다수의 최대행복을 나타낸다.

⑤ 애로우(K.Arrow)의 불가능성 정리에서 파레토원칙은 과반수제를 의미한다.

출제이슈 후생경제이론
핵심해설 정답 ⑤

⑤ 틀린 내용이다.

사회후생함수는 개인의 효용수준을 사회의 후생수준으로 나타내주는 함수로서 이는 개인의 선호체계를 집계하여 사회적 선호체계로 만들어준다는 것을 의미한다. 현실적으로는 어떠한 자원배분상태에 대한 투표를 의미한다. 특히 애로우의 불가능성 정리에 의하면, 갖추어야 할 바람직한 성격을 모두 만족하는 사회후생함수는 존재하지 않는다. 사회후생함수가 가져야 할 바람직한 성격 중 파레토 원칙에 의하면, 모든 개인이 사회적 상태 α보다 사회적 상태 β를 선호하면 사회도 사회적 상태 α보다 사회적 상태 β를 선호해야 한다. 이는 과반수제가 아니라 만장일치제를 의미한다. 이 원칙에 의하면 사회적 선호는 반드시 사회구성원들의 선호를 반영해야하고, 사회의 모든 구성원들이 만장일치로 선호하는 사회상태가 있다면 이는 반드시 사회에서도 선택되어야함을 의미한다.

롤스(J.Rawls)의 사회후생함수에 관한 설명으로 옳은 것을 모두 고르면? ▶ 2022년 보험계리사

ㄱ. 사회후생함수는 개인의 분배와 상관없다.
ㄴ. 사회후생함수는 개인 효용의 합에 의해 결정된다.
ㄷ. 사회후생함수는 레온티에프 함수와 같은 형태이다.
ㄹ. 평등주의적 가치관을 담고 있다.

① ㄱ, ㄴ
② ㄴ, ㄷ
③ ㄷ, ㄹ
④ ㄱ, ㄹ

출제이슈 롤스주의적 사회후생함수
핵심해설 정답 ③

효율적인 자원배분 중에서 가장 바람직한 배분을 찾기 위해서 효율성 이외에 공평성 기준을 도입하게 된다. 공평성 기준은 경제 내의 생산물이 주체들 사이에 어떻게 분배되어야 바람직한지에 대한 가치판단을 의미하며 이는 사회후생함수를 통해서 반영된다. 사회후생함수란 개인의 효용수준을 사회의 후생수준으로 나타내 주는 함수로서 두 사람의 효용수준이 만일 U^A, U^B라고 할 경우 사회후생은 $SW = f(U^A, U^B)$와 같은 함수로 나타낼 수 있다. 그리고 이를 기하적으로 표현하게 되면 동일한 수준의 사회후생을 가져다주는 개인의 효용 수준의 조합의 궤적을 구할 수 있는데 이를 사회무차별곡선이라고 한다.

사회구성원들의 개인적인 효용수준을 사회전체의 후생수준으로 변환시키는 과정에서 필연적으로 개인의 효용수준을 어떻게 비교하고 평가하는지가 반영되어야 한다. 이러한 개인의 효용 간 비교, 평가과정에서 공평성의 가치판단이 드러난다(분배적 정의). 사회후생함수에 반영되는 공평성에 대한 가치판단은 크게 공리주의적 가치관, 평등주의적 가치관, 롤스주의적 가치관으로 나누어 볼 수 있다. 이러한 가치관들은 각각의 사회후생함수에 반영되어 있다.

롤스는 1970년초에 출간한 "정의론"에서 정의를 공평성의 관점에서 파악하였다. 특히 정의에 관하여 사회구성원들이 합의하는 원칙은 무지의 장막에 둘러싸인 원초적 입장이라고 하는 가상적 상황에서는 가장 가난한 빈자들의 효용을 증진시키는 것에만 동의하게 된다는 것이다. 롤스는 이를 통해서 최빈자의 효용을 극대화하는 이른바 최소극대화의 원칙을 도출하였다.

롤스주의적 사회후생함수는 개인 간 효용 비교에 있어서 특정개인의 효용은 다른 개인의 효용으로 대체 불가능하다고 보고 있다. 이를 수리적으로 표현하면 $SW = Min\{U^A, U^B\}$와 같으며 기하적으로 표현하면 L자형의 사회후생함수로 나타난다. 특히 롤스주의에 의하면 공평이란 극단적으로 모두 똑같이 나눠가져야 하며 가장 낮은 수준의 효용을 누리는 사람의 효용으로 사회후생을 도출한다.

사회후생함수에 관한 설명으로 옳지 않은 것은? ▶ 2024년 감정평가사

① 평등주의 경향이 강할수록 사회무차별 곡선은 원점에 대해 더 오목한 모양을 갖는다.
② 평등주의적 사회후생함수는 개인들의 효용수준의 차이를 반영해야 한다는 평등주의적 가치판단을 근거로 한다.
③ 공리주의자의 사회후생함수는 사회구성원의 효용수준에 동일한 가중치를 부여한다.
④ 롤즈(J. Rawls)의 가치판단을 반영한 사회무차별곡선은 L자 모양이다.
⑤ 롤즈의 최소극대화 원칙(maximin principle)은 한 사회에서 가장 가난한 사람의 생활수준을 가능한 한 크게 개선시키는 것이 재분배정책의 최우선 과제라는 주장이다.

출제이슈 다양한 사회후생함수
핵심해설 정답 ①

사회후생함수란 개인의 효용수준을 사회의 후생수준으로 나타내 주는 함수로서 두 사람의 효용수준이 만일 U^A, U^B라고 할 경우 사회후생은 $SW = f(U^A, U^B)$와 같은 함수로 나타낼 수 있다. 그리고 이를 기하적으로 표현하게 되면 동일한 수준의 사회후생을 가져다주는 개인의 효용 수준의 조합의 궤적을 구할 수 있는데 이를 사회무차별곡선이라고 한다.

사회구성원들의 개인적인 효용수준을 사회전체의 후생수준으로 변환시키는 과정에서 필연적으로 개인의 효용수준을 어떻게 비교하고 평가하는지가 반영되어야 한다. 이러한 개인의 효용 간 비교, 평가과정에서 공평성의 가치판단이 드러난다(분배적 정의).

공평성에 대한 가치판단 중에서 평등주의적 성향이 강할수록 사회후생함수를 기하적으로 표현하면 원점에 대해 더 볼록해진다.

시장실패이론

시장실패 일반

시장실패에 관한 설명으로 옳은 것은? ▶ 2021년 공인노무사

① 순수공공재는 배제성은 없으나 경합성은 있다.
② 상호이익이 되는 거래를 방해할 경우 시장실패가 발생한다.
③ 시장실패의 존재는 정부개입의 필요조건이자 충분조건이다.
④ 완전경쟁시장은 자원배분의 효율성은 물론 분배의 공평성도 보장해주는 시장이다.
⑤ 긍정적 외부경제는 시장실패를 유발하지 않는다.

출제이슈 시장실패의 원인과 특징
핵심해설 정답 ②

① 틀린 내용이다.
순수공공재는 배제불가능성과 비경합성을 모두 충족한다.

② 옳은 내용이다.
시장에서 상호이익이 되는 거래를 방해하게 되면, 거래로부터의 이득을 얻지 못하게 되고 사회후생 극대화에 실패하여 시장실패가 발생한다.

③ 틀린 내용이다.
시장실패의 존재는 정부개입의 필요조건일 뿐 충분조건은 아니다.

④ 틀린 내용이다.
완전경쟁시장은 자원배분의 효율성만 보장할 뿐, 소득분배의 공평성까지 보장하지는 못한다.

⑤ 틀린 내용이다.
긍정적 외부성도 부정적 외부성과 마찬가지로 시장실패를 초래한다.

시장실패를 발생시키는 요인으로 옳지 않은 것은?

▶ 2024년 감정평가사

① 역선택
② 규모에 대한 수익체감 기술
③ 긍정적 외부성
④ 불완전한 정보
⑤ 소비의 비경합성과 배제불가능성

출제이슈 시장실패의 원인과 특징
핵심해설 정답 ②

역선택, 외부성, 불완전한 정보 등이 존재하는 경우 시장실패가 발생할 수 있다. 특히 긍정적 외부성도 부정적 외부성과 마찬가지로 시장실패를 초래한다. 그리고 규모의 경제가 존재할 때도 시장실패가 발생할 수 있다.

생산량이 증가함에 따라서 장기평균비용이 하락하는 현상을 규모의 경제라고 하며 이는 장기평균비용곡선이 우하향하는 것으로 나타난다. 규모의 경제가 시장 전체에 걸쳐서 나타날 경우 다수의 기업이 경쟁하는 경쟁적 시장에서는 생산비용이 크게 높아지기 때문에 결국 퇴출이 발생하여 공존할 수 없다. 결국 규모의 경제가 강하게 존재하는 상황하에서는 최종적으로 자연스럽게 하나의 기업만이 살아남아 독점의 시장구조가 형성되는데 이를 자연독점이라고 한다.

시장실패에 관한 설명으로 옳지 않은 것은?

▶ 2025년 감정평가사

① 공유자원의 비극은 소유권이 불명확하여 자원이 과대하게 사용되는 문제이다.
② 부정적 외부성은 사회적 후생손실을 발생시키지만, 긍정적 외부성은 사회적 후생손실을 발생시키지 않는다.
③ 정보의 비대칭성은 역선택과 도덕적 해이를 유발할 수 있다.
④ 공공재는 비배제성의 특징으로 인해 무임승차자 문제가 발생한다.
⑤ 시장실패에 대응하기 위한 정부개입이 오히려 효율성을 저하시킬 수 있다.

출제이슈 시장실패의 원인과 특징
핵심해설 정답 ②

부정적 외부성뿐만 아니라 긍정적 외부성도 사회적 후생손실을 발생시킨다.

Issue 02 공공재의 특성

다음 표는 소비의 배제성과 경합성의 존재 유무에 따라 재화를 분류하고 있다. 다음 표에서 C에 해당하는 재화로 옳은 것은?

▶ 2015년 감정평가사

		경합성	
		있음	없음
배제성	있음	A	B
	없음	C	D

① 사적(私的) 재화　　② 유료도로　　③ 국방시비스
④ 유료 케이블TV　　⑤ 공해(公海)상의 물고기

출제이슈 배제성과 경합성 여부에 따른 재화의 분류
핵심해설 정답 ⑤

재화를 배제가능성과 경합성의 정도에 따라서 구분하면 다음과 같다.

경합성 ＼ 배제성	배제 가능	배제 불가능
경합적	사적 재화 (막히는 유료도로)	비순수공공재, 공유자원 (막히는 무료도로)
비경합적	비순수공공재 (한산한 유료도로)	순수공공재 (막히지 않는 무료도로)

설문에서 배제가 불가능하고 경합적인 재화는 공유자원으로서 공해(公海)상의 물고기가 그 예가 된다.

재화는 배제성과 경합성의 정도에 따라 사적 재화, 공유자원, 공공재, 클럽재(club goods)로 분류할 수 있다. 다음 재화에 대한 분류를 바르게 연결한 것은? ▶ 2019년 국가직 9급

㉠ 막히는 유료도로
㉡ 막히지 않는 유료도로
㉢ 막히는 무료도로
㉣ 막히지 않는 무료도로

	㉠	㉡	㉢	㉣
①	사적 재화	클럽재	공유자원	공공재
②	사적 재화	공공재	클럽재	공유자원
③	사적 재화	공유자원	클럽재	공공재
④	사적 재화	클럽재	공공재	공유자원

출제이슈 배제성과 경합성 여부에 따른 재화의 분류
핵심해설 정답 ①

재화를 배제가능성과 경합성의 정도에 따라서 구분하면 다음과 같다.

경합성 \ 배제성	배제 가능	배제 불가능
경합적	사적 재화 (막히는 유료도로)	비순수공공재, 공유자원 (막히는 무료도로)
비경합적	비순수공공재 (한산한 유료도로)	순수공공재 (막히지 않는 무료도로)

공공재와 관련된 시장실패에 관한 설명으로 옳지 않은 것은? ▸2015년 공인노무사

① 순수공공재는 소비의 비배제성과 비경합성을 동시에 가지고 있다.

② 소비의 비배제성으로 인한 무임승차의 문제가 발생한다.

③ 긍정적 외부성이 존재하는 공공재의 생산을 민간에 맡길 때, 사회적 최적 수준에 비해 과소생산된다.

④ 공공재의 경우에는 개인의 한계편익곡선을 수평으로 합하여 사회적 한계편익곡선을 도출한다.

⑤ 공공재의 최적생산을 위해서는 경제주체들의 공공재 편익을 사실대로 파악하여야 한다.

출제이슈 공공재의 특성
핵심해설 정답 ④

① 옳은 내용이다.

재화소비에 있어서 배제가 불가능하다는 것(non-excludability)은 가격을 지불하지 않은 사람을 소비에서 배제시킬 수 없다는 것으로서 공공재의 대표적인 특성이 된다. 따라서 구성원들은 공공재에 대하여 가격을 지불하지 않으려 하는 무임승차자 문제가 발생하여 공공재 소비배제는 불가능하게 된다. 재화소비에 있어서 비경합적이라는 것(non-rivalry)은 한 사람의 소비는 다른 사람이 소비할 수 있는 기회를 감소시키지 않는 것을 의미하며 이는 공공재의 대표적인 특성이 된다. 비경합성으로 인해서 추가적인 소비에 따른 한계비용은 없기 때문에 공공재 소비배제는 바람직하지 않게 된다. 순수공공재는 배제불가능성과 비경합성을 모두 충족시키는 재화나 서비스이며, 비순수공공재는 이 둘 중 어느 하나만 충족시키는 재화나 서비스를 의미한다.

② 옳은 내용이다.

재화소비에 있어서 배제가 불가능하다는 것(non-excludability)은 가격을 지불하지 않은 사람을 소비에서 배제시킬 수 없다는 것으로서 공공재의 대표적인 특성이 된다. 따라서 구성원들은 공공재에 대하여 가격을 지불하지 않으려 하는 무임승차자 문제가 발생하여 공공재 소비배제는 불가능하게 된다.

③ 옳은 내용이다.

긍정적 외부성이 존재하는 공공재의 생산을 민간에 맡길 때, 사회적 편익보다 사적 편익이 더 작기 때문에 지불 용의금액이 줄어들고 이에 따라서 사회적 최적 수준보다 낮은 가격에 과소생산된다.

④ 틀린 내용이다.

공공재의 경우에는 공공재에 대하여 각 개인의 소비량은 동일하지만, 그에 대한 편익 혹은 지불할 용의가 있는 금액은 상이하므로 개인의 한계편익곡선을 수직으로 합하여 사회적 한계편익곡선을 도출한다.

⑤ 옳은 내용이다.

공공재의 최적생산을 위해서는 경제주체들의 공공재 편익을 사실대로 파악하여야 하지만, 문제는 경제주체들이 무임승차를 위해 편익을 허위로 보고할 가능성이 매우 크며 이로 인해 시장실패가 발생한다.

Issue 03 공공재의 최적공급

순수 공공재에 관한 설명으로 옳지 않은 것은? ▶ 2021년 감정평가사

① 소비자가 많을수록 개별 소비자가 이용하는 편익은 감소한다.
② 시장수요는 개별 소비자 수요의 수직합으로 도출된다.
③ 개별 소비자의 한계편익 합계와 공급에 따른 한계비용이 일치하는 수준에서 사회적 최적량이 결정된다.
④ 시장에서 공급량이 결정되면 사회적 최적량에 비해 과소공급된다.
⑤ 공급량이 사회적 최적 수준에서 결정되려면 사회 전체의 정확한 선호를 파악해야 한다.

출제이슈 공공재 최적 공급의 조건
핵심해설 정답 ①

① 틀린 내용이다.

재화소비에 있어서 비경합적이라는 것(non – rivalry)은 한 사람의 소비는 다른 사람이 소비할 수 있는 기회를 감소시키지 않는 것을 의미하며 이는 공공재의 대표적인 특성이 된다. 따라서 소비자가 많다고 해서 개별 소비자가 이용하는 편익이 감소하는 것은 아니다.

② 옳은 내용이다.

공공재의 소비에 있어서 개별 소비자들은 모두 상이한 지불용의가격을 가지고 있지만, 서로 동일한 양을 소비하게 된다. 이 과정에서 개별 소비자들은 공공재의 배제불가능성에 의하여 진실한 선호를 표출하지 않으며(거짓된 개별수요곡선 혹은 가상수요곡선, pseudo demand) 시장수요는 개별수요의 수직합으로 구해진다.

③ 옳은 내용이다.

공공재는 한계편익 합계와 공급에 따른 한계비용이 일치하는 수준에서 사회적 최적량이 결정된다.

④ 옳은 내용이다.

공공재의 특성상 가격을 지불하지 않은 사람을 소비에서 배제시킬 수 없기 때문에 사회구성원들은 공공재에 대한 진정한 선호를 표출하지 않을 뿐만 아니라 공공재에 대하여 가격을 지불하지 않으려 한다. 구성원들은 무임승차를 위해서 공공재에 대한 진실한 선호를 표출하지 않고 축소한 거짓된 선호를 표출하게 되고 결국 개인의 거짓된 한계편익의 합은 진정한 한계편익의 합보다 작다. 이러한 거짓된 선호에 기반한 시장수요를 바탕으로 공공재를 공급하게 되면 최적 공급량보다 과소공급되는 문제가 나타난다.

⑤ 옳은 내용이다.

앞에서 살펴본바, 거짓된 선호에 기반한 시장수요를 바탕으로 공공재를 공급하게 되면 최적 공급량보다 과소공급되는 문제가 나타남을 알았다. 따라서 공공재의 공급량이 사회적 최적 수준에서 결정되려면 사회 전체의 정확한 선호를 파악하는 것이 중요하다. 이를 위해서 수요표출메커니즘을 활용할 수도 있다.

두 명의 주민이 사는 어느 마을에서 가로등에 대한 개별 주민의 수요함수는 $P = 10 - Q$로 표현되며, 주민 간에 동일하다. 가로등 설치에 따르는 한계비용이 6일 때, 이 마을에 설치할 가로등의 적정 수량은? (단, Q는 가로등의 수량이다.) ▶ 2018년 국가직 7급

① 4
② 5
③ 6
④ 7

출제이슈 공공재 최적 공급의 계산
핵심해설 정답 ④

1) 수요조건
   ① 마을주민 개인의 수요 : $P = 10 - Q$
   ② 마을주민 전체의 수요 : $P = 2(10 - Q)$

2) 비용조건
   $MC = 6$

3) 공공재의 최적 공급
   $MB_A + MB_B = MC$
   따라서 $2(10 - Q) = 6$, $Q = 7$

A, B, C 3인으로 구성된 사회에서 공공재에 대한 개인의 수요함수는 각각 $P_A = 40 - 2Q$, $P_B = 50 - Q$, $P_C = 60 - Q$로 주어져 있다. 공공재 생산의 한계비용이 90으로 일정할 때, 사회적으로 최적인 공급 수준에서 A가 지불해야 하는 가격을 구하면? (단, P_i는 개인 $i =$ A, B, C의 공공재에 대한 한계편익, Q는 수량이다.)

▸ 2021년 국가직 7급

① 10 　　　　　② 15 　　　　　③ 20
④ 25 　　　　　⑤ 30

출제이슈 공공재 최적 공급의 계산
핵심해설 정답 ①

1) 수요조건
　① 마을주민 A의 수요 : $P = 40 - 2Q$
　② 마을주민 B의 수요 : $P = 50 - Q$
　③ 마을주민 C의 수요 : $P = 60 - Q$
　④ 마을주민 전체의 수요 : $P = 150 - 4Q$

2) 비용조건
　$MC = 90$

3) 공공재의 최적 공급
　$MB_A + MB_B + MB_C = MC$
　따라서 $150 - 4Q = 90$, $Q = 15$

4) 마을주민의 지불액
　마을주민 A의 수요는 $P = 40 - 2Q$이므로 지불액은 $P = 10$이 된다.

공공재에 대한 갑과 을의 수요함수가 각각 $P_갑 = 80 - Q$, $P_을 = 140 - Q$이다. 이에 관한 설명으로 옳은 것을 모두 고른 것은? (단, P는 가격, Q는 수량) ▶ 2020년 감정평가사

> ㄱ. $0 \leqq Q \leqq 80$일 때, 공공재의 사회적 한계편익곡선은 $P = 220 - 2Q$이다.
> ㄴ. $80 < Q$일 때, 공공재의 사회적 한계편익곡선은 $P = 80 - Q$이다.
> ㄷ. 공공재 생산의 한계비용이 50일 때, 사회적 최적 생산량은 90이다.
> ㄹ. 공공재 생산의 한계비용이 70일 때, 사회적 최적 생산량은 70이다.

① ㄱ, ㄴ   ② ㄱ, ㄷ   ③ ㄴ, ㄷ

④ ㄴ, ㄹ   ⑤ ㄷ, ㄹ

출제이슈 공공재 최적 공급의 계산
핵심해설 정답 ②

ㄱ. 옳은 내용이다.

  ⅰ) $0 \leqq Q \leqq 80$일 때, 전체수요함수 : $P = (80 - Q) + (140 - Q) = 220 - 2Q$

  ⅱ) $80 < Q \leqq 140$일 때, 전체수요함수 : $P = 140 - Q$

  따라서 $0 \leqq Q \leqq 80$일 때, 공공재의 사회적 한계편익곡선은 $P = 220 - 2Q$이다.

ㄴ. 틀린 내용이다.

  ⅰ) $0 \leqq Q \leqq 80$일 때, 전체수요함수 : $P = (80 - Q) + (140 - Q) = 220 - 2Q$

  ⅱ) $80 < Q \leqq 140$일 때, 전체수요함수 : $P = 140 - Q$

  따라서 $80 < Q$일 때, 공공재의 사회적 한계편익곡선은 $P = 140 - Q$이다.

ㄷ. 옳은 내용이다.

  $MC = 50$인 경우

  ⅰ) $80 < Q \leqq 140$일 때, $0 \leqq P < 60$

  ⅱ) $MB_A + MB_B = MC$의 공공재 최적공급에 따라서 $140 - Q = 50$이 된다.

  따라서 최적의 공공재 생산량은 $Q = 90$이 된다.

ㄹ. 틀린 내용이다.

  ⅰ) $0 \leqq Q \leqq 80$일 때, $60 \leqq P \leqq 120$

  ⅱ) $MB_A + MB_B = MC$의 공공재 최적공급에 따라서 $220 - 2Q = 70$이 된다.

  따라서 최적의 공공재 생산량은 $Q = 75$가 된다.

두 명의 수요자로 구성된 X재 시장에 관한 설명으로 옳은 것은? (단, P는 가격, Q_1과 Q_2는 각각 개인 1과 2의 수요함수) ▸2025년 감정평가사

- $Q_1 = 10 - \dfrac{1}{2}P, \ Q_2 = 20 - P$
- 한계비용은 16으로 일정하다.

① X재가 사적재일 경우 경쟁시장에서의 균형거래량은 10이다.
② X재가 사적재일 경우 경쟁시장에서의 균형거래량은 8이다.
③ X재가 공공재일 경우 최적 생산량은 8이다.
④ X재가 공공재일 경우 최적 생산량은 10이다.
⑤ 재화의 성격과 관계없이 균형거래량과 최적 생산량은 10이다.

출제이슈 공공재와 사적재 균형의 비교
핵심해설 정답 ③

1) 사적재인 경우
   시장수요는 수평합으로 구하므로 시장수요함수는 $Q = 30 - 1.5P$가 된다.
   이 때, 한계비용이 16이므로 균형거래량은 6이 된다.

2) 공공재인 경우
   시장수요는 수직합으로 구하므로 시장수요함수는 $P = 40 - 3Q$가 된다.
   이 때, 한계비용이 16이므로 균형거래량은 8이 된다.

Issue 04   외부성의 의의와 효과

> **외부성에 관한 설명으로 옳은 것은?** ▶ 2023년 감정평가사
>
> ① 생산의 부정적 외부성이 있는 경우 사회적 최적생산량이 시장균형생산량보다 크다.
> ② 생산의 부정적 외부성이 있는 경우 사적 한계비용이 사회적 한계비용보다 작다.
> ③ 소비의 부정적 외부성이 있는 경우 사적 한계편익이 사회적 한계편익보다 작다.
> ④ 코즈(R. Coase)의 정리는 거래비용의 크기와 무관하게 민간경제주체들이 외부성을 스스로 해결할 수 있다는 정리를 말한다.
> ⑤ 공유자원의 비극(tragedy of the commons)은 긍정적 외부성에서 발생한다.

출제이슈 외부성
핵심해설 정답 ②

①은 틀린 내용이며, ②는 옳은 내용이다.

　생산에 있어서 부정적 외부효과가 있을 경우 사적 비용에 비해 사회적 비용이 더 크다. 기하적으로는 사회적 한계비용곡선이 사적 한계비용곡선보다 상방에 존재하는 것으로 묘사할 수 있다. 이는 생산에 수반되는 부정적 외부성이 사회적 관점에서는 생산비용의 상승을 만들어 내기 때문이다. 사적 한계비용이 사회적 한계비용보다 더 작기 때문에 시장균형 산출량은 사회적 최적 산출량을 상회한다.

③ 틀린 내용이다.

　소비에 있어서 부정적 외부성이 있는 경우 사회적 한계편익에 비해 사적 한계편익이 더 크다. 기하적으로는 사회적 한계편익곡선이 사적 한계편익곡선보다 하방에 존재하는 것으로 묘사할 수 있다. 이는 소비에 수반되는 부정적 외부성이 사회적 관점에서 편익의 감소를 만들어 내기 때문이다. 사적 한계편익이 사회적 한계편익보다 더 크기 때문에 시장균형 산출량은 사회적 최적 산출량을 상회한다.

④ 틀린 내용이다.

　코즈정리에 따르면, 첫째, 외부성이 존재하는 경우, 둘째, 외부성과 관련된 재산권의 부여가 확립되고, 셋째, 협상에 따른 거래비용이 존재하지 않는다고 가정하면 정부개입이 없더라도 이해당사자인 경제주체들 간의 자율적인 협상을 통해 효율적인 자원배분이 가능하다.

⑤ 틀린 내용이다.

　공유자원에 접근가능한 특정주체의 소비 혹은 생산행위는 불분명한 소유권 확립과 결부되어 과잉소비로 이어진다. 특정주체의 과잉소비는 공유자원을 고갈시킴으로써 다른 주체들의 소비 혹은 생산행위에 부정적 영향, 즉 부정적 외부성을 초래하게 된다.

　공유자원을 사용하는 개별주체의 관점에서는 자신의 이익을 극대화하는 것이므로 합리적인 의사결정임에 틀림없다. 그러나 공유자원을 사용하는 전체의 관점에서는 부정적 외부성, 과잉소비, 고갈 등의 문제로 인하여 효율적이지 않다. 이는 공유자원을 사용함에 있어서 사적 유인과 사회적 유인이 외부성에 의하여 괴리되기 때문에 발생하는 것이다.

생산 측면에서 외부효과가 발생하는 경우에 관한 설명으로 옳지 않은 것은? ▶ 2015년 감정평가사

① 부정적 외부효과가 존재할 경우, 시장균형거래량에서 사회적 한계비용이 시장균형가격보다 낮다.

② 긍정적 외부효과가 존재할 경우, 시장균형거래량은 사회적 최적거래량보다 작다.

③ 부정적 외부효과가 존재할 경우, 경제적 순손실(자중손실)이 발생한다.

④ 긍정적 외부효과가 존재할 경우, 경제적 순손실(자중손실)이 발생한다.

⑤ 외부효과는 한 사람의 행위가 제3자의 경제적 후생에 영향을 미치고 그에 대한 보상이 이루어지지 않을 때 발생한다.

출제이슈 외부성의 유형과 효과

핵심해설 정답 ①

① 틀린 내용이다.
생산에 있어서 부정적 외부효과가 있을 경우 사적 비용에 비해 사회적 비용이 더 크다. 기하적으로는 사회적 한계비용곡선이 사적 한계비용곡선보다 상방에 존재하는 것으로 묘사할 수 있다. 이는 생산에 수반되는 부정적 외부성이 사회적 관점에서는 생산비용의 상승을 만들어 내기 때문이다. 따라서 부정적 외부효과가 존재할 경우, 시장균형거래량에서 사회적 한계비용이 시장균형가격보다 높다.

② 옳은 내용이다.
긍정적 외부효과가 존재할 경우, 사적 한계비용이 사회적 한계비용보다 더 크기 때문에 시장균형 산출량은 사회적 최적산출량에 미달한다.

③ 옳은 내용이다.
부정적 외부효과가 존재할 경우, 경제적 순손실(자중손실)이 발생한다. 생산에 부정적 외부성이 있는 경우 시장균형산출량은 사회적 최적생산량을 상회하고, 이로 인해 사회적 편익보다 사회적 비용이 큼에도 불구하고 과다생산되어 사회후생손실을 초래한다.

④ 옳은 내용이다.
긍정적 외부효과가 존재할 경우, 경제적 순손실(자중손실)이 발생한다. 생산에 긍정적 외부성이 있는 경우 시장균형산출량은 사회적 최적생산량을 미달하고, 이로 인해 사회적 편익이 사회적 비용보다 큼에도 불구하고 과소생산되어 사회후생손실을 초래한다.

⑤ 옳은 내용이다.
외부성이란 어떤 경제주체의 행위가 시장기구를 통하지 않고 다른 경제주체의 경제활동에 명시적으로 영향을 미치는 것으로서 그럼에도 불구하고 영향을 미치는 것에 대한 보상이 이루어지지 않아서 문제가 된다. 이는 사회적 관점에서 의사결정이 이루어지지 못하고 사적 관점에서 의사결정이 이루어지고 있음을 의미한다.

( )에 들어갈 내용으로 옳은 것은?   ▶ 2018년 감정평가사

- 생산의 긍정적 외부효과가 있을 때, (ㄱ)이 (ㄴ)보다 작다.
- 소비의 부정적 외부효과가 있을 때, (ㄷ)이 (ㄹ)보다 크다.

① ㄱ : 사회적 한계비용, ㄴ : 사적 한계비용, ㄷ : 사회적 한계편익, ㄹ : 사적 한계편익
② ㄱ : 사회적 한계비용, ㄴ : 사적 한계비용, ㄷ : 사적 한계편익, ㄹ : 사회적 한계편익
③ ㄱ : 사적 한계비용, ㄴ : 사회적 한계비용, ㄷ : 사회적 한계편익, ㄹ : 사적 한계편익
④ ㄱ : 사적 한계비용, ㄴ : 사회적 한계비용, ㄷ : 사적 한계편익, ㄹ : 사회적 한계편익
⑤ ㄱ : 사회적 한계편익, ㄴ : 사적 한계편익, ㄷ : 사적 한계비용, ㄹ : 사회적 한계비용

출제이슈 외부성의 유형과 효과
핵심해설 정답 ②

생산에 있어서 긍정적 외부효과가 있을 경우 사적 비용에 비해 사회적 비용이 더 작다. 기하적으로는 사회적 한계비용곡선이 사적 한계비용곡선보다 하방에 존재하는 것으로 묘사할 수 있다. 이는 생산에 수반되는 긍정적 외부성이 사회적 관점에서 생산비용의 하락을 만들어 내기 때문이다. 사적 한계비용이 사회적 한계비용보다 더 크기 때문에 시장균형 산출량은 사회적 최적 산출량에 미달한다.

소비에 있어서 부정적 외부효과가 있을 경우 사회적 편익에 비해 사적 편익이 더 크다. 기하적으로는 사회적 한계편익곡선이 사적 한계편익곡선보다 하방에 존재하는 것으로 묘사할 수 있다. 이는 소비에 수반되는 부정적 외부성이 사회적 관점에서 편익의 감소를 만들어 내기 때문이다. 사적 한계편익이 사회적 한계편익보다 더 크기 때문에 시장균형 산출량은 사회적 최적 산출량을 초과한다.

X재의 생산과정에서 양(+)의 외부효과가 발생할 때 균형산출량 수준에서 옳은 것은? (단, X재 시장은 완전경쟁시장이고, X재에 대한 수요의 법칙과 공급의 법칙이 성립하며, 정부의 개입은 없다고 가정한다. P는 X재의 가격, PMC는 X재의 사적 한계비용, SMC는 X재의 사회적 한계비용이다.)

▶ 2016년 감정평가사

① $P = SMC = PMC$

② $P = PMC > SMC$

③ $P = PMC < SMC$

④ $P = SMC < PMC$

⑤ $PMC < SMC < P$

출제이슈 외부성의 유형과 효과
핵심해설 정답 ②

생산에 있어서 긍정적 외부효과가 있을 경우 사적 비용에 비해 사회적 비용이 더 작다. 기하적으로는 사회적 한계비용곡선이 사적 한계비용곡선보다 하방에 존재하는 것으로 묘사할 수 있다. 이는 생산에 수반되는 긍정적 외부성이 사회적 관점에서 생산비용의 하락을 만들어 내기 때문이다.

시장균형은 사적 한계비용과 한계편익(사회적 한계편익과 사적 한계편익이 동일하다고 가정)이 일치하는 지점에서 형성된다. 그러나 사회적으로 바람직한 균형은 사회적 한계비용과 한계편익(사회적 한계편익과 사적 한계편익이 동일하다고 가정)이 일치하는 지점에서 달성된다. 사적 한계비용이 사회적 한계비용보다 더 크기 때문에 시장균형 산출량은 사회적 최적 산출량에 미달하고 시장균형 가격은 사회적으로 바람직한 가격을 상회한다.

위의 내용에 따라서 설문을 검토하면 ② $P = PMC > SMC$가 옳은 내용이다.

Issue **05** 외부성과 사회적 최적산출량 계산

상품의 시장수요곡선은 $P = 100 - 2Q$이고 한계비용은 20이며 제품 한 단위당 20의 환경피해를 발생시킨다. 완전경쟁시장하에서 (ㄱ) 사회적 최적 수준의 생산량과 (ㄴ) 사회후생의 순손실은? (단, P는 가격, Q는 생산량이다.)   ▶ 2021년 감정평가사

① ㄱ : 20,   ㄴ : 50   ② ㄱ : 20,   ㄴ : 100
③ ㄱ : 30,   ㄴ : 30   ④ ㄱ : 30,   ㄴ : 100
⑤ ㄱ : 40,   ㄴ : 200

출제이슈 생산의 부정적 외부성과 사회적 최적산출량(사회후생손실)
핵심해설 정답 ④

1) 비용조건
   사적 한계비용 $PMC = 20$, 한계외부비용 $MEC = 20$, 사회적 한계비용 $SMC = 40$

2) 수요조건
   수요함수 $P = 100 - 2Q$

3) 사회적 최적산출량
   생산에 부정적 외부성이 있는 경우 사회적 최적생산량은 $SMC = SMB$일 때 달성된다.
   따라서 $100 - 2Q = 40$이 되고 $Q = 30$이다.

4) 시장 균형산출량
   생산에 부정적 외부성이 있는 경우 시장 균형산출량은 $PMC = SMB$일 때 달성된다.
   따라서 $100 - 2Q = 20$이 되고 $Q = 40$이다.

5) 사회후생손실
   생산에 부정적 외부성이 있는 경우 시장 균형산출량은 사회적 최적생산량을 상회하고, 이로 인해 사회적 편익보다 사회적 비용이 큼에도 불구하고 과다생산되어 사회후생손실을 초래한다. 이를 계산하면 다음과 같다.

   $$후생손실 = \frac{10 \times 20}{2} = 100$$

어느 공장의 생산활동으로 지역 주민들이 대기오염 피해를 입는 외부불경제가 발생하였다. 공장의 사적 한계비용함수는 $PMC = 1 + 2Q$이고 사회적 한계비용함수는 $SMC = 4 + 2Q$ 이다. 수요곡선이 $Q_D = 40 - P$일 때 외부불경제로 인한 사회적 후생손실은? (단, P는 가격, Q_D는 수요량, Q는 생산량이다.)

▶ 2021년 지방직 7급

① 0.5   ② 1.0   ③ 1.5
④ 2.0   ⑤ 2.5

출제이슈 생산의 부정적 외부성과 사회적 최적산출량(사회후생손실)
핵심해설 정답 ③

1) 수요조건
    수요함수 $P = 40 - Q$

2) 비용조건
    사적 한계비용 $PMC = 1 + 2Q$, 한계외부비용 $MEC = 3$, 사회적 한계비용 $SMC = 4 + 2Q$

3) 시장산출량
    생산에 부정적 외부성이 있는 경우 시장 균형산출량은 $PMC = SMB$일 때 달성된다.
    따라서 $40 - Q = 1 + 2Q$이 되고 $Q = 13$, $P = 27$이다.

4) 사회적 최적산출량
    생산에 부정적 외부성이 있는 경우 사회적 최적생산량은 $SMC = SMB$일 때 달성된다.
    따라서 $40 - Q = 4 + 2Q$이 되고 $Q = 12$, $P = 28$이다.

5) 사회후생손실
    생산에 부정적 외부성이 있는 경우 시장 균형산출량은 사회적 최적생산량을 상회하고, 이로 인해 사회적 편익보다 사회적 비용이 큼에도 불구하고 과다생산되어 사회후생손실을 초래한다.

시장 균형산출량 $Q = 13$과 사회적 산출량 $Q = 12$와 시장(사적) 균형에서의 사적 한계비용 27과 사회적 한계비용 30의 차이 3을 고려하여 사회후생손실을 계산하면 다음과 같다.

$$후생손실 = \frac{(13 - 12) \times (30 - 27)}{2} = 1.5$$

독점기업이 공급하는 X재의 시장수요곡선은 $Q = 200 - P$이고, 기업의 사적 비용함수는 $C = Q^2 + 20Q + 10$이고, 환경오염에 의한 추가적 비용을 포함한 사회적 비용함수는 $SC = 2Q^2 + 20Q + 20$이다. 이 경우 사회적으로 바람직한 최적생산량은? (단, Q는 생산량, P는 시장가격이다.)

▶ 2022년 감정평가사

① 24　　　　② 36　　　　③ 60　　　　④ 140　　　　⑤ 164

출제이슈 생산의 부정적 외부성과 사회적 최적산출량
핵심해설 정답 ②

1) 비용조건

사적 한계비용 $PMC = 2Q + 20$, 한계외부비용 $MEC = 2Q$, 사회적 한계비용 $SMC = 4Q + 20$

2) 수요조건

수요함수 $Q = 200 - P$

3) 사회적 최적산출량

생산에 부정적 외부성이 있는 경우 사회적 최적생산량은 $SMC = SMB$일 때 달성된다.
따라서 $4Q + 20 = 200 - Q$가 되고 $Q = 36$이다.

기업 A의 사적한계비용 $MC = \dfrac{1}{2}Q + 300$, $P = 500$이고 기업 A가 발생시키는 환경오염 피해액은 단위당 100이다. 기업 A의 사회적 최적산출량은? (단, 완전경쟁시장을 가정하고, Q는 산출량, P는 가격이다.)

▸2023년 감정평가사

① 200 ② 400 ③ 600
④ 800 ⑤ 1,000

출제이슈 생산의 부정적 외부성과 산출량
핵심해설 정답 ①

1. 비용조건

사적 한계비용 $PMC = \dfrac{1}{2}Q + 300$, 한계외부비용 $MEC = 100$, 사회적 한계비용 $SMC = \dfrac{1}{2}Q + 400$

2. 수요조건

경쟁시장에서 활동하고 있는 개별기업이며, 이러한 개별기업이 경쟁시장에서 직면하는 개별수요는 $P = 500$이 된다.

3. 개별기업의 사회적 최적산출량

생산에 부정적 외부성이 있는 경우 개별기업의 사회적 최적산출량은 $P = SMC$일 때 달성되므로, 따라서 $\dfrac{1}{2}Q + 400 = 500$이 되고 $Q = 200$이다.

4. 개별기업의 이윤극대화 산출량

생산에 부정적 외부성이 있는 경우 개별기업의 이윤극대화 산출량은 $P = PMC$일 때 달성되므로, 따라서 $\dfrac{1}{2}Q + 300 = 500$이 되고 $Q = 400$이다.

Issue 06   최적오염모형

온실가스 배출량(Q)을 저감하기 위한 한계저감비용은 $40-2Q$ 이고, 온실가스 배출로 유발되는 한계피해비용은 $3Q$이다. 최적의 온실가스 배출량과 한계저감비용은? ▶ 2017년 감정평가사

① 8, 24   ② 9, 27
③ 10, 30   ④ 11, 33
⑤ 12, 36

출제이슈 최적오염모형
핵심해설 정답 ①

1) 한계오염제거비용
온실가스 배출량(Q)을 저감하기 위한 한계저감비용은 $40-2Q$ 로 주어져 있다.

2) 한계오염피해비용
온실가스 배출로 유발되는 한계피해비용은 $3Q$로 주어져 있다.

3) 최적오염량 도출
최적의 온실가스 배출량은 한계오염제거비용과 한계피해비용이 일치하여 오염으로 인한 비용을 극소화할 때 달성된다.

따라서 $40-2Q=3Q$, $Q=8$이 된다.

최적의 온실가스 배출량은 8이며, 이때, 한계저감비용은 24가 된다.

오염물질을 배출하는 기업 갑과 을의 오염저감비용은 각각 $TAC_1 = 200 + 4X_1^2$, $TAC_2 = 200 + X_2^2$이다. 정부가 두 기업의 총오염배출량을 80톤 감축하기로 결정할 경우, 두 기업의 오염저감비용의 합계를 최소화하는 갑과 을의 오염감축량은? (단, X_1, X_2는 각각 갑과 을의 오염감축량이다.)

▶ 2021년 감정평가사

① $X_1 = 8$, $X_2 = 52$ ② $X_1 = 16$, $X_2 = 64$ ③ $X_1 = 24$, $X_2 = 46$

④ $X_1 = 32$, $X_2 = 48$ ⑤ $X_1 = 64$, $X_2 = 16$

출제이슈 최적오염모형
핵심해설 정답 ②

설문에서는 오염피해비용은 고려하지 않고 오염제거비용만 고려하고 있으며 특히 오염제거비용의 경우 오염량의 감소함수가 아니라 오염감축량의 증가함수로 설정한 모형임에 유의해야 한다.

X_1, X_2가 각각 기업 갑과 을의 오염감축량일 때, 기업 갑과 을의 오염저감비용은 각각 다음과 같다.

$$TAC_1 = 200 + 4X_1^2, \ TAC_2 = 200 + X_2^2$$

그리고 정부의 총오염배출량 감축목표는 80톤 감축이므로 $X_1 + X_2 = 80$의 제약조건이 성립한다. 이제 두 기업의 오염저감비용의 합을 최소화하는 오염감축량은 다음과 같이 구할 수 있다.

$$\begin{cases} TC = (200 + 4X_1^2) + (200 + X_2^2) --- ① \\ X_1 + X_2 = 80 \ --------------- ② \\ Min \ TC \ ---------------- ③ \end{cases}$$

이를 풀기 위해서는 TC의 기울기를 음함수의 미분을 통해서 도출한 후 제약식의 기울기와 일치시키면 아주 간단히 해결할 수 있다. 그러나 이는 감정평가사 수험경제학 수준을 넘는다. 따라서 이하에서는 제약식을 목적함수식에 대입하여 풀기로 한다.

②를 ①에 대입하면 $TC = 200 + 4X_1^2 + 200 + (80 - X_1)^2$가 된다.
극소화를 위해서 $TC = 200 + 4X_1^2 + 200 + (80 - X_1)^2$를 X_1으로 미분하여 0으로 두면 다음과 같다.

$\dfrac{dTC}{dX_1} = 8X_1 - 160 + 2X_1 = 0$이 성립한다. 이를 풀면, $X_1 = 16$, $X_2 = 64$가 된다.

Issue 07 피구세와 피구보조금

> 오염물질을 발생시키는 상품 A의 시장수요곡선은 $Q = 20 - P$이고, 사적 한계비용곡선과 사회적 한계비용곡선이 각각 $PMC = 6 + Q$, $SMC = 10 + Q$이다. 사회적 최적생산량을 달성하기 위하여 부과해야 하는 생산단위당 세금은? (단, Q는 생산량, P는 가격이고 완전경쟁시장을 가정한다.)
>
> ▶ 2021년 공인노무사
>
> ① 1.5　　　　　② 2　　　　　③ 3
> ④ 4　　　　　⑤ 5

출제이슈　피구세
핵심해설　정답 ④

1) 비용조건
   ① 사적 한계비용 $PMC = 6 + Q$, 한계외부비용 $MEC = 4$
   ② 사회적 한계비용 $SMC = 10 + Q$
   ③ 피구세 T 부과 후 사적 한계비용 $PMC + T = 6 + Q + T$

2) 수요조건(편익조건)
   수요함수 $P = 20 - Q$

3) 시장 균형생산량
   시장생산량은 $PMC = MB$일 때 달성된다.

   따라서 $6 + Q = 20 - Q$, $Q = 7$이 된다.

4) 사회적 최적생산량
   사회적 최적생산량은 $SMC = MB$일 때 달성된다.

   따라서 $10 + Q = 20 - Q$, $Q = 5$가 된다.

5) 피구세 T의 부과
   사회적 최적생산량은 $PMC + T = MB$일 때도 달성될 수 있다.
   따라서 $6 + Q + T = 20 - Q$이 된다.

   그런데 이때의 생산량은 사회적 최적생산량으로서 $Q = 5$가 된다.

   그러므로 피구세는 $T = 4$가 된다.

생산에 외부 불경제를 유발하는 X재의 시장수요함수는 $P = 20 - Q$이다. 사적한계비용은 $PMC = 2Q + 2$이고, 사회적 한계비용은 $SMC = 3Q + 4$이다. 사회적 최적생산량 수준을 달성하기 위한 피구세(Pigouvian tax)를 부과할 경우 개선되는 사회후생의 크기는? (단, P는 가격, Q는 수량)

▶ 2025년 감정평가사

① 5   ② 6   ③ 7

④ 8   ⑤ 9

출제이슈 피구세

핵심해설 정답 ④

1) 비용조건 $PMC = 2Q + 2$, $SMC = 3Q + 4$

2) 수요조건 $P = 20 - Q$

3) 시장 균형생산량

$P = PMC$, $2Q + 2 = 20 - Q$ ∴ $Q = 6$, $P = 14$

4) 사회적 최적생산량

$P = SMC$, $3Q + 4 = 20 - Q$ ∴ $Q = 4$, $P = 16$

5) 사회적 후생손실

피구세를 부과하여 개선되는 후생의 크기와 피구세 부과 전 사회적 후생손실은 동일하고 이를 구하면 8이 된다.

> X재 산업의 역공급함수는 $P = 440 + Q$이고, 역수요함수는 $P = 1,200 - Q$이다. X재의 생산으로 외부편익이 발생하는데, 외부한계편익함수는 $EMB = 60 - 0.05Q$이다. 정부가 X재를 사회적 최적수준으로 생산하도록 보조금 정책을 도입할 때, 생산량 1단위당 보조금은?
> (P는 가격, Q는 수량)
> ▶ 2020년 감정평가사
>
> ① 20   ② 30   ③ 40
> ④ 50   ⑤ 60

출제이슈 긍정적 외부성과 보조금
핵심해설 정답 ③

1) 비용조건
   ① 한계비용 $MC = 440 + Q$
   ② 보조금 S 지급 후 한계비용 $MC - S = 440 + Q - S$

2) 수요조건(편익조건)
   ① 사적 한계편익 $PMB = 1,200 - Q$
   ② 한계외부 "편익" MEB or $EMB = 60 - 0.05Q$
   ③ 사회적 한계외부편익 $SMB = 1,260 - 1.05Q$

3) 시장 균형생산량
   시장생산량은 $MC = PMB$일 때 달성된다.
   따라서 $440 + Q = 1,200 - Q$, $Q = 380$이 된다.

4) 사회적 최적생산량
   사회적 최적생산량은 $MC = SMB$일 때 달성된다.
   따라서 $440 + Q = 1,260 - 1.05Q$, $Q = 400$이 된다.

5) 보조금의 지급
   사회적 최적생산량은 $MC - S = 440 + Q - S$일 때도 달성될 수 있다.
   따라서 $440 + Q - S = 1,200 - Q$가 된다.

   그런데 이때의 생산량은 사회적 최적생산량으로서 $Q = 400$이 된다.

   그러므로 보조금은 $S = 40$이 된다.

Issue 08   코즈정리

코즈(R.Coase)정리가 성립하기 위한 조건으로 옳지 않은 것을 모두 고른 것은?

▶ 2025년 감정평가사

ㄱ. 정부는 외부효과의 크기를 정확하게 파악하고 있다.
ㄴ. 관련 당사자 간 협상이 가능하다.
ㄷ. 협상에 따른 거래비용이 발생하지 않는다.
ㄹ. 당사자 간 재산권이 명확하게 설정되어 있다.

① ㄱ   ② ㄴ   ③ ㄱ, ㄹ
④ ㄴ, ㄷ   ⑤ ㄷ, ㄹ

출제이슈 코즈정리
핵심해설 정답 ①

코즈정리에 의하면 당사자 간 재산권이 명확히 설정되어 있고, 협상에 따른 거래비용이 없는 상황에서 당사자 간 협상을 통해서 외부성을 해결할 수 있다.

> **외부효과에 대한 설명 중 옳은 것을 모두 고르면?**
> ▶ 2016년 서울시 7급
>
> ㄱ. 외부효과는 시장실패의 전형적인 사례로 볼 수 있다.
> ㄴ. 외부효과가 발생하는 경우 한 기업의 생산 활동이 다른 경제주체의 후생을 변화시키며, 동시에 이에 대하여 적절한 보상이 이루어진다.
> ㄷ. 코즈(Coase)정리에 의하면 소유권이 명백하게 정의되고 협상에 비용이 들지 않는다면, 외부효과를 발생시키는 주체와 그 피해를 입는 주체 간의 협상을 통하여 자원의 효율적 배분이 이루어진다.
>
> ① ㄱ ② ㄱ, ㄴ
> ③ ㄱ, ㄷ ④ ㄱ, ㄴ, ㄷ

출제이슈 코즈정리
핵심해설 정답 ③

ㄱ. 옳은 내용이다.
시장실패는 시장에 의한 자원배분이 효율적이지 못한 것으로서 이는 불완전경쟁, 공공재, 외부성, 불확실성 등 다양한 원인에 의하여 초래될 수 있다.

ㄴ. 틀린 내용이다.
외부성이란 어떤 경제주체의 행위가 시장기구를 통하지 않고 다른 경제주체의 경제활동에 명시적으로 영향을 미치는 것(실질적 외부성)이다. 이는 어떤 경제주체의 경제행위(소비, 생산)가 다른 경제주체의 효용·생산함수에 영향을 미치고 있음에도 불구하고 이에 대하여 적절한 대가의 교환 혹은 보상이 이루어지지 않는 것이다. 즉 수요자와 공급자 사이에 가격을 매개로 거래행위가 일어나는 것이 아니라 시장의 테두리 밖인 외부에서 일어나는 현상이기 때문에 외부성이라고 한다.

ㄷ. 옳은 내용이다.
코즈정리에 의하면 ① 외부성이 존재하는 경우, 정부개입이 없더라도, ② 외부성과 관련된 재산권의 부여가 확립되고 ③ 협상에 따른 거래비용이 존재하지 않는다면 경제주체들 간의 협상을 통해 효율적인 자원배분이 가능하다.

> 강 상류에 위치한 기업 A가 오염물질을 배출하고 있으며, 강 하류에서는 어민 B가 어업 활동을 영위하고 있다. 그런데 기업 A는 자사의 오염배출이 어민 B에 미치는 영향을 고려하지 않고 있다. 사회적 최적 수준의 오염물질 배출량이 100톤이라고 가정할 때, 옳지 않은 것은?
>
> ▶ 2013년 국가직 7급
>
> ① 현재 기업 A의 오염물질 배출량은 100톤보다 많다.
> ② 오염배출 문제는 기업 A와 어민 B의 협상을 통해서 해결 가능하며, 이러한 경우 보상을 위한 필요자금 없이도 가능하다.
> ③ 기업 A에게 적절한 피구세(Pigouvian tax)를 부과함으로써 사회적 최적 수준의 오염물질 배출량 달성이 가능하다.
> ④ 강 하류에 어민이 많을수록 협상을 통한 오염배출 문제의 해결은 현실적으로 어려워진다.

출제이슈 코즈정리
핵심해설 정답 ②

① 옳은 내용이다.
　오염물질이 배출되고 있는 부정적 외부성의 상황으로서 사회적 최적 수준보다 더 많은 수준의 산출이 발생하고 있다. 이는 사회적 최적 수준의 오염방출량보다도 더 많은 수준의 오염배출이 발생하고 있음을 의미한다.

② 틀린 내용이다.
　코즈정리에 의할 경우 이해당사자 간 자발적 협상을 통해서 오염문제를 해결할 수 있다. 이 경우 당사자 간에 적절한 보상이 필요하다.

③ 옳은 내용이다.
　정부가 피구세를 부과를 통해 외부성을 내부화함으로써 기업의 의사결정을 적절히 변경시켜 사회적 최적 수준의 오염물질 배출량 달성이 가능하다.

④ 옳은 내용이다.
　코즈정리에 의할 경우 이해당사자가 많을수록 협상에 따른 비용이 과다하게 소요되므로 협상이 결렬되어 오염문제 해결에 실패하게 된다.

Issue 09 배출권 거래제

어떤 마을에 오염 물질을 배출하는 기업이 총 3개 있다. 오염물 배출에 대한 규제가 도입되기 이전에 각 기업이 배출하는 오염배출량과 그 배출량을 한 단위 감축하는 데 소요되는 비용은 아래 표와 같다.

기업	배출량(단위)	배출량 단위당 감축비용(만원)
A	50	20
B	60	30
C	70	40

정부는 오염배출량을 150단위로 제한하고자 한다. 그래서 각 기업에게 50단위의 오염배출권을 부여하였다. 또한 이 배출권을 기업들이 자유롭게 판매/구매할 수 있다. 다음 중 가장 옳은 것은? (단, 오염배출권 한 개당 배출 가능한 오염물의 양은 1단위이다.) ▶ 2019년 서울시 7급

① 기업 A가 기업 B와 기업 C에게 오염배출권을 각각 10단위와 20단위 판매하고, 이때 가격은 20만원에서 30만원 사이에 형성된다.

② 기업 A가 기업 C에게 20단위의 오염배출권을 판매하고, 이때 가격은 30만원에서 40만원 사이에서 형성된다.

③ 기업 A가 기업 B에게 10단위의 오염배출권을 판매하고, 기업 B는 기업 C에게 20단위의 오염배출권을 판매한다. 이때 가격은 20만원에서 40만원 사이에서 형성된다.

④ 기업 B가 기업 C에게 20단위의 오염배출권을 판매하고, 이때 가격은 30만원에서 40만원 사이에서 형성된다.

출제이슈 오염배출권 거래제도
핵심해설 정답 ①

기업 A는 가장 적은 비용으로 감축할 수 있으므로 오염배출권의 판매자가 되며, 기업 B, C는 구입자가 된다. 기업 A는 자신의 감축비용 20만원 이상으로 오염배출권 가격을 받으려고 하며, 기업 B, C는 자신들의 감축비용 30, 40만원 이하 수준에서 오염배출권을 구입하려고 할 것이다. 따라서 가격은 20만원과 30만원 사이에서 형성된다. 그리고 배출권의 거래량은 배출권을 초과하는 오염배출량 수준으로서 기업 B의 구입량 10단위, 기업 C의 구입량 20단위를 더한 30단위가 된다.

Issue 10 　공유지

공공재와 공유자원에 대한 설명으로 옳은 것만을 모두 고르면?　▸2020년 국가직 7급

ㄱ. 공공재는 경합성이 낮다는 점에서 공유자원과 유사하다.
ㄴ. 공유자원은 남획을 통한 멸종의 우려가 존재한다.
ㄷ. 정부의 사유재산권 설정은 공유자원의 비극을 해결하는 방안 중 하나이다.
ㄹ. 막히지 않는 유료도로는 공공재의 예라고 할 수 있다.

① ㄱ, ㄴ　　　　② ㄱ, ㄷ　　　　③ ㄴ, ㄷ　　　　④ ㄴ, ㄹ

출제이슈 공공재와 공유재
핵심해설 정답 ③

ㄱ. 틀린 내용이다.
공공재는 비경합적이고 배제가 불가능한 특징이 있다. 공유재는 경합성은 있으나 배제성은 없는 재화로서 배제가 불가능하다는 점에서 공공재와 공유재는 유사하다.

ㄴ, ㄷ. 모두 옳은 내용이다.
공유재는 배제가 어렵기 때문에 누구나 공유재를 사용할 수 있다. 배제불가능하여 누구나 사용가능하고 주인이 될 수 있어서 소유권이 분명하지 않다는 점에서 과잉소비가 발생하고 경합성으로 인하여 결국 고갈되는 것이다.

ㄹ. 틀린 내용이다.
막히지 않는 무료도로가 공공재의 예이고, 막히지 않는 유료도로는 비순수공공재의 예이다.

공유자원의 비극에 관한 설명으로 옳지 않은 것은? ▶ 2019년 보험계리사

① 공유자원의 비극은 자원의 독점 때문에 발생한다.

② 공유자원의 사용은 다른 사람에게 부정적 외부효과를 발생시킨다.

③ 공유자원의 사용에 있어 사적 유인과 사회적 유인의 괴리가 발생한다.

④ 공유자원에 대해 재산권을 부여하는 것이 해결책이 될 수 있다.

출제이슈 공유지의 비극
핵심해설 정답 ①

① 틀린 내용이다.

공유자원의 비극은 자원의 독점 때문에 발생하는 것이 아니라, 공유재의 독특한 성격 때문에 발생한다. 공유재란 경합성은 있으나 배제성은 없는 재화로서 이러한 배제불가능성과 경합성이 결합되어 공유재가 적정 수준 이상으로 남용되어 쉽게 고갈되는 문제로 나타나는 것이다. 배제가 불가능하기 때문에 누구나 공유재를 사용하고 주인이 될 수 있어서 소유권과 주인이 분명하지 않다는 점에서 과잉소비가 발생한다. 이러한 과잉소비는 경합성으로 인하여 결국 고갈되는 것이다.

② 옳은 내용이다.

공유자원에 접근가능한 특정주체의 소비 혹은 생산행위는 불분명한 소유권 확립과 결부되어 과잉소비로 이어진다. 특정주체의 과잉소비는 공유자원을 고갈시킴으로써 다른 주체들의 소비 혹은 생산행위에 부정적 영향, 즉 부정적 외부성을 초래하게 된다.

③ 옳은 내용이다.

공유자원을 사용하는 개별주체의 관점에서는 자신의 이익을 극대화하는 것이므로 합리적인 의사결정임에 틀림없다. 그러나 공유자원을 사용하는 전체의 관점에서는 부정적 외부성, 과잉소비, 고갈 등의 문제로 인하여 효율적이지 않다. 이는 공유자원을 사용함에 있어서 사적 유인과 사회적 유인이 외부성에 의하여 괴리되기 때문에 발생하는 것이다.

④ 옳은 내용이다.

공유자원은 배제성이 없기 때문에 누구나 공유자원을 사용하고 주인이 될 수 있고 실제로는 소유권과 주인이 분명하지 않기 때문에 과잉소비가 발생하고 결국 경합성으로 인하여 고갈되는 것이다. 따라서 공유자원에 대하여 재산권을 확립하는 것은 공유지의 비극을 해결하는 하나의 방법이 될 수 있다. 다만, 현실적인 적용가능성과 문제해결가능성은 낮다고 할 수 있다.

어느 마을에 주민들이 염소를 방목할 수 있는 공동의 목초지가 있다. 염소를 방목하여 기를 때 얻는 총수입은 $R = 10(20X - X^2)$이고, 염소 한 마리에 소요되는 비용은 20이다. 만약 개별주민들이 아무런 제한 없이 각자 염소를 목초지에 방목하면 마을주민들은 총 X_1마리를, 마을주민들이 마을 전체의 이윤을 극대화하고자 한다면 총 X_2마리를 방목할 것이다. X_1과 X_2는? (단, X는 염소의 마리수이다.)

▶ 2017년 감정평가사

① 12, 9   ② 12, 16   ③ 16, 12

④ 18, 9   ⑤ 18, 12

출제이슈 공유지의 비극
핵심해설 정답 ④

1) 공유지로부터의 이윤극대화

개별주민은 염소를 방목함으로써 얻을 수 있는 추가적인 수입은 $\dfrac{R}{X}$가 된다. 이는 사실상 평균수입으로 봐도 무방하다. 즉, 개인적 관점에서의 한계수입이라는 것은 전체적 관점에서의 평균수입이 된다. 따라서 $\dfrac{R}{X} = \dfrac{10(20X - X^2)}{X} = 10(20 - X)$이 된다. 개별주민의 한계비용은 20원이므로 $10(20 - X) = 20$이 되어 $X = 18$이 된다.

2) 마을전체의 이윤극대화

마을전체 관점에서 주민이 추가적으로 염소를 방목함으로써 얻을 수 있는 추가적인 수입은 $\dfrac{dR}{dX}$이 된다. 즉, 전체적 관점에서의 한계수입으로서 $\dfrac{dR}{dX} = 200 - 20X$가 된다. 마을전체의 한계비용은 20이므로 $200 - 20X = 20$이 되어 $X = 9$가 된다.

기타 미시경제이론

Issue 01 정보경제이론

역선택에 관한 설명으로 옳은 것은? ▶ 2021년 감정평가사

① 동일한 조건과 보험료로 구성된 치아보험에 치아건강상태가 좋은 계층이 더 가입하려는 경향이 있다.

② 역선택은 정보가 대칭적인 중고차시장에서 자주 발생한다.

③ 역선택 방지를 위해 통신사는 소비자별로 다른 요금을 부과한다.

④ 의료보험의 기초공제제도는 대표적인 역선택 방지 수단이다.

⑤ 품질표시제도는 역선택을 방지하기 위한 수단이다.

출제이슈 역선택과 해결방안
핵심해설 정답 ⑤

① 틀린 내용이다.

보험시장에서의 역선택은 보험시장에서 보험가입자에 대한 정보(사고발생확률이나 건강에 관한 정보)가 비대칭적으로 분포되어 있는 경우 사고발생확률이 높거나 건강이 좋지 않은 사람만 보험에 가입하는 현상을 의미한다.

② 틀린 내용이다.

중고차시장에서 역선택은 중고차에 대한 정보가 비대칭적으로 분포되어 있는 경우 나쁜 질의 중고차만 시장에서 거래되는 현상을 의미한다.

③ 틀린 내용이다.

통신사가 소비자별로 다른 요금을 부과하거나 혹은 이와 유사하게 다양한 요금제도를 구비해놓고 소비자가 스스로 요금제를 선택하도록 하는 것은 사실상 가격차별의 구현방식의 하나로서 기능한다. 한편, 이와 구분해야 하는 것이 역선택에서의 요금부과방식이다.

④ 틀린 내용이다.

도덕적 해이를 해결하기 위한 방안으로는 공동보험, 기초공제, 상한설정 등이 제시되고 있다. 기초공제란 사고 발생 시 손실액 중 일정금액 이하는 고객이 부담하고 그 일정금액을 초과하는 금액에 대하여서만 보험사가 부담하는 방식으로서 이것도 공동보험과 마찬가지로 보험회사와 보험가입자가 공동으로 보상하는 것을 의미한다.

⑤ 옳은 내용이다.

역선택의 문제와 관련하여 정보를 가진 측에서는 감추어진 특성에 대한 관찰 가능한 지표 또는 감추어진 특성에 대한 다양한 보증을 제공(예 중고차 성능기록부, 품질보증)하여 역선택의 문제를 완화시킬 수 있다. 품질표시제도와 같은 보증은 바로 거래되는 상품의 질이 좋다는 신호가 된다. 이러한 정보의 제공을 신호발송(signaling)이라고 한다.

중고차시장에서 품질에 대한 정보의 비대칭성이 존재하는 경우 나타날 수 있는 현상으로 옳은 것을 모두 고른 것은?

▶ 2015년 감정평가사

ㄱ. 정보의 비대칭성이 없는 경우보다 시장에서 거래되는 중고차의 품질이 올라간다.
ㄴ. 보증(warranty)과 같은 신호발송(signaling)을 통해 정보의 비대칭으로 인한 문제를 완화할 수 있다.
ㄷ. 역선택(adverse selection)의 문제가 발생할 수 있다.

① ㄱ   ② ㄴ   ③ ㄱ, ㄴ
④ ㄴ, ㄷ   ⑤ ㄱ, ㄴ, ㄷ

출제이슈 역선택과 해결방안
핵심해설 정답 ④

ㄱ. 틀린 내용이다.
중고차시장에서 정보의 비대칭성이 있는 경우 중고차를 구매하고자 하는 측은 중고차의 상태에 대하여 정확한 정보가 부족하기 때문에 좋은 품질의 중고차와 그렇지 못한 중고차의 중간 수준으로 내고자 하는 수요가격을 책정하게 된다. 이는 좋은 품질의 중고차를 공급하는 거래당사자로 하여금 중고차 판매를 꺼리게 함과 동시에 나쁜 품질의 중고차를 공급하는 거래당사자가 중고차시장에 진입하도록 부추기는 것이 되고 만다. 결국 중고차시장에 나쁜 품질의 중고차만 남게 되는 현상이 역선택의 좋은 예이다.
따라서 정보의 비대칭성이 없는 경우보다 시장에서 거래되는 중고차의 품질이 내려간다.

ㄴ. 옳은 내용이다.
정보를 가진 측에서는 감추어진 특성에 대한 관찰 가능한 지표 또는 감추어진 특성에 대한 다양한 보증을 제공 (예 중고차 성능기록부, 품질보증)하여 역선택의 문제를 완화시킬 수 있다. 이러한 정보의 제공을 신호발송 (signaling)이라고 한다.

ㄷ. 옳은 내용이다.
중고차시장에서 품질에 대한 정보의 비대칭성이 존재하는 경우 위의 "ㄱ"에서 설명한 바와 같은 역선택 (adverse selection)의 문제가 발생할 수 있다.

정보의 비대칭성으로 인해 발생하는 상황에 대한 설명으로 옳은 것은? ▶ 2021년 국가직 7급

① 중고차시장에서 불량품(lemon)만 남게 되는 현상은 도덕적 해이의 사례이다.

② 유인설계(incentive design)는 대리인의 감추어진 행동 때문에 발생하는 문제를 해결하기 위한 수단이다.

③ 강제적인 단체보험 프로그램의 도입은 본인–대리인 문제(principal–agent problem)를 해결하기 위한 수단이다.

④ 자동차 보험 가입 후 운전을 더 부주의하게 하는 것은 역선택의 사례이다.

⑤ 본인–대리인 문제는 역선택의 특수한 상황을 나타낸 것이다.

출제이슈 역선댁과 도덕직 해이
핵심해설 정답 ②

① 틀린 내용이다.
중고차시장에서 불량품(lemon)만 남게 되는 현상은 도덕적 해이가 아니라 역선택의 사례이다.

② 옳은 내용이다.
본인 – 대리인 문제는 역선택 현상을 일반화한 것이 아니라, 도덕적 해이의 특수한 문제에 해당하며, 역선택 문제와는 달리 이의 해결을 위해서 적절한 유인제도를 설계하는 것이 중요하다.

③ 틀린 내용이다.
강제적인 단체보험 프로그램의 도입은 역선택의 문제를 해결하기 위한 수단이다.

④ 틀린 내용이다.
자동차 보험 가입 후 운전을 더 부주의하게 하는 것은 역선택이 아니라 도덕적 해이의 사례이다.

⑤ 틀린 내용이다.
본인 – 대리인 문제는 역선택의 특수한 상황이 아니라 도덕적 해이의 특수한 상황을 나타낸 것이다.

정보의 비대칭성에 관한 설명으로 옳은 것은? ▸ 2023년 감정평가사

① 도덕적 해이(moral hazard)는 감춰진 속성(hidden characteristics)과 관련된다.
② 직업감독제도는 역선택(adverse selection) 방지를 위한 효율적인 수단이다.
③ 자동차보험에서 기초공제(initial deduction)제도를 두는 이유는 역선택 방지를 위함이다.
④ 상품시장에서 역선택 방지를 위해 품질보증제도를 도입한다.
⑤ 노동시장에서 교육수준을 선별의 수단으로 삼는 이유는 도덕적 해이를 방지하기 위함이다.

출제이슈 역선택과 도덕적 해이의 개념과 해결방안
핵심해설 정답 ④

④ 옳은 내용이다.
　　정보를 가진 측에서는 감추어진 특성에 대한 관찰 가능한 지표 또는 감추어진 특성에 대한 다양한 보증을 제공(예 중고차 성능기록부, 품질보증)하여 역선택의 문제를 완화시킬 수 있다. 보증은 바로 거래되는 상품의 질이 좋다는 신호가 된다. 이러한 정보의 제공을 신호발송(signaling)이라고 한다. 또한 정보를 가진 측에서 적극적으로 자신에 대한 평판과 신뢰를 축적하여 역선택을 해결하려는 유인이 있다. 기업이 자사 브랜드에 대한 명성을 쌓으려고 노력하는 것도 신뢰 및 평판의 축적을 통한 역선택의 해결방안으로 좋은 예가 된다.

정보의 비대칭성에 관한 설명으로 옳은 것은? ▸ 2025년 감정평가사

① 본인-대리인 문제는 감추어진 유형(hidden type)으로 인해 발생하는 문제에 해당한다.
② 정부가 가입을 강제하는 건강보험과 같은 단체보험은 도덕적 해이 문제를 완화할 수 있다.
③ 품질보증은 역선택 문제를 해결하는 방안 중 하나이다.
④ 보험시장에서 기초공제(initial deduction)는 역선택 문제를 완화할 수 있다.
⑤ 애컬로프(Akerlof)의 중고차시장 모형은 도덕적 해이 문제를 설명한 것이다.

출제이슈 역선택과 도덕적 해이
핵심해설 정답 ③

본인 대리인 문제는 감추어진 행동(hidden action)으로 인한 도덕적 해이의 특수한 경우에 해당한다. 보험가입을 강제하는 경우 보험시장의 역선택 문제를 완화시킬 수 있다. 보험시장의 기초공제는 보험시장의 도덕적 해이를 완화시킬 수 있다. 애컬로프의 중고차모형은 역선택의 문제를 설명하는 모형이다.

정보의 비대칭성에 관한 설명으로 옳지 않은 것은?

▶ 2017년 감정평가사

① 사고가 발생할 가능성이 높은 사람일수록 보험에 가입할 가능성이 크다는 것은 역선택 (adverse selection)에 해당한다.

② 화재보험 가입자가 화재예방 노력을 게을리할 가능성이 크다는 것은 도덕적 해이(moral hazard)에 해당한다.

③ 통합균형(pooling equilibrium)에서는 서로 다른 선호체계를 갖고 있는 경제주체들이 동일한 전략을 선택한다.

④ 선별(screening)은 정보를 보유하지 못한 측이 역선택 문제를 해결하기 위해 사용할 수 있는 방법이다.

⑤ 항공사가 서로 다른 유형의 소비자에게 각각 다른 요금을 부과하는 행위는 신호발송 (signaling)에 해당한다.

출제이슈 역선택과 도덕적 해이
핵심해설 정답 ⑤

⑤ 틀린 내용이다.

정보를 가진 측에서 비대칭정보의 상황을 극복하고자 자신의 감추어진 특성에 대한 관찰 가능한 지표를 적극 제공하거나 감추어진 특성에 대한 다양한 보증행위를 약속하는 노력을 신호발송(signaling)이라고 한다. 예를 들면 중고차 성능기록부를 제공하거나, 무상보증수리 약속을 함으로써 자신의 특성을 상대방에게 적극적으로 알리기 위해 노력하는 것이다.

정보재(information goods)의 기본적인 특성에 관한 설명으로 옳은 것을 모두 고른 것은?

▶ 2023년 감정평가사

ㄱ. 상품에 포함된 정보가 상품으로서의 특성을 결정하는 것을 정보재라 한다.
ㄴ. 정보재는 초기 개발비용이 크고 한계비용이 0에 가깝기 때문에 규모의 불경제가 일어난다.
ㄷ. 정보재에는 쏠림현상(tipping)과 같은 네트워크효과가 나타난다.
ㄹ. 정보재의 경우 무료견본을 나눠주는 것은 잠김효과(lock-in effect)를 노린 마케팅 전략이다.

① ㄱ, ㄹ   ② ㄴ, ㄷ   ③ ㄱ, ㄴ, ㄷ
④ ㄱ, ㄷ, ㄹ   ⑤ ㄴ, ㄷ, ㄹ

출제이슈 정보재의 특성
핵심해설 정답 ④

ㄱ. 옳은 내용이다.

어떤 상품 속에 담긴 정보가 그 상품에 있어서 매우 본질적이고 핵심적인 의미를 갖는 경우에 그러한 상품을 정보재(information goods)라고 한다. 예를 들면 책, 음악, 영화, 소프트웨어, 데이터 등을 정보재로 볼 수 있는데, 이러한 상품들은 상품을 싸고 있는 외양보다는 상품 속에 담긴 내용, 즉 정보가 상품으로서의 본질적 특징을 결정한다. 여러분이 읽고 있는 경제학 교과서에서 책 안에 담긴 내용을 빼고 나면 종이밖에 남지 않아 가치가 거의 없는 것이다.

ㄷ. 옳은 내용이다.

특정 정보재에 있어서 네트워크효과가 강하게 존재할 경우 정보재에 대한 수요는 조금씩 증가하다가 어느 시점에 이르면 갑자기 폭발적으로 증가하는 특성을 보인다. 이는 특정 정보재를 사용하는 소비자들이 점점 많아지면서 그로 인한 효용도 동시에 커지면서 다시 더 많은 소비자들이 소비에 동참하게 되는 연쇄효과로 인해 쏠림현상이 나타나는데 이를 긍정적 피드백효과(positive feedback)라고 한다.

ㄹ. 옳은 내용이다.

정보재를 소비하기 위해서는 다른 일반적인 재화와는 달리 상품에 담긴 정보의 내용을 이해하고 숙달하여 활용하는 시간적 과정이 필요하다. 만일 이미 선택하여 사용하고 있던 정보재를 다른 정보재로 바꾸기 위해서는 또다시 다른 정보재에 대한 정보의 내용을 이해, 숙달하고 활용하는 과정이 필수불가결하다. 이는 소비자 입장에서 많은 시간과 노력을 들여야 하기 때문에 매우 불편하며 비용으로 작용하는데 이를 전환비용(switching cost)이라고 한다. 잠김효과가 강하게 나타날수록 전환비용이 매우 크며, 또한 전환비용이 클수록 잠김효과는 더욱 강하게 나타난다. 정보재는 잠김효과와 수요 측 규모의 경제가 강하게 작동하므로 공급자 입장에서는 가급적 빠른 시간 안에 자사 정보재에 대한 소비자 네트워크를 확충하는 것이 매우 중요하다. 이를 위해서 소비자를 유인하는 전략을 구사하게 되는데 무료견본이나 할인판매 등의 전략적 가격설정이 자주 나타난다.

Issue 02 　행태경제이론

> 설문을 어떻게 구성하느냐에 따라 다른 응답이 나오는 효과는?　　　▶ 2019년 감정평가사
>
> ① 틀짜기 효과(framing effect)　　② 닻내림 효과(anchoring effect)
> ③ 현상유지편향(status quo)　　　④ 기정편향(default bias)
> ⑤ 부존효과(endowment effect)

출제이슈 행태경제이론
핵심해설 정답 ①

행태경제이론은 전통적 경제이론의 가정이라고 할 수 있는 합리성과 이기심이 얼마나 현실에 부합되는지를 검증하면서 출발하였다. 행태경제이론은 심리학적 실험결과나 현실경제에서 관찰되는 특이한 현상을 통해서 인간의 판단방식을 검증하고 이러한 판단방식의 특성이 선택에 어떠한 영향을 미치는지를 연구대상으로 하며 심리학자 트버스키, 카네만에 의해 비약적으로 발전하게 되었다.

미시경제이론의 기초로서 소비자이론은 소비자 선호체계의 안정성에서 출발한다. 그러나 현실에서는 소비자 선호체계에 있어서 많은 의문이 일고 있다. 예를 들어 똑같은 재화 혹은 서비스에 대하여 소비자의 평가가 상황에 따라서 달라지는 현상이 일어날 수 있다.

1) **틀짜기효과(framing effect)**

　사람들은 어떤 틀을 통해 선택과 관련된 행동, 결과 등을 인식한다. 이는 동일한 상황에서의 문제라고 하더라도 여러 가지 다른 틀을 사용하여 다르게 인식할 수 있다는 뜻이다. 만일 잘 정의되고 안정적인 선호체계를 갖고 있는 사람이라면 상황을 어떤 틀에 의해서 인식하는지의 여부와 관련없이 똑같은 결정을 내려야 한다. 그러나 현실에서는 인식의 틀이 바뀜에 따라서 결정을 바꾸는 경향을 보이는데 이를 틀짜기효과(framing effect)라고 한다.

2) **부존효과(endowment effect)**

　똑같은 물건임에도 불구하고 소유하고 있는 것을 팔 때 받아야겠다고 하는 금액과 소유하지 않은 상황에서 그것을 살 때 낼 용의가 있는 금액 사이에 차이가 있음을 의미한다. 팔 때 받아야겠다고 하는 금액의 경우 자신의 소유물을 포기하는 것을 싫어하므로 더 높은 가격을 받아야 하는 태도가 나타나는 것이다. 만일 소비자가 잘 정의되고 안정적인 선호체계를 갖는다면, 한 상품에 대한 평가는 어느 상황에서든 똑같아야 한다. 이렇게 어떤 물건을 소유하는 사람이 그것을 포기하기 싫어하는 성향이 있기 때문에 나타나는 효과로서 똑같은 상품에 대한 평가가 상황에 따라서 달라지는 특이한 현상을 부존효과(endowment effect)라고 한다. 부존효과를 무차별곡선으로 해석해보면 무차별곡선상에서 방향에 따라서 효용이 달라지는 효용의 비가역성을 의미한다.

다음 중 행태경제학(behavioral economics) 분야의 주장을 모두 고르면? ▶ 2015년 공인회계사

> 가. 처음에 설정된 가격이나 첫인상에 의해 의사결정이 영향을 받는다.
> 나. 기준점(reference point)과의 비교를 통해 의사결정을 내린다.
> 다. 이득의 한계효용이 체증한다.
> 라. 동일한 금액의 이득과 손실 중 손실을 더 크게 인식한다.

① 가, 나   ② 나, 라   ③ 가, 나, 다
④ 가, 나, 라   ⑤ 가, 나, 다, 라

출제이슈 행태경제이론
핵심해설 정답 ④

가. 옳은 내용이다.

처음에 접하고 입력된 정보가 이후의 의사결정과정에 지속적으로 영향을 주는 것을 정박효과 혹은 앵커링효과 라고 한다. 특히 최초 정보가 지속적으로 영향을 미치는 정박효과와 함께 최초 정보를 토대로 주먹구구식으로, 즉 합리적이지 못한 조정에 의한 의사결정이 나타나는데 이를 휴리스틱(heuristic)이라고 한다.

나. 옳은 내용이다.

사람들은 소득이나 자산이 변화할 경우 이를 평가함에 있어서 평가의 기준이 되는 점, 즉 기준점 혹은 준거점 (point of reference)을 정해 놓은 후, 이 기준점에 비하여 소득이나 자산이 늘었으면 이득이고 줄었으면 손실이 라고 평가한다.

다.는 틀린 내용이고 라.는 옳은 내용이다.

사람들은 대체로 동일한 금액의 이득과 손실 중 손실을 더 크게 인식하고 평가한다. 똑같은 크기의 이득과 손실이라고 하더라도 그것들이 효용에 미치는 영향은 다를 수 있다. 똑같은 크기의 이득이 효용을 증가시키는 것보다는 똑같은 크기의 손실이 효용을 감소시키는 것이 더 크다는 것이다. 이는 사람들이 손실에 대해 매우 민감하며, 손실을 기피하는 태도를 보임을 의미한다. 따라서 상대적으로 손실의 한계효용이 이득의 한계효용에 비하여 크고 체증적이라고 할 수 있고 이득의 한계효용은 체감한다.

한편 부존효과를 통해서 이득과 손실을 설명하면 다음과 같다.

똑같은 물건임에도 불구하고 소유하고 있는 것을 팔 때 받아야겠다고 하는 금액과 소유하지 않은 상황에서 그것을 살 때 낼 용의가 있는 금액 사이에 차이가 있음을 의미한다. 팔 때 받아야겠다고 하는 금액의 경우 자신의 소유물을 포기하는 것을 싫어하므로 더 높은 가격을 받아야 하는 태도가 나타나는 것이다. 만일 소비자 가 잘 정의되고 안정적인 선호체계를 갖는다면, 한 상품에 대한 평가는 어느 상황에서든 똑같아야 한다. 이렇 게 어떤 물건을 소유하는 사람이 그것을 포기하기 싫어하는 성향이 있기 때문에 나타나는 효과로서 똑같은 상품에 대한 평가가 상황에 따라서 달라지는 특이한 현상을 부존효과(endowment effect)라고 한다. 부존효과를 무차별곡선으로 해석해보면 무차별곡선상에서 방향에 따라서 효용이 달라지는 효용의 비가역성을 의미한다.

PART

02

거시경제학

Issue 01 국내총생산(GDP)의 개념과 측정방법

방앗간에서 밀 3톤을 총 3만 달러에 수입한 뒤, 밀 2톤은 소비자들에게 팔아 총 3만 달러의 매상을 올리고, 나머지 1톤은 밀가루로 만들어 2만 달러를 받고 제과점에 팔고 제과점에서는 이 밀가루로 빵을 만들어 3만 달러를 받고 소비자에게 팔았다. 이때 국내에서 창출된 총 부가 가치는 얼마인가?

▶ 2016년 국회직 8급

① 2만 달러   ② 3만 달러   ③ 6만 달러

④ 8만 달러   ⑤ 9만 달러

출제이슈 국내총생산(GDP)의 측정방법
핵심해설 정답 ②

1) 최종생산물의 시장가치의 합

최종생산물의 가치를 구해보면, 방앗간이 소비자에게 판매한 밀 3만 달러, 제과점이 소비자에게 판매한 빵 3만 달러이다. 따라서 이를 모두 더하면 6만 달러인데, 한 가지 주의할 것은 수입을 차감해야 하므로 3만 달러를 차감한 3만 달러가 국내총생산이 된다.

2) 각 생산단계에서 새로이 창출된 부가가치의 합

방앗간이 창출한 부가가치는 2만 달러, 제과점이 창출한 부가가치는 1만 달러이다. 따라서 이를 모두 더한 3만 달러가 국내총생산이 된다.

국내총생산에 관한 설명으로 옳지 않은 것은? ▶ 2023년 감정평가사

① 국내총생산은 시장에서 거래되는 최종생산물만 포함한다.

② 국내순생산은 국내총생산에서 고정자본소모를 제외한 부분이다.

③ 명목 국내총생산은 재화와 서비스의 생산의 가치를 경상가격으로 계산한 것이다.

④ 3면 등가의 원칙으로 국내총생산은 국내총소득과 일치한다.

⑤ 국내총생산은 요소비용국내소득에 순간접세와 고정자본소모를 더한 것이다.

출제이슈 국내총생산(GDP)의 측정방법
핵심해설 정답 ①

① 틀린 내용이다.

GDP는 시장에서 거래되는 상품을 대상으로 하므로 비시장재화나 지하경제의 경우 국내총생산에 포착되지 않는다. 다만, 시장에서 거래되지 않는다고 하더라도 일부 생산물에 대하여는 추산을 통하여 귀속시키는 경우도 있으니 주의해야 한다. 예를 들어 자가소유주택으로부터의 주거서비스의 가치를 추산하는 것이라든지, 군인, 경찰, 공무원들로부터의 국방서비스, 치안서비스, 행정서비스의 가치를 추산하는 것이 좋은 예가 된다. 또한 농가에서 자신이 소비하기 위해서 생산하는 자가소비용 농산물도 추산을 통해서 국내총생산에 포함된다.

A국 국민소득계정의 구성항목에서 민간투자가 50, 정부소비와 정부투자가 각각 40과 60, 조세가 50이고, 수출과 수입이 동일할 때, 민간저축은? ▶ 2024년 감정평가사

① 40

② 50

③ 80

④ 100

⑤ 120

출제이슈 국민소득계정
핵심해설 정답 ④

GDP는 소비, 투자, 정부지출, 순수출의 합으로 구성된다. 이를 국내총생산과 그 처분의 식으로 나타내면 $Y = C + I + G + X - M$과 같다. 이를 변형하면 $(Y - T - C) + (T - G) + (M - X) = I$ 가 된다.

여기에 설문에 주어진 자료를 대입하면 다음과 같다.

$(Y - T - C) + (T - G) + (M - X) = I$

$S_P + 50 - 40 = 50 + 60, \ S_P = 100$

A국 국민소득계정의 구성항목이 아래와 같다. A국의 (ㄱ) GDP와 (ㄴ) 재정수지는?

▶ 2020년 감정평가사

소비 = 300	투자 = 200	민간저축 = 250
수출 = 150	수입 = 150	정부지출 = 100

① (ㄱ) : 500, (ㄴ) : −50   ② (ㄱ) : 500, (ㄴ) : 100

③ (ㄱ) : 600, (ㄴ) : −50   ④ (ㄱ) : 600, (ㄴ) : 100

⑤ (ㄱ) : 750, (ㄴ) : 100

출제이슈 국내총생산(GDP)의 측정방법
핵심해설 정답 ③

GDP는 소비, 투자, 정부지출, 순수출의 합으로 구성되므로 600이 된다. 이를 국내총생산과 그 처분의 식으로 나타내면 $Y = C + I + G + X - M$과 같다. 이를 변형하면 다음과 같다.

$(Y - T - C) + (T - G) + (M - X) = I$ 가 된다. 여기에 설문에 주어진 자료 소비 = 300, 투자 = 200, 민간저축 = 250, 수출 = 150, 수입 = 150, 정부지출 = 100을 대입하면 다음과 같다.

$(Y - T - C) + (T - G) + (M - X) = I$이므로 $(600 - T - 300) + (T - 100) + (150 - 150) = 200$이 된다. 이때, 민간저축 250은 $(Y - T - C)$이므로 결국 T는 50임을 알 수 있다.

한편 재정수지는 조세에서 정부지출을 차감한 것으로 설문에서 조세는 50, 정부지출은 100이므로 −50이 된다.

표는 기업 갑과 을로만 구성된 A국의 연간 국내 생산과 분배를 나타낸다. 이에 관한 설명으로 옳지 않은 것은?

▶ 2021년 감정평가사

항목	갑	을
매출액	400	900
중간투입액	0	400
임금	250	300
이자	0	50
임대료	100	100
이윤	( )	( )
요소소득에 대한 총지출	( )	( )
부가가치	( )	( )

① 기업 갑의 요소소득에 대한 총지출은 400이다.

② 기업 갑의 부가가치는 400이다.

③ 기업 갑의 이윤은 기업 을의 이윤과 같다.

④ A국의 임금, 이자, 임대료, 이윤에 대한 총지출은 900이다.

⑤ A국의 국내총생산은 기업 갑과 기업 을의 매출액 합계에서 요소소득에 대한 총지출을 뺀 것과 같다.

출제이슈 국내총생산(GDP)의 측정방법
핵심해설 정답 ⑤

① 기업 갑의 매출액 400은 생산과정에 참여한 요소공급자인 경제주체들에게 임금, 이자, 임대료, 이윤으로 분배된다. 따라서 기업 갑의 요소소득에 대한 총지출은 400이 된다.

② 기업 갑의 부가가치는 매출액 400에서 중간투입액 0을 뺀 금액으로 측정된다.

③ 기업 갑의 매출액 400은 생산과정에 참여한 요소공급자인 경제주체들에게 임금, 이자, 임대료, 이윤으로 분배된다. 임금이 250, 이자가 0, 임대료가 100으로 주어졌으므로, 이윤은 50이 됨을 알 수 있다.

④ A국의 임금, 이자, 임대료, 이윤에 대한 총지출은 900이다.

⑤ A국의 국내총생산은 기업 갑과 기업 을의 매출액 합계에서 중간투입액을 뺀 것으로서 이는 요소소득에 대한 총지출과 같다.

국민소득계정에 관한 설명으로 옳지 않은 것은? ▶ 2022년 공인노무사

① 국민총생산은 국내총생산과 국외순수취 요소소득의 합계이다.

② 명목국내총생산은 생산량의 변화와 함께 가격 변화에도 영향을 받는다.

③ 국내총생산은 한 나라에서 일정기간 동안 생산된 최종용도의 재화와 서비스의 시장가치총합이다.

④ 국내총생산은 한 나라에서 일정기간 창출되는 부가가치의 총합이다.

⑤ 투자는 민간투자와 정부투자의 합계이며, 재고변동은 포함하지 않는다.

출제이슈 국내총생산(GDP)의 개념과 측정방법
핵심해설 정답 ⑤

② 옳은 내용이다.
명목국내총생산은 비교시점에 따라서 가격이 변화하므로 비교시점의 수량과 가격에 영향을 받는다.

③ 옳은 내용이다.
국내총생산(GDP)이란 일정한 기간 동안 한 나라 안에서 생산되어 최종적인 용도로 사용되는 재화, 서비스의 가치를 모두 더한 것을 의미한다.

⑤ 틀린 내용이다.
국내총생산(GDP)은 생산 측면, 분배 측면, 지출 측면에서 각각 파악할 수 있는데, 지출 측면에서 파악하는 경우 생산물이 처분된 유형별로 처분금액의 합계(소비, 투자, 정부지출, 순수출)로 측정된다. 이때, 국민소득계정에서 투자는 건설투자, 설비투자, 재고투자로 구분된다. 건설투자는 공장, 사무실, 주택을 신축하고 개보수하는 기업의 지출이며, 설비투자는 기계, 차량운반구, 전산장비 등을 확충하는 기업의 지출이며 마지막으로 재고투자는 기업이 생산을 위해 보유하는 원자재, 재공품(생산 중에 있는 중간 산물)과 생산이 완료되어 보유하고 있는 최종생산물을 의미한다. 투자는 재고의 변동을 투자의 한 유형으로 포함하고 있다.

2023년에 기업 A는 한국에서 생산한 부품 100억 달러를 베트남 현지 공장에 수출하였다. 같은 해에 베트남 현지 공장에서 그 부품을 조립하여 소비재 완제품 200억 달러를 만들어 그 중 50억 달러는 한국에 수출하고, 140억 달러는 미국에 수출하였으며 10억 달러는 재고로 남았다. 이월된 재고 10억 달러는 2024년 베트남 국내에서 모두 판매되었다. 이에 관한 설명으로 옳은 것은?

▶ 2024년 감정평가사

① 2023년 한국의 GDP는 50억 달러이다.
② 2023년 베트남의 GDP는 200억 달러이다.
③ 2023년 베트남의 투자는 10억 달러이다.
④ 2023년 베트남의 순수출은 190억 달러이다.
⑤ 2024년 베트남의 소비와 GDP는 각각 10억 달러이다.

출제이슈 국내총생산(GDP)의 개념과 측정방법
핵심해설 정답 ③

국내총생산(GDP)은 생산 측면, 분배 측면, 지출 측면에서 각각 파악할 수 있는데, 지출측면에서 파악하는 경우 생산물이 처분된 유형별로 처분금액의 합계(소비, 투자, 정부지출, 순수출)로 측정된다. 이때, 국민소득계정에서 투자는 건설투자, 설비투자, 재고투자로 구분된다. 건설투자는 공장, 사무실, 주택을 신축하고 개보수하는 기업의 지출이며, 설비투자는 기계, 차량운반구, 전산장비 등을 확충하는 기업의 지출이며 마지막으로 재고투자는 기업이 생산을 위해 보유하는 원자재, 재공품(생산 중에 있는 중간 산물)과 생산이 완료되어 보유하고 있는 최종생산물을 의미한다. 투자는 재고의 변동을 투자의 한 유형으로 포함하고 있다. 따라서 2023년 베트남의 투자는 재고투자 10억달러가 된다.

국내총생산의 측정에 관한 설명으로 옳지 않은 것은? ▶ 2025년 감정평가사

① 시장에서 거래되지 않는 재화와 서비스는 포함되지 않는다.

② 국민총생산에서 국외순수취요소소득을 뺀 것과 같다.

③ 일정기간 내에 생산됐지만 아직 판매되지 못한 최종재도 포함된다.

④ 일정기간 국내에서 새로 생산된 재화와 서비스의 부가가치의 합으로 계산한다.

⑤ 간접세와 감가상각도 포함된다.

출제이슈 국내총생산(GDP)의 개념과 측정방법
핵심해설 정답 ①

국내총생산 지표는 원칙적으로 시장에서 거래된 상품을 대상으로 측정한다. 그러나 시장에서 거래되지 않는다고 하더라도 일부 생산물에 대하여는 추산을 통하여 귀속시키는 경우가 있으니 주의해야 한다. 자가소유주택으로부터의 주거서비스의 가치를 추산하는 것이라든지, 군인, 경찰, 공무원들로부터의 국방서비스, 치안서비스, 행정서비스의 가치를 추산하는 것을 예로 들 수 있다.

Issue 02   국내총생산(GDP)의 계산 시 포함 및 불포함 항목

실질GDP가 증가하는 경우는? ▶ 2019년 감정평가사

① 기존 아파트 매매가격 상승   ② 주식시장의 주가 상승
③ 이자율 상승   ④ 사과 가격의 상승
⑤ 배 생산의 증가

출제이슈 GDP 계산 시 포함 및 불포함 항목의 구분
핵심해설   정답 ⑤

① 틀린 내용이다.
기존 아파트 매매가격 상승은 현재 GDP의 증가와 무관하다. 과거 아파트가 신축되었을 때 건설투자로서 GDP에 집계되는 것이지, 현재 GDP에는 포함되지 않는다.

② 틀린 내용이다.
주식시장에서의 주가의 상승은 단순한 금융자산의 증가로서 실물생산을 의미하는 현재 GDP의 집계에 포함되지 않는다. 다만, q이론에 의하면, 주가의 상승으로 투자에 긍정적 영향을 주게 되면 장기적으로 GDP에 긍정적 영향을 줄 수 있을 뿐이지, 주가 상승 금액 자체가 현재 GDP에 집계되는 것은 아니다.

③ 틀린 내용이다.
이자율의 변화 자체는 실물생산을 의미하는 현재 GDP의 집계와는 무관하다. 다만, 이자율의 상승으로 투자에 부정적 영향을 주게 되면 장기적으로 GDP에 부정적 영향을 줄 수 있을 뿐이다.

④ 틀린 내용이다.
사과 가격의 상승은 명목GDP는 증가시키지만, 실질GDP와는 무관하다.

⑤ 옳은 내용이다.
배 생산의 증가는 실물생산을 의미하는 현재 GDP의 집계에 포함되어 GDP를 증가시킨다.

GDP 증가요인을 모두 고른 것은?

▶ 2018년 감정평가사

ㄱ. 주택신축
ㄴ. 정부의 이전지출
ㄷ. 외국산 자동차 수입

① ㄱ   ② ㄴ   ③ ㄱ, ㄷ
④ ㄴ, ㄷ   ⑤ ㄱ, ㄴ, ㄷ

출제이슈 *GDP* 계산 시 포함 및 불포함 항목의 구분
핵심해설 정답 ①

ㄱ. *GDP* 증가요인이다.
국민소득계정에서 투자는 건설투자, 설비투자, 재고투자로 구분된다. 건설투자는 공장, 사무실, 주택을 신축하고 개보수하는 기업의 지출이며, 설비투자는 기계, 차량운반구, 전산장비 등을 확충하는 기업의 지출이며, 마지막으로 재고투자는 기업이 생산을 위해 보유하는 원자재, 재공품(생산 중에 있는 중간 산물)과 생산이 완료되어 보유하고 있는 최종생산물을 의미한다. 설문에서 주택신축은 건설투자로서 *GDP*에 집계되어 증가요인이 된다.

ㄴ. *GDP* 증가요인이 아니다.
이전지출이란 정부가 생산물의 산출과 관계없이, 반대급부 없이 무상으로 구매력 혹은 소득을 이전하는 것을 의미한다. 이전지출의 예로는 실업수당, 재해보상금 등을 들 수 있다. 이전지출은 새로운 생산물의 산출이 아니라 기존에 존재하던 소득을 다시 분배하는 것에 지나지 않는다. 따라서 국내총생산의 측정 시 포함되지 않는다.

ㄷ. *GDP* 증가요인이 아니다.
국내총생산(*GDP*)이란 일정한 기간 동안 한 나라 안에서 생산되어 최종적인 용도로 사용되는 재화, 서비스의 가치를 모두 더한 것이므로 외국산 자동차는 국내에서 생산된 것이 아니므로 *GDP*에 집계되지 않는다. 다만, 외국산 자동차를 국내에서 구입하여 소비하게 되므로 국내소비에는 포함되는 문제가 발생한다. 따라서 이를 상쇄하기 위해서 수입을 국민소득계정식에서 차감하는 방식을 사용한다. 이는 마치 전년도 재고가 올해 판매될 경우, 올해의 소비에는 포함되지만, 올해 투자인 재고에서 다시 차감하여 소비증가를 상쇄하는 방식과 유사하다.

GDP(Gross Domestic Product)의 측정에 대한 설명으로 옳은 것은? ▶ 2017년 국가직 7급

① 식당에서 판매하는 식사는 GDP에 포함되지만, 아내가 가족을 위해 제공하는 식사는 GDP에 포함되지 않는다.

② 발전소가 전기를 만들면서 공해를 발생시키는 경우, 전기의 시장가치에서 공해의 시장가치를 뺀 것이 GDP에 포함된다.

③ 임대주택이 제공하는 주거서비스는 GDP에 포함되지만, 자가주택이 제공하는 주거서비스는 GDP에 포함되지 않는다.

④ A와 B가 서로의 아이를 돌봐주고 각각 임금을 상대방에게 지불한 경우, A와 B 중 한 사람의 임금만 GDP에 포함된다.

출제이슈 GDP 계산 시 포함 및 불포함 항목의 구분

핵심해설 정답 ①

① 옳은 내용이다.

식당에서 판매하는 식사는 시장가격이 책정되고 대가의 지불이 이루어지기 때문에 GDP에 포함되지만, 아내가 가족을 위해 제공하는 식사는 자가소비용으로서 시장에서 거래되는 것이 아니며 그 추산이 곤란하기 때문에 GDP에 포함되지 않는다.

② 틀린 내용이다.

공해와 같은 환경오염 관련비용은 GDP 계산 시 고려되지 않는다. 따라서 환경오염과 관련된 비용을 차감한 녹색 GDP를 도입하자는 의견도 있다.

③ 틀린 내용이다.

GDP는 시장에서 거래되는 상품을 대상으로 하므로 비시장재화나 지하경제의 경우 국내총생산에 포착되지 않는다. 다만, 시장에서 거래되지 않는다고 하더라도 일부 생산물에 대하여는 추산을 통하여 귀속시키는 경우도 있으니 주의해야 한다. 예를 들어 자가소유주택으로부터의 주거서비스의 가치를 추산하는 것이라든지, 군인, 경찰, 공무원들로부터의 국방서비스, 치안서비스, 행정서비스의 가치를 추산하는 것이 좋은 예가 된다. 또한 농가에서 자신이 소비하기 위해서 생산하는 자가소비용 농산물도 추산을 통해서 국내총생산에 포함된다. 설문의 자가주택이 제공하는 주거서비스는 귀속임대료로서 GDP 계산 시 포함된다.

④ 틀린 내용이다.

A와 B가 서로의 아이를 돌봐주고 각각 임금을 상대방에게 지불한 경우, 육아서비스가 창출되고 그에 대한 대가가 지불된 것이므로 A와 B 임금이 모두 GDP에 포함된다.

*GDP*에 대한 설명으로 옳은 것을 〈보기〉에서 모두 고르면?   ▶ 2017년 국회직 8급

> **보기**
>
> ㄱ. 정부가 출산장려금으로 자국민에게 지급하는 금액은 *GDP*에 포함된다.
> ㄴ. *A*사가 생산한 자동차의 재고 증가는 *GDP* 증가에 영향을 주지 못하지만, 중고자동차의 거래량 증가는 *GDP*를 증가시킨다.
> ㄷ. 중국인의 한국 내 생산활동은 한국의 *GDP* 산출에 포함된다.
> ㄹ. 아파트 옥상에서 상추를 재배한 전업주부가 이 생산물을 가족들의 저녁식사에 이용한 경우 이는 *GDP*에 포함되지 않는다.
> ㅁ. 한국의 의류회사가 베트남에서 생산하여 한국으로 수입 판매한 의류의 가치는 한국의 *GDP*에 포함되지 않는다.

① ㄱ, ㄴ, ㄷ   ② ㄱ, ㄴ, ㅁ   ③ ㄱ, ㄷ, ㅁ
④ ㄴ, ㄷ, ㄹ   ⑤ ㄷ, ㄹ, ㅁ

출제이슈 *GDP* 계산 시 포함 및 불포함 항목의 구분
핵심해설 정답 ⑤

ㄱ. 틀린 내용이다.
　　이전지출이란 정부가 생산물의 산출과 관계없이, 반대급부 없이 무상으로 구매력 혹은 소득을 이전하는 것을 의미한다. 이전지출의 예로는 실업수당, 재해보상금 등을 들 수 있다. 이전지출은 새로운 생산물의 산출이 아니라 기존에 존재하던 소득을 다시 분배하는 것에 지나지 않는다. 따라서 국내총생산의 측정 시 포함되지 않는다.

ㄴ. 틀린 내용이다.
　　중고자동차의 거래량 증가로 인한 거래대금 자체는 새롭게 생산된 산출물이 아니기 때문에 *GDP* 계산 시 제외된다. 다만, 중고매매업체가 자동차를 매입한 후에 수리하고 적절한 이윤을 붙여서 판매하는 경우 중고매매업체의 서비스는 *GDP* 계산에 포함된다.

ㄷ. 옳은 내용이다.
　　중국인의 한국 내 생산활동은 국경 기준에 부합하므로 한국의 *GDP* 산출에 포함된다.

ㄹ. 옳은 내용이다.
　　*GDP*는 시장에서 거래되는 상품을 대상으로 하므로 비시장재화나 지하경제의 경우 국내총생산에 포착되지 않는다. 도시가계의 자가소비 농산물이나 주부의 가사노동은 시장에서 거래되지 않고 자가에서 생산되고 소비되어 소멸되는 것으로서 사실상 추산이 불가능하기 때문에 국민소득에서 제외된다.

ㅁ. 옳은 내용이다.
　　한국의 의류회사가 베트남에서 생산하여 한국으로 수입 판매한 활동은 국경 기준에 부합하지 않으므로 한국의 *GDP* 산출에 포함되지 않는다.

Issue 03 *GDP* vs *GNP* vs *GNI*

거시경제지표에 관한 설명으로 옳지 않은 것은?   ▶ 2020년 공인노무사

① 국내총생산은 영토를 기준으로, 국민총생산은 국민을 기준으로 계산한다.

② 국내총생산 삼면등가의 법칙은 폐쇄경제에서 생산, 지출, 분배 국민소득이 항등관계에 있다는 것이다.

③ 국내총생산은 특정 시점에 한 나라 안에서 생산된 부가가치의 합이다.

④ 국민총생산은 국내총생산과 대외순수취 요소소득의 합이다.

⑤ 국내총소득은 국내총생산과 교역조건 변화에 따른 실질무역손익의 합이다.

출제이슈 *GDP* vs *GNP* vs *GNI*
핵심해설 정답 ③

① 옳은 내용이다.

국내총생산(*GDP*)이란 일정한 기간 동안 한 나라 안에서 생산되어 최종적인 용도로 사용되는 재화, 서비스의 가치를 모두 더한 것을 의미한다. 한편, 국민총생산(Gross National Product, *GNP*)이란 일정한 기간 동안 한 나라 국민에 의해서 생산되어 최종적인 용도로 사용되는 재화, 서비스의 가치를 모두 더한 것을 말한다. 따라서 국내총생산은 영토를 기준으로, 국민총생산은 국민을 기준으로 계산한다고 볼 수 있다.

② 옳은 내용이다.

국내총생산은 생산 측면, 분배 측면, 지출 측면에서 각각 파악할 수 있는데 사후적으로 항상 같은 값을 가지게 되며 이를 3면 등가의 법칙 혹은 원리라고 한다. 그러나 사전적으로는 3면 등가의 법칙이 성립하지 않으며 만일 3면 등가를 달성시키기 위해서는 소득이나 이자율 등의 적절한 조정이 요구된다.

③ 틀린 내용이다.

국내총생산은 특정 시점이 아니라 일정한 기간 동안 부가가치의 합이다.

④ 옳은 내용이다.

국내총생산 - 대외지급 요소소득 + 대외수취 요소소득 = 국민총생산
국내총생산 + 대외순수취 요소소득 = 국민총생산

⑤ 옳은 내용이다.

국내총소득(*GDI*)은 국내총생산에 교역조건의 변화에 따른 실질적인 무역손익을 고려한 개념으로서 다음과 같은 산식으로 정의된다.

국내총소득(*GDI*) = 국내총생산(*GDP*) + 교역조건의 변화에 따른 실질 무역손익

국내총생산에 대한 설명으로 옳은 것은?

▶ 2019년 국가직 9급

① 어떤 한 시점에서 측정되는 저량(stock)의 성격을 갖는다.

② 중간재(intermediate goods)의 가치는 국내총생산의 계산에 포함된다.

③ 어떤 나라의 수출품 가격이 하락하면 실질무역손실이 발생하기 때문에 국내총생산은 국내 총소득보다 작아진다.

④ 대외수취 요소소득이 대외지급 요소소득보다 클 경우, 국내총생산은 국민총생산보다 작다.

출제이슈 GDP vs GNP vs GNI
핵심해설 정답 ④

① 틀린 내용이다.

국내총생산(GDP)이란 일정한 기간 동안 한 나라 안에서 생산되어 최종적인 용도로 사용되는 재화, 서비스의 가치를 모두 더한 것을 의미한다. 따라서 일정 기간 동안 측정되는 유량변수이지, 어떤 한 시점에서 측정되는 저량(stock)변수가 아니다.

② 틀린 내용이다.

국내총생산(GDP)이란 일정한 기간 동안 한 나라 안에서 생산되어 최종적인 용도로 사용되는 재화, 서비스의 가치를 모두 더한 것을 의미한다. 따라서 중간재(intermediate goods)의 가치는 국내총생산의 계산에 포함되지 않는다.

③ 틀린 내용이다.

국내총생산에서 실질무역손익을 고려하면 국내총소득이 된다. 실질무역손익이란 국가 간 교역조건의 변동으로 인하여 발생한 무역으로부터의 손익이다. 만일 어떤 나라의 수출품 가격이 하락하면 동일한 양을 수출하더라도 교환해 들여오는 수입량이 감소하여 실질무역손실이 발생하고 결국 국내총소득은 국내총생산보다 작아진다.

④ 옳은 내용이다.

국내총생산에서 대외지불 요소소득을 제외하고 대외수취 요소소득을 가산하면 국민총생산이 된다. 따라서 대외수취 요소소득이 대외지급 요소소득보다 클 경우, 국민총생산은 국내총생산보다 크다.

A국의 2018년 국민소득계정의 일부이다. 다음 자료에서 실질국민총소득(실질 GNI)은 얼마인가?

▶ 2019년 공인노무사

- 실질국내총생산(실질 GDP) : 1,500조원
- 교역조건변화에 따른 실질무역손익 : 60조원
- 실질대외순수취 요소소득 : 10조원

① 1,430조원   ② 1,450조원   ③ 1,500조원
④ 1,550조원   ⑤ 1,570조원

출제이슈 GDP vs GNP vs GNI
핵심해설 정답 ⑤

1) GDI

국내총생산(GDP) + 실질무역손익 = 국내총소득(GDI) = 1,500조원 + 60조원 = 1,560조원

2) GNI

국내총소득(GDI) + 대외순수취 요소소득 = 국민총소득(GNI) = 1,560조원 + 10조원 = 1,570조원

국민소득(NI)에 포함되지 않는 것은?

▶ 2025년 감정평가사

① 피고용자에 대한 보상   ② 법인화되어 있지 않은 자영업자의 소득
③ 임대소득과 순이자   ④ 법인이윤
⑤ 고정자본 소모량

출제이슈 국민소득(NI)
핵심해설 정답 ⑤

1) 국내순생산(NDP), 국민순소득(NNI), 국민소득(NI)

국내순생산(NDP)은 국내총생산(GDP)에서 감가상각(고정자본소모)을 차감한 것이고 국민순소득(NNI)은 국민총소득(GNI)에서 감가상각(고정자본소모)을 차감한 것이다. 국민순소득(NNI)에서 순간접세를 차감한 것을 국민소득(NI)이라고 한다.

2) 피용자보수와 영업잉여

국민소득이란 국민순소득에서 간접세를 차감하고 보조금을 더한 것으로서 법인세나 소득세와 같은 직접세를 납부하기 직전에 가계나 기업같은 민간부문에 귀속되는 소득개념이다. 특히 국민소득은 국민계정에서는 임금을 나타내는 피용자보수와 이자, 지대, 이윤을 의미하는 영업잉여로 구성된다.

개방경제인 갑국의 국민소득 결정모형이 다음과 같을 때, 갑국의 국내총소득, 국민총소득, 처분가능소득은? (단, 제시된 항목 외 다른 것은 고려하지 않는다.) ▶ 2019년 감정평가사

- 국내총생산 : 1,000
- 교역조건 변화에 따른 실질무역손익 : 50
- 사내유보이윤 : 10
- 이전지출 : 3
- 대외순수취 요소소득 : 20
- 감가상각 : 10
- 각종 세금 : 3

① 1,000, 980, 960

② 1,000, 1,020, 1,000

③ 1,050, 1,050, 1,050

④ 1,050, 1,070, 1,050

⑤ 1,070, 1,050, 1,030

출제이슈 GDP vs GNP vs GNI vs DI

핵심해설 정답 ④

1) 국내총소득(GDI) 구하기

국내총생산(GDP) + 실질무역손익 = 국내총소득(GDI) = 1,000 + 50 = 1,050

2) 국민총소득(GNI) 구하기

ⅰ) 국민총생산(GNP) = 1,000 + 20 = 1,020

ⅱ) 국민총소득(GNI) 구하기

국민총생산(GNP) + 실질무역손익 = 국민총소득(GNI) = 1,020 + 50 = 1,070

3) 처분가능소득(DI) 구하기

처분가능소득(DI) = 국민총소득(GNI) − 감가상각 − 사내유보이윤 − 세금 + 이전지출
= 1,070 − 10 − 10 − 3 + 3 = 1,050

Issue 04   명목GDP와 실질GDP

쌀과 컴퓨터만 생산하는 국가의 생산량과 가격이 다음과 같다. 2013년을 기준연도로 할 때 2014년의 실질GDP와 실질GDP성장률은?

▶ 2015년 감정평가사

	쌀		컴퓨터	
	가격(원)	생산량(가마)	가격(원)	생산량(대)
2013년	10	50	30	100
2014년	15	100	50	200

① 3,500원, 100%   ② 3,500원, 228.6%   ③ 7,000원, 100%
④ 7,000원, 228.6%   ⑤ 11,500원, 64.3%

출제이슈 실질GDP 및 실질GDP성장률의 계산
핵심해설 정답 ③

1) 2013년 실질GDP(기준연도 2013년)
= (2013년도 가격) × (2013년도 수량)
= (10원/가마×50가마) + (30원/대×100대) = 3,500원

2) 2014년 실질GDP(기준연도 2013년)
= (2013년도 가격) × (2014년도 수량)
= (10원/가마×100가마) + (30원/대×200대) = 7,000원

3) 실질GDP성장률
따라서 실질GDP가 3,500원에서 7,000원으로 증가하였으므로 실질GDP성장률은 100%가 된다.

표는 A국의 전년도 실질 GDP 관련지표이다. 전년대비 소비 증가율은 1%, 투자 증가율은 3%, 정부지출 증가율은 2%일 때, A국의 금년도 경제성장률은? (단, C는 소비, I는 투자, G는 정부지출이다.)

▶ 2020년 보험계리사

지표	값
실질GDP	1,000
민간소비(C)	500
투자(I)	300
정부지출(G)	200

① 1.2% ② 1.8%

③ 2% ④ 2.2%

출제이슈 실질 GDP 및 실질 GDP 성장률의 계산

핵심해설 정답 ②

지표	전년도 수치	증가율	금년도 수치
실질GDP	1,000	1.8%	1,018
민간소비(C)	500	1%	505
투자(I)	300	3%	309
정부지출(G)	200	2%	204

올해의 실질GDP는 올해의 민간소비, 투자, 정부지출의 합이므로 1,018이 된다. 따라서 경제성장률은 다음과 같이 계산된다.

$$경제성장률 = \frac{(금년도\,GDP - 전년도\,GDP)}{전년도\,GDP} \times 100 = \frac{1,018 - 1,000}{1,000} \times 100 = 1.8\%$$

Issue 05 　물가지수

소비자물가지수에 관한 설명으로 옳지 않은 것은?　　　　▶ 2021년 감정평가사

① 기준연도에서 항상 100이다.

② 대체효과를 고려하지 못해 생계비 측정을 왜곡할 수 있다.

③ 가격 변화 없이 품질이 개선될 경우 생계비 측정을 왜곡할 수 있다.

④ GDP 디플레이터보다 소비자들의 생계비를 더 왜곡한다.

⑤ 소비자가 구매하는 대표적인 재화와 서비스에 대한 생계비용을 나타내는 지표이다.

출제이슈 　소비자물가지수
핵심해설 　정답 ④

① 옳은 내용이다.

소비자물가지수는 라스파이레스 방식에 따라서 정의되며 기준연도에서 100이 된다.

② 옳은 내용이다.

특정품목의 가격이 상승하면 소비량이 감소하고 다른 대체품목의 소비량이 증가할 것이다. 이를 대체효과라고 한다. 이로 인해 특정품목의 소비량을 감소 이전인 기준시점의 수치로 사용할 경우 그 품목의 가격상승을 과장하여 물가지수에 반영하게 되는 가능성이 있다. 즉 라스파이레스 방식은 가격상승 시 가격상승을 과장하기 때문에 물가지수를 과장하므로 생계비 측정이 왜곡될 수 있다.

③ 옳은 내용이다.

자동차나 텔레비전과 같이 이전의 상품에 비하여 성능이 크게 개선된 상품이 존재하는 경우에는 기준시점에 비해 성능이 크게 개선되었음에도 가격은 그리 많이 오르지 않은 경우가 대부분이다. 이 경우 실질적으로는 가격이 하락한 것과 동일하지만 그 하락이 물가지수에 반영되지 않게 된다. 즉 라스파이레스 방식은 성능향상 시 가격하락으로 반영하지 않기 때문에 물가지수를 과장하므로 생계비 측정이 왜곡될 수 있다.

④ 틀린 내용이다.

GDP 디플레이터는 국내에서 생산된 모든 상품을 고려하는 총체적 물가지수이지만 국내에서 생산된 상품만을 대상으로 하기 때문에 수입재는 미포함되어 수입재의 가격변화를 반영하지 못한다. 또한 국내에서 생산된 모든 상품을 고려하기 때문에 직접적으로 생계비와의 관련성도 떨어진다.

⑤ 옳은 내용이다.

소비자물가지수의 바스켓은 가계가 소비하는 대표적인 품목들로 구성(전국주요도시의 가게에서 판매되는 소비재들)되어 있다. 따라서 소비자물가지수는 대표적인 재화와 서비스에 대한 생계비용을 나타내는 지표라고 할 수 있다.

소비자물가지수에 관한 설명으로 옳은 것을 모두 고르면?　▶ 2021년 보험계리사

ㄱ. 재화가 질적으로 개선되는 경우 생활비용이 과소평가될 가능성이 있다.
ㄴ. 특정 재화가격이 상승하여 소비재 사이의 대체가 발생하는 경우 생활비용이 과대평가될 가능성이 있다.
ㄷ. 재화가격에 부여되는 가중치가 매년 조정되어 체감생활비용의 변화를 반영할 수 있다.

① ㄱ　　　　　　　　② ㄴ　　　　　　　　③ ㄱ, ㄴ
④ ㄱ, ㄷ　　　　　　　⑤ ㄱ, ㄴ, ㄷ

출제이슈 소비자물가지수
핵심해설 정답 ②

ㄱ. 틀린 내용이다.
자동차나 텔레비전과 같이 이전의 상품에 비하여 성능이 크게 개선된 상품이 존재하는 경우에는 기준시점에 비해 성능이 크게 개선되었음에도 가격은 그리 많이 오르지 않은 경우가 대부분이다. 이 경우 실질적으로는 가격이 하락한 것과 동일하지만 그 하락이 물가지수에 반영되지 않게 된다. 즉 라스파이레스 방식은 성능향상 시 가격하락으로 반영하지 않기 때문에 물가지수를 과장하므로 생계비 측정이 왜곡될 수 있다.

ㄴ. 옳은 내용이다.
특정품목의 가격이 상승하면 소비량이 감소하고 다른 대체품목의 소비량이 증가할 것이다. 이를 대체효과라고 한다. 이로 인해 특정품목의 소비량을 감소 이전인 기준시점의 수치로 사용할 경우 그 품목의 가격상승을 과장하여 물가지수에 반영하게 되는 가능성이 있다. 즉 라스파이레스 방식은 가격상승 시 가격상승을 과장하기 때문에 물가지수를 과장하므로 생계비 측정이 왜곡될 수 있다.

ㄷ. 틀린 내용이다.
바스켓이란 측정하고자 하는 물가를 대표하는 품목들이 골고루 들어있는 바구니로서 이는 물가 측정에 있어서 비중 혹은 가중치의 개념을 의미한다. 소비자물가지수의 바스켓은 가계가 소비하는 대표적인 품목들로 구성(전국주요도시의 가게에서 판매되는 소비재들)되어 있다. 따라서 소비자물가지수는 대표적인 재화와 서비스에 대한 생계비용을 나타내는 지표라고 할 수 있다. 이때, 바스켓으로는 기준시점의 바스켓을 사용하는데 이를 라스파이레스 방식이라고 한다. 라스파이레스 방식은 비교시점이 바뀌더라도 가중치가 고정된다는 특징이 있다.

작년에 쌀 4가마니와 옷 2벌을 소비한 영희는 올해는 쌀 3가마니와 옷 6벌을 소비하였다. 작년에 쌀 1가마니의 가격은 10만원, 옷 1벌의 가격은 5만원이었는데 올해는 쌀 가격이 15만원, 옷 가격이 10만원으로 각각 상승하였다. 우리나라의 소비자물가지수 산정방식을 적용할 때, 작년을 기준으로 한 올해의 물가지수는?

▶ 2019년 지방직 7급

① 120
② 160
③ 175
④ 210

출제이슈 라스파이레스 물가지수
핵심해설 정답 ②

$$\frac{\Sigma P_t Q_0}{\Sigma P_0 Q_0} = \frac{비교시점\ 가격 \times 기준시점\ 수량}{기준시점\ 가격 \times 기준시점\ 수량} = \frac{(15 \times 4) + (10 \times 2)}{(10 \times 4) + (5 \times 2)} = 1.6\,(또는\ 160)$$

소비자물가지수(CPI)와 GDP 디플레이터(GDP deflator)에 대한 설명으로 옳지 않은 것은?

▶ 2022년 국가직 7급

① CPI는 소비자들이 상대적으로 가격이 높아진 재화 대신 가격이 낮아진 재화를 구입할 수 있다는 사실을 잘 반영한다.
② CPI는 재화 및 서비스 가격에 고정된 가중치를 사용하여 도출되지만 GDP 디플레이터는 변화하는 가중치를 사용한다.
③ 해외 생산되어 한국에서 판매되는 자동차 가격의 인상은 한국 CPI에 영향을 미치지만 한국 GDP 디플레이터에는 영향을 주지 못한다.
④ 경제 내에 새로운 상품이 도입되면 화폐의 실질가치가 상승하는 효과가 발생하지만 CPI는 이를 충분히 반영하지 못한다.

출제이슈 소비자물가지수와 GDP 디플레이터
핵심해설 정답 ①

① 틀린 내용이다.
특정품목의 가격이 상승하면 소비량이 감소하고 다른 대체품목의 소비량이 증가할 것이다. 이를 대체효과라고 한다. 이로 인해 특정품목의 소비량을 감소 이전인 기준시점의 수치로 사용할 경우 그 품목의 가격상승을 과장하여 물가지수에 반영하게 되는 가능성이 있다. 즉 라스파이레스 방식의 소비자물가지수는 가격상승 시 가격상승을 과장하기 때문에 물가지수를 과장하므로 생계비 측정이 왜곡될 수 있다.

B국의 명목 GDP는 2013년 1,000억 달러에서 2014년 3,000억 달러로 증가했다. B국의 GDP디플레이터가 2013년 100에서 2014년 200으로 상승했다면 B국의 2013년 대비 2014년 실질 GDP 증가율은 얼마인가?　　　　　　　▶ 2016년 감정평가사

① 5%　　　　　　　② 10%　　　　　　　③ 25%

④ 50%　　　　　　　⑤ 100%

출제이슈　명목 GDP vs 실질 GDP vs GDP디플레이터

핵심해설　정답 ④

1) 2013년 명목 GDP vs 실질 GDP vs GDP디플레이터

① 2013년 GDP디플레이터 $= \dfrac{2013년\ 명목\ GDP}{2013년\ 실질\ GDP} = \dfrac{1,000억\ 달러}{2013년\ 실질\ GDP} = 1$

② 따라서 2013년 실질 $GDP = 1,000$억 달러

2) 2014년 명목 GDP vs 실질 GDP vs GDP디플레이터

① 2014년 GDP디플레이터 $= \dfrac{2014년\ 명목\ GDP}{2014년\ 실질\ GDP} = \dfrac{3,000억\ 달러}{2014년\ 실질\ GDP} = 2$

② 따라서 2014년 실질 $GDP = 1,500$억 달러

3) 2013년 대비 2014년 실질 GDP 증가율

2013년 실질 $GDP = 1,000$억 달러, 2014년 실질 $GDP = 1,500$억 달러이므로 2013년 대비 2014년 실질 GDP 증가율은 50%가 된다.

물가지수에 관한 설명으로 옳은 것을 모두 고른 것은? ▶ 2022년 감정평가사

ㄱ. *GDP* 디플레이터를 산정할 때에는 국내에서 생산되는 모든 최종 재화와 서비스를 대상으로 한다.
ㄴ. 소비자물가지수의 산정에 포함되는 재화와 서비스의 종류와 수량은 일정 기간 고정되어 있다.
ㄷ. 생산자물가지수를 산정할 때에는 기업이 생산 목적으로 구매하는 수입품은 제외한다.

① ㄱ   ② ㄴ   ③ ㄱ, ㄴ
④ ㄱ, ㄷ   ⑤ ㄴ, ㄷ

출제이슈 물가지수
핵심해설 정답 ③ (단, 엄밀하게는 ㄷ도 옳은 내용임에 유의하라.)

소비자물가지수의 바스켓은 가계가 소비하는 대표적인 품목들로 구성(전국주요도시의 가게에서 판매되는 소비재들)되어 있다. 이때, 바스켓으로는 기준시점의 바스켓을 사용하는데 이를 라스파이레스 방식이라고 한다. 라스파이레스 방식은 비교시점이 바뀌더라도 가중치가 고정된다는 특징이 있다. 기준시점의 수량이 가중치이므로 이는 기준년도가 바뀌지 않는 한 가중치가 고정되므로 만일 거래량이 증가하고 가격이 하락하고 성능이 향상되는 경우에는 물가지수를 과장하는 문제가 있다.

생산자물가지수의 바스켓은 기업 간 거래되는 원자재와 자본재의 품목들로 구성되어 있다. 이때, 바스켓으로는 기준시점의 바스켓을 사용하는데 이를 라스파이레스 방식이라고 한다. 이는 소비자물가지수와 동일한 방식이다. 라스파이레스 방식은 비교시점이 바뀌더라도 가중치가 고정된다는 특징이 있다.

특히 생산자물가지수는 국내에서 생산, 출하되는 상품과 서비스를 대상으로 하기 때문에 원칙적으로 수입물가는 제외된다. 수입물가는 국내공급물가지수에 포함되며, 수출물가는 총산출물가지수에 포함된다. 따라서 본 문제는 출제오류의 소지가 있다고 판단되지만, 다만 현실적으로 관계당국에서 생산자물가지수를 발표할 때 국내공급물가지수, 총산출물가지수를 같이 발표하는 관행을 고려하여 본 문제에 이와 관련한 혼동이 있을 수 있음과 확실히 옳은 두 개의 지문의 존재를 적절히 선해하도록 한다.

GDP 디플레이터의 바스켓은 한 나라 안에서 생산된 모든 상품으로 구성되어 있다. 따라서 *GDP* 디플레이터는 소비자물가지수나 생산자물가지수에 비하여 국내에서 생산되는 모든 상품을 조사대상으로 하므로 매우 포괄적인 성격의 물가지수이며 이 바스켓에는 수입품은 제외됨에 유의해야 한다. 이때 바스켓으로는 비교시점의 바스켓을 사용하는데 이를 파셰 방식이라고 한다. 파셰 방식은 비교시점이 바뀌면 가중치도 그에 따라서 비교시점으로 변경된다는 특징이 있다.

물가지수에 관한 설명으로 옳은 것은? ▶ 2018년 감정평가사

① GDP 디플레이터에는 국내산 최종 소비재만이 포함된다.
② GDP 디플레이터 작성 시 재화와 서비스의 가격에 적용되는 가중치가 매년 달라진다.
③ 소비자물가지수 산정에는 국내에서 생산되는 재화만 포함된다.
④ 소비자물가지수에는 국민이 구매한 모든 재화와 서비스가 포함된다.
⑤ 생산자물가지수에는 기업이 구매하는 품목 중 원자재를 제외한 품목이 포함된다.

출제이슈 물가지수
핵심해설 정답 ②

GDP 디플레이터의 바스켓은 한 나라 안에서 생산된 모든 상품으로 구성되어 있다. 따라서 GDP 디플레이터는 소비자물가지수나 생산자물가지수에 비하여 국내에서 생산되는 모든 상품을 조사대상으로 하므로 매우 포괄적인 성격의 물가지수이며 이 바스켓에는 수입품은 제외됨에 유의해야 한다. 이때 바스켓으로는 비교시점의 바스켓을 사용하는데 이를 파셰 방식이라고 한다. 파셰 방식은 비교시점이 바뀌면 가중치도 그에 따라서 비교시점으로 변경된다는 특징이 있다.

Issue 06 물가상승률

사과와 오렌지만 생산하는 A국의 생산량과 가격이 다음과 같을 때 2014년 대비 2015년의 GDP 디플레이터로 계산한 물가상승률은 얼마인가? (단, 2014년을 기준연도로 한다.)

▶ 2016년 감정평가사

연도	사과		오렌지	
	수량	가격	수량	가격
2014	5	2	30	1
2015	10	3	20	1

① 20%   ② 25%   ③ 35%

④ 45%   ⑤ 50%

출제이슈 GDP 디플레이터와 물가상승률
핵심해설 정답 ②

1) 기준연도 2014년 GDP 디플레이터 = 1

2) 2015년 GDP 디플레이터

$$= \frac{\Sigma P_t Q_t}{\Sigma P_0 Q_t} = \frac{비교시점\ 가격 \times 비교시점\ 수량}{기준시점\ 가격 \times 비교시점\ 수량} = \frac{명목\,GDP}{실질\,GDP} = \frac{(3 \times 10) + (1 \times 20)}{(2 \times 10) + (1 \times 20)} = 1.25$$

2014년 GDP 디플레이터가 1이고, 2015년 GDP 디플레이터가 1.25이므로

물가상승률은 $\pi = \dfrac{P_{2015} - P_{2014}}{P_{2014}} = \dfrac{1.25 - 1}{1} = 0.25$가 된다.

소비자물가지수를 구성하는 소비지출 구성이 다음과 같다. 전년도에 비해 올해 식료품비가 10%, 교육비가 10%, 주거비가 5% 상승하였고, 나머지 품목에는 변화가 없다면 소비자물가지수 상승률은?

▶ 2017년 감정평가사

식료품비 : 40%
교육비 : 20%
교통비 및 통신비 : 10%
주거비 : 20%
기타 : 10%

① 5%　　　　　　　② 7%　　　　　　　③ 9%
④ 10%　　　　　　⑤ 12.5%

출제이슈 소비자 물가지수와 물가상승률
핵심해설 정답 ②

1) 물가상승률

물가상승률(인플레이션율)은 물가가 변화하는 정도를 나타내는 지표로서 주어진 기간 동안의 물가의 변화율을 의미한다. 이는 비교시점 물가지수와 기준시점 물가지수 간 차이를 의미하므로 기준시점 물가지수로 나눈 값으로 나타낼 수 있으며 그 산식은 다음과 같다.

$$\pi_t = \frac{P_t - P_{t-1}}{P_{t-1}}$$

2) 물가지수

소비자 물가지수는 라스파이레스 물가지수로서 이는 비교시점가격과 기준시점의 가격을 비교함에 있어서 가중치를 기준시점 수량을 사용하고 있으며 그 산식은 다음과 같다.

$$\text{라스파이레스 물가지수} = \frac{\Sigma P_t Q_0}{\Sigma P_0 Q_0} = \frac{\text{비교시점 가격} \times \text{기준시점 수량}}{\text{기준시점 가격} \times \text{기준시점 수량}}$$

설문에서 전년도에 비해 올해 식료품비가 10%, 교육비가 10%, 주거비가 5% 상승하였고, 나머지 품목에는 변화가 없기 때문에 올해 소비자 물가지수의 상승은 각 품목의 상승률을 가중치로 평균해서 구하면 다음과 같다.

올해 소비자 물가지수의 상승률
$= (0.1 \times 0.4) + (0.1 \times 0.2) + (0 \times 0.1) + (0.05 \times 0.2) + (0 \times 0.1) = 0.07$

A국의 사과와 배에 대한 생산량과 가격이 다음과 같다. 파셰 물가지수(Paasche price index)를 이용한 2010년 대비 2020년의 물가상승률은? (단, 2010년을 기준연도로 한다.)

▶ 2023년 감정평가사

	2010년			2020년	
재화	수량	가격	재화	수량	가격
사과	100	2	사과	200	3
배	100	2	배	300	4

① 80% ② 150% ③ 250%
④ 350% ⑤ 450%

출제이슈 파쉐 물가지수와 물가상승률

핵심해설 정답 ①

1) 기준연도 2010년 파셰 물가지수 = 1(또는 100)

2) 비교연도 2020년 파셰 물가지수

$$= \frac{\Sigma P_t Q_t}{\Sigma P_0 Q_t} = \frac{\text{비교시점 가격} \times \text{비교시점 수량}}{\text{기준시점 가격} \times \text{비교시점 수량}} = \frac{(3 \times 200) + (4 \times 300)}{(2 \times 200) + (2 \times 300)} = 1.8(\text{또는 } 180)$$

3) 물가상승률

2010년 파셰 물가지수가 100이고, 2020년 파셰 물가지수가 180이므로

물가상승률 $\pi = \dfrac{P_{2020} - P_{2010}}{P_{2010}} = \dfrac{180 - 100}{100} = 0.8(80\%)$이 된다.

Issue 07 국민소득과 물가 복합이슈

다음 그림은 A국의 명목GDP와 실질GDP를 나타낸다. 이에 대한 설명으로 옳지 않은 것은? (단, A국의 명목GDP와 실질GDP는 우상향하는 직선이다.)

▶ 2017년 국가직 7급

① 기준연도는 2010년이다.
② 2005년의 GDP디플레이터는 100보다 큰 값을 가진다.
③ 2010년에서 2015년 사이에 물가는 상승하였다.
④ 2005년에서 2015년 사이에 경제성장률은 양(+)의 값을 가진다.

출제이슈 GDP와 GDP디플레이터
핵심해설 정답 ②

① 옳은 내용이다.
　설문에서 주어진 그래프를 보면 2010년의 경우 명목GDP가 실질GDP와 같다. 2010년의 경우 명목GDP = 실질GDP이므로 GDP디플레이터 = 1이 되어 기준연도는 2010년이 된다.

② 틀린 내용이다.
　설문에서 주어진 그래프를 보면 2005년의 경우 명목GDP가 실질GDP보다 작다. 명목GDP가 실질GDP보다 작은 경우 GDP디플레이터가 1보다 작으며 100으로 환산할 경우 100보다 작게 된다.

③ 옳은 내용이다.
　설문에서 주어진 그래프를 보면 2015년의 경우 명목GDP가 실질GDP보다 크다. 명목GDP가 실질GDP보다 큰 경우 GDP디플레이터가 1보다 크며 100으로 환산할 경우 100보다 크게 된다. 결국 2010년의 GDP디플레이터는 100보다 작고, 2015년의 GDP디플레이터는 100보다 크기 때문에 2010년에서 2015년 사이에 물가가 상승하였음을 나타낸다.

④ 옳은 내용이다.
　경제성장이란 실질GDP의 증가를 의미하며 설문에서 주어진 그래프를 보면, 2005년에서 2015년 사이에 지속적으로 실질GDP는 증가하고 있다. 따라서 경제성장률은 양의 값을 가진다.

두 재화 X, Y만을 생산하는 A국의 2022년과 2023년의 생산량과 가격이 아래와 같다. 2023년의 전년대비 (ㄱ) 경제성장률(실질GDP증가율)과 평균적인 가계의 소비조합이 X재 2단위, Y재 1단위일 때 (ㄴ) 소비자물가상승률은? (단, 기준연도는 2022년이다.) ▶ 2024년 감정평가사

연도	X		Y	
	수량	가격	수량	가격
2022년	100	10	80	50
2023년	100	15	100	40

① ㄱ: 10%, ㄴ: 0% ② ㄱ: 10%, ㄴ: 10%
③ ㄱ: 20%, ㄴ: −10% ④ ㄱ: 20%, ㄴ: 0%
⑤ ㄱ: 25%, ㄴ: 10%

출제이슈 경제성장률과 물가상승률
핵심해설 정답 ④

$2022\ GDP = 100 \times 10 + 80 \times 50 = 5,000$

$2023\ GDP = 100 \times 10 + 100 \times 50 = 6,000$

따라서 경제성장률은 20%가 된다.

$2022\ CPI = 10 \times \dfrac{2}{3} + 50 \times \dfrac{1}{3} = \dfrac{70}{3}$

$2023\ CPI = 15 \times \dfrac{2}{3} + 40 \times \dfrac{1}{3} = \dfrac{70}{3}$

따라서 소비자물가지수는 변화가 없으므로 소비자물가상승률은 0%가 된다.

Issue **01** 케인즈 모형

아래의 개방경제 균형국민소득 결정모형에서 수출이 100만큼 늘어나는 경우 (ㄱ) 균형소득의 변화분과 (ㄴ) 경상수지의 변화분은? (단, C는 소비, Y는 국민소득, T는 세금, I는 투자, G는 정부지출, X는 수출, M은 수입이며, 수출 증가 이전의 경제상태는 균형이다.)

▶ 2022년 감정평가사

- $C = 200 + 0.7(Y - T)$
- $G = 100$
- $X = 300$

- $I = 200$
- $T = 100$
- $M = 0.2(Y - T)$

① ㄱ : 1,000, ㄴ : 100
② ㄱ : 1,000/3, ㄴ : 100/3
③ ㄱ : 1,000/3, ㄴ : 100
④ ㄱ : 200, ㄴ : 60
⑤ ㄱ : 200, ㄴ : 100

출제이슈 균형국민소득의 결정
핵심해설 정답 ④

1) 현재의 균형국민소득 구하기
  ① 균형조건식은 $Y = 200 + 0.7(Y - 100) + 200 + 100 + 300 - 0.2(Y - 100)$이 된다.
  ② 따라서 균형국민소득 $Y = 1,500$이 되고, 경상수지는 $X - M = 20$이 된다.

2) 수출이 100만큼 증가한 경우 균형국민소득과 경상수지의 증감 구하기
  ① 균형조건식은 $Y = 200 + 0.7(Y - 100) + 200 + 100 + 400 - 0.2(Y - 100)$이 된다.
  ② 따라서 균형국민소득 $Y = 1,700$이 되고, 경상수지는 $X - M = 80$이 된다.
  ③ 결국 소득의 증가는 $\Delta Y = 200$이 되고, 경상수지의 증가는 $\Delta(X - M) = 60$이 된다.

다음과 같은 균형국민소득 결정모형에서 정부지출이 220으로 증가할 경우 (ㄱ) 새로운 균형소득과 (ㄴ) 소득의 증가분은? (단, 폐쇄경제를 가정한다.) ▶ 2023년 감정평가사

- $C = 120 + 0.8(Y - T)$
- Y : 국내총생산
- C : 소비
- 투자$(I) = 100$
- 정부지출$(G) = 200$
- 조세$(T) = 200$

① ㄱ : 1,400, ㄴ : 100   ② ㄱ : 1,400, ㄴ : 200

③ ㄱ : 1,420, ㄴ : 100   ④ ㄱ : 1,420, ㄴ : 200

⑤ ㄱ : 1,440, ㄴ : 200

출제이슈 균형국민소득의 결정

핵심해설 정답 ①

1) 현재의 균형국민소득 구하기
   ① 균형조건식은 $Y = 120 + 0.8(Y - 200) + 100 + 200$이 된다.
   ② 따라서 균형국민소득 $Y = 1,300$이 된다.

2) 정부지출이 220으로 증가할 경우 균형국민소득 구하기
   ① 균형조건식은 $Y = 120 + 0.8(Y - 200) + 100 + 220$이 된다.
   ② 따라서 균형국민소득 $Y = 1,400$이 된다.

3) 소득의 증가
   균형국민소득은 1,300에서 1,400으로 증가하므로 균형국민소득의 증가분 $\Delta Y = 100$이 된다.

참고로 케인즈 모형과 그에 따른 승수효과에 따라서 접근하면 다음과 같다.

1) 케인즈 국민소득결정모형(수요 측 결정모형)
   $Y^D = C + I + G,$ $Y^S = Y,$ $Y^D = Y^S$

2) 균형국민소득의 결정

   균형조건식은 $Y = C + I + G$이며 $Y = a + b(Y - T_0) + I_0 + G_0$이므로 $\therefore Y = \dfrac{a - bT_0 + I_0 + G_0}{(1 - b)}$

3) 승수효과 : 설문에서 주어진 자료(한계소비성향이 0.8, 정부지출의 증가분이 20)를 활용

   $\Delta Y = \dfrac{1}{1 - b}\Delta I + \dfrac{1}{1 - b}\Delta G - \dfrac{b}{1 - b}\Delta T,$ $\Delta Y = \dfrac{1}{1 - b}\Delta G = \dfrac{1}{1 - 0.8} \times 20 = 100$

따라서 균형국민소득의 증가분은 100이 됨을 승수효과를 통해서 확인할 수 있다.

아래와 같은 거시경제모형의 초기 균형에서 정부지출을 1만큼 증가시킬 때, 균형국민소득의 증가분은? (단, Y, C, I, G, T 는 각각 국민소득, 소비, 투자, 정부지출, 조세이다.)

▶ 2024년 감정평가사

- $Y = C + I + G$
- $I = 2$
- $T = 2 + 0.2Y$
- $C = 1 + 0.5(Y - T)$
- $G = 10$

① 1.2

② $\dfrac{4}{3}$

③ $\dfrac{5}{3}$

④ 2

⑤ 2.5

출제이슈 균형국민소득의 결정

핵심해설 정답 ③

1) 정부지출이 10인 경우
    ① 균형조건식은 $Y = 1 + 0.5(Y - 2 - 0.2Y) + 2 + 10$이 된다.
    ② 따라서 균형국민소득 $Y = 20$이 된다.

2) 정부지출이 10+1인 경우
    ① 균형조건식은 $Y = 1 + 0.5(Y - 2 - 0.2Y) + 2 + 10 + 1$이 된다.
    ② 따라서 균형국민소득 $Y = 20 + \dfrac{1}{0.6}$ 이 된다.

3) 소득의 증가
    균형국민소득의 증가분 $\Delta Y = \dfrac{1}{0.6} = \dfrac{5}{3}$이 된다.

표의 경제모형에서 한계수입성향이 0.1로 감소하면 (ㄱ) 균형국민소득과 (ㄴ) 순수출 각각의 변화로 옳은 것은? (단, Y는 국민소득, C는 소비, I는 투자, X는 수출, M은 수입이다.)

▶ 2021년 감정평가사

$$Y = C + I + X - M$$
$$C = 100 + 0.6\,Y, \quad I = 100, \quad X = 100, \quad M = 0.4\,Y$$

① ㄱ : 증가, ㄴ : 증가
② ㄱ : 감소, ㄴ : 증가
③ ㄱ : 증가, ㄴ : 감소
④ ㄱ : 감소, ㄴ : 감소
⑤ ㄱ : 불변, ㄴ : 증가

출제이슈 균형국민소득의 결정
핵심해설 정답 ①

1) 한계수입성향이 0.4인 경우

$$Y = C + I + X - M$$
$$C = 100 + 0.6\,Y, \quad I = 100, \quad X = 100, \quad M = 0.4\,Y$$

$$Y = 100 + 0.6\,Y + 100 + 100 - 0.4\,Y$$
따라서 이를 풀면 균형국민소득은 $Y = 375$가 된다.
이때, 순수출은 $X - M = 100 - 0.4\,Y = -50$이 된다.

2) 한계수입성향이 0.1인 경우

$$Y = C + I + X - M$$
$$C = 100 + 0.6\,Y, \quad I = 100, \quad X = 100, \quad M = 0.1\,Y$$

$$Y = 100 + 0.6\,Y + 100 + 100 - 0.1\,Y$$
따라서 이를 풀면 균형국민소득은 $Y = 600$이 된다.
이때, 순수출은 $X - M = 100 - 0.1\,Y = 40$이 된다.

아래의 거시경제모형 초기 균형에서 외생적 정부지출(α)을 1만큼 증가시킬 때, 거시경제 변수의 변화에 관한 설명으로 옳지 않은 것은? (단, Y는 국민소득, C는 소비, G는 투자, G는 정부지출, T는 조세)

▶ 2025년 감정평가사

- $Y = C + I + G$
- $I = 200 - T$
- $G = 0.5Y + \alpha$
- $C = 1 + 0.5(Y - T)$
- $T = 0.5Y + \alpha$

① 국민소득은 증가한다.　　② 투자가 감소한다.

③ 소비는 감소한다.　　④ 균형재정을 달성한다.

⑤ 정부지출은 증가한다.

출제이슈 균형국민소득의 결정

핵심해설 정답 ①

1) 최초균형

$$Y = 1 + 0.5(Y - 0.5Y - \alpha) + (200 - 0.5Y - \alpha) + (0.5Y + \alpha)$$
$$\therefore \ Y = \frac{4}{3}(201 - 0.5\alpha)$$

2) 정부지출 1 증가 이후 균형

$$Y = 1 + 0.5(Y - 0.5Y - \alpha - 1) + (200 - 0.5Y - \alpha - 1) + (0.5Y + \alpha + 1)$$
$$\therefore \ Y = \frac{4}{3}(201 - 0.5\alpha - 0.5)$$

3) 소득변화

소득변화는 $\Delta Y = -\frac{4}{3} \times 0.5 = -\frac{2}{3}$ 로서 감소한다.

개방경제 갑국의 국민소득결정모형이 다음과 같다. 특정 정부지출 수준에서 경제가 균형을 이루고 있으며 정부도 균형예산을 달성하고 있을 때, 균형에서 민간저축은? (단, Y는 국민소득, C는 소비, I는 투자, G는 정부지출, T는 조세, X는 수출, M은 수입이다.)

▶ 2019년 감정평가사

- $Y = C + I + G + (X - M)$
- $C = 150 + 0.5(Y - T)$
- $I = 200$
- $T = 0.2\,Y$
- $X = 100$
- $M = 50$

① 150   ② 200   ③ 225

④ 250   ⑤ 450

출제이슈 균형국민소득 결정모형의 적용

핵심해설 정답 ④

1) 변형된 균형조건식 $(Y - T - C) + (T - G) + (M - X) = I$에 대입한다.

2) $\{Y - 0.2\,Y - 150 - 0.5(Y - 0.2\,Y)\} + (0.2\,Y - T) + (50 - 100) = 200$

3) 균형예산으로 $G = T = 0.2\,Y$임을 고려하여 위를 풀면, $Y = 1,000$이다.

4) 민간저축은 $(Y - T - C) = 1,000 - 0.2 \times 1,000 - 550 = 250$이 된다.

다음과 같은 폐쇄경제에서 균형이자율은? (단, Y는 국민소득, C는 소비, I는 투자, G는 정부지출, T는 조세, r은 이자율이다.) ▶2016년 감정평가사

- $Y = C + I + G$
- $Y = 4{,}000$
- $C = 400 + 0.65(Y - T)$
- $I = 800 - 40r$
- $T = 1{,}400$
- $G = 1{,}200$

① 2.05   ② 2.15   ③ 2.25
④ 2.35   ⑤ 2.45

출제이슈 균형국민소득 결정모형의 적용
핵심해설 정답 ③

$Y = C + I + G$
$4{,}000 = 400 + 0.65(4{,}000 - 1{,}400) + (800 - 40r) + 1{,}200$
따라서 이자율은 $r = 2.25$가 된다.

개방경제인 A국의 $GDP(Y)$는 100, 소비(C)는 $C = 0.7Y$, 투자(I)는 $I = 30 - 2r$이다. r이 5일 경우, A국의 순수출은 얼마인가? (단, A국의 경제는 균형상태이며, 정부부문은 고려하지 않고 r은 이자율이다.) ▶2016년 감정평가사

① -10   ② 10   ③ 0
④ 20   ⑤ 40

출제이슈 균형국민소득 결정모형의 적용
핵심해설 정답 ②

$Y = C + I + G + NX$
$100 = 0.7 \times 100 + (30 - 2r) + NX$이며 $r = 5$임을 고려하면, 순수출은 $NX = 10$이 된다.

개방경제하에서 국민소득의 구성 항목이 아래와 같을 때 경상수지는? (단, C는 소비, I는 투자, G는 정부지출, T는 조세, S^P는 민간저축이다.) ▶ 2022년 감정평가사

- $C = 200$
- $T = 50$
- $I = 50$
- $S^P = 150$
- $G = 70$

① 50 　② 60 　③ 70
④ 80 　⑤ 90

출제이슈 균형국민소득 결정모형의 적용
핵심해설 정답 ④

1) 변형된 균형조건식은 $(Y - T - C) + (T - G) - I = (X - M)$에 대입한다.
2) 특히 $(Y - T - C)$는 민간저축으로서 150이며, $(T - G)$는 정부저축으로서 -20임에 유의하자.
3) 따라서 $150 + (50 - 70) - 50 = 80$이 되므로, 경상수지는 80임을 알 수 있다.

A국의 총수요는 200억 달러이며 장기생산량 수준은 300억 달러이다. A국 총수요 구성 항목 중 소비를 제외한 구성항목은 독립 지출이다. 소비는 가처분 소득에 영향을 받으며 한계소비성향은 1/2이다. 아울러 물가수준은 고정되어 있다. 정부가 장기생산량 수준을 달성하고자 할 때, 증가시켜야 할 재정지출 규모는? (단, 조세는 정액세로 가정한다.) ▶ 2015년 서울시 7급

① 25억 달러   ② 50억 달러

③ 100억 달러   ④ 200억 달러

출제이슈 인플레이션갭과 디플레이션갭
핵심해설 정답 ②

총수요의 구성은 $Y^D = a + 0.5(Y - T) + A_0$이 된다. (단, T 정액세, A_0 독립지출)

총수요가 200억이므로 $Y^D = a + 0.5(Y - T) + A_0 = 200$으로 균형국민소득이 200이 된다.

따라서 장기생산량 300억에 미달하므로 디플레이션갭 dfg가 존재한다.

장기생산량 300억의 달성은 다음과 같은 경우 가능하다.

$$a + 0.5(300 - T) + A_0 + dfg = 300$$

그런데 위에서 $a + 0.5(Y - T) + A_0 = 200$이며, 이는 $a + 100 - 0.5T + A_0 = 200$이 되므로 $a - 0.5T + A_0 = 100$이 된다. 이를 $a + 0.5(300 - T) + A_0 + dfg = 300$에 대입하면 다음과 같다.

$$a + 150 - 0.5T + A_0 + dfg = 300$$

따라서 $100 + 150 + dfg = 300$이 되므로 dfg는 50(억 달러)이 된다.

다음은 A국의 경제를 나타낸다. 완전고용의 GDP를 회복하기 위한 정부지출의 증가분은? (단, Y는 GDP, C는 민간소비, I는 투자, G는 정부지출, T는 조세, Y_f는 완전고용하에서 GDP이다.)

▶ 2022년 공인노무사

- $Y = C + I + G$
- $I = 300$
- $T = 100$
- $C = 100 + 0.5(Y - T)$
- $G = 100$
- $Y_f = 1,200$

① 100　　　　　② 150　　　　　③ 300
④ 350　　　　　⑤ 400

출제이슈 인플레이션갭과 디플레이션갭

핵심해설 정답 ②

균형조건식은 $Y = 100 + 0.5(Y - 100) + 300 + 100$이므로 균형국민소득은 $Y = 900$이 된다.

설문에서 완전고용국민소득 수준이 1,200이고, 현재 균형국민소득은 900으로서 완전고용국민소득에 미달하므로 디플레이션갭 dfg가 존재함을 알 수 있다.

이때, 완전고용국민소득 1,200의 달성은 다음과 같은 경우 가능하다.
$Y = 100 + 0.5(Y - 100) + 300 + 100 + dfg$, $Y = 1,200$

따라서 위를 풀면, $dfg = 150$이 된다. 즉 완전고용을 달성하기 위해서 증가하여야 하는 총수요의 크기인 디플레이션갭은 $dfg = 150$이다.

참고로, 정부지출승수가 2, 완전고용국민소득 1,200과 현재 균형국민소득 900 간의 차이가 300이므로, 정부지출의 승수효과를 이용하여 $\Delta Y = 2\Delta G$, $300 = 2 \times dfg$의 식으로도 간단히 풀 수 있다.

어느 폐쇄경제 국가의 거시경제모형에서 완전고용 국민소득 수준은 6,800이다. 완전고용 국민소득을 달성시킬 수 있는 정부지출의 증가분은? ▶ 2022년 지방직 7급

- 소비함수 : $C = 0.9(Y - T) + 300$
- 투자지출 : $I = 200$
- 정부지출 : $G = 300$
- 조세수입 : $T = 300$

(단, Y는 국민소득이다.)

① 50　　　　② 100　　　　③ 150　　　　④ 200

출제이슈 인플레이션갭과 디플레이션갭
핵심해설 정답 ③

균형조건식은 $Y = 0.9(Y - 300) + 300 + 200 + 300$이므로 균형국민소득은 $Y = 5,300$이 된다.

설문에서 완전고용국민소득 수준이 6,800이고, 현재 균형국민소득은 5,300으로서 완전고용국민소득에 미달하므로 디플레이션갭 dfg가 존재함을 알 수 있다.

이때, 완전고용국민소득 6,800의 달성은 다음과 같은 경우 가능하다.
$Y = 0.9(Y - 300) + 300 + 200 + 300 + dfg,\ Y = 6,800$

따라서 위를 풀면, $dfg = 150$이 된다. 즉 완전고용을 달성하기 위해서 증가하여야 하는 총수요의 크기인 디플레이션갭은 $dfg = 150$이다.

참고로, 정부지출승수가 10, 완전고용국민소득 6,800과 현재 균형국민소득 5,300 간의 차이가 1,500이므로, 정부지출의 승수효과를 이용하여 $\Delta Y = 10\Delta G,\ 1,500 = 10 \times dfg$의 식으로도 간단히 풀 수 있다.

Issue **02**   승수효과

케인즈의 국민소득 결정이론에서 소비 $C = 0.7Y$ 이고 투자 $I = 80$ 이다. 정부지출이 10에서 20으로 증가할 때, 균형국민소득의 증가분은? (단, C 는 소비, Y 는 국민소득, I 는 투자)

▶ 2020년 감정평가사

① $\dfrac{10}{3}$ ② 5   ③ $\dfrac{100}{7}$

④ $\dfrac{100}{3}$ ⑤ 50

출제이슈   승수효과

핵심해설   정답 ④

$$\Delta Y = \frac{1}{1-b}\Delta G = \frac{1}{1-0.7} \times 10 = \frac{100}{3}$$

따라서 균형국민소득의 증가분은 $\dfrac{100}{3}$ 이 된다.

정부의 총수요 확대 정책 수단에는 정부지출 확대 및 조세 감면 정책이 있다. 균형 국민소득결정 모형에서 2,000억원의 정부지출 확대와 2,000억원의 조세 감면 효과에 대한 설명으로 옳은 것은? (단, 밀어내기 효과(crowding – out effect)는 없으며 한계소비성향은 $\frac{3}{4}$ 이다.)

▶ 2017년 국가직 7급

① 정부지출 확대는 6,000억원, 조세 감면은 6,000억원의 총수요 확대효과가 있다.
② 정부지출 확대는 6,000억원, 조세 감면은 8,000억원의 총수요 확대효과가 있다.
③ 정부지출 확대는 8,000억원, 조세 감면은 6,000억원의 총수요 확대효과가 있다.
④ 정부지출 확대는 8,000억원, 조세 감면은 8,000억원의 총수요 확대효과가 있다.

출제이슈 승수효과
핵심해설 정답 ③

1) 정부지출승수 $\dfrac{1}{1-b}$: 한계소비성향이 0.75이므로 정부지출승수는 4가 된다.

따라서 정부지출을 2,000억 증가시키면, 국민소득은 8,000억 증가한다(총수요 확대효과).

2) 조세승수 $-\dfrac{b}{1-b}$: 한계소비성향이 0.75이므로 조세승수는 −3, 또는 반대로 감세승수는 3이 된다.

따라서 조세를 2,000억 감면하면, 국민소득은 6,000억 증가한다(총수요 확대효과).

다음은 A국가의 경제를 나타낸다. 총생산갭을 제거하기 위해 정부지출을 얼마나 변화시켜야 하는가?

▶ 2021년 보험계리사

$C=3,000+0.5(Y-T),\ I=1,500,\ G=2,500,\ NX=200,\ T=2,000,\ Y^*=12,000$

(단, C는 소비, Y는 소득, T는 조세, I는 투자, G는 정부지출, NX는 순수출, Y^*는 잠재생산량이다.)

① 200 증가　　② 400 증가　　③ 200 감소
④ 400 감소　　⑤ 600 증가

출제이슈 총생산갭과 승수효과
핵심해설 정답 ③

1) 균형국민소득
$Y=3,000+0.5(Y-2,000)+1,500+2,500+200,\ Y=12,400$

2) 잠재산출량
$Y^*=12,000$

3) 정부지출
잠재산출량을 달성하기 위해서는 소득을 400 줄여야 한다. 이때, 정부지출승수 2를 고려하면, 정부지출을 200 감소시키면 된다.

케인즈의 국민소득 결정이론에서 한계소비성향이 0.5라고 가정하자. 이러한 조건하에서 다음 중 균형국민소득이 가장 크게 증가하는 경우는 무엇인가?　▶ 2015년 보험계리사

① 정부지출이 200억원 증가하는 경우

② 조세가 200억원 감소하는 경우

③ 투자가 150억원 증가하는 경우

④ ①과 ② 모두

출제이슈 승수효과
핵심해설 정답 ①

설문에서 한계소비성향이 0.5임을 고려하면, 투자승수는 2, 정부지출승수는 2, 조세승수는 −1이 된다.
① 정부지출이 200억원 증가하는 경우, 정부지출승수가 2이므로 국민소득은 400억원 증가한다.
② 조세가 200억원 감소하는 경우, 조세승수가 −1이므로 국민소득은 200억원 증가한다.
③ 투자가 150억원 증가하는 경우, 투자승수가 2이므로 국민소득은 300억원 증가한다.

폐쇄경제의 균형국민소득 결정모형에서 한계소비성향이 0.8이고, 초기 균형소득이 1,000이다. 정부가 구매를 20 증가시킬 경우의 균형소득과 조세를 20 증가시킬 경우의 균형소득 차이(절댓값)는? (단, 정부 구매승수 효과와 조세 승수효과가 각각 별도로 발생한다고 가정)　▶ 2025년 감정평가사

① 60　　　　　　　② 80　　　　　　　③ 180
④ 200　　　　　　　⑤ 240

출제이슈 승수효과
핵심해설 정답 ③

1) 정부가 구매를 20 증가시킬 경우

정부지출승수는 $\dfrac{1}{1-b} = \dfrac{1}{1-0.8} = 5$이므로 정부구매가 20 증가하면 소득은 100 증가한다.

따라서 소득은 1,100이 된다.

2) 정부가 조세를 20 증가시킬 경우

조세승수는 $\dfrac{-b}{1-b} = \dfrac{-0.8}{1-0.8} = -4$이므로 조세가 20 증가하면 소득은 80 감소한다.

따라서 소득은 920이 된다.

표의 기존 가정에 따라 독립투자승수를 계산했다. 계산된 승수를 하락시키는 가정의 변화를
모두 고른 것은?
▶ 2021년 감정평가사

〈기존 가정〉		〈가정의 변화〉
ㄱ. 생산자들은 고정된 가격에 추가적인 생산 물을 공급한다.	→	총공급곡선이 수직이다.
ㄴ. 이자율은 고정이다.	→	이자율 상승에 따라 투자가 감소한다.
ㄷ. 정부지출과 세금은 없다.	→	정부지출과 세금이 모두 외생적으로 증가한다.
ㄹ. 수출과 수입은 모두 영(0)이다.	→	수출과 수입이 모두 외생적으로 증가한다.

① ㄱ, ㄴ   ② ㄱ, ㄷ   ③ ㄴ, ㄷ

④ ㄴ, ㄹ   ⑤ ㄷ, ㄹ

출제이슈 승수효과

핵심해설 정답 ①

ㄱ. 승수효과가 제약된다.

　이자율과 물가의 변동을 고려할 경우, 이자율 상승 및 물가상승에 따라 투자가 감소하기 때문에 승수효과가
감소한다. 특히 총공급곡선이 수직인 경우에는 국민소득은 오직 총공급이 결정하기 때문에 투자가 증가하여
총수요가 증가하더라도 국민소득은 증가하지 않는다. 즉 승수효과가 전혀 나타나지 않는다.

ㄴ. 승수효과가 제약된다.

　이자율과 물가의 변동을 고려할 경우, 이자율 상승 및 물가상승에 따라 투자가 감소하기 때문에 승수효과가
감소한다.

ㄷ. 승수효과에 영향 없다.

　투자승수는 $\dfrac{1}{1-b+bt}$ (비례세의 경우) 또는 $\dfrac{1}{1-b+m}$ (수입수요의 경우)로서 비례세가 존재하거나 소득에 비
례하는 수입수요가 존재할 때, 투자승수는 더 작아진다. 그러나 정부지출과 세금이 모두 외생적으로 증가하는
것은 투자승수 그 자체에 영향을 주지 못한다.

ㄹ. 승수효과에 영향 없다.

　투자승수는 $\dfrac{1}{1-b+bt}$ (비례세의 경우) 또는 $\dfrac{1}{1-b+m}$ (수입수요의 경우)로서 비례세가 존재하거나 소득에 비
례하는 수입수요가 존재할 때, 투자승수는 더 작아진다. 그러나 수출과 수입이 모두 외생적으로 증가하는 것은
투자승수 그 자체에 영향을 주지 못한다.

다음은 재화시장만을 고려한 케인지안 폐쇄경제 거시모형이다. 이에 대한 설명으로 옳지 않은 것은?

▶ 2017년 국가직 7급

> 총지출은 $E = C + I + G$이며, 여기서 E는 총지출, C는 소비, I는 투자, G는 정부지출이다. 생산물 시장의 균형은 총소득(Y)과 총지출(E)이 같아지는 것을 의미한다. 투자와 정부지출은 외생적으로 고정되어 있다고 가정한다. 즉, $I = \bar{I}$이고 $G = \bar{G}$이다. 소비함수는 $C = 0.8(Y - \bar{T})$이고 $\bar{T}$는 세금이며, 고정되어 있다고 가정한다.

① $\bar{I} = 100$, $\bar{G} = 50$, $\bar{T} = 50$이면 총소득은 550이다.
② 정부지출을 1단위 증가시키면 발생하는 총소득 증가분은 5이다.
③ 세금을 1단위 감소시키면 발생하는 총소득 증가분은 4이다.
④ 투자를 1단위 증가시키면 발생하는 총소득 증가분은 4이다.

출제이슈 승수효과
핵심해설 정답 ④

① 옳은 내용이다. $Y = 0.8(Y - 50) + 100 + 50$, $Y = 550$

② 옳은 내용이다. 정부지출승수 $\dfrac{1}{1-b} = 5$, 정부지출을 1단위 증가시키면 국민소득 증가분은 5

③ 옳은 내용이다. 조세승수 $-\dfrac{b}{1-b} = -4$, 세금을 1단위 감소시키면 국민소득 증가분은 4

④ 틀린 내용이다. 투자승수 $\dfrac{1}{1-b} = 5$, 투자를 1단위 증가시키면 국민소득 증가분은 5

개방경제의 국민소득 결정모형이 아래와 같다. 정부지출(G)과 조세(T)를 똑같이 200에서 300으로 늘리면 균형국민소득은 얼마나 늘어나는가? (단, Y는 국민소득이다.)

▶ 2018년 감정평가사

소비함수 : $C = 300 + 0.6(Y - T)$
투자함수 : $I = 200$
정부지출 : $G = 200$
조   세 : $T = 200$
수   출 : $EX = 400$
수   입 : $IM = 100 + 0.1(Y - T)$

① 0   ② 50   ③ 100
④ 200   ⑤ 250

출제이슈 균형재정승수
핵심해설 정답 ③

정부지출(G)과 조세(T)를 똑같이 200에서 300으로 100만큼 늘리는 경우 균형재정승수가 1임을 고려하면, 균형국민소득도 100만큼 증가한다.

참고로 균형재정승수의 의미를 좀 더 자세히 검토하면 다음과 같다.

정부지출의 증가는 그 자체가 총수요의 구성부분을 이루고 있기 때문에 직접적으로 유효수요를 증가시키고, 한편 증가한 유효수요가 소득을 늘리기 때문에 그로 인해 소비가 증가하여 소득의 증대효과가 증폭된다. 이것이 바로 정부지출 증가의 승수효과이다. 정부지출 증가는 총수요에 미치는 직접적인 효과를 반영하기 때문에 정부지출승수는 $\dfrac{1}{1-b+m}$이 된다. 이는 간단한 무한등비급수를 통해서 확인할 수 있으니 독자들에게 맡긴다.

반면 조세의 증가는 그 자체는 총수요의 구성부분이 아니기 때문에 직접적으로 유효수요를 감소시키는 것은 아니다. 대신 조세의 증가로 인해 가처분소득이 감소하고 소비가 감소하여 총수요가 감소하게 되는 것이다. 한편 감소한 유효수요가 소득을 줄이기 때문에 그로 인해 소비가 또 감소하여 소득의 감소효과가 증폭된다. 이것이 바로 조세 증가의 승수효과이다. 조세 증가는 총수요에 미치는 간접적인 효과만을 반영하기 때문에 조세승수는 $-\dfrac{b-m}{1-b+m}$이 된다.

따라서 정부지출의 증가와 조세의 증가가 동일한 액수만큼 발생하는 균형재정의 상황에서 정부지출의 증가로 인한 국민소득의 증가가 조세의 증가로 인한 국민소득의 감소를 상쇄하고도 남기 때문에 국민소득은 증가하게 된다. 그리고 그 국민소득의 변화분은 정부지출의 증가분과 조세의 증가분과 완전히 동일하게 되는 것이다.

아래 개방경제모형에서 정부지출과 세금을 똑같이 100만큼 늘리면 (ㄱ) 균형국민소득의 변화와 (ㄴ) 경상수지의 변화는? (단, Y는 국민소득, T는 조세이다.) ▶ 2020년 감정평가사

소비 : $C = 400 + 0.75(Y - T)$	투자 : $I = 200$
수출 : $X = 500$	수입 : $M = 200 + 0.25(Y - T)$

① ㄱ : 0, ㄴ : 25   ② ㄱ : 100, ㄴ : 0

③ ㄱ : 200, ㄴ : −25   ④ ㄱ : 300, ㄴ : −50

⑤ ㄱ : 400, ㄴ : −75

출제이슈 균형재정승수

핵심해설 정답 ②

1) 균형국민소득의 변화

정부지출이 1원 증가하고 동시에 조세가 1원 증가하면, 국민소득은 1원 증가하는 균형재정승수의 상황이므로 설문에서 $\Delta G = \Delta T = \Delta Y = 100$으로서 균형국민소득은 100만큼 증가한다.

2) 경상수지의 변화

경상수지는 $X - M = 500 - 200 - 0.25(Y - T)$인데 $\Delta G = \Delta T = \Delta Y = 100$이므로 $\Delta(Y - T) = 0$이 되어 $\Delta(X - M) = 0$이 된다. 즉, 경상수지의 변화는 0이다.

재정의 자동안정장치(automatic stabilizer)에 대한 설명으로 옳은 것만을 모두 고르면?

▸ 2020년 국가직 7급

ㄱ. 경제정책의 내부시차를 줄여주는 역할을 한다.
ㄴ. 경기회복기에는 경기회복을 더디게 만들 수 있다.
ㄷ. 누진적 소득세제와 실업보험제도는 자동안정장치이다.

① ㄱ, ㄴ
② ㄱ, ㄷ
③ ㄴ, ㄷ
④ ㄱ, ㄴ, ㄷ

출제이슈 재정의 자동안정화장치
핵심해설 정답 ④

ㄱ. 옳은 내용이다.

정책의 시차에는 내부시차와 외부시차가 있다. 내부시차(inside lag)는 정책의 필요성을 인지하고 적절한 정책을 시행하는 데 걸리는 시간으로서 일반적으로 재정정책의 경우 내부시차가 상대적으로 길다. 외부시차(outside lag)는 정책이 시행된 후 기대되는 효과가 발생하는 데 걸리는 시간으로서 일반적으로 통화정책의 경우 외부시차가 상대적으로 길다.

그런데 재정의 자동안정화장치로서 누진소득세나 실업보험의 경우 특정한 과세표준이나 실업 조건을 충족하게 되면 자동적으로 소득의 이전이 발생한다는 특징이 있다. 따라서 재정의 자동안정화장치는 정책의 내부시차를 줄이는 역할을 하고 있다고 볼 수 있다.

ㄴ. 옳은 내용이다.

재정의 자동안정화장치는 자동적으로 경기변동을 완화시키는 역할을 하는데 예를 들어 경기호황기에는 과열된 경기를 진정시키며, 경기침체기에는 경기를 자동적으로 진작시키게 된다. 그런데 침체기를 벗어나 이제 회복국면에 접어드는 경우, 재정의 자동안정화장치에 의하여 자동적으로 소득증가를 억제하는 메커니즘이 작동되어 오히려 회복을 더디게 하거나 저해하는 부작용이 있을 수 있다.

ㄷ. 옳은 내용이다.

누진소득세와 실업보험은 경기변동에 대응하여 어떤 특별한 정책을 도입하지 않더라도 그 자체적으로 자동적으로 경기변동을 완화시키는 역할을 할 수 있다. 누진소득세는 경기호황기에 가계의 가처분소득을 줄여 소비지출을 억제하게 되고 경기침체기에 가계의 소득세 부담을 줄여주어서 경기변동을 완화시킨다. 특히 누진소득세와 같은 정률세는 승수를 감소시킴으로써 국민소득의 변동성을 완화시킨다. 실업보험은 경기침체기에 일정한 요건을 충족하는 경우 자동적으로 가계로 소득의 이전을 발생시켜서 급격한 소비감소를 막고 경기변동을 완화시킨다. 이러한 실업보험은 경기역행적 성격이기 때문에 소득의 안정화에 기여하게 된다.

Issue 03 고전학파 모형

다음 괄호 안에 들어갈 용어를 순서대로 나열한 것은? ▶ 2016년 공인노무사

기업들에 대한 투자세액공제가 확대되면, 대부자금에 대한 수요가 (　　)한다. 이렇게 되면
실질이자율이 (　　)하고 저축이 늘어난다. 그 결과 대부자금의 균형거래량은 (　　)한다.
(단, 실질이자율에 대하여 대부자금수요곡선은 우하향하고, 대부자금공급곡선은 우상향한다.)

① 증가, 상승, 증가　　　　　　　② 증가, 하락, 증가
③ 증가, 상승, 감소　　　　　　　④ 감소, 하락, 증가
⑤ 감소, 하락, 감소

출제이슈 대부자금시장모형
핵심해설 정답 ①

1) 기업들에 대한 투자세액공제가 확대되면, 투자에 따른 기업의 비용부담이 감소하여 투자가 증가하므로 대부자금에 대한 수요가 (　증가　)한다.

2) 이렇게 되면 대부자금시장에서 수요의 증가로 인해 실질이자율이 (　상승　)한다. 이때, 수요의 증가로 인해서 대부자금 수요곡선은 상방으로 이동한다.

3) 대부자금시장에서 실질이자율의 상승은 저축의 증가를 가져온다. 이때, 저축의 증가, 즉 대부자금 공급의 증가는 대부자금 공급곡선이 하방으로 이동하는 것이 아니라 대부자금 공급곡선 선상에서의 이동으로서 실질이자율의 상승에 따라서 대부자금 공급이 증가하는 것이므로 주의하자.

4) 그 결과 대부자금의 균형거래량은 (　증가　)한다.

폐쇄경제 균형국민소득은 $Y = C + I + G$ 이고, 다른 조건이 일정할 때, 재정적자가 대부자금 시장에 미치는 효과로 옳은 것은? (단, 총투자곡선은 우하향, 총저축곡선은 우상향, Y : 균형 국민소득, C : 소비, I : 투자, G : 정부지출이다.) ▶ 2021년 공인노무사

① 대부자금공급량은 감소한다.
② 이자율은 하락한다.
③ 공공저축은 증가한다.
④ 저축곡선은 오른쪽 방향으로 이동한다.
⑤ 투자곡선은 왼쪽 방향으로 이동한다.

출제이슈 대부자금시장 모형
핵심해설 정답 ①

① 옳은 내용이다.
재정적자로 인하여 정부저축은 감소하므로 대부자금공급은 감소한다. 따라서 새로운 균형에서는 대부자금의 공급량은 감소한다.

② 틀린 내용이다.
대부자금공급이 감소하므로 이자율은 상승한다.

③ 틀린 내용이다.
재정적자로 인하여 정부저축 혹은 공공저축은 감소한다.

④ 틀린 내용이다.
재정적자로 인하여 정부저축이 감소하므로 총저축이 감소하여 저축곡선은 왼쪽 방향으로 이동한다.

⑤ 틀린 내용이다.
재정적자는 저축곡선을 이동시킬 뿐이고 투자곡선은 이동하지 않는다.

폐쇄경제에서 국내총생산이 소비, 투자, 그리고 정부지출의 합으로 정의된 항등식이 성립할 때, 국내총생산과 대부자금시장에 관한 설명으로 옳지 않은 것은? ▶ 2021년 감정평가사

① 총저축은 투자와 같다.
② 민간저축이 증가하면 투자가 증가한다.
③ 총저축은 민간저축과 정부저축의 합이다.
④ 민간저축이 증가하면 이자율이 하락하여 정부저축이 증가한다.
⑤ 정부저축이 감소하면 대부시장에서 이자율은 상승한다.

출제이슈 대부자금시장 모형
핵심해설 정답 ④

① 옳은 내용이다.
대부자금공급은 총저축으로서 $S = S(r) = (Y - T - C) + (T - G)$와 같이 민간저축$(Y - T - C)$과 정부저축 $(T - G)$으로 구성된다. 특히 민간저축은 이자율의 증가함수가 된다. 그리고 대부자금수요는 총투자로서 $I = I(r)$와 같이 이자율의 감소함수이다. 대부자금시장의 균형에서 대부자금공급인 총수요와 대부자금수요인 총투자는 일치한다.

② 옳은 내용이다.
민간저축이 증가하면 대부자금공급이 증가하기 때문에 이자율이 하락한다. 이자율의 하락은 투자증가를 가져온다.

③ 옳은 내용이다.
대부자금공급은 총저축으로서 $S = S(r) = (Y - T - C) + (T - G)$와 같이 민간저축$(Y - T - C)$과 정부저축 $(T - G)$으로 구성된다.

④ 틀린 내용이다.
민간저축이 증가하면 대부자금공급이 증가하기 때문에 이자율이 하락한다. 이자율의 하락은 소비를 증가시키기 때문에 앞서 증가했던 민간저축을 어느 정도 상쇄하면서 투자증가를 가져온다.

⑤ 옳은 내용이다.
정부저축이 감소하면 대부자금공급이 감소하기 때문에 이자율이 상승한다. 이자율 상승으로 민간저축이 증가하여 소비가 감소하고 투자가 감소한다. 정부저축의 감소 혹은 정부지출의 증가는 소비 감소, 투자 감소를 가져와서 구축의 효과를 가지며, 이를 구축효과(crowding out effect)라고 한다.

아래와 같은 고전학파 모형에서 정부지출이 150에서 200으로 증가할 경우 실질이자율과 민간 투자의 변화에 관한 설명으로 옳은 것은? (단, S, $\overline{Y}$, $\overline{T}$, $\overline{G}$, I, r, $s(r)$은 각각 총저축, 총생산, 조세, 정부지출, 투자, 실질이자율(%), 민간저축률이며, 민간저축률은 실질이자율의 함수이다.)

▶ 2024년 감정평가사

- $S = s(r)(\overline{Y} - \overline{T}) + (\overline{T} - \overline{G})$
- $I = 200 - 10r$
- $\overline{Y} = 1{,}000$, $\overline{T} = 200$, $\overline{G} = 150$
- $s(r) = 0.05r$

① 실질이자율은 1%포인트 상승하고 민간투자는 10 감소한다.
② 실질이자율은 3%포인트 상승하고 민간투자는 30 감소한다.
③ 실질이자율은 5%포인트 상승하고 민간투자는 50 감소한다.
④ 실질이자율과 민간투자는 변화가 없다.
⑤ 실질이자율은 1%포인트 하락하고 민간투자는 10 증가한다.

출제이슈 대부자금시장 모형
핵심해설 정답 ①

1) 정부지출이 150일 때
$$S = s(r)(\overline{Y} - \overline{T}) + (\overline{T} - \overline{G}) = 0.05r(1{,}000 - 200) + (200 - 150) = 40r + 50$$
$$I = 200 - 10r$$

균형을 구하면, $I = S = 170$, $r = 3$이 된다.

2) 정부지출이 200일 때
$$S = s(r)(\overline{Y} - \overline{T}) + (\overline{T} - \overline{G}) = 0.05r(1{,}000 - 200) + (200 - 200) = 40r$$
$$I = 200 - 10r$$

균형을 구하면, $I = S = 160$, $r = 4$이 된다.

따라서 실질이자율은 3에서 4로 1%p 상승하고 민간투자는 170에서 160으로 10만큼 감소한다.

아래의 개방경제 균형국민소득 결정모형 초기균형 상태에서 정부지출이 10만큼 증가할 경우, 균형 이자율의 변화분은? (단, C는 소비, Y는 국민소득, T는 세금, I는 투자, r은 이자율, G는 정부지출, X는 수출, M은 수입)

▶ 2025년 감정평가사

- $Y = 100$
- $I = 20 - 2r$
- $T = 10$
- $M = 0.2(Y - T)$

- $C = 10 + 0.6(Y - T)$
- $G = 20$
- $X = 20$

① 2   ② 4   ③ 5
④ 6   ⑤ 8

출제이슈 균형국민소득 결정모형의 적용

핵심해설 정답 ③

1) 최초균형

$100 = 10 + 0.6(100 - 10) + (20 - 2r) + 20 + 20 - 0.2(100 - 10)\}$ $\therefore r = 3$

2) 정부지출 10 증가 이후 균형

$100 = 10 + 0.6(100 - 10) + (20 - 2r) + 20 + 10 + \{20 - 0.2(100 - 10)\}$ $\therefore r = 8$

고전학파의 국민소득결정모형에 관한 설명으로 옳지 않은 것은? ▶ 2023년 감정평가사

① 세이의 법칙(Say's law)이 성립하여, 수요측면은 국민소득 결정에 영향을 미치지 못한다.
② 물가와 임금 등 모든 가격이 완전히 신축적이고, 노동시장은 균형을 달성한다.
③ 노동시장의 수요는 실질임금의 함수이다.
④ 노동의 한계생산이 노동시장의 수요를 결정하는 중요한 요인이다.
⑤ 통화공급이 증가하여 물가가 상승하면, 노동의 한계생산이 증가한다.

출제이슈 고전학파 균형국민소득 결정모형
핵심해설 정답 ⑤

① 옳은 내용이다.
세이의 법칙(Say's law)이란 공급이 국민소득을 결정하고 공급은 그 스스로 수요를 창출해냄을 의미한다. 이에 반해 수요가 공급을 창출하고 수요가 국민소득을 결정하는 것을 세이의 법칙에 비견하여 케인즈의 법칙이라고 한다.

② 옳은 내용이다.
고전학파의 세계에서는 모든 가격변수가 신축적으로 움직이므로 시장의 불균형은 신속히 조정되어 시장은 항상 균형을 달성한다. 특히, 노동시장의 균형은 노동에 대한 수요와 노동공급이 일치할 때 달성되며, 노동시장에 불균형이 있더라도 임금의 신축적인 조정에 의하여 균형을 즉각 회복하므로 고용은 항상 완전고용 수준을 유지한다.

③ 옳은 내용이다.
노동수요의 주체는 기업이며 노동수요는 기업의 이윤극대화과정에서 이루어진다. 노동수요는 실질임금에 의하여 결정되며 특히 실질임금의 감소함수이다.

④ 옳은 내용이다.
노동에 대한 수요는 실질임금과 노동의 한계생산에 의하여 결정된다.

⑤ 틀린 내용이다.
고전학파에 의하면 물가상승은 노동의 한계생산에 영향을 주지 못한다. 통화량의 증가가 국민소득과 같은 주요 실질변수에 영향을 미치지 못하며 물가, 명목임금과 같은 명목변수에만 영향을 미치는 것을 화폐의 중립성(the neutrality of money)이라고 한다. 화폐의 중립성이 성립하여 통화량 증가에 따라 물가가 상승하는 경우는 총공급곡선이 수직인 논리에 부합한다.

폐쇄경제인 A국의 국민소득(Y)이 5,000이고 정부지출(G)이 1,000이며, 소비(C)와 투자(I)가 각각 $C = 3,000 - 50r$, $I = 2,000 - 150r$과 같이 이자율(r)의 함수로 주어진다고 할 때, 균형상태에서의 총저축은? (단, 총저축은 민간저축과 정부저축의 합이다.)

▶ 2016년 감정평가사

① 1,000 ② 1,250 ③ 1,500
④ 2,250 ⑤ 2,500

출제이슈 고전학파 균형국민소득 결정모형의 적용
핵심해설 정답 ②

$$(Y - T - C) + (T - G) = I$$

$(5,000 - T - 3,000 + 50r) + (T - 1,000) = 2,000 - 150r$이며, 이를 풀면 $r = 5$가 된다.

따라서 총저축은 $(Y - T - C) + (T - G) = Y - C - G = 1,250$이 되며, 이는 투자와 같다.

아래의 거시경제모형의 균형에서 균형임금보다 5를 증가시킨 임금 수준의 최저임금제를 도입할 경우, 거시경제 변수의 변화에 관한 설명으로 옳은 것은? (단, Y는 총생산, r은 실질이자율, W는 명목임금)

▶ 2025년 감정평가사

- 총저축 : $S = s(r)Y$
- 저축율 : $s(r) = 0.01r$
- 투자 : $I = 300 - r$
- 총생산 : $Y = 2L$
- 노동수요 : $Ld = 300 - 10\dfrac{W}{P}$
- 노동공급 : $Ls = 10\dfrac{W}{P}$
- 노동량 : $L = L = Ld$(균형일 경우)
- 노동량 : $L = Ld$(불균형일 경우)
- 소비 : $C = Y - S$
- 물가 : $P = 1$

① 총생산은 증가한다.　　　　　② 이자율은 하락한다.
③ 총저축은 증가한다.　　　　　④ 고용량은 증가한다.
⑤ 소비는 감소한다.

출제이슈 고전학파 균형국민소득 결정모형의 적용
핵심해설 정답 ⑤

1) 고용량, 총생산, 소비
　균형임금보다 높은 수준의 최저임금을 설정하게 되면 고용량이 감소한다. 고용량이 감소하므로 총생산은 감소하고 소비도 감소한다.

2) 이자율
　투자와 저축을 일치시켜서 이자율을 구할 수 있으며 이 때 이자율은 상승한다. 따라서 투자는 감소한다. 투자와 저축은 일치하므로 저축도 감소한다.

국민소득과 이자율 결정이론

$IS - LM$ 모형

$IS - LM$ 모형에 관한 설명으로 옳은 것을 모두 고른 것은?   ▶ 2016년 감정평가사

> ㄱ. IS 곡선이 우하향할 때, 확장적 재정정책은 IS 곡선을 왼쪽으로 이동시킨다.
> ㄴ. LM 곡선이 우상향할 때, 중앙은행의 공개시장을 통한 채권매입은 LM 곡선을 오른쪽으로 이동시킨다.
> ㄷ. 투자가 이자율의 영향을 받지 않는다면, IS 곡선은 수직선이다.

① ㄱ   ② ㄴ   ③ ㄱ, ㄷ
④ ㄴ, ㄷ   ⑤ ㄱ, ㄴ, ㄷ

출제이슈 $IS - LM$ 기울기와 이동
핵심해설 정답 ④

ㄱ. 틀린 내용이다.
확장적 재정정책에 의해 정부지출이 증가하는 경우 총수요가 증가하여 소득이 증가한다. 따라서 IS곡선은 소득증가의 방향인 오른쪽으로 이동한다.

ㄴ. 옳은 내용이다.
중앙은행의 공개시장을 통한 채권매입은 통화량을 증대시키는 효과가 있다. 이로 인해 화폐시장에서 이자율이 하락하여 재화시장에서 투자가 증가하고 소득이 증가한다. 따라서 LM곡선은 소득증가의 방향인 오른쪽으로 이동한다.

ㄷ. 옳은 내용이다.
투자가 이자율의 영향을 받지 않는다면, 투자의 이자율 탄력성이 매우 작거나 0이 됨을 의미한다. 따라서 IS곡선의 기울기는 $\dfrac{(1-b)}{c}$ 이므로 투자의 이자율 탄력성 c가 0에 가까운 경우에는 IS곡선은 수직이 된다.

IS 곡선에 대한 설명으로 〈보기〉에서 옳은 것만을 모두 고르면? ▶ 2020년 국회직 8급

보기

ㄱ. 한계소비성향이 클수록 IS 곡선의 기울기가 커진다.

ㄴ. IS 곡선 상방의 한 점은 생산물시장의 초과수요상태이다.

ㄷ. 투자의 이자율 탄력성이 작을수록 재정정책의 효과가 작아진다.

ㄹ. 정부지출과 조세를 같은 규모만큼 증가시키면 IS 곡선이 우측으로 이동한다.

ㅁ. 유발투자가 존재하면 IS 곡선은 보다 완만한 형태로 도출된다.

① ㄱ, ㄴ   ② ㄱ, ㄹ   ③ ㄴ, ㄷ

④ ㄷ, ㅁ   ⑤ ㄹ, ㅁ

출제이슈 IS− LM 기울기와 이동

핵심해설 정답 ⑤

ㄱ. 틀린 내용이다.

IS 곡선은 $r = \dfrac{(1-b)}{c} Y - \dfrac{(a+I_0+G_0)}{c}$ 와 같다. 기울기는 $\dfrac{(1-b)}{c}$ 로서 한계소비성향이 클수록 IS 곡선의 기울기는 작아진다.

ㄴ. 틀린 내용이다.

IS 곡선의 상방은 균형소득이 일정한 상황에서 이자율이 균형이자율을 초과하므로 투자가 감소하여 생산물시장에서 초과공급을 의미하게 된다. 반대로 IS 곡선의 하방은 생산물시장의 초과수요를 의미한다.

ㄷ. 틀린 내용이다.

정부지출 증가는 이자율을 상승시켜 투자를 감소시키고 국민소득을 감소시키는데, 이를 구축효과라고 한다. 이러한 구축효과는 IS 곡선이 가파를수록, LM 곡선이 완만할수록 구축효과는 작으므로 정부지출의 효과가 커진다. IS 곡선과 재정정책의 효과에 있어서 투자의 이자율 탄력성이 작을수록 IS 곡선이 가파르고, 구축효과는 작고 재정정책의 효과는 크다.

ㄹ. 옳은 내용이다.

정부지출과 조세를 같은 규모만큼 증가시키면 균형재정승수의 효과에 의하여 소득이 증가하고 IS 곡선이 우측으로 이동한다.

ㅁ. 옳은 내용이다.

유발투자가 존재하는 경우 이자율이 하락할 때, 투자가 증가하여 소득이 증가하는데, 증가한 소득이 추가적인 투자를 유발하게 되므로 소득의 증가가 더 커지게 된다. 따라서 유발투자가 존재하게 되면 IS 곡선은 완만해진다.

$IS-LM$곡선에 관한 설명으로 옳은 것을 모두 고른 것은? (단, 폐쇄경제를 가정한다.)

▶ 2023년 감정평가사

ㄱ. 투자가 이자율에 영향을 받지 않는다면 LM 곡선은 수직선이 된다.
ㄴ. 투자가 이자율에 영향을 받지 않는다면 IS 곡선은 수직선이 된다.
ㄷ. 통화수요가 이자율에 영향을 받지 않는다면 LM 곡선은 수직선이 된다.
ㄹ. 통화수요가 소득에 영향을 받는다면 LM 곡선은 수직선이 된다.

① ㄱ, ㄴ   ② ㄱ, ㄷ   ③ ㄴ, ㄷ
④ ㄴ, ㄹ   ⑤ ㄷ, ㄹ

출제이슈 IS 곡선과 LM 곡선의 도출
핵심해설 정답 ③

투자가 이자율에 영향을 받지 않는다면 소득은 소비와 기업가의 야성적 충동에 의해서 결정되므로 결국 IS 곡선은 수직선이 된다. 이는 IS 곡선의 도출과정에서 투자의 이자율탄력성이 0인 경우를 상정하면 쉽게 알 수 있다. LM 곡선과는 관련 없으므로 유의하자.

통화수요가 이자율에 영향을 받지 않는다면 소득은 거래적 화폐수요와 화폐공급에 의해서 결정되므로 결국 LM 곡선은 수직선이 된다. 이는 LM 곡선의 도출과정에서 투자적 화폐수요의 이자율탄력성이 0인 경우를 상정하면 쉽게 알 수 있다. 한편, 통화수요가 소득에 영향을 받는다면, 이는 일반적인 경우이므로 LM 곡선은 우상향한다.

다음 모형에 관한 설명으로 옳지 않은 것은? (단, Y^D, Y, C, I^D, r, G, T는 각각 총수요, 국민소득, 소비, 투자수요, 이자율, 정부지출, 조세이며, I_0, G_0, T_0, α, β, δ는 모두 상수이다.)

▶ 2023년 감정평가사

- $Y^D = C + I^D + G$
- $C = \alpha + \beta(Y - T)$, $\alpha > 0$, $0 < \beta < 1$
- $I^D = I_0 - \delta r$, $I_0 > 0$, $\delta > 0$
- $G = G_0$, $T = T_0$
- $Y^D = Y$

① 모형에서 도출된 IS곡선은 우하향한다.
② I_0가 증가하면, IS곡선이 우측으로 이동한다.
③ G_0가 증가하면, IS곡선이 우측으로 이동한다.
④ β가 증가하면, IS곡선 기울기의 절댓값이 커진다.
⑤ δ가 증가하면, IS곡선 기울기의 절댓값이 작아진다.

출제이슈 $IS-LM$모형의 이해
핵심해설 정답 ④

① 옳은 내용이다.

설문에서 주어진 자료에 의하면 IS곡선의 기울기는 $-\dfrac{(1-\beta)}{\delta}$로서 그 부호는 음수이므로 IS곡선은 우하향한다.

② 옳은 내용이다.

IS곡선에서 I_0, 즉 독립투자가 증가하면 총수요가 증가하므로 IS곡선은 우측으로 증가한다.

③ 옳은 내용이다.

IS곡선에서 G_0, 즉 정부지출이 증가하면 총수요가 증가하므로 IS곡선은 우측으로 증가한다.

④ 틀린 내용이다.

β는 한계소비성향으로서 β가 증가하면 IS곡선 기울기는 $-\dfrac{(1-\beta)}{\delta}$인바 IS곡선은 완만해진다.

⑤ 옳은 내용이다.

δ는 투자의 이자율탄력성으로서 δ가 증가하면 IS곡선 기울기는 $-\dfrac{(1-\beta)}{\delta}$인바 IS곡선은 완만해진다.

다음과 같은 특징을 가진 화폐시장의 균형에 관한 설명으로 옳지 않은 것은? (단, 폐쇄경제를 가정한다.)
▶ 2023년 감정평가사

- 실질화폐수요는 이자율의 감소함수이다.
- 실질화폐수요는 국민소득의 증가함수이다.
- 명목화폐공급은 중앙은행에 의해 외생적으로 결정된다.
- 물가수준은 단기적으로 고정되어 있으며, 장기적으로 신축적이다.
- 화폐공급이 증가하면 장기적으로 물가수준은 상승한다.

① LM곡선은 우상향한다.
② 명목화폐공급이 증가하면 단기적으로 LM곡선이 우측으로 이동한다.
③ 국민소득이 일정할 때, 명목화폐공급이 이자율에 미치는 영향은 단기보다 장기에서 더 작다.
④ 실질화폐공급이 증가하면 LM곡선은 우측으로 이동한다.
⑤ 장기적으로 실질화폐공급이 변화하지 않는다면, LM곡선은 수직이다.

출제이슈 $IS-LM$모형의 이해
핵심해설 정답 ⑤

③ 옳은 내용이다.

명목화폐공급이 증가하거나 감소하면 단기적으로 화폐시장에서 화폐초과공급이나 초과수요가 발생하여 이자율이 변화한다. 시간이 흘러 장기가 되면, 물가가 변화할 수 있게 되므로 명목이자율이 다시 변화하게 된다. 만일 화폐공급 증가로 단기에 이자율이 하락했다면 장기에는 물가가 상승하게 되므로 LM곡선이 좌상방으로 이동하면서 이자율도 다시 상승하게 된다. 결국 화폐공급 증가로 하락했던 이자율이 다시 상승하여 상쇄된다. 따라서 명목화폐공급의 변화가 이자율에 미치는 영향은 단기에서 크며, 장기에서 작다고 할 수 있다.

⑤ 틀린 내용이다.

장기적으로 실질화폐공급이 변화하지 않는 경우에도 LM곡선은 우상향한다. 이는 수리적으로 도출한 LM곡선의 방정식 $r = \dfrac{k}{l}Y - \dfrac{M_0}{Pl}$ 또는 $r = \dfrac{k}{l}Y - \dfrac{M_0}{Pl} + \dfrac{l_0}{l}$ 에서 쉽게 확인할 수 있다. 다만, 만일 장기에 완전고용 국민소득의 제한을 받는다면 수직인 영역이 부분적으로 나타날 수는 있다.

아래의 거시경제모형에서 균형이자율은? (단, Y, C, I, G, T, r은 각각 국민소득, 소비, 투자, 정부지출, 조세, 이자율이다.) ▸ 2024년 감정평가사

- $Y = C + I + G$
- $G = T = 10$
- $I = 2 - 10r$

- $Y = 20$
- $C = 2 + 0.8(Y - T)$

① 0.1   ② 0.2   ③ 0.25
④ 0.4   ⑤ 0.5

출제이슈 $IS - LM$모형의 이해
핵심해설 정답 ②

사실상 이 문제는 IS곡선을 묻고 있는 것으로 해석가능하다. 따라서 국민소득이 주어졌을 때, 재화시장에 균형을 달성시키는 이자율을 다음과 같이 구할 수 있다.

IS: $Y = 2 + 0.8(Y - 10) + 2 - 10r + 10$, $Y = 20$
따라서 $20 = 2 + 0.8(20 - 10) + 2 - 10r + 10$이 되므로 $r = 0.2$가 된다.

유동성선호설을 통한 화폐시장과 LM곡선에 대해 옳게 설명한 것은? (단, 화폐공급곡선은 수직이고, 화폐수요는 이자율에 음(−), 소득에 정(+)의 관계를 가정) ▸ 2025년 감정평가사

① 소득의 감소는 화폐수요곡선을 오른쪽으로 이동시켜 이자율 상승
② 소득의 증가는 실질화폐 수요를 증가시켜 이자율 상승
③ 이자율이 상승하면 화폐수요곡선이 왼쪽으로 이동하고 소득 증가
④ 중앙은행이 화폐공급을 감소하면 이자율 하락
⑤ 투기적 동기로 인한 소득의 증가는 화폐수요곡선상에서의 이동으로 이자율 상승

출제이슈 $IS - LM$모형의 이해
핵심해설 정답 ②

1) 화폐수요곡선과 화폐공급곡선
   소득이 증가하면 화폐수요가 증가하고 화폐수요곡선이 우측이동하면서 이자율이 상승한다.

2) LM곡선
   소득이 증가하면 화폐수요가 증가하고 LM곡선상에서 이자율이 상승한다.

Issue 02 $IS-LM$ 균형의 계산

다음 거시경제모형에서 생산물시장과 화폐시장이 동시에 균형을 이루는 소득과 이자율은?
(단, C는 소비, Y는 국민소득, I는 투자, G는 정부지출, T는 조세, r은 이자율, MD는
화폐수요, MS는 화폐공급이다. 물가는 고정되어 있고, 해외부문은 고려하지 않는다.)

▶ 2019년 감정평가사

- $C = 20 + 0.8(Y - T) - 0.5r$
- $I = 50 - 9.5r$
- $G = 50$
- $T = 50$
- $MD = 50 + Y - 50r$
- $MS = 250$

① 200, 1   ② 200, 2   ③ 250, 1
④ 300, 1   ⑤ 300, 2

출제이슈 $IS-LM$ 균형 계산

핵심해설 정답 ⑤

1) IS곡선의 방정식 : $Y = 20 + 0.8(Y - 50) - 0.5r + (50 - 9.5r) + 50$ ∴ $Y = 400 - 50r$

2) LM곡선의 방정식 : $50 + Y - 50r = 250$ ∴ $Y = 200 + 50r$

3) $IS-LM$ 균형 : 위의 두 식을 연립하여 풀면 $Y = 300$, $r = 2$가 된다.

어떤 폐쇄경제 국가의 거시경제모형이 다음과 같을 때 균형이자율을 구하면?

▶ 2021년 국가직 7급

- $C = 130 + 0.5\,Y_D$
- $Y_D = Y - T$
- $T = 0.2\,Y$
- $I = 120 - 90r$
- $G = 200$
- $M_D = 25 + 0.5\,Y - 25r$
- $M_S = 200$

(단, C는 소비, Y_D는 가처분소득, Y는 국민소득, T는 조세, I는 투자, r은 이자율, G는 정부지출, M_D는 화폐수요, M_S는 화폐공급을 나타낸다.)

① 1.5% ② 2.0% ③ 2.5%
④ 3.0% ⑤ 3.5%

출제이슈 $IS-LM$ 균형 계산
핵심해설 정답 ②

1) IS곡선의 방정식 : $Y = 130 + 0.5\,(\,Y - 0.2\,Y\,) + (120 - 90r) + 200$ ∴ $Y = 750 - 150r$

2) LM곡선의 방정식 : $25 + 0.5\,Y - 25r = 200$ ∴ $Y = 350 + 50r$

3) $IS-LM$ 균형 : 위의 두 식을 연립하여 풀면 $r = 2$, $Y = 450$이 된다.

한 나라의 거시경제모형이 다음과 같을 때, 생산물시장과 화폐시장이 동시에 균형을 이루는 국민소득은? (단, Y는 국민소득, r은 이자율, Y_D는 가처분소득이다.) ▶2015년 감정평가사

- 소비함수 : $C = 150 + 0.8 Y_D$
- 투자함수 : $I = 100 - 100r$
- 정부지출 : $G = 250$
- 조   세 : $T = 0.25 Y$
- 화폐수요 : $M_D = 50 + 0.2 Y - 200r$
- 화폐공급 : $M_S = 250$

① 250 ② 1,200 ③ 1,250
④ 1,500 ⑤ 3,000

출제이슈 $IS-LM$ 균형 계산
핵심해설 정답 ②

1) IS곡선의 방정식 : $Y = 150 + 0.8(Y - 0.25Y) + (100 - 100r) + 250$ ∴ $Y = 1,250 - 250r$

2) LM곡선의 방정식 : $50 + 0.2 Y - 200r = 250$ ∴ $Y = 1,000 + 1,000r$

3) $IS - LM$ 균형 : 위의 두 식을 연립하여 풀면 $Y = 1,200$, $r = 0.2$

아래의 $IS-LM$모형에서 균형민간저축(private saving)은? (단, C는 소비, Y는 국민소득, T는 조세, I는 투자, r은 이자율, G는 정부지출, M^S는 명목화폐공급량, P는 물가수준, M^D는 명목화폐수요량이다.)

▶ 2022년 감정평가사

- $C = 8 + 0.8(Y - T)$
- $G = 2$
- $M^S = 10$
- $M^D = Y - 10r$

- $I = 14 - 2r$
- $T = 5$
- $P = 1$

① 2   ② 4   ③ 5
④ 8   ⑤ 10

출제이슈 $IS-LM$ 균형 계산

핵심해설 정답 ①

1) IS곡선의 방정식 : $Y = 8 + 0.8(Y-5) + (14-2r) + 2$ ∴ $Y = 100 - 10r$

2) LM곡선의 방정식 : $Y - 10r = 10$ ∴ $Y = 10 + 10r$

3) $IS-LM$ 균형 : 위의 두 식을 연립하여 풀면 $Y = 55$, $r = 4.5$

4) 민간저축

민간저축은 $Y - T - C$인데, $Y = 55$, $T = 5$, $C = 8 + 0.8(55-5) = 48$임을 고려하면, $Y - T - C = 2$가 된다.

다음 폐쇄경제에서 정부지출이 100에서 125로, 물가가 2에서 5로 상승하는 경우, 균형소득과 균형이자율의 변화량을 바르게 연결한 것은? (단, Y는 소득, r은 이자율이다.)

▶ 2022년 국가직 7급

- 소비함수 : $C = 200 + 0.75(Y - T)$
- 투자함수 : $I = 200 - 25r$
- 정부지출 : $G = 100$
- 조세 : $T = 100$
- 화폐수요함수 : $\dfrac{M^d}{P} = Y - 100r$
- 화폐공급 : $M^s = 1,000$
- 물가 : $P = 2$

	균형소득 변화량	균형이자율 변화량
①	-100	$+1$
②	-200	$+1$
③	-100	$+2$
④	-200	$+2$

출제이슈 $IS\text{-}LM$ 균형 계산

핵심해설 정답 ③

1) 최초의 균형

① IS곡선의 방정식 : $Y = 200 + 0.75(Y - 100) + 200 - 25r + 100$이므로 $Y = -100r + 1,700$이 된다.

② LM곡선의 방정식 : 화폐공급과 화폐수요가 일치하여 $Y - 100r = \dfrac{1,000}{2}$이므로 $Y = 100r + 500$이 된다.

③ $IS\text{-}LM$ 균형 : 위의 두 식을 연립하여 풀면 $Y = 1,100$, $r = 6$이 된다.

2) 정부지출의 증가와 IS곡선의 이동

정부지출의 증가에 따른 새로운 IS곡선의 방정식은 $Y = 200 + 0.75(Y - 100) + 200 - 25r + 125$이므로 $Y = -100r + 1,800$이 된다.

3) 물가의 상승과 LM곡선의 이동

물가의 상승에 따른 새로운 LM곡선의 방정식은 $Y - 100r = \dfrac{1,000}{5}$이므로 $Y = 100r + 200$이 된다.

4) 새로운 균형

$Y = -100r + 1,800$와 $Y = 100r + 200$를 연립하여 풀면, $Y = 1,000$, $r = 8$이 된다.

다음 $IS-LM$모형에서 정부지출의 증대를 통하여 균형국민소득을 현재보다 2만큼 더 증가시
킨다면, 새로운 균형이자율은? ▶2017년 보험계리사

- $Y = C + I + G$
- $C = 2 + 0.5Y$
- $I = 5 - r$
- $G = 3$
- LM곡선 : $r = 2 + 0.5Y$

단, Y : 국민소득, C : 소비, I : 투자, G : 정부지출, r : 이자율

① 5   ② 6
③ 7   ④ 8

출제이슈 $IS-LM$ 균형 계산
핵심해설 정답 ③

1) 최초의 균형

① IS곡선의 방정식 : $Y = 2 + 0.5Y + 5 - r + 3$ $\therefore$ $Y = 20 - 2r$
② LM곡선의 방정식 : $r = 2 + 0.5Y$로 주어져 있다.
③ $IS-LM$ 균형 : 위의 두 식을 연립하여 풀면 $Y = 8$, $r = 6$이 된다.

2) 정부지출의 증가와 IS곡선의 이동

① 정부지출 증대를 통한 국민소득의 증가를 위해서는 IS곡선이 오른쪽으로 이동하였음을 의미하고 그 이동의
폭은 승수효과만큼으로서 $\dfrac{\Delta G}{1-b} = \dfrac{\Delta G}{1-0.5} = 2\Delta G$이다.
② 이동한 IS곡선의 방정식은 원래 IS곡선인 $Y = 20 - 2r$을 횡축의 방향으로 $2\Delta G$만큼 이동시킨 것이므로
$Y = 20 - 2r + 2\Delta G$가 된다.

3) 새로운 $IS-LM$ 균형

① 새로운 IS곡선의 방정식 : $Y = 20 - 2r + 2\Delta G$
② LM곡선의 방정식 : $r = 2 + 0.5Y$
③ 균형국민소득은 최초 국민소득 $Y = 8$보다 2만큼 더 증가한다고 하였으므로 10이 된다.
따라서 $Y = 10$을 LM곡선의 방정식에 대입하면, $r = 2 + 0.5 \times 10 = 7$이 된다.
④ 참고로 $Y = 10$, $r = 7$을 IS곡선의 방정식에 대입하면 $10 = 20 - 2 \times 7 + 2\Delta G$이 된다.
이를 풀면 $\Delta G = 2$가 되므로 정부지출을 2만큼 늘렸음을 알 수 있다.

다음 폐쇄경제 $IS-LM$모형에서 경제는 균형을 이루고 있고, 현재 명목화폐공급량(M)은 2이다. 중앙은행은 확장적 통화정책을 실시하여 현재보다 균형이자율을 0.5만큼 낮추고 균형국민소득을 증가시키고자 한다. 이를 위한 명목화폐공급량의 증가분은? (단, Y는 국민소득, r은 이자율, I는 투자, M^d는 명목화폐수요량, P는 물가이고 1로 불변이다.)

▶ 2017년 감정평가사

- IS곡선 : $r = 4 - 0.05Y$
- 실질화폐수요함수 : $\dfrac{M^d}{P} = 0.15Y - r$

① 0.5　　　　　② 2　　　　　③ 2.5
④ 3　　　　　　⑤ 4

출제이슈 $IS-LM$ 균형 계산
핵심해설 정답 ②

1) 최초의 균형

① IS곡선의 방정식 : $r = 4 - 0.05Y$로 주어져 있다.
② LM곡선의 방정식 : 화폐공급과 화폐수요가 일치하여 $2 = 0.15Y - r$이므로 $r = 0.15Y - 2$가 된다.
③ $IS-LM$ 균형 : 위의 두 식을 연립하여 풀면 $Y = 30$, $r = 2.5$이 된다.

2) 통화량의 증가와 LM곡선의 이동

① 통화량 증대를 통한 국민소득의 증가를 위해서는 LM곡선이 오른쪽으로 이동하였음을 의미한다.
② 이동한 LM곡선의 방정식은 새로운 통화량과 화폐수요의 균형으로부터 다음과 같이 도출된다.
증가한 화폐공급과 화폐수요가 일치하여 $2 + \Delta M = 0.15Y - r$이므로 $r = 0.15Y - (2 + \Delta M)$이 된다.

3) 새로운 $IS-LM$ 균형

① IS곡선의 방정식 : $r = 4 - 0.05Y$
② 새로운 LM곡선의 방정식 : $r = 0.15Y - (2 + \Delta M)$
③ 균형이자율은 최초 이자율 $r = 2.5$보다 0.5만큼 더 낮다고 하였으므로 2가 된다.
따라서 $r = 2$를 IS곡선의 방정식에 대입하면, $2 = 4 - 0.05Y$, $Y = 40$이 된다.
④ 이제 $Y = 40$, $r = 2$를 LM곡선의 방정식에 대입하면, $2 = 0.15 \times 40 - (2 + \Delta M)$, $\Delta M = 2$가 된다.
즉 이자율을 0.5만큼 낮추기 위한 통화량의 증가분은 2가 된다.

아래의 폐쇄경제 $IS-LM$모형에서 중앙은행은 균형이자율을 현재보다 5만큼 높이는 긴축적 통화정책을 실시하여 균형국민소득을 감소시키고자 한다. 현재 명목화폐공급량(M)이 40일 때, 이를 달성하기 위한 명목화폐공급량의 감소분은? (단, r은 이자율, Y는 국민소득, M^d는 명목화폐수요량, P는 물가수준이고 1로 고정되어 있다.)

▶ 2024년 감정평가사

- IS곡선 : $r = 120 - 5Y$

- 실질화폐수요함수 : $\dfrac{M^d}{P} = 3Y - r$

① 5 　　　　② 8 　　　　③ 10
④ 15 　　　　⑤ 20

출제이슈 $IS-LM$ 균형 계산
핵심해설 정답 ②

1) 최초의 균형

① IS곡선의 방정식 : $r = 120 - 5Y$로 주어져 있다.

② LM곡선의 방정식 : 화폐공급과 화폐수요가 일치하여 $\dfrac{40}{1} = 3Y - r$이므로 $r = 3Y - 40$이 된다.

③ $IS-LM$ 균형 : 위의 두 식을 연립하여 풀면 $Y = 20$, $r = 20$이 된다.

2) 통화량의 감소와 LM곡선의 이동

① 통화량 감소를 통한 이자율의 상승을 위해서는 LM곡선이 왼쪽으로 이동하였음을 의미한다.

② 이동한 LM곡선의 방정식은 새로운 통화량과 화폐수요의 균형으로부터 다음과 같이 도출된다.

명목화폐공급의 감소분을 k라고 하면, 감소한 화폐공급과 화폐수요가 일치하여 $\dfrac{40-k}{1} = 3Y - r$이므로 $r = 3Y + k - 40$이 된다.

3) 새로운 $IS-LM$ 균형

① IS 곡선의 방정식 : $r = 120 - 5Y$

② 새로운 LM곡선의 방정식 : $r = 3Y + k - 40$

③ 새로운 균형이자율은 원래의 이자율 20보다 5 높은 25가 되어야 한다.
　 따라서 $r = 25$를 IS 곡선의 방정식에 대입하면, $25 = 120 - 5Y$, $Y = 19$가 된다.

④ 이제 $Y = 19$, $r = 25$를 LM곡선의 방정식 $r = 3Y + k - 40$에 대입하면, $25 = 3 \times 19 = k - 40$이 된다. 따라서 $k = 8$이 된다. 즉 이자율을 5만큼 높이기 위한 통화량의 감소분은 8이 된다.

아래의 폐쇄경제 $IS-LM$ 모형의 초기 균형에서 중앙은행이 이자율을 0.5만큼 인상시키고자 할 때, 명목화폐공급량 변화분의 절댓값은? (단, Y는 국민소득, r은 이자율, P는 물가, M은 명목화폐공급량)

▶ 2025년 감정평가사

- IS곡선 : $r = 6 - Y$
- $M = 4$
- LM곡선 : $\dfrac{M}{P} = Y - r$
- $P = 1$

① 0.0 ② 0.5 ③ 1.0
④ 1.5 ⑤ 2.0

출제이슈 $IS-LM$ 균형 계산
핵심해설 정답 ③

1) 최초 균형

IS : $Y = 6 - r$, LM : $Y = 4 + r$ ∴ $Y = 5$, $r = 1$

2) 화폐공급 변화 후의 균형(화폐공급변화분 = ΔM)

IS : $Y = 6 - r$, LM : $Y = 4 + \Delta M + r$

① 이 때, $r = 1.5$로 제시되어 있으므로 IS에 대입하면, $Y = 4.5$

② $Y = 4.5$, $r = 1.5$를 LM에 대입하면, $\Delta M = -1$, 따라서 절대값은 1이 된다.

Issue 03 $IS - LM$ 모형과 재정정책

폐쇄경제 $IS-LM$ 모형에 관한 설명으로 옳은 것은? ▶ 2024년 감정평가사

① 화폐수요의 이자율 탄력성이 0이면 경제는 유동성함정(liquidity trap) 상태에 직면한다.

② LM곡선이 수직선이고 IS곡선이 우하향하면, 완전한 구축효과(crowding-out effect)가 나타난다.

③ IS곡선이 수평선이고 LM곡선이 우상향하면, 통화정책은 국민소득에 영향을 미치지 않는다.

④ 소비가 이자율에 영향을 받을 때, 피구효과(Pigou effect)가 발생한다.

⑤ IS곡선이 우하향할 때, IS곡선의 위쪽에 있는 점은 생산물시장이 초과수요 상태이다.

출제이슈 재정정책의 효과
핵심해설 정답 ②

재정정책의 효과로서 승수효과와 이를 상쇄하는 구축효과는 다음과 같다.

1) 정부지출이 증가하는 경우 IS곡선이 우측으로 이동하여 균형국민소득이 증가, 이자율은 상승한다.

2) 한편, 정부지출 증가는 이자율을 상승시켜 투자를 감소시키고 국민소득을 감소시키는데, 이를 구축효과라고 한다. 이러한 구축효과는 IS곡선이 가파를수록, LM곡선이 완만할수록 구축효과는 작으므로 정부지출의 효과가 커진다.

3) 따라서 완전한 구축효과는 IS곡선이 정부지출의 증대로 우측으로 이동하더라도 LM곡선이 수직일 때 나타나며, 이때는 국민소득에 전혀 변함이 없다.

$IS-LM$ 모형에서 완전한 구축효과(crowding out effect)가 나타나는 경우는?

▶ 2017년 보험계리사

	IS	LM
①	수직	우상향
②	우하향	우상향
③	우하향	수직
④	우하향	수평

출제이슈 재정정책의 효과

핵심해설 정답 ③

1) 정부지출이 증가하는 경우 IS곡선이 우측으로 이동하여 균형국민소득이 증가, 이자율은 상승한다.

2) 한편, 정부지출 증가는 이자율을 상승시켜 투자를 감소시키고 국민소득을 감소시키는데, 이를 구축효과라고 한다. 이러한 구축효과는 IS곡선이 가파를수록, LM곡선이 완만할수록 구축효과는 작으므로 정부지출의 효과가 커진다.

3) 따라서 완전한 구축효과는 IS곡선이 정부지출의 증대로 우측으로 이동하더라도 LM곡선이 수직일 때 나타나며, 이때는 국민소득에 전혀 변함이 없다.

4) 참고로, 정부지출이 증가하면 총수요가 증가하고 국민소득이 증가한다. 재화시장에서의 소득 증가로 인하여 화폐시장에서는 거래적 화폐수요가 증가한다. 화폐수요의 증가로 인해 이자율이 상승한다. 화폐시장에서 상승한 이자율은 다시 재화시장의 투자에 영향을 미쳐서 투자가 감소한다. 투자의 감소는 총수요의 감소 및 국민소득의 감소를 가져온다. 정부지출의 증가로 인한 이자율 상승이 국민소득을 감소시키는 것이 바로 구축효과이다.

경기안정화 정책에 관한 설명으로 옳은 것은? ▶ 2018년 감정평가사

① 재정지출 증가로 이자율이 상승하지 않으면 구축효과는 크게 나타난다.
② 투자가 이자율에 비탄력적일수록 구축효과는 크게 나타난다.
③ 한계소비성향이 클수록 정부지출의 국민소득 증대효과는 작게 나타난다.
④ 소득이 증가할 때, 수입재 수요가 크게 증가할수록 정부지출의 국민소득 증대효과는 크게 나타난다.
⑤ 소득세가 비례세보다는 정액세일 경우에 정부지출의 국민소득 증대효과는 크게 나타난다.

출제이슈 재정정책의 효과
핵심해설 정답 ⑤

① 틀린 내용이다.
정부지출 증가는 이자율을 상승시켜 투자를 감소시키고 국민소득을 감소시키는데, 이를 구축효과라고 한다. 만일 재정지출 증가로 이자율이 상승하지 않으면 구축효과는 나타나지 않음을 의미한다.

② 틀린 내용이다.
투자가 이자율에 대해 비탄력적일수록 IS곡선이 가파르고 구축효과가 작고 국민소득 증대효과가 크다.
정부지출이 증가하면 총수요가 증가하고 국민소득이 증가한다. 재화시장에서의 소득 증가로 인하여 화폐시장에서는 거래적 화폐수요가 증가한다. 화폐수요의 증가로 인해 이자율이 상승한다. 만일 화폐시장에서 상승한 이자율이 재화시장의 투자에 거의 영향을 미치지 못한다면, 이자율이 상승하더라도 투자의 감소, 총수요의 감소, 소득의 감소는 미미하게 되어 구축효과는 거의 없게 된다. 이는 투자가 이자율에 대해 비탄력적임을 의미하므로, 이때 구축효과는 매우 작다고 할 수 있다.

③ 틀린 내용이다.
한계소비성향이 클수록 정부지출승수가 커지므로 정부지출의 국민소득 증대효과는 크게 나타난다.

참고로 한계소비성향을 위에서는 국민소득 증대효과, 즉 승수효과 관점에서 검토하였지만, 구축효과 관점에서 검토하면 다음과 같다. 한계소비성향이 크다면, 화폐시장에서 상승한 이자율로 인해서 투자가 감소할 때, 총수요 및 소득의 감소가 크게 될 것이다. 이는 바로 구축효과가 매우 큼을 의미한다. 즉, 정부지출의 국민소득 증대효과는 작게 나타난다.

④ 틀린 내용이다.
소득이 증가할 때, 수입재 수요가 크게 증가할수록 정부지출 증가로 인한 승수효과, 즉 국민소득 증대효과는 제약된다. 따라서 정부지출의 국민소득 증대효과는 크게 나타나는 것이 아니라 작게 나타난다.

⑤ 옳은 내용이다.
소득세가 정액세가 아니라 비례세일 경우에 정부지출 증가로 인한 승수효과, 즉 국민소득 증대효과는 제약된다. 반면 정액세일 경우에는 정부지출의 국민소득 증대효과가 크게 나타난다.

폐쇄경제의 $IS-LM$모형에서 화폐시장 균형조건이 $\dfrac{M}{P}=L(r,\ Y-T)$일 때, 조세삭감이 미치는 효과로 옳은 것을 모두 고른 것은? (단, 초기는 균형상태, IS곡선은 우하향, LM곡선은 우상향하며, M은 통화량, P는 물가, r은 이자율, Y는 국민소득, T는 조세이다.)

▶ 2023년 감정평가사

ㄱ. IS곡선 우측이동　　　　　　ㄴ. LM곡선 우측이동
ㄷ. 통화수요 감소　　　　　　　　ㄹ. 이자율 상승

① ㄱ, ㄴ　　　　　　② ㄱ, ㄷ　　　　　　③ ㄱ, ㄹ
④ ㄴ, ㄷ　　　　　　⑤ ㄴ, ㄹ

출제이슈 재정정책의 효과
핵심해설 정답 ③

1) 승수효과와 국민소득의 증가

최초균형상태에서 조세가 ΔT만큼 감소하는 경우, 단순 케인즈모형과 같이 이자율이 불변이라고 하면 승수효과를 통해 국민소득은 $\dfrac{-b}{1-b}\Delta T$만큼 증가한다. 따라서 IS곡선은 우측으로 이동하며 이자율이 불변인 상황에서 생산물에 대한 총수요가 총생산을 초과하여 생산물시장의 초과수요상태가 된다. 그러나 생산물 초과수요는 생산물 공급이 증가하면서 생산물시장의 균형을 회복한다.

2) 화폐시장의 불균형

현재 여전히 이자율이 불변인 상황에서 생산물 공급이 증가하면서 국민소득이 증가하게 되어 화폐시장에서는 거래적 화폐수요가 증가한다. 따라서 화폐시장에서 초과수요가 발생하는 불균형이 나타나면서 $IS-LM$모형이 불균형상태가 된다.

3) 구축효과와 이자율의 상승

정부지출 증가에 의하여 국민소득이 증가한 경우 현재 상태는 $IS-LM$모형에서 불균형 상태로서 오래 지속될 수가 없다. 따라서 화폐시장의 초과수요로 인하여 화폐시장에서 균형을 회복하기 위해서 이자율이 상승하게 된다. 이에 따라서 생산물시장에서 투자가 감소하고 정부지출 증가로 증가했었던 국민소득은 다시 감소하게 된다. 이렇게 승수효과에 의하여 증가했던 국민소득이 이자율 상승에 따라서 다시 감소하는 것을 구축효과라고 한다.

4) 새로운 균형

이자율이 상승하면서 화폐시장의 초과수요는 해소되고, 새로운 화폐시장의 균형에 도달한다. 이 과정에서 생산물시장에서도 이자율 상승으로 인해 투자가 감소하면서 국민소득이 감소하여 새로운 생산물시장의 균형에 도달한다. 정부지출 증가 이후 승수효과에 의한 국민소득의 증가와 이자율 상승에 따른 구축효과가 가져오는 국민소득의 감소가 모두 조정이 되면 새로운 $IS-LM$균형에 도달하게 된다. 새로운 균형에서는 국민소득은 증가하고 이자율은 상승하게 된다.

> 표의 $IS-LM$ 모형에서 균형재정승수는? (단, Y, M, r, T, G, P 는 각각 국민소득, 통화량, 이자율, 조세, 정부지출, 물가이다.)
> ▶ 2021년 감정평가사
>
> - IS : $Y = 100 + 0.5(Y - T) - 0.5r + G$
> - LM : $\dfrac{M}{P} = -r + Y$
>
> ① 0　　　　　　　② 0.5　　　　　　　③ 1
> ④ 1.5　　　　　　⑤ 2

출제이슈 $IS-LM$ 모형과 균형재정승수

핵심해설 정답 ②

1) 최초의 균형

IS : $Y = 100 + 0.5(Y - T) - 0.5r + G$,　　　　LM : $\dfrac{M}{P} = -r + Y$

이 두 식을 연립하여 풀면 국민소득은 $Y = 100 - 0.5T + G + 0.5\dfrac{M}{P}$ 이 된다.

2) 균형재정 이후의 균형

IS 곡선을 균형재정에 의하여 $\Delta G = \Delta T = k$ 만큼 평행이동시키면 다음과 같다.

IS : $Y - k = 100 + 0.5(Y - k - T) - 0.5r + G$

LM : $\dfrac{M}{P} = -r + Y$

이 두 식을 연립하여 풀면 $Y = 100 - 0.5T + G + 0.5\dfrac{M}{P} + 0.5k$ 가 된다.

3) 균형재정승수의 도출

정부지출의 증가와 조세의 증가가 같을 때, 즉 $\Delta G = \Delta T$ 인 경우 케인즈 모형에서 국민소득의 증가는 $\Delta G = \Delta T = \Delta Y$ 가 되므로 균형재정승수는 1이 된다. 즉 위의 모형에서는 국민소득의 증가가 k 만큼이다.

그러나 $IS-LM$ 모형에서 국민소득의 증가는 k 가 아니라 $0.5k$ 만큼이다.
$\Delta G = \Delta T = k$, $\Delta Y = 0.5k$ 가 되므로 균형재정승수는 0.5가 된다. 이때, 정부지출승수는 1이고 조세승수는 -0.5 가 되므로 균형재정승수는 0.5가 됨에 유의하자.

참고로 위의 2)에서 도출한 $Y = 100 - 0.5T + G + 0.5\dfrac{M}{P} + 0.5k$ 에서 $\dfrac{\Delta Y}{\Delta G} = 1$ 이고, $\dfrac{\Delta Y}{\Delta T} = -0.5$ 이므로 균형재정승수는 이 둘을 더한 0.5임을 확인할 수 있다.

Issue 04 $IS - LM$ 모형과 통화정책

폐쇄경제 $IS - LM$모형에서 투자의 이자율 탄력성이 무한대인 경우, 중앙은행이 긴축통화정책을 실행할 시 예상되는 효과로 옳은 것을 모두 고른 것은? (단, LM곡선은 우상향한다.)

▶ 2023년 감정평가사

ㄱ. 국민소득 감소 ㄴ. 이자율 증가
ㄷ. 이자율 불변 ㄹ. 국민소득 증가
ㅁ. 이자율 감소

① ㄱ, ㄴ ② ㄱ, ㄷ ③ ㄱ, ㅁ
④ ㄴ, ㄹ ⑤ ㄷ, ㄹ

출제이슈 통화정책의 효과
핵심해설 정답 ②

투자의 이자율탄력성이 무한대인 경우 투자함수에서 c가 무한대가 된다. 이를 IS곡선의 도출과정에 적용하면 IS곡선이 수평이 됨을 쉽게 알 수 있다. 이 경우 우상향하는 LM곡선이 긴축통화정책에 따라서 좌측으로 이동하게 되면, 국민소득은 감소하며 이자율은 불변이다.

확장적 통화정책의 효과에 대한 서술 중 가장 옳은 것은?　　　　　▶ 2016년 서울시 7급

① 경기회복을 위해서는 확장적 통화정책을 사용하여 이자율을 높이는 것이 효과적이다.
② 원화가치의 상승을 초래하여 수출에 부정적으로 작용할 수 있다.
③ 확장적 재정정책과 달리 정책의 집행에 긴 시간이 소요된다.
④ 이자율이 하락하여 민간지출이 증가함으로써 경기회복에 기여한다.

출제이슈 통화정책의 효과
핵심해설 정답 ④

① 틀린 내용이다.
경기회복을 위해서는 확장적 통화정책을 사용하여 이자율을 낮춰서 투자가 늘어나면서 총수요로 이어지도록 하는 것이 효과적이다.

② 틀린 내용이다.
확장적 통화정책에 의하여 이자율이 하락하면 자본이 해외로 유출되면서 환율이 상승하고 원화가치가 하락하여 수출에 긍정적으로 작용할 수 있다.

③ 틀린 내용이다.
확장적 통화정책은 확장적 재정정책과 달리 정책의 집행에 긴 시간이 소요되지 않는다. 다만, 그 전달이 불확실하고 긴 시간이 소요될 수 있다. 정책의 시차에는 내부시차와 외부시차가 있다. 내부시차(inside lag)는 정책의 필요성을 인지하고 적절한 정책을 시행하는 데 걸리는 시간으로서 일반적으로 재정정책의 경우 내부시차가 상대적으로 길다. 외부시차(outside lag)는 정책이 시행된 후 기대되는 효과가 발생하는 데 걸리는 시간으로서 일반적으로 통화정책의 경우 외부시차가 상대적으로 길다.

④ 옳은 내용이다.
확장적 통화정책으로 이자율이 하락하면 민간의 소비와 투자가 증가하여 경기회복에 기여할 수 있다.

폐쇄경제 $IS-LM$모형에서 물가 수준이 하락할 경우, 새로운 균형에 관한 설명으로 옳은 것을 모두 고른 것은? (단, 초기 경제는 균형상태이며, IS곡선은 우하향, LM곡선은 우상향)

▶ 2020년 감정평가사

ㄱ. 명목이자율이 하락한다.
ㄴ. 투자가 감소한다.
ㄷ. 명목통화량이 증가한다.

① ㄱ   ② ㄴ   ③ ㄱ, ㄷ

④ ㄴ, ㄷ   ⑤ ㄱ, ㄴ, ㄷ

출제이슈 물가하락의 효과
핵심해설 정답 ①

1) 물가하락으로 인하여 화폐시장에서 실질통화량이 증가하여 LM곡선이 우측으로 이동하여 이자율 즉, 명목이자율이 하락한다. 단, 이때 명목통화량은 불변임에 유의하자.

2) 이자율의 하락으로 인하여 실물부분의 소비 및 투자가 증가한다.

3) 이자율 하락은 또한 원화가치를 하락시키고 환율상승을 가져와 순수출이 증가하도록 한다.

4) 소비증가, 투자증가 및 순수출증가로 수요가 증가하여 총수요가 증가하여, 균형국민소득은 증가한다.

5) 참고로 소비가 실질자산의 크기에 영향받을 수 있음을 고려한다면, 물가의 하락으로 인하여 실질자산의 가치가 증가하여 소비는 증가하게 된다.

Issue 05 　재정 · 통화정책의 상대적 유효성 및 학파별 견해

폐쇄경제 $IS-LM$모형에서 재정정책과 통화정책이 생산량에 미치는 효과의 크기에 관한 설명으로 옳은 것을 모두 고른 것은? (단, IS는 우하향, LM은 우상향하는 직선이다.)

▶ 2022년 감정평가사

ㄱ. 투자가 이자율에 민감할수록 통화정책의 효과가 작다.
ㄴ. 화폐수요가 이자율에 민감할수록 재정정책의 효과가 크다.
ㄷ. 한계소비성향이 클수록 통화정책의 효과가 크다.

① ㄱ　　　　② ㄷ　　　　③ ㄱ, ㄴ　　　　④ ㄱ, ㄷ　　　　⑤ ㄴ, ㄷ

출제이슈　재정정책과 통화정책의 상대적 유효성
핵심해설　정답 ⑤

$IS-LM$ 모형에 따른 재정정책과 통화정책의 효과는 IS, LM곡선의 기울기에 따라 달라질 수 있으며, 이는 다음과 같이 구분할 수 있다.

구분	재정정책이 상대적으로 유효	통화정책이 상대적으로 유효
IS곡선의 기울기 $\dfrac{(1-b)}{c}$	c 작을수록	c 클수록
LM곡선의 기울기 $\dfrac{k}{l}$	l 클수록	l 작을수록

ㄱ. 틀린 내용이다.
투자가 이자율에 민감할수록 투자의 이자율 탄력성이 크고 IS곡선은 완만하다. 따라서 이 경우 통화정책의 효과가 크다.

ㄴ. 옳은 내용이다.
화폐수요가 이자율에 민감할수록 화폐수요의 이자율 탄력성이 크고 LM곡선은 완만하다. 따라서 이 경우 재정정책의 효과가 크다.

ㄷ. 옳은 내용이다.
한계소비성향이 클수록 IS곡선은 완만하여 통화정책의 효과가 크다.

$IS-LM$ 모형에서 IS 곡선의 기울기가 수직에 가깝고 LM 곡선의 기울기가 수평에 가까울 때, 다음 설명 중 옳지 않은 것은?
▶ 2018년 보험계리사

① 투자가 이자율에 매우 비탄력적이다.
② 확장적 통화정책이 확장적 재정정책보다 국민소득 증가에 더 효과적이다.
③ 화폐수요가 이자율에 매우 탄력적이다.
④ 경제가 유동성함정에 빠질 가능성이 매우 높다.

출제이슈 재정정책과 통화정책의 상대적 유효성
핵심해설 정답 ②

① 옳은 내용이다.

IS 곡선의 기울기는 $\dfrac{(1-b)}{c}$ 이므로 IS 곡선의 기울기가 수직에 가까울 때는 투자가 이자율에 대해 매우 비탄력적인 경우에 해당할 수 있다.

② 틀린 내용이다.

IS 곡선의 기울기가 수직에 가깝고 LM 곡선의 기울기가 수평에 가까울 때는 통화정책보다는 재정정책이 훨씬 효과적이다. 따라서 확장적 재정정책이 확장적 통화정책보다 국민소득 증가에 더 효과적이다.

참고로, $IS-LM$ 모형에 따른 재정정책과 통화정책의 효과는 IS, LM 곡선의 기울기에 따라 달라질 수 있으며, 이는 다음과 같이 구분할 수 있다.

구분	재정정책이 상대적으로 유효	통화정책이 상대적으로 유효
IS 곡선의 기울기 $\dfrac{(1-b)}{c}$	c 작을수록	c 클수록
LM 곡선의 기울기 $\dfrac{k}{l}$	l 클수록	l 작을수록

③ 옳은 내용이다.

LM 곡선의 기울기는 $\dfrac{k}{l}$ 이므로 LM 곡선의 기울기가 수평에 가까울 때는 화폐수요가 이자율에 대해 매우 탄력적인 경우에 해당할 수 있다.

④ 옳은 내용이다.

LM 곡선의 기울기가 수평에 가까울 때는 화폐수요가 이자율에 대해 매우 탄력적인 경우로서 경제가 유동성함정에 빠질 수 있는 경우에 해당한다.

폐쇄경제의 $IS-LM$ 모형에서 정부는 지출을 증가시키고, 중앙은행은 통화량을 증가시켰다. 이 경우 나타나는 효과로 옳은 것은? (단, IS곡선은 우하향, LM곡선은 우상향한다.)

▶ 2015년 감정평가사

① 국민소득은 증가하고, 이자율은 하락한다.
② 국민소득은 증가하고, 이자율은 상승한다.
③ 국민소득은 증가하고, 이자율의 변화방향은 알 수 없다.
④ 국민소득은 감소하고, 이자율은 상승한다.
⑤ 국민소득은 감소하고, 이자율의 변화방향은 알 수 없다.

출제이슈 정책조합(policy mix)
핵심해설 정답 ③

1) 정부지출이 증가하는 경우
  ① 재화시장에서 정부지출의 증가로 인하여 총수요가 증가하고 소득이 증가한다. 소득의 증가로 인하여 화폐시장에서 화폐수요가 증가하여 이자율이 상승한다. 이자율 상승은 투자감소, 소득감소를 가져온다. 이는 앞에서 증가한 소득 증가를 상쇄하는 것이다.
  ② 정부지출의 증가로 IS곡선이 우상방으로 이동하므로 이자율은 상승하고 소득은 증가한다.

2) 통화공급이 증가하는 경우
  ① 화폐시장에서 통화공급이 증가하게 되면, 화폐초과공급에 의하여 이자율이 하락한다. 이자율 하락으로 인하여 재화시장에서 투자가 증가하여 총수요가 증가하고 소득이 증가한다.
  ② 통화공급의 증가로 LM곡선이 우하방으로 이동하여 이자율은 하락하고 소득은 증가한다.

3) 종합
  ① 정부지출의 증가로 이자율이 상승하고 소득은 증가한다. 통화공급의 증가로 이자율이 하락하고 소득은 증가한다. 따라서 소득은 증가하지만 이자율의 방향은 불확실하다.
  ② 통화공급의 감소로 LM곡선이 우하방으로 이동하고, 정부지출의 증가로 IS곡선이 우상방으로 이동하므로 새로운 균형에서는 소득은 증가하지만 이자율의 방향은 불확실하다.

정부가 재정지출을 ΔG 만큼 늘리는 동시에 조세를 ΔG 만큼 증가시키고, 화폐공급량을 ΔG 만큼 줄인 경우 (ㄱ) IS 곡선의 이동과 (ㄴ) LM 곡선의 이동에 대한 설명 중 옳은 것은? (단, 한계소비성향은 0.75이다.)

▶ 2017년 국회직 8급

	(ㄱ)	(ㄴ)
①	이동하지 않음	좌측 이동
②	우측 이동	우측 이동
③	우측 이동	좌측 이동
④	좌측 이동	좌측 이동
⑤	좌측 이동	우측 이동

출제이슈 정책조합(policy mix)
핵심해설 정답 ③

1) 재정정책
① 승수효과
정부가 재정지출을 ΔG 만큼 늘리는 경우 승수효과에 의하여 국민소득이 증가하게 된다. 이를 $IS-LM$ 모형에서 나타내면 승수효과의 크기만큼 IS 곡선이 이동하는 것으로 나타난다. 즉, IS 곡선이 오른쪽으로 이동하는 폭이 바로 $\frac{1}{1-c}\Delta G$ (c: 한계소비성향)가 된다는 의미이다.

② 균형재정승수
만일 정부가 재정지출을 ΔG 만큼 늘리는 것과 동시에 조세도 ΔG 만큼 늘리게 되면 균형재정승수의 효과에 의하여 국민소득도 ΔG 만큼 늘어나게 된다. 따라서 IS 곡선이 오른쪽으로 이동하는 폭이 바로 ΔG 가 된다는 의미이다.

2) 통화정책
화폐공급량을 ΔG 만큼 줄인 경우 LM 곡선은 좌상방으로 이동하게 된다.

3) 정리하면, 정부지출과 조세를 동시에 증가시키는 재정정책에 의하여, 특히 균형재정승수를 고려하여, IS 곡선은 우측으로 이동한다. 그리고 화폐공급량을 축소하는 통화정책에 의하여 LM 곡선은 좌측으로 이동하게 된다.

폐쇄경제하에서 정부가 지출을 늘렸다. 이에 대응하여 중앙은행이 기존 이자율을 유지하려고 할 때 나타나는 현상으로 옳은 것을 모두 고른 것은? (단, IS곡선은 우하향하고 LM곡선은 우상향한다.)

▶ 2021년 감정평가사

ㄱ. 통화량이 증가한다.　　　　　ㄴ. 소득수준이 감소한다.
ㄷ. 소득수준은 불변이다.　　　　ㄹ. LM곡선이 오른쪽으로 이동한다.

① ㄱ, ㄴ　　　　　② ㄱ, ㄷ　　　　　③ ㄱ, ㄹ
④ ㄴ, ㄹ　　　　　⑤ ㄷ, ㄹ

출제이슈 정책소합(policy mix)
핵심해설 정답 ③

재정정책과 통화정책은 총수요에 영향을 주는 정책이라는 측면에서는 비슷하지만, 영향을 미치는 과정과 특히 이자율에 미치는 효과가 다르다는 측면에서는 매우 상이하다. 또한 재정정책은 정부지출을 늘려서 총수요에서 정부의 비중을 늘림과 동시에 구축효과에 의하여 민간의 비중은 낮아지게 된다. 그러나 통화정책은 통화량 증가와 이자율 하락을 통해서 민간의 소비와 투자를 자극하여 증가시킴으로서 총수요에서 민간의 비중을 늘리게 된다. 재정정책과 통화정책을 동시에 사용하여 원하는 정책목표를 달성하고자 하는 것을 정책혼합 또는 정책조합(policy mix)이라고 한다.

정부가 정부지출을 증가시키게 되면, IS곡선이 우상방으로 이동하면서 소득이 증가하고 이자율이 상승한다. 이때, 이자율을 유지하기 위하여 중앙은행이 통화공급을 증가시키면, LM곡선이 우하방으로 이동하면서 소득은 더욱 증가하고 이자율은 원래 수준을 유지하게 된다.

ㄱ. 옳은 내용이다.
　　확장적 재정정책에 의하여 국민소득은 증가하고 이자율은 상승하게 된다. 그리고 확장적 통화정책에 의하여 국민소득은 증가하고 이자율은 하락하게 된다. 따라서 통화량이 증가한다.

ㄴ, ㄷ. 모두 틀린 내용이다.
　　정부지출 증가에 의하여 소득이 증가할 뿐만 아니라 통화량 증가에 의하여도 소득이 증가하기 때문에 두 정책이 혼합되어 소득수준은 크게 증가한다.

ㄹ. 옳은 내용이다.
　　이자율을 기존대로 유지하기 위하여는 통화량을 늘려야 하므로 LM곡선은 우하방으로 이동한다.

폐쇄경제 $IS-LM$과 $AD-AS$의 동시균형 모형에서 투자를 증가시키되 물가는 원래 수준으로 유지시킬 가능성이 있는 것은? (단, IS곡선은 우하향, LM곡선은 우상향, AD곡선은 우하향, AS곡선은 우상향한다.)

▶ 2022년 감정평가사

① 긴축 재정정책
② 팽창 통화정책
③ 긴축 재정정책과 팽창 통화정책의 조합
④ 팽창 재정정책과 긴축 통화정책의 조합
⑤ 팽창 재정정책과 팽창 통화정책의 조합

출제이슈 정책조합(policy mix)
핵심해설 정답 ③

정책목표를 달성하기 위해 재정정책과 통화정책을 적절히 결합하여 사용하는 것을 정책혼합 또는 정책조합(policy mix)이라고 한다. 경우에 따라서 재정정책과 통화정책이 국민소득과 이자율에 미치는 영향이 상반될 수도 있고 일치할 수도 있으므로 이를 활용하여 목표로 삼는 국민소득과 이자율 수준을 달성할 수 있다.

확장적인 통화정책을 사용하면, 화폐시장에서 통화공급이 증가로 인하여 화폐초과공급이 생겨 이자율이 하락한다. 이자율 하락으로 인하여 재화시장에서 투자가 증가하여 총수요가 증가하고 소득이 증가한다.

긴축적인 재정정책을 사용하면, 재화시장에서 정부지출의 감소로 인하여 총수요가 감소하고 소득이 감소한다. 소득의 감소로 인하여 화폐시장에서 화폐수요가 감소하여 이자율이 하락한다.

따라서 확장적인 통화정책에 따른 소득 증가는 긴축적인 재정정책에 의하여 상쇄될 수 있어서 소득과 물가를 일정하게 유지한 상태에서 이자율은 크게 하락하여 민간의 투자는 증가할 수 있다.

Issue 06 $IS - LM$ 모형과 유동성함정

유동성함정(liquidity trap)에 관한 설명으로 옳은 것을 모두 고른 것은?   ▶ 2020년 감정평가사

ㄱ. IS곡선이 수직선이다.
ㄴ. LM곡선이 수평선이다.
ㄷ. 재정정책이 국민소득에 영향을 주지 않는다.
ㄹ. 화폐수요의 이자율 탄력성이 무한대일 때 나타난다.

① ㄱ, ㄷ   ② ㄴ, ㄹ   ③ ㄷ, ㄹ
④ ㄱ, ㄴ, ㄷ   ⑤ ㄴ, ㄷ, ㄹ

출제이슈 유동성함정
핵심해설 정답 ②

ㄱ은 틀린 내용이고, ㄴ은 옳은 내용이다.
유동성함정에서는 IS곡선이 수직선이 아니라 LM곡선이 수평선이다.

ㄷ. 틀린 내용이다.
유동성함정에서는 LM곡선이 수평이기 때문에 정부지출이 증가하더라도 이자율 상승이 나타나지 않는다. 따라서 구축효과가 나타나지 않고 승수효과만 나타난다. 따라서 유동성함정에서는 재정정책이 최대로 그 효과를 발휘하게 된다.

ㄹ. 옳은 내용이다.
유동성함정은 이자율이 매우 낮은 수준일 경우, 화폐수요가 무한히 증가하는 영역으로서 화폐수요의 이자율 탄력성이 무한대일 때 나타난다.

A국 경제가 유동성함정(LM곡선이 수평)에 빠졌을 경우 이에 관한 설명으로 옳은 것은?

▶ 2015년 감정평가사

① 투자가 이자율에 대해 매우 탄력적이다.
② 확대통화정책이 확대재정정책보다 국민소득을 더 많이 증가시킨다.
③ 확대재정정책을 시행하면 구축효과로 인해 국민소득의 변화가 없다.
④ 화폐수요가 이자율에 대해 완전비탄력적이다.
⑤ 확대통화정책을 시행하더라도 이자율의 변화가 없다.

출제이슈 유동성함정
핵심해설 정답 ⑤

① 틀린 내용이다.
　투자가 아니라 화폐수요가 이자율에 대해 매우 탄력적이다.

② 틀린 내용이다.
　유동성함정의 영역에서는 확대통화정책은 무력하고 확대재정정책이 국민소득을 증가시킬 수 있다.

③ 틀린 내용이다.
　유동성함정에서는 LM곡선이 수평이기 때문에 정부지출이 증가하더라도 이자율 상승이 나타나지 않는다. 따라서 구축효과가 나타나지 않고 승수효과만 나타난다. 따라서 유동성함정에서는 재정정책이 최대로 그 효과를 발휘하여 국민소득이 증가할 수 있다.

④ 틀린 내용이다.
　유동성함정은 통화당국이 통화량을 증가시킬 경우 그 증가된 통화량은 모두 투기적 화폐수요로 흡수되는 영역으로서 화폐수요의 이자율 탄력성이 무한대일 때 나타날 수 있다.

⑤ 옳은 내용이다.
　유동성함정에서는 LM곡선이 수평이기 때문에 통화량이 증가하더라도 모두 투기적 화폐수요로 흡수되어 이자율 상승이 나타나지 않는다. 확대통화정책을 시행하더라도 이자율의 변화가 없다.

폐쇄경제하에서의 $IS-LM$ 모형에서 LM 곡선은 수평이며 소비함수는 $C = 300 + 0.75\,Y$ 이다. 투자와 정부지출은 외생적으로 주어진다. 이때 정부지출을 1조원 증가시키면 국민소득은 얼마나 증가하는가? (단, Y 는 국민소득이다.)

▶ 2018년 국가직 9급

① 1조
② 2조
③ 3조
④ 4조
⑤ 5조

출제이슈 유동성함정과 승수효과
핵심해설 정답 ④

설문은 유동성함정의 상황을 보여주고 있으며 이때 정부지출이 증가하는 경우 구축효과 없이 승수효과만 나타나게 됨을 쉽게 알 수 있다.

이제 케인즈 모형과 그에 따른 승수효과를 구해보면 한계소비성향이 0.75이므로 정부지출승수는 4가 된다. 이때, 정부지출을 1조 늘리게 되면 국민소득은 4조 증가한다.

다음은 유동성함정에 처한 경우 통화신용정책에 대한 설명이다. (A) ~ (C)에 들어갈 내용을 옳게 짝지은 것은?

▶ 2019년 지방직 7급

한 국가가 유동성함정에 처한 경우, 중앙은행이 통화량을 지속적으로 증가시키는 정책은 기대인플레이션의 (A)을 가져와서 실질이자율의 (B)을 유도할 수 있다. 그러면 $IS-LM$ 모형의 (C)곡선을 오른쪽으로 이동시켜 총수요를 증가시킬 수 있다.

	(A)	(B)	(C)
①	상승	하락	IS
②	상승	하락	LM
③	하락	상승	IS
④	하락	상승	LM

출제이슈 유동성함정과 기대인플레이션율 효과
핵심해설 정답 ①

설문에서는 유동성함정에서의 통화정책을 묻고 있는데, 중앙은행이 통화량을 지속적으로 증가시키는 정책은 기대인플레이션의 (A : 상승)을 가져와서 실질이자율의 (B : 하락)을 유도할 수 있다. 그러면 $IS-LM$ 모형의 (C : IS)곡선을 오른쪽으로 이동시켜 총수요를 증가시킬 수 있다.

국민소득과 물가 결정이론

AD곡선의 도출

총수요(AD)곡선이 우하향하는 이유에 대한 설명으로 옳지 않은 것은? ▶ 2016년 국가직 7급

① 물가가 하락하는 경우 실질임금이 상승하여 노동공급이 증가하기 때문이다.

② 물가가 하락하는 경우 실질통화량이 증가하여 이자율이 하락하고 투자가 증가하기 때문이다.

③ 물가가 하락하는 경우 실질환율 상승, 즉 절하가 생겨나 순수출이 증가하기 때문이다.

④ 물가가 하락하는 경우 가계의 실질자산가치가 증가하여 소비가 증가하기 때문이다.

출제이슈 AD곡선이 우하향하는 이유
핵심해설 정답 ①

① 틀린 내용이다.

물가 변화, 실질임금 변화, 노동공급 변화는 총수요곡선이 아니라 총공급곡선과 관련된 논리이다. 따라서 본 문제에서는 총수요곡선이 우하향하는 논리를 묻고 있기 때문에 적절하지 않다.

② 옳은 내용이다.

물가가 하락하는 경우 화폐시장에서 실질통화량의 증가를 가져와 이자율이 하락한다. 이자율의 하락은 재화시장에서의 투자를 증가시켜서 총수요가 증가하게 된다.

③ 옳은 내용이다.

물가가 하락하는 경우 화폐시장에서 실질통화량의 증가를 가져와 이자율이 하락한다. 이자율의 하락은 자본의 유출을 촉진하여 환율상승을 가져와 자국통화가치의 하락으로 인하여 순수출을 증가시킨다. 한편, 물가하락은 재화시장에서 재화 수출 시 가격경쟁력의 강화를 가져와서 순수출을 증가시킨다. 결국 순수출의 증가로 인하여 총수요가 증가하게 된다.

④ 옳은 내용이다.

물가가 하락하는 경우 민간의 실질자산의 가치는 증가하게 된다. 민간의 소비는 소득뿐만 아니라 실질자산의 가치에도 영향을 받을 수 있음을 고려하면, 실질자산가치의 증가는 소비의 증가를 가져오고 총수요가 증가하게 된다(자산에 화폐자산이 포함됨을 고려하면, 물가하락으로 실질화폐가치가 상승함을 쉽게 알 수 있다).

폐쇄경제에서 총수요곡선이 우하향하는 이유에 관한 설명으로 옳지 않은 것은?

▶ 2025년 감정평가사

① 물가수준이 상승하면, 소비자의 실질 부(富)의 효과 감소로 인한 구매력 감소
② 물가수준이 하락하면, 실질 화폐공급량의 증가로 인한 금리하락으로 투자수요 증가
③ 화폐공급이 고정된 상태에서 물가수준이 하락하면, 실질 화폐공급 증가로 총수요량 증가
④ 물가수준이 상승하면, 중앙은행이 금리를 인하하여 투자를 증가
⑤ 물가수준이 하락하면, 구매력이 증가하여 소비가 증가

출제이슈 AD곡선이 우하향하는 이유
핵심해설 정답 ④

선지 ④에 대한 해석이 다의적이다.

1) 총수요곡선 우하향 논리
물가수준이 상승하면, 실질화폐공급이 감소하면서 이자율이 상승하고 투자는 감소한다. 따라서 잘못된 선지이다.

2) 총수요곡선 이동 논리
물가수준이 상승할 때, 이에 대응하여 중앙은행이 금리를 낮춘다면, 투자가 증가하면서 총수요가 증가하여 물가는 더욱 상승한다. 이는 총수요곡선 이동의 논리이므로 총수요곡선 우하향 논리가 될 수 없어서 잘못된 선지이다.

총수요곡선 및 총공급곡선에 관한 설명으로 옳지 않은 것을 모두 고른 것은?

▶ 2023년 감정평가사

ㄱ. 총수요곡선은 물가수준과 재화 및 용역의 수요량 간의 관계를 보여준다.
ㄴ. 통화수요 또는 투자가 이자율에 영향을 받지 않을 경우 총수요곡선은 수평이 된다.
ㄷ. 단기적으로 가격이 고정되어 있을 경우 총공급곡선은 수평이 된다.
ㄹ. 정부지출의 변화는 총수요곡선상에서의 변화를 가져온다.

① ㄱ, ㄴ   ② ㄱ, ㄷ   ③ ㄴ, ㄷ
④ ㄴ, ㄹ   ⑤ ㄷ, ㄹ

출제이슈 AD 곡선의 기울기와 이동
핵심해설 정답 ④

ㄱ. 옳은 내용이다.
   총수요곡선이란 각각의 물가수준에서 대응되는 총수요(한 국가경제 내의 모든 재화와 서비스에 대한 수요)를 연결한 그래프를 의미한다. 이는 생산물시장과 화폐시장의 균형을 달성시키는 국민소득과 물가의 조합을 기하적으로 표시한 그래프로 도출된다.

ㄷ. 옳은 내용이다.
   극단적인 케인즈의 총공급곡선은 수평인 형태를 보인다. 이때, 물가는 일정하게 고정된 수준이 된다. 이를 수리적으로 표현하면 $P = \overline{P}$ 가 된다. 케인즈에 의하면 가격과 임금은 경직적이므로 노동시장을 비롯한 요소시장은 불균형이 나타나게 된다. 가격의 경직성때문에 노동을 비롯한 모든 생산요소는 완전고용될 수 없다. 특히 경제의 총수요가 총공급에 미달하여 경제 내에 고용되지 못한 유휴생산요소가 존재하는 경우, 유휴생산요소로 인해 완전고용 국민소득을 달성할 수 없다. 이는 고정된 현재의 물가수준하에서 기업이 수요로 요구되는 만큼 많은 생산물을 공급할 능력과 의사가 있음을 의미한다. 따라서 물가의 경직성과 유휴생산요소 및 공급능력을 동시에 고려하면 케인즈의 공급곡선은 고정된 물가수준에서 수평의 형태를 보인다는 것을 쉽게 도출해 낼 수 있다.

A국의 거시경제모형이 다음과 같을 때, 총수요곡선으로 옳은 것은? ▶2016년 감정평가사

- 민간소비 : $C = 2 + 0.5Y$
- 투자 : $I = 2 - r$
- 정부지출 : $G = 3$
- 실질화폐수요 : $\dfrac{M^D}{P} = 4 + 0.5Y - r$
- 명목화폐공급 : $M^S = 3$

(단, r은 이자율, Y는 국민소득, P는 물가수준이고, $Y > 3$이다.)

① $Y = 1 + \dfrac{1}{P}$ ② $Y = 2 + \dfrac{2}{P}$

③ $Y = 3 + \dfrac{3}{P}$ ④ $Y = 4 + \dfrac{4}{P}$

⑤ $Y = 5 + \dfrac{5}{P}$

출제이슈 AD곡선의 수리적 도출
핵심해설 정답 ③

1) IS곡선

$Y = C + I + G$, $Y = 2 + 0.5Y + 2 - r + 3$이므로 $r = 7 - 0.5Y$

2) LM곡선

$\dfrac{M^D}{P} = \dfrac{M^S}{P}$, $4 + 0.5Y - r = \dfrac{3}{P}$이므로 $r = 0.5Y - \dfrac{3}{P} + 4$

3) AD곡선

IS곡선인 $r = 7 - 0.5Y$와 LM곡선인 $r = 0.5Y - \dfrac{3}{P} + 4$를 동시에 고려하면,

$7 - 0.5Y = 0.5Y - \dfrac{3}{P} + 4$가 된다.

이를 정리하면 $Y = \dfrac{3}{P} + 3$이 되며, 이것이 AD곡선의 식이 된다.

아래의 폐쇄경제 $IS-LM$모형에서 도출된 총수요곡선으로 옳은 것은? (단, r은 이자율, Y는 국민소득, M^d는 명목화폐수요량, P는 물가수준, M^s는 명목화폐공급량이고, $Y > 20$이다.)

▶ 2022년 감정평가사

- IS곡선 : $r = 10 - 0.4\,Y$
- 실질화폐수요함수 : $\dfrac{M^d}{P} = 0.1\,Y - r$
- 명목화폐공급함수 : $M^s = 4$

① $P = \dfrac{1}{2(Y-20)}$ 　　　② $P = \dfrac{1}{(Y-20)}$

③ $P = \dfrac{2}{(Y-20)}$ 　　　④ $P = \dfrac{4}{(Y-20)}$

⑤ $P = \dfrac{8}{(Y-20)}$

출제이슈 AD곡선의 수리적 도출
핵심해설 정답 ⑤

1) IS곡선

　$r = 10 - 0.4\,Y$로 주어져 있다.

2) LM곡선

　$\dfrac{M^D}{P} = \dfrac{M^S}{P}$, $0.1\,Y - r = \dfrac{4}{P}$이므로 LM곡선은 $r = 0.1\,Y - \dfrac{4}{P}$로 구할 수 있다.

3) AD곡선

　IS곡선인 $r = 10 - 0.4\,Y$와 LM곡선인 $r = 0.1\,Y - \dfrac{4}{P}$를 동시에 고려하면,

　$10 - 0.4\,Y = 0.1\,Y - \dfrac{4}{P}$가 된다.

　이를 정리하면 $Y = \dfrac{8}{P} + 20$ 혹은 $P = \dfrac{8}{(Y-20)}$이 되며 이것이 AD곡선의 식이 된다.

IS곡선과 LM곡선이 아래와 같을 때, AD곡선으로 옳은 것은? ▶ 2022년 보험계리사

> IS곡선 : $0.4Y + 20r = 600$
>
> LM곡선 : $600 + 0.2Y - 50r = \dfrac{300}{P}$
>
> (단, Y는 소득, r은 이자율, P는 물가이다.)

① $1.2Y = 900 + \dfrac{300}{P}$ ② $1.2Y = 600 + \dfrac{300}{P}$

③ $Y = 900 + \dfrac{300}{P}$ ④ $Y = 600 + \dfrac{300}{P}$

출제이슈 AD곡선의 수리적 도출
핵심해설 정답 ①

1) IS곡선 : $0.4Y + 20r = 600$으로 주어져 있다.

2) LM곡선 : $600 + 0.2Y - 50r = \dfrac{300}{P}$으로 주어져 있다.

3) AD곡선

IS곡선인 $0.4Y + 20r = 600$과 LM곡선인 $600 + 0.2Y - 50r = \dfrac{300}{P}$을 변형하면,

IS곡선은 $2Y + 100r = 3,000$, LM곡선은 $1,200 + 0.4Y - 100r = \dfrac{600}{P}$이 된다.

이제 이 둘을 동시에 고려하여 더하면, $2Y + 100r + 1,200 + 0.4Y - 100r = 3,000 + \dfrac{600}{P}$이 된다.

이를 정리하면, $2Y + 1,200 + 0.4Y = 3,000 + \dfrac{600}{P}$, $2.4Y = 1,800 + \dfrac{600}{P}$이므로

$1.2Y = 900 + \dfrac{300}{P}$이 되며 이것이 AD곡선의 식이 된다.

Issue 02 AS곡선의 도출

단기총공급곡선에 관한 설명으로 옳은 것은? ▶ 2017년 감정평가사

① 케인즈(J.M.Keynes)에 따르면 명목임금이 고정되어 있는 단기에서 물가가 상승하면 고용량이 증가하여 생산량이 증가한다.
② 가격경직성 모형(sticky-price model)에서 물가수준이 기대 물가수준보다 낮다면 생산량은 자연산출량 수준보다 높다.
③ 가격경직성 모형은 기업들이 가격수용자라고 전제한다.
④ 불완전정보 모형(imperfect information model)은 가격에 대한 불완전한 정보로 인하여 시장은 불균형을 이룬다고 가정한다.
⑤ 불완전정보 모형에서 기대 물가수준이 상승하면 단기총공급곡선은 오른쪽으로 이동한다.

출제이슈 AS곡선이 우상향하는 이유
핵심해설 정답 ①

① 옳은 내용이다.
케인즈(J.M.Keynes)에 따르면 명목임금이 고정되어 있는 단기에서는 노동에 대한 수요가 노동고용량을 결정하게 된다. 이때 물가가 상승하면 실질임금이 하락하므로 노동에 대한 수요가 증가하여 고용량이 증가하고 생산량이 증가한다.

② 틀린 내용이다.
총공급곡선에 의하면, 물가수준이 기대 물가수준보다 낮다면 생산량은 자연산출량 수준보다 낮다.

③ 틀린 내용이다.
가격경직성 모형은 기업들이 가격수용자가 아니라 가격설정자라고 전제하고 메뉴비용이론을 전개한다.

④ 틀린 내용이다.
불완전정보 모형(imperfect information model)은 가격에 대한 불완전한 정보로 인하여 가격상승을 일반물가의 상승으로 받아들이게 되므로 가격상승 시 산출량은 증가하고 이때 시장은 균형을 이룬다. 시장이 항상 균형을 이룬다고 하더라도 시장에서의 불완전정보로 인하여 총공급곡선은 수직이 아니라 우상향하게 된다.

⑤ 틀린 내용이다.
불완전정보 모형에서 기대 물가수준이 상승하면 단기총공급곡선은 오른쪽이 아니라 좌상방으로 이동한다.

단기총공급곡선이 우상향하는 이유로 옳지 않은 것은? ▶ 2020년 공인노무사

① 명목임금이 일반적인 물가상승에 따라 변동하지 못한 경우
② 수요의 변화에 따라 수시로 가격을 변경하는 것이 어려운 경우
③ 화폐의 중립성이 성립하여 통화량 증가에 따라 물가가 상승하는 경우
④ 일반적인 물가상승을 자신이 생산하는 재화의 상대가격 상승으로 착각하는 경우
⑤ 메뉴비용이 발생하는 것과 같이 즉각적인 가격조정을 저해하는 요인이 있는 경우

출제이슈 *AS*곡선이 우상향하는 이유
핵심해설 정답 ③

① 옳은 내용이다.
  명목임금이 유지되는 계약기간 동안 실제고용수준은 사후적으로 기업의 노동수요가 결정한다. 명목임금이 유지되는 기간 동안에 물가상승 시 실질임금은 하락한다. 실질임금의 하락으로 인하여 기업의 노동수요는 증가하고, 고용량이 증가하여 생산량이 증가한다. 따라서 총공급곡선이 우상향한다. 특히 기대를 반영한 모형에서는 실제물가가 예상물가보다 높으면, 기업이 실제로 지불하게 되는 실질임금이 계약상 실질임금보다 낮아져서 기업의 고용이 증가하여 생산량이 증가한다.

② 옳은 내용이다.
  물가상승 시 기업이 생산하는 생산물의 비용이 상승하므로 가격 인상요인이 발생하는데 메뉴비용이 존재하지 않는 기업들은 가격변경이 용이하기 때문에 가격을 인상하지만 메뉴비용이 존재하는 기업들은 가격을 변경하는 것이 어려우므로 가격을 유지한 상태에서 산출량을 증대시킨다. 따라서 물가상승 시 총공급은 증가하므로 총공급곡선은 우상향한다.

③ 틀린 내용이다.
  화폐의 중립성(the neutrality of money)은 통화량의 증가가 국민소득과 같은 주요 실질변수에 영향을 미치지 못하며 물가, 명목임금과 같은 명목변수에만 영향을 미치는 것을 말한다. 화폐의 중립성이 성립하여 통화량 증가에 따라 물가가 상승하는 경우는 총공급곡선이 수직인 논리에 부합한다.

④ 옳은 내용이다.
  물가상승 시 기업들은 불완전한 정보로 인하여, 자신들의 생산물 가격 상승이 물가상승에 기인한 것임을 모르고 생산물의 상대가격 상승으로 오인한다. 따라서 기업들은 자신이 생산하고 있는 생산물 가격 상승에 대응하여 생산량을 증가시키게 되어 총공급곡선은 우상향한다.

⑤ 옳은 내용이다.
  메뉴비용이 발생하는 것과 같이 즉각적인 가격조정을 저해하는 요인이 있는 경우는 가격경직성 모형에 해당한다. 이 모형에 의하면 물가상승 시 기업이 생산하는 생산물의 비용이 상승하므로 가격 인상요인이 발생하는데 메뉴비용이 존재하지 않는 기업들은 가격을 인상하지만 메뉴비용이 존재하는 기업들은 가격을 유지한 상태에서 산출량을 증대시킨다. 따라서 물가상승 시 총공급은 증가하므로 총공급곡선은 우상향한다.

Issue 03 $AD-AS$ 모형의 균형과 이동요인

총수요곡선은 $Y=550+(\frac{2,500}{P})$, **총공급곡선은** $Y=800+(P-P^e)$, **기대물가는** $P^e=10$ 일 때, 균형에서의 국민소득은? (단, Y는 국민소득, P는 물가수준을 나타낸다.)

▸ 2015년 국가직 7급

① 500 ② 600

③ 700 ④ 800

출제이슈 $AD-AS$모형의 균형

핵심해설 정답 ④

1) AD곡선의 방정식

총수요곡선의 방정식은 $Y=550+\dfrac{2,500}{P}$ 로 주어져 있다.

2) AS곡선의 방정식

총공급곡선의 방정식은 $Y=800+(P-10)$이 된다.

왜냐하면, $Y=800+(P-P^e)$인데 기대물가가 $P^e=10$으로 주어졌기 때문이다.

3) $AD-AS$ 균형

균형은 총수요($Y=550+\dfrac{2,500}{P}$)와 총공급($Y=800+(P-10)$)이 같은 $550+\dfrac{2,500}{P}=800+(P-10)$에서 달성된다. 이를 풀면 $P=10$, $Y=800$이 된다.

A국의 총수요와 총공급곡선은 각각 $Y_d = -P+5$, $Y_s = (P-P^e)+6$이다. 여기서 P^e가 5일 때, (ㄱ) 균형국민소득과 (ㄴ) 균형물가수준은? (단, Y_d는 총수요, Y_s는 총공급, P는 실제물가수준, P^e는 예상물가수준이다.)

▶ 2021년 공인노무사

① ㄱ : 1, ㄴ : 0   ② ㄱ : 2, ㄴ : 1

③ ㄱ : 3, ㄴ : 2   ④ ㄱ : 4, ㄴ : 2

⑤ ㄱ : 5, ㄴ : 3

출제이슈 $AD-AS$모형의 균형
핵심해설   정답 ③

1) AD곡선의 방정식

총수요곡선의 방정식은 $Y_d = -P+5$로 주어져 있다.

2) 총공급

총공급곡선의 방정식은 $Y_s = (P-5)+6 = P+1$이 된다.

왜냐하면, $Y_s = (P-P^e)+6$인데 기대물가가 $P^e = 5$으로 주어졌기 때문이다.

3) 균형

균형은 총수요($Y_d = -P+5$)와 총공급($Y_s = P+1$)이 같은 $-P+5 = P+1$에서 달성된다. 이를 풀면 $P=2$, $Y=3$이 된다.

A국 경제의 총수요곡선과 총공급곡선이 각각 $Y_D = -P+8$, $Y_S = (P-P_e)+4$이다. 기대물가(P_e)가 2에서 4로 증가할 때, (ㄱ) 균형소득수준의 변화와 (ㄴ) 균형물가수준의 변화는? (단, Y_D는 총수요, Y_S는 총공급, P는 물가, P_e는 기대물가이다.) ▶ 2023년 감정평가사

① ㄱ : 2,   ㄴ : 2   ② ㄱ : -2, ㄴ : 2   ③ ㄱ : -1, ㄴ : 0
④ ㄱ : -1, ㄴ : 1   ⑤ ㄱ : 0, ㄴ : 0

출제이슈 $AD-AS$모형의 균형
핵심해설 정답 ④

1) AD곡선의 방정식
   총수요곡선의 방정식은 $Y_d = -P+8$로 주어져 있다.

2) AS곡선의 방정식
   총공급곡선의 방정식은 $Y_s = (P-P^e)+4$가 된다.

3) $AD-AS$ 균형
   ① 기대물가가 $P^e = 2$인 경우
      균형은 총수요와 총공급이 같은 $-P+8 = (P-2)+4$에서 달성된다. 이를 풀면, $P=3$, $Y=5$가 된다.
   ② 기대물가가 $P^e = 4$인 경우
      균형은 총수요와 총공급이 같은 $-P+8 = (P-4)+4$에서 달성된다. 이를 풀면, $P=4$, $Y=4$가 된다.

4) 국민소득과 물가의 변화
   국민소득은 5에서 4로 1만큼 감소하고, 물가는 3에서 4로 1만큼 상승한다.

어떤 경제의 총수요곡선과 총공급곡선이 각각 $P = -Y^D + 2$, $P = P^e + (Y^S - 1)$이다. P^e 가 1.5일 때, 다음 설명 중 옳은 것을 모두 고른 것은? (단, P 는 물가수준, Y^D 는 총수요, Y^S 는 총공급, P^e 는 기대물가수준이다.) ▶ 2016년 감정평가사

ㄱ. 이 경제의 균형은 $P = 1.25$, $Y = 0.75$이다.
ㄴ. 이 경제는 장기 균형 상태이다.
ㄷ. 합리적 기대 가설하에서는 기대물가수준 P^e 는 1.25이다.

① ㄱ   ② ㄴ   ③ ㄱ, ㄷ
④ ㄴ, ㄷ   ⑤ ㄱ, ㄴ, ㄷ

출제이슈 $AD - AS$ 모형의 균형
핵심해설 정답 ①

1) AD 곡선의 방정식

총수요곡선의 방정식은 $P = -Y^D + 2$ 로 주어져 있다. 따라서 $Y^D = -P + 2$ 가 된다.

2) AS 곡선의 방정식

총공급곡선의 방정식은 $P = 1.5 + (Y^S - 1) = Y^S + 0.5$ 이 된다. 따라서 $Y^S = P - 0.5$ 이다.
왜냐하면, $P = P^e + (Y^S - 1)$ 인데 기대물가가 $P^e = 1.5$ 로 주어졌기 때문이다.

3) $AD - AS$ 균형

균형은 총수요($Y^D = -P + 2$)와 총공급($Y^S = P - 0.5$)이 같은 $-P + 2 = P - 0.5$ 에서 달성된다.
이를 풀면 $P = 1.25$, $Y = 0.75$ 가 된다.

위의 내용에 따라서 설문을 검토하면 다음과 같다.

ㄱ. 옳은 내용이다.
이 경제의 균형은 $P = 1.25$, $Y = 0.75$ 이다.

ㄴ. 틀린 내용이다.
이 경제는 장기 균형 상태가 아니다. 장기 균형에서는 실제물가와 기대물가가 일치하는데 현재의 균형상태에 서는 실제물가는 1.25이지만, 기대물가는 1.5로서 일치하지 않는다.

ㄷ. 틀린 내용이다.
합리적 기대 가설하에서 기대물가수준 P^e 가 반드시 실제물가 수준인 1.25라고 할 수는 없다. 왜냐하면, 현재 이용할 수 있는 모든 정보를 활용하여 합리적으로 미래물가를 예상한다고 하더라도 그 정보 자체가 불완전할 경우에는 예측오차가 발생할 수밖에 없는 것이다.

A국 경제의 총수요곡선과 총공급곡선이 각각 $P = -Y_d + 4$, $P = P_e + (Y_s - 2)$이다. P_e가 3에서 5로 증가할 때, (ㄱ) 균형소득수준과 (ㄴ) 균형물가수준의 변화는? (단, P는 물가수준, Y_d는 총수요, Y_s는 총공급, P_e는 기대물가수준이다.)

▶ 2021년 감정평가사

① ㄱ : 상승, ㄴ : 상승

② ㄱ : 하락, ㄴ : 상승

③ ㄱ : 상승, ㄴ : 하락

④ ㄱ : 하락, ㄴ : 하락

⑤ ㄱ : 불변, ㄴ : 불변

출제이슈 $AD - AS$모형의 균형

핵심해설 정답 ②

1) AD곡선의 방정식

   총수요곡선의 방정식은 $Y = 4 - P$로 주어져 있다.

2) AS곡선의 방정식

   총공급곡선의 방정식은 $Y = 2 + (P - P^e)$가 된다.

3) $AD - AS$ 균형

   ① 기대물가 $P^e = 3$인 경우

   　균형은 총수요와 총공급이 같은 $4 - P = 2 + (P - 3)$에서 달성된다.

   　이를 풀면, $P = 2.5$, $Y = 1.5$가 된다.

   ② 기대물가 $P^e = 5$인 경우

   　균형은 총수요와 총공급이 같은 $4 - P = 2 + (P - 5)$에서 달성된다.

   　이를 풀면, $P = 3.5$, $Y = 0.5$가 된다.

총수요곡선을 왼쪽으로 이동시키는 요인을 모두 고른 것은? ▶2015년 감정평가사

| ㄱ. 소득세 인상 | ㄴ. 이자율 하락 |
| ㄷ. 정부의 복지지출 감소 | ㄹ. 순수출의 감소 |

① ㄱ, ㄴ ② ㄱ, ㄷ ③ ㄱ, ㄴ, ㄹ
④ ㄱ, ㄷ, ㄹ ⑤ ㄴ, ㄷ, ㄹ

출제이슈 AD곡선의 이동요인
핵심해설 정답 ④

ㄱ. 옳은 내용이다.

소득세가 인상되면, 민간의 가처분소득이 감소하여 소비가 감소한다. 소비 감소로 인해 총수요가 감소하여 총수요곡선은 좌측으로 이동한다.

ㄴ. 틀린 내용이다.

이자율이 하락하면, 투자가 증가하여 총수요가 증가하므로 총수요곡선은 우측으로 이동한다.

ㄷ. 옳은 내용이다.

정부의 복지지출이 감소하면, 민간의 가처분소득이 감소하여 소비가 감소한다. 소비 감소로 인해 총수요가 감소하여 총수요곡선은 좌측으로 이동한다.

ㄹ. 옳은 내용이다.

순수출이 감소하면, 총수요가 감소하여 총수요곡선은 좌측으로 이동한다.

총수요곡선이 오른쪽으로 이동하는 이유로 옳은 것을 모두 고른 것은? ▶2018년 감정평가사

ㄱ. 자율주행 자동차 개발지원 정책으로 투자지출이 증가한다.
ㄴ. 환율이 하락하여 국내 제품의 순수출이 감소한다.
ㄷ. 주식가격이 상승하여 실질자산가치와 소비지출이 증가한다.
ㄹ. 물가가 하락하여 실질통화량이 늘어나 투자지출이 증가한다.

① ㄱ, ㄴ   ② ㄱ, ㄷ   ③ ㄴ, ㄷ
④ ㄴ, ㄹ   ⑤ ㄷ, ㄹ

출제이슈 AD 곡선의 이동요인
핵심해설 정답 ②

ㄱ. 옳은 내용이다.
자율주행 자동차 개발지원 정책으로 투자지출이 증가하면 총수요가 증가하므로 총수요곡선은 우측으로 이동한다.

ㄴ. 틀린 내용이다.
환율이 하락하여 국내 제품의 순수출이 감소하면, 총수요가 감소하여 총수요곡선은 좌측으로 이동한다.

ㄷ. 옳은 내용이다.
주식가격이 상승하여 실질자산가치가 증가하면 소비지출이 증가하여 총수요가 증가하므로 총수요곡선은 우측으로 이동한다.

ㄹ. 틀린 내용이다.
물가가 하락하여 실질통화량이 늘어나면 이자율이 하락하여 투자지출이 증가하고 총수요가 증가한다. 이때는 총수요곡선의 우측이동이 아니라 총수요곡선을 따라서 우하방의 점으로 이동하는 것이다.

다음 중 총수요 확대정책을 모두 고른 것은? ▶ 2016년 감정평가사

ㄱ. 근로소득세율 인상　　　　　　　　ㄴ. 정부의 재정지출 증대
ㄷ. 법정지급준비율 인상　　　　　　　ㄹ. 한국은행의 국공채 매입

① ㄱ, ㄴ　　　　　　② ㄱ, ㄷ　　　　　　③ ㄴ, ㄷ
④ ㄴ, ㄹ　　　　　　⑤ ㄷ, ㄹ

출제이슈 AD 곡선의 이동요인
핵심해설 정답 ④

ㄱ. 틀린 내용이다.
근로소득세율이 인상되면 민간의 가처분소득이 감소하므로 소비가 감소한다. 소비의 감소로 인해 총수요는 감소한다.

ㄴ. 옳은 내용이다.
정부의 재정지출이 증가하면, 총수요가 증가한다.

ㄷ. 틀린 내용이다.
법정지급준비율이 인상되면, 시중은행들의 대출이 감소하므로 예금통화가 감소한다. 예금통화의 감소는 통화량의 감소를 가져와 이자율이 상승한다. 이자율 상승으로 인해 투자가 감소하여 총수요가 감소한다.

ㄹ. 옳은 내용이다.
한국은행이 국공채를 매입하게 되면 시중에 통화량이 증가하여 이자율이 하락한다. 이자율 하락으로 인해 투자가 증가하여 총수요가 증가한다.

단기 총공급곡선에 대한 설명으로 옳은 것은? ▶ 2017년 국가직 7급

① 단기에 있어서 물가와 총생산물 공급량 간의 음(−)의 관계를 나타낸다.

② 소매상점들의 바코드 스캐너 도입에 따른 재고관리의 효율성 상승은 단기 총공급곡선을 오른쪽으로 이동시킨다.

③ 원유가격의 상승으로 인한 생산비용의 상승은 단기 총공급곡선을 오른쪽으로 이동시킨다.

④ 명목임금의 상승은 단기 총공급곡선을 이동시키지 못한다.

출제이슈 AS 곡선의 이동요인
핵심해설 정답 ②

① 틀린 내용이다.
　총공급곡선은 단기에 있어서 물가와 총생산물 공급량 간의 음(−)의 관계가 아니라 양(+)의 관계를 나타낸다.

② 옳은 내용이다.
　소매상점들의 바코드 스캐너 도입에 따른 재고관리의 효율성 상승은 재고관리비용을 절감시켜주므로 단기 총공급곡선을 우하방으로 이동시킨다.

③ 틀린 내용이다.
　원유가격의 상승으로 인한 생산비용의 상승은 단기 총공급곡선을 좌상방으로 이동시킨다.

④ 틀린 내용이다.
　명목임금의 상승은 생산비용의 상승으로서 단기 총공급곡선을 좌상방으로 이동시킨다.

장기총공급곡선의 이동에 관한 설명으로 옳지 않은 것은?　▶ 2016년 공인노무사

① 자연실업률이 증가하면 왼쪽으로 이동한다.
② 인적자본이 증가하면 오른쪽으로 이동한다.
③ 생산을 증가시키는 자원이 발견되면 오른쪽으로 이동한다.
④ 기술지식이 진보하면 오른쪽으로 이동한다.
⑤ 예상물가수준이 하락하면 왼쪽으로 이동한다.

출제이슈 장기 AS곡선의 이동요인
핵심해설 정답 ⑤

총공급곡선이란 각각의 물가수준에서 기업들이 공급하고자 하는 최종생산물의 양을 나타내는 그래프로서 노동시장의 균형하에서 달성되는 국민소득과 물가의 조합을 기하적으로 표시한 것이다.

특히 장기총공급곡선의 경우, 장기에 있어서 물가 및 임금의 신축성으로 인하여 완전고용산출량 수준에서 수직으로 나타나게 된다. 따라서 장기총공급곡선의 이동은 완전고용산출량의 변화로 나타난다.

설문에서 자연실업률의 하락, 인적자본의 증가, 자원량의 증가, 기술의 진보 등은 모두 완전고용산출량을 증가시켜서 장기총공급곡선을 우측으로 이동시킬 수 있는 요인이 된다. 한편 자연실업률이 상승하게 되면, 완전고용산출량이 감소하여 장기총공급곡선은 좌측으로 이동한다.

⑤에 제시된 예상물가의 변동은 장기총공급곡선을 이동시키는 것이 아니라 단기총공급곡선을 이동시킨다. 기대물가가 상승하는 경우 총공급곡선은 상방이동하고 기대물가가 하락하는 경우 총공급곡선은 하방이동한다.

단기 또는 장기 총공급곡선을 오른쪽으로 이동시키는 요인으로 옳지 않은 것은?

▶ 2015년 감정평가사

① 물적자본 증가　　　　　　　② 노동인구 증가
③ 기술지식 진보　　　　　　　④ 예상물가수준 하락
⑤ 자연실업률 상승

출제이슈 단기 및 장기 AS 곡선의 이동요인
핵심해설 정답 ⑤

①, ②, ③ 모두 옳은 내용이다.
　물적자본 증가, 노동인구 증가, 기술지식 진보는 모두 완전고용산출량을 증가시켜서 장기총공급곡선을 우측으로 이동시킬 수 있는 요인이 된다. 한편 이러한 요인은 모두 단기총공급곡선도 우측으로 이동시킨다.

④ 옳은 내용이다.
　예상물가수준이 하락하면, 단기총공급곡선은 우하방으로 이동한다. 예상물가의 변동은 장기총공급곡선을 이동시키는 것이 아니라 단기총공급곡선을 이동시킨다. 예상물가 변동에 따른 단기총공급곡선의 이동은 다음과 같다.

　ⅰ) 기대물가가 상승하는 경우 총공급곡선은 상방이동한다.
　ⅱ) 기대물가가 하락하는 경우 총공급곡선은 하방이동한다.

⑤ 틀린 내용이다.
　자연실업률 상승은 완전고용산출량을 감소시켜서 장기총공급곡선을 좌측으로 이동시킬 수 있는 요인이 된다.

폐쇄경제에서 총수요곡선(AD)과 총공급곡선(AS)을 이동시키는 요인에 관한 설명 중 옳지 않은 것을 모두 고른 것은? (단, AD곡선은 우하향, AS곡선은 우상향한다)

▶ 2025년 감정평가사

ㄱ. 혁신적 기술수준 향상은 AD곡선을 오른쪽으로 이동
ㄴ. 투자수요증가는 AS곡선을 오른쪽으로 이동
ㄷ. 통화량 감소는 AD곡선을 왼쪽으로 이동
ㄹ. 정부의 지출 감소는 AD곡선을 왼쪽으로 이동

① ㄱ, ㄴ
② ㄱ, ㄷ
③ ㄴ, ㄹ
④ ㄱ, ㄴ, ㄷ
⑤ ㄴ, ㄷ, ㄹ

출제이슈 $AD-AS$곡선의 이동요인
핵심해설 정답 ①

혁신적 기술수준 향상은 AS곡선을 오른쪽으로 이동시키고, 투자수요증가는 AD곡선을 오른쪽으로 이동시킨다.

스태그플레이션의 원인과 총수요(AD) – 총공급(AS)곡선의 변화를 설명한 것으로 옳지 않은 것을 모두 고른 것은? (단, 폐쇄경제이고, AD곡선은 우하향하고 AS곡선은 우상향한다)

▶ 2025년 감정평가사

원인		$AD-AS$곡선변화
ㄱ. 생산비용 상승	⇒	AS곡선 왼쪽 이동
ㄴ. 생산비용 하락	⇒	AD곡선 오른쪽 이동
ㄷ. 부(-)의 공급충격	⇒	AS곡선 왼쪽 이동
ㄹ. 부(-)의 수요충격	⇒	AD곡선 오른쪽 이동

① ㄱ, ㄴ   ② ㄱ, ㄷ
③ ㄴ, ㄷ   ④ ㄴ, ㄹ
⑤ ㄷ, ㄹ

출제이슈 $AD-AS$곡선의 이동요인
핵심해설 정답 ④

1) 스태그플레이션의 원인
   스태그플레이션의 원인은 생산비용상승, 부의 공급충격으로서 선지 ㄴ,ㄹ에서 제시된 생산비용하락과 부의 수요충격은 잘못된 내용이다.

2) $AD-AS$ 곡선 변화
   생산비용이 하락하면 AS곡선이 오른쪽으로 이동하고 부의 수요충격이 있으면 AD곡선이 왼쪽으로 이동하기 때문에 선지 ㄴ,ㄹ에서 곡선 변화에 대한 서술도 잘못된 내용이다.

총수요곡선과 총공급곡선에 대한 설명으로 옳은 것은?　　　▶ 2022년 국가직 7급

① 경제 전체의 자본량이 증가하면 단기 총공급곡선과 장기 총공급곡선 모두 우측으로 이동한다.

② 명목임금이 단기적으로 신축적이라는 가정은 단기 총공급곡선이 우상향하는 이유 중 하나이다.

③ 완전고용을 가정하는 고전학파 모형에서 확장 재정정책은 총수요곡선을 우측으로 이동시키고, 장기적으로 국민소득을 증가시킨다.

④ 물가하락 시 실질화폐잔고 증가로 인해 총수요곡선이 우측으로 이동한다.

출제이슈　*AD*– *AS*곡선이 이동요인

핵심해설　정답 ①

① 옳은 내용이다.

총공급곡선이란 각각의 물가수준에서 기업들이 공급하고자 하는 최종생산물의 양을 나타내는 그래프로서 노동시장의 균형하에서 달성되는 국민소득과 물가의 조합을 기하적으로 표시한 것이다.

특히 장기총공급곡선의 경우, 장기에 있어서 물가 및 임금의 신축성으로 인하여 완전고용산출량 수준에서 수직으로 나타나게 된다. 따라서 장기총공급곡선의 이동은 완전고용산출량의 변화로 나타난다. 자연실업률의 하락, 인적자본의 증가, 자원량의 증가, 기술의 진보 등은 모두 완전고용산출량을 증가시켜서 장기총공급곡선을 우측으로 이동시킬 수 있는 요인이 된다. 한편 자연실업률이 상승하게 되면, 완전고용산출량이 감소하여 장기총공급곡선은 좌측으로 이동한다.

설문에서 자본의 증가는 노동인구 증가, 기술지식 진보와 함께 모두 완전고용산출량을 증가시켜서 장기총공급곡선을 우측으로 이동시킬 수 있는 요인이 된다. 한편 이러한 요인은 모두 단기총공급곡선도 우측으로 이동시킨다.

총수요 – 총공급 모형의 단기균형 분석에 관한 설명으로 옳은 것은? (단, 총수요곡선은 우하향 하고 총공급곡선은 우상향한다.) ▶ 2017년 감정평가사

① 물가수준이 하락하면 총수요곡선이 오른쪽으로 이동하여 총생산은 증가된다.

② 단기적인 경기변동이 총수요충격으로 발생되면 물가수준은 경기역행적(countercyclical) 으로 변동한다.

③ 정부지출이 증가하면 총공급곡선이 오른쪽으로 이동하여 총생산은 증가한다.

④ 에너지가격의 상승과 같은 음(-)의 공급충격은 총공급곡선을 오른쪽으로 이동시켜 총생 산은 감소된다.

⑤ 중앙은행이 민간 보유 국채를 대량 매입하면 총수요곡선이 오른쪽으로 이동하여 총생산은 증가한다.

출제이슈 $AD-AS$ 모형과 균형의 변화
핵심해설 정답 ⑤

① 틀린 내용이다.

물가가 하락하면 화폐시장에서 실질통화량이 증가하여 이자율이 하락한다. 화폐시장에서의 이자율 하락으로 재화시장에서 투자가 증가하여 총수요량이 증가한다. 이때, 주의할 것은 총수요곡선 자체의 우측이동이 아니라 총수요곡선을 따라서 우하방의 점으로 이동한다는 것이다.

② 틀린 내용이다.

총수요가 증가하는 충격이 오게 되면, 물가는 상승하고 산출량은 증가한다. 반대로 총수요가 감소하는 충격이 오게 되면, 물가는 하락하고 산출량은 감소한다. 따라서 단기적인 경기변동이 총수요충격으로 발생되면 물가수 준과 산출량은 같은 방향으로 변동하므로 물가는 경기순행적이다.

③ 틀린 내용이다.

정부지출이 증가하면 총수요가 증가하여 총수요곡선이 오른쪽으로 이동하여 총생산은 증가한다.

④ 틀린 내용이다.

에너지가격의 상승과 같은 음(-)의 공급충격은 비용을 상승시키므로 총공급곡선을 오른쪽이 아니라 왼쪽으로 이동시켜 물가는 상승하고 총생산은 감소한다.

⑤ 옳은 내용이다.

중앙은행이 민간 보유 국채를 대량 매입하면 시중에 통화량이 증대하게 된다. 통화량 증대로 이자율이 하락하 고 투자가 증가하여 총수요는 증가한다. 즉, 총수요곡선이 오른쪽으로 이동하여 총생산은 증가하게 된다.

폐쇄경제 $IS-LM$ 및 $AD-AS$ 모형에서 정부지출 증가에 따른 균형의 변화에 관한 설명으로 옳은 것을 모두 고른 것은? (단, 초기경제는 균형상태, IS곡선 우하향, LM곡선 우상향, AD곡선 우하향, AS곡선은 수평선을 가정한다.) ▶ 2021년 감정평가사

ㄱ. 소득수준은 증가한다.	ㄴ. 이자율은 감소한다.
ㄷ. 명목통화량이 증가한다.	ㄹ. 투자지출은 감소한다.

① ㄱ, ㄴ   ② ㄱ, ㄷ   ③ ㄱ, ㄹ

④ ㄴ, ㄷ   ⑤ ㄴ, ㄹ

출제이슈 $AD-AS$ 모형과 균형의 변화(재정정책의 효과)

핵심해설 정답 ③

ㄱ. 옳은 내용이다.
정부지출 증가로 총수요가 증가하여 국민소득이 증가한다.

ㄴ. 틀린 내용이다.
정부지출 증가로 국민소득이 증가하여 화폐수요가 증가함으로 인하여 이자율은 상승한다.

ㄷ. 틀린 내용이다.
명목통화량은 불변이다. 참고로 물가가 상승하는 경우를 보면 다음과 같다. 정부지출 증가로 총수요가 증가하여 물가는 상승하고 물가상승은 화폐시장에서 실질통화공급의 감소를 가져온다.

ㄹ. 옳은 내용이다.
정부지출 증가로 국민소득이 증가하여 화폐수요가 증가함으로 인하여 이자율은 상승한다. 이에 따라 투자는 감소한다.

( )에 들어갈 내용으로 옳은 것은? (단, 전염병이 발생하기 전의 경제는 균형상태이고, 총공급곡선은 우상향하고 총수요곡선은 우하향한다.) ▶2022년 감정평가사

> 폐쇄경제 $AD-AS$모형에서 전염병의 발생으로 인하여 총수요와 총공급이 모두 감소할 때, 균형국민소득은 (ㄱ)하고 균형물가수준은 (ㄴ)하(한)다.

① ㄱ : 감소, ㄴ : 감소   ② ㄱ : 불확실, ㄴ : 불변

③ ㄱ : 감소, ㄴ : 증가   ④ ㄱ : 불변, ㄴ : 불변

⑤ ㄱ : 감소, ㄴ : 불확실

출제이슈 $AD-AS$ 곡선의 이동요인과 균형의 변화
핵심해설 정답 ⑤

설문에서는 전염병의 발생이 총수요와 총공급을 감소시킨다고 설시하고 있다. 따라서 총수요곡선은 좌하방으로 이동하고 총공급곡선은 좌상방으로 이동하므로 소득은 감소하고 물가는 불확실하다.

Issue 04 공급충격에 의한 거시경제균형의 변화

> 총수요 – 총공급 모형에서 일시적인 음(–)의 총공급 충격이 발생한 경우를 분석한 설명으로 옳
> 지 않은 것은? (단, 총수요곡선은 우하향, 총공급곡선은 우상향한다.)   ▶ 2018년 감정평가사
> ① 확장적 통화정책은 국민소득을 감소시킨다.
> ② 스태그플레이션을 발생시킨다.
> ③ 단기 총공급곡선을 왼쪽으로 이동시킨다.
> ④ 통화정책으로 물가하락과 국민소득 증가를 동시에 달성할 수 없다.
> ⑤ 재정정책으로 물가하락과 국민소득 증가를 동시에 달성할 수 없다.

출제이슈 부의 공급 측 충격과 총수요관리정책의 딜레마
핵심해설 정답 ①

① 틀린 내용이다.
부의 공급충격이 있는 경우 확장적 통화정책을 사용하게 되면, 감소했던 소득을 다시 회복시킬 수는 있으나 물가를 더욱 상승시킨다는 문제가 있다.

② 옳은 내용이다.
유가 상승, 원자재 가격 상승 등 불리한 공급충격 혹은 부의 공급충격이 발생할 경우 총공급곡선이 좌상방으로 이동하게 된다. 따라서 물가는 상승하고 생산은 감소하고 실업률은 상승한다. 이를 경기침체 상태에서의 인플레이션이라는 의미로 스태그플레이션이라고 한다.

③ 옳은 내용이다.
부의 공급충격이 있는 경우 비용상승으로 인하여 단기 총공급곡선이 좌상방으로 이동한다.

④ 옳은 내용이다.
부의 공급충격이 있는 경우 물가는 상승하고 소득은 감소한다. 이때 확장적 통화정책을 사용할 경우에는 소득은 회복시킬 수 있으나 물가는 더욱 상승하게 된다. 반대로 긴축적 통화정책을 사용할 경우에는 물가는 안정시킬 수 있으나 소득은 더욱 감소하게 된다. 따라서 부의 공급충격 시에는 통화정책으로 물가하락과 국민소득 증가를 동시에 달성할 수 없다.

⑤ 옳은 내용이다.
부의 공급충격이 있는 경우 물가는 상승하고 소득은 감소한다. 이때 확장적 재정정책을 사용할 경우에는 소득은 회복시킬 수 있으나 물가는 더욱 상승하게 된다. 반대로 긴축적 재정정책을 사용할 경우에는 물가는 안정시킬 수 있으나 소득은 더욱 감소하게 된다. 따라서 부의 공급충격 시에는 재정정책으로 물가하락과 국민소득 증가를 동시에 달성할 수 없다.

A점에서 장기 균형을 이루고 있는 $AD-AS$모형이 있다. 오일쇼크와 같은 음(−)의 공급충격이 발생하여 단기 AS곡선이 이동한 경우에 대한 설명으로 옳지 않은 것은?

▶ 2018년 지방직 7급

① 단기균형점에서 물가수준은 A점보다 높다.
② A점으로 되돌아오는 방법 중 하나는 임금의 하락이다.
③ 통화량을 증가시키는 정책을 실시하면, A점의 총생산량 수준으로 되돌아올 수 있다.
④ 정부지출을 늘리면 A점의 물가수준으로 되돌아올 수 있다.

출제이슈 부의 공급 측 충격과 총수요관리정책의 딜레마
핵심해설 정답 ④

① 옳은 내용이다.
오일쇼크와 같은 음(−)의 공급충격이 발생하면 단기 AS곡선이 좌상방으로 이동하게 된다. 이 경우 단기균형점에서 물가는 상승하고 산출량이 감소하므로 실업률은 상승한다.

② 옳은 내용이다.
최초의 균형점인 A점으로 다시 되돌아가기 위해서 총공급곡선이 우하방으로 이동하는 것이 필요하다. 이러한 총공급곡선의 우하방 이동은 임금하락 등을 통해서 가능할 수 있다. 이와 같은 임금하락은 물가가 급격히 상승하는 스태그플레이션의 상황에서 명목임금이 이에 따라 동반상승하는 것을 방지하기 위해서 단기적으로 정부가 명목임금을 직접 통제하는 경우가 이에 해당하며 이를 특히 소득정책(incomes policy)이라고 부른다.

③은 옳은 내용이고 ④는 틀린 내용이다.
오일쇼크와 같은 음(−)의 공급충격이 발생하여 최초의 균형점 A점에서 이탈한 스태그플레이션 상황에서 확대재정정책이나 확대통화정책을 사용하게 되면, 경기침체는 완화시킬 수 있으나 물가가 더욱 상승하게 되는 부작용이 발생한다.

만일 ③에서 제시된대로 확대통화정책을 사용하게 되면 원래의 총생산량 수준으로 돌아갈 수는 있으나 물가는 더욱 상승하게 된다. 그리고 ④에서 제시된 대로 확대재정정책을 사용하게 되면 원래의 총생산량 수준으로 돌아갈 수는 있으나 물가는 더욱 상승하게 된다.

한편, 긴축재정정책이나 긴축통화정책을 사용하게 되면, 물가는 안정화시킬 수 있으나 산출량이 더욱 감소하여 실업률이 급등하는 문제가 있다. 따라서 스태그플레이션하에서 총수요관리정책을 통해서는 물가안정과 산출량 안정을 동시에 달성할 수 없으며 총수요관리정책은 무력하다.

Issue 05 　수요충격과 복합충격에 의한 거시경제균형의 변화

> **총수요 충격 및 총공급 충격에 관한 설명으로 옳지 않은 것은? (단, 총수요곡선은 우하향, 총공급곡선은 우상향)**
> ▶ 2020년 감정평가사
>
> ① 총수요 충격으로 인한 경기변동에서 물가는 경기순행적이다.
> ② 총공급 충격으로 인한 경기변동에서 물가는 경기역행적이다.
> ③ 총공급 충격에 의한 스태그플레이션은 합리적 기대 가설이 주장하는 정책무력성의 근거가 될 수 있다.
> ④ 명목임금이 하방경직적인 경우 음(−)의 총공급 충격이 발생하면 거시경제의 불균형이 지속될 수 있다.
> ⑤ 기술진보로 인한 양(+)의 총공급 충격은 자연실업률 수준을 하락시킬 수 있다.

출제이슈 총수요 충격 및 총공급 충격의 효과
핵심해설 정답 ③

① 옳은 내용이다.

　정부의 총수요관리정책을 포함해서 각종 총수요 충격이 발생할 경우 나타나는 경기변동에서 물가는 경기순행적이다. 총수요가 감축되는 충격의 경우 총수요곡선이 좌하방으로 이동하면서 물가는 하락하고 생산은 감소한다. 따라서 물가는 경기순행적이다.

② 옳은 내용이다.

　유가 상승, 원자재 가격 상승 등 불리한 공급충격 혹은 부의 공급충격이 발생할 경우 총공급곡선이 좌상방으로 이동하게 된다. 이로 인해 물가는 상승하고 생산은 감소하고 실업률은 상승한다. 따라서 물가는 경기역행적이다.

③ 틀린 내용이다.

　새고전학파인 루카스는 재량적인 총수요관리정책은 장기뿐만 아니라 심지어는 단기에서도 합리적 기대를 하는 민간의 반응을 고려할 때 무력하다고 비판하였는데 이를 정책무력성 명제라고 한다.

④ 옳은 내용이다.

　유가 상승, 원자재 가격 상승 등 불리한 공급충격 혹은 부의 공급충격이 발생할 경우 총공급곡선이 좌상방으로 이동하면서 불균형이 발생한다. 이로 인해 실업이 발생하는데, 이때 명목임금이 하방경직적인 경우 실업이 신속하게 조정되지 못하여 거시경제의 불균형이 지속될 수 있다.

⑤ 옳은 내용이다.

　장기총공급곡선의 경우, 장기에 있어서 물가 및 임금의 신축성으로 인하여 완전고용산출량 수준에서 수직으로 나타나게 된다. 노동인구의 변동, 자본량의 변동, 기술의 변동 등은 모두 완전고용산출량을 변화시켜서 장기총공급곡선을 이동시킬 수 있는 요인이 되므로 자연실업률의 변화요인이다. 기술진보로 인한 양(+)의 총공급 충격이 발생하면 장기총공급곡선이 우측이동하므로 자연실업률은 하락하게 된다.

현 경제상황이 장기균형에 있다고 가정하자. 최근 현금자동입출금기를 설치하고 운영하는 비용이 더욱 낮아지면서 통화수요가 하락하는 상황이 발생하였다. 이 상황은 장단기균형에 어떠한 영향을 미치는가?

▶ 2014년 서울시 7급

① 단기에는 가격수준과 실질GDP는 증가하지만, 장기에는 영향이 없다.
② 단기에는 가격수준과 실질GDP는 증가하지만, 장기에는 가격수준만 상승할 뿐 실질GDP에 대한 영향은 없다.
③ 단기에는 가격수준과 실질GDP는 하락하지만, 장기에는 영향이 없다.
④ 단기에는 가격수준과 실질GDP는 하락하지만, 장기에는 가격수준만 하락할 뿐 실질GDP에 대한 영향은 없다.
⑤ 단기에는 가격수준과 실질GDP는 증가하고, 장기에도 가격수준과 실질GDP 모두 증가한다.

출제이슈 통화수요감소 충격과 거시경제균형의 변화
핵심해설 정답 ②

설문에서 현금자동입출금기를 설치하고 운영하는 비용이 더욱 낮아지면서 통화수요가 하락하는 상황은 통화수요 감소라는 충격이 발생한 것으로 볼 수 있다. 이는 실질통화량이 증가하는 충격과 유사한 효과를 가진다.

1) 단기균형에 미치는 효과

통화수요감소 충격이 발생한 경우 화폐시장에서 이자율이 하락하여 재화시장에서 투자수요가 증가하므로 총수요는 증가한다. 따라서 총수요곡선이 우상방으로 이동하게 되어 물가는 상승하고 산출량도 증가한다.

2) 장기균형에 미치는 효과

통화수요 감소라는 충격에 의하여 단기적으로 증가한 산출량은 장기에는 자연산출량 수준으로 다시 회귀하게 되고 물가는 다시 상승하게 된다. 따라서 통화수요 변화 혹은 통화량 변화와 같은 명목충격은 장기에 있어서 물가만 변화시킬 뿐, 산출량에 영향을 주지 못한다.

잠재산출량 수준에서 생산하던 경제의 균형이 어떤 외생적 충격으로 인해 A에서 B로 이동하였다. 이에 대한 설명으로 옳지 않은 것은? (단, $LRAS$는 장기총공급곡선, $SRAS$는 단기총공급곡선, AD는 총수요곡선, P는 물가, Y는 실질 GDP이다.) ▶ 2022년 국가직 9급

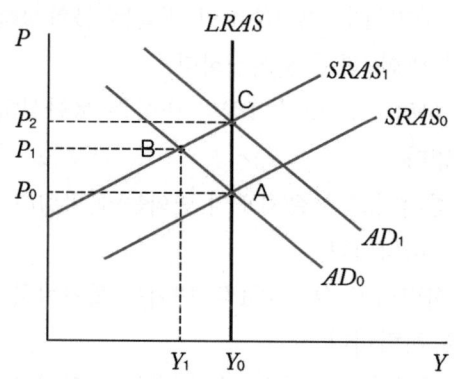

① A에서 B로의 이동을 야기했던 충격에는 예상하지 못한 국제원자재 가격의 상승이 포함된다.
② A에서 B로 이동할 때 스태그플레이션이 나타난다.
③ 다른 조건이 일정할 때, 임금 등의 요소가격이 하락하면 경제는 C의 장기균형에 도달한다.
④ 정부는 이자율 인하나 정부지출 증가를 통해 경제가 C의 장기균형에 도달할 수 있도록 도울 수 있다.

출제이슈 부의 공급 측 충격과 경제적 효과
핵심해설 정답 ③

③ 틀린 내용이다.
앞서 살펴본 바와 같이 원자재 가격 상승과 같은 불리한 공급충격에 의하여 단기 총공급곡선이 좌상방으로 이동하면서 거시경제균형이 A에서 B로 이동하게 되면, 완전고용산출량에 미달하는 실제산출량으로 인해서 경제 내 고용이 줄어들 수밖에 없다. 고용이 감소하면 임금은 하락하게 되며, 임금의 하락은 다시 위에서 살펴본 대로 또다른 공급충격으로서 총공급곡선을 우하방으로 이동시키는 요인이 된다. 결국 시간이 지남에 따라서 거시경제균형은 B에서 다시 A로 복귀하게 된다.

④ 옳은 내용이다.
원자재 가격 상승과 같은 불리한 공급충격에 의하여 단기 총공급곡선이 좌상방으로 이동하면서 거시경제균형이 A에서 B로 이동하게 되었을 때, 정부가 확장적 재정정책(예 정부지출 증가)이나 확장적 통화정책(예 이자율 인하)을 실시할 경우 총수요곡선이 이동할 수 있다. 이 경우 확장적 총수요관리정책에 의하여 물가는 상승하고 산출은 증가하여 거시경제의 장기균형이 C점에서 달성될 수 있다.

어떤 경제가 장기균형상태에 있다고 가정하자. 그런데 갑자기 주식시장이 폭락한 반면, 해외로부터 숙련노동자의 이민(유입)이 급격히 증가하였다. 이런 상황이 동시에 발생할 경우 현 상태에 비해 새로운 장단기균형의 결과는?　　　▶ 2013년 서울시 7급

① 단기적으로 실질GDP는 증가하고 가격수준의 변화는 불확실하며, 장기적으로 실질GDP는 증가하고 가격수준의 변화 역시 불확실하다.

② 단기적으로 가격수준은 하락하고 실질GDP의 변화는 불확실하나, 장기적으로 실질GDP와 가격수준에 영향은 없다.

③ 단기적으로 가격수준은 증가하고 실질GDP의 변화는 불확실하나, 장기적으로는 실질GDP는 증가하고 가격수준은 하락한다.

④ 단기적으로 가격수준은 하락하고 실질GDP의 변화는 불확실하나, 장기적으로는 실질GDP는 증가하고 가격수준은 하락한다.

⑤ 단기적으로 실질GDP는 하락하고 가격수준의 변화는 불확실하며, 장기적으로도 실질GDP는 하락하고 가격수준의 변화 역시 불확실하다.

출제이슈 복합적 충격과 $AD-AS$ 균형
핵심해설 정답 ④

1) 총수요충격
먼저 주식시장의 폭락으로 인해 민간부문의 실질자산이 감소하게 되어 총수요가 감소한다. 따라서 주식시장의 폭락은 총수요에 영향을 미치는 총수요충격에 해당한다. 주식시장의 폭락으로 인해서 총수요가 감소하므로 총수요곡선은 좌측으로 이동하게 된다.

2) 총공급충격
그리고 해외숙련노동자의 이민증가로 인해 노동공급이 증가하게 된다. 노동공급이라는 투입요인이 증가하게 되어 총공급은 증가하게 된다. 따라서 해외숙련노동자의 이민증가는 총공급에 영향을 미치는 총공급충격에 해당한다. 해외숙련노동자의 이민증가로 인해서 총공급이 증가하므로 총공급곡선은 우측으로 이동한다. 해외숙련노동자의 이민은 거시경제의 자연산출량에 영향을 미치게 되므로 총공급곡선은 단기뿐만 아니라 장기적으로도 우측으로 이동한다.

3) 장단기균형
총수요의 감소와 총공급의 증가로 인해서 물가는 하락하지만 산출량의 변화는 총수요 및 총공급 변화의 상대적 크기에 따라서 결정되므로 그 방향은 불확실하다. 장기의 경우 해외숙련노동자의 증가로 인해 장기총공급곡선이 우측으로 이동하기 때문에 물가는 하락하고 산출량은 증가한다.

Issue 01 실업의 개념과 분류

실업에 대한 설명으로 옳은 것을 모두 고르면? ▶ 2016년 서울시 7급

ㄱ. 마찰적 실업이란 직업을 바꾸는 과정에서 발생하는 일시적인 실업이다.
ㄴ. 구조적 실업은 기술의 변화 등으로 직장에서 요구하는 기술이 부족한 노동자들이 경험할 수 있다.
ㄷ. 경기적 실업은 경기가 침체되면서 이윤감소 혹은 매출감소 등으로 노동자를 고용할 수 없을 경우 발생한다.
ㄹ. 자연실업률은 마찰적, 구조적, 경기적 실업률의 합으로 정의된다.
ㅁ. 자연실업률은 완전고용상태에서의 실업률이라고도 한다.

① ㄱ, ㄴ, ㄷ   ② ㄱ, ㄴ, ㅁ   ③ ㄱ, ㄴ, ㄷ, ㅁ   ④ ㄱ, ㄷ, ㄹ, ㅁ

출제이슈 실업의 개념과 분류
핵심해설 정답 ③

ㄱ. 옳은 내용이다.
마찰적 실업은 직장을 탐색하고 옮기는 과정에서 발생하는 실업으로서 완전고용상태에서도 나타날 수 있다. 실업보험이 강화될수록 마찰적 실업은 늘어날 수도 있고 실직자 재훈련 등을 통해서 줄어들 수도 있다.

ㄴ. 옳은 내용이다.
구조적 실업(structural unemployment)은 산업구조의 재편 등 경제구조의 변화로 인하여 발생하는 실업으로서 넓은 의미에서 마찰적 실업의 일종으로 보기도 하며, 기술이 부족한 노동자에게 발생한다. 경기적 실업과 함께 비자발적 실업(involuntary unemployment)으로서 자연실업률 측정 시 포함되는 실업이다.

ㄷ. 옳은 내용이다.
경기적 실업은 경기침체 때문에 발생하는 실업으로서 실업률이 자연실업률을 중심으로 이탈과 회귀를 반복하는 현상을 보인다. 구조적 실업과 함께 비자발적 실업이다.

ㄹ. 틀린 내용이다.
자연실업률에는 마찰적 실업과 구조적 실업은 포함되지만, 경기적 실업은 포함되지 않는다.

ㅁ. 옳은 내용이다.
자연실업률은 균형에서의 실업률, 즉 노동시장이 균형을 이룰 경우의 실업률, 완전고용상태에서의 실업률, 완전고용GDP 혹은 잠재GDP일 때의 실업률, 경제가 장기적으로 수렴해 가는 실업률, 장기적인 실업률, 마찰적 실업과 구조적 실업만 존재할 때의 실업률, 노동시장의 불완전성으로 인하여 시간이 경과하여도 사라지지 않는 실업률 등 여러가지로 표현된다.

실업에 관한 설명으로 옳은 것은?   ▶ 2016년 감정평가사

① 만 15세 미만 인구도 실업률 측정 대상에 포함된다.

② 마찰적 실업은 자연실업률 측정에 포함되지 않는다.

③ 더 좋은 직장을 구하기 위해 잠시 직장을 그만둔 경우는 경기적 실업에 해당한다.

④ 경기적 실업은 자연실업률 측정에 포함된다.

⑤ 현재의 실업률에서 실망실업자(discouraged workers)가 많아지면 실업률은 하락한다.

출제이슈 실업의 개념과 분류
핵심해설 정답 ⑤

① 틀린 내용이다.

실업률이란 경제활동인구 중에서 실업자가 차지하는 비율을 말한다. 경제활동인구는 만 15세 이상의 생산가능
인구 중에서 일할 능력과 의사가 있는 사람을 의미한다. 따라서 만 15세 미만 인구는 경제활동인구가 아니므로
실업률 측정의 대상이 아니다.

② 틀린 내용이다.

자연실업률은 산업구조의 재편 등 경제구조의 변화로 인하여 발생하는 구조적 실업(structural unemployment)
과 직장을 탐색하는 과정에서 발생하는 마찰적 혹은 탐색적 실업이 존재할 때의 실업률이다.

③ 틀린 내용이다.

직장을 옮기는 과정에서 발생하는 마찰적 실업 혹은 탐색적 실업은 대표적인 자발적 실업이며, 경기침체에 따
라 발생하는 경기적 실업은 대표적인 비자발적 실업이다.

④ 틀린 내용이다.

자연실업률은 산업구조의 재편 등 경제구조의 변화로 인하여 발생하는 구조적 실업(structural unemployment)
과 직장을 탐색하는 과정에서 발생하는 마찰적 혹은 탐색적 실업이 존재할 때의 실업률로서 경기적 실업은
측정에서 제외된다.

⑤ 옳은 내용이다.

고령자, 환자, 주부, 학생, 실망실업자(구직단념자) 등 비경제활동인구는 실업자가 아니므로 실업률 측정에서
제외된다. 따라서 실업자가 구직을 단념하여 비경제활동인구로 전환되는 실망실업자가 많아지면 그 실망실업
자는 실업률 계산에서 제외되기 때문에 실업률은 하락한다. 만일 실망실업자를 실업자로 분류할 경우 실업률이
더 높아진다.

> 실업에 관한 설명으로 옳지 않은 것은? ▶ 2018년 감정평가사
>
> ① 균형임금을 초과한 법정최저임금의 인상은 비자발적 실업을 증가시킨다.
> ② 실업급여 인상과 기간 연장은 자발적 실업 기간을 증가시킨다.
> ③ 정부의 확장적 재정정책은 경기적 실업을 감소시킨다.
> ④ 인공지능 로봇의 도입은 경기적 실업을 증가시킨다.
> ⑤ 구직자와 구인자의 연결을 촉진하는 정책은 마찰적 실업을 감소시킨다.

출제이슈 실업의 개념과 분류
핵심해설 정답 ④

① 옳은 내용이다.

비자발적 실업은 노동공급이 노동수요를 초과한 상태로서 노동시장의 불균형상태에서 나타나는 실업을 의미한다. 비자발적 실업의 발생원인은 노동시장의 불균형을 유지시키는 임금의 경직성이라고 할 수 있다. 설문에서 제시된 최저임금의 인상도 임금의 경직성을 실현하면서 노동시장의 불균형을 유지시키므로 비자발적 실업의 원인이 된다.

② 옳은 내용이다.

자발적 실업으로서 탐색적 혹은 마찰적 실업(frictional unemployment)은 직장을 탐색하고 옮기는 과정에서 발생하는 실업으로서 정보의 불완전성이라는 마찰 때문에 발생한다. 즉, 완전고용상태에서도 탐색적 혹은 마찰적 실업은 존재한다. 그런데 실업보험은 마찰적 실업에 영향을 미칠 수 있다. 실업보험을 통해서 실업급여가 인상되고 급여제공기간이 연장될 경우 실업상태에 있는 노동자가 여유를 가지고 직장을 구할 수 있게 되어, 구직률이 하락하여 자발적 실업 기간이 증가하게 된다.

③ 옳은 내용이다.

경기침체 시에는 수요가 감소하고 생산 및 고용이 감소하여 경기적 실업이 발생한다. 정부가 실업률을 낮추기 위해서 확장적 재정정책을 사용할 경우 침체된 수요를 증가시키고 생산 및 고용을 자극하여 경기적 실업을 줄일 수 있다.

④ 틀린 내용이다.

구조적 실업(structural unemployment)은 산업구조의 재편 등 경제구조의 변화로 인하여 발생하는 실업으로서 넓은 의미에서 마찰적 실업의 일종으로 보기도 하며, 기술이 부족한 노동자에게 발생한다. 경기적 실업과 함께 비자발적 실업(involuntary unemployment)으로서 자연실업률 측정 시 포함되는 실업이다. 설문에서 인공지능 로봇의 도입으로 인해서 로봇이 노동을 대체하고 로봇 관련산업의 확대로 경제구조가 개편됨에 따라 구조적 실업이 발생할 수 있다.

⑤ 옳은 내용이다.

자발적 실업으로서 탐색적 혹은 마찰적 실업(frictional unemployment)은 직장을 탐색하고 옮기는 과정에서 발생하는 실업으로서 정보의 불완전성이라는 마찰 때문에 발생한다. 따라서 구직자와 구인자의 연결을 촉진하는 정책으로 인해서 구인 – 구직 정보가 확충되어 정보의 불완전성이 감소하면 마찰적 실업이 감소할 수 있다.

실업에 관한 설명으로 옳지 않은 것은?

▶ 2017년 감정평가사

① 일자리를 가지고 있지 않으나 취업할 의사가 없는 사람은 경제활동인구에 포함되지 않는다.
② 실업이란 사람들이 일할 능력과 의사를 가지고 일자리를 찾고 있으나 일자리를 얻지 못한 상태를 말한다.
③ 자연실업률은 구조적 실업만이 존재하는 실업률이다.
④ 실업자가 구직을 단념하여 비경제활동인구로 전환되면 실업률이 감소한다.
⑤ 경기변동 때문에 발생하는 실업은 경기적(cyclical) 실업이다.

출제이슈 실업의 개념과 분류
핵심해설 정답 ③

① 옳은 내용이다.
15세 이상의 생산가능인구는 경제활동인구와 비경제활동인구로 나뉜다. 경제활동인구는 일할 능력과 의사가 있는 사람이며 비경제활동인구는 일할 능력이 없거나 의사가 없는 사람을 말한다. 따라서 설문에서 취업할 의사가 없는 사람은 경제활동인구에 포함되지 않는다.

② 옳은 내용이다.
경제활동인구는 일할 능력과 의사가 있는 사람으로서 그중 일자리를 얻은 사람을 취직자, 그렇지 못한 사람을 실업자라고 한다. 따라서 실업은 일할 능력과 의사를 가지고 일자리를 찾고 있으나 일자리를 얻지 못한 상태를 말한다.

③ 틀린 내용이다.
자연실업률은 산업구조의 재편 등 경제구조의 변화로 인하여 발생하는 구조적 실업(structural unemployment)과 직장을 탐색하는 과정에서 발생하는 마찰적 혹은 탐색적 실업이 존재할 때의 실업률이다.

④ 옳은 내용이다.
고령자, 환자, 주부, 학생, 실망실업자(구직단념자) 등 비경제활동인구는 실업자가 아니므로 실업률 측정에서 제외된다. 따라서 실업자가 구직을 단념하여 비경제활동인구로 전환되면 그 실망실업자는 실업률 계산에서 제외되기 때문에 실업률은 하락한다. 만일 실망실업자를 실업자로 분류할 경우 실업률이 더 높아진다.

⑤ 옳은 내용이다.
경기변동 때문에 발생하는 실업은 경기적(cyclical) 실업으로서 대표적인 비자발적인 실업이다.

실업에 대한 설명으로 옳지 않은 것은?   ▶ 2022년 국가직 7급

① 구조적 실업은 노동공급량이 노동수요량을 지속적으로 초과하기 때문에 발생한다.
② 마찰적 실업은 노동자들이 일자리에 대한 정보가 완전함에도 불구하고, 일자리 탐색에 나서기 때문에 발생한다.
③ 구속력 있는 최저임금은 구조적 실업의 원인 중 하나이다.
④ 균형임금보다 높은 효율임금(efficiency wage)은 구조적 실업의 원인 중 하나이다.

출제이슈 실업의 개념과 분류
핵심해설 정답 ②

① 옳은 내용이다.
구조적 실업은 노동공급량이 노동수요량을 지속적으로 초과하기 때문에 발생한다.
시간이 흐름에 따라서 그리고 경제가 발전함에 따라서 사양산업이 생기고 새롭게 각광받는 산업이 생겨나는 것은 필연적이다. 사양산업 분야에서는 산업이 쇠퇴함에 따라 노동공급이 노동수요를 초과하게 된다. 이렇게 산업구조의 재편 등 경제구조의 변화로 인하여 발생하는 실업이 바로 구조적 실업이다. 이는 전형적인 비자발적 실업이지만 마찰적 실업의 일종으로 보기도 하는데, 경제구조의 변화에 의하여 취업을 위해서 새로운 지식과 기술을 습득하는 것이 필요하다면 이 역시 넓은 의미의 마찰적 요인이기 때문이다. 구조적 실업은 마찰적 실업과 함께 자연실업률 계산에 포함되는 실업이다.

② 틀린 내용이다.
자발적 실업이란 일할 능력은 있으나, 일할 의사가 없어서 발생하는 실업으로서 주어진 임금수준에서 일할 의사가 없는 경우에 해당한다. 대표적으로 탐색적 실업을 그 예로 들 수 있다. 탐색적 혹은 마찰적 실업이란 직장을 탐색하고 옮기는 과정에서 발생하는 실업으로서 일자리 관련정보의 불완전성 때문에 발생한다. 사람들은 현재 실업상태에 있다고 해서 아무 일자리가 생기기만 하면 바로 이를 선택하는 것이 아니다. 자신이 원하는 임금과 근로조건을 꼼꼼히 살펴서 그에 부합하는 일자리를 얻을 때까지 부단히 직장탐색(job search)을 하는 것이다. 이렇게 직장탐색 과정에서 발생하는 실업이 탐색적 혹은 마찰적 실업이다.

③, ④ 옳은 내용이다.
구조적 실업에서 산업구조의 재편, 경제구조의 변화를 광의로 해석하면 각종 정부정책이나 기업의 고용정책이나 임금정책에 의하여도 실업이 발생할 수 있는데 이런 실업도 넓은 의미에서 구조적 실업에 포함된다. 예를 들면 정부의 최저임금제에 따라서 노동시장에서는 만성적인 노동초과공급이 나타나면서 실업이 발생하는데 이도 구조적 실업의 일종이며, 기업의 효율적 임금 지급에 의하여 나타나는 노동초과공급도 구조적 실업으로 볼 수 있다.

실업에 관한 설명으로 옳은 것은?　　　　　　　　　　▶ 2022년 공인노무사

① 구직단념자의 증가는 비경제활동인구의 감소를 초래하여 실업률을 상승시킨다.
② 비자발적 실업이 존재한다는 것은 노동시장에서 실제 임금수준이 균형임금보다 낮다는 것을 의미한다.
③ COVID-19 팬데믹 문제로 산업 활동이 둔화하여 발생하는 실업은 마찰적 실업에 해당한다.
④ 전기차 등 친환경차 생산 증대로 기존 내연기관 자동차 생산에 종사하는 노동자가 일자리를 잃는 경우 구조적 실업에 해당한다.
⑤ 해외 유아의 국내 유입이 증가하는 경우 실업률이 하락한다.

출제이슈　실업의 개념과 분류
핵심해설　정답 ④

① 틀린 내용이다.

고령자, 환자, 주부, 학생, 실망실업자(구직단념자) 등 비경제활동인구는 실업자가 아니므로 실업률 측정에서 제외된다. 따라서 실업자가 구직을 단념하여 비경제활동인구로 전환되는 실망실업자가 많아지면 그 실망실업자는 실업률 계산에서 제외되기 때문에 실업률은 하락한다. 만일 실망실업자를 실업자로 분류할 경우 실업률이 더 높아진다.

② 틀린 내용이다.

비자발적 실업이란 주어진 임금수준에서 일할 의사가 있음에도 취업을 못하고 있어서 발생하는 실업으로서 노동공급이 노동수요를 초과하여 노동시장의 불균형상태에서 나타나는 실업을 의미한다. 노동공급이 노동수요를 초과한다는 것은 현재 실제임금이 시장균형임금보다 더 높음을 뜻한다. 비자발적 실업은 대표적으로 경기적 실업과 구조적 실업을 그 예로 들 수 있으며 그 발생원인은 노동시장의 불균형을 유지시키는 임금의 경직성이라고 할 수 있다. 예를 들어, 최저임금의 인상도 임금의 경직성을 시현하면서 노동시장의 불균형을 유지시키므로 비자발적 실업의 원인이 된다.

③ 틀린 내용이다.

경기적 실업(cyclical unemployment)이란 경기변동 때문에 발생하는 실업으로서 실업률이 자연실업률을 중심으로 이탈과 회귀를 반복하는 현상으로 나타난다. 경기가 나빠지면 생산량이 감소하고 노동수요가 감소하여 경기적 실업이 발생한다. COVID-19 팬데믹 문제로 산업 활동이 둔화하여 생산량이 감소하고 노동고용이 감소하여 발생하는 실업은 경기적 실업에 해당한다.

④ 옳은 내용이다.

시간이 흐름에 따라서 경제가 발전함에 따라서 사양산업이 생기고 새롭게 각광받는 산업이 생겨나는 것은 필연적이다. 이렇게 산업구조의 재편 등 경제구조의 변화로 인하여 발생하는 실업이 바로 구조적 실업이다. 전기차 등 친환경차 생산 증대로 기존 내연기관 자동차 생산에 종사하는 노동자가 일자리를 잃는 경우가 대표적인 구조적 실업에 해당한다.

⑤ 틀린 내용이다.

해외 유아의 국내 유입이 증가하더라도 15세 이상의 생산가능인구나 경제활동인구에 해당하지 않기 때문에 실업률 측정에 미치는 영향은 없다.

실업에 관한 설명으로 옳지 않은 것은? ▶ 2020년 공인노무사

① 실업보험은 마찰적 실업을 감소시켜 자연실업률을 하락시키는 경향이 있다.
② 경기변동 때문에 발생하는 실업을 경기적 실업이라 한다.
③ 효율성임금이론(efficiency wage theory)에 따르면 높은 임금책정으로 생산성을 높이려는 사용자의 시도가 실업을 야기할 수 있다.
④ 내부자 – 외부자가설(insider – outsider hypothesis)에 따르면 내부자가 임금을 높게 유지하려는 경우 실업이 발생할 수 있다.
⑤ 최저임금제도는 구조적 실업을 야기할 수 있다.

출제이슈 실업이 개념, 분류 및 발생원인
핵심해설 정답 ①

① 틀린 내용이다.
실업보험이 있을 경우 실업상태에 있는 노동자가 여유를 가지고 직장을 구할 수 있게 되어, 새로운 직장을 찾는 데 더 오랜 시간이 소요되므로, 구직률이 하락한다. 한편 실업보험에 가입한 노동자들은 좀 더 쉽게 직장을 떠날 수 있게 되므로 실직률이 상승한다. 따라서 실업보험으로 인하여 구직률이 하락하고 실직률이 상승하게 되어 자연실업률은 상승한다.

② 옳은 내용이다.
경기변동 때문에 발생하는 실업이 경기적 실업이며 산업구조의 재편 등 경제구조의 변화로 인하여 발생하는 구조적 실업과 함께 대표적인 비자발적 실업이다.

③ 옳은 내용이다.
기업은 노동자에게 높은 실질임금을 제공함으로써 생산성을 높일 수 있다. 지속적인 높은 수준의 실질임금에 의해 노동시장에 초과공급이 발생한다고 하더라도 기업은 생산성 향상을 위해서 높은 수준의 실질임금을 유지한다. 따라서 노동시장의 불균형 및 비자발적 실업은 지속된다.

④ 옳은 내용이다.
현실에서 노동시장은 내부시장과 외부시장으로 분리되어 있기 때문에 내부자에 의해 높은 수준의 실질임금이 책정되어 있음에도 불구하고 외부자는 내부시장에 진입불가하고 이러한 높은 수준의 실질임금에 의해 노동시장의 불균형은 발생하고 비자발적 실업은 지속된다. 특히 노조가입여부, 실업의 이력현상(히스테리시스)으로 실업이 발생할 수 있다.

⑤ 옳은 내용이다.
구조적 실업(structural unemployment)은 산업구조의 재편 등 경제구조의 변화로 인하여 발생하는 실업으로서 넓은 의미에서 마찰적 실업의 일종으로 보기도 하며, 기술이 부족한 노동자에게 발생한다. 경기적 실업과 함께 비자발적 실업(involuntary unemployment)으로서 자연실업률 측정 시 포함되는 실업이다. 비자발적 실업의 주된 원인은 임금의 경직성인데 최저임금제, 노동조합, 효율성임금 등으로 인하여 임금의 경직성이 나타날 수 있다.

마찰적 실업의 원인을 모두 고른 것은? ▶ 2012년 감정평가사

ㄱ. 노동자들이 자신에게 가장 잘 맞는 직장을 찾는 데 시간이 걸리기 때문이다.
ㄴ. 기업이 생산성을 제고하기 위해 시장균형임금보다 높은 수준의 임금을 지불하는 경향이
   있기 때문이다.
ㄷ. 노동조합의 존재로 인해 조합원의 임금이 생산성보다 높게 설정되기 때문이다.

① ㄱ   ② ㄴ   ③ ㄷ
④ ㄱ, ㄴ   ⑤ ㄴ, ㄷ

출제이슈 실업의 개념과 분류
핵심해설 정답 ①

ㄴ. 틀린 내용이다.
   기업이 생산성을 제고하기 위해 시장균형임금보다 높은 수준의 임금을 지불하는 경향이 있기 때문에 나타나는
   실업은 비자발적 실업이다.

ㄷ. 틀린 내용이다.
   노동조합의 존재로 인해 조합원의 임금이 생산성보다 높게 설정되어 나타나는 실업은 비자발적 실업이다.

Issue 02 실업률 계산

> 만 15세 이상 인구(생산가능인구) 1,250만 명, 비경제활동인구 250만 명, 취업자 900만 명인
> 갑국의 경제활동참가율, 실업률, 고용률은?
> ▶ 2019년 감정평가사
>
> ① 80%, 10%, 72%　　　　　　② 80%, 20%, 72%
>
> ③ 80%, 30%, 90%　　　　　　④ 90%, 20%, 72%
>
> ⑤ 90%, 20%, 90%

출제이슈 실업률
핵심해설 정답 ①

15세 이상 생산가능인구(P) 1,250	경제활동인구(L) 1,000	취업자(E) 900	임금근로자
			질병휴직자
			무급가족종사자 (18시간 이상)
		실업자(U) 100	
	비경제활동인구(NL) 250	주부	
		학생 (대학원생, 진학준비생, 취업준비생)	

1) 경제활동참가율 = 1,000/1,250 = 0.8
   = 경제활동인구 / 생산가능인구 = 경제활동인구 / (경제활동인구 + 비경제활동인구)

2) 실업률 = 100/1,000 = 0.1
   = 실업자 / 경제활동인구 = 실업자 / (실업자 + 취업자)

3) 고용률 = 900/1,250 = 0.72
   = 취업자 / 생산가능인구 = 취업자 / (실업자 + 취업자 + 비경제활동인구)

4) 경제활동참가율, 실업률, 고용률 간 관계
   고용률 = 경제활동참가율 × (1 − 실업률)

> *A*국의 생산가능인구는 100만 명, 경제활동인구는 60만 명, 실업자는 6만 명이다. 실망실업자
> (구직단념자)에 속했던 10만 명이 구직활동을 재개하여, 그중 9만 명이 일자리를 구했다. 그
> 결과 실업률과 고용률은 각각 얼마인가?   ▶ 2022년 감정평가사
>
> ① 6%, 54%   ② 10%, 54%   ③ 10%, 63%
> ④ 10%, 90%   ⑤ 15%, 90%

출제이슈 실업률
핵심해설 정답 ③

15세 이상 생산가능인구(P) 100(만 명)	경제활동인구(L) 60 + 10 = 70	취업자(E) 54 + 9 = 63	임금근로자
			질병휴직자
			무급가족종사자 (18시간 이상)
		실업자(U) 6 + 1 = 7	
	비경제활동인구(NL) 40 − 10 = 30	주부	
		학생 (대학원생, 진학준비생, 취업준비생)	

1) 경제활동참가율 = 70/100 = 0.7
   = 경제활동인구 / 생산가능인구 = 경제활동인구 / (경제활동인구 + 비경제활동인구)

2) 실업률 = 7/70 = 0.1
   = 실업자 / 경제활동인구 = 실업자 / (실업자 + 취업자)

3) 고용률 = 63/100 = 0.63
   = 취업자 / 생산가능인구 = 취업자 / (실업자 + 취업자 + 비경제활동인구)

4) 경제활동참가율, 실업률, 고용률 간 관계
   고용률 = 경제활동참가율 × (1 − 실업률)
   0.63 = 0.7 × (1 − 0.1)

경제 내의 생산가능연령인구가 3,000만 명이다. 이 중 취업자는 1,500만 명, 실업자는 500만 명이다. 이 경제의 경제활동인구, 실업률, 고용률은 각각 얼마인가? ▶ 2015년 감정평가사

① 2,000만 명, 20%, 50%

② 2,000만 명, 25%, 50%

③ 2,000만 명, 30%, 75%

④ 3,000만 명, 25%, 75%

⑤ 3,000만 명, 30%, 75%

출제이슈 실업률
핵심해설 정답 ②

15세 이상 생산가능인구(P) 3,000	경제활동인구(L) 2,000	취업자(E) 1,500	임금근로자
			질병휴직자
			무급가족종사자 (18시간 이상)
		실업자(U) 500	
	비경제활동인구(NL) 1,000	주부	
		학생 (대학원생, 진학준비생, 취업준비생)	

1) 경제활동참가율
= 경제활동인구 / 생산가능인구 = 경제활동인구 / (경제활동인구 + 비경제활동인구)

2) 실업률 = 500/2,000 = 0.25
= 실업자 / 경제활동인구 = 실업자 / (실업자 + 취업자)

3) 고용률 = 1,500/3,000 = 0.5
= 취업자 / 생산가능인구 = 취업자 / (실업자 + 취업자 + 비경제활동인구)

4) 경제활동참가율, 실업률, 고용률 간 관계
고용률 = 경제활동참가율 × (1 − 실업률)

갑국의 실업률은 5%, 경제활동참가율은 70%, 비경제활동인구는 600만 명이다. 이 나라의 실업자 수는?

▶ 2018년 감정평가사

① 30만 명 ② 50만 명
③ 70만 명 ④ 100만 명
⑤ 120만 명

출제이슈 실업률
핵심해설 정답 ③

15세 이상 생산가능인구(P) $x + 600 = 2,000$	경제활동인구(L) $x = 1,400$	취업자(E) $1,400 - y$	임금근로자
			질병휴직자
			무급가족종사자 (18시간 이상)
		실업자(U) $y = 70$	
	비경제활동인구(NL) 600	주부	
		학생 (대학원생, 진학준비생, 취업준비생)	

1) 경제활동참가율 = $x/(x + 600)$ = 0.7 따라서 $x = 1,400$
   = 경제활동인구 / 생산가능인구 = 경제활동인구 / (경제활동인구 + 비경제활동인구)

2) 실업률 = $y/1,400$ = 0.05 따라서 $y = 70$
   = 실업자 / 경제활동인구 = 실업자 / (실업자 + 취업자)

3) 고용률
   = 취업자 / 생산가능인구 = 취업자 / (실업자 + 취업자 + 비경제활동인구)

4) 경제활동참가율, 실업률, 고용률 간 관계
   고용률 = 경제활동참가율 × (1 − 실업률)

A국의 생산가능인구는 500만 명, 취업자 수는 285만 명, 실업률이 5%일 때, A국의 경제활동참가율은?

▶ 2016년 감정평가사

① 48% ② 50% ③ 57%

④ 60% ⑤ 65%

출제이슈 실업률

핵심해설 정답 ④

15세 이상 생산가능인구(P) 500	경제활동인구(L) $x + 285 = 300$	취업자(E) 285	임금근로자
			질병휴직자
			무급가족종사자 (18시간 이상)
		실업자(U) $x = 15$	
	비경제활동인구(NL)	주부	
		학생 (대학원생, 진학준비생, 취업준비생)	

1) 경제활동참가율 = 300/500 = 0.6
   = 경제활동인구 / 생산가능인구 = 경제활동인구 / (경제활동인구 + 비경제활동인구)

2) 실업률 = $x/(x + 285)$ = 0.05 따라서 $x = 15$
   = 실업자 / 경제활동인구 = 실업자 / (실업자 + 취업자)

3) 고용률
   = 취업자 / 생산가능인구 = 취업자 / (실업자 + 취업자 + 비경제활동인구)

4) 경제활동참가율, 실업률, 고용률 간 관계
   고용률 = 경제활동참가율 × (1 − 실업률)

A국의 생산가능인구는 3,000만 명, 그중에서 취업자는 1,400만 명, 실업자는 100만 명일 때 생산가능인구에 대한 비경제활동인구의 비율(%)은?　　　　▶ 2021년 감정평가사

① 30　　　　　　　② 40　　　　　　　③ 50
④ 60　　　　　　　⑤ 70

출제이슈 실업률
핵심해설 정답 ③

15세 이상 생산가능인구(P) 3,000	경제활동인구(L) 1,500	취업자(E) 1,400	임금근로자
			질병휴직자
			무급가족종사자 (18시간 이상)
		실업자(U) 100	
	비경제활동인구(NL) 1,500	주부	
		학생 (대학원생, 진학준비생, 취업준비생)	

1) 경제활동참가율
= 경제활동인구 / 생산가능인구 = 경제활동인구 / (경제활동인구 + 비경제활동인구)

2) 실업률
= 실업자 / 경제활동인구 = 실업자 / (실업자 + 취업자)

3) 고용률
= 취업자 / 생산가능인구 = 취업자 / (실업자 + 취업자 + 비경제활동인구)

4) 경제활동참가율, 실업률, 고용률 간 관계
고용률 = 경제활동참가율 × (1 − 실업률)

설문에서 취업자가 1,400만 명, 실업자가 100만 명이고 그 둘을 더한 인구수가 경제활동인구이므로 1,500만 명이 된다. 생산가능인구가 3,000만 명으로 주어져 있으므로 여기서 경제활동인구 1,500만 명을 차감하면, 비경제활동인구는 1,500만 명이다. 그러므로 생산가능인구에 대한 비경제활동인구의 비율(%)은 50%가 된다.

다음은 A국의 15세 이상 인구 구성이다. 이 경우 경제활동참가율과 실업률은?

▶ 2017년 국가직 7급

- 임금근로자 : 60명
- 무급가족종사자 : 10명
- 직장은 있으나 질병으로 인해 일시적으로 일을 하고 있지 않은 사람 : 10명
- 주부 : 50명
- 학생 : 50명
- 실업자 : 20명

(단, 주부와 학생은 모두 부업을 하지 않는 전업 주부와 순수 학생을 나타낸다.)

	경제활동참가율	실업률
①	40%	20%
②	50%	25%
③	40%	25%
④	50%	20%

출제이슈 실업률
핵심해설 정답 ④

15세 이상 생산가능인구(P) 200	경제활동인구(L) 100	취업자(E) 80	임금근로자 60
			질병휴직자 10
			무급가족종사자 10 (18시간 이상인 경우)
		실업자(U) 20	
	비경제활동인구(NL) 100	주부 50	
		학생 50 (대학원생, 진학준비생, 취업준비생)	

1) 경제활동참가율 50%

   = 경제활동인구 / 생산가능인구 = 경제활동인구 / (경제활동인구 + 비경제활동인구)

2) 실업률 20%

   = 실업자 / 경제활동인구 = 실업자 / (실업자 + 취업자)

3) 고용률

   = 취업자 / 생산가능인구 = 취업자 / (실업자 + 취업자 + 비경제활동인구)

설문에서 무급가족종사자를 18시간 이상으로 가정하여 풀면 경제활동참가율은 50%, 실업률은 20%가 된다.

다음의 통계로부터 구한 생산가능인구는? ▶ 2018년 보험계리사

경제활동참가율 : 50%
실업률 : 20%
취업자 : 2,600만 명

① 3,000만 명   ② 3,250만 명
③ 6,000만 명   ④ 6,500만 명

출제이슈 실업률
핵심해설 정답 ④

15세 이상 생산가능인구(P) $y = 6,500$	경제활동인구(L) $2,600 + x = 3,250$	취업자(E) 2,600	임금근로자
			질병휴직자
			무급가족종사자 (18시간 이상)
		실업자(U) $x = 650$	
	비경제활동인구(NL)	주부	
		학생 (대학원생, 진학준비생, 취업준비생)	

1) 경제활동참가율 = $3,250/y = 0.5$ 따라서 $y = 6,500$
   = 경제활동인구 / 생산가능인구 = 경제활동인구 / (경제활동인구 + 비경제활동인구)

2) 실업률 = $x/(2,600 + x) = 0.2$, 따라서 $x = 650$
   = 실업자 / 경제활동인구 = 실업자 / (실업자 + 취업자)

3) 고용률
   = 취업자 / 생산가능인구 = 취업자 / (실업자 + 취업자 + 비경제활동인구)

4) 경제활동참가율, 실업률, 고용률 간 관계
   고용률 = 경제활동참가율 × (1 − 실업률)

t시점의 실업률은 10%, 경제활동참가율은 50%이다. t시점과 $t+1$시점 사이에 아래와 같은 변화가 발생할 때, $t+1$시점의 실업률은? (단, 취업자와 비경제활동인구 사이의 이동은 없고, 소수점 둘째자리에서 반올림하여 소수점 첫째자리까지 구한다.) ▶ 2024년 감정평가사

- 실업자 중에서
  - 취업에 성공하는 비율(구직률) : 20%
  - 구직을 단념하여 비경제활동인구로 편입되는 비율 : 10%
- 취업자 중에서 실직하여 구직활동을 하는 비율(실직률) : 1%
- 비경제활동인구 중에서 구직활동을 시작하는 비율 : 1%

① 8.9%　　　　② 9.5%　　　　③ 9.9%
④ 10.0%　　　　⑤ 10.5%

출제이슈 실업률
핵심해설 정답 ①

t시점 15세 이상 생산가능인구(P) 200	경제활동인구(L) 100	취업자(E) 90
		실업자(U) 10
	비경제활동인구(NL) 100	비경제활동인구(NL) 100

$t+1$시점 15세 이상 생산가능인구(P) 200	경제활동인구(L) 100	취업자(E) 90 + 2 − 0.9
		실업자(U) 10 − 2 − 1 + 0.9 + 1
	비경제활동인구(NL) 100	비경제활동인구(NL) 100 + 1 − 1

실업률 $u = \dfrac{10-2-1+0.9+1}{100} = \dfrac{8.9}{100} = 8.9\%$ 이다.

고용률에 관한 설명을 바르게 묶어 놓은 것은?　　　▶ 2015년 보험계리사

> ㉠ 생산가능인구 중 취업자의 비율이다.
> ㉡ 고용률은 항상 경제활동참가율보다 낮다.
> ㉢ 경제활동참가율과 고용률의 차이가 실업률이 된다.

① ㉠, ㉡

② ㉠, ㉢

③ ㉡, ㉢

④ ㉠, ㉡, ㉢

출제이슈 경제활동참가율 vs 실업률 vs 고용률
핵심해설 정답 ①

㉠ 옳은 내용이다.
　 고용률은 생산가능인구 중 취업자의 비율이다.

㉡ 엄격하게는 틀린 내용이지만, 특정한 가정하에서는 옳은 내용이다.
　 경제활동참가율은 생산가능인구에서 경제활동인구가 차지하는 비율이며, 고용률은 생산가능인구에서 취업자가
　 차지하는 비율이다. 따라서 실업자가 0이어서 경제활동인구와 취업자가 일치하는 경우에는 경제활동참가율과
　 고용률은 동일하다. 그러한 경우를 제외하고는 고용률은 항상 경제활동참가율보다 낮다.

㉢ 틀린 내용이다.
　 위의 산식에서 고용률 = 경제활동참가율 × (1 − 실업률)이 된다. 따라서 경제활동참가율과 고용률의 차이는
　 실업률이 아니라 실업률에 경제활동참가율을 곱한 값이 된다.

> 대부분의 나라에서 구직 단념자는 비경제활동인구로 분류하고 있다. 만약 구직 단념자를 실업자로 간주한다면 경제활동참가율, 실업률, 고용률은 각각 어떻게 되겠는가? ▶ 2014년 서울시 7급
>
> ① 경제활동참가율 - 상승, 실업률 - 상승, 고용률 - 불변
> ② 경제활동참가율 - 상승, 실업률 - 하락, 고용률 - 상승
> ③ 경제활동참가율 - 불변, 실업률 - 상승, 고용률 - 상승
> ④ 경제활동참가율 - 불변, 실업률 - 하락, 고용률 - 하락
> ⑤ 경제활동참가율 - 상승, 실업률 - 불변, 고용률 - 상승

출제이슈 경제활동참가율 vs 실업률 vs 고용률
핵심해설 정답 ①

현행 실업률 통계에서는 구직단념자(실망실업자)는 비경제활동인구로서 실업자에 포함되지 않고 있다.

만일 구직단념자를 실업자로 간주한다면, 구직단념자는 이제 비경제활동인구가 아니라 경제활동인구인 실업자로 편입된다. 그로 인한 통계수치 변화는 다음과 같다.

1) 기초데이터의 변화

　① 생산가능인구는 불변
　② 경제활동인구는 증가
　③ 실업자는 증가
　④ 취업자는 불변

2) 경제활동참가율, 실업률, 고용률의 변화

　① 경제활동참가율
　　생산가능인구는 불변이지만, 경제활동인구는 증가하였으므로 경제활동참가율은 상승한다.

　② 실업률
　　경제활동인구도 증가하고 실업률도 증가하였으므로 실업률은 상승한다.

　　참고로 이는 대수적으로 분모가 분자보다 큰 상황에서 분모와 분자에 동시에 같은 수치가 더해졌을 경우의 상황이며 이를 수리적으로 증명하는 것은 간단하므로 독자 여러분이 직접 시도해 보기 바란다.

　③ 고용률
　　생산가능인구는 불변이고 취업자도 불변이므로 고용률도 불변이다.

Issue 03   자연실업률의 결정

실업자 중 직장을 구하는 비율(구직률)이 23%이고 취업자 중 직장을 잃는 비율(실직률)은 2%일 때, 구직자 수와 실직자 수가 일치하는 균제상태(steady state)에서의 실업률은?

▶ 2020년 보험계리사

① 5%   ② 6%   ③ 7%

④ 8%   ⑤ 9%

출제이슈   자연실업률
핵심해설   정답 ④

균제상태 $sE = fU$ 이므로 자연실업률 $= \dfrac{\text{실직률}}{\text{실직률} + \text{구직률}} = \dfrac{U}{L} = \dfrac{s}{s+f}$ 이다.

설문에서 실직률은 0.02, 구직률 0.23이므로 자연실업률은 $\dfrac{0.02}{0.02 + 0.23} = 0.08$ 이 된다.

경제활동인구가 6,000만 명으로 불변인 A국에서 매기 취업자 중 직업을 잃는 비율인 실직률이 0.05이고, 매기 실업자 중 새로이 직업을 얻는 비율인 구직률이 0.2이다. 균제상태(steady-state)에서의 실업자의 수는?

▶ 2022년 감정평가사

① 500만 명   ② 800만 명   ③ 900만 명

④ 1,000만 명   ⑤ 1,200만 명

출제이슈   자연실업률
핵심해설   정답 ⑤

설문에서 실직률은 0.05, 구직률 0.2이므로 자연실업률은 $\dfrac{0.05}{0.05 + 0.2} = 0.2$ 가 된다. 자연실업률은 균제상태에서의 실업률로서 실업자수가 경제활동인구에서 차지하는 비율이다. 따라서 $\dfrac{U}{6,000} = 0.2$ 가 성립한다.

결국 실업자수 $U = 1,200$(만 명)이 된다.

A국가는 경제활동인구가 1,000만 명이고 매 기간 동안 실직률(취업자 중 실직하는 사람의 비율)과 구직률(실직자 중 취업하는 사람의 비율)은 각각 2%와 18%이다. 균제상태(steady state)의 실업자 수는?

▶ 2021년 공인노무사

① 25만 명   ② 40만 명   ③ 50만 명

④ 75만 명   ⑤ 100만 명

출제이슈 자연실업률
핵심해설 정답 ⑤

1) 균제상태

설문에서 매 기간 동안 실업자 중 새로운 일자리를 얻는 사람의 수가 $fU = 0.18U$이고 취업자 중 일자리를 잃는 사람의 수는 $sE = 0.02E$이며 $0.18U = 0.02E$가 성립한다. 균제상태에서 경제활동인구가 1,000(만 명)으로 고정되어 있고 실업자의 수는 U로 불변이다.

2) 실업률 구하기

균제상태에서의 실업률은 $\dfrac{s}{s+f} = \dfrac{0.02}{0.02+0.18} = 0.1$이 된다. 그런데 실업률은 경제활동인구에서 실업자가 차지하는 비율이므로 $\dfrac{U}{L} = \dfrac{U}{1,000}$가 된다. 따라서 $\dfrac{U}{1,000} = 0.1$이 성립하므로 실업자 수 $U = 100$(만 명)이 된다.

경제활동인구가 일정한 경제에서 안정상태(steady state)의 실업률이 10%이다. 매월 취업자 중 2%가 직장을 잃고 실업자가 되는 경우, 기존의 실업자 중 매월 취업을 하게 되는 비율은?

▶ 2020년 국가직 7급

① 2%   ② 8%

③ 10%   ④ 18%

출제이슈 자연실업률
핵심해설 정답 ④

균제상태 $sE = fU$이므로 자연실업률 $= \dfrac{실직률}{실직률 + 구직률} = \dfrac{U}{L} = \dfrac{s}{s+f}$ 이다.

설문에서 자연실업률이 0.1, 실직률은 0.020이므로 구직률은 $0.1 = \dfrac{0.02}{0.02 + 구직률}$에서 구할 수 있다.

따라서 구직률은 0.18 혹은 18%가 된다.

갑국은 경제활동인구가 1,000만 명으로 고정되어 있으며 실업률은 변하지 않는다. 매 기간 동안 실업자 중 새로운 일자리를 얻는 사람의 수가 47만 명이고, 취업자 중 일자리를 잃는 사람의 비율(실직률)이 5%로 일정하다. 갑국의 실업률은? ▶ 2019년 감정평가사

① 3% ② 4% ③ 4.7% ④ 5% ⑤ 6%

출제이슈 자연실업률
핵심해설 정답 ⑤

1) 균제상태

설문에서 매 기간 동안 실업자 중 새로운 일자리를 얻는 사람의 수가 47만 명이므로 실업률은 불변인 균제상태에서는 취업자 중 일자리를 잃는 사람의 수도 47만 명으로 동일하게 된다.

즉 $sE = fU = 47$(만 명)이 성립한다.

2) 취업자 및 실업자 구하기

① 취업자 중 일자리를 잃는 사람의 비율은 5%이고, 그 수가 47(만 명)임을 고려하면, 취업자의 수는 940(만 명)이 된다.

② 경제활동인구가 1,000(만 명)으로 고정되어 있으므로 실업자의 수는 60(만 명)이 된다.

3) 실업률 구하기

실업률은 경제활동인구에서 실업자가 차지하는 비율이므로 60/1,000 = 0.06이 된다.

Issue 04 비자발적 실업의 원인

효율성임금(efficiency wage)이론에 따르면 기업은 노동자에게 균형임금보다 높은 수준의 임금을 지급한다. 옳은 것을 모두 고른 것은?
▶ 2017년 감정평가사

ㄱ. 노동자의 생산성을 높일 수 있다.
ㄴ. 노동자의 근무태만이 늘어난다.
ㄷ. 노동자의 이직률을 낮출 수 있다.

① ㄷ   ② ㄱ, ㄴ   ③ ㄱ, ㄷ
④ ㄴ, ㄷ   ⑤ ㄱ, ㄴ, ㄷ

출제이슈 효율적 임금이론
핵심해설 정답 ③

ㄱ. 옳은 내용이다.
　기업은 노동자에게 높은 실질임금을 제공함으로써 노동자의 생산성을 높일 수 있다. 전통적 이론에서는 노동의 생산성이 임금을 결정한다고 보고 있으나 효율적 임금이론에서는 임금이 노동의 생산성을 결정할 수 있다고 보았다.

ㄴ. 틀린 내용이다.
　근무태만모형(shirking model)에 의하면, 기업은 노동자에게 높은 실질임금을 제공함으로써 노동자의 근무태만을 방지하여 노동의 생산성을 높일 수 있다.

ㄷ. 옳은 내용이다.
　이직모형(job turnover model)에 의하면, 기업은 노동자에게 높은 실질임금을 제공함으로써 노동자의 이직을 줄일 수 있고, 교육훈련비용을 절감할 수 있다.

효율임금이론에 관한 설명으로 옳지 않은 것은? ▶ 2020년 감정평가사

① 높은 임금을 지급할수록 노동자 생산성이 높아진다.
② 높은 임금은 이직률을 낮출 수 있다.
③ 높은 임금은 노동자의 도덕적 해이 가능성을 낮출 수 있다.
④ 효율임금은 시장균형임금보다 높다.
⑤ 기업이 임금을 낮출 경우 생산성이 낮은 노동자보다 높은 노동자가 기업에 남을 확률이 높다.

출제이슈 효율적 임금이론
핵심해설 정답 ⑤

① 옳은 내용이다.
효율적 임금이론에 의하면 기업은 노동자에게 높은 실질임금을 제공함으로써 생산성을 높일 수 있다. 즉, 기업은 노동자들의 높은 생산성을 유도하기 위하여 균형실질임금보다 더 높은 실질임금을 책정할 유인이 생긴다.

② 옳은 내용이다.
이직모형(job turnover model)에 의하면, 기업은 직원의 이직을 막고 교육훈련비용의 절감을 위해서 높은 임금을 지급한다.

③ 옳은 내용이다.
근무태만모형(shirking model)에 의하면, 기업은 근무태만을 방지하기 위해서 시장임금보다 높은 수준의 임금을 지급한다.

④ 옳은 내용이다.
기업은 노동자들의 높은 생산성을 유도하기 위하여 균형실질임금보다 더 높은 실질임금을 책정할 유인이 있다. 균형임금보다 높은 효율임금으로 인하여 노동시장이 초과공급상태에 있다고 하더라도 기업은 생산성 하락이 염려되어 계속하여 높은 실질임금을 유지하게 된다.

⑤ 틀린 내용이다.
역선택모형(adverse selection model)에 의하면, 기업은 우수한 직원을 채용하기 위하여 높은 수준의 임금을 지급한다. 만일 기업이 임금을 낮출 경우 생산성이 높은 노동자는 자발적으로 퇴사하고, 보다 생산성이 떨어지는 노동자가 기업에 남을 확률이 높다.

> **효율임금이론에 관한 설명으로 옳은 것은?** ▶ 2022년 공인노무사
>
> ① 효율임금이 노동시장의 균형임금과 동일하여 비자발적 실업이 발생하지 않는다.
> ② 동일한 업무를 수행하지만 서로 다른 기업의 노동자 임금수준이 지속적으로 다른 경우는 효율임금이론으로 설명된다.
> ③ 효율임금이론은 노동자의 이동이 단기적으로 활발하여 균형임금이 효율적으로 결정되는 경우를 가정한다.
> ④ 효율임금을 지급하는 경우 소득효과로 인하여 노동의 태만이 증가한다.
> ⑤ 효율임금을 지급하는 경우 생산성이 낮은 노동자만 남는 역선택 문제가 야기된다.

출제이슈 효율적 임금이론
핵심해설 정답 ②

① 틀린 내용이다.
효율적 임금이론에 의하면, 기업은 노동자에게 높은 실질임금을 제공함으로써 생산성을 높일 수 있다. 전통적인 미시경제이론에 의하면, 노동자가 받는 임금은 노동생산성에 의해서 결정되지만, 효율적 임금이론에 의하면, 노동임금이 노동생산성을 결정한다. 즉, 기업은 노동자들의 높은 생산성을 유도하기 위하여 균형실질임금보다 더 높은 실질임금을 책정할 유인이 생긴다. 또한 노동시장이 초과공급상태에 있다고 하더라도 기업은 생산성 하락이 염려되어 계속하여 높은 실질임금을 유지할 유인이 있다. 이러한 지속적인 높은 수준의 실질임금에 의해 노동시장에 초과균형의 불균형이 발생하고 비자발적 실업이 지속된다. 따라서 효율적 임금은 균형임금 수준보다 높은 수준에서 형성되어 비자발적 실업을 발생시킨다.

② 옳은 내용이다.
효율적 임금이론에 의하면, 특정 기업은 동일하거나 유사한 업무에 있어서, 자신의 노동자에게 다른 기업의 노동자보다 높은 실질임금을 제공함으로써 생산성을 보다 높일 수 있다.

③ 틀린 내용이다.
효율적 임금이론의 이직모형(job turnover model)에 의하면, 기업은 직원의 이직을 막기 위해서 높은 임금을 지급한다. 기업이 낮은 임금을 지급할 경우 낮은 임금에 만족하지 못하는 직원들은 다른 직장으로 이직을 시도할 것이며 임금이 낮으면 낮을수록 직원의 이직은 빈번하게 발생할 것이다. 이에 따라서 이직한 직원을 대신할 새로운 직원을 채용하고 교육훈련을 시키게 되는데 이에는 막대한 비용이 들게 된다. 따라서 기업은 직원의 이직에 따른 비용을 줄이기 위하여 높은 임금을 지급하여 이직을 막고 근로효율을 높이 유지하려 한다. 결국 효율적 임금에 의하여 기업 간 노동자의 이동이 저해되고 활발하지 않게 된다.

Issue 05 인플레이션의 효과(비용)

예상보다 높은 인플레이션이 발생할 경우 나타나는 효과에 관한 설명으로 옳지 않은 것은?

▶ 2021년 감정평가사

① 누진세 체계하에서 정부의 조세수입은 감소한다.
② 채무자는 이익을 보지만 채권자는 손해를 보게 된다.
③ 고정된 화폐소득을 얻는 봉급생활자는 불리해진다.
④ 명목 국민소득이 증가한다.
⑤ 화폐의 구매력이 감소한다.

출제이슈 인플레이션의 효과(비용)
핵심해설 정답 ①

① 틀린 내용이다.
　예상보다 높은 인플레이션으로 명목임금이 상승할 경우 누진세 체계를 고려하면 정부의 조세수입은 증가하게 된다.

② 옳은 내용이다.
　예상보다 높은 인플레이션으로 인하여 부와 소득의 재분배가 나타나는데 특히 인플레이션으로 인하여 화폐가 치가 하락함에 따라 고정된 채무액을 변제받는 채권자는 손해를 보고, 반대로 고정된 채무액을 변제하는 채무 자는 이익을 보게 된다.

③ 옳은 내용이다.
　인플레이션으로 인하여 화폐가치가 하락함에 따라 고정된 화폐소득을 얻는 봉급생활자는 불리해진다.

④ 옳은 내용이다.
　인플레이션으로 인하여 전반적으로 물가가 상승하기 때문에 명목 국민소득은 증가한다.

⑤ 옳은 내용이다.
　인플레이션으로 인하여 화폐가치가 하락함에 따라 화폐의 구매력은 감소한다.

인플레이션이 경제에 미치는 영향으로 옳지 않은 것은? ▶ 2019년 지방직 7급

① 확실하게 예상되는 인플레이션은 노동자보다 기업에 더 큰 비용을 초래한다.
② 인플레이션이 확실하게 예상되는 경우, 예상 인플레이션율은 명목이자율과 실질이자율 간 차이와 같게 된다.
③ 인플레이션에 대한 예상이 어려우면 장기계약 체결이 어려워진다.
④ 예상되지 않은 인플레이션은 고정 연금 수령자에게 불리하다.

출제이슈 인플레이션의 효과(비용)
핵심해설 정답 ①

① 틀린 내용이다.
확실하게 예상되는 인플레이션이 노동자보다 기업에만 더 큰 비용을 초래하는 것은 아니며, 노동자 측과 기업 측 모두 인플레이션으로 인한 부담을 안게 된다. 다만, 인플레이션이 예상되는 경우 노사 간 임금인상 협상, 기업의 상품가격 인상 계획으로 반영될 수 있어서 예상되지 않은 인플레이션에 비하여 그 비용이 크지는 않다고 할 수 있다. 예상된 인플레이션의 비용으로는 인플레이션세, 구두창비용, 메뉴비용, 계산단위비용 등을 들 수 있다.

② 옳은 내용이다.
인플레이션이 확실하게 예상되는 경우, 예상 인플레이션율은 명목이자율과 실질이자율 간 차이와 같게 된다. 이를 피셔방정식이라고 한다.

참고로 피셔방정식은 명목이자율과 실질이자율, 인플레이션율 간의 식으로서 아래와 같다.
명목이자율 i_t = 실질이자율 r_t + 기대인플레이션율 π_t^e

특히 실질이자율이 불변인 경우, 기대인플레이션율과 명목이자율 간 일대일 대응관계를 나타내는데 이를 피셔효과라고 한다. 예상치 못한 인플레이션으로 인하여 인플레이션율을 예상하기 어려운 경우에는 피셔방정식 및 피셔효과가 성립하기 어렵게 된다.

③ 옳은 내용이다.
인플레이션에 대한 예상이 어려우면 계약당사자 간 미래 예상이 일치하지 않기 때문에 장기계약에 있어서 계약조건을 협상하기가 매우 어려워진다.

④ 옳은 내용이다.
예상되지 않은 인플레이션으로 인해서 고정연금의 실질가치가 하락하는 경우 고정연금 수령자에게 매우 불리할 뿐만 아니라 예상치 못한 인플레이션으로 고정연금의 가치를 예상할 수 없기 때문에 향후 합리적인 지출계획 등을 세우는 것도 어려워지게 된다.

인플레이션에 관한 설명으로 옳지 않은 것은? ▶ 2023년 감정평가사

① 메뉴비용은 인플레이션에 맞춰 가격을 변경하는 데에 발생하는 각종 비용을 말한다.
② 디스인플레이션(disinflation) 상황에서는 물가상승률이 감소하고 있지만 여전히 물가는 상승한다.
③ 초인플레이션은 극단적이고 장기적인 인플레이션으로 통제가 어려운 상황을 말한다.
④ 구두창비용은 인플레이션에 따라 발생하는 현금 관리 비용을 말한다.
⑤ 디플레이션은 인플레이션이 진행되는 상황에서 경제가 침체하는 상황을 말한다.

출제이슈 인플레이션의 의의와 효과(비용)
핵심해설 정답 ⑤

① 옳은 내용이다.
물가상승에 따라서 가격을 인상해야 하는 경우 가격표를 변경해야 하는데 이에 소요되는 제반 비용을 총칭하여 메뉴비용이라고 한다.

② 옳은 내용이다.
인플레이션이 물가수준이 지속적으로 "상승"하는 현상을 의미한다면, 반면 디플레이션(deflation)은 물가수준이 지속적으로 "하락"하는 현상을 의미한다. 이와 구별할 개념으로 디스인플레이션(disinflation)이란 물가상승률의 하락으로서 반인플레이션정책 혹은 물가억제정책에서 사용하는 개념이다. 따라서 디스인플레이션 상황에서 물가는 상승하고 물가상승률은 하락할 수 있음에 유의하자.

③ 옳은 내용이다.
초인플레이션(hyperinflation)이란 어느 한 경제의 일반 물가수준이 매우 급격히 증가하는 현상으로서 대략 1개월 기준으로 50% 이상의 물가상승이 1년 이상 지속되는 것을 말한다. 초인플레이션의 원인으로는 주로 통화공급의 급격한 증가를 들 수 있다. 실례로 초인플레이션을 경험한 국가에서는 가게 종업원들이 가격표 교체에 많은 시간을 투입하는 등 메뉴비용이 급증하게 되었다. 또한 통화가치의 급변에 따라서 채권자와 채무자 사이의 부의 재분배현상이 나타나게 된다.

④ 옳은 내용이다.
현금보유자는 물가상승에 따라 화폐가치가 감소하므로 가급적 화폐를 적게 보유하려고 할 것이다. 이에 따라 현명한 현금잔고 관리차원에서 필요할 때마다 은행에 방문하여 현금을 인출해야 한다. 이를 위해서는 은행방문에 따른 시간이나 교통비 등 제반비용이 소요되는데 이를 구두창비용이라고 한다.

⑤ 틀린 내용이다.
유가 상승. 원자재 가격 상승 등 불리한 공급충격 혹은 부의 공급충격이 발생할 경우 총공급곡선이 좌상방으로 이동하게 된다. 따라서 물가는 상승하고 생산은 감소하고 실업률은 상승한다. 이를 경기침체 상태에서의 인플레이션이라는 의미로 스태그플레이션이라고 한다.

인플레이션에 관한 설명으로 옳지 않은 것은?   ▶ 2017년 감정평가사

① 프리드만(M.Friedman)에 따르면 인플레이션은 언제나 화폐적 현상이다.
② 정부가 화폐공급을 통해 얻게 되는 추가적인 재정수입이 토빈세(Tobin tax)이다.
③ 비용상승 인플레이션은 총수요관리를 통한 단기 경기안정화정책을 어렵게 만든다.
④ 예상하지 못한 인플레이션은 채권자에서 채무자에게로 소득분배를 야기한다.
⑤ 인플레이션이 예상되는 경우에도 메뉴비용(menu cost)이 발생할 수 있다.

출제이슈 인플레이션의 효과(비용)
핵심해설 정답 ②

① 옳은 내용이다.
 인플레이션이란 일반물가수준이 지속적으로 상승하는 것이므로 이는 총수요의 지속적인 증가에서 찾아볼 수 있으며 이러한 인플레이션을 수요견인 인플레이션이라고 한다. 이러한 수요증가를 가져오는 요인은 크게 두 가지가 있다. 첫째는 통화량 증가와 같은 화폐적 요인이 있고, 둘째는 소비나 투자의 증가와 같은 실물적 요인이 있다. 특히, 프리드만을 위시한 통화론자들은 통화량 증가라는 화폐적 요인을 매우 중시하여 인플레이션은 언제 어디서나 화폐적 현상이라고 주장하였다(Inflation is always and everywhere a monetary phenomenon).

② 틀린 내용이다.
 정부가 화폐공급을 통해 얻게 되는 추가적인 재정수입은 화폐발행이득(시뇨리지, seigniorage)이다. 정부는 통화량을 증가시킴에 따라서 주조차익을 획득할 수 있는데 그 이득은 통화증가율에 유통되는 실질화폐량을 곱한 만큼이 된다(주조차익 = 통화증가율 × 실질화폐량). 만일 물가상승이 오로지 통화증가에 의해서만 발생하는 극단적인 경우라면 화폐발행이득은 인플레이션세가 된다.

③ 옳은 내용이다.
 유가 상승, 원자재 가격 상승 등 불리한 공급충격이 발생할 경우 총공급곡선이 좌상방으로 이동하게 된다. 이로 인해서 물가는 상승하고 생산은 감소하고 실업률은 상승한다. 이를 경기침체 상태에서의 인플레이션이라는 의미로 스태그플레이션이라고 한다. 스태그플레이션이 발생할 경우에는 총수요관리정책으로는 물가하락과 경기진작의 두 가지 목표를 동시에 잡을 수 없기 때문에 무력하다.

④ 옳은 내용이다.
 예상하지 못한 인플레이션으로 인하여 화폐의 가치가 하락하게 되므로 고정된 금전소비대차금액을 지불하는 측인 채무자는 실질이자율의 하락으로 이득을 보고, 지불받는 측인 채권자는 실질이자율의 하락으로 손해를 본다. 따라서 인플레이션으로 인해서 채권자에게서 채무자에게로 소득재분배가 나타난다.

⑤ 옳은 내용이다.
 인플레이션이 예상되면, 예상되는 물가상승을 고려하여 계약당사자 간 계약조건의 변경이 발생하므로 변경에 따른 비용은 있다. 물론 그 비용은 예상치 못한 인플레이션에 비하여 크지 않다. 예를 들면, 노동자 측과 기업 간 임금인상 협상, 기업의 상품가격 인상 계획 및 실행에 따른 비용이다. 따라서 예상된 인플레이션의 경우라고 하더라도 인플레이션세, 구두창비용, 메뉴비용, 계산단위비용 등이 발생한다.

인플레이션에 대한 설명으로 옳은 것만을 모두 고르면? ▶ 2022년 지방직 7급

ㄱ. 현금보유를 줄이는 데 드는 비용을 인플레이션에 따른 구두창비용(shoeleather cost)이라고 한다.

ㄴ. 예상치 못한 인플레이션은 사람들의 능력과 무관하게 채권자에게 유리한 방식으로 부(wealth)를 재분배한다.

ㄷ. 인플레이션이 안정적이고 예측 가능한 경우 메뉴비용(menu cost)은 발생하지 않는다.

ㄹ. 중앙은행이 기준금리를 인상하면 인플레이션율을 낮출 수 있다.

① ㄱ, ㄴ　　　　　　　　　② ㄱ, ㄹ

③ ㄴ, ㄷ　　　　　　　　　④ ㄷ, ㄹ

출제이슈　인플레이션의 효과(비용)
핵심해설　정답 ②

ㄱ. 옳은 내용이다.

현금보유자는 물가상승에 따라 화폐가치가 감소하므로 가급적 화폐를 적게 보유하려고 할 것이다. 이에 따라 필요할 때마다 은행에 방문하여 현금을 인출해야 한다. 이를 위해서는 은행방문에 따른 시간이나 교통비용 등이 소요되는데 이를 구두창비용이라고 한다.

ㄴ. 틀린 내용이다.

예상하지 못한 인플레이션으로 인하여 화폐의 가치가 하락하게 되므로 고정된 금전소비대차금액을 지불하는 측인 채무자는 실질이자율의 하락으로 이득을 보고 지불받는 측인 채권자는 실질이자율의 하락으로 손해를 본다. 따라서 인플레이션으로 인해서 채권자에게서 채무자에게로 소득재분배가 나타난다.

ㄷ. 틀린 내용이다.

인플레이션이 예상되면, 예상되는 물가상승을 고려하여 계약당사자 간 계약조건의 변경이 발생하므로 변경에 따른 비용은 있다. 물론 그 비용은 예상치 못한 인플레이션에 비하여 크지 않다. 예를 들면, 노동자 측과 기업 간 임금인상 협상, 기업의 상품가격 인상 계획 및 실행에 따른 비용이다. 따라서 예상된 인플레이션의 경우라고 하더라도 인플레이션세, 구두창비용, 메뉴비용, 계산단위비용 등이 발생한다. 물가상승에 따라서 가격을 인상해야 하는 경우 가격표를 변경해야 하는데 이에 소요되는 제반 비용을 총칭하여 메뉴비용이라고 한다.

ㄹ. 옳은 내용이다.

중앙은행이 기준금리를 인상하는 등 긴축적 통화정책을 시행하게 되면 총수요가 감소하면서 인플레이션율과 기대인플레이션율을 낮출 수 있게 된다.

인플레이션 조세(inflation tax)에 대한 설명으로 옳지 않은 것은?   ▶2019년 지방직 7급

① 정부가 세금부과나 차입 등 통상적인 방법을 통해 필요한 재원을 조달할 수 없는 경우에 나타날 수 있다.
② 화폐발행권자는 통화량을 증가시킴으로써 주조차익(seigniorage)을 얻는다.
③ 인플레이션 조세의 실질적인 부담자는 화폐를 보유한 모든 경제주체이다.
④ 인플레이션 조세는 형평성 차원에서 경제 전반에 나타나는 부익부 빈익빈 현상의 완화에 기여한다.

출제이슈 인플레이션 조세
핵심해설 정답 ④

① 옳은 내용이다.
   정부는 재원마련을 위해서 통상은 세금부과나 국공채 발행 등을 통한 차입의 방법을 이용한다. 만일 이러한 통상적인 방법으로 재원을 조달할 수 없을 경우에 화폐발행을 통하여 예외적으로 재원을 조달할 수 있다.

② 옳은 내용이다.
   화폐발행권자는 통화량을 증가시킴으로써 그에 따른 주조차익(seigniorage)을 얻게 되는데 이는 통화증가율에다 유통되는 실질화폐량을 곱한 만큼이 된다.

③ 옳은 내용이다.
   인플레이션으로 인하여 민간의 화폐실질잔고는 물가상승률만큼 가치가 하락하여 감소하게 된다. 따라서 인플레이션 조세의 실질적인 부담자는 화폐를 보유한 모든 경제주체가 된다.

④ 틀린 내용이다.
   인플레이션세는 결국 민간이 정부에 세금을 내는 것과 유사하므로 민간부문에서 정부부문으로 부의 재분배가 발생하게 되므로 형평성 차원의 부익부 빈익빈 완화에 기여하는 것은 아니다.

PART · 02

화폐발행이득(seigniorage)에 관한 설명으로 옳은 것을 모두 고른 것은? ▶2018년 공인노무사

ㄱ. 정부가 화폐공급량 증가를 통해 얻게 되는 추가적 재정수입을 가리킨다.
ㄴ. 화폐라는 세원에 대해 부과하는 조세와 같다는 뜻에서 인플레이션 조세라 부른다.
ㄷ. 화폐공급량 증가로 인해 생기는 인플레이션이 민간이 보유하는 화폐자산의 실질가치를 떨어뜨리는 데서 나온다.

① ㄱ   ② ㄴ   ③ ㄱ, ㄷ
④ ㄴ, ㄷ   ⑤ ㄱ, ㄴ, ㄷ

출제이슈 화폐발행이득과 인플레이션세
핵심해설 정답 ⑤

ㄱ. 옳은 내용이다.
　정부는 통화량을 증가시킴에 따라서 주조차익을 획득할 수 있는데, 정부가 화폐공급을 통해 얻게 되는 추가적인 재정수입을 화폐발행이득(시뇨리지, seigniorage)이라고 한다.

ㄴ. 옳은 내용이다.
　정부가 통화량을 증가시켜 발생한 인플레이션은 마치 조세와 같이 화폐보유자에게 부담을 초래하게 되는데 이를 인플레이션 조세라고 한다. 인플레이션세는 물가상승률에다 보유한 실질화폐량을 곱한 만큼이 되므로 마치 실질화폐보유량을 세원으로 하는 조세와 같다.

ㄷ. 옳은 내용이다.
　정부가 통화량을 증가시켜 발생한 인플레이션은 화폐가치를 떨어뜨려 민간의 화폐실질잔고를 감소시키게 된다. 즉 민간의 화폐실질잔고는 물가상승률만큼 하락한다.

주조차익(seigniorage)과 인플레이션 조세(inflation tax)에 관한 설명으로 옳은 것은?

▶ 2025년 감정평가사

① 실물변수가 변화하지 않는 장기 균형 상황에서는 주조차익과 인플레이션 조세는 같다.

② 인플레이션이 발생하지 않으면, 주조차익은 0이다.

③ 통화량이 감소하면, 주조차익은 증가한다.

④ 물가상승률이 통화증가율보다 크면, 인플레이션 조세가 주조차익보다 작다.

⑤ 통화증가율이 0이고 인플레이션이 커지면, 주조차익도 커진다.

출제이슈 주조차익과 인플레이션세

핵심해설 정답 ①

1) 인플레이션세 = 물가상승률 × 실질화폐량

2) 주조차익(시뇨리지) = 통화증가율 × 실질화폐량

3) 장기균형하에서 물가상승률과 통화증가율이 일치하는 경우 인플레이션세와 주조차익은 같다.

디플레이션에 대한 설명으로 옳지 않은 것은?　　　　　　　　　▶ 2022년 국가직 9급

① 소비가 지연됨에 따라 GDP에 부정적인 영향을 줄 수 있다.

② 인플레이션과 마찬가지로 부와 소득의 재분배가 초래될 수 있다.

③ 주식 및 부동산 가격 하락은 부의 효과(wealth effect)를 통해 소비를 더 크게 위축시킬 수 있다.

④ 전월물가상승률이 10%에서 금월 1%로 하락하였다면 디플레이션이 발생한 것이다.

출제이슈　디플레이션의 효과(비용)

핵심해설　정답 ④

① 옳은 내용이다.

현실의 디플레이션으로 인하여 소비자들에게 디플레이션 기대가 발생할 경우 소비자들은 앞으로 물가가 하락할 것으로 생각하기 때문에 지금 소비하기보다는 미래로 소비를 연기시키게 된다. 이로 인해서 현재의 총수요는 더욱 위축된다. 총수요의 위축은 GDP를 감소시켜 부정적인 영향을 준다.

② 옳은 내용이다.

인플레이션으로 인하여 채권자는 손해를 보고, 채무자는 실질 채무부담이 감소하여 이익을 보게 된다. 반대로 디플레이션으로 인하여 채권자는 이익을 보고, 채무자는 실질 채무부담이 증가하여 손해를 보게 된다. 따라서 고정금리의 경우라면 채무자의 실질 채무부담이 가중된다. 따라서 디플레이션은 인플레이션과 마찬가지로 부와 소득의 재분배를 초래할 수 있다.

③ 옳은 내용이다.

주식이나 부동산 가격하락으로 인해서 자산의 실질가치가 감소하면 개인의 부가 감소한다. 부가 소비에 영향을 미침을 고려하면 부의 감소에 따라 소비수요가 감소하여 결국 총수요가 감소하게 된다. 이를 "부의 효과 또는 자산효과"라고 한다.

④ 틀린 내용이다.

인플레이션은 물가수준이 지속적으로 "상승"하는 현상을 의미한다면, 반면에 디플레이션(deflation)은 물가수준이 지속적으로 "하락"하는 현상을 의미한다. 구별할 개념으로 디스인플레이션(disinflation)이란 물가상승률의 하락으로서 반인플레이션정책 혹은 물가억제정책에서 사용하는 개념이다. 설문에서 전월물가상승률이 10%에서 금월 1%로 하락하더라도 여전히 물가수준은 지속적으로 상승하고 있으므로 인플레이션이 발생한 것이다.

디플레이션(deflation)이 경제에 미치는 효과로 볼 수 없는 것은? ▶ 2016년 국가직 9급

① 고정금리의 경우, 채무자의 실질 채무부담이 증가한다.
② 명목이자율이 일정할 때 실질이자율이 내려간다.
③ 명목연금액이 일정할 때 실질연금액은 증가한다.
④ 디플레이션이 가속화될 것이라는 예상은 화폐수요를 증가시킨다.

출제이슈 디플레이션의 효과(비용)
핵심해설 정답 ②

① 옳은 내용이다.
인플레이션으로 인하여 채권자는 손해를 보고, 채무자는 실질 채무부담이 감소하여 이익을 보게 된다. 반대로 디플레이션으로 인하여 채권자는 이익을 보고, 채무자는 실질 채무부담이 증가하여 손해를 보게 된다. 따라서 고정금리의 경우라면 채무자의 실질 채무부담이 가중된다.

② 틀린 내용이다.
물가가 하락할 것이라는 디플레이션 기대는 화폐에 대한 수요를 증가시키고 실물자산에 대한 수요를 감소시킨다. 디플레이션 기대가 형성되면 명목자산(화폐)에 대한 수익률이 상승하므로 명목자산에 대한 수요가 증가하고 대신 실물자산에 대한 수요가 감소한다. 이는 실물자산 가격의 하락으로 이어져서 실물자산의 공급이 감소한다. 이에 따라 자본의 한계생산성이 상승하게 되므로 실질이자율은 상승한다.

특히 지문에서 명목이자율이 일정한 경우라면 피셔방정식에서 디플레이션으로 인한 예상물가상승률의 감소를 고려하면, 실질이자율이 상승하는 것을 쉽게 알 수 있다. 따라서 명목이자율이 일정할 때 실질이자율이 내려간다는 것은 잘못된 설명이다.

③ 옳은 내용이다.
명목연금액은 일정하더라도 디플레이션으로 인해 물가가 하락하므로 결국 실질연금액은 증가한다.

④ 옳은 내용이다.
물가가 하락할 것이라는 디플레이션 기대는 실물자산보다는 화폐자산에 대한 수요를 증가시킨다. 반대로 물가가 상승할 것이라는 인플레이션 기대는 화폐자산보다는 실물자산에 대한 수요를 증가시킨다. 왜냐하면, 인플레이션하에서는 화폐가치가 하락하고 디플레이션하에서는 화폐가치가 상승하기 때문이다.

Issue 06   인플레이션과 이자율

실질이자율이 가장 높은 것은? ▸2016년 감정평가사

① 명목이자율 = 1%,   물가상승률 = 1%

② 명목이자율 = 1%,   물가상승률 = −10%

③ 명목이자율 = 5%,   물가상승률 = 1%

④ 명목이자율 = 10%,   물가상승률 = 1%

⑤ 명목이자율 = 10%,   물가상승률 = 10%

출제이슈   피셔방정식
핵심해설   정답 ②

① 명목이자율 = 1%, 물가상승률 = 1%
    피셔방정식에 의하면 실질이자율은 명목이자율에서 물가상승률을 차감한 0%가 된다.

② 명목이자율 = 1%, 물가상승률 = −10%
    피셔방정식에 의하면 실질이자율은 명목이자율에서 물가상승률을 차감한 11%가 된다.

③ 명목이자율 = 5%, 물가상승률 = 1%
    피셔방정식에 의하면 실질이자율은 명목이자율에서 물가상승률을 차감한 4%가 된다.

④ 명목이자율 = 10%, 물가상승률 = 1%
    피셔방정식에 의하면 실질이자율은 명목이자율에서 물가상승률을 차감한 9%가 된다.

⑤ 명목이자율 = 10%, 물가상승률 = 10%
    피셔방정식에 의하면 실질이자율은 명목이자율에서 물가상승률을 차감한 0%가 된다.

명목이자율이 i, 실질이자율이 r, 예상인플레이션율이 π^ϵ이고, 피셔방정식(Fisher equation) 이 성립한다고 가정할 때, 옳지 않은 것은?

▶ 2012년 국가직 9급

① 예상인플레이션율은 $i-r$이다.

② 화폐보유의 실질수익률은 0이다.

③ 채권보유의 실질수익률은 $i-\pi^\epsilon$이다.

④ 채권보유의 실질수익률은 화폐보유의 실질수익률보다 i만큼 높다.

출제이슈 피셔방정식
핵심해설 정답 ②

① 옳은 내용이다.

피셔방정식 명목이자율 i_t = 실질이자율 r_t + 기대인플레이션율 π_t^e에 따라서 기대인플레이션율 π_t^e는 명목이 자율 i_t − 실질이자율 r_t가 된다.

② 틀린 내용이다.

화폐보유의 명목수익률은 0이므로, 피셔방정식 $i_t=r_t+\pi_t^e$에 따르면 화폐보유의 실질수익률은 $-\pi_t^e$가 된다. 따라서 틀린 내용이다.

③ 옳은 내용이다.

채권보유의 명목수익률이 i_t이므로, 피셔방정식 $i_t=r_t+\pi_t^e$에 따르면, 채권보유의 실질수익률은 $i_t-\pi_t^e$가 된다.

④ 옳은 내용이다.

앞에서 채권보유의 실질수익률은 $i_t-\pi_t^e$이고 화폐보유의 실질수익률은 $-\pi_t^e$이므로 채권보유의 실질수익률이 화폐보유의 실질수익률보다 i_t만큼 높다.

명목이자율이 15%이고 예상 인플레이션율은 5%이다. 이자소득에 대해 20%의 이자소득세가 부과된다면 세후 실질이자율은? ▶ 2016년 국가직 7급

① 3%   ② 5%

③ 7%   ④ 9%

출제이슈 피셔방정식과 과세

핵심해설 정답 ③

세후명목이자율은 $i_t(1-t) = 0.15(1-0.2) = 0.12$가 된다.

세후실질이자율은 $i_t(1-t) - 0.05 = 0.15(1-0.2) - 0.05 = 0.12 - 0.05 = 0.07$이 된다.

갑국과 을국의 실질이자율과 인플레이션은 다음 표와 같다. 명목이자소득에 대해 각각 25%의 세금이 부과될 경우, 갑국과 을국의 세후 실질이자율은 각각 얼마인가? (단, 피셔효과가 성립한다.) ▶ 2019년 감정평가사

	갑국	을국
실질이자율	4%	4%
인플레이션율	0%	8%

① 3%, 1%   ② 3%, 3%   ③ 3%, 9%

④ 4%, 4%   ⑤ 4%, 12%

출제이슈 피셔방정식과 과세

핵심해설 정답 ①

1) 갑국의 경우

설문에서 갑국의 세전실질이자율 $r_t = 0.04$, 인플레이션율 $\pi_t = 0$, 소득세율은 25%로 주어졌다.

① 먼저 세전명목이자율은 피셔방정식에 의하여 $i_t = 0.04$가 됨을 쉽게 알 수 있다.

② 이제 과세되어 세후명목이자율은 $i_t(1-t) = 0.04(1-0.25) = 0.03$가 된다.

③ 따라서 세후실질이자율은 $i_t(1-t) - \pi_t = 0.04(1-0.25) - 0 = 0.03 - 0 = 0.03$이 된다.

2) 을국의 경우

설문에서 을국의 세전실질이자율 $r_t = 0.04$, 인플레이션율 $\pi_t = 0.08$, 소득세율은 25%로 주어졌다.

① 먼저 세전명목이자율은 피셔방정식에 의하여 $i_t = 0.12$가 됨을 쉽게 알 수 있다.

② 이제 과세되어 세후명목이자율은 $i_t(1-t) = 0.12(1-0.25) = 0.09$가 된다.

③ 따라서 세후실질이자율은 $i_t(1-t) - \pi_t = 0.12(1-0.25) - 0.08 = 0.09 - 0.08 = 0.01$이 된다.

다음 중 옳은 것을 모두 고른 것은? (단, 피셔효과가 성립한다.) ▶ 2015년 감정평가사

ㄱ. 실질이자율은 명목이자율에서 인플레이션율을 뺀 것이다.
ㄴ. 예상보다 높은 인플레이션율은 채무자에게 유리하고 채권자에게는 불리하다.
ㄷ. 예상되는 미래인플레이션율의 상승은 예상되는 실질이자율을 상승시킨다.

① ㄱ   ② ㄴ   ③ ㄱ, ㄴ
④ ㄱ, ㄷ   ⑤ ㄴ, ㄷ

출제이슈 피셔방정식, 피셔효과, 먼델 – 토빈효과
핵심해설 정답 ③

ㄱ. 옳은 내용이다.
피셔방정식은 명목이자율과 실질이자율, 인플레이션율 간의 식으로서 실질이자율은 명목이자율에서 인플레이션율을 뺀 것이다.

ㄴ. 옳은 내용이다.
예상하지 못한 인플레이션으로 인하여 화폐의 가치가 하락하게 되므로 고정된 금전소비대차금액을 지불하는 측인 채무자는 실질이자율의 하락으로 이득을 보고 지불받는 측인 채권자는 실질이자율의 하락으로 손해를 본다. 따라서 인플레이션으로 인해서 채권자에게서 채무자에게로 소득재분배가 나타난다. 참고로 기대인플레이션율이 상승하는 경우 명목이자율이 일정할 때, 실질이자율이 하락하게 되는데 이를 먼델 – 토빈효과라고 한다.

ㄷ. 틀린 내용이다.
피셔방정식은 "명목이자율 i_t = 실질이자율 r_t + 기대인플레이션율 π_t^e"이므로 예상되는 미래인플레이션의 상승은 실질이자율의 하락으로 이어짐을 알 수 있다.

투자가 실질 이자율에 의해 결정되는 폐쇄경제 $IS-LM$모형에서 기대 인플레이션이 상승할 때 나타나는 결과로 옳은 것은? (단, IS곡선은 우하향, LM곡선은 우상향한다.)

▶ 2022년 감정평가사

① 명목 이자율과 실질 이자율이 모두 상승한다.
② 명목 이자율과 실질 이자율이 모두 하락한다.
③ 명목 이자율은 하락하고, 실질 이자율은 상승한다.
④ 실질 이자율은 상승하고, 생산량은 감소한다.
⑤ 실질 이자율은 하락하고, 생산량은 증가한다.

출제이슈 기대인플레이션의 상승과 먼델 – 토빈효과
핵심해설 정답 ⑤

원래 이 문제는 기대인플레이션이 반영된 $IS-LM$모형을 이용하여 쉽게 풀 수 있다. 그러나 해당 모형은 감정평가사 수험수준을 넘으므로 불필요하다. 따라서 이하에서는 피셔효과와 먼델 – 토빈효과를 통해서 쉽게 풀기로 한다.

피셔방정식에 의하면, 통화량이 증가하더라도 명목이자율이 하락하지 않고 오히려 상승할 수 있음을 알 수 있다. 즉, 화폐시장에서 통화량이 증가하여 단기적으로 명목이자율이 하락하더라도 인플레이션기대가 상승할 경우에는 장기적으로 명목이자율이 상승할 수 있다.

만일 실질이자율이 불변인 경우, 기대인플레이션율과 명목이자율 간 일대일 대응관계를 나타내는데 이를 피셔효과라고 한다. 그러나, 만일 실질이자율이 변화하는 경우에는 기대인플레이션율이 변화하더라도 명목이자율 간의 일대일 관계는 성립하지 않는다. 특히, 기대인플레이션율이 상승하는 경우 실질이자율이 하락하여 투자가 증가하게 되는데 이를 먼델 – 토빈효과라고 한다.

먼델 – 토빈효과에 의하면 기대인플레이션율이 상승할 경우 명목자산(화폐)에 대한 수익률이 하락하므로 명목자산에 대한 수요가 감소하고 대신 실물자산에 대한 수요가 증가한다. 이는 실물자산 가격의 상승으로 이어져서 실물자산의 공급이 증가한다. 이에 따라 자본의 한계생산성이 하락하게 되므로 실질이자율은 하락한다. 결국 기대인플레이션율의 상승으로 실질이자율이 하락하여 투자가 증가하게 되는 것이다.

위의 내용에 따라서 설문을 검토하면 다음과 같다.

기대인플레이션이 상승하면 명목자산보다는 실질자산에 대한 수요가 증가하면서 실물자산가격이 상승한다. 이에 따른 실물자산의 공급증가는 자본의 한계생산성 하락과 실질이자율 하락을 가져온다. 이에 따라 투자가 증가하여 생산이 증가한다. 한편, 피셔방정식에 의하면, 기대인플레이션율이 상승하고 실질이자율이 불변인 경우에 명목이자율은 상승한다. 만일 기대인플레이션율이 상승하고 실질이자율이 하락하는 경우에는 명목이자율의 상승폭이 실질이자율이 불변인 경우에 비해 제한될 수 있다.

> **화폐의 중립성이 성립하면 발생하는 현상으로 옳은 것은?** ▶ 2021년 감정평가사
>
> ① 장기적으로는 고전적 이분법을 적용할 수 없다.
> ② 통화정책은 장기적으로 실업률에 영향을 줄 수 없다.
> ③ 통화정책은 장기적으로 실질 경제성장률을 제고할 수 있다.
> ④ 통화정책으로는 물가지수를 관리할 수 없다.
> ⑤ 중앙은행은 국채 매입을 통해 실질이자율을 낮출 수 있다.

출제이슈 화폐의 중립성
핵심해설 정답 ②

① 틀린 내용이다.
  화폐의 중립성(the neutrality of money)은 통화량의 증가가 국민소득과 같은 주요 실질변수에 영향을 미치지 못하며 물가, 명목임금과 같은 명목변수에만 영향을 미치는 것을 말한다. 이는 명목변수와 실물변수가 완전히 분리되어 있다는 고전적 이분성(dichotomy)을 의미한다.

② 옳은 내용이다.
  화폐의 중립성은 통화량의 증가가 국민소득과 같은 주요 실질변수에 영향을 미치지 못하며 물가, 명목임금과 같은 명목변수에만 영향을 미치는 것이다. 따라서 통화정책으로는 장기적으로 실업률에 영향을 줄 수 없다.

③ 틀린 내용이다.
  화폐의 중립성은 통화량의 증가가 국민소득과 같은 주요 실질변수에 영향을 미치지 못하며 물가, 명목임금과 같은 명목변수에만 영향을 미치는 것이다. 따라서 통화정책으로는 장기적으로 실질 경제성장률에 영향을 줄 수 없다.

④ 틀린 내용이다.
  명목변수인 통화량의 변화는 명목변수인 물가수준만을 비례적으로 변화시키기 때문에 물가지수를 관리할 수 있다.

⑤ 틀린 내용이다.
  명목변수인 통화량의 변화는 명목변수인 물가수준만을 비례적으로 변화시킬 뿐 실물변수는 실물경제에서 독립적으로 결정되기 때문에 국채 매입 등의 통화정책으로는 실질이자율에 영향을 줄 수 없다.

Issue 07 필립스곡선

실업과 인플레이션 및 이들의 관계를 나타내는 필립스곡선에 대한 다음 설명 중 가장 옳은 것은?

▶ 2017년 서울시 7급

① 총공급 측면에서의 충격은 실업과 인플레이션 사이의 상충관계를 가져온다.
② 미래 인플레이션에 대한 합리적 기대하에서는 예상하지 못한 확장적 통화정책도 단기적으로 실제 실업률을 자연실업률보다 낮은 수준으로 하락시킬 수 없다.
③ 프리드만(M. Friedman)과 펠프스(E. Phelps)의 기대가 부가된 필립스곡선에서 인플레이션에 대한 예측은 적응적 기대 방식으로 이루어진다.
④ 총공급곡선이 우상향하는 경우 재정확대 정책은 필립스곡선을 좌측으로 이동시킨다.

출제이슈 필립스곡선
핵심해설 정답 ③

③ 옳은 내용이다.
필립스곡선은 인플레이션율(명목임금상승률)과 실업률 간에 단기적으로 부의 상관관계가 있음을 나타내는 곡선이다. 오쿤의 법칙을 적용할 경우, 필립스곡선은 총공급곡선을 의미한다. 즉, 필립스곡선이 인플레이션과 실업의 분석이라면, 총공급곡선은 물가와 소득(산출)의 분석이다. 물가에 대한 예상이 노동시장과 총생산에 큰 영향을 미칠 수 있음을 고려하면 필립스곡선도 기대를 반영하여 $\pi_t = \pi_t^e - b(u_t - u_N)$와 같이 표현할 수 있다. 이를 기대가 부가된 필립스곡선이라고 한다. 특히 이는 적응적 기대가 반영된 것으로서 프리드만과 펠프스에 의하여 개발되었다.

필립스 곡선에 관한 설명으로 옳지 않은 것은?

▶ 2025년 감정평가사

① 우하향하는 필립스 곡선에서 인플레이션 감축을 위해서는 실업률 증가를 감수해야 한다.
② 단기 총공급곡선이 가파를수록 단기 필립스곡선은 가파른 모양을 가진다.
③ 물가상승률과 경제성장률의 관계에 오쿤의 법칙을 적용하면 필립스 곡선을 도출할 수 있다.
④ 합리적 기대에 따라 필립스 곡선이 즉시 이동하면, 실업율의 증가 없이 인플레이션을 감축할 수 있다.
⑤ 기대 인플레이션이 상승하면 필립스 곡선은 좌측으로 이동한다.

출제이슈 필립스곡선
핵심해설 정답 ⑤

기대가 부가된 필립스곡선에서 기대인플레이션이 상승하면 필립스곡선은 우상방으로 이동한다.

기대인플레이션과 자연실업률이 부가된 필립스(Phillips)곡선에 대한 설명으로 옳지 않은 것은?

▶ 2018년 국가직 7급

① 실제 실업률이 자연실업률과 같은 경우, 실제 인플레이션은 기대인플레이션과 같다.
② 실제 실업률이 자연실업률보다 높은 경우, 실제 인플레이션은 기대인플레이션보다 낮다.
③ 실제 실업률이 자연실업률과 같은 경우, 기대인플레이션율은 0과 같다.
④ 사람들이 인플레이션을 완전히 예상할 수 있는 경우, 실제 실업률은 자연실업률과 일치한다.

출제이슈 필립스곡선
핵심해설 정답 ③

① 옳은 내용이다.
실제 실업률이 자연실업률과 같은 경우는 장기의 필립스곡선을 의미한다. 이는 실제 인플레이션은 기대인플레이션과 같은 경우에 해당한다. 이는 기대가 부가된 필립스곡선 $\pi_t = \pi_t^e - b(u_t - u_N)$에서 $u_t = u_N$인 경우 $\pi_t = \pi_t^e$임을 쉽게 알 수 있다.

② 옳은 내용이다.
실제 실업률 > 자연실업률임을 나타내므로, 이때는 실제 인플레이션 < 기대 인플레이션임을 의미한다. 이는 기대가 부가된 필립스곡선 $\pi_t = \pi_t^e - b(u_t - u_N)$에서 $u_t > u_N$인 경우 $\pi_t < \pi_t^e$임을 쉽게 알 수 있다.

③ 틀린 내용이다.
실제 실업률이 자연실업률과 같은 경우는 장기의 필립스곡선을 의미한다. 이는 실제 인플레이션은 기대인플레이션과 같은 경우에 해당하는 것이지 기대인플레이션율이 0이라는 뜻이 아니다. 이는 기대가 부가된 필립스곡선 $\pi_t = \pi_t^e - b(u_t - u_N)$에서 $u_t = u_N$인 경우 $\pi_t = \pi_t^e$임을 쉽게 알 수 있다.

④ 옳은 내용이다.
사람들이 인플레이션을 완전히 예상할 수 있는 경우라는 것은 실제 인플레이션율과 기대인플레이션율이 일치하는 것으로서 장기를 의미한다. 따라서 기대물가상승률과 실제물가상승률이 일치하여 $\pi_t = \pi_t^e$가 되므로 결국 $u_t = u_N$이 된다. 이때의 필립스곡선은 자연실업률 수준에서 수직이며 이를 장기 필립스곡선이라고 한다. 즉, 실제 실업률은 자연실업률과 일치한다. 이는 기대가 부가된 필립스곡선 $\pi_t = \pi_t^e - b(u_t - u_N)$에서 $\pi_t = \pi_t^e$인 경우 $u_t = u_N$임을 쉽게 알 수 있다.

필립스곡선에 관한 설명으로 옳지 않은 것은? ▸ 2023년 감정평가사

① 필립스(A.W.Phillips)는 임금상승률과 실업률 간 음(−)의 경험적 관계를 발견했다.

② 우상향하는 단기 총공급곡선과 오쿤의 법칙(Okun's Law)을 결합하면 필립스곡선의 이론적 근거를 찾을 수 있다.

③ 적응적 기대를 가정하면 장기에서도 필립스곡선은 우하향한다.

④ 단기 총공급곡선이 가파른 기울기를 가질수록 필립스곡선은 가파른 기울기를 가진다.

⑤ 새고전학파(New Classical)는 합리적 기대를 가정할 경우 국민소득의 감소 없이 인플레이션을 낮출 수 있다고 주장한다.

출제이슈 필립스곡선
핵심해설 정답 ③

② 옳은 내용이다.

단기필립스곡선에 오쿤의 법칙을 적용할 경우, 필립스곡선은 총공급곡선을 의미한다. 반대로 총공급곡선에 오쿤의 법칙을 적용할 경우, 단기필립스곡선을 도출할 수 있다. 즉, 필립스곡선이 인플레이션과 실업의 분석이라면, 총공급곡선은 물가와 소득(산출)의 분석이다.

③ 틀린 내용이다.

물가에 대한 예상이 노동시장과 총생산에 큰 영향을 미칠 수 있음을 고려하면 필립스곡선도 기대를 반영하여 $\pi_t = \pi_t^e - b(u_t - u_N)$와 같이 표현할 수 있다. 이를 기대가 부가된 필립스곡선이라고 한다. 특히 이는 적응적 기대가 반영된 것으로서 프리드만과 펠프스에 의하여 개발되었다.

④ 옳은 내용이다.

만일 단기 총공급곡선이 가파르다면, 물가가 상승하는 경우 산출의 증가가 크지 않은 경우이므로 이를 단기 필립스곡선에서 해석하면, 물가가 상승하는 경우 실업률의 감소가 크지 않은 경우라고 할 수 있다. 따라서 물가가 상승하면 실업률이 감소하는데 만일 물가가 상승해도 실업률이 많이 감소하지 않는다면, 단기 필립스곡선은 가파르다고 할 수 있다.

⑤ 옳은 내용이다.

만일 정부의 정책 변화에 따라서 민간의 기대인플레이션율이 즉각적으로 변화한다면, 실업률의 증가라는 고통이 없이도 인플레이션율을 줄이는 것이 가능해지는데 이를 새고전학파는 고통 없는 인플레이션 감축(painless disinflation)이라고 한다. 루카스 등 새고전학파에 의하면 점진전략에 의한 반인플레이션 정책은 오랜 기간 동안 경기침체를 유발하기 때문에 목표한 바대로 끝까지 가지 못하고 중도에 포기되는 경우가 많다고 한다. 만일 통화당국이 물가안정을 위해서 긴축적인 통화정책을 시행할 것을 사전에 공표하고 이에 대해 민간부문이 정부정책을 신뢰한다면, 합리적인 민간부문은 기대인플레이션율을 낮게 조정할 것이다. 이제 정책이 시행과 동시에 곧바로 기대인플레이션율이 하락하여 단기필립스곡선이 하방으로 이동하게 될 것이다. 이 경우 합리적 기대에 근거하여 실업률의 증가라는 고통이 없이도 물가만 하락시키는 것이 가능하다.

필립스(Phillips)곡선에 관한 설명으로 옳은 것은? ▶ 2017년 감정평가사

① 필립스(A.W.Phillips)는 적응적 기대 가설을 이용하여 최초로 영국의 실업률과 인플레이션 간의 관계가 수직임을 그래프로 보였다.

② 1970년대 석유파동 때 미국의 단기 필립스곡선은 왼쪽으로 이동되었다.

③ 단기 총공급곡선이 가파를수록 단기 필립스곡선은 가파른 모양을 가진다.

④ 프리드먼(M.Friedman)과 펠프스(E.Phelps)에 따르면 실업률과 인플레이션 간에는 장기 상충(trade – off)관계가 존재한다.

⑤ 자연실업률 가설은 장기 필립스곡선이 우상향함을 설명한다.

출제이슈 필립스곡선과 자연실업률 가설
핵심해설 정답 ③

① 틀린 내용이다.

경제학자 필립스에 의하면 필립스곡선은 원래 명목임금상승률과 실업률 간에 부의 상관관계가 있음을 나타내는 곡선이다. 이후 필립스곡선은 인플레이션율과 실업률 간에 부의 상관관계를 나타내는 것으로 발전하였다. 즉, 필립스곡선은 수직이 아니라 우하향한다.

② 틀린 내용이다.

유가 상승, 원자재 가격 상승 등 불리한 공급충격이 발생할 경우 총공급곡선이 좌상방으로 이동하게 된다. 이로 인해서 물가는 상승하고 생산은 감소하고 실업률은 상승한다. 이때 단기 필립스곡선은 왼쪽이 아니라 오른쪽으로 이동한 것으로 볼 수 있다.

③ 옳은 내용이다.

만일 단기 총공급곡선이 가파르다면, 물가가 상승하는 경우 산출의 증가가 크지 않은 경우이므로 이를 단기 필립스곡선에서 해석하면, 물가가 상승하는 경우 실업률의 감소가 크지 않은 경우라고 할 수 있다. 따라서 물가가 상승하면 실업률이 감소하는데 만일 물가가 상승해도 실업률이 많이 감소하지 않는다면, 단기 필립스곡선은 가파르다고 할 수 있다.

④ 틀린 내용이다.

장기에는 노동자와 기업의 물가상승률에 대한 기대가 정확하므로, 기대물가가 실제물가상승률을 반영할 수 있어서 기대물가상승률과 실제물가상승률이 일치한다. 즉, $\pi_t = \pi_t^e$가 되므로 결국 $u_t = u_N$이 된다. 이때의 필립스곡선은 자연실업률 수준에서 수직이 되는데 이를 장기 필립스곡선이라고 한다. 따라서 단기에는 실업률과 인플레이션 간에 상충관계가 있지만 장기에는 그렇지 아니하다.

⑤ 틀린 내용이다.

자연실업률 가설에 따르면 정부정책에도 불구하고 장기에는 실업률이 자연실업률 수준으로 되돌아가게 되므로 장기 필립스곡선은 수직이 되며 총수요확대정책은 자연실업률에 영향을 줄 수 없게 된다.

단기 필립스곡선은 우하향하고 장기 필립스곡선은 수직일 때, 인플레이션율을 낮출 경우 발생하는 현상으로 옳은 것은?　▶ 2021년 감정평가사

① 단기적으로 실업률이 증가한다.
② 단기적으로 실업률이 감소한다.
③ 장기적으로 인플레이션 저감비용은 증가한다.
④ 장기적으로 실업률은 자연실업률보다 높다.
⑤ 단기적으로 합리적 기대가설과 동일한 결과가 나타난다.

출제이슈 필립스곡선과 정책의 효과
핵심해설 정답 ①

① 옳은 내용이다.
　단기적으로는, 즉 민간이 인플레이션을 완전히 예상하지 못하는 동안에는 일시적으로 자연실업률보다 높은 실업률이 나타난다.

② 틀린 내용이다.
　단기적으로는, 즉 민간이 인플레이션을 완전히 예상하지 못하는 동안에는 일시적으로 자연실업률보다 높은 실업률이 나타난다.

③ 틀린 내용이다.
　시간이 흐름에 따라서 민간은 자신의 예상이 잘못되었음을 깨닫고 적응적 기대에 따라 이를 재조정하게 되고 이는 단기 필립스곡선의 이동으로 나타난다. 결국 단기에 총수요축소정책을 통해서 일시적으로 상승한 실업률은 장기에는 종전의 실업률 수준인 자연실업률로 회귀하게 된다. 따라서 장기에는 인플레이션율은 하락하고 자연실업률을 유지하기 때문에 인플레이션 저감비용은 없다.

④ 틀린 내용이다.
　시간이 흐름에 따라서 민간은 자신의 예상이 잘못되었음을 깨닫고 적응적 기대에 따라 이를 재조정하게 되고 이는 단기 필립스곡선의 이동으로 나타난다. 결국 단기에 총수요축소정책을 통해서 일시적으로 상승한 실업률은 장기에는 종전의 실업률 수준인 자연실업률로 회귀하게 된다.

⑤ 틀린 내용이다.
　적응적 기대에 따르면, 정부의 인플레이션 감축정책에 의하여 인플레이션율은 하락하고 실업률은 증가하게 된다. 반면, 합리적 기대에 따르면, 민간이 정부를 신뢰하고 통화감축의 정부정책을 예상할 수 있었다면, 그에 따라 기대인플레이션율이 곧바로 하락 조정되었기 때문에 단기적으로 합리적 기대가설과는 상이한 결과가 나타난다.

실업률과 인플레이션율의 관계는 $u = u_n - 2(\pi - \pi_e)$이고 자연실업률이 3%이다. 보기를 고려하여 중앙은행이 0%의 인플레이션율을 유지하는 준칙적 통화정책을 사용했을 때의 (ㄱ) 실업률과 최적 인플레이션율로 통제했을 때의 (ㄴ) 실업률은? (단, u, u_n, π, π_e 는 각각 실업률, 자연실업률, 인플레이션율, 기대 인플레이션율이다.)

▶ 2021년 감정평가사

보기

- 중앙은행은 물가를 완전하게 통제할 수 있다.
- 민간은 합리적인 기대를 하며 중앙은행이 결정한 인플레이션율로 기대인플레이션율을 결정한다.
- 주어진 기대 인플레이션에서 중앙은행의 최적 인플레이션율은 1%이다.

① ㄱ : 0%, ㄴ : 0% ② ㄱ : 1%, ㄴ : 0%
③ ㄱ : 1%, ㄴ : 1% ④ ㄱ : 2%, ㄴ : 1%
⑤ ㄱ : 3%, ㄴ : 3%

출제이슈 필립스곡선 계산문제
핵심해설 정답 ⑤

ㄱ. 중앙은행이 0%의 인플레이션율을 유지하는 준칙적 통화정책을 사용했을 때
설문에 의하면 민간은 합리적인 기대를 하며 중앙은행이 준칙에 의하여 결정한 0%의 인플레이션율로 기대인플레이션율을 결정하므로 $u = u_n - 2(\pi - \pi_e)$에서 자연실업률 3%를 고려했을 때, 실업률은 3%가 된다.

ㄴ. 중앙은행이 최적 인플레이션율로 통제했을 때
설문에 의하면 민간은 합리적인 기대를 하며 중앙은행이 결정한 인플레이션율로 기대인플레이션율을 결정하며, 주어진 기대인플레이션에서 중앙은행의 최적 인플레이션율은 1%이므로 $u = u_n - 2(\pi - \pi_e)$에서 자연실업률 3%를 고려했을 때, 실업률은 3%가 된다.

필립스곡선이 단기에는 우하향하고 장기에는 수직인 경제에서 중앙은행은 테일러 준칙(Taylor's rule)에 의해 통화정책을 시행한다. 중앙은행이 높은 인플레이션율을 낮추기 위해 인플레이션 감축정책(디스인플레이션 정책)을 시행할 때, 이에 관한 설명으로 옳은 것을 모두 고른 것은?

▶ 2024년 감정평가사

ㄱ. 기대인플레이션이 빨리 조정될수록 장기균형에 빨리 도달한다.
ㄴ. 단기에는 실질이자율이 하락한다.
ㄷ. 단기에는 총생산이 감소하여 경기침체가 나타난다.

① ㄱ   ② ㄴ   ③ ㄱ, ㄷ
④ ㄴ, ㄷ   ⑤ ㄱ, ㄴ, ㄷ

출제이슈 디스인플레이션정책과 먼델-토빈효과
핵심해설 정답 ③

ㄱ, ㄷ. 옳은 내용이다.
　　인플레이션감축정책으로 인하여 단기적으로 실업률이 상승하고 인플레이션율은 하락한다. 따라서 총생산은 감소하고 경기는 침체된다. 이제 민간부문이 자신의 예상을 재조정하게 되면서 기대인플레이션율이 하락하면서 단기필립스곡선은 하방이동한다. 이 과정에서 다시 장기균형을 회복하게 되어 단기적으로 상승했던 실업률은 다시 자연실업률 수준으로 회귀한다. 이때 기대인플레이션율의 조정속도가 빠를수록 장기균형에 빨리 도달할 수 있다.

ㄴ. 틀린 내용이다.
　　만일 실질이자율이 불변인 경우, 기대인플레이션율과 명목이자율 간 일대일 대응관계를 나타내는데 이를 피셔효과라고 한다. 그러나, 만일 실질이자율이 변화하는 경우에는 기대인플레이션율이 변화하더라도 명목이자율 간의 일대일 관계는 성립하지 않는다. 특히, 기대인플레이션율이 상승하는 경우 실질이자율이 하락하여 투자가 증가하게 되는데 이를 먼델-토빈 효과라고 한다.

　　먼델-토빈효과에 의하면 기대인플레이션율이 상승할 경우 명목자산(화폐)에 대한 수익률이 하락하므로 명목자산에 대한 수요가 감소하고 대신 실물자산에 대한 수요가 증가한다. 이는 실물자산 가격의 상승으로 이어져서 실물자산의 공급이 증가한다. 이에 따라 자본의 한계생산성이 하락하게 되므로 실질이자율은 하락한다. 결국 기대인플레이션율의 상승으로 실질이자율이 하락하여 투자가 증가하게 되는 것이다. 반대로 기대인플레이션율이 하락할 경우에는 실질이자율은 상승한다.

오쿤의 법칙(Okun's law)에 따라 실업률이 1% 포인트 증가하면 실질 GDP는 약 2% 포인트 감소한다고 가정하자. 만약 중앙은행이 화폐공급 증가율을 낮추어 인플레이션율은 10%에서 8%로 하락하였으나 실업률은 4%에서 8%로 증가하였을 경우 희생비율(sacrifice ratio)은?

(단, 희생비율 = $\dfrac{\text{실질 } GDP \text{ 감소율}}{\text{인플레이션 하락율}}$ 이다.)

▶ 2015년 감정평가사

① 약 2   ② 약 4   ③ 약 6
④ 약 8   ⑤ 약 10

출제이슈 디스인플레이션정책과 희생률
핵심해설 정답 ②

희생률은 인플레이션율을 1%포인트 낮추기 위해 발생하는 생산 감소분이 x%포인트라는 것이므로, 인플레이션율을 2%포인트 낮추기 위해 발생하는 생산감소분은 $2x$%포인트가 된다. 따라서 이제 여기에 제시된 오쿤의 법칙을 적용하면, 생산감소 $2x$%포인트는 실업률의 증가 x%포인트 = 4%포인트에 대응된다. 결론적으로 인플레이션율을 2%포인트 낮추면, 경기적 실업이 4%포인트 증가한다.

설문에서 묻고 있는 것은 희생률은 인플레이션율을 1%포인트 낮추기 위해 발생하는 생산감소분이 x%포인트라는 것이므로 희생률 $x = 4$가 된다.

A국의 단기필립스곡선은 $\pi = \pi^e - 0.4(u - u_n)$이다. 현재 실제인플레이션율이 기대인플레이션율과 동일하고 기대인플레이션율이 변하지 않을 경우 실제인플레이션율을 2%p 낮추기 위해 추가로 감수해야 하는 실업률의 크기는? (단, u는 실제실업률, u_n는 자연실업률, π는 실제인플레이션율, π^e는 기대인플레이션율이고 자연실업률은 6%이다.)

▶ 2016년 감정평가사

① 5.0%p   ② 5.2%p   ③ 5.4%p
④ 5.6%p   ⑤ 5.8%p

출제이슈 디스인플레이션정책과 희생률
핵심해설 정답 ①

주어진 필립스곡선의 기울기는 −0.4이므로 이는 희생률과 역의 관계에 있다. 따라서 인플레이션율을 1%p 하락시키기 위해서는 필립스곡선의 기울기의 역수만큼의 실업률이 상승하게 된다. 따라서 0.4의 역수인 2.5%p만큼 실업률이 상승함을 알 수 있다. 그러므로 설문에서 실제인플레이션율을 2%p 낮추기 위해 추가로 감수해야 하는 실업률의 크기는 5%p가 된다.

현재 인플레이션율 8%에서 4%로 낮출 경우 보기를 참고하여 계산된 희생률은? (단, Π_t, Π_{t-1}, U_t 는 t기에서의 인플레이션율, $(t-1)$기에서의 인플레이션율, t기의 실업률이다.)

▶ 2021년 감정평가사

보기

- $\Pi_t - \Pi_{t-1} = -0.8(U_t - 0.05)$
- 현재 실업률 : 5%
- 실업률 1%p 증가할 때, GDP 2% 감소로 가정
- 희생률 : 인플레이션율을 1%p 낮출 경우 감소되는 GDP 변화율(%)

① 1.5　　　　　　② 2　　　　　　③ 2.5

④ 3　　　　　　　⑤ 3.5

출제이슈 디스인플레이션 정책과 희생률
핵심해설 정답 ③

1) 인플레이션율과 실업률

주어진 $\Pi_t - \Pi_{t-1} = -0.8(U_t - 0.05)$에 의하면 인플레이션율을 1%p 낮추기 위해서는 실업률은 1.25%p 상승함을 알 수 있다. 따라서 현재 인플레이션율 8%를 4%로 낮출 경우 실업률은 5%p 상승한다. 즉 현재 실업률이 5%이므로 인플레이션율을 낮춤에 따라서 실업률은 9%가 된다는 의미이다.

2) 실업률과 총생산

주어진 자료에 의하면, 실업률이 1%p 증가할 때, GDP 2% 감소로 가정하고 있다. 이는 사실상 총생산과 실업률 간의 역의 관계를 나타내는 실증식인 오쿤의 법칙을 의미하는 것이다. 위 1)에서 인플레이션율을 8%에서 4%로 낮춤에 따라서 실업률이 5%p 상승함을 알게 되었다. 이제 여기서는 실업률이 5%p 상승함에 따라서 GDP는 10% 감소함을 알 수 있다.

3) 인플레이션율과 총생산

인플레이션율을 1%p 낮추기 위해서는 실업률은 1.25%p 상승하고, 실업률이 1%p 증가할 때, GDP는 2% 감소한다. 따라서 인플레이션율을 1%p 낮추기 위해서는 GDP 2.5% 감소를 용인해야 함을 의미한다. 설문에서는 희생률을 인플레이션율을 1%p 낮출 경우 감소되는 GDP변화율(%)로 정의했기 때문에 여기서 희생률은 2.5가 된다. 참고로 설문에서 현재 인플레이션율 8%에서 4%로 낮출 경우에는 GDP 감소가 10%가 된다.

다만, 희생률을 인플레이션율을 1%p 낮추기 위해 발생하는 실업률 증가분으로도 볼 수 있기 때문에 설문에서 어떻게 희생률을 정의하고 있는지에 유의해야 한다.

중앙은행이 물가상승률을 2% 포인트 낮출 때, 실업률이 4%에서 5%로 상승하였다. 자연실업률은 4%, 잠재성장률은 2%이다. 아래와 같은 오쿤(Okun)의 법칙을 이용하여 성장률의 관점에서 희생률(safcrifice ratio)을 구하면? (단, u는 실업률, u^*는 자연실업률, y는 성장률, y^*는 잠재성장률이다.)

▶ 2022년 보험계리사

$$u = u^* - 0.5(y - y^*)$$

① 0　　　　② 1　　　　③ 2　　　　④ 3

출제이슈 디스인플레이션정책과 희생률
핵심해설 정답 ②

주의할 점은 본 문제의 경우 인플레이션율을 1%포인트 낮추기 위해 발생하는 생산 감소분 특히 성장률의 감소분을 희생률이라고 정의하고 있다는 것이다.

1) 인플레이션율과 실업률 : 필립스곡선

　　설문에서 물가상승률을 2%포인트 낮출 때, 실업률은 4%에서 5%로 1%포인트만큼 상승한 것으로 제시되어 있다.

2) 실업률과 성장률 : 오쿤의 법칙

　　설문에서 주어진 오쿤의 법칙 산식에 의하면, 성장률은 다음과 같이 구할 수 있다.

　　① 실업률이 4%인 경우
　　$u = u^* - 0.5(y - y^*)$, $4 = 4 - 0.5(y - 2)$, ∴ $y = 2$

　　② 실업률이 5%인 경우
　　$u = u^* - 0.5(y - y^*)$, $5 = 4 - 0.5(y - 2)$, ∴ $y = 0$

3) 인플레이션율과 성장률 : 희생률

　　물가상승률을 2%포인트 낮출 때, 실업률은 4%에서 5%로 1%포인트만큼 상승하였고, 성장률은 2%에서 0%로 2%포인트만큼 감소하였다.

따라서 물가상승률을 1%포인트 낮출 때, 실업률은 0.5%포인트만큼 상승하였고, 성장률은 1%포인트만큼 감소하는 것으로 해석할 수 있으므로, 성장률 관점에서의 희생률은 1이 된다.

A국의 단기 필립스곡선이 아래와 같을 때 이에 관한 설명으로 옳지 않은 것은? (단, π, π^e, u, u_n은 각각 인플레이션율, 기대 인플레이션율, 실업률, 자연 실업률이다.)

▶ 2022년 감정평가사

$$\pi - \pi^e = -0.5(u - u_n)$$

① 총공급곡선이 수직선인 경우에 나타날 수 있는 관계이다.
② 총수요 충격이 발생하는 경우에 나타날 수 있는 관계이다.
③ 인플레이션율과 실업률 사이에 단기적으로 상충관계가 있음을 나타낸다.
④ 고용이 완전고용수준보다 높은 경우에 인플레이션율은 기대 인플레이션율보다 높다.
⑤ 인플레이션율을 1%p 낮추려면 실업률은 2%p 증가되어야 한다.

출제이슈 필립스곡선 종합
핵심해설 정답 ①

① 틀린 내용이다.
　설문에서의 필립스곡선은 총공급곡선이 수직선이 아니라 우상향하는 경우에 나타날 수 있는 관계이다.

② 옳은 내용이다.
　필립스곡선은 총공급곡선을 나타내는데, 주어진 총공급곡선에 대하여 수요 측 충격에 의하여 총수요곡선이 이동할 때의 궤적이 되며 이때, 물가 – 소득의 축을 물가상승률 – 실업률의 축으로 바꾼 것이 필립스곡선이 된다.

③ 옳은 내용이다.
　단기 필립스곡선은 인플레이션율(명목임금상승률)과 실업률 간에 단기적으로 부의 상관관계가 있음을 나타내는 곡선이다.

④ 옳은 내용이다.
　고용이 완전고용수준보다 높은 경우 실제실업률이 자연실업률보다 낮으므로 실제인플레이션율이 기대인플레이션율보다 높다.

⑤ 옳은 내용이다.
　희생률을 기하적으로 분석하면 필립스곡선의 기울기와 관련이 있는데, 희생률은 필립스곡선의 기울기의 역수가 된다. 따라서 주어진 필립스곡선 $\pi - \pi^e = -0.5(u - u_n)$을 고려하면, 희생률은 필립스곡선의 기울기의 역수인 2가 된다. 이는 인플레이션율을 1%p 낮추려면 실업률은 2%p 증가를 용인해야 한다는 의미이다.

경기변동이론

경기변동의 단계와 특징

> **경기변동에 관한 설명으로 옳지 않은 것은?**　　　　　　　　　　▶ 2020년 보험계리사
>
> ① 확장국면과 수축국면이 반복되어 나타나는 현상이다.
> ② 확장국면과 수축국면의 기간과 강도가 다르다.
> ③ 루카스(R.Lucas)는 거시 경제변수들이 공행성(comovement)을 보인다고 했다.
> ④ 케인즈(J.Keynes)는 경기변동의 주기적인 규칙성을 강조했다.

출제이슈 경기변동의 단계와 특징
핵심해설 정답 ④

① 옳은 내용이다.
경기변동이란 거시경제가 장기추세선을 중심으로 상승과 하락을 반복하는 현상으로서 호경기(호황기, 확장국면)와 불경기(불황기, 수축국면)가 계속 번갈아 나타나는 현상을 의미한다.

② 옳은 내용이다.
경기변동은 호황기와 불황기가 비대칭적이다. 호황기는 상대적으로 완만하고 길게 지속되지만, 불황기는 상대적으로 급격히 짧게 진행된다. 우리나라의 경우 제1순환부터 현재까지 확장국면이 수축국면보다 평균적으로 오래 지속되는 경기의 비대칭성을 보인다. 미국경제의 경우 1990년대 초 시작된 경기호황이 10여 년간 오래 지속되었으나 곧바로 진행된 불황기는 2001년에 약 1년간 진행되고 끝난 바 있다.

③ 옳은 내용이다.
루카스(R.Lucas)는 1976년 "Understanding business cycles" 논문에서 다양한 거시 경제변수들의 공행성(comovement)을 지적한 바 있다. 공행성이란 경기변동의 과정에서 실질 GDP와 여러 거시경제변수들(실업률, 물가상승률 등)은 일정한 관계를 가지고 움직이는 것을 의미한다.

④ 틀린 내용이다.
케인즈에 의하면 경기변동이란 장기균형에서 단기적으로 이탈하는 현상이다. 경제에 어떤 충격이 가해질 때, 여러 마찰적 요인 때문에 경제가 즉각 장기균형으로 회복되지 못하고 단기적으로 벗어나 있다가 다시 장기균형으로 회복하는 과정이 경기변동이라는 것이다. 특히 케인즈는 경기변동의 원인(충격 혹은 교란요인)으로서 투자지출변화에 의한 수요 측면의 충격을 강조하였다. 케인즈에 의하면 민간의 장래에 대한 기대의 변화로 인해서 투자지출이 변화하면 경기변동이 촉발될 수 있다. 투자 변화에 따른 총수요 변화가 생산의 불안정한 변동을 유발하여 경기변동이 파급된다. 투자지출변화는 기업가의 야성적 충동에 의하여 나타나는 것으로서 본질적으로 불확실하고 불규칙적이므로 이로 인해 불규칙한 경기변동이 야기될 수 있다.

Issue **02**　　**최신의 경기변동이론**

경기변동이론에 대한 설명으로 옳은 것은?　　▶ 2017년 감정평가사

① 실물경기변동이론(real business cycle)은 통화량 변동 정책이 장기적으로 실질 국민소득에 영향을 준다고 주장한다.
② 실물경기변동이론은 단기에는 임금이 경직적이라고 전제한다.
③ 가격의 비동조성(staggered pricing)이론은 새고전학파(New Classical) 경기변동이론에 포함된다.
④ 새케인즈학파(New Keynesian) 경기변동이론은 기술충격과 같은 공급충격이 경기변동의 근본원인이라고 주장한다.
⑤ 실물경기변동이론에 따르면 불경기에도 가계는 기간별 소비선택의 최적조건에 따라 소비를 결정한다.

출제이슈 실물적 균형경기변동이론
핵심해설 정답 ⑤

① 틀린 내용이다.
실물적 균형경기변동이론에 의하면, 통화량은 장기뿐만 아니라 단기에도 실질국민소득에 영향을 줄 수 없다. 통화량의 변화가 경기변동과 밀접한 관련을 가지는 것은 통화정책이 효과가 있어서가 아니라, 경기변동에 따라서 통화량이 내생적으로 변화한 것이기 때문이라고 주장한다. 즉, 통화량의 변화는 경기변동의 원인이 아니라 결과인 것이다.

②, ③ 모두 틀린 내용이다.
경기변동에 있어서 케인즈적인 전통에 의하면 총수요가 변화할 때 가격이 고정되어 있기 때문에 경제는 불균형 상태가 유지되고 결국 총생산이 변하게 되는 경기변동이 생긴다. 이와 달리 실물적 경기변동이론을 비롯한 새고전학파는 단기에서 불균형상태라는 케인즈의 견해를 비판하면서 최초 균형에서 이탈한 상태도 그 자체로서 균형이라고 주장한다. 새고전학파에 의하면 경제는 신축적 가격조정을 통해서 항상 수요와 공급이 일치하는 균형상태이므로, 결국 경기변동이란 균형 GDP 자체가 잠재 GDP 수준으로부터 이탈과 회복을 반복하는 현상이다.

⑤ 옳은 내용이다.
실물적 균형경기변동이론은 기본적으로 가계의 효용극대화와 기업의 이윤극대화라는 미시적 최적화과정을 통하여 모형을 구축한다. 경기변동은 생산성 충격이 있을 경우, 가계 및 기업과 같은 경제주체들이 새로운 최적화 선택을 찾아가는 과정에서 나타나는 동태적 결과가 되는 것이다. 호황기이든 불경기이든 관계없이 경제주체들이 제약하에서 최적화 행동을 선택한다.

실물경기변동이론(real business cycle thery)에 관한 설명으로 옳은 것을 모두 고른 것은?

▶ 2016년 감정평가사

ㄱ. 임금 및 가격이 경직적이다.
ㄴ. 불경기에는 생산의 효율성이 달성되지 않는다.
ㄷ. 화폐의 중립성(neutrality of money)이 성립된다.
ㄹ. 경기변동은 시간에 따른 균형의 변화로 나타난다.

① ㄱ, ㄴ   ② ㄱ, ㄷ   ③ ㄴ, ㄷ
④ ㄴ, ㄹ   ⑤ ㄷ, ㄹ

출제이슈 실물적 균형경기변동이론
핵심해설 정답 ⑤

ㄴ. 틀린 내용이다.

실물적 균형경기변동이론은 기본적으로 가계의 효용극대화와 기업의 이윤극대화라는 미시적 최적화과정을 통하여 모형을 구축한다. 가계와 기업은 노동시장과 자본시장에서 만난다. 노동시장과 자본시장에서 가계는 공급자, 기업은 수요자의 역할을 담당한다. 각각의 시장에서 가계와 기업은 최적화 행동을 하는 것이다. 따라서 실물적 균형경기변동이론에 따른 경기변동은 생산성 충격이 있을 경우, 가계 및 기업과 같은 경제주체들이 새로운 최적화 선택을 찾아가는 과정에서 나타나는 동태적 결과가 되는 것이다. 호황기이든 불경기이든 관계없이 경제주체들이 제약하에서 최적화 행동을 선택한다. 이 과정에서 노동시장과 자본시장의 균형이 새롭게 변화하여 달성되는 것이다. 결국 경기변동이란 충격에 대한 시장의 최적대응이며, 시장메커니즘이 효율적으로 작동한 결과로서 효율성이 달성된다.

ㄷ. 옳은 내용이다.

실물적 균형경기변동이론에 의하면, 통화량은 장기뿐만 아니라 단기에도 실질국민소득에 영향을 줄 수 없다. 통화량의 변화가 경기변동과 밀접한 관련을 가지는 것은 통화정책이 효과가 있어서가 아니라, 경기변동에 따라서 통화량이 내생적으로 변화한 것이기 때문이라고 주장한다. 즉, 통화량의 변화는 경기변동의 원인이 아니라 결과인 것이다.

ㄹ. 옳은 내용이다.

경기변동에 있어서 케인즈적인 전통에 의하면 총수요가 변화할 때 가격이 고정되어 있기 때문에 경제는 불균형 상태가 유지되고 결국 총생산이 변하게 되는 경기변동이 생긴다. 단기에는 불균형상태(장기균형에서 이탈한 상태)이지만, 장기에는 총생산이 원래의 자연율총생산 수준으로 복귀한다.

이와 달리 새고전학파는 단기에서 불균형상태라는 케인즈의 견해를 비판하면서 최초 균형에서 이탈한 상태도 그 자체로서 균형이라고 주장한다. 새고전학파에 의하면 경제는 신축적 가격조정을 통해서 항상 수요와 공급이 일치하는 균형상태이므로, 결국 경기변동이란 균형GDP 자체가 잠재GDP 수준으로부터 이탈과 회복을 반복하는 현상으로서 시간이 흐름에 따라서 균형 자체가 변동하는 현상이다.

경기변동이론에 관한 설명으로 옳은 것은?　　　　　　　　　▶ 2020년 감정평가사

① 실물경기변동(real business cycle)이론에서 가계는 기간별로 최적의 소비선택을 한다.
② 실물경기변동이론은 가격의 경직성을 전제한다.
③ 실물경기변동이론은 화폐의 중립성을 가정하지 않는다.
④ 가격의 비동조성(staggering pricing)이론은 새고전학파(New Classical) 경기변동이론
　에 속한다.
⑤ 새케인즈학파(New Keynesian)는 공급충격이 경기변동의 원인이라고 주장한다.

출제이슈 실물적 균형경기변동이론과 새케인즈학파 경기변동이론
핵심해설 정답 ①

① 옳은 내용이다.
실물적 균형경기변동이론은 기본적으로 가계의 효용극대화와 기업의 이윤극대화라는 미시적 최적화과정을 통하여 모형을 구축한다.

② 틀린 내용이다.
경기변동에 있어서 케인즈적인 전통에 의하면 총수요가 변화할 때 가격이 고정되어 있기 때문에 경제는 불균형상태가 유지되고 결국 총생산이 변하게 되는 경기변동이 생긴다. 단기에는 불균형상태(장기균형에서 이탈한 상태)이지만, 장기에는 총생산이 원래의 자연율총생산 수준으로 복귀한다.

이와 달리 새고전학파는 단기에서 불균형상태라는 케인즈의 견해를 비판하면서 최초 균형에서 이탈한 상태도 그 자체로서 균형이라고 주장한다. 새고전학파에 의하면 경제는 신축적 가격조정을 통해서 항상 수요와 공급이 일치하는 균형상태이므로, 결국 경기변동이란 균형GDP 자체가 잠재GDP 수준으로부터 이탈과 회복을 반복하는 현상이다.

③ 틀린 내용이다.
실물경기변동이론에 의하면 화폐는 장기뿐만 아니라 단기에서도 중립적이며 이분성이 성립한다. 그런데 통화정책에 대한 실증적 분석에 의하면, 화폐는 단기에서 비중립적이다. 즉, 통화량의 변화는 실질국민소득을 변화시킨다. 합리적 기대와 정보의 불완전성하에서 예상치 못한 통화량의 변화는 실질국민소득을 변화시키는 경기변동을 야기하는데 이를 화폐적 균형경기변동이론이라고 한다.

④ 틀린 내용이다.
중첩적인 가격에 의한 가격의 경직성은 새고전학파(New Classical)가 아니라 새케인즈학파의 주장내용이다. 새고전학파에 의하면 경제는 신축적 가격조정을 통해서 항상 수요와 공급이 일치하는 균형상태를 이루게 된다.

⑤ 틀린 내용이다.
새케인즈학파(New Keynesian)에 의하면 총수요충격과 가격의 경직성이 경기변동의 주된 원인이라고 하는 반면, 실물적 균형경기변동에 의하면 기술충격과 같은 실물충격이 경기변동의 원인이 된다.

> 경기변동이론에 관한 설명으로 옳은 것은?
>
> ▶ 2022년 감정평가사
>
> ① 신케인즈 학파(new Keynesian)는 완전경쟁적 시장구조를 가정한다.
> ② 신케인즈 학파는 총수요 외부효과(aggregate-demand externality)를 통해 가격경직성을 설명한다.
> ③ 신케인즈 학파는 총공급 충격이 경기변동의 근본 원인이라고 주장한다.
> ④ 실물경기변동이론은 실질임금의 경직성을 가정한다.
> ⑤ 실물경기변동이론에 따르면 불경기에는 비용 최소화가 달성되지 않는다.

출제이슈 실물적 균형경기변동이론과 새케인즈학파 경기변동이론

핵심해설 정답 ②

① 틀린 내용이다.

새케인즈학파는 경제가 자연율로부터 이탈하는 원인을 시장에서 경제주체 간 상호작용 과정에 있어 시장가격 기구가 완전하게 작동하는 것을 가로막는 요인이 내재되어 있기 때문이라고 본다. 그렇다면, 그러한 이탈은 일시적인 것이 아니라 구조적인 것으로서 불완전한 시장구조에 기인한다고 한다. 경직적인 가격과 불완전한 시장구조하에서 시장청산은 신속하고 완벽하게 이루어지지 않기 때문에 시장기능에 문제가 있고 결국 정부의 시장개입이 정당화된다.

② 옳은 내용이다.

어느 한 개별기업의 가격인하는 해당 기업의 제품에 대한 수요를 증가시킬 뿐만 아니라 다른 모든 기업의 제품에 대한 수요를 증가시키는 효과를 가져온다. 이렇게 개별기업의 가격조정이 다른 기업 제품의 수요에 미치는 효과를 총수요 외부성이라고 한다.

③ 틀린 내용이다.

기본적으로 새케인즈학파는 총수요의 변화가 경기변동의 가장 중요한 원인이라고 보는 케인즈의 전통을 그대로 따르고 있다. 실물적 균형경기변동은 경기변동의 근본적 원인을 공급충격으로서 기술충격으로 보고 있다. 기술충격 혹은 생산성충격이란 생산요소의 투입량은 고정되어 있는 상태에서 산출량이 증가 또는 하락하는 교란원인을 의미한다.

⑤ 틀린 내용이다.

실물적 경기변동이론 모형의 펀더멘털은 가계의 효용함수, 기업의 생산함수이다. 이를 이용하여 가계의 효용극대화와 기업의 이윤극대화라는 미시적 최적화 모형을 구축한다. 가계와 기업은 노동시장과 자본시장에서 만나게 되는데 노동시장과 자본시장에서 가계는 공급자, 기업은 수요자의 역할을 담당한다. 각각의 시장에서 가계와 기업은 최적화행동을 한다. 가계는 합리적 기대하에서 미래소득을 예상하고 현재소비를 결정한다. 실물적 기술충격에 의해서 나타나는 현재소득과 미래소득의 변화를 합리적으로 예상하고 소비를 최적으로 유지할 수 있다는 것이다. 또한 가계는 합리적 기대를 바탕으로 하여 현재임금과 미래임금 사이에서 노동의 기간 간 대체를 결정함으로써 노동의 공급도 최적으로 유지할 수 있다.

Issue 01   학파별 이론

경제학파별 이론에 관한 설명으로 옳은 것을 모두 고른 것은?   ▶ 2021년 공인노무사

ㄱ. 고전학파는 화폐의 중립성을 주장한다.
ㄴ. 실물경기변동이론은 임금과 가격의 신축성을 전제한다.
ㄷ. 케인즈학파는 경기침체의 원인이 총공급의 부족에 있다고 주장한다.
ㄹ. 가격의 경직성을 설명하는 메뉴비용(menu cost) 이론은 새케인즈학파(New Keynesian)
   의 주장이다.

①ㄱ, ㄴ   ②ㄱ, ㄹ   ③ㄴ, ㄷ   ④ㄴ, ㄹ   ⑤ㄱ, ㄴ, ㄹ

출제이슈 학파별 비교
핵심해설 정답 ⑤

ㄱ. 옳은 내용이다.
  화폐의 중립성(the neutrality of money)은 통화량의 증가가 국민소득과 같은 주요 실질변수에 영향을 미치지
  못하며 물가, 명목임금과 같은 명목변수에만 영향을 미치는 것을 말한다. 이는 명목변수와 실물변수가 완전히
  분리되어 있다는 고전적 이분성(dichotomy)을 의미한다.

ㄴ. 옳은 내용이다.
  실물적 균형경기변동이론은 경기변동의 원인을 실물부문에서의 기술충격에서 찾고 있다. 기술충격은 공급 측
  면의 충격으로서 거시경제총생산함수에 충격을 가해 이동시키는 역할을 한다. 이는 생산요소의 투입량은 고정
  되어 있는 상태에서 산출량이 증가 또는 하락하도록 만드는 교란원인이 된다. 유리한 기술충격은 경기호황을
  가져오고 불리한 기술충격은 경기침체를 가져온다. 특히 실물적 균형경기변동이론에 의하면 경제는 신축적 가
  격 및 임금 조정을 통해서 항상 수요와 공급이 일치하는 균형상태를 달성한다.

ㄷ. 틀린 내용이다.
  케인즈학파는 총수요가 변화할 때 가격이 고정되어 있기 때문에 경제는 불균형 상태가 유지되고 결국 총생산
  이 변하게 되는 경기변동이 생긴다고 하면서 총수요의 변화가 경기변동의 가장 중요한 원인이라고 보았다.
  총수요의 변화가 경기변동의 원인이 되기 위해서는 가격이 단기에 고정되어야 한다. 케인즈학파는 가격변수가
  고정된 상황에서 초과공급은 스스로 해소될 수 없기 때문에 결국 산출량 자체가 조정된다. 즉, 경제 내에 수요
  측 충격이 발생하여 균형에서 이탈할 경우 가격변수의 경직성으로 인하여 산출 및 소득변수가 직접 조정되는
  것으로 보았다.

ㄹ. 옳은 내용이다.
  새케인즈학파에 의하면 경기변동의 원인을 설명하면서 총수요 충격과 가격변수의 경직성을 들고 있다. 특히
  가격변수의 경직성은 불완전적 경쟁구조하의 기업의 가격설정으로 나타난다고 설명하고 있는데 대표적으로
  메뉴비용 등을 고려한 경직적 가격설정을 들 수 있다.

경기변동에 대한 설명으로 옳지 않은 것은?　▶ 2019년 국가직 9급

① 케인즈학파는 수요감소가 경기후퇴의 원인이며, 경기회복을 위해서 확장적 재정·금융정책이 필요하다고 강조하였다.
② 새케인즈학파는 가격경직성이 수요충격에 따른 산출량의 변동을 증폭시킬 수 있음을 강조하였다.
③ 새고전학파는 단기적 경기변동을 경제주체들의 화폐적 충격과 실물부문의 기술충격에 대한 최적행위와 시장청산의 결과로 설명하였다.
④ 통화주의학파는 경기변동에 대해서 준칙(rule)에 의한 통화정책보다는 재량(discretion)에 의한 통화정책을 강조하였다.

출제이슈 경기변동에 대한 학파별 견해
핵심해설 정답 ④

① 옳은 내용이다.
　　케인즈학파는 가격변수가 고정된 상황에서 초과공급은 스스로 해소될 수 없기 때문에 결국 산출량 자체가 조정된다. 즉, 경제 내에 수요 측 충격이 발생하여 균형에서 이탈할 경우 가격변수의 경직성으로 인하여 산출 및 소득변수가 직접 조정되는 것으로 보았다. 따라서 시장가격기구가 원활히 작동하지 못하는 상황에서는 정부의 적극적인 개입이 필요하고 정당화된다. 특히, 총수요가 감소하는 경우, 재고 및 생산이 감소하고 그 영향으로 고용이 감소하여 소득이 줄게 되어 다시 수요를 감소시키는 악순환이 계속되므로 이 악순환을 끊어 내기 위한 정부의 확장적 정책 집행의 역할을 강조하였다.

② 옳은 내용이다.
　　가격경직성이 수요충격에 따른 산출량의 변동을 증폭시킬 수 있음을 강조하였다. 새케인즈학파는 새고전학파의 방법론(합리적 기대)을 받아들이면서도 가격변수가 경직적이면 예상되지 않은 정책은 물론이고 예상된 정책도 여전히 효과가 있음을 주장하며 가격경직성을 미시적으로 증명하는 데 주력하였다. 메뉴비용 등으로 인하여 가격은 경직성을 보이게 되고 이런 상황에서 경제에 총수요충격이 오면 경제는 균형에서 상당 기간 이탈하게 되어 경기변동이 발생한다고 보았다. 특히 가격을 조정해야 하는 개별기업의 입장에서 작은 메뉴비용이라고 하더라도 이는 총수요 외부성 차원에서 조정실패를 낳게 되어 산출량이 변동하는 경기변동을 가져온다.

③ 옳은 내용이다.
　　단기적 경기변동을 경제주체들의 화폐적 충격과 실물부문의 기술충격에 대한 최적행위와 시장청산의 결과로 설명하였다. 새고전학파는 경기변동이론의 새로운 방법론(합리적 기대와 미시적 기초)과 함께 경기변동의 원인으로서 예상치 못한 통화량을 강조하는 화폐적 균형경기변동이론을 발전시켰다.

④ 틀린 내용이다.
　　통화주의학파는 경기변동에 대해서 재량(discretion)에 의한 통화정책보다는 준칙(rule)에 의한 통화정책을 강조하였다. 프리드만을 중심으로 통화론자는 당국의 재량적 통화정책을 비판하면서 경기안정화 목적의 재량적 통화정책은 정책효과의 시차 및 불확실성으로 인하여 경제를 오히려 불안정화시킬 뿐이라고 주장하였다. 이에 대안으로서 안정적인 경제를 위해서 준칙에 의한 통화공급을 주장하였다.

각 경제학파별 경제안정화정책에 관한 설명으로 옳지 않은 것은? ▶ 2015년 감정평가사

① 고전학파는 구축효과, 화폐의 중립성을 들어 경제안정화정책을 쓸 필요가 없다고 주장한다.

② 케인즈경제학자(Keynesian)는 IS 곡선이 가파르고 LM 곡선은 완만하므로 적극적인 재정정책이 경제안정화정책으로 바람직하다고 주장한다.

③ 통화주의자(Monetarist)는 신화폐수량설, 자연실업률가설을 들어 재량적인 경제안정화정책을 주장한다.

④ 새고전학파(New Classical School)는 예상치 못한 경제안정화정책은 일시적으로 유효할 수 있다는 점을 인정한다.

⑤ 새케인즈학파(New Keynesian School)는 임금과 물가가 경직적인 경우에는 경제안정화정책이 유효하다고 주장한다.

출제이슈 정책효과에 대한 학파별 견해
핵심해설 정답 ③

① 옳은 내용이다.
고전학파에 의하면, 정부의 확대재정정책은 이자율을 상승시켜 투자를 감소시키므로 결국 확대정책의 효과는 모두 상쇄되어 버린다. 이러한 구축효과에 의하면, 정부지출을 변동시키는 경제안정화 정책은 아무런 효과가 없다.

③ 틀린 내용이다.
프리드만을 중심으로 통화론자는 당국의 재량적 통화정책을 비판하면서 경기안정화 목적의 재량적 통화정책은 정책효과의 시차 및 불확실성으로 인하여 경제를 오히려 불안정화시킬 뿐이라고 주장하였다. 이에 대안으로서 안정적인 경제를 위해서 준칙에 의한 통화공급을 주장하였다.

④ 옳은 내용이다.
새고전학파의 합리적 기대에 따르면 만일 합리적으로 예상하더라도 전혀 예상치 못한 갑작스러운 통화량의 증가가 발생하는 경우에는 일시적으로 산출 및 소득이 증가할 수 있다. 즉, 예상하지 못한 정책은 일시적으로 효과가 있게 된다. 그러나 시간이 흐름에 따라서 민간의 기대인플레이션율이 상승하면서 다시 경제는 자연산출량 수준으로 복귀하게 되어 통화량 증가가 실물경제에 미치는 영향은 사라진다.

⑤ 옳은 내용이다.
새케인즈학파는 가격변수가 경직적이면 예상되지 않은 정책은 물론이고 예상된 정책도 여전히 효과가 있음을 주장하며 경직성을 미시적으로 증명하였다. 가격이 경직적인 상황에서 경제에 충격이 오면 경제는 균형에서 상당 기간 이탈하게 되고 한참 후에 균형을 회복하면서 경기변동이 자연스럽게 발생하는 것이다.

> 경제주체의 기대형성에 관한 설명으로 옳은 것은?   ▶ 2015년 공인노무사
>
> ① 합리적 기대이론에서는 과거의 정보만을 이용하여 미래에 대한 기대를 형성한다.
> ② 적응적 기대이론에서는 예측된 값과 미래의 실제 실현된 값이 같아진다고 주장한다.
> ③ 새고전학파(New Classical School)는 적응적 기대를 토대로 정책무력성 정리(policy ineffectiveness proposition)를 주장했다.
> ④ 경제주체가 이용가능한 모든 정보를 이용하여 미래에 대한 기대를 형성하는 것을 합리적 기대이론이라고 한다.
> ⑤ 케인즈(J.M.Keynes)는 합리적 기대이론을 제시하였다.

출제이슈 기대형성에 대한 학파별 견해
핵심해설 정답 ④

①. ⑤는 틀린 내용이고, ④는 옳은 내용이다.

합리적 기대(rational expectation)란 이용가능한 모든 정보를 활용하여 기대를 형성하는 방식을 의미한다. 위에서 살펴본 적응적 기대는 경제주체들의 합리적 사고 및 행동에 부합하지 않는다는 문제가 있다. 왜냐하면, 적응적 기대에 의하면, 경제주체들이 기대를 형성함에 있어서 예를 들어 물가를 예상함에 있어서 오직 과거 물가와 과거에 예상한 물가 등 과거의 정보만을 사용하고 있기 때문이다. 합리적인 경제주체라면, 과거 정보와 과거 경험뿐만 아니라 활용가능한 모든 정보를 이용할 것이다. 합리적 기대는 Muth에 의하여 제시되었고 새고전학파의 이론전개에 있어서 필수적인 요소가 되었으며 케인즈와는 무관하다.

② 틀린 내용이다.

기대형성 방식 중의 하나로서 적응적 기대는 다음과 같다. 적응적 기대(adaptive expectation)란 경제주체들이 예상을 함에 있어서 과거 예측오차의 일부를 반영하여 새로운 기대를 형성하는 방식을 의미한다. 예를 들어 과거의 물가예상에 있어서 기대인플레이션율이 3%이고, 실제인플레이션율이 5%라고 하면 예측오차가 2%가 된다. 이제 새로운 물가예상에 있어서 적응적 기대를 사용한다면, 이 경제주체는 과거의 기대인플레이션율 3%에 예측오차 2%의 일부를 반영하여 3%에서 5% 사이로 예상물가를 결정할 것이다. 즉, 적응적 기대는 예측오차의 일부분만을 반영하여 새로운 기대를 형성하기 때문에 예측오차가 해소되지 않고 지속적으로 반복되어 나타나는 체계적 오류를 범하게 된다. 따라서 예측된 값은 오로지 과거의 정보에 의해서만 결정될 뿐, 미래의 정보와는 무관하기 때문에 예측된 값은 미래의 실제 실현된 값과 다를 수 있다.

③ 틀린 내용이다.

새고전학파의 정책무력성 정리는 다음과 같다. 경제주체들이 합리적으로 기대를 한다면, 정부가 총수요정책을 사용하는 경우, 합리적 기대를 통해 최종적인 물가변화를 예상하게 되고, 이에 따라서 의사결정을 한다. 따라서 합리적 기대를 사용할 경우 단기적 조정과정 없이 바로 장기균형이 즉각적으로 달성된다. 결국 실물 총생산의 변화는 없게 되고 물가만 변하게 되어 총수요정책은 효과가 없다.

거시경제이론과 관련된 경제학파에 대한 설명으로 옳은 것은? ▶2024년 감정평가사

① 새케인즈학파(New Keynesian)는 단기 필립스곡선이 수직이라고 주장한다.
② 새케인즈학파는 가격 신축성에 근거하여 경기변동을 설명한다.
③ 새케인즈학파는 단기에서 화폐중립성이 성립한다고 주장한다.
④ 실물경기변동이론에 따르면 경기변동국면에서 소비의 최적화가 달성된다.
⑤ 새고전학파는 메뉴비용의 존재가 경기변동에 중요한 역할을 한다고 주장한다.

출제이슈 새고전학파와 새케인즈학파
핵심해설 정답 ④

실물적 경기변동이론 모형의 펀더멘털은 가계의 효용함수, 기업의 생산함수이다. 이를 이용하여 가계의 효용극대화와 기업의 이윤극대화라는 미시적 최적화 모형을 구축한다. 가계와 기업은 노동시장과 자본시장에서 만나게 되는데 노동시장과 자본시장에서 가계는 공급자, 기업은 수요자의 역할을 담당한다. 각각의 시장에서 가계와 기업은 최적화행동을 한다. 가계는 합리적 기대하에서 미래소득을 예상하고 현재소비를 결정한다. 실물적 기술충격에 의해서 나타나는 현재소득과 미래소득의 변화를 합리적으로 예상하고 소비를 최적으로 유지할 수 있다는 것이다. 또한 가계는 합리적 기대를 바탕으로 하여 현재임금과 미래임금 사이에서 노동의 기간간 대체를 결정함으로써 노동의 공급도 최적으로 유지할 수 있다.

새케인즈학파는 새고전학파와는 달리 경기변동을 균형국민소득 수준으로부터 이탈한 현상으로 보고 있으며 이탈의 핵심적 원인이 바로 가격 및 임금의 경직성이라고 한다. 새케인즈학파는 가격 및 임금의 경직성이 단순한 가정이 아니라 경제주체들의 최적화 행동의 결과로 나타나는 합리적인 것임을 증명하고, 총수요 충격이 가격조정이 아닌 생산 수준의 변화를 유발하여 경기변동을 촉발하는 것이라고 설명한다.

Issue 02 경기안정화정책 논쟁

경제안정화정책에 대한 설명으로 옳은 것은?   ▶ 2019년 국가직 7급

① 준칙에 따른 정책은 미리 정해진 규칙에 따라 정책을 운용하므로 적극적 정책으로 평가될 수 없다.

② 정책의 내부시차는 대체로 재정정책이 통화정책에 비해 짧다.

③ 시간불일치(time inconsistency) 문제는 주로 준칙에 따른 정책에서 나타난다.

④ 루카스 비판(Lucas critique)은 정책 변화에 따라 경제 주체의 기대가 변화할 수 있음을 강조한다.

출제이슈 안정화정책
핵심해설 정답 ④

① 틀린 내용이다.

준칙에 의한 정책이 무조건 소극적인 정책인 것은 아니다. 즉, 준칙 vs 재량의 선택문제는 적극 vs 소극의 선택 문제와는 다른 문제이다. 예를 들어 연간 통화증가율을 무조건 일정수준으로 묶어두는 준칙은 소극적인 정책이 지만, 통화증가율을 실업률갭에 비례하여 증가시키도록 하는 준칙은 적극적인 정책이다. 즉, 경제상황이 변함에 따라 어떠한 정책을 쓸 것인지 미리 정해놓고 이를 따른다면, 정책의 내용이 미리 정해져 있기는 하지만, 상황에 따라 계속 정책이 바뀔 수 있는 것이다.

② 틀린 내용이다.

정책효과가 불확실한 이유로서 정책효과의 시차를 들 수 있다. 시차에는 내부시차와 외부시차가 있다. 내부시차(inside lag)는 정책의 필요성을 인지하고 적절한 정책을 시행하는 데 걸리는 시간을 의미한다. 재정정책의 경우 정부의 정책수립과 국회의 협력 등의 과정이 법적으로 필수적인 경우가 많아서 내부시차가 상대적으로 길다. 외부시차(outside lag)는 정책이 시행된 후 기대되는 효과가 발생하는 데 걸리는 시간을 의미한다. 통화정책의 경우 통화량의 변동이 실물부문에 영향을 주기까지 외부시차가 상대적으로 길다.

③ 틀린 내용이다.

최적정책의 비일관성(동태적 불일치)은 t기에 결정되어 t+1기에 실시될 것으로 예상되는 정책과 실제로 t+1기에 실시되는 정책이 불일치하는 경우를 의미하며, 재량에 의한 정책에서 발생한다. 재량에 의한 최적정책보다는 준칙에 의한 비최적정책이 오히려 바람직한 균형을 달성함이 입증되어 있다. 즉, 재량에 의한 최적정책의 비일관성보다는 준칙에 의한 일관된 정책의 비최적성이 더 우월하다.

④ 옳은 내용이다.

루카스 비판(Lucas critique)에 따르면 사람들의 기대형성은 정책변화의 영향을 받으므로 정책이 바뀌면 사람들의 기대도 바뀐다. 즉, 정책이 바뀌면, 사람들은 새로운 기대를 형성하고, 새로운 기대는 경제변수 간의 관계에 영향을 미쳐서 행태방정식 자체를 변경시키게 된다. 정책의 효과를 올바르게 분석하려면, 거시경제모형의 행태방정식을 임의적으로 가정해서는 안 되고, 합리적 기대하에서 경제주체의 최적화 행동 및 시장균형의 결과로 도출해야 한다. 따라서 설문에서 정책 변화에 따라 경제 주체의 기대가 변화할 수 있음을 강조한다는 것은 옳은 내용이다.

경제정책에 관한 설명으로 옳은 것을 모두 고른 것은?　▶ 2018년 감정평가사

ㄱ. 외부시차는 경제에 충격이 발생한 시점과 이에 대한 정책 시행 시점 사이의 기간이다.
ㄴ. 자동안정화장치는 내부시차를 줄여준다.
ㄷ. 루카스(R.Lucas)는 정책이 변하면 경제주체의 기대도 바뀌게 되는 것을 고려해야 한다
　　고 주장하였다.
ㄹ. 시간적 불일치성 문제가 있는 경우 자유재량적 정책이 바람직하다.

① ㄱ, ㄴ　　　　　　　② ㄱ, ㄷ　　　　　　　③ ㄱ, ㄹ
④ ㄴ, ㄷ　　　　　　　⑤ ㄴ, ㄹ

출제이슈 안정화정책
핵심해설 정답 ④

ㄱ. 틀린 내용이다.
　　정책효과가 불확실한 이유로서 정책효과의 시차를 들 수 있다. 시차에는 내부시차와 외부시차가 있다. 내부시차(inside lag)는 정책의 필요성을 인지하고 적절한 정책을 시행하는 데 걸리는 시간을 의미한다. 재정정책의 경우 정부의 정책수립과 국회의 협력 등의 과정이 법적으로 필수적인 경우가 많아서 내부시차가 상대적으로 길다. 외부시차(outside lag)는 정책이 시행된 후 기대되는 효과가 발생하는 데 걸리는 시간을 의미한다. 통화정책의 경우 통화량의 변동이 실물부문에 영향을 주기까지 외부시차가 상대적으로 길다. 설문에서 경제에 충격이 발생한 시점과 이에 대한 정책 시행 시점 사이의 기간은 외부시차가 아니라 내부시차이다.

ㄴ. 옳은 내용이다.
　　내부시차(inside lag)는 정책의 필요성을 인지하고 적절한 정책을 시행하는 데 걸리는 시간을 의미한다. 재정정책의 경우 정부의 정책수립과 국회의 협력 등의 과정이 법적으로 필수적인 경우가 많아서 내부시차가 상대적으로 긴 편인데, 자동안정화장치가 있는 경우에는 충격에 대응하여 자동적으로 정책이 집행되기 때문에 내부시차가 대폭 줄어든다.

ㄷ. 옳은 내용이다.
　　루카스 비판(Lucas critique)에 따르면 사람들의 기대형성은 정책변화의 영향을 받으므로 정책이 바뀌면 사람들의 기대도 바뀐다. 즉, 정책이 바뀌면 사람들은 새로운 기대를 형성하고, 새로운 기대는 경제변수 간의 관계에 영향을 미쳐서 행태방정식 자체를 변경시키게 된다. 정책의 효과를 올바르게 분석하려면, 거시경제모형의 행태방정식을 임의적으로 가정해서는 안 되고, 합리적 기대하에서 경제주체의 최적화 행동 및 시장균형의 결과로 도출해야 한다.

ㄹ. 틀린 내용이다.
　　시간적 불일치성 문제가 있는 경우 자유재량적 정책보다는 준칙에 의한 정책이 더 바람직하다. 재량에 의한 최적정책보다는 준칙에 의한 비최적정책이 오히려 바람직한 균형을 달성할 수 있다. 즉, 재량에 의한 최적정책의 비일관성보다는 준칙에 의한 일관된 정책의 비최적성이 더 우월하다.

갑국 통화당국의 손실함수와 필립스곡선이 다음과 같다. 인플레이션율에 대한 민간의 기대가 형성되었다. 이후 통화당국이 손실을 최소화하기 위한 목표 인플레이션율은? (π, π^e, u, u_n 은 각각 인플레이션율, 민간의 기대인플레이션율, 실업률, 자연실업률이고 단위는 %이다.)

▶ 2018년 감정평가사

> 통화당국의 손실함수 : $L(\pi,\ u) = u + \dfrac{1}{2}\pi^2$
>
> 필립스곡선 : $\pi = \pi^e - \dfrac{1}{2}(u - u_n)$

① 0%   ② 1%   ③ 2%
④ 3%   ⑤ 4%

출제이슈 손실함수와 손실극소화
핵심해설 정답 ③

필립스곡선은 통화당국의 정책 수립 시 제약조건 역할을 한다. 따라서 필립스곡선의 제약하에서 목적함수인 손실 함수를 극소화하도록 목표 인플레이션율을 설정해야 한다.

1) 제약조건

주어진 필립스곡선 $\pi = \pi^e - \dfrac{1}{2}(u - u_n)$을 변형하면, $u = -2\pi + 2\pi^e + u_n$이 된다.

2) 목적함수

변형된 제약조건 $u = -2\pi + 2\pi^e + u_n$을 목적함수에 대입하면, $L = -2\pi + 2\pi^e + u_n + \dfrac{1}{2}\pi^2$이 된다.

3) 목적함수의 극소화

손실을 극소화하기 위해서 목적함수를 π로 미분하여 0으로 두면 다음과 같다.

$\dfrac{dL}{d\pi} = -2 + \pi = 0$. 따라서 목표 인플레이션율은 $\pi = 2$가 된다.

중앙은행이 아래와 같은 손실함수를 최소화하도록 인플레이션율을 결정하려고 한다.

$$L(\pi_t) = -0.5(\pi_t - \pi_t^e) + 0.5(\pi_t)^2$$

중앙은행의 정책결정 이전에 민간의 기대인플레이션율이 0으로 고정되어 있을 때, 중앙은행이 결정하는 인플레이션율은? (단, $L(\pi_t)$, π_t, π^{e_t}는 각각 손실함수, 인플레이션율, 민간의 기대인플레이션율이다.)

▶ 2024년 감정평가사

① 0   ② 0.5   ③ 1

④ 1.5   ⑤ 2

출제이슈 손실함수와 손실극소화

핵심해설 정답 ②

원칙적으로 손실함수의 손실극소화모형은 필립스곡선이 통화당국의 정책 수립 시 제약조건 역할을 한다. 따라서 필립스곡선의 제약하에서 목적함수인 손실함수를 극소화하도록 목표 인플레이션율을 설정해야 한다. 다만, 본 문제에서는 필립스곡선이 주어지지 않았고 민간의 기대인플레이션율이 0으로 고정되어 있다는 제약조건만 주어졌으므로 다음과 같이 쉽게 풀 수 있다.

$L = -0.5(\pi - \pi^e) + 0.5\pi^2$, $\pi^e = 0$

이때, 손실을 극소화하기 위해서 목적함수인 손실함수를 π로 미분하여 0으로 두면 다음과 같다.

$\dfrac{dL}{d\pi} = 0$, $\pi = 0.5$

낮은 실업률과 안정적인 물가를 선호하는 甲국 중앙은행의 t기 손실함수는 $L_t = u_t + 0.1\pi_t^2$ 이다. 중앙은행이 인플레이션율을 1로 예상했으나, 실현된 인플레이션율이 5일 때의 손실규모 (L_t)는? (단, 필립스곡선은 $\pi_t = \pi_t^e - 4(u_t - 4)$, π_t는 t기 인플레이션율, π_t^e는 t기 예상인플레이션율, u_t는 t기 실업률이다.)

▶ 2022년 지방직 7급

① 3.5　　　　② 4.5　　　　③ 5.5　　　　④ 6.5

출제이슈 손실함수와 손실극소화
핵심해설 정답 ③

주어진 필립스곡선 $\pi_t = \pi_t^e$ $4(u_t$ $4)$에 설문에서 주어진 대로 예상인플레이션율 1, 실제인플레이션율 5를 대입하면, $\pi_t = \pi_t^e - 4(u_t - 4)$, $5 = 1 - 4(u_t - 4)$, $u_t = 3$이 된다.

다시 이를 주어진 손실함수 $L_t = u_t + 0.1\pi_t^2$에 대입하면, $L_t = u_t + 0.1\pi_t^2 = 3 + 0.1 \times 5^2 = 5.5$가 된다.

이하에서는 좀 더 수준을 올려서 손실극소화 문제로 접근하여 풀어보기로 한다.

필립스곡선은 통화당국의 정책 수립 시 제약조건 역할을 한다. 따라서 필립스곡선의 제약하에서 목적함수인 손실함수를 극소화하도록 목표 인플레이션율을 설정해야 한다.

1) 제약조건

　주어진 필립스곡선 $\pi_t = \pi_t^e - 4(u_t - 4)$을 변형하면, $u_t = -0.25\pi_t + 0.25\pi_t^e + 4$가 된다.

2) 목적함수

　변형된 제약조건 $u_t = -0.25\pi_t + 0.25\pi_t^e + 4$을 목적함수에 대입하면, $L_t = -0.25\pi_t + 0.25\pi_t^e + 4 + 0.1\pi_t^2$이 된다.

3) 목적함수의 극소화

　손실을 극소화하기 위해서 목적함수를 π_t로 미분하여 0으로 두면 다음과 같다.

　$\dfrac{dL_t}{d\pi_t} = -0.25 + 0.2\pi_t = 0$

　따라서 목표 인플레이션율은 $\pi_t = 12.5$가 된다.

Issue 03　테일러준칙

A국에서 인플레이션갭과 산출량갭이 모두 확대될 때, 테일러준칙(Taylor's rule)에 따른 중앙은행의 정책은?

▶ 2020년 감정평가사

① 정책금리를 인상한다.　　　　　② 정책금리를 인하한다.

③ 정책금리를 조정하지 않는다.　　④ 지급준비율을 인하한다.

⑤ 지급준비율을 변경하지 않는다.

출제이슈　테일러준칙
핵심해설　정답 ①

일반적인 테일러준칙은 다음과 같다.

$$i = (\pi + r^*) + 0.5(\pi - \pi^*) + 0.5\left(\frac{Y - Y_F}{Y_F}\right)$$

r^* : 균형이자율,　π : 실제인플레이션율,　π^* : 목표인플레이션율,　Y : 실질GDP,　Y_F : 잠재GDP
(참고로 테일러는 균형이자율 2%, 목표인플레이션율 2%를 제안하였다.)

1) $(\pi - \pi^*)$: 실제인플레이션율과 목표인플레이션율의 차이
　실제인플레이션율이 목표인플레이션율보다 높은 경우 연방자금금리는 균형이자율 수준보다 높게 설정되는데 이는 긴축적 통화정책을 의미한다.

2) $(Y - Y_F)$: 실질GDP와 잠재GDP의 차이
　실질GDP가 잠재GDP보다 높은 경우 연방자금금리는 균형이자율 수준보다 높게 설정되는데 이는 긴축적 통화정책을 의미한다.

3) $(\pi + r^*)$: 완전고용을 달성하는 균형이자율(인플레이션율과 단기실질이자율의 합)
　인플레이션율이 상승하는 경우 연방자금금리를 올려야 함을 의미한다.

위의 내용에 따라서 설문을 검토하면 다음과 같다.

A국에서 인플레이션갭과 산출량갭이 모두 확대될 때는 바로 경기가 호황이어서 실제인플레이션율과 목표인플레이션율의 차이$(\pi - \pi^*)$가 커지고 실질GDP와 잠재GDP의 차이$(Y - Y_F)$가 커지는 경우를 의미한다. 이러한 경우 앞에서 살펴본 테일러준칙의 산식 $i = (\pi + r^*) + 0.5(\pi - \pi^*) + 0.5\left(\frac{Y - Y_F}{Y_F}\right)$에 따르면 $(\pi - \pi^*)$와 $(Y - Y_F)$가 커지는 상황이므로 정책금리를 인상하여야 할 것이다.

다음은 A국 중앙은행이 따르는 테일러준칙이다. 현재 인플레이션율이 4%이고 GDP갭이 1%일 때, A국의 통화정책에 대한 설명으로 옳지 않은 것은? (단, r은 중앙은행의 목표 이자율, π는 인플레이션율, Y^*는 잠재GDP, Y는 실제 GDP이다.) ▶ 2018년 국가직 7급

$$r = 0.03 + \frac{1}{4}(\pi - 0.02) - \frac{3}{4}\frac{Y^* - Y}{Y^*}$$

① 목표 이자율은 균형 이자율보다 높다.

② 목표 인플레이션율은 2%이다.

③ 균형 이자율은 3%이다.

④ 다른 조건이 일정할 때, 인플레이션갭 1%p 증가에 대해 목표 이자율은 0.25%p 증가한다.

출제이슈 테일러준칙
핵심해설 정답 ①

준칙에 의한 적극적 정책의 사례로 이자율 준칙의 일종인 테일러준칙을 들 수 있다. 테일러준칙은 물가안정과 경기안정화를 동시에 달성하기 위해서 미국의 연방준비제도가 통화정책을 시행하는 방식에 대하여 테일러가 추정한 식을 의미한다. 이는 통화정책의 수단으로서 연방자금금리(federal funds rate)를 정책적으로 설정함에 있어서 물가안정과 경기안정화를 모두 고려하고 있음을 잘 보여준다. 일반적인 테일러준칙은 다음과 같다.

$$i = (\pi + r^*) + 0.5(\pi - \pi^*) + 0.5\left(\frac{Y - Y_F}{Y_F}\right)$$

r^* : 균형이자율, π : 실제인플레이션율, π^* : 목표인플레이션율, Y : 실질 GDP, Y_F : 잠재 GDP
(참고로 테일러는 균형이자율 2%, 목표인플레이션율 2%를 제안하였다.)

설문에서 "A"국의 테일러준칙은 $r = 0.03 + \frac{1}{4}(\pi - 0.02) - \frac{3}{4}\frac{Y^* - Y}{Y^*}$과 같다.

현재 인플레이션율이 4%이고 GDP갭이 1%로 주어졌다. 이 수치를 위의 테일러준칙에 대입하면

$r = 0.03 + \frac{1}{4}(0.04 - 0.02) - \frac{3}{4} \times 0.01 = 0.0275$가 된다.

① 틀린 내용이다. 목표 이자율 0.0275는 균형이자율 0.03보다 낮다.

② 옳은 내용이다. 목표 인플레이션율은 2%이다.

③ 옳은 내용이다. 균형 이자율은 3%이다.

④ 옳은 내용이다. 다른 조건이 일정할 때, 인플레이션갭 1%p 증가에 대해 목표 이자율은 테일러준칙에 따라 25%만큼에 해당하는 0.25%p 증가한다.

중앙은행은 다음과 같은 테일러준칙(Taylor's rule)에 따라서 명목이자율을 결정한다. 이에 대한 설명으로 옳은 것만을 〈보기〉에서 모두 고르면? ▶2018년 지방직 7급

$$i_t = \pi_t + \rho + \alpha(\pi_t - \pi^*) + \beta(u_n - u_t)$$

(단, i_t는 t기의 명목이자율, π_t는 t기의 인플레이션율, ρ는 자연율 수준의 실질이자율, π^*는 목표 인플레이션율, u_n은 자연실업률, u_t는 t기의 실업률이며, α와 β는 1보다 작은 양의 상수라고 가정하자)

보기

ㄱ. t기의 인플레이션율이 1%p 증가하면, 중앙은행은 t기의 명목이자율을 $(1+\alpha)$%p 올려야 한다.
ㄴ. t기의 실업률이 1%p 증가하면, 중앙은행은 t기의 명목이자율을 1%p 낮춰야 한다.
ㄷ. t기의 인플레이션율이 목표인플레이션율과 같고 t기의 실업률이 자연실업률과 같으면, t기의 실질이자율은 ρ와 같다.

① ㄱ ② ㄴ ③ ㄱ, ㄷ ④ ㄴ, ㄷ

출제이슈 테일러준칙
핵심해설 정답 ③

ㄱ. 옳은 내용이다.
t기의 인플레이션율이 1%p 증가하면, 위의 테일러준칙에 따르면 중앙은행은 t기의 명목이자율을 $(1+\alpha)$%p 올려야 한다.

ㄴ. 틀린 내용이다.
t기의 실업률이 1%p 증가하면, 위의 테일러준칙에 따르면 중앙은행은 t기의 명목이자율을 β%p 낮춰야 한다.

ㄷ. 옳은 내용이다.
t기의 인플레이션율이 목표인플레이션율과 같고 t기의 실업률이 자연실업률과 같으면, 위의 테일러준칙에서 $(\pi_t - \pi^*)$와 $(u_n - u_t)$가 모두 0이 됨을 의미한다. 따라서 테일러준칙은 $i_t = \pi_t + \rho$이 되므로 t기의 실질이자율은 ρ와 같다.

통화정책의 테일러준칙(Taylor's rule)과 인플레이션목표제(inflation targeting)에 대한 설명으로 옳지 않은 것은?

▶ 2020년 지방직 7급

① 테일러준칙을 따르는 정책당국은 경기가 호황일 때 이자율을 상승시키고, 경기가 불황일 때 이자율을 하락시켜 경기를 안정화시킨다.

② 테일러준칙에서 다른 변수들은 불변일 때 정책당국이 목표인플레이션율을 높이면 정책금리도 높여야 한다.

③ 인플레이션목표제는 미래 인플레이션의 예측치에 근거하며, 테일러준칙은 후향적(backward-looking)이어서 과거 인플레이션을 따른다.

④ 인플레이션목표제는 중앙은행의 목표를 구체적인 수치로 제시하므로 중앙은행의 책임감을 높일 수 있다.

출제이슈 테일러준칙
핵심해설 정답 ②

① 옳은 내용이다.

경기가 호황이어서 실제인플레이션율과 목표인플레이션율의 차이($\pi - \pi^*$)가 커지거나 실질GDP와 잠재GDP의 차이($Y - Y_F$)가 커지는 경우 이자율을 상승시킨다. 반대로 경기가 불황인 경우 이자율을 하락시켜 경기를 안정화시킨다.

② 틀린 내용이다.

테일러준칙에서 다른 변수들은 불변일 때 정책당국이 목표인플레이션율을 높이면 정책금리를 낮춰야 한다.

$i = (\pi + r^*) + 0.5(\pi - \pi^*) + 0.5(\dfrac{Y - Y_F}{Y_F})$에서 $(\pi - \pi^*)$가 줄어들기 때문에 정책금리를 낮춰야 한다.

③ 옳은 내용이다.

테일러준칙은 지금 상황에서의 실제인플레이션율을 경험한 후에 그에 따라 준칙적 방식으로 정책금리를 정하므로 과거 인플레이션율에 기한 정책적 판단임을 알 수 있다. 한편, 인플레이션 목표제는 물가안정목표제(inflation targeting scheme)라고도 하는데 먼저 통화당국이 최종정책목표인 물가안정에 대하여 명시적으로 목표를 설정하고, 통화량, 이자율, 환율, 기대인플레이션 등 다양한 변수들을 활용하여 목표를 달성하고자 하는 정책방식을 의미한다. 이때, 중앙은행은 미래 인플레이션을 예측하여 물가안정을 위한 구체적인 물가상승률 목표를 설정하는 것이다.

④ 옳은 내용이다.

인플레이션목표제는 중앙은행의 목표를 구체적인 수치로 제시하므로 중앙은행의 책임감을 높일 수 있다. 우리나라는 1997년 한국은행법을 개정하여 물가안정을 통화정책의 목표로 명시하여 물가안정목표제를 채택하였다. 한국은행은 목표로 하는 물가상승률을 달성하기 위해서 기준금리를 정한다. 이때 미리 중기목표로서의 인플레이션목표를 구체적인 수치로 공표하기 때문에 중앙은행의 책임감을 높일 수 있다.

다음 테일러 준칙(Taylor's rule)에 따라 중앙은행이 목표 명목정책금리를 결정한다. 이에 대한 설명으로 옳지 않은 것은? ▶ 2022년 국가직 7급

- 목표 명목정책금리 = 실제 인플레이션율 + 균형 실질정책금리
  $+ 0.5 \times$ 산출갭 $+ 0.5 \times$ 인플레이션갭

$\left($단, 산출갭 $= \left(\dfrac{\text{실제 실질} GDP - \text{잠재 실질} GDP}{\text{잠재 실질} GDP} \right) \times 100,\right.$

인플레이션갭 = 실제 인플레이션율 − 목표 인플레이션율$)$

① 산출갭과 인플레이션갭이 목표 명목정책금리 결정에 영향을 준다.
② 현재의 실제 인플레이션율이 목표 인플레이션율보다 낮은 경우 목표 명목정책금리를 내린다.
③ 중앙은행이 경제의 잠재실질GDP를 과소평가하고 있다면, 목표 명목정책금리는 적정수준보다 낮게 결정된다.
④ 균형 실질정책금리가 실제보다 과대평가되어 있다면, 목표 명목정책금리는 적정수준보다 높아지게 된다.

출제이슈 테일러준칙
핵심해설 정답 ③

① 옳은 내용이다.
    테일러준칙에 의하면, 산출갭과 인플레이션갭이 명목정책금리의 결정에 영향을 준다. 예를 들어, 실제인플레이션율이 목표인플레이션율보다 높은 경우(인플레이션갭이 +인 경우) 명목정책금리 혹은 연방자금금리는 균형이자율 수준보다 높게 설정되어야 한다. 한편, 실질 GDP가 잠재 GDP보다 높은 경우(산출갭이 +인 경우) 명목정책금리 혹은 연방자금금리는 균형이자율 수준보다 높게 설정되어야 한다.

② 옳은 내용이다.
    현재의 실제인플레이션율이 목표인플레이션율보다 낮은 경우(인플레이션갭이 −인 경우) 명목정책금리 혹은 연방자금금리는 균형이자율 수준보다 낮게 설정되어야 한다.

③ 틀린 내용이다.
    중앙은행이 경제의 잠재실질 GDP를 과소평가하고 있다면, 실질 GDP가 적정한 잠재 GDP보다 높은 경우(산출갭이 적정수준보다 커져서 +인 경우)에 해당한다. 따라서 명목정책금리 혹은 연방자금금리는 균형이자율 수준보다 높게 설정되어야 한다.

④ 옳은 내용이다.
    중앙은행이 균형 실질정책금리를 실제보다 과대평가하고 있다면, 테일러준칙의 산식에서 r^*가 적정수준보다 커짐을 의미하므로 목표 명목정책금리는 적정수준보다 높아지게 된다.

중앙은행의 통화정책 반응함수가 다음과 같다.

$$r = 0.05 + 1.5(\pi - 0.04) - 0.5(\frac{Y - Y^*}{Y^*})$$

(단, r은 중앙은행의 정책이자율, π는 물가상승률, Y는 실질 GDP, Y^*는 잠재 GDP)

전년도에 물가상승률은 4%였고, 실질 GDP 와 잠재 GDP 는 같았다고 하자. 금년도에 물가상승률이 6%가 되고 실질 GDP 가 잠재 GDP 대비 4% 증가한다면 중앙은행의 행동으로 가장 적절한 것은?   ▶ 2015년 보험계리사

① 정책이자율을 1%포인트 올린다.   ② 정책이자율을 3%포인트 올린다.
③ 정책이자율을 2%포인트 올린다.   ④ 정채이자율을 그대로 유지한다.

출제이슈 테일러준칙
핵심해설 정답 ①

설문에서 중앙은행의 통화정책 반응함수가 $r = 0.05 + 1.5(\pi - 0.04) - 0.5(\frac{Y - Y^*}{Y^*})$ 로 주어져 있다. 그리고 전년도에 물가상승률은 4%였고, 실질 GDP 와 잠재 GDP 는 같다고 한다. 그리고 금년도에 물가상승률이 6%가 되고 실질 GDP 가 잠재 GDP 대비 4% 증가한다고 한다. 이를 위의 식에 대입하면 다음과 같다.

1) 전년도 정책이자율 $r = 0.05 + 1.5(0.04 - 0.04) - 0.5(\frac{0}{Y^*}) = 0.05$

2) 금년도 정책이자율 $r = 0.05 + 1.5(0.06 - 0.04) - 0.5(\frac{1.04 Y^* - Y^*}{Y^*}) = 0.05 + 0.03 - 0.5 \times 0.04 = 0.06$

3) 따라서 전년도에 비해서 금년도에는 정책이자율을 1%포인트 올려야 한다.

> A국 중앙은행은 아래의 테일러 규칙(Taylor's rule)에 따라 명목정책금리를 조정한다. 이에 관한 설명으로 옳지 않은 것은? (단, 총생산갭 = (실질GDP - 완전고용 실질GDP) / 완전고용 실질GDP이다.)
>
> ▶ 2022년 감정평가사
>
> 명목정책금리 = 인플레이션율 + 0.02 + 0.5 × (인플레이션율 - 0.03) + 0.5 × (총생산 갭)
>
> ① A국 중앙은행의 인플레이션율 목표치는 3%이다.
> ② 인플레이션율 목표치를 2%로 낮추려면 명목정책금리를 0.5%p 인하해야 한다.
> ③ 인플레이션율이 목표치와 동일하고 총생산 갭이 1%인 경우 실질 이자율은 2.5%이다.
> ④ 완전고용 상태에서 인플레이션율이 2%인 경우에 명목정책금리는 3.5%로 설정해야 한다.
> ⑤ 인플레이션율이 목표치보다 1%p 더 높은 경우에 명목정책금리를 0.5%p 인상한다.

출제이슈 테일러준칙
핵심해설 정답 ② (단, 엄밀하게는 특정상황하에서 ⑤도 틀린 내용이 될 수 있음에 유의하라.)

설문에서 테일러준칙은 $i_t = \pi_t + 0.02 + 0.5(\pi_t - 0.03) + 0.5\,GDPgap$으로 주어져 있다.

② 틀린 내용이다.
인플레이션율 목표치를 낮추기 위해서는 금리 인상이 필요하다. 따라서 틀린 내용임을 쉽게 알 수 있다.

③ 옳은 내용이다.
설문에서 주어진 테일러준칙 $i_t = \pi_t + 0.02 + 0.5(\pi_t - 0.03) + 0.5\,GDPgap$에서 인플레이션율이 목표치와 동일하고 총생산갭이 1%인 경우를 고려하면 다음과 같다.

$i_t = \pi_t + 0.02 + 0.5(\pi_t - 0.03) + 0.5\,GDPgap = \pi_t + 0.02 + 0.5 \times 0 + 0.5 \times 0.01 = \pi_t + 0.025$
따라서 실질금리는 0.025 = 2.5%가 된다.

④ 옳은 내용이다.
설문에서 주어진 테일러준칙 $i_t = \pi_t + 0.02 + 0.5(\pi_t - 0.03) + 0.5\,GDPgap$에서 완전고용 상태와 인플레이션율이 2%인 경우를 고려하면 다음과 같다.

$i_t = \pi_t + 0.02 + 0.5(\pi_t - 0.03) + 0.5\,GDPgap = 0.02 + 0.02 + 0.5(0.02 - 0.03) + 0.5 \times 0 = 0.035$
따라서 명목정책금리는 0.035 = 3.5%가 된다.

⑤ 옳은 내용이다(단, 엄밀하게는 특정한 상황하에서만 제한적으로 옳은 내용이다).
지문에서 표현된 상황이 모호하여 복수의 해석이 가능하므로 오해 및 오류의 소지가 있다고 판단된다. 자세한 내용은 생략한다.

A국의 중앙은행은 필립스곡선, 성장률과 실업률의 관계, 이자율 준칙에 따라 이자율을 결정한다. 현재 목표물가상승률이 2%, 자연실업률이 3%이고, 국내총생산은 잠재국내총생산, 물가상승률은 목표물가상승률, 그리고 실업률은 자연실업률과 같다고 가정할 때, 이에 관한 설명으로 옳지 않은 것은? (단, r, π, π^e, π^T, u, u_n, u_{-1}, Y, Y^P는 각각 이자율, 물가상승률, 기대물가상승률, 목표물가상승률, 실업률, 자연실업률, 전기의 실업률, 국내총생산, 잠재국내총생산이다.) ▶ 2023년 감정평가사

- 필립스곡선 : $\pi = \pi^e - 0.5(u - u_n)$
- 이자율 준칙 : $r = \pi + 2\% + 0.5(\pi - \pi^T) + 0.5G$
- 성장률과 실업률의 관계 : 국내총생산의 성장률 $= 3\% - 2(u - u_{-1})$
- $G = \dfrac{(Y - Y^p)}{Y^p} \times 100$

① 현재 이자율은 4%이다.
② 현재 기대물가상승률은 2%이다.
③ 실업률이 5%로 상승하고 기대물가상승률이 변화하지 않았다면, 물가상승률은 1%이다.
④ 기대물가상승률이 3%로 상승하면, 이자율은 5.5%이다.
⑤ 실업률이 1%로 하락하고 기대물가상승률이 3%로 상승하면, 이자율은 7%이다.

출제이슈 이자율 준칙
핵심해설 정답 ⑤

STEP 1. 물가상승률 구하기

$\pi = \pi^e - 0.5(u - u_n)$, $\pi = 3 - 0.5(1 - 3) = 4$

STEP 2. 국내총생산의 성장률 구하기

국내총생산의 성장률 $= 3\% - 2(u - u_{-1}) = 3 - 2(1 - 3) = 7$

STEP 3. 이자율 구하기

이자율 $= \pi + 2\% + 0.5(\pi - \pi^T) + 0.5G = 4 + 2 + 0.5 \times (4 - 2) + 0.5 \times 7 = 10.5$

거시경제의 미시적 기초

절대소득이론

케인즈 소비함수에 관한 설명으로 옳지 않은 것은?

▶ 2017년 공인노무사

① 한계소비성향은 0보다 크고 1보다 작다.

② 소비는 현재 소득의 함수이다.

③ 소득이 없어도 기본적인 소비는 있다.

④ 소득이 증가할수록 평균소비성향은 증가한다.

⑤ 소득과 소비의 장기적 관계를 설명할 수 없다.

출제이슈 케인즈 소비함수

핵심해설 정답 ④

① 옳은 내용이다.

한계소비성향은 소득증가분에서 소비증가분이 차지하는 비중으로서 0보다 크고 1보다 작다.

② 옳은 내용이다.

소비는 현재 가처분소득에 의해 결정된다.

③ 옳은 내용이다.

소득이 없어도 기본적인 소비가 있을 수 있다. 이는 소비함수 $C = a + bY$에서 a라는 독립소비가 존재할 수 있음을 의미한다.

④ 틀린 내용이다.

평균소비성향은 소득에서 소비가 차지하는 비중으로서 소득증가에 따라서 감소한다. 고소득일 때의 평균소비가 저소득일 때의 평균소비보다 작음을 의미한다. 이는 소비함수 $C = a + bY$를 기하적으로 표시하면, 종축절편에서 출발함을 의미한다.

⑤ 옳은 내용이다.

소비와 소득에 대한 실증분석 결과, 횡단면분석 및 단기시계열분석에서는 소득이 증가하는 경우 평균소비성향은 감소하고, 장기시계열분석에서는 소득이 크게 증가하여도 평균소비성향이 거의 불변이었다. 실증분석에 의하면 케인즈의 소비함수는 횡단면 분석과 단기시계열 분석에서는 성립하지만 장기시계열 분석에서는 성립하지 않는다는 것을 의미한다. 즉, 소득과 소비의 장기적 관계를 설명할 수 없다.

Issue 02 　평생소득이론과 항상소득이론

다음은 소득과 소비의 관계에 대한 두 의견이다. 이에 대한 설명으로 옳은 것은?

▸ 2017년 국가직 7급

> (가) 소비는 처분가능소득에 가장 큰 영향을 받는다. 처분가능소득이 증가하면 소비는 증가한다.
>
> (나) 사람들은 현재의 소득이 아니라 일생 동안의 소득을 고려하여 소비 수준을 결정한다. 사람들은 전 생애에 걸쳐 안정적 소비패턴을 유지하려고 하므로 소비는 그때그때의 소득에 민감하게 반응하지 않는다.

① (가)에 따르면 소액 복권에 당첨된 사람은 소비를 늘리지 않을 것이다.

② (가)에 따르면 경기 상승으로 회사 영업실적이 좋아져 받은 특별 상여금은 모두 저축될 것이다.

③ (나)에 따르면 일시적 실업자는 소비를 크게 줄일 것이다.

④ (나)에 따르면 장기간의 소득세 감면은 경기 활성화에 도움이 될 것이다.

출제이슈 절대소득이론과 평생·항상소득이론
핵심해설 정답 ④

① 틀린 내용이다.
　(가) 케인즈의 절대소득이론에 따르면 소액 복권에 당첨된 사람은 현재가처분소득이 늘었으므로 소비를 늘릴 것이다. 따라서 틀린 내용이다.

② 틀린 내용이다.
　(가) 케인즈의 절대소득이론에 따르면 경기 상승으로 회사 영업실적이 좋아져 받은 특별 상여금으로 인해서 현재가처분소득이 늘었으므로 일부는 소비하고 나머지는 저축할 것이다. 따라서 모두 저축될 것이다라는 내용은 옳지 않다.

③ 틀린 내용이다.
　(나) 평생·항상소득이론에 따르면 일시적 실업자의 경우 소득이 일시적으로 줄긴 하지만, 평생소득 혹은 항상소득 관점에서 보면 안정적으로 소비를 하려고 하기 때문에 당장 소비가 크게 줄지 않는다. 따라서 틀린 내용이다.

④ 옳은 내용이다.
　(나) 평생·항상소득이론에 따르면 장기간의 소득세 감면은 평생소득이나 항상소득에 영구적으로 영향을 줄 수 있기 때문에 이에 기하여 소비가 증가할 것이다. 따라서 이러한 정책은 경기 활성화에 도움이 될 것이다.

소비이론에 대한 설명으로 옳지 않은 것은?　▶ 2016년 국가직 7급

① 레입슨(D. Laibson)에 따르면 소비자는 시간 비일관성(time inconsistency)을 보인다.

② 항상소득 가설에 의하면 평균소비성향은 현재소득 대비 항상소득의 비율에 의존한다.

③ 생애주기 가설에 의하면 전 생애에 걸쳐 소비흐름은 평탄하지만, 소득흐름은 위로 볼록한 모양을 갖는다.

④ 가계에 유동성제약이 존재하면 현재소득에 대한 현재소비의 의존도는 약화된다.

출제이슈 평생소득이론과 항상소득이론
핵심해설 정답 ④

① 옳은 내용이다.

레입슨에 따르면, 시간적 근접 여부에 따라서 경제주체들의 선호는 달라질 수 있다. 이를 시간적 비일관성(Time inconsistency)이라고 한다. 이는 사람들이 장기적으로 최선의 이익을 달성하기 위해서 행동하지 않고 단기적인 측면에 좀 더 초점을 맞춰서 행동함을 의미한다. 금연하는 것이 몸에 좋다는 것은 잘 알고 있지만 지금 당장 피우고 싶은 욕구는 억제하기 힘들다. 전통적인 합리적 인간이라면 보다 큰 편익을 위해서 최적의 선택을 해야 하지만, 선택에 있어서 시간의 격차가 개입되면, 선호가 바뀔 수도 있는 것이다.

② 옳은 내용이다.

항상소득이론에 의하면, 소비는 항상소득에 의해 결정된다. 항상소득이란 미래에도 항구적으로 벌어들일 수 있는 소득으로서 장기평균소득수준을 의미한다. 따라서 소비함수는 $C = \beta Y^P$로 표시할 수 있다. 소비는 현재소득이 아니라 항상소득에 의해 결정되기 때문에 일정하게 유지된다. 이때, 평균소비성향은 $APC = \dfrac{C}{Y} = \dfrac{\beta Y^P}{Y}$ 로서 소득과 항상소득의 비에 의하여 결정된다. 옳은 내용이다.

③ 옳은 내용이다.

평생소득이론에 의하면, 전생애에 걸친 소득의 흐름을 고려하여 소비행위를 결정하고 소비의 균등화를 추구한다. 반면, 소득은 일생을 거치면서, 유년기, 청장년기, 노년기에 따라서 변화한다. 이와 같은 소득변화에도 불구하고 각 소비자는 자신의 소비를 평준화하려고 하기 때문에 소득흐름은 역U자형이지만 소비흐름은 평탄한 모습을 보인다.

④ 틀린 내용이다.

항상소득이론과 평생소득이론은 평준화된 소비를 위하여 현재 소득과 괴리가 생긴 부분은 차입을 통하여 충당해야 함을 전제로 하고 있다. 만일 가계에 유동성제약이 존재하면 항상소득이나 평생소득이 소비에 미치는 영향이 줄어들게 된다. 따라서 현재소득에 대한 현재소비의 의존도는 약화되는 것이 아니라 강화된다. 이 경우에는 현재의 절대적인 소득의 크기가 소비에 영향을 미치는 케인즈의 절대소득이론의 현실설명력이 배가될 수 있다.

사람들의 소비행태 이론들에 대한 설명으로 옳지 않은 것은? ▶ 2015년 국가직 9급

① 항상소득이론에 따르면 사람들은 복권 당첨으로 얻은 소득과 안정된 직장에서 발생하는 소득에 대하여 다른 소비성향을 보인다.

② 항상소득이론에 따르면 사람들은 비교적 일정한 수준에서 소비를 유지하고 싶어한다.

③ 생애주기이론에 따르면 사람들은 일생에 걸친 소득의 변화양상을 염두에 두고 적절한 소비수준을 결정한다.

④ 생애주기이론에 따르면 개인의 저축은 나이에 따라 U자형으로 나타날 가능성이 크다.

출제이슈 항상소득이론과 평생소득이론
핵심해설 정답 ④

① 옳은 내용이다.

항상소득이론에 의하면 복권 당첨으로 얻은 소득은 일시소득이며 안정된 직장에서 발생하는 소득은 항상소득을 구성한다고 볼 수 있다. 그런데 소비는 일시소득이 아니라 항상소득이 결정한다는 것이 항상소득이론이다. 따라서 일시소득에 대하여는 주로 저축으로 흘러갈 가능성이 매우 커서 항상소득에 비하여 소비성향이 낮다. 소득에 따라서 다른 소비성향을 보이므로 옳은 내용이다.

② 옳은 내용이다.

항상소득이론은 장기간에 걸친 소득의 흐름을 고려하여 장기평균소득을 구하여 이에 근거하여 소비행위를 결정하고 소비의 균등화를 추구한다.

소비의 균등화 혹은 평준화(consumption smoothing)란 소득의 수준이 시점에 따라서 달라지더라도 소비자의 효용을 극대화시키는 최적의 소비는 매기에 비슷한 수준을 유지하려고 하는 경향을 의미한다. 이는 우리가 이미 미시경제이론에서 학습한 시점간 소비선택모형을 통해서 증명되었다. 항상소득이론 및 평생소득이론은 모두 소비의 평준화를 기본적으로 목표로 하고 있다.

③ 옳은 내용이다.

평생소득이론에 의하면 소비는 현재소득이 아니라 평생소득에 의해 결정되기 때문에 일정하게 유지된다. 즉, 전생애에 걸친 소득의 흐름을 고려하여 소비행위를 결정하고 소비의 균등화를 추구한다. 특히 유년기, 청장년기, 노년기의 소득변화를 염두에 두고 소비를 결정한다.

④ 틀린 내용이다.

평생소득이론에 의하면 소득은 일생을 거치면서, 유년기, 청장년기, 노년기에 따라서 변화하며, 역U자형의 모습을 갖게 된다. 반면, 소비는 균등화를 추구하기 때문에 저축은 역U자형의 모습을 갖게 된다. 유년기와 노년기에는 소득이 없고 소비가 있어서 저축이 음이 되고, 청장년기에는 저축이 양이 된다.

Issue 03 | 랜덤워크가설과 상대소득가설

소비이론에 대한 설명으로 옳은 것만을 모두 고르면? ▶ 2019년 국가직 7급

ㄱ. 소비의 무작위행보(random walk) 가설이 성립하면 예상된 정책 변화는 소비에 영향을 미치지 못한다.

ㄴ. 리카도의 대등정리(Ricardian equivalence)가 성립하면 정부지출에 변화가 없는 한 조세의 삭감은 소비에 영향을 미치지 못한다.

ㄷ. 기간간 선택모형에 따르면 소비는 소득과 상관없이 매기 일정하다.

ㄹ. 항상소득가설에 따르면 한계소비성향은 현재소득에 대한 항상소득의 비율에 의존한다.

① ㄱ, ㄴ ② ㄱ, ㄷ
③ ㄴ, ㄹ ④ ㄷ, ㄹ

출제이슈 소비의 랜덤워크가설과 항상소득이론
핵심해설 정답 ①

ㄱ. 옳은 내용이다.
홀의 랜덤워크가설에 의하면 소비는 임의보행의 확률과정을 따른다. 이는 항상소득이론에 합리적 기대를 도입하고 경제에 불확실성을 가정하여 도출한다. 소비자는 언제나 장기간의 소득흐름에 대한 기대를 바탕으로 소비를 하며 소비를 평탄하게 유지하려고 노력한다. 소비자는 "예상치 못한 충격"이 발생하지 않는 한 소비계획을 수정하지 않는다. 예상된 정책 변화는 합리적 기대에 의하여 소비에 영향을 미치지 못하며, 오직 기대하지 못한 정책 변화만이 소비를 변화시킨다.

ㄴ. 옳은 내용이다.
리카도 동등성 정리는 항상소득이론의 관점에서 장기간에 걸친 소비자의 소득흐름에 변화가 없음을 의미한다. 따라서 항상소득이 불변이기 때문에 조세감면·국채발행 이전의 소비선택을 조세감면·국채발행 이후라고 해서 변경할 이유가 없다.

ㄷ. 틀린 내용이다.
시점간 소비선택 모형에 의하면, 소득제약을 고려하여 최적의 현재소비, 미래소비를 선택한다. 즉 소비는 전체 기간 동안의 소득을 고려하여 효용을 극대화하도록 최적으로 결정되는 것이지 소득과 상관없이 매기 일정한 것은 아니며 이 과정에서 소득이 증가하는 경우 소비는 증가한다.

ㄹ. 틀린 내용이다.
항상소득이론에 의하면, 평균소비성향 $APC = \dfrac{C}{Y} = \dfrac{\beta Y^P}{Y}$ 은 소득과 항상소득의 비에 의하여 결정된다.

소비이론에 관한 설명으로 옳은 것은?   ▶ 2022년 감정평가사

① 항상소득가설(permanent income hypothesis)에 따르면, 현재소득이 일시적으로 항상소득보다 작게 되면 평균소비성향은 일시적으로 증가한다.
② 생애주기가설(life-cycle hypothesis)은 소비자가 저축은 할 수 있으나 차입에는 제약(borrowing constraints)이 있다고 가정한다.
③ 케인즈 소비함수는 이자율에 대한 소비의 기간별 대체효과를 반영하고 있다.
④ 소비에 대한 임의보행(random walk)가설은 소비자가 근시안적(myopic)으로 소비를 결정한다고 가정한다.
⑤ 항상소득가설은 소비자가 차입제약에 직면한다고 가정한다.

출제이슈 소비이론 종합
핵심해설 정답 ①

① 옳은 내용이다.
단기에 소득이 감소할 경우, 사람들은 이 중 일부만을 항상소득의 감소로 간주한다. 일시소득의 감소로 된 부분은 소비를 전혀 변화시키지 못한다. 따라서 소득의 감소분보다 소비의 감소분은 작게 된다. 단기에 소득 감소 시 일시소득이 존재할 수 있다는 것은 소득 감소보다 항상소득 감소가 작다는 것을 의미한다. 이는 단기에 소득 감소 시 항상소득이 차지하는 비율(항상소득/소득)이 커짐을 의미하며, 결국 소득 감소 시 단기평균소비성향이 증가하게 된다.

② 틀린 내용이다.
평생소득이론에서는 소비자가 자유롭게 차입가능함을 전제로 하고 있다.

③ 틀린 내용이다.
절대소득이론이란 케인즈 및 케인지언의 이론으로서 소비에 대하여 비교적 단순한 가정을 통해서 현재가처분소득의 절대적인 수준이 현재소비를 결정한다는 것이다. 특히 소비는 주로 해당 기간 동안의 소득수준에 의존하며, 미래소득은 중요하지 않으며, 이자율도 소비에 미치는 효과는 없다고 가정한다.

④ 틀린 내용이다.
소비의 랜덤워크가설에 따르면 경제에 불확실성이 존재함을 가정하여 미래소득이 불확정적이기 때문에 소비자는 일반적인 효용극대화가 아니라 기대효용극대화를 목표로 한다. 특히 이 이론은 합리적 기대를 도입하여 소비자는 현재 이용가능한 모든 정보를 활용하여 미래의 불확실한 소득을 예측하고 소비를 결정한다. 따라서 소비자의 근시안성이 아니라 합리성에 의한 소비를 가정하는 것이다.

⑤ 틀린 내용이다.
항상소득이론에 의하면 현재소득이 항상소득보다 작은 경우라도 항상소득에 따라 소비를 하기 때문에 균등화된 소비가 현재소득을 초과할 수도 있다. 이렇게 현재소득보다 더 많은 소비를 하기 위해서는 기본적으로 차입이 자유로워야 함을 전제로 하고 있는 것이다.

소비이론에 관한 설명으로 옳지 않은 것은? ▶ 2020년 감정평가사

① 생애주기가설에 따르면 장기적으로 평균소비성향이 일정하다.
② 항상소득가설에 따르면 단기적으로 소득 증가는 평균소비성향을 감소시킨다.
③ 케인즈(J.M.Keynes)의 소비가설에서 이자율은 소비에 영향을 주지 않는다.
④ 피셔(I.Fisher)의 기간간 소비선택이론에 따르면 이자율은 소비에 영향을 준다.
⑤ 임의보행(random walk)가설에 따르면 소비의 변화는 예측할 수 있다.

출제이슈 소비이론 종합
핵심해설 정답 ⑤

① 옳은 내용이다.

평생소득이론에 의하면, 장기에 소득이 증가할 경우, 비인적부 NW도 근로소득과 유사한 속도로 성장한다고 할 수 있다. 따라서 장기에서는 비인적부의 증가율과 근로소득 증가율이 비슷하다. 장기에 소득 증가 시 장기평균소비성향은 일정하다.

② 옳은 내용이다.

항상소득이론에 의하면, 단기에 있어서 소득이 증가할 경우, 사람들은 이 중 일부만을 항상소득의 증가로 간주한다. 소득 증가 시 일시소득이 존재하므로 소득 증가보다 항상소득 증가가 작다. 소득 증가 시 항상소득이 소득에서 차지하는 비율(항상소득/소득)이 작아지므로 평균소비성향은 감소한다. 평균소비성향 $\dfrac{C}{Y} = \beta \dfrac{Y^P}{Y}$ 에서 Y^P의 증가율이 Y의 증가율보다 작아서 평균소비성향이 감소한다는 의미이다.

③ 옳은 내용이다.

케인즈(J.M.Keynes)의 절대소득이론에 의하면 소비함수는 $C = a + bY$로서 소비는 현재가처분소득에 의해 결정될 뿐 미래의 예상되는 소득이라든지 이자율에 의해서 결정되는 것이 아니다.

④ 옳은 내용이다.

피셔(I.Fisher)의 기간간 소비선택이론에 따르면 이자율은 소비에 영향을 준다. 자세한 내용은 미시경제이론을 참고하기 바란다.

⑤ 틀린 내용이다.

홀의 랜덤워크가설은 항상소득이론에 합리적 기대를 도입하고 경제에 불확실성을 가정하여 소비함수를 도출한다. 랜덤워크가설에 소비함수는 임의보행의 확률과정을 따르기 때문에 $C_{t+1} = C_t + \epsilon_{t+1}$가 되는데 이는 합리적 기대하의 항상소득이론에서도 불확실성이 존재하면 소비의 변화를 예측할 수 없으며 이미 알려진 정보만으로는 미래의 소비변화를 예측하는 것은 불가능하다는 것이다. 따라서 현재소비가 미래소비의 최적 예측치가 된다. 즉, $C_t = E_t(C_{t+1})$가 된다.

소비이론에 관한 설명으로 옳은 것을 모두 고른 것은?　　▶2018년 감정평가사

> ㄱ. 케인즈 소비함수에 의하면 평균소비성향이 한계소비성향보다 크다.
> ㄴ. 상대소득가설에 의하면 장기소비함수는 원점을 통과하는 직선으로 나타난다.
> ㄷ. 항상소득가설에 의하면 항상소비는 평생 부(wealth)와 관계없이 결정된다.
> ㄹ. 생애주기가설에 의하면 중년층 인구비중이 상승하면 국민저축률이 하락한다.

① ㄱ, ㄴ 　　② ㄱ, ㄷ 　　③ ㄴ, ㄷ 　　④ ㄴ, ㄹ 　　⑤ ㄷ, ㄹ

출제이슈 소비이론 종합
핵심해설 정답 ①

ㄱ. 옳은 내용이다.
평균소비성향은 소득에서 소비가 차지하는 비중으로서 소득증가에 따라서 감소하고 평균소비성향이 한계소비성향보다 크다. 이는 고소득일 때 평균소비가 저소득일 때 평균소비보다 작음을 의미한다.

ㄴ. 옳은 내용이다.
상대소득가설에 의하면 개인의 소비는 자신의 소득 및 자신의 과거시점에서의 소득 및 소비수준의 증가함수가 된다. 단기의 경우에는 소득이 감소하는 경우에도 과거의 소득 및 소비수준이 현재의 소비수준에 영향을 미치므로 현재소비가 크게 감소하지 않는다. 따라서 소득이 감소하는 경우 평균소비성향이 평균보다 높아지게 된다. 장기의 경우에는 자신의 소득 및 다른 시점에서의 소비수준이 모두 증가하므로 현재소득과 과거소득이 일정한 비율을 유지할 것이다. 따라서 장기적으로는 평균소비성향이 일정하다. 따라서 장기소비함수는 원점을 통과하는 직선으로 나타난다.

ㄷ. 틀린 내용이다.
항상소득이론에 의하면, 소비는 항상소득에 의해 결정된다. 항상소득이란 미래에도 항구적으로 벌어들일 수 있는 소득으로서 자산 등을 고려한 장기평균소득수준을 의미한다. 따라서 소비함수는 $C = \beta Y^P$로 표시할 수 있다. 소비는 현재소득이 아니라 항상소득에 의해 결정되기 때문에 일정하게 유지된다. 이때, 평균소비성향 $APC = \dfrac{C}{Y} = \dfrac{\beta Y^P}{Y}$로서 소득과 항상소득의 비에 의하여 결정된다.

ㄹ. 틀린 내용이다.
평생소득이론에 의하면, 소비는 평생소득에 의해 결정되며 평생소득이란 일생동안 벌어들여서 사용할 수 있는 소득으로서 근로소득뿐만 아니라, 주택, 주식, 채권 등의 자산도 포함한다. 소비는 현재소득이 아니라 평생소득에 의해 결정되기 때문에 일정하게 유지된다. 즉, 전생애에 걸친 소득의 흐름을 고려하여 소비행위를 결정하고 소비의 균등화를 추구한다. 반면, 소득은 일생을 거치면서, 유년기, 청장년기, 노년기에 따라서 변화한다. 이와 같은 소득변화에도 불구하고 각 소비자는 자신의 소비를 평준화하려고 하기 때문에 소득흐름은 역U자형이지만 소비흐름은 평탄한 모습을 보인다. 이에 따라 유년기와 노년기에는 평균소비성향이 높아지고 청장년기에는 평균소비성향이 낮아진다. 따라서 중년층 인구비중이 상승하면 노년기에 대비하여 국민저축률은 상승한다.

소비이론에 관한 설명으로 옳지 않은 것은?　　▶ 2015년 감정평가사

① 절대소득가설에 의하면 소비의 이자율 탄력성은 0이다.
② 절대소득가설에 의하면 기초소비가 있는 경우 평균소비성향이 한계소비성향보다 크다.
③ 항상소득가설에 의하면 임시소비는 임시소득에 의해 결정된다.
④ 상대소득가설에 의하면 장기소비함수는 원점을 통과하는 직선의 형태로 도출된다.
⑤ 생애주기가설에 의하면 사람들은 일생에 걸친 소득 변화 양상을 염두에 두고 적절한 소비
　수준을 결정한다.

출제이슈 　소비이론 종합
핵심해설 　정답 ③

① 옳은 내용이다.
　절대소득이론에 의하면 소비함수는 $C = a + bY$로서 소비는 현재가처분소득에 의해 결정된다. 이는 소비는 이
　자율이 아니라 소득에 의해 결정됨을 보여주고 있다. 이를 달리 표현하면, 소비는 이자율 탄력성이 0이라고
　할 수 있다.

② 옳은 내용이다.
　절대소득이론에 의하면 소비함수는 $C = a + bY$로서 소득이 없어도 기본적인 소비는 있을 수 있다. 이는 소비
　함수 $C = a + bY$에서 a라는 독립소비가 존재할 수 있을 수 있음을 의미한다. 이러한 소비함수를 기하적으로
　표시하면 종축절편에서 출발하므로 평균소비성향이 한계소비성향보다 크게 된다.

③ 틀린 내용이다.
　항상소득이론에 의하면, 소비는 항상소득에 의해 결정되며, 임시소비는 임시소득과 무관하다. 항상소득이란 미
　래에도 항구적으로 벌어들일 수 있는 소득으로서 자산 등을 고려한 장기평균소득수준을 의미한다. 따라서 소비
　함수는 $C = \beta Y^P$로 표시할 수 있다. 소비는 현재소득이 아니라 항상소득에 의해 결정되기 때문에 일정하게
　유지된다.

④ 옳은 내용이다.
　상대소득가설에 의하면 개인의 소비는 자신의 소득 및 자신의 과거시점에서의 소득 및 소비수준의 증가함수가
　된다. 단기의 경우에는 소득이 감소하는 경우에도 과거의 소득 및 소비수준이 현재의 소비수준에 영향을 미치
　므로 현재소비가 크게 감소하지 않는다. 따라서 소득이 감소하는 경우 평균소비성향이 평균보다 높아지게 된
　다. 장기의 경우에는 자신의 소득 및 다른 시점에서의 소비수준이 모두 증가하므로 현재소득과 과거소득이 일
　정한 비율을 유지할 것이다. 따라서 장기적으로는 평균소비성향이 일정하다. 따라서 장기소비함수는 원점을 통
　과하는 직선으로 나타난다.

⑤ 옳은 내용이다.
　평생소득이론에 의하면, 소비자는 소비를 결정함에 있어서 지금 당장의 소득보다는 일생 동안 벌어들여서 사용
　할 수 있는 소득을 염두에 두고 소비평준화를 위한 적절한 소비수준을 결정한다.

소비이론에 관한 설명 중 옳은 것은?
▶ 2024년 감정평가사

① 케인즈(Keynes)의 소비이론에 따르면 이자율이 소비의 주요 결정요인이다.
② 생애주기가설에 따르면 은퇴연령의 변화 없이 기대수명이 증가하면 소비가 감소한다.
③ 리카도 등가(Ricardian equivalence)정리는 케인즈의 소비함수에 기초한 이론이다.
④ 케인즈의 소비이론은 소비자들의 소비평탄화(consumption smoothing)를 강조한다.
⑤ 소비에 대한 임의보행(random walk)가설은 유동성제약에 직면한 소비자의 소비 선택을 설명한다.

출제이슈 소비이론 종합
핵심해설 정답 ②

생애주기가설 혹은 평생소득이론이란 평생소득(평생동안 사용할 수 있는 소득)이 소비를 결정한다는 것으로서, 전 생애에 걸친 소득의 패턴이나 흐름을 고려하여 소비행위를 결정함을 의미한다. 매기의 소비는 평생소득에 의해서 결정되며, 특히 균등화된 소비로 결정된다.

만일 다른 조건의 변화가 없다면, 특히 은퇴연령에 변화가 없다면 평생동안 사용할 수 있는 평생소득은 불변이다. 이때 소득이 불변인 상황에서 기대수명만 증가하면 매기의 균등화된 소비는 감소한다.

소비이론 중 상대소득가설에 관한 설명으로 옳은 것은?
▶ 2025년 감정평가사

① 현재 소비는 다른 사람의 소비와 자신의 과거 소비에 의존한다.
② 유산이 증가하면 항상소비는 증가한다.
③ 갑자기 받은 현금성보조금으로 항상소비는 증가한다.
④ 소비에는 전시효과(demonstration effect)가 존재하지 않는다.
⑤ 노인이 되면 소비는 노후소득에 따라 결정된다.

출제이슈 상대소득가설
핵심해설 정답 ①

상대소득가설에 의하면 개인의 소비는 타인의 소비 및 자신의 과거시점에서의 소득과 소비수준의 증가함수가 된다.

Issue **04**   **투자이론**

소비와 투자에 관한 설명으로 옳지 않은 것은? ▸ 2023년 감정평가사

① 소비수요는 사전적으로 계획된 소비를 말한다.

② 고전학파는 투자가 이자율이 아니라 소득에 의해 결정된다고 주장한다.

③ 케인즈(J. Keynes)에 의하면 소비수요를 결정하는 중요한 요인은 현재의 절대소득이다.

④ 독립투자수요는 내생변수와 관계없이 외생적으로 결정된다.

⑤ 평균소비성향은 소비를 소득으로 나누어 계산한다.

출제이슈 소비와 투자 일반
핵심해설 정답 ②

① 옳은 내용이다.

소비수요는 사후적으로 달성되고 실현된 소비가 아니라 사전적으로 계획되고 예정된 소비를 의미한다.

② 틀린 내용이다.

고전학파는 투자가 소득이 아니라 이자율에 의해 결정된다고 주장한다. 대부자금시장의 존재를 고려하면, 총저축은 대부자금시장에서의 자금공급이 되며, 투자는 대부자금에 대한 수요가 된다. 특히 대부자금 수요 및 공급이 이자율의 영향을 받음을 고려하면 대부자금 공급으로서 총저축은 $S = S(r)$ 이 되고, 대부자금 수요로서 투자는 $I = I(r)$ 이 된다. 저축은 이자율의 증가함수이며 투자는 이자율의 감소함수이다.

③ 옳은 내용이다.

절대소득이론이란 케인즈 및 케인지언의 이론으로서 소비에 대하여 비교적 단순한 가정을 통해서 현재가처분소득의 절대적인 수준이 현재소비를 결정한다는 것이다. 소비는 주로 해당 기간 동안의 소득수준에 의존하며 미래소득은 중요하지 않으며, 따라서 이자율도 소비의 결정에 중요하지 않다.

④ 옳은 내용이다.

기업이 현재 보유하고 있는 자본량(예 공장, 건물, 기계, 차량, 재고 등)이 최적의 자본량에서 괴리되어 있을 때 이를 메우기 위해서 자본량을 조정하는 것을 투자라고 한다. 투자수요 중 독립투자수요는 기업가의 야성적 충동 혹은 동물적 감각에 의하여 외생적으로 결정되는 것으로서 내생변수와 관계없는 외생변수이다.

⑤ 옳은 내용이다.

평균소비성향은 소득에서 소비가 차지하는 비중으로서 소비를 소득으로 나누어 계산한다. 한편, 한계소비성향은 소득의 증가분에서 소비의 증가분이 차지하는 비중으로서 소비의 증가분을 소득의 증가분으로 나누어 계산한다.

갑기업이 새로운 투자프로젝트 비용으로 현재 250원을 지출하였다. 1년 후 120원, 2년 후 144원의 수익을 얻을 수 있다. 연간 시장이자율(할인율)이 20%일 때, 이 투자프로젝트의 순현재가치(Net Present Value)는? ▸ 2015년 감정평가사

① −50원   ② −30원   ③ −3원
④ 14원   ⑤ 50원

출제이슈 순현재가치법
핵심해설 정답 ①

순현재가치법은 투자로부터 기대되는 수익의 현재가치와 투자에 따른 현재의 비용을 비교하여 높은 경우에 투자를 결정하는 방법을 말한다. 이때, 순현재가치는 다음과 같이 도출된다.

$$NPV = \frac{R_1}{(1+i)} + \frac{R_2}{(1+i)^2} + \frac{R_3}{(1+i)^3} + \cdots + \frac{R_n}{(1+i)^n} - C$$

순현재가치법에 의한 투자의사결정은 다음과 같다.

1) 투자여부의 결정은 순현재가치가 0보다 큰 경우에 투자를 한다. ($NPV > 0$인 경우 투자)
2) 투자순위의 결정은 여러 투자안 가운데 순위를 정할 경우 순현재가치가 큰 순으로 우선순위를 결정한다. 단, 이 경우에는 투자안의 규모에 따라서 의사결정이 왜곡되지 않도록 고려할 필요가 있다.

설문의 자료를 이용하여 순현재가치를 구하면 다음과 같다.

$$\text{투자안 } A : NPV = -250 + \frac{120}{(1+0.2)} + \frac{144}{(1+0.2)^2} = -50$$

토빈(J. Tobin)의 q에 관한 설명으로 옳은 것은? ▶ 2018년 감정평가사

① 자본 1단위 구입비용이다.

② 자본의 한계생산에서 자본 1단위 구입비용을 뺀 값이다.

③ 기존 자본을 대체하는 데 드는 비용이다.

④ 시장에서 평가된 기존 자본의 가치이다.

⑤ q값이 1보다 큰 경우 투자를 증가시켜야 한다.

출제이슈 토빈의 q이론
핵심해설 정답 ⑤

①, ②, ③, ④ 모두 틀린 내용이다.

투자를 설명하는 q이론에 의하면 $q = \dfrac{\text{설치된 자본의 시장가치}}{\text{설치된 자본의 대체비용}}$ 로 정의된다. 따라서 ①, ②, ③, ④ 모두 틀린 내용이 된다.

설치된 자본의 시장가치란 주식시장에서 평가되는 자본의 가치로서 기업이 발행한 주식의 수에 주식의 가격을 곱한 값이다. 직관적으로 설명하면, 이미 형성되어 있는 자본을 보유하는 기업을 주식시장에서 매수하는 데 드는 비용을 의미한다. 한편, 설치된 자본의 대체비용은 자본을 각각의 자본재시장에서 새로 구입할 경우에 드는 비용을 의미한다.

토빈(J. Tobin)의 q에 관한 설명으로 옳은 것은? ▶ 2025년 감정평가사

① 토빈의 q는 설치되어 있는 자본의 시장가치 대비 대체비용의 비율로 정의된다.

② 자본재의 가격이 상승하여 자본재의 구입비용이 증가하면, 토빈의 q는 증가한다.

③ 토빈의 q가 1보다 작으면, 자본 설치비용보다 새로 설치한 자본이 생산하는 현금흐름이 크다.

④ 자본의 시장가치를 주가로 대체할 수 있는 경우, 주가가 상승하면 토빈의 q는 증가한다.

⑤ 자본의 한계생산이 자본의 사용자비용보다 낮으면, 토빈의 q는 증가한다.

출제이슈 토빈의 q이론
핵심해설 정답 ④

투자를 설명하는 q이론에 의하면 q는 설치된 자본의 시장가치 ÷ 설치된 자본의 대체비용으로 정의된다. 따라서 설치된 자본의 시장가치를 주가로 대체한다면, 주가가 상승하는 경우 q는 상승한다.

토빈 q(Tobin's q)에 관한 설명으로 옳지 않은 것은? ▸2022년 감정평가사

① 법인세가 감소되면 토빈 q는 증가한다.
② $q < 1$이면, 자본 스톡(capital stock)이 증가한다.
③ 자본의 한계생산물이 증가하면 토빈 q는 증가한다.
④ 자본재의 실질가격이 하락하면 토빈 q는 증가한다.
⑤ 설치된 자본의 시장가치가 하락하면 토빈 q는 감소한다.

출제이슈 토빈의 q이론
핵심해설 정답 ②

① 옳은 내용이다.
　법인세가 감소되면 기업의 현금유출이 감소하므로 설치된 자본의 시장가치가 증가하므로 토빈 q는 증가한다.

② 틀린 내용이다.
　$q < 1$이면 설치된 자본의 대체비용이 설치된 자본의 시장가치보다 큰 경우를 의미한다. 이때는 설치된 자본에 대하여 주식시장이 낮은 가치를 부여하는 경우로서 기업은 자본을 줄이는 것이 더 유리하기 때문에 투자가 감소하고 자본스톡도 감소한다.

③ 옳은 내용이다.
　자본의 한계생산물이 증가하면 설치된 자본의 시장가치가 증가하므로 토빈 q는 증가한다.

④ 옳은 내용이다.
　자본재의 실질가격이 하락하면 자본을 각각의 자본재시장에서 새로 구입할 경우에 드는 비용이 감소함을 의미하므로 설치된 자본의 대체비용이 하락하여 토빈 q는 증가한다.

⑤ 옳은 내용이다.
　설치된 자본의 시장가치가 하락하면 이미 형성되어 있는 자본을 보유하는 기업을 주식시장에서 매수하는 데 드는 비용이 감소하고 토빈 q는 감소한다.

어느 기업의 자본의 한계생산물(MP_K)이 $50 - 0.1K$ 라고 하자. 자본재 가격은 단위당 10,000원, 감가상각률은 5%로 일정하며, 생산물 가격은 단위당 200원으로 일정하다. 실질이자율이 초기 10%에서 5%로 하락하였을 때, 이 기업의 초기 자본량(K_0)과 바람직한 투자수준(I)은? (단, K는 자본량이다.)

▶ 2017년 서울시 7급

① $K_0 = 375$, $I = 25$　　　　　② $K_0 = 375$, $I = 50$

③ $K_0 = 425$, $I = 25$　　　　　④ $K_0 = 425$, $I = 50$

출제이슈 자본의 사용자비용 이론

핵심해설 정답 ③

1) 자본의 한계수입 : $MP_K = 50 - 0.1K$

2) 자본의 사용자비용

ⅰ) 자본의 사용자비용(이자율 10%일 때) $\dfrac{P_K(r+\delta)}{P} = \dfrac{10,000(0.1+0.05)}{200} = \dfrac{1,500}{200} = 7.5$

ⅱ) 자본의 사용자비용(이자율 5%일 때) $\dfrac{P_K(r+\delta)}{P} = \dfrac{10,000(0.05+0.05)}{200} = \dfrac{1,000}{200} = 5$

3) 최적자본량의 결정

ⅰ) 자본의 한계수입 = 자본의 사용자비용(이자율 10%일 때), $50 - 0.1K = 7.5$, $K = 425$

ⅱ) 자본의 한계수입 = 자본의 사용자비용(이자율 5%일 때), $50 - 0.1K = 5$, $K = 450$

4) 투자의 결정

초기 자본량이 425, 이자율 변화에 따른 최적자본량이 450이므로 투자는 25가 된다.

신고전학파(Neoclassical) 투자이론에 관한 설명으로 옳지 않은 것은? (단, 모든 단위는 실질
단위이며, 자본비용은 자본 한단위당 비용이다.) ▶ 2017년 감정평가사

① 자본량이 증가하면, 자본의 한계생산물은 감소한다.
② 감가상각률이 증가하면 자본비용도 증가한다.
③ 자본량이 균제상태(steady state)수준에 도달되면 자본의 한계생산물은 자본비용과 일치
   한다.
④ 자본의 한계생산물이 자본비용보다 크다면 기업은 자본량을 증가시킨다.
⑤ 실질이자율이 상승하면 자본비용은 감소한다.

출제이슈 자본의 사용자비용 이론
핵심해설 정답 ⑤

① 옳은 내용이다.
   신고전학파 투자이론에 따르면, 자본의 한계수입 혹은 한계생산 MP_K는 자본량이 증가하면, 감소한다.

② 옳은 내용이다.
   신고전학파의 자본의 사용자비용은 ① 자본재 구입자금 차입비용 iP_K, ② 자본재 마모비용 δP_K, ③ 자본재
   가격변화 비용 ΔP_K 로 이루어진다. 따라서 감가상각률이 증가하면 자본재 마모비용이 증가하므로 자본의 사
   용자비용도 증가한다.

③ 옳은 내용이다.
   자본의 한계수입(한계생산)과 자본의 한계비용(사용자비용)이 일치할 때 최적자본량이 결정된다. 즉 자본의 한
   계생산 MP_K = 자본의 사용자비용 $\dfrac{P_K(r+\delta)}{P}$이 된다.

④ 옳은 내용이다.
   자본의 한계수입(한계생산)이 자본의 한계비용(사용자비용)을 초과하면 최적자본량이 증가하여 투자가 증가한
   다. 따라서 기업은 자본량을 증가시키게 된다.

⑤ 틀린 내용이다.
   실질이자율이 상승하면 자본비용은 감소한다.
   신고전학파의 자본의 사용자비용은 ① 자본재 구입자금 차입비용 iP_K, ② 자본재 마모비용 δP_K, ③ 자본재
   가격변화 비용 ΔP_K로 이루어진다. 이를 합하면 자본의 사용자비용은 $iP_K + \delta P_K - \Delta P_K = P_K\left(i+\delta-\dfrac{\Delta P_K}{P_K}\right)$
   이 된다. 이를 실질값으로 구하면 사용자비용 $uc = \dfrac{P_K(r+\delta)}{P}$이며, 이는 자본의 한계비용을 의미한다. 이때,
   실질이자율이 상승하면, 사용자비용이 증가하게 된다.

투자이론에 관한 설명으로 옳지 않은 것은? ▶ 2018년 보험계리사

① 현재가치이론에 의하면 투자수익의 현재가치가 투자비용의 현재가치보다 클 때, 투자가 실행된다.

② 토빈의 q 이론에 의하면 $q > 1$ 이면 투자가 실행되고 $q < 1$ 이면 투자가 실행되지 않는다.

③ 재고소진기피(stock-out avoidance)모형에 의하면 수요증가 가능성이 커질수록 재고보유동기는 감소한다.

④ 가속도원리에서 산출량의 증가는 투자에 양(+)의 영향을 미친다.

출제이슈 투자이론 종합

핵심해설 정답 ③

① 옳은 내용이다.

순현재가치법은 투자로부터 기대되는 수익의 현재가치와 투자에 따른 현재의 비용을 비교하여 높은 경우에 투자를 결정하는 방법을 말한다. 투자여부의 결정은 순현재가치가 0보다 큰 경우에 투자를 한다.

② 옳은 내용이다.

q 이론에 의하면 $q = \dfrac{설치된\ 자본의\ 시장가치}{설치된\ 자본의\ 대체비용}$ 로 정의된다. 토빈은 설치된 '자본의 시장가치 = 설치된 자본의 대체비용'이 되어 $q = 1$ 이 되는 경우 최적의 자본량이 유지되며, q 가 1보다 클수록 투자가 증가한다고 하였다. 왜냐하면, 설치된 자본의 시장가치가 설치된 자본의 대체비용보다 큰 경우 설치된 자본에 대하여 주식시장이 높은 가치를 부여하는 경우로서 이때는 기업이 더 많은 자본을 설치함으로써 기업의 가치를 높게 인정받을 수 있다. 따라서 새로운 자본의 설치가 증가하여 투자가 증가하게 된다. 반대로 $q < 1$ 이면 투자가 실행되지 않는다.

③ 틀린 내용이다.

예측된 수요에 대응하여 생산을 균등화하면서 재고를 보유하는 중에 수요예측에 오류가 생겨서 수요를 충족시키지 못하는 상황이 발생할 수 있는데 이를 재고소진(stockout)이라고 한다. 재고소진이 발생하면, 이 기업은 얻을 수 있었던 수익도 못 얻을 뿐만 아니라 시장점유율까지 잃게 되는 결과가 나타난다. 즉, 재고보유로 인한 비용보다도 재고소진의 비용이 훨씬 클 가능성이 있기 때문에 기업은 재고를 확대시킬 유인이 충분하다. 따라서 재고소진 기피모형에 의하면 수요변화에 따른 불확실성이 존재하는 경우 기업의 재고투자가 증가함을 알 수 있다. 설문에서 수요증가 가능성이 커질수록 재고보유의 동기는 증가하게 되므로 틀린 내용이 된다.

④ 옳은 내용이다.

소득이나 생산의 변화가 투자의 변동을 야기하는 것을 가속도원리라고 한다. 생산이 증가하게 되면, 이에 투입되는 자본도 많아진다. 현재의 자본량과 필요한 자본량 간의 간극을 메우는 것이 투자이므로 생산이 증가하는 경우 투자도 증가한다. 따라서 설문에서 산출량의 증가는 투자에 양(+)의 영향을 미친다는 내용은 옳다.

Issue **05**　리카도 동등성 정리

리카도 대등정리(Ricardian equivalence theorem)는 정부지출의 재원조달 방식에 나타나는 변화가 민간부문의 경제활동에 아무런 영향을 주지 못한다는 것이다. 이 정리가 성립하기 위한 가정으로 옳은 것을 모두 고른 것은?
▶ 2019년 감정평가사

ㄱ. 유동성 제약
ㄴ. 경제활동인구 증가율 양(+)의 값
ㄷ. 일정한 정부지출수준과 균형재정
ㄹ. '합리적 기대'에 따라 합리적으로 행동하는 경제주체

① ㄱ, ㄴ　　　　　　② ㄴ, ㄷ　　　　　　③ ㄷ, ㄹ
④ ㄱ, ㄷ, ㄹ　　　　⑤ ㄴ, ㄷ, ㄹ

출제이슈 리카도 동등성 정리
핵심해설 정답 ③

ㄱ. 틀린 내용이다.
　　소비자는 유동성제약을 겪는 경우에는 현재 조세감면을 저축에 활용하는 것이 아니라 소비에 즉각 쓰는 상황이 되어 리카도 동등성 정리가 성립하지 않게 된다. 리카도 동등성 정리가 성립하려면 저축과 차입이 자유롭고 유동성제약이 없어야 한다.

ㄴ. 틀린 내용이다.
　　경제활동인구란 조세의 부담을 지는 경제주체들의 집합을 의미하는데, 만일 경제활동인구의 증가율이 양의 값을 갖게 되면 미래 경제활동인구가 증가하므로 미래 조세부담이 분산되는 효과가 나타난다. 이 경우 조세감면을 받는 현재세대는 미래 조세부담의 증가가 감소하기 때문에 리카도 동등성 정리가 성립하지 않게 되는 것이다. 따라서 리카도 동등성 정리가 성립하려면, 경제활동인구의 증가율이 0이어야 한다.

ㄷ. 옳은 내용이다.
　　리카도 동등성 정리는 고려하고 있는 기간 동안의 정부지출과 재정수입이 일치해야 하는 제약, 즉 균형재정의 제약이 있으며 특히 정부지출은 변화가 없어야 그 정리가 성립한다.

ㄹ. 옳은 내용이다.
　　리카도 동등성 정리는 민간이 현재 감세를 통한 가처분소득의 증가는 미래 가처분소득의 감소라는 것을 합리적으로 판단하여 잘 알고 있어야 성립한다. 만일 민간이 합리적이지 못한 의사결정에 의해서 현재 가처분소득의 증가만 고려하게 되면 리카도 동등성 정리는 성립하지 않는다.

리카디언 등가정리(Ricardian equivalence theorem)가 성립할 경우 옳은 설명을 모두 고른 것은?

▶ 2017년 감정평가사

ㄱ. 현재소비는 기대되는 미래소득과 현재소득을 모두 포함한 평생소득(lifetime income)에 의존한다.
ㄴ. 소비자는 현재 차입제약 상태에 있다.
ㄷ. 다른 조건이 일정할 때, 공채발행을 통한 조세삭감은 소비에 영향을 줄 수 없다.
ㄹ. 정부지출 확대정책은 어떠한 경우에도 경제에 영향을 줄 수 없다.

① ㄱ, ㄷ   ② ㄱ, ㄹ   ③ ㄴ, ㄷ
④ ㄱ, ㄷ, ㄹ   ⑤ ㄴ, ㄷ, ㄹ

출제이슈 리카도 동등성 정리
핵심해설 정답 ①

ㄱ. 옳은 내용이다.
소비자들은 소비의사결정을 함에 있어서 항상소득 혹은 평생소득의 관점에서 전생애에 걸친 소득흐름을 고려하여야 한다. 이때 정부의 재원조달방식이 변경되더라도 소비자들의 전생애에 걸친 소득흐름이 변화가 없다면 당연히 소비도 변화하지 않는다.

ㄴ. 틀린 내용이다.
소비자는 유동성제약을 겪는 경우에는 현재 조세감면을 저축에 활용하는 것이 아니라 소비에 즉각 쓰는 상황이 되어 리카도 동등성 정리가 성립하지 않게 된다. 리카도 동등성 정리가 성립하려면 저축과 차입이 자유롭고 유동성제약 혹은 차입제약이 없어야 한다.

ㄷ. 옳은 내용이다.
다른 조건이 일정할 때, 정부지출의 변화 없이 정부가 조세수입을 감소시키고 국채를 발행하는 경우 국채를 통한 정부부채의 증가는 반드시 미래 조세부담 증가로 나타난다. 따라서 민간은 현재 감세를 통한 가처분소득의 증가는 미래 가처분소득의 감소라는 것을 잘 알고 있기 때문에 조세감면에 의한 가처분소득의 증가는 저축의 증가로 나타난다. 현재 증가한 가처분소득으로 국채를 구입하더라도 이를 자산으로 인식하지 않고 나중에 상환해야 할 부채로 인식하기 때문에 소비가 늘지 않는다. 따라서 공채발행을 통한 조세삭감은 소비에 영향을 줄 수 없다.

ㄹ. 틀린 내용이다.
리카도 동등성 정리에 의하면, 정부지출 확대정책은 어떠한 경우에도 경제에 영향을 줄 수 없다는 것이 아니다. 예를 들어서 소비자는 유동성제약을 겪는 경우, 미래세대의 인구가 증가하는 경우, 소비자들이 근시안적으로 행동하는 경우 등에는 리카도 동등성 정리가 성립하지 않기 때문에 정부의 재정확대 정책이 경제에 영향을 줄 수 있다.

리카디언 등가(Ricardian equivalence) 정리에 관한 설명으로 옳지 않은 것은?

▶ 2020년 · 감정평가사

① 민간 경제주체는 합리적 기대를 한다.
② 소비자가 차입 제약에 직면하면 이 정리는 성립되지 않는다.
③ 소비자가 근시안적 견해를 가지면 이 정리는 성립되지 않는다.
④ 현재의 감세가 현재의 민간소비를 증가시킨다는 주장과는 상반된 것이다.
⑤ 정부가 미래의 정부지출을 축소한다는 조건에서 현재 조세를 줄이는 경우에 현재의 민간
소비는 변하지 않는다.

출제이슈 리카도 동등성 정리
핵심해설 정답 ⑤

① 옳은 내용이다.
리카도 동등성 정리에 의하면 민간 경제주체는 정부지출의 변화 없이 조세수입을 감소시키고 국채를 발행하는 경우 국채를 통한 정부부채의 증가는 반드시 미래 조세부담 증가로 나타나는 것을 합리적으로 예상하고 있다. 또한 각종 정책의 변화에 대응하여 합리적으로 판단하여 의사결정을 내린다.

② 옳은 내용이다.
차입제약이 있어서 차입이 불완전한 상황이면 소비자는 유동성제약을 겪게 되어 현재 조세감면을 저축에 활용하는 것이 아니라 소비에 즉각 쓰는 상황이 되어 리카도 동등성 정리가 성립하지 않게 된다.

③ 옳은 내용이다.
민간이 미래보다 현재를 중시하는 근시안적 소비행태를 보이게 되면, 미래 조세부담 증가를 경시하게 되어 현재 조세감면을 저축에 활용하는 것이 아니라 소비에 즉각 쓰는 상황이 되어 리카도 동등성 정리가 성립하지 않게 된다.

④ 옳은 내용이다.
리카도 동등성 정리에 의하면 조세감면에 의한 가처분소득의 증가는 저축의 증가로 나타난다. 현재 증가한 가처분소득으로 국채를 구입하더라도 이를 자산으로 인식하지 않고 나중에 상환해야 할 부채로 인식하기 때문에 소비가 늘지 않는다. 따라서 현재의 감세가 현재의 민간소비를 증가시킨다는 주장과는 상반된 것이다.

⑤ 틀린 내용이다.
리카도 동등성 정리는 정부지출의 변화 없이 조세수입을 감소시키고 국채를 발행하는 경우 민간소비에 미치는 영향을 분석하는 것으로서 설문에서처럼 정부가 미래의 정부지출을 축소한다는 조건에서 분석하는 것이 아니다. 만일 정부가 미래의 정부지출을 축소한다는 조건에서 현재 조세를 줄이는 경우라면, 미래 조세부담이 늘지 않을 수 있기 때문에 현재의 민간소비는 증가할 수 있다.

정부부채에 대한 리카디언 견해(Ricardian equivalence)를 따를 때, 차입을 통한 감세정책의 효과인 것은?

▶ 2022년 국가직 7급

① 민간소비에 영향을 미치지 않지만 국민저축을 감소시킨다.

② 민간저축과 국민저축 모두에 영향을 주지 않는다.

③ 민간저축을 증가시키지만 국민저축에는 영향을 주지 않는다.

④ 민간소비를 증가시키지만 국민저축을 감소시킨다.

출제이슈 리카도 동등성 정리
핵심해설 정답 ③

$IS-LM$모형 및 $AD-AS$ 모형에 의하면 정부지출을 증가시키나 조세를 감면하나 적어도 단기에 있어서는 국민소득을 증가시키는 효과를 가진다는 측면에서 동일하다. 그러나 리카도 등 고전학파 경제학자들은 정부지출의 변화 없이 조세수입의 변화만으로는 재정적자 규모가 변화해도 경제에는 아무런 영향을 미치지 못한다고 주장하였다. 이들의 주장을 배로가 리카도의 동등성 정리라고 명명하였다.

정부지출의 변화 없이 조세수입을 감소시키고 국채를 발행하는 경우 국채를 통한 정부부채의 증가는 반드시 미래 조세부담 증가로 나타난다. 따라서 민간은 현재 감세를 통한 가처분소득의 증가는 미래 가처분소득의 감소라는 것을 잘 알고 있기 때문에 조세감면에 의한 가처분소득의 증가는 저축의 증가로 나타난다. 현재 증가한 가처분소득으로 국채를 구입하더라도 이를 자산으로 인식하지 않고 나중에 상환해야 할 부채로 인식하기 때문에 소비가 늘지 않는다.

결국 정부부문의 경우 정부차입을 통한 감세로 인하여 정부저축은 감소하고, 민간부문의 경우 감세로 인한 가처분소득의 증가는 민간저축의 증가로 나타난다. 따라서 국민저축은 변화하지 않는다.

리카도 대등정리(Ricardian equivalence theorem)가 성립되지 않는 조건을 모두 고른 것은?

▶ 2025년 감정평가사

ㄱ. 왜곡적인 조세　　　　　　　　ㄴ. 완전한 자본시장
ㄷ. 근시안적 의사결정　　　　　　ㄹ. 합리적 기대에 따른 의사결정

① ㄱ, ㄴ　　　　　　② ㄱ, ㄷ　　　　　　③ ㄱ, ㄹ
④ ㄴ, ㄷ　　　　　　⑤ ㄴ, ㄹ

출제이슈 리카도 동등성 정리
핵심해설 정답 ②

리카도 대등정리에서 조세는 정액세로서 경제에 왜곡을 초래하지 않으며, 경제주체는 합리성에 입각하여 근시안적 의사결정을 하지 않아야 한다.

Issue 06 케인즈의 화폐수요이론 및 보몰-토빈에 의한 보완

> **케인즈의 화폐수요 이론에 대한 설명으로 옳지 않은 것은?**
> ▶ 2016년 국가직 7급
>
> ① 개인은 수익성 자산에 투자하는 과정에서 일시적으로 화폐를 보유하기도 한다.
> ② 화폐수요의 이자율 탄력성이 0이 되는 것을 유동성 함정이라고 한다.
> ③ 소득수준이 높아질수록 예비적 동기의 화폐수요는 증가한다.
> ④ 거래적 동기의 화폐수요는 소득수준과 관련이 있다.

출제이슈 케인즈의 화폐수요이론
핵심해설 정답 ②

① 옳은 내용이다.

투기적 화폐수요로서 채권 등 수익성 자산에 투자하는 과정에서 일시적으로 화폐를 수요하며 이자율과 역의 관계에 있다.

② 틀린 내용이다.

한 경제의 이자율이 매우 낮은 수준이라고 경제주체들이 공통적으로 생각할 때, 통화당국이 통화량을 증가시킬 경우 그 증가된 통화량은 모두 투기적 화폐수요로 흡수된다(화폐수요의 이자율 탄력성이 무한대). 따라서 LM 곡선이 수평이 되는데 이러한 영역을 유동성함정이라고 한다. 즉, 유동성함정은 이자율이 매우 낮은 수준일 경우, 화폐수요가 무한히 증가하는 영역이다. 유동성함정이 나타날 경우 재정정책은 최대로 효과가 나타나지만, 통화정책은 효과가 없다. 화폐수요의 이자율 탄력성이 0이 아니라 무한대가 되는 경우에 유동성함정이라고 하는데 제시된 설문은 반대로 이자율 탄력성이 0이라고 하였기 때문에 틀린 내용이다.

③ 옳은 내용이다.

예비적 화폐수요로서 예상치 못한 지출, 계획되지 않은 지출에 대비하기 위하여 화폐를 보유하며 소득수준이 높을수록, 예상치 못한 지출에 대비하여 더욱 많은 화폐를 보유할 여유가 있기 때문에 예비적 화폐수요는 소득과 정의 관계에 있다.

④ 옳은 내용이다.

거래적 화폐수요는 거래목적을 위해서 화폐를 수요하는 것으로서 소득이 증가하면 거래규모가 커지면서 거래적 화폐수요도 증가한다.

> 불확실성하에서 자산보유에 따른 위험을 줄이기 위해 무위험자산인 화폐에 대한 수요를 강조한 이론은?
>
> ▶ 2013년 지방직 7급
>
> ① 케임브리지학파의 현금잔고방정식 이론(Cash Balance Equation)
> ② 프리드만의 신화폐수량설(New Quantity Theory of Money)
> ③ 토빈의 화폐수요에 관한 자산선택이론(Portfolio Theory)
> ④ 보몰-토빈의 거래적 화폐수요이론(Transactions Demand for Money)

출제이슈 토빈의 자산선택이론
핵심해설 정답 ③

토빈의 자산선택이론은 투기적 동기에 의한 화폐수요에 대한 분석으로서 화폐의 가치저장수단의 기능을 강조하고 있다. 즉, 화폐는 채권, 부동산 등과 같은 자산의 일종으로서 경제주체는 자산구성(포트폴리오)의 일부로 화폐를 보유한다. 특히 화폐는 다른 자산에 비해 구별되는 다른 수익과 위험을 주는데 화폐는 주식, 채권 등 다른 자산에 비해 안전한 반면, 명목수익률이 항상 0으로 고정되어 있어서 기대수익률은 낮다. 화폐의 수익률이 낮음에도 불구하고 화폐수요를 하는 것은 화폐가 무위험자산이기 때문이다. 주식이나 화폐, 채권 등을 보유하게 되면 수익뿐만 아니라 동시에 위험이 발생하기 때문에 이를 동시에 고려하여 화폐가 보유되는 것이 바로 토빈의 자산선택이론에 의한 화폐수요이다.

경제주체의 포트폴리오 구성이 화폐와 채권으로만 이루어진다고 가정하면, 경제주체는 화폐 및 채권의 보유로 인한 수익 및 위험으로부터의 효용을 극대화하는 차원에서 화폐를 보유하며, 이때 화폐 및 채권의 포트폴리오의 수익률은 화폐의 수익률과 채권의 수익률을 각 보유비율로 가중평균하여 구할 수 있다. 이 수익률의 기대값 혹은 평균이 바로 포트폴리오의 수익이 되고, 수익률의 분산 혹은 표준편차가 포트폴리오의 위험이 된다.

토빈에 의하면, 효용을 극대화하는 최적의 포트폴리오의 위험과 수익의 무차별곡선과 제약선이 접하는 곳에 달성되며, 이때 최적의 화폐보유비율과 채권보유비율이 결정되어 화폐수요가 결정되는 것이다.

이러한 효용극대화는 이자율이 변화하는 경우 변화하게 되므로 결국 토빈의 화폐수요는 이자율에 의해서 결정된다고 할 수 있다.

이자율이 상승하는 경우 화폐보유의 기회비용이 커지기 때문에 화폐수요가 줄고 채권보유가 늘어난다. 이를 대체효과라고 한다. 한편, 이자율 상승은 자산소유자의 실질소득을 증가시키므로 안전자산인 화폐수요가 늘고 위험자산인 채권보유가 줄어든다. 이를 소득효과라고 한다.

결국 이자율이 상승하는 경우 대체효과에 의한 화폐수요감소와 소득효과에 의한 화폐수요증가를 종합하여 그 상대적인 크기에 따라서 최종적인 화폐수요가 결정된다.

설문에서 불확실성하에서 자산보유에 따른 위험을 줄이기 위해 무위험자산인 화폐에 대한 수요를 강조한 이론은 바로 위에서 설명한 토빈의 자산선택이론을 의미한다.

보몰(W.Boumol)의 거래적 화폐수요이론에 대한 설명으로 옳지 않은 것을 〈보기〉에서 모두 고르면?

▶ 2016년 국회직 8급

보기

ㄱ. 거래적 화폐수요는 이자율의 감소함수이다.
ㄴ. 한 번에 인출하는 금액이 커지면 거래비용이 증가한다.
ㄷ. 화폐수요에 있어서 규모의 불경제가 존재한다.
ㄹ. 거래비용이 증가하면 화폐수요는 증가한다.
ㅁ. 한 번에 인출하는 금액이 커지면 화폐수요도 커진다.

① ㄱ, ㄴ   ② ㄴ, ㄷ   ③ ㄴ, ㄹ

④ ㄹ, ㅁ   ⑤ ㄴ, ㄷ, ㅁ

출제이슈 보몰의 재고자산이론
핵심해설 정답 ②

ㄴ. 틀린 내용이다.

매기 초 소득이 PY원, 매기 M원을 인출, 인출에 따른 거래비용이 Pb(P : 물가, b : 실질거래비용으로서 인출1회당 고정비용), 이자율이 i일 경우 화폐보유의 총비용은 화폐보유에 따른 기회비용과 화폐인출에 따른 거래비용의 합이 된다.

① 거래비용 : $\dfrac{PY}{M}$ (인출횟수) × Pb (1회당 인출비용) = $\dfrac{P^2 Yb}{M}$

② 기회비용 : $\dfrac{M}{2}$ (M원을 인출, 균일 지출할 경우 평균잔고) × i(화폐보유의 기회비용)

위에서 거래비용은 $\dfrac{P^2 Yb}{M}$ 이며, 한 번에 인출하는 금액 M이 클수록 거래비용이 작아짐을 알 수 있다.

ㄷ. 틀린 내용이다.

보몰의 화폐수요함수 $\dfrac{M^D}{P} = \sqrt{\dfrac{bY}{2i}}$ (b : 거래비용, i : 이자율, Y : 소득)에서 화폐수요의 소득탄력성은 0.5가 된다. 이는 소득이 증가할 때 화폐수요는 증가하는데, 체감적으로 증가함을 의미한다. 소득이 증가할수록 경제주체의 현금관리능력이 커지기 때문에 체감적으로 증가한다고 볼 수 있으며 이를 화폐보유에 있어서 규모의 경제라고 한다.

Issue 07 　고전학파의 화폐수요이론

화폐수요에 관한 설명으로 옳은 것은?　　　　　▶ 2021년 감정평가사

① 이자율이 상승하면 현금통화 수요량이 감소한다.

② 물가가 상승하면 거래적 동기의 현금통화 수요는 감소한다.

③ 요구불예금 수요가 증가하면 M1 수요는 감소한다.

④ 실질 국내총생산이 증가하면 M1 수요는 감소한다.

⑤ 신용카드 보급기술이 발전하면 현금통화 수요가 증가한다.

출제이슈　화폐수요

핵심해설　정답 ①

① 옳은 내용이다.

이자율이 불확실한 상황에서 만일 앞으로 이자율이 상승하리라고 예상하는 경우(현재 이자율이 낮은 수준임을 의미한다)에는 그때 가서 채권을 구입하기 위하여 현재 일시적으로 화폐를 보유하게 된다. 그런데, 화폐보유에는 이자율이라는 기회비용이 든다. 왜냐하면, 수익률이 0인 화폐를 보유하는 것은 채권보유를 통해서 얻을 수 있는 수익을 포기하는 것이기 때문이다. 따라서 투기적(투자적) 화폐수요는 이자율과 부의 관계에 있다고 할 수 있다.

② 틀린 내용이다.

경제주체는 계획된 거래, 계획된 지출을 위해서 화폐를 보유하는데 이를 거래적 화폐수요라고 한다. 이러한 거래적 수요는 소득과 정의 관계에 있으며 소득의 증가함수이다. 왜냐하면, 소득수준이 높을수록 계획된 지출의 규모도 클 것이기 때문이다. 한편 거래적 수요는 물가에도 영향을 받을 수 있다. 물가가 높아질수록 명목거래대금의 규모가 커질 것이므로 이에 따라 화폐수요가 증가하게 된다.

③ 틀린 내용이다.

협의 통화 $M1$은 현금통화 + 요구불예금 + 수시입출식 저축성예금으로 구성된다. 따라서 요구불예금에 대한 수요가 증가하면 $M1$ 수요는 증가한다고 할 수 있다.

④ 틀린 내용이다.

실질 국내총생산이 증가함에 따라 국민소득이 증가하면 거래적 화폐수요는 증가한다. 따라서 실질 국내총생산과 $M1$ 수요는 정의 관계에 있다.

⑤ 틀린 내용이다.

신용카드는 일종의 결제수단으로서 현금이 없더라도 거래대금을 손쉽게 지불할 수 있게 해준다. 이로 인해 소비자들은 현금을 들고 다닐 필요성이 없어지므로 화폐수요가 줄게 된다.

甲국의 명목 GDP는 560, 실질 GDP는 140, 요구불예금은 200, 현금통화비율은 0.4일 때, 甲국 경제의 물가 수준과 화폐유통속도를 바르게 연결한 것은? (단, 물가 수준은 GDP디플레이터이고, 현금통화비율은 요구불예금 대비 현금 비중이다.)

▶ 2022년 지방직 7급

	물가 수준	화폐유통속도
①	200	1
②	200	2
③	400	1
④	400	2

출제이슈 화폐수량설
핵심해설 정답 ④

1) 물가구하기

설문에서 물가는 GDP디플레이터로 제시되어 있으며, GDP 디플레이터는 파셰 방식에 따라서 다음과 같이 정의된다.

$$GDP\,디플레이터 = \frac{명목국내총생산(명목\,GDP)}{실질국내총생산(실질\,GDP)} = \frac{비교시점\,가격 \times 비교시점\,수량}{기준시점가격 \times 비교시점\,수량}$$

설문에서 명목 GDP는 560, 실질 GDP는 140임을 고려하면 GDP디플레이터는 4가 된다.
따라서 물가는 4(또는 백분율 형태로 표시하면 400)가 된다.

2) 통화량 구하기

① 설문에서 제시된 현금비율은 요구불예금 대비 현금 비중으로서 현금예금비율은 다음과 같다.
$k = C\,/\,D$(현금예금비율 = 현금통화 / 예금통화)
현금비율이 0.4이고, 요구불예금은 200이므로 현금은 80이 된다. 즉 현금통화는 80, 예금통화는 200이 된다.

② 통화량은 다음과 같이 현금통화와 예금통화의 합으로 구성된다.
$M = C + D$(통화량 = 현금통화 + 예금통화)
따라서 통화량은 현금통화 80과 예금통화 200을 더한 280이 된다.

3) 화폐유통속도 구하기

고전학파의 화폐수량설(거래수량설)에 의하면, 교환의 매개수단으로서의 화폐의 기능을 강조한다. 이를 잘 표현하고 있는 것이 다음과 같은 피셔의 교환방정식이다.

교환방정식 $MV = PY$
M: 경제 내에 존재하는 화폐량, V: 유통속도(화폐의 평균 지출횟수),
P: 물가(거래당 평균단가), Y: 실질국민소득

교환방정식에 통화량 280, 물가 4, 실질국민소득 140을 대입하면 화폐의 유통속도는 2가 된다.

어느 경제에서 1년 동안 쌀만 100kg 생산되어 거래되었다고 하자. 쌀 가격은 1kg당 2만원이고 공급된 화폐량은 50만원이다. 이 경우 화폐의 유통속도는 얼마인가? (단, 화폐수량설이 성립한다.)

▶ 2019년 감정평가사

① 1　　　　　　　② 2　　　　　　　③ 3
④ 4　　　　　　　⑤ 5

출제이슈 화폐수량설
핵심해설 정답 ④

고전학파의 화폐수량설(거래수량설)에 의하면, 교환의 매개수단으로서의 화폐의 기능을 강조한다. 이를 잘 표현하고 있는 것이 다음과 같은 피셔의 교환방정식이다.

교환방정식 $MV = PY$
　　M: 경제 내에 존재하는 화폐량, V: 유통속도(화폐의 평균지출횟수),
　　P: 물가(거래당 평균단가), Y: 실질국민소득

교환방정식은 항상 일치하는 항등식으로서 일정기간 동안에 어떤 경제에서 이루어진 모든 거래를 성사시키기 위해서는 화폐가 평균적으로 몇 번씩 지출되어야 하는가의 문제이다. 이 교환방정식의 해석으로부터 다음과 같은 화폐수요를 도출할 수 있다.

화폐수요함수 $M^D = \dfrac{1}{V} PY = kPY$ (화폐유통속도는 안정적)

그리고 위의 교환방정식 $MV = PY$에서 이를 변화율 형태로 바꾸면 $\hat{M} + \hat{V} = \hat{P} + \hat{Y}$ 로서 통화증가율 + 유통속도변화율 = 물가상승률 + 실질소득증가율(경제성장률)이 된다.

설문의 자료를 위의 교환방정식 $MV = PY$에 대입하여 풀면 다음과 같다.

$500,000(원) V = 20,000(원/kg) \times 100(kg), \quad V = 4$

수량방정식($MV = PY$)과 피셔효과가 성립하는 폐쇄경제에서 화폐유통속도(V)가 일정하고 인플레이션율이 2%, 통화증가율이 5%, 명목이자율이 6%라고 할 때, 다음 중 옳은 것을 모두 고른 것은? (단, M는 통화량, P는 물가, Y는 실질소득이다.) ▶ 2018년 감정평가사

> ㄱ. 실질이자율은 4%이다.
> ㄴ. 실질경제성장률은 4%이다.
> ㄷ. 명목경제성장률은 5%이다.

① ㄱ   ② ㄴ   ③ ㄱ, ㄷ
④ ㄴ, ㄷ   ⑤ ㄱ, ㄴ, ㄷ

출제이슈 화폐수량설
핵심해설 정답 ③

1) 피셔방정식

피셔효과가 성립하는 경우, 피셔방정식에 따라서 실질이자율은 명목이자율(6%)에서 인플레이션율(2%)을 차감한 값이므로 4%가 된다.

2) 교환방정식

교환방정식 $MV = PY$에서 이를 변화율 형태로 바꾸면 $\hat{M} + \hat{V} = \hat{P} + \hat{Y}$로서 통화증가율 + 유통속도변화율 = 물가상승률 + 실질소득증가율(경제성장률)이 된다.

설문의 자료를 위의 교환방정식의 변화율 형태의 식 $\hat{M} + \hat{V} = \hat{P} + \hat{Y}$에 대입하여 풀면 다음과 같다.

$5\% + 0\% = 2\% + \hat{Y}$, 따라서 실질경제성장률 $\hat{Y} = 3(\%)$이고 명목경제성장률은 $\hat{P} + \hat{Y} = 2 + 3 = 5(\%)$이다.

화폐수량설에 따르면, 화폐수량방정식은 $MV = PY$와 같다. 이에 대한 설명으로 옳은 것은? (단, M은 통화량, V는 화폐유통속도, P는 산출물의 가격, Y는 산출량이다.)

▶ 2016년 지방직 7급

① 화폐유통속도(V)는 오랜 기간에 걸쳐 일반적으로 불안정적이라고 전제하고 있다.
② 중앙은행이 통화량(M)을 증대시키면, 산출량의 명목가치(PY)는 통화량과는 독립적으로 변화한다.
③ 산출량(Y)은 통화량(M)이 아니라, 생산요소의 공급량과 생산기술에 의해 결정된다.
④ 중앙은행이 통화량(M)을 급격히 감소시키면, 인플레이션이 발생한다.

출제이슈 화폐수량설
핵심해설 정답 ③

① 틀린 내용이다.
화폐수량설에 의하면, 화폐의 유통속도 V는 지불과 관련된 기술이나 관습에 의해 영향을 받으므로 안정적이다.

② 틀린 내용이다.
화폐유통속도가 안정적이면 교환방정식 $MV = PY$에서 통화량 증대 시 산출량의 명목가치는 통화량에 비례하여 증가하게 된다.

③ 옳은 내용이다.
산출량은 통화량에 의해서 결정되는 것이 아니라 생산요소의 공급량과 생산기술을 반영하는 생산함수에 의하여 결정된다. 이는 실질변수는 실물부문에서 그리고 명목변수는 명목부문에서 각각 분리되어 결정되는 고전적 이분성을 반영하는 것이다.

④ 틀린 내용이다.
통화량이 급격히 감소하면, 물가가 하락하면서 인플레이션이 아니라 디플레이션의 압력이 가해진다. 인플레이션이 물가수준이 지속적으로 "상승"하는 현상이라면 디플레이션은 물가수준이 지속적으로 "하락"하는 현상을 의미한다.

디플레이션의 원인은 먼저 공급 측 요인으로서 생산성의 향상으로 인하여 생산비용이 하락하는 경우 총공급곡선이 우측으로 이동하여 물가가 하락하게 된다. 그리고 수요 측 요인으로서 투자감소, 통화공급 감소 등으로 인한 총수요가 감소하여 총수요곡선이 좌측으로 이동하는 경우 물가가 하락한다.

화폐수요함수가 $\dfrac{M}{P}=500+0.2\,Y-1,000\,i$이다. $Y=1,000$, $i=0.1$일 때, $P=100$과 $P=200$이라면 화폐유통속도는 각각 얼마인가? (단, M은 통화량, P는 물가, Y는 실질국민소득, i는 명목이자율, V_1은 $P=100$일 때 화폐유통속도, V_2는 $P=200$일 때 화폐유통속도이다.)

▶ 2014년 감정평가사

① $V_1=\dfrac{5}{6},\ V_2=\dfrac{5}{6}$　　　　　② $V_1=\dfrac{5}{6},\ V_2=\dfrac{10}{6}$

③ $V_1=\dfrac{10}{6},\ V_2=\dfrac{10}{6}$　　　　④ $V_1=\dfrac{10}{6},\ V_2=\dfrac{20}{6}$

⑤ $V_1=\dfrac{20}{6},\ V_2=\dfrac{20}{6}$

출제이슈 화폐유통속도
핵심해설 정답 ③

1) 통화량 계산

화폐수요함수 $\dfrac{M}{P}=500+0.2\,Y-1,000\,i$, $Y=1,000$, $i=0.1$

① $P=100$인 경우

$\dfrac{M}{P}=500+0.2\,Y-1,000\,i$, $Y=1,000$, $i=0.1$, $P=100$이므로 $M=60,000$이 된다.

② $P=200$인 경우

$\dfrac{M}{P}=500+0.2\,Y-1,000\,i$, $Y=1,000$, $i=0.1$, $P=200$이므로 $M=120,000$이 된다.

2) 화폐유통속도 계산

① $P=100$인 경우

$P=100$인 경우 $M=60,000$이고 $Y=1,000$, $P=100$를 교환방정식 $MV=PY$에서 고려하면 유통속도는 $V_1=\dfrac{10}{6}$이 된다.

② $P=200$인 경우

$P=200$인 경우 $M=120,000$이고 $Y=1,000$, $P=200$를 교환방정식 $MV=PY$에서 고려하면 유통속도는 $V_2=\dfrac{10}{6}$이 된다.

화폐수요함수는 $\dfrac{M^d}{P} = \dfrac{Y}{5i}$ 이다. 다음 중 옳은 것을 모두 고른 것은? (단, $\dfrac{M^d}{P}$ 는 실질화폐잔고, i는 명목이자율, Y는 실질생산량, P는 물가이다.) ▶ 2017년 감정평가사

ㄱ. 명목이자율이 일정하면, 실질생산량이 k% 증가할 경우 실질화폐잔고도 k% 증가한다.

ㄴ. 화폐유통속도는 $\dfrac{5i}{Y}$ 이다.

ㄷ. 명목이자율이 일정하면 화폐유통속도는 일정하다.

ㄹ. 실질생산량이 증가하면 화폐유통속도는 감소한다.

① ㄱ, ㄴ   ② ㄱ, ㄷ   ③ ㄴ, ㄷ

④ ㄴ, ㄹ   ⑤ ㄷ, ㄹ

출제이슈 화폐유통속도
핵심해설 정답 ②

주어진 설문에서 화폐수요와 화폐공급이 일치하는 화폐시장의 균형을 도입하면 다음과 같다.

화폐수요함수 $M^D = \dfrac{1}{V} PY = kPY$ (화폐유통속도는 안정적)

교환방정식 $MV = PY$

    M: 경제 내에 존재하는 화폐량, V: 유통속도(화폐의 평균 지출횟수),
    P: 물가(거래당 평균단가), Y: 실질국민소득

설문에서 $\dfrac{M^d}{P} = \dfrac{Y}{5i}$ 이므로 이를 위의 화폐수요함수의 형태로 변형하면 다음과 같다.

$M^d = \dfrac{1}{V} PY = \dfrac{1}{4i} PY$

따라서 화폐유통속도는 $V = 4i$ 가 되고 명목이자율이 일정한 경우, 유통속도도 일정하게 된다. 실질생산량 변화 시 통화량이나 물가의 변화가 수반될 경우 유통속도의 변화는 불분명하다.

위의 교환방정식 $MV = PY$ 에서 이를 변화율 형태로 바꾸면 $\hat{M} + \hat{V} = \hat{P} + \hat{Y}$ 로서 통화증가율 + 유통속도변화율 = 물가상승률 + 실질소득증가율(경제성장률)이 된다. 따라서 명목이자율이 일정하면, 실질생산량이 증가할 때 실질화폐수요도 증가한다.

화폐수요함수가 아래와 같이 주어진 경제에서 명목GDP가 1,000이고 명목이자율(i)이 0.04일 때, 화폐의 유통속도는? (단, M은 통화량, P는 물가, Y는 실질GDP) ▶2025년 감정평가사

- 화폐수요함수 : $\dfrac{M}{P} = 0.2\,Y/i$

① 0.2　　　　　　　② 0.3　　　　　　　③ 0.4
④ 0.5　　　　　　　⑤ 0.6

출제이슈 화폐유통속도
핵심해설 정답 ①

1) 화폐수요함수

제시된 화폐수요함수를 변형하면 $M\dfrac{i}{0.2} = PY$가 된다.

2) 화폐시장의 균형

화폐시장이 균형임을 고려하면 화폐유통속도는 $\dfrac{i}{0.2} = 5i$이고 이자율이 0.04임을 고려하면, 유통속도는 0.2가 된다.

Issue 08 화폐일반

다음 화폐의 기능에 대한 설명이 옳게 짝지어진 것은? ▶ 2017년 국가직 9급

(가) 욕망의 상호일치(double coincidence of wants)를 위해 아까운 시간과 노력을 써야 할 필요가 없어진다.

(나) 한 시점에서 다른 시점까지 구매력을 보관해 준다.

	(가)	(나)
①	교환의 매개수단	가치의 저장수단
②	교환의 매개수단	회계의 단위
③	가치의 저장수단	교환의 매개수단
④	가치의 저장수단	회계의 단위

출제이슈 화폐의 기능
핵심해설 정답 ①

화폐는 교환의 매개수단, 가치의 척도(회계의 단위), 가치저장수단(현재의 구매력을 미래로 이전)으로서의 기능을 가지고 있다.

화폐는 교환의 매개수단으로서 큰 비용을 들이지 않고도 다른 자산과의 교환이 가능하게 해주어 유동성이 매우 높다. 특히 화폐는 교환에 있어서의 거래비용을 절감시켜 거래를 촉진시킨다.

화폐는 채권, 부동산 등과 같은 자산의 일종으로서 경제주체는 자산구성(포트폴리오)의 일부로 화폐를 보유한다. 가치의 저장수단으로서의 화폐는 특정시점의 구매력을 다른 시점으로 이전시켜 준다. 특히 화폐는 다른 자산에 비해 구별되는 다른 수익과 위험을 주는데 화폐는 주식, 채권 등 다른 자산에 비해 안전한 반면, 명목수익률이 항상 0으로 고정되어 있어서 기대수익률은 낮다.

위의 내용에 따라서 설문을 검토하면 다음과 같다.

(가) 욕망의 상호일치(double coincidence of wants)를 위해 아까운 시간과 노력을 써야 할 필요가 없어지도록 만들어주는 화폐의 기능은 교환의 매개수단으로서의 기능이다.

(나) 한 시점에서 다른 시점까지 구매력을 보관해 주는 화폐의 기능은 가치의 저장수단으로서의 기능이다.

> 화폐에 관한 설명으로 옳은 것은?   ▶ 2021년 감정평가사
>
> ① 상품화폐의 내재적 가치는 변동하지 않는다.
> ② M2는 준화폐(near money)를 포함하지 않는다.
> ③ 명령화폐(fiat money)는 내재적 가치를 갖는 화폐이다.
> ④ 가치저장수단의 역할로 소득과 지출의 발생시점을 분리시켜 준다.
> ⑤ 다른 용도로 사용될 수 있는 재화는 교환의 매개수단으로 활용될 수 없다.

출제이슈 화폐의 특징 및 기능
핵심해설 정답 ④

① 틀린 내용이다.

상품화폐(commodity money)는 물물교환 등에 사용되는 실물화폐로서 고유한 내재적 가치를 가지고 있다. 최초의 상품화폐의 예를 들면, 직물, 곡물, 가축, 피혁 등이었다. 특히 이들 중에서도 운반 및 휴대에 어려움이 없고 시간이 지나도 마모가 되지 않고 변화가 없는 재화들이 상품화폐로 더욱 잘 기능할 수 있었다. 그러나 상품화폐는 시간이 오래되면 변질되거나 그 가치가 하락하는 문제가 있었으며 또한 시대의 변천이나 선호의 변화에 따라서도 변할 수 있다는 문제가 있다.

② 틀린 내용이다.

준화폐(near money)는 화폐로 정의하기는 힘들지만 화폐의 기능을 일부 수행하는 자산으로서 유사화폐라고도 한다. 이는 자산가치가 화폐로 표시되어 있어서 화폐로 교환가능하며 가치저장수단이 되지만 이를 직접적으로 유통하는 것은 곤란하기 때문에 교환의 매개수단으로는 적합하지 않다. 광의통화 $M2$는 $M1$ + 정기예적금, CD, RP, 금융채, 금전신탁, 수익증권, 외화예금으로 구성되어 있으므로 준화폐를 포함한다(단, 협의통화 $M1$은 현금통화 + 요구불예금 + 수시입출식 저축성예금).

③ 틀린 내용이다.

명령화폐(fiat money)는 화폐의 내재적 가치와 무관하게 정부의 신용보증을 근거로 유통되는 신용화폐(fiduciary money)로서 실물적 가치를 갖는 화폐가 아니라 일종의 명목화폐(token money)이다. 흔히 일상생활에서 사용하는 1만원권, 5만원권 등의 지폐를 그 예로 들 수 있다.

④ 옳은 내용이다.

가치저장수단으로서의 역할이란 특정 시점 사이에서 화폐를 보유하는 것은 두 시점 간에 구매력을 저장하고 현재의 구매력을 미래로 이전시키는 것을 의미한다. 즉 현재소득으로 인한 현재의 구매력을 미래로 이전시켜서 미래지출이 가능케 하는 것으로서 소득과 지출의 발생시점을 분리시켜 주는 것이다.

⑤ 틀린 내용이다.

여러 가지 다른 용도로 사용될 수 있는 재화는 그 사용가치에 따라서 교환의 매개수단으로도 활용될 수 있다. 앞에서 살펴본 상품화폐는 다른 용도로 사용될 수 있는 재화이며 물물교환 등에 사용되는 실물화폐로서 교환의 매개수단이다.

| Issue **09** | **본원통화와 지급준비금** |

본원통화에 관한 설명으로 옳지 않은 것은?   ▶ 2023년 감정평가사

① 본원통화는 현금통화와 은행의 지급준비금의 합과 같다.

② 본원통화는 중앙은행의 화폐발행액과 은행의 중앙은행 지급준비예치금의 합과 같다.

③ 중앙은행의 대차대조표상의 순대정부대출이 증가하면 본원통화는 증가한다.

④ 중앙은행의 대차대조표상의 순해외자산이 증가하면 본원통화는 증가한다.

⑤ 추가로 발행된 모든 화폐가 은행의 시재금(vault cash)으로 보관된다면 본원통화는 증가
하지 않는다.

출제이슈 본원통화
핵심해설 정답 ⑤

② 옳은 내용이다.

시재금은 지급준비금 중에서 은행의 금고에 현금으로 보관되고 있는 것을 의미한다. 지급준비금 중 시재금을
제외한 나머지는 중앙은행에 지준예치금으로 예치되어 있다. 즉, 다음의 식이 성립한다.

지급준비금 = 시재금 + 지준예치금
본원통화 = 현금통화 + 시재금 + 지준예치금

이때, 현금통화와 시재금을 더한 것을 화폐발행액이라고 하며, 다음의 식이 성립한다.

본원통화 = 화폐발행액 + 지준예치금

③, ④ 모두 옳은 내용이다.

중앙은행의 자산은 국내자산과 해외자산으로 구성된다. 국내자산은 국내거주자에 대하여 중앙은행이 보유하는
채권으로서 유가증권, 재할인대출, 대정부대출 등으로 구성된다. 해외자산은 해외거주자에 대하여 중앙은행이
보유하는 채권이다. 이는 해외거주자가 발행한 외화표시증권 등이 있다.

한편, 중앙은행의 부채도 국내부채와 해외부채로 구성되는데 먼저 국내부채는 국내거주자에 대한 채무적 성격
으로서 중앙은행이 국내자산을 매입하면서 지급한 화폐(지폐와 동전)와 지준예치금으로 구성된다. 해외부채는
해외거주자에 대한 채무적 성격으로서 외화를 매입하면서 지급한 화폐이다. 특히 화폐와 지준예치금을 합하여
본원통화라고 한다.

따라서 대차대조표에 의하면 중앙은행의 자산으로서의 정부대출이나 해외자산이 증가하면 중앙은행의 부채로
서의 본원통화는 증가하게 된다.

⑤ 틀린 내용이다.

본원통화는 현금통화와 시재금, 지준예치금의 합이 되며, 추가로 발행된 화폐로 인하여 시재금이 증가하면 본
원통화도 증가한다.

> 갑은행의 대차대조표는 요구불예금 5,000만원, 지급준비금 1,000만원, 대출금 4,000만원으로만 구성되어 있다. 법정지급준비율이 5%라면 갑은행이 보유하고 있는 초과지급준비금은?
>
> ▶ 2015년 감정평가사
>
> ① 250만원   ② 500만원   ③ 600만원
> ④ 750만원   ⑤ 800만원

출제이슈 지급준비금의 계산
핵심해설 정답 ④

1) 지급준비금

지급준비금은 예금액의 일부분으로서 예금액 중 대출되지 않고 남은 금액이다. 이는 필요지급준비금과 초과지급준비금으로 이루어진다. 필요지급준비금은 예금의 일정비율을 지급준비금으로 보유하라는 중앙은행의 요구에 의해서 보유하는 준비금이며 초과지급준비금은 필요지급준비금에 추가하여 은행이 자발적으로 보유하는 지급준비금이다.

※ 지급준비금 = 예금액 − 대출액 = 법정지급준비금 + 초과지급준비금 = 지급준비율 × 예금액

2) 지급준비율

지급준비율은 지급준비금을 예금액으로 나눈 비율을 의미한다. 특히 필요지급준비금을 예금액으로 나눈 비율을 필요지급준비율이라고 하고, 초과지급준비금을 예금액으로 나눈 비율을 초과지급준비율이라고 한다.

※ 지급준비율 = (법정지급준비금 + 초과지급준비금) / 예금액 = 법정지급준비율 + 초과지급준비율

3) 시재금

시재금은 지급준비금 중에서 은행의 금고에 현금으로 보관되고 있는 것을 의미한다. 지급준비금 중 시재금을 제외한 나머지는 중앙은행에 지준예치금으로 예치되어 있다.

※ 지급준비금 = 시재금 + 지준예치금

설문의 자료를 위의 산식에 대입하여 설문을 검토하면 다음과 같다.

지급준비금 = 예금액 − 대출액 = 법정지급준비금 + 초과지급준비금 = 지급준비율 × 예금액
따라서 1,000 = 5,000 − 4,000 = 0.05 × 5,000 + 초과지급준비금의 식이 성립한다.

이를 계산하면, 초과지급준비금은 750(만원)이 된다.

A은행의 총대출액은 8,000만원이고, 법정지급준비율 10%와 초과지급준비율 10%만큼을 지급준비금으로 보유하고 있다. 이 은행의 법정지급준비금의 액수는? (단, A은행의 대차대조표 자산계정에는 지급준비금과 대출만 있고, 부채와 자본계정에는 예금만 있다.)

▶ 2015년 국가직 9급

① 1,000만원   ② 7,500만원

③ 8,000만원   ④ 1억원

출제이슈 지급준비금의 계산

핵심해설 정답 ①

지급준비금
= 예금액 − 대출액 = 법정지급준비금 + 초과지급준비금 = 지급준비율 × 예금액
= 예금액 − 8,000 = 0.1 × 예금액 + 0.1 × 예금액

위를 풀면, 예금액은 10,000(만원)이 된다.

따라서, 법정지급준비금은 0.1 × 예금액이므로 1,000(만원)이 된다.

Issue 10	통화량과 통화승수

모든 사람들이 화폐($M2$)를 현금 25%, 요구불예금 25%, 저축성예금 50%로 나누어 보유하고, 은행의 지급준비율은 요구불예금과 저축성예금에 대하여 동일하게 10%라고 할 때, $M2$ 통화승수는? (단, 소수점 둘째자리에서 반올림하여 소수점 첫째자리까지 구한다.)

▶ 2024년 감정평가사

① 2.5   ② 2.8   ③ 3.1
④ 3.6   ⑤ 4.5

출제이슈 통화승수
핵심해설 정답 ③

통화승수란 본원통화 1단위가 통화량을 얼마나 증가시키는지를 나타내는 지표로서 다음과 같다.

$$m = \frac{1}{(c+r-cr)} = \frac{k+1}{k+r}.$$

$r = R/D$ (지급준비율 = 지급준비금 / 예금통화),
$c = C/M$ (현금통화비율 = 현금통화 / 통화),
$k = C/D$ (현금예금비율 = 현금통화 / 예금통화)

문제에서 민간부문은 현금 25%, 요구불예금 25%, 저축성예금 50%로 나누어 보유하므로 현금통화비율은 $c = \dfrac{C}{M} = 0.25$이 된다.

그리고 은행의 지급준비율은 요구불예금과 저축성예금에 대하여 동일하게 10%이므로 지급준비율은 $r = \dfrac{R}{D} = 0.1$이 된다.

따라서 통화승수는 다음과 같이 구할 수 있다.

$$m = \frac{1}{c+r-cr} = \frac{1}{0.25+0.1-0.25 \times 0.1} = \frac{1}{0.325} = 3.07 \fallingdotseq 3.1$$

통화승수(본원 통화 대비 통화량의 비율)가 증가하는 원인으로 옳지 않은 것은?

▶ 2021년 지방직 7급

① 경제불안의 해소로 은행부도의 위험이 낮아졌다.
② 은행의 요구불 예금에 대한 이자율이 하락하였다.
③ 가계가 보유하는 화폐 중 현금보유 비중이 감소하였다.
④ 은행의 초과 지급준비금 보유가 감소하여 은행 대출이 증가하였다.
⑤ 신용카드와 카카오페이 등 각종 결제수단이 활발히 보급되어 현금보유의 필요가 줄어들고 있다.

출제이슈 통화승수
핵심해설 정답 ②

① 옳은 내용이다.
경제불안의 해소로 은행부도의 위험이 낮아질 경우, 민간의 현금보유비율이 감소하고 예금이 증가할 것이다. 따라서 이로 인해 현금예금비율($k = C / D$)가 작아지면, 통화승수는 커진다.

② 틀린 내용이다.
은행의 요구불 예금에 대한 이자율이 하락하는 경우, 민간의 현금보유비율이 증가하고 예금이 감소할 것이다. 따라서 이로 인해 현금예금비율($k = C / D$)가 커지면, 통화승수는 작아진다.

③ 옳은 내용이다.
가계가 보유하는 화폐 중 현금보유 비중이 감소하여 현금예금비율($k = C / D$)이 작아지면, 통화승수는 커진다.

④ 옳은 내용이다.
은행의 초과 지급준비금 보유가 감소하여 은행 대출이 증가하는 경우, 지급준비율($r = R / D$)이 작아져서 통화승수는 커진다.

⑤ 옳은 내용이다.
각종 편리한 결제수단의 보급으로 인하여 현금을 보유할 필요가 줄기 때문에 현금통화비율($c = C / M$)이 작아지고 통화승수는 커진다.

통화공급과정에 관한 설명으로 옳은 것을 모두 고른 것은? ▶ 2019년 감정평가사

ㄱ. 100% 지급준비제도가 실행될 경우, 민간이 현금통화비율을 높이면 통화승수는 감소한다.
ㄴ. 민간이 현금은 보유하지 않고 예금만 보유할 경우, 예금은행의 지급준비율이 높아지면
   통화승수는 감소한다.
ㄷ. 중앙은행이 민간이 보유한 국채를 매입하면 통화승수는 증가한다.

① ㄱ   ② ㄴ   ③ ㄱ, ㄴ
④ ㄱ, ㄷ   ⑤ ㄴ, ㄷ

출제이슈 통화승수와 통화공급방정식
핵심해설 정답 ②

ㄱ. 틀린 내용이다.
100% 지급준비제도가 실행될 경우, 지급준비율이 100%이므로 다음과 같이 통화승수는 현금통화비율이 높든
낮든 관계없이 항상 1이 된다.

$$m = \frac{1}{(c+r-cr)} = \frac{1}{(c+1-c)} = 1$$

ㄴ. 옳은 내용이다.
민간이 현금은 보유하지 않고 예금만 보유할 경우, 현금예금비율이 0임을 의미한다. 이때, 통화승수는 다음과
같이 지급준비율의 역수로 나타난다. 따라서 이런 경우에는 예금은행의 지급준비율이 높아지면 통화승수는 감
소한다.

$$m = \frac{1}{(c+r-cr)} = \frac{1}{(0+r-0)} = \frac{1}{r}$$

ㄷ. 틀린 내용이다.
중앙은행이 민간이 보유한 국채를 매입하면 본원통화가 증가하고 통화량이 증가한다. 그러나 통화승수는 불변
이다.

민간은 화폐를 현금과 요구불예금으로 각각 $\frac{1}{2}$씩 보유하고 은행은 예금의 $\frac{1}{3}$을 지급준비금으로 보유한다. 통화공급을 150만큼 늘리기 위한 중앙은행의 본원통화 증가분은? (단, 통화량은 현금과 요구불예금의 합계이다.)

▶ 2020년 감정평가사

① 50 ② 100 ③ 150

④ 200 ⑤ 250

출제이슈 통화정책과 통화공급방정식

핵심해설 정답 ②

1) 민간의 현금보유비율

설문에서 민간의 현금과 예금의 보유는 각각 $\frac{1}{2}$씩이므로 $k = C/D = 1$이 된다.

2) 통화승수

설문의 자료를 통화승수의 식 $m = \frac{k+1}{k+r}$에 대입하면 $k = 1$, $r = \frac{1}{3}$이므로 통화승수 $m = 1.5$이다.

3) 통화량

설문에서 통화량을 150만큼 증가시키는 것을 목표로 하고 있다.

4) 본원통화

① 통화공급방정식을 증가분 형태로 바꿔 쓰면 $\Delta M = m \Delta H$가 된다.

② 목표로 삼고 있는 통화량 증가 $\Delta M = 150$에 필요한 본원통화는 $150 = 1.5 \Delta H$로서 구할 수 있다.

③ 따라서 본원통화를 $\Delta H = 150 \times \frac{1}{1.5} = 100$만큼 증가시켜야만 통화승수 $m = 1.5$를 고려하면 통화량이 150만큼 증가할 수 있다.

다음과 같은 조건에서 중앙은행이 민간으로부터 1조원 규모의 국채를 매입했을 때, 은행제도 전체를 통해 최대로 변화될 수 있는 통화량은?

▶ 2020년 국가직 9급

- 중앙은행이 법정지급준비율을 10%로 정해 놓고 있다.
- 예금은행은 법정지급준비금 외에는 전액 대출하고 있다.
- 요구불예금만 존재하며, 저축성예금은 없다.
- 현금통화비율은 0%이다.

① 9조원 감소

② 9조원 증가

③ 10조원 감소

④ 10조원 증가

출제이슈 통화정책과 통화공급방정식
핵심해설 정답 ④

1) 민간의 현금보유비율

설문에서 민간의 현금보유는 0이므로 $c = C / M = 0$, $k = C / D = 0$이 된다.

만일 이러한 내용이 주어지지 않았다고 하더라도 통화량의 최대증가조건이 부가된 경우에는 본원통화가 일정한 상황에서 통화승수가 최대로 커져야 한다.

이를 위해서 통화승수의 식 $m = \dfrac{1}{(c+r-cr)}$ 또는 $m = \dfrac{k+1}{k+r}$ 에서 $c = C / M = 0$, $k = C / D = 0$이 되어야 한다. 즉 민간의 현금보유는 0이어야 함을 쉽게 알 수 있다.

2) 통화승수

위의 내용을 반영하여 통화승수의 식 $m = \dfrac{1}{(c+r-cr)}$ 또는 $m = \dfrac{k+1}{k+r}$ 에 대입하면 $c = 0$, $k = 0$, $r = 0.1$이므로 통화승수 $m = 10$이다.

3) 본원통화의 증가

설문에서 국채매입을 통해서 본원통화가 1조원만큼 민간부문으로 흘러들어갔다.

4) 통화량의 증가

① 통화승수는 10이다.
② 본원통화의 증가는 1조원이다.
③ 따라서 통화량은 10조원까지 증가한다.

통화승수에 관한 설명으로 옳지 않은 것은? ▶ 2018년 공인노무사

① 통화승수는 법정지급준비율을 낮추면 커진다.
② 통화승수는 이자율 상승으로 요구불예금이 증가하면 작아진다.
③ 통화승수는 대출을 받은 개인과 기업들이 더 많은 현금을 보유할수록 작아진다.
④ 통화승수는 은행들이 지급준비금을 더 많이 보유할수록 작아진다.
⑤ 화폐공급에 내생성이 없다면 화폐공급곡선은 수직선의 모양을 갖는다.

출제이슈 통화승수와 화폐공급의 내생성
핵심해설 정답 ②

① 옳은 내용이다.

법정지급준비율을 낮추면 대출이 증가하므로 통화승수는 커진다. 이는 통화승수의 식 $m = \dfrac{1}{(c+r-cr)}$ 에서 법정지급준비율이 낮아지면, 분모가 작아지므로 통화승수가 커짐을 통해 쉽게 확인할 수 있다.

② 는 틀린 내용이고 ⑤ 는 옳은 내용이다.

통화공급방정식은 통화량에 영향을 줄 수 있는 요인들 중 민간의 현금통화비율과 은행의 지급준비율은 외생적으로 결정되어 고정된 것으로 간주하고 있다. 그러나 현금통화비율과 지급준비율은 민간과 은행의 의사결정과정에서 여러 요인들에 의해서 영향을 받을 수 있다. 특히 현금통화비율과 지급준비율은 이자율의 영향을 받을 수 있으므로 화폐공급을 이자율의 함수로 나타낼 수 있다. 이를 화폐공급의 내생성이라고 한다. 설문 ②에서 이자율이 상승하는 경우 화폐보유의 기회비용이 높아지고 그에 따라 예금수요가 많아질 것이므로 현금예금비율이 하락한다. 현금예금비율의 하락은 통화승수를 크게 만든다. 설문 ⑤에서 화폐공급에 내생성이 있다면 화폐공급곡선은 이자율의 증가함수로서 우상향의 모습을 나타내지만, 내생성이 없다면 수직선의 모양을 보일 것이다.

③ 옳은 내용이다.

개인과 기업들이 더 많은 현금을 보유할수록 예금이 줄어들기 때문에 대출이 감소하므로 통화승수는 작아진다. 이는 통화승수의 식 $m = \dfrac{1}{(c+r-cr)}$ 에서 현금보유비율이 커지면, 분모가 커지므로 통화승수가 작아짐을 통해 쉽게 확인할 수 있다.

④ 옳은 내용이다.

은행들이 지급준비금을 더 많이 보유할수록 대출이 감소하므로 통화승수는 작아진다. 이는 통화승수의 식 $m = \dfrac{1}{(c+r-cr)}$ 에서 지급준비율이 커지면, 분모가 커지므로 통화승수가 작아짐을 통해 쉽게 확인할 수 있다.

Issue **11**　　**통화정책의 수단**

통화량을 증가시키기 위한 중앙은행의 정책으로 (　　　) 안에 들어갈 내용을 순서대로 옳게 연결한 것은?　　　　　　　　　　　　　　　　　　　▶ 2015년 감정평가사

- 국공채 (　ㄱ　)
- 법정지불준비비율 (　ㄴ　)
- 재할인율 (　ㄷ　)

① ㄱ : 매입,　　ㄴ : 인하,　　ㄷ : 인하
② ㄱ : 매입,　　ㄴ : 인하,　　ㄷ : 인상
③ ㄱ : 매각,　　ㄴ : 인하,　　ㄷ : 인상
④ ㄱ : 매각,　　ㄴ : 인상,　　ㄷ : 인하
⑤ ㄱ : 매각,　　ㄴ : 인상,　　ㄷ : 인상

출제이슈 통화정책의 수단과 효과(2019년 공인노무사 동일출제)
핵심해설 정답 ①

1) 공개시장개입정책

통화정책의 수단 중 공개시장개입정책은 중앙은행이 채권시장에서 국공채 등의 유가증권을 매입 혹은 매각하여 본원통화 H를 변화시키고 이를 통해서 통화량을 조절하는 것이다. 중앙은행이 시장에서 유가증권을 매입하는 경우 본원통화가 증가하고, 그에 따라 통화량이 증가한다.

2) 재할인율정책

통화정책의 수단 중 재할인율정책은 중앙은행이 예금은행에 대출하는 자금에 대해 부과하는 재할인율을 조절하여 통화량을 조절하는 것이다. 중앙은행이 재할인율을 인하하면, 예금은행은 중앙은행으로부터 낮은 이자율의 대출을 더 많이 받아 민간부문에 대출을 늘리려는 유인이 커진다. 따라서 본원통화가 증가하고 통화량이 증가한다.

3) 지급준비율조정정책

통화정책의 수단 중 지급준비율조정정책은 지급준비율 r을 조절하여 통화승수 m에 영향을 미치고 이를 통해서 통화량을 조절하고자 하는 정책이다. 중앙은행이 지급준비율을 인하하면 통화승수는 커지므로 통화량은 증가한다.

통화량을 증가시키기 위해서는 공개시장개입정책으로 국공채를 매입하고, 지급준비율조정정책으로 법정지급준비율을 인하하고, 재할인율정책으로 재할인율을 인하해야 한다.

통화량 변동에 관한 설명으로 옳지 않은 것은? ▶ 2017년 감정평가사

① 법정지급준비율의 변동은 본원통화량을 변화시키지 않는다.

② 중앙은행이 통화안정증권을 발행하여 시장에 매각하면 통화량이 감소한다.

③ 중앙은행이 시중은행으로부터 채권을 매입하면 통화량이 감소한다.

④ 은행의 법정지급준비율을 100%로 규제한다면 본원통화량과 통화량은 동일하다.

⑤ 정부의 중앙은행차입이 증가하면 통화량은 증가한다.

출제이슈 통화정책의 수단과 효과
핵심해설 정답 ③

① 옳은 내용이다.

지급준비율이 인상되면 대출이 감소하므로 통화승수는 작아지고 통화공급은 줄어든다. 이는 통화승수 $m = \dfrac{1}{(c+r-cr)}$ 에서 지급준비율이 높아지면, 분모가 커지므로 통화승수가 작아짐을 통해 쉽게 확인할 수 있다. 설문에서 법정지급준비율의 변동은 본원통화량을 변화시키는 것이 아니라 통화승수를 변화시킨다.

② 옳은 내용이다.

통화정책의 수단 중 공개시장개입정책은 중앙은행이 채권시장에서 국공채나 통화안정증권 등의 유가증권을 매입 혹은 매각하여 본원통화 H를 변화시키고 이를 통해서 통화량을 조절하는 것이다. 중앙은행이 시장에서 유가증권을 매입하는 경우 본원통화가 증가하고, 그에 따라 통화공급이 증가한다. 반대로 유가증권을 매각하는 경우 본원통화가 감소하고, 그에 따라 통화공급이 감소한다.

③ 틀린 내용이다.

중앙은행이 시중은행으로부터 채권을 매입하게 되면 본원통화가 증가하고 통화량이 증가한다.

④ 옳은 내용이다.

은행의 법정지급준비율을 100%로 규제하여 100% 지급준비제도가 실행될 경우, 지급준비율이 100%이므로 다음과 같이 통화승수는 현금통화비율이 높든 낮든 관계없이 항상 1이 된다.

$$m = \frac{1}{(c+r-cr)} = \frac{1}{(c+1-c)} = 1$$

따라서 통화승수가 1이므로 통화량이 본원통화와 일치함을 알 수 있다.

⑤ 옳은 내용이다.

정부가 중앙은행으로 차입을 증가시키게 되면, 본원통화가 증가하고 통화량이 증가하게 된다.

통화량을 감소시키는 요인만을 모두 고르면? (단, 부분준비제도하의 화폐공급 모형에서 법정 지급준비율과 초과지급준비율의 합이 1보다 작고, 다른 조건은 일정하다.) ▸ 2021년 국가직 7급

- ㄱ. 중앙은행의 공개시장매도
- ㄴ. 중앙은행의 재할인율 인상
- ㄷ. 예금자의 현금통화비율 $\left(\dfrac{\text{현금통화}}{\text{요구불예금}} \right)$ 감소
- ㄹ. 시중은행의 초과지급준비율 감소

① ㄱ, ㄴ   ② ㄱ, ㄷ   ③ ㄴ, ㄹ
④ ㄷ, ㄹ   ⑤ ㄴ, ㄷ, ㄹ

출제이슈 통화정책의 수단과 효과
핵심해설 정답 ①

ㄱ. 통화정책의 수단 중 공개시장 개입정책으로서 옳은 내용이다.
통화정책의 수단 중 공개시장 개입정책은 중앙은행이 채권시장에서 국공채 등의 유가증권을 매입 혹은 매각하여 본원통화 H를 변화시키고 이를 통해서 통화량을 조절하는 것이다. 중앙은행이 시장에서 유가증권을 매입하는 경우 본원통화가 증가하고, 그에 따라 통화량이 증가한다. 반면 중앙은행이 시장에서 유가증권을 매도하는 경우 본원통화가 감소하고 그에 따라 통화량이 감소한다. 우리나라의 경우 시장에서 국공채 거래가 충분치 않을 경우 통화안정증권(한국은행이 발행한 유가증권)을 통하여 공개시장개입을 실시하고 있다(통화안정증권 발행하여 매각하면 통화량이 감소한다).

ㄴ. 통화정책의 수단 중 재할인율 조정정책으로서 옳은 내용이다.
통화정책의 수단 중 재할인율정책은 중앙은행이 재할인율을 조절하여 통화량을 조절하는 것이다. 재할인율은 중앙은행이 예금은행에 대출하는 자금에 대해 부과하는 대출이자율이다. 이러한 대출이자율을 낮추면, 예금은행은 중앙은행으로부터 낮은 이자율로 대출을 더 많이 받아 민간부문에 대출을 늘리려는 유인이 커진다. 예금은행이 중앙은행으로부터 대출을 받게 되면 본원통화가 증가하게 된다. 반대로 재할인율을 인상하게 되면 본원통화가 감소하여 통화량은 감소하게 된다.

ㄷ. 틀린 내용이다.
현금통화비율 및 현금예금비율이 감소하면 통화승수의 증가를 가져와 통화량이 증가한다.

ㄹ. 틀린 내용이다.
지급준비율이 하락하면 대출이 증가하므로 통화승수는 커지고 통화량은 증가한다. 이는 통화승수의 식 $m = \dfrac{1}{(c+r-cr)}$ 에서 지급준비율이 낮아지면, 분모가 작아지므로 통화승수가 커짐을 통해 쉽게 확인할 수 있다.

기준금리가 제로금리 수준임에도 불구하고 경기가 회복되지 않는다면 중앙은행이 취할 수 있는 정책으로 옳은 것은?　　　　　　　　　　　　　　　　　　　　　　▶ 2016년 지방직 7급

① 기준금리를 마이너스로 조정한다.

② 장기금리를 높인다.

③ 보유한 국공채를 매각한다.

④ 시중에 유동성을 공급한다.

출제이슈 　전통적인 통화정책수단과 양적완화정책
핵심해설 　정답 ④

기존의 통화정책은 주로 단기국채 매입을 통하여 통화량 증대 및 이자율 하락의 효과에 초점을 맞춘 것이다. 즉 단기국채를 매입하면, 단기금융시장에서의 이자율이 하락하게 되어 민간의 장기국채의 수요가 증가하고 장기이자율이 하락하는 원리이다. 그러나 계속된 통화량 증가로 인하여 이자율이 0의 수준에 가까워짐에 따라 통화량을 늘린다고 해서 이자율이 더 하락하기도 어려운 상황이어서 기존통화정책은 한계에 봉착하게 되었다.

기존 통화정책의 한계를 극복하기 위한 정책으로서 양적완화정책은 단기국채 대신 장기국채, 주택저당증권 등을 매입하여 은행의 활발한 대출을 통해서 시중에 유동성을 공급하고 장기이자율을 하락시키는 효과가 있다.

① 틀린 내용이다.

　기준금리는 명목금리로서 0의 한도 제약이 있다. 따라서 마이너스로 조정하는 것은 불가능하다. 과거 일본 중앙은행은 전통적인 통화정책을 통해서는 이미 0 가까이 내려간 이자율을 더 이상 낮추는 것이 불가능했기 때문에 시중 금융기관의 장기채권 등을 매입하는 방식으로 통화량을 공급하였다. 즉 전통적인 방식의 통화정책으로는 더 이상 통화공급을 늘리는 것이 어렵기 때문에 양적 완화와 같은 새로운 방식의 통화정책이 요구되었다.

② 틀린 내용이다.

　장기금리를 높이는 경우 투자에 부정적 영향을 미쳐서 경기회복을 오히려 방해한다.

③ 틀린 내용이다.

　통화정책의 수단 중 공개시장개입정책은 중앙은행이 채권시장에서 국공채 등의 유가증권을 매입 혹은 매각하여 본원통화 H를 변화시키고 이를 통해서 통화량을 조절하는 것이다. 설문처럼 중앙은행이 시장에서 유가증권을 매각하는 경우 본원통화가 감소하고, 그에 따라 통화량이 감소한다. 통화량 감소로 인하여 이자율이 상승하여 실물부문의 투자가 감소하므로 경기회복을 오히려 방해한다.

④ 옳은 내용이다.

　기존의 전통적인 통화정책을 통해서는 이미 0 가까이 내려간 이자율을 더 이상 낮추는 것이 불가능했기 때문에 양적완화정책은 시중 금융기관의 장기국채나 주택저당채권 등 주로 장기채권 등을 매입하는 방식을 통하여 유동성을 공급하였다. 시중 금융기관은 보유하고 있던 주택저당채권 등을 정부에 판매하고 이로 인해 새롭게 대출여력이 생기게 되어 대출하게 되어 시중에 유동성이 공급될 수 있었다.

Issue 12　통화정책의 경로

㉠ – ㉡에 들어갈 말을 바르게 연결한 것은?

▶ 2011년 국가직 7급

풀(W. Poole)은 통화금융정책을 실시하는 경우 실물부문과 금융부문의 불안정성 정도에 따라 중간목표로 통화량과 이자율 중 하나를 선택해야 한다고 주장한다. 실물부문이 불확실하다면 (㉠)을 중간목표로 삼고, 금융부문이 불확실하다면 (㉡)을 중간목표로 삼는 것이 생산 및 소득의 변동성을 줄일 수 있다는 점에서 우월하다.

	㉠	㉡		㉠	㉡
①	통화량	통화량	②	통화량	이자율
③	이자율	통화량	④	이자율	이자율

출제이슈　통화정책의 중간목표
핵심해설　정답 ②

통화당국은 공개시장개입, 재할인율 조절 등과 같은 통화정책수단을 통해서 물가안정, 완전고용과 같은 정책목표를 달성하려고 한다. 그런데 문제는 이러한 통화정책수단들이 정책목표에 영향을 미치기까지는 상당히 시간이 걸린다는 것이다. 만일 상당한 시간이 흐른 후에도 정책목표가 달성되지 못한 문제점이 발견될 경우 정책수단을 재조정해야 하는데 이는 너무 늦은 것이다. 이와 같이 정책시차의 문제를 극복하기 위해서 통화정책수단과 정책목표 사이에 중간목표를 설정한다. 이를 중간목표전략이라고 하며 중간목표를 이용함으로써 통화당국은 통화정책이 올바른 방향으로 가고 있는지 여부를 신속하게 판단하고 정책방향을 재조정할 수 있다.

W. Poole에 따르면, 실물과 화폐부문의 불안정성에 따라 통화정책의 중간목표전략을 통화량 혹은 이자율로 나누어 타게팅할 수 있는데 그 근거는 다음과 같다.

실물부문의 불안정에 따라서 IS곡선의 위치가 불확실하여 경기변동의 원인이 된다면, 통화량을 적절히 타게팅함으로써 경기변동의 진폭을 줄일 수 있게 된다.

반대로 화폐부문의 불안정에 따라서 LM곡선의 위치가 불확실하여 경기변동의 원인이 된다면, 이자율을 적절히 타게팅함으로써 경기변동의 진폭을 줄일 수 있게 된다.

따라서 실물부문이 불안정하여 (예 투자수요변화) 경기변동의 원인일 경우에는 통화량 목표가 우월하고 반대로 화폐부문이 불안정하여 (예 화폐수요변화) 경기변동의 원인일 경우에는 이자율 목표가 우월하다.

실물부문이 불확실하다면 (㉠ 통화량)을 중간목표로 삼고, 금융부문이 불확실하다면 (㉡ 이자율)을 중간목표로 삼는 것이 생산 및 소득의 변동성을 줄일 수 있다는 점에서 우월하다.

통화공급의 증가가 실물 경제에 영향을 미치는 전달경로(transmission mechanism)에 대한 설명으로 옳지 않은 것은? ▶ 2022년 국가직 7급

① 자산가격 상승에 따른 부의 효과(wealth effect)로 소비가 증가한다.
② 토빈의 q(Tobin's q)가 하락하여 투자가 증가한다.
③ 기업의 재무상태(balance sheet)가 개선되므로 은행 차입이 증가하여 투자가 증가한다.
④ 가계 대출이 증가하여 유동성 제약을 받고 있는 가계의 소비가 증가한다.

출제이슈 통화정책의 전달경로
핵심해설 정답 ②

① 옳은 내용이다.

실질잔고효과 경로는 화폐자산을 통한 파급을 강조하여 통화량 변동이 민간의 부를 변화시키고 결국 소비 및 국민소득에 영향을 미치는 경로를 의미한다. 피구의 실질잔고효과에 따르면 화폐(실질화폐잔고)는 개인의 부 (wealth)로서 소비에 영향을 미칠 수 있다. 통화정책에 의하여 통화량이 변동하면 실질화폐잔고를 변화시켜서 개인의 부를 변화시키고 이것은 바로 직접적으로 소비를 자극하여 국민소득에 영향을 줄 수 있다. 이 경로는 통화론자들의 대표적 통화정책 전달경로로서 통화량 변화가 이론상으로는 금융시장을 거치지 않고 바로 직접적으로 실물부문에 영향을 미치는 경로이다. 참고로 확장적 통화정책으로 인해서 자산이 증가할 경우 소비가 증가하여 총수요가 증가하게 되며, 민간의 소비함수는 자산의 증가함수가 된다. 이를 피구효과라고 한다.

② 틀린 내용이다.

자산경로는 주식을 통한 파급을 강조하여 통화량 변동이 주식가격을 변동시키고 결국 투자 및 국민소득에 영향을 미치는 경로이다. 통화량이 증가하면 경제주체는 화폐를 초과보유하게 되어 이를 해소하기 위해서 채권을 구입하고 채권가격이 상승함에 따라서 대체재인 주식을 구입하여 주식가격이 상승하고 토빈의 q(Tobin's q)도 상승한다. 주식가격의 상승에 따라서 기업의 시장가치도 상승하고 주식공급이 확대됨에 따라 기업의 자금조달이 쉬워진다. 기업은 용이해진 자금조달로 인해서 투자를 증가시키게 되고 결국 국민소득이 증가한다.

③ 옳은 내용이다.

기업의 외부자금 조달능력, 즉 차입 가능여부는 원칙적으로 미래현금흐름에 의해서 결정되어야 한다. 그러나 현실적으로 미래현금창출능력에 대한 정보가 불완전하기 때문에 많은 경우 현재 기업이 보유하고 있는 대차대 조표상의 자산가치에 따른 담보가치가 차입을 결정하게 된다. 통화정책은 기업이 보유한 자산의 대차대조표상 가치에 영향을 주게 되고, 이 대차대조표상 가치가 기업의 차입 및 지출에 큰 영향을 주게 되는데 이를 대차대 조표 경로라고 한다.

④ 옳은 내용이다.

통화정책에 의하여 통화량이 변동하고 이자율이 하락하게 되면, 은행의 대출과정을 통해서 신용이 공급될 수 있고 이 과정에서 가계 대출이 증가하여 유동성 제약을 받고 있는 가계의 소비가 증가한다.

통화정책에 관한 설명으로 옳지 않은 것은? ▶ 2024년 감정평가사

① 공개시장 매입은 본원통화를 증가시켜 이자율을 하락시킨다.
② 재할인율 인상은 재할인대출을 감소시켜 이자율을 상승시킨다.
③ 자산가격경로는 이자율이 하락할 경우 자산가격이 상승하여 부(富)의 효과로 소비가 증가하는 경로이다.
④ 신용경로는 중앙은행이 화폐공급을 축소할 경우 은행대출이 감소되어 기업투자와 가계소비가 위축되는 경로이다.
⑤ 환율경로는 이자율이 상승할 경우 자국통화가치가 하락하여 순수출이 증가하는 경로이다.

출제이슈 통화정책의 선달경로
핵심해설 정답 ⑤

통화정책의 전달 중 환율경로는 다음과 같다.

ⅰ) 통화량 변동이 환율을 변동시키고 결국 순수출 및 국민소득에 영향을 미치는 경로이다.
ⅱ) 통화량이 증가하면 이자율이 하락하여 해외로 자본이 유출되면서 환율이 상승하게 된다.
ⅲ) 환율상승에 따라서 순수출이 증가하고 국민소득도 증가한다. 이 경로는 1970년대 이후 세계경제가 고정환율제에서 변동환율제로 이행하면서 그 중요성이 커지게 되었다.
ⅳ) 다만, 변동환율제도하이더라도 자본이동이 완전히 통제되고 있는 경우에는 환율경로가 나타나지 않는다.

통화정책의 전달경로 중 신용경로(credit channel)에 대한 설명으로 옳지 않은 것은?

▶ 2017년 국가직 7급

① 기준금리가 낮아지면 명목환율이 상승하여 수출입에 영향을 미치는 것이다.
② 통화정책이 가계와 기업의 대차대조표를 변화시킴으로써 소비와 투자에 영향을 미치는 것이다.
③ 팽창적 통화정책이 역선택 및 도덕적 해이 문제를 완화시킴으로써 실물 부문에 영향을 미치는 것이다.
④ 증권화의 진전이나 금융 자유화가 되면 은행의 자금조달 경로가 다양해져 신용경로의 중요성이 작아진다.

출제이슈 통화정책의 경로 중 신용중시견해
핵심해설 정답 ①

① 틀린 내용이다.
기준금리가 낮아져서 이자율이 하락하게 되면 자본유출이 발생한다. 따라서 외환시장에서 환율이 상승하여 수출이 증가하고 수입은 감소하여 경상수지가 개선된다. 통화정책이 환율의 변동을 통해서 실물부문에 영향을 미치는 경로를 환율경로라고 한다.

② 옳은 내용이다.
통화정책은 기업의 자산가격 및 대차대조표에 영향을 미치게 되는데 자산가격의 변화는 담보가치를 변화시키게 된다. 이러한 대차대조표 정보에 기하여 은행은 대출의사결정을 하게 되고 이를 통해 민간의 소비와 투자에 영향을 미치게 된다. 이는 대차대조표 경로로서 신용경로에 해당한다.

③ 옳은 내용이다.
통화정책은 은행대출에 영향을 주게 되고, 이 은행대출은 민간부문의 차입 및 지출에 큰 영향을 준다. 은행대출 시 은행과 자금차입자 간 정보의 비대칭성이 존재하므로 은행은 대출 시 금리를 높이기보다 신용도 높은 차입자를 선별, 대출하려고 하는데 이를 신용할당이라고 한다. 은행은 신용할당을 통하여 역선택 및 도덕적 해이 문제를 완화하고자 한다. 특히 팽창적 통화정책으로 인하여 이자율이 하락하게 되면, 우량한 투자자들도 보다 용이하게 자금을 차입할 수 있게 되므로 역선택 등의 문제가 완화될 수 있다.

④ 옳은 내용이다.
기업입장에서 은행대출과 채권은 대체성이 낮다. 왜냐하면, 중소기업들은 현실적으로 채권이나 주식발행을 통한 자금조달이 거의 불가능하기 때문에 전적으로 은행대출에 의존할 수밖에 없다. 그렇기 때문에 통화정책이 은행대출에 영향을 미치고 그로 인해 실물부문이 영향을 받게 되는 구조가 매우 중요하였다. 그러나 증권화의 진전이나 금융자유화 등을 통해서 자금조달경로가 보다 다양해진다면, 기업으로서는 은행대출 이외에도 자금을 충분히 조달할 수 있기 때문에 통화정책에 있어서 신용경로의 중요성이 작아지게 된다.

Chapter 09 경제성장이론

Issue 01 　솔로우 모형 일반

다음 중 솔로우(Solow) 성장 모형에 대한 설명으로 옳은 것은?　　　▶ 2018년 국가직 7급

① 자본투입이 증가함에 따라 경제는 지속적으로 성장할 수 있다.
② 저축률이 상승하면 정상상태(steady state)의 일인당 자본은 증가한다.
③ 자본투입이 증가하면 자본의 한계생산이 일정하게 유지된다.
④ 인구 증가율이 상승하면 정상상태의 일인당 자본이 증가한다.

출제이슈 솔로우 모형의 특징
핵심해설 정답 ②

①, ③ 둘 다 틀린 내용이다.
　자본투입이 증가함에 따라서 자본의 한계생산은 체감하게 되고 결국 경제는 지속적으로 성장할 수 없게 된다.

　솔로우모형은 자본의 한계생산은 지속적으로 감소함을 가정하고 있다. 1인당 자본이 축적되면서 1인당 자본의 한계생산은 계속 감소해 나가고 인구증가 및 감가상각으로 인해서 자본유지를 위해 필요한 투자는 계속 증가해 나간다. 결국은 1인당 자본이 더 축적되지 않고 증가하지 않는 상태에 도달한다. 즉, 이러한 상태에 도달하게 되면 1인당 자본이 불변이며 1인당 생산도 고정이다. 이 경제는 더 이상 성장하지 못하고 정체에 빠진다.

② 옳은 내용이다.
　저축률이 상승할 경우 저축률이 상승하여 저축함수가 상방 이동하면, 균제상태 혹은 정상상태에서 1인당 자본이 증가한다.

④ 틀린 내용이다.
　인구증가율이 상승하여 1인당 필요투자선이 상방 이동하면, 균제상태에서 1인당 자본이 감소한다. 즉, 인구가 증가하여 1인당 자본유지를 위해서 투자가 소모되므로 결국 1인당 자본은 감소하게 되고 1인당 생산은 감소한다. 그러나 인구증가율의 상승은 1인당 생산을 감소시키지만, 경제의 규모를 증가시키기 때문에 경제 전체의 성장률은 상승한다.

왜냐하면, 1인당 생산 $\dfrac{Y}{L} = y$의 증가율 = Y의 증가율 − L의 증가율 = Y의 증가율 − n = 0

∴ 총생산 Y의 증가율 = n이기 때문이다.

솔로우의 경제성장모형에 대한 설명으로 가장 옳지 않은 것은? ▶ 2016년 서울시 7급

① 균제상태에서 자본량과 국민소득은 같은 속도로 증가한다.
② 기술수준이 높을수록 균제상태에서 일인당 국민소득의 증가율이 높다.
③ 균제상태에서 자본의 한계생산물은 일정하다.
④ 인구증가율이 낮아지면 균제상태에서 일인당 국민소득은 높아진다.

출제이슈 솔로우 모형의 특징
핵심해설 정답 ②

① 옳은 내용이다.
균제상태는 경제의 장기적인 균형성장경로로서 경제에 거시적으로 요구되는 필요자본축적량과 이를 위한 투자량이 일치할 때 달성된다. 즉, 시간이 지나도 1인당 자본량의 변화 없이 일정하게 유지되는 상태가 균제상태이며 이를 수리적으로 표시하면 다음과 같다.

1인당 자본의 변화를 나타내는 자본축적의 방정식 : $\dot{k} = sf(k) - nk = 0$, $sf(k) = nk$
자본축적방정식은 1인당 총투자가 1인당 필요투자와 같은 경우 1인당 자본량은 불변임을 의미한다.

따라서 균제상태에서는 1인당 자본, 1인당 생산, 1인당 저축, 1인당 투자 모두 불변이다. 1인당 자본, 1인당 생산 모두 증가율이 0이다. 그러나 총자본, 총생산은 모두 인구증가율(n)과 같은 속도로 증가한다.

② 틀린 내용이다.
높은 기술 수준으로 생산함수가 상방에 위치하는 경우, 균제상태에서 1인당 자본은 높은 수준이다. 즉, 기술진보로 산출이 증가하여 투자가 증가함으로 인해서 자본의 축적량이 많아지고 1인당 생산도 높은 수준이다. 그러나 여전히 균제상태에서는 지속적인 성장률의 증가를 가져올 수 없다. 균제상태에서는 1인당 자본, 1인당 생산, 1인당 저축, 1인당 투자 모두 불변이다. 1인당 자본, 1인당 생산 모두 증가율이 0이다. 참고로, 만일 기술진보가 꾸준히 지속적으로 이루어진다면, 경제는 한곳에 수렴하지 않고 균제상태가 계속 이동하게 되고, 1인당 자본과 1인당 소득이 지속적으로 증가, 성장하게 된다. 결국 솔로우 모형에서는 오직 지속적인 기술진보만이 지속적인 경제성장을 가져올 수 있다.

③ 옳은 내용이다.
균제상태에서는 $\dot{k} = sf(k) - (n+\delta)k = 0$, $sf(k) = (n+\delta)k$가 되어 1인당 자본량의 변화가 없으며, 1인당 자본은 일정하게 유지되어 자본의 한계생산도 불변이다.

④ 옳은 내용이다.
인구증가율이 증가하여 1인당 필요투자선이 상방 이동하면, 균제상태에서 1인당 자본이 감소하고 1인당 생산은 감소한다. 역으로 설문에서와 같이 인구증가율이 감소하여 1인당 필요투자선이 하방 이동하면, 균제상태에서 1인당 자본이 증가하고 1인당 생산은 증가한다.

기술진보가 없는 단순한 솔로우 모형(Solow model)에 대한 설명으로 옳지 않은 것은?

▶ 2021년 국가직 7급

① 노동과 자본에 대한 생산함수가 규모에 대한 수익불변(constant returns to scale)이라고 가정한다.

② 균제상태(steady state)에서 1인당 자본량과 1인당 생산량은 시간이 지남에 따라 변하지 않고 안정적으로 유지된다.

③ 균제상태에서 총자본의 성장률은 인구증가율과 같고 총생산량의 성장률은 0이 된다.

④ 1인당 소비를 극대화하는 1인당 자본량의 균제상태 값을 자본의 황금률 수준이라 한다.

⑤ 균제상태에서 1인당 자본의 성장률은 0이 된다.

출제이슈 솔로우 모형의 특징
핵심해설 정답 ③

① 옳은 내용이다.

솔로우 모형은 기본적으로 규모에 대한 수익불변의 1차동차함수를 가정하고 또한 자본의 한계생산이 지속적으로 감소함을 가정하고 있다.

② 옳은 내용이다.

균제상태는 경제의 장기적인 균형성장경로로서 경제에 거시적으로 요구되는 필요자본축적량과 이를 위한 투자량이 일치할 때 달성된다. 즉, 시간이 지나도 1인당 자본량의 변화 없이 일정하게 유지되는 상태가 균제상태이며 이를 수리적으로 표시하면 다음과 같다.

1인당 자본의 변화를 나타내는 자본축적의 방정식 : $\dot{k} = sf(k) - nk = 0$, $sf(k) = nk$
자본축적방정식은 1인당 총투자가 1인당 필요투자와 같은 경우 1인당 자본량은 불변임을 의미한다.

③ 틀린 내용이다.

균제상태에서는 1인당 자본, 1인당 생산, 1인당 저축, 1인당 투자 모두 불변이므로 1인당 자본, 1인당 생산 모두 증가율이 0이다. 그러나 총자본, 총생산은 모두 인구증가율(n)과 같은 속도로 증가한다.

④ 옳은 내용이다.

일국의 경제가 어느 한 균제상태에 도달하게 되면 1인당 자본의 변화가 없으며 1인당 자본이 일정하게 유지되어 매우 안정적인 상태이다. 따라서 균제상태에서는 1인당 소비가 지속된다는 특징이 있다. 이러한 균제상태의 최적성을 판단함에 있어서 무조건 1인당 소득이 높다고 하여 좋은 것이 아니라 1인당 소비 수준이 높아야 후생이 커지는 것이다. 특히 자본의 황금률 수준은 1인당 소비를 극대화하는 1인당 자본의 수준을 의미한다.

⑤ 옳은 내용이다.

균제상태에서는 1인당 자본, 1인당 생산, 1인당 저축, 1인당 투자 모두 불변이므로 1인당 자본, 1인당 생산 모두 증가율이 0이다.

인구증가와 기술진보가 없는 솔로우 성장모형에서 황금률 균제상태가 달성되는 조건은?

▶ 2020년 감정평가사

① 자본의 한계생산이 최대일 때
② 노동자 1인당 자본량이 최대일 때
③ 자본의 한계생산이 감가상각률과 같을 때
④ 노동의 한계생산이 저축률과 같을 때
⑤ 자본의 한계생산이 한계소비성향과 같을 때

출제이슈 황금률
핵심해설 정답 ③

일국의 경제가 어느 한 균제상태에 도달하게 되면 1인당 자본의 변화가 없으며 1인당 자본이 일정하게 유지되어 매우 안정적인 상태이다. 따라서 균제상태에서는 1인당 소비가 지속된다는 특징이 있다. 이러한 균제상태의 최적성을 판단함에 있어서 무조건 1인당 소득이 높다고 하여 좋은 것이 아니라 1인당 소비 수준이 높아야 후생이 커지는 것이다.

자본의 황금률 수준은 1인당 소비를 극대화하는 1인당 자본의 수준을 의미하며 이는 다음과 같이 도출할 수 있다. 이하는 기술진보가 없는 모형을 상정하고 있음에 유의하자.

이를 수식으로 표현하면 $C = f(k) - sf(k)$, $sf(k) = (n+\delta)k$, $Max\,C$ 의 조건을 의미한다.
이때 황금률의 1인당 자본량 k_G는 $\dfrac{dC}{dk} = 0$ ∴ $f'(k) = (n+\delta)$를 풀면 k_G가 도출된다.

황금률의 균제상태는 $f(k)$의 접선의 기울기인 $f'(k)$와 자본유지선 $(n+\delta)k$의 기울기인 $(n+\delta)$가 일치할 때 달성된다. 이때 $f'(k)$는 1인당 자본의 증가에 따른 1인당 생산의 증가로서 1인당 자본의 한계생산을 의미한다. 그런데 1인당 자본의 한계생산은 자본의 한계생산과 동일하게 되어 다음의 식이 성립한다.

$$f'(k) = MP_k = MP_K = n + \delta$$

위에서 살펴본 모형이 기술진보가 없는 모형이므로 여기에 추가적으로 인구증가가 없는 경우를 고려하면, $n = 0$을 반영하여야 한다. 이에 따라서 위의 식을 다시 쓰면 다음과 같다.

$$f'(k) = MP_k = MP_K = \delta$$

따라서 자본의 한계생산이 감가상각률과 일치할 때, 황금률의 균제상태가 달성된다.

참고로, 본 문제에서 제시된 것과 달리 인구증가가 있는 경우를 살펴보면 다음과 같다.
$f'(k) = MP_k = MP_K = n + \delta$, $MP_K - \delta = r$ (실질이자율)

따라서 실질이자율과 인구증가율이 같을 때 자본축적의 황금률이 달성될 수 있다.

Issue 02　솔로우 모형 : 균제상태 계산

솔로우(R.Solow) 경제성장모형에서 1인당 생산함수는 $y = f(k) = 4k^{\frac{1}{2}}$ 이고 저축률은 5%, 감가상각률은 2% 그리고 인구증가율은 2%이다. 균제상태(steady state)에서 1인당 자본량은? (단, y는 1인당 산출량, k는 1인당 자본량이다.) ▶ 2021년 공인노무사

① 21　　　　　　　② 22　　　　　　　③ 23

④ 24　　　　　　　⑤ 25

출제이슈 솔로우 모형의 균제상태 계산
핵심해설 정답 ⑤

① $Y = AK^{\alpha}L^{1-\alpha}$

② $\dfrac{Y}{L} = A(\dfrac{K}{L})^{\alpha}(\dfrac{L}{L})^{1-\alpha} = A(\dfrac{K}{L})^{\alpha}1^{1-\alpha}$

③ $y = Ak^{\alpha}1^{1-\alpha}$

④ $y = Ak^{\alpha}$

⑤ $\dot{k} = sf(k) - (n+\delta)k = sAk^{\alpha} - (n+\delta)k$

⑥ 균제조건 $\dot{k} = sAk^{\alpha} - (n+\delta)k = 0$

⑦ 균제상태에서의 1인당 자본량 $k^{*} = (\dfrac{sA}{n+\delta})^{\frac{1}{1-\alpha}}$

1인당 생산함수가 $y = 4k^{0.5}$, 저축률이 $s = 0.05$, 감가상각률은 $\delta = 0.02$, 인구증가율이 $n = 0.02$로 주어져 있다.

따라서 설문의 자료를 위의 산식 ⑦에 대입하면 다음과 같다.

균제상태에서의 1인당 자본량은 $k^{*} = (\dfrac{sA}{n+\delta})^{\frac{1}{1-\alpha}} = (\dfrac{0.05 \times 4}{0.02 + 0.02})^{\frac{1}{1-0.5}} = 25$이다.

솔로우(R.Solow)의 경제성장모형에서 1인당 생산함수는 $y = 2k^{0.5}$, 저축률은 30%, 자본의 감가상각률은 25%, 인구증가율은 5%라고 가정한다. 균제상태(steady state)에서의 1인당 생산량 및 자본량은? (단, y는 1인당 생산량, k는 1인당 자본량이다.) ▶ 2021년 감정평가사

① $y = 1$, $k = 1$ 　　　② $y = 2$, $k = 2$
③ $y = 3$, $k = 3$ 　　　④ $y = 4$, $k = 4$
⑤ $y = 5$, $k = 5$

출제이슈 솔로우 모형의 균제상태 계산
핵심해설 정답 ④

① $Y = AK^{\alpha} L^{1-\alpha}$
② $\dfrac{Y}{L} = A(\dfrac{K}{L})^{\alpha}(\dfrac{L}{L})^{1-\alpha} = A(\dfrac{K}{L})^{\alpha} 1^{1-\alpha}$
③ $y = Ak^{\alpha} 1^{1-\alpha}$
④ $y = Ak^{\alpha}$
⑤ $\dot{k} = s f(k) - (n+\delta) k = s A k^{\alpha} - (n+\delta)k$
⑥ 균제조건 $\dot{k} = s A k^{\alpha} - (n+\delta)k = 0$
⑦ 균제상태에서의 1인당 자본량 $k^{*} = (\dfrac{sA}{n+\delta})^{\frac{1}{1-\alpha}}$

1인당 생산함수가 $y = 2k^{0.5}$, 저축률이 $s = 0.3$, 감가상각률은 $\delta = 0.25$, 인구증가율이 $n = 0.05$로 주어져 있다.

따라서 설문의 자료를 위의 산식 ⑦에 대입하면 다음과 같다.

균제상태에서의 1인당 자본량은 $k^{*} = (\dfrac{sA}{n+\delta})^{\frac{1}{1-\alpha}} = (\dfrac{0.3 \times 2}{0.05 + 0.25})^{\frac{1}{1-0.5}} = 4$이다.

따라서 1인당 생산량은 $y = 2k^{0.5}$이므로 균제상태에서의 1인당 생산량 $y^{*} = 2k^{0.5} = 2\sqrt{4} = 4$가 된다.

다음과 같은 생산함수에 따라 생산되는 단순경제를 가정할 때, 솔로우 모형의 균제상태 (steady-state)조건을 이용한 균제상태에서의 (ㄱ) 1인당 소득과 (ㄴ) 1인당 소비수준은? (단, 인구증가와 기술진보는 없다고 가정하며, K는 총자본, L은 총노동, δ는 감가상각률, s는 저축률이다.)

▶ 2023년 감정평가사

- $Y = F(K, L) = \sqrt{KL}$
- $\delta = 20\%$
- $s = 40\%$

① ㄱ : 1, ㄴ : 1   ② ㄱ : 2, ㄴ : 1.2   ③ ㄱ : 2, ㄴ : 1.6

④ ㄱ : 4, ㄴ : 2.2   ⑤ ㄱ : 4, ㄴ : 2.4

출제이슈 솔로우 모형의 균제상태 계산

핵심해설 정답 ②

① $Y = AK^\alpha L^{1-\alpha}$

② $\dfrac{Y}{L} = A(\dfrac{K}{L})^\alpha (\dfrac{L}{L})^{1-\alpha} = A(\dfrac{K}{L})^\alpha 1^{1-\alpha}$

③ $y = Ak^\alpha 1^{1-\alpha}$

④ $y = Ak^\alpha$

⑤ $\dot{k} = sf(k) - (n+\delta)k = sAk^\alpha - (n+\delta)k$

⑥ 균제조건 $\dot{k} = sAk^\alpha - (n+\delta)k = 0$

⑦ 균제상태에서의 1인당 자본량 $k^* = (\dfrac{sA}{n+\delta})^{\frac{1}{1-\alpha}}$

1인당 생산함수가 $y = k^{0.5}$, 저축률이 $s = 0.4$, 감가상각률은 $\delta = 0.2$, 인구증가율이 $n = 0$으로 주어져 있다.

따라서 설문의 자료를 위의 산식 ⑦에 대입하면 다음과 같다.

균제상태에서의 1인당 자본량은 $k^* = (\dfrac{sA}{n+\delta})^{\frac{1}{1-\alpha}} = (\dfrac{0.4 \times 1}{0+0.2})^{\frac{1}{1-0.5}} = 4$이다.

따라서 1인당 자본량을 1인당 생산함수에 넣으면 1인당 소득은 2가 되며, 저축률이 40%임을 고려하면 저축이 0.8이므로 소비는 1인당 1.2가 된다.

> 솔로우(Solow) 성장모형이 다음과 같이 주어진 경우 균제상태(steady state)에서 자본 1단위
> 당 산출량은? (단, 기술진보는 없다.)
> ▶ 2021년 보험계리사
>
> - 총생산함수 : $Y = 2L^{\frac{1}{2}}K^{\frac{1}{2}}$ (단, Y는 총산출량, K는 총자본량이다.)
> - 감가상각률 5%, 인구증가율 5%, 저축률 20%
>
> ① 0.2 ② 0.4 ③ 0.5
> ④ 0.8 ⑤ 1.0

출제이슈 솔로우 모형의 균제상태 계산
핵심해설 정답 ③

① $Y = AK^{\alpha}L^{1-\alpha}$

② $\dfrac{Y}{L} = A(\dfrac{K}{L})^{\alpha}(\dfrac{L}{L})^{1-\alpha} = A(\dfrac{K}{L})^{\alpha}1^{1-\alpha}$

③ $y = Ak^{\alpha}1^{1-\alpha}$

④ $y = Ak^{\alpha}$

⑤ $\dot{k} = sf(k) - (n+\delta)k = sAk^{\alpha} - (n+\delta)k$

⑥ 균제조건 $\dot{k} = sAk^{\alpha} - (n+\delta)k = 0$

⑦ 균제상태에서의 1인당 자본량 $k^* = (\dfrac{sA}{n+\delta})^{\frac{1}{1-\alpha}}$

1인당 생산함수가 $y = 2k^{0.5}$, 저축률이 $s = 0.2$, 감가상각률은 $\delta = 0.05$, 인구증가율이 $n = 0.05$로 주어져 있다.

따라서 설문의 자료를 위의 산식 ⑦에 대입하면 다음과 같다.

균제상태에서의 1인당 자본량은 $k^* = (\dfrac{sA}{n+\delta})^{\frac{1}{1-\alpha}} = (\dfrac{0.2 \times 2}{0.05 + 0.05})^{\frac{1}{1-0.5}} = 16$이다.

그리고 1인당 생산량은 $y = 2k^{0.5}$이므로 1인당 생산량 $y^* = 2k^{0.5} = 2\sqrt{16} = 8$이 된다.

따라서 자본 1단위당 산출량은 $\dfrac{Y}{K} = \dfrac{\frac{Y}{L}}{\frac{K}{L}} = \dfrac{y}{k} = \dfrac{8}{16} = 0.5$가 된다.

어느 한 국가의 생산함수가 $Y = K^{\frac{1}{2}} L^{\frac{1}{2}}$ 이며 40,000단위의 자본과 10,000단위의 노동을 보유하고 있다고 하자. 이 국가에서 자본의 감가상각률은 연 10%라고 한다면, 솔로우(Solow) 모형에 따를 때 주어진 자본/노동 비율이 안정상태(steady state)에서의 자본/노동 비율이 되기 위해서는 저축률이 얼마가 되어야 하는가? (인구변화 및 기술진보는 없다고 가정)

▶ 2015년 서울시 7급

① 20% ② 30%

③ 40% ④ 50%

출제이슈 솔로우 모형의 균제상태 계산
핵심해설 정답 ①

① $Y = AK^{\alpha} L^{1-\alpha}$

② $\dfrac{Y}{L} = A(\dfrac{K}{L})^{\alpha}(\dfrac{L}{L})^{1-\alpha} = A(\dfrac{K}{L})^{\alpha} 1^{1-\alpha}$

③ $y = Ak^{\alpha} 1^{1-\alpha}$

④ $y = Ak^{\alpha}$

⑤ $\dot{k} = s f(k) - (n+\delta) k = s A k^{\alpha} - (n+\delta) k$

⑥ 균제조건 $\dot{k} = s A k^{\alpha} - (n+\delta) k = 0$

⑦ 균제상태에서의 1인당 자본량 $k^{*} = (\dfrac{sA}{n+\delta})^{\frac{1}{1-\alpha}}$

먼저 생산함수는 $Y = K^{\frac{1}{2}} L^{\frac{1}{2}}$ 로 주어져 있다. 따라서 1인당 생산함수는 $y = k^{0.5}$ 이 된다.

설문에서 균제상태의 1인당 자본량 $k^{*} = \dfrac{40,000}{10,000} = 4$ 가 되도록 저축률을 구해야 한다.

설문의 자료를 위의 산식 ⑦에 대입하면 다음과 같다.

1인당 자본량 $k^{*} = (\dfrac{sA}{n+\delta})^{\frac{1}{1-\alpha}} = (\dfrac{s}{0+0.1})^{\frac{1}{1-0.5}} = 4$ 이다.

따라서 위의 식을 풀면 저축률은 $s^{*} = 0.2$ 가 된다.

솔로우(Solow) 성장모형에서 생산함수가 $Y = 2K^{0.5}L^{0.5}$로 주어졌을 때, 노동(L)은 100이고 저축률은 0.2, 자본의 감가상각률은 0.1이다. 이 경제의 균제상태(steady state) 자본(K)은? (단, 다른 변수는 고려하지 않음) ▶ 2025년 감정평가사

① 400   ② 900   ③ 1,600

④ 2,500   ⑤ 3,600

출제이슈 솔로우 모형의 균제상태 계산

핵심해설 정답 ③

① $Y = AK^{\alpha}L^{1-\alpha}$

② $\dfrac{Y}{L} = A(\dfrac{K}{L})^{\alpha}(\dfrac{L}{L})^{1-\alpha} = A(\dfrac{K}{L})^{\alpha}1^{1-\alpha}$

③ $y = Ak^{\alpha}1^{1-\alpha}$

④ $y = Ak^{\alpha}$

⑤ $\dot{k} = s f(k) - (n+\delta)k = s Ak^{\alpha} - (n+\delta)k$

⑥ 균제조건 $\dot{k} = s Ak^{\alpha} - (n+\delta)k = 0$

⑦ 균제상태에서의 1인당 자본량 $k^* = (\dfrac{s A}{n+\delta})^{\frac{1}{1-\alpha}}$

1) 균제상태에서 1인당 자본

설문의 자료를 위의 산식 ⑦에 대입하면 다음과 같다.

$$k^* = \left(\frac{s A}{n+\delta}\right)^{\frac{1}{1-\alpha}} = \left(\frac{0.2 \times 2}{0 + 0.1}\right)^{\frac{1}{1-0.5}} = 16$$

2) 균제상태에서 총자본

1인당 자본이 16, 노동이 100임을 고려하면, 총자본은 1,600이 된다.

Issue 03   **솔로우 모형 : 황금률 계산**

인구 증가와 기술진보가 없는 솔로우(Solow) 경제성장모형에서 1인당 생산함수는
$y = 5k^{0.4}$, 자본의 감가상각률은 0.2일 때, 황금률(Golden rule)을 달성하게 하는 저축률은?
(단, y는 1인당 생산량, k는 1인당 자본량이다.)   ▶ 2022년 감정평가사

① 0.1   ② 0.2   ③ 0.25

④ 0.4   ⑤ 0.8

출제이슈 솔로우 모형의 황금률 계산
핵심해설 정답 ④

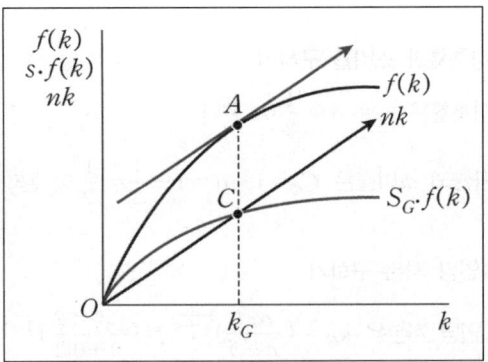

황금률의 균제상태는 1인당 소비수준의 극대
화를 달성시키는 상태로서 $f'(k) = n+\delta$을
만족하는 k^*의 균제상태에서 달성된다.

황금률의 균제상태는 그래프에서 $f(k)$의 접
선의 기울기인 $f'(k)$와 자본유지선 $(n+\delta)k$
의 기울기인 $(n+\delta)$가 일치할 때 달성된다.

균제상태에서 소비가 극대화되는 이른바 자본축적의 황금률모형에서 C-D함수모형은 다음과 같다.

1) 황금률 조건

$$C = Ak^{\alpha} - s\,Ak^{\alpha},\ s\,Ak^{\alpha} = (n+\delta)k,\ Max\ C$$

2) 황금률의 1인당 자본량 k_G

$$\therefore \frac{dC}{dk} = 0 \quad \therefore A\alpha k^{\alpha-1} = (n+\delta)를\ 풀면\ k_G\ 도출 \quad \therefore k_G = \left(\frac{\alpha A}{n+\delta}\right)^{\frac{1}{1-\alpha}}$$

3) 황금률의 저축률 s_G

앞에서 구한 k_G를 제약식에 대입하여 구한다.   ∴ 황금률의 저축률 $s_G = \alpha$가 된다.

위의 내용에 따라서 설문을 검토하면 다음과 같다.

설문에서 1인당 생산함수가 $y = 5k^{0.4}$로 주어져 있다. 따라서 황금률의 저축률은 위의 산식 ③에 따라서
$s_G = \alpha = 0.4$가 된다.

솔로우(Solow) 경제성장모형에서 1인당 생산함수는 $y=2k^{\frac{1}{2}}$ 이다. 감가상각률이 0.2, 인구증가율과 기술진보율이 모두 0이라면, 이 경제의 1인당 소비의 황금률 수준(golden rule level)은? (단, y는 1인당 생산, k는 1인당 자본량이다.) ▶ 2016년 감정평가사

① 2   ② 5   ③ 10
④ 25   ⑤ 100

출제이슈 솔로우 모형의 황금률 계산
핵심해설 정답 ②

먼저 설문에서 1인당 생산함수가 $y=2k^{\frac{1}{2}}$ 로 주어져 있다.

1) 황금률의 저축률과 소비율 구하기

황금률의 저축률은 $s_G = \alpha = \frac{1}{2}$ 이 된다.

그리고 황금률의 소비율은 $C_G = 1 - \alpha = 1 - \frac{1}{2} = \frac{1}{2}$ 이 된다.

2) 황금률의 1인당 자본 구하기

황금률의 1인당 자본은 $k_G = (\frac{\alpha A}{n+\delta})^{\frac{1}{1-\alpha}} = (\frac{0.5 \times 2}{0+0.2})^{\frac{1}{1-0.5}} = 25$ 가 된다.

3) 황금률의 1인당 생산 구하기

황금률의 1인당 자본이 25이므로 이를 1인당 생산함수에 대입하면 황금률의 1인당 생산은 10이 된다.

4) 황금률의 1인당 소비 구하기

위에서 황금률의 1인당 생산은 10, 황금률의 1인당 소비율은 0.5이므로 황금률의 1인당 소비는 5이다.

> 기술진보가 없는 솔로우(Solow)의 경제성장모형에서 1인당 생산함수는 $y = k^{0.2}$, 저축률은 0.4, 자본의 감가상각률은 0.15, 인구증가율은 0.05이다. 현재 경제가 균제상태(steady state)일 때, 다음 중 옳은 것을 모두 고른 것은? (단, y는 1인당 생산량, k는 1인당 자본량이다.)
>
> ▶ 2017년 감정평가사
>
> ㄱ. 현재 균제상태의 1인당 자본량은 황금률 수준(golden rule level)의 1인당 자본량보다 작다.
> ㄴ. 황금률을 달성시키는 저축률은 0.2이다.
> ㄷ. 인구증가율이 증가하면 황금률 수준의 1인당 자본량도 증가한다.
> ㄹ. 감가상각률이 증가하면 황금률 수준의 1인당 자본량은 감소한다.
>
> ① ㄱ, ㄴ   ② ㄱ, ㄷ   ③ ㄴ, ㄹ
> ④ ㄱ, ㄴ, ㄹ   ⑤ ㄴ, ㄷ, ㄹ

출제이슈 솔로우모형의 황금률 계산
핵심해설 정답 ③

1) 황금률의 저축률 구하기

황금률의 저축률은 $s_G = \alpha = 0.2$가 된다.

2) 황금률의 1인당 자본 구하기

황금률의 1인당 자본은 $k_G = \left(\dfrac{\alpha A}{n + \delta}\right)^{\frac{1}{1 - \alpha}} = \left(\dfrac{0.2}{0.05 + 0.15}\right)^{\frac{1}{1 - 0.2}} = 1$이 된다.

3) 균제상태의 1인당 생산 구하기

균제상태에서의 1인당 자본량은 $k^* = \left(\dfrac{s A}{n + \delta}\right)^{\frac{1}{1 - \alpha}} = \left(\dfrac{0.4}{0.05 + 0.15}\right)^{\frac{1}{1 - 0.2}} = 2^{\frac{5}{4}} = 2.378$이 된다.

ㄱ. 틀린 내용이다.

현재 균제상태의 1인당 자본량은 약 2.378로서 황금률 수준(golden rule level)의 1인당 자본량 1보다 더 크다.

ㄴ. 옳은 내용이다.

황금률을 달성시키는 저축률은 0.20이다.

ㄷ. 틀린 내용이다.

황금률의 1인당 자본은 $k_G = \left(\dfrac{\alpha A}{n + \delta}\right)^{\frac{1}{1 - \alpha}}$로서 인구증가율이 증가하면 n이 커져서 황금률의 1인당 자본은 감소한다.

ㄹ. 옳은 내용이다.

황금률의 1인당 자본은 $k_G = \left(\dfrac{\alpha A}{n + \delta}\right)^{\frac{1}{1 - \alpha}}$로서 감가상각률이 증가하면 δ가 커져서 황금률의 1인당 자본은 감소한다.

1인당 생산함수가 $y = 0.5k^{0.2}$, 자본의 감가상각률이 0.1, 저축률이 0.2인 솔로우(Solow) 경제
성장모형에 관한 설명으로 옳은 것을 모두 고른 것은? (단, y는 1인당 생산량, k는 1인당 자본
량이고, 인구증가와 기술진보는 없다.) ▸2024년 감정평가사

ㄱ. 현재 1인당 자본량이 2일 때, 1인당 투자는 증가한다.
ㄴ. 현재 1인당 자본량이 2일 때, 1인당 자본의 감가상각은 1인당 저축보다 작다.
ㄷ. 균제상태(steady state)에서 벗어나 있는 경우, 현재 1인당 자본량에 관계없이, 1인당
   생산량의 변화율은 0으로 수렴한다.
ㄹ. 균제상태의 1인당 자본량은 황금률(Golden Rule) 수준과 같다.

① ㄱ, ㄴ   ② ㄱ, ㄷ   ③ ㄴ, ㄷ
④ ㄴ, ㄹ   ⑤ ㄷ, ㄹ

출제이슈 솔로우 모형의 균제상태와 황금률 계산
핵심해설 정답 ⑤

설문에서 1인당 생산함수는 $y = 0.5k^{0.2}$ 로 주어져 있다. 그리고 저축률이 $s = 0.2$, 감가상각률은 $\delta = 0.1$, 인구증가
율 $n = 0$으로 주어져 있다.

따라서 균제상태에서의 1인당 자본량은 $k^* = \left(\dfrac{sA}{n+\delta}\right)^{\frac{1}{1-\alpha}} = \left(\dfrac{0.2 \times 0.5}{0+0.1}\right)^{\frac{1}{1-0.2}} = 1$이 된다. 특히 균제상태에서의
저축률이 황금률의 저축률과 같게 되어 현상태가 황금률의 균제상태가 되므로 황금률 수준의 1인당 자본량도 1이
된다.

만일 균제상태에서 벗어나는 경우 균제상태의 자본량으로 수렴하게 되어 1인당 자본량, 1인당 생산량이 모두 불변
이므로 변화율은 0이 된다.

1인당 자본량이 2일 때, 1인당 투자와 1인당 자본 모두 감소한다. 이때는 1인당 자본의 감가상각이 1인당 저축보
다 더 크다.

Issue **04** 성장회계

> 갑국의 생산함수는 $Y = AK^{0.5}L^{0.5}$이다. 자본량과 노동량의 증가율은 각각 4%와 −2%이고 총생산량 증가율이 5%라면, 솔로우 잔차(Solow residual)는? (단, Y는 총생산량, K는 자본량, L은 노동량, $A > 0$이다.)
>
> ▶ 2024년 감정평가사
>
> ① 1%   ② 2%   ③ 3%
>
> ④ 4%   ⑤ 5%

출제이슈 성장회계
핵심해설 정답 ④

경제성장의 요인으로서 노동, 자본, 기술이 각각 경제성장에 기여하는 상대적 크기를 비교함으로써 경제성장에서 어떤 요인이 특히 중요한 역할을 하는지 분석하는 것을 성장회계라고 한다.

특히 Cobb-Douglas 생산함수에서 성장회계방정식은 다음과 같다.
1) $Y = AK^{\alpha}L^{1-\alpha}$, Y : 생산량, K : 자본, L : 노동, A : 기술수준 혹은 총요소생산성, $0 < \alpha < 1$
2) 자연로그로 변형 : $\ln Y = \ln A + \alpha \ln K + (1-\alpha)\ln L$
   시간에 대하여 미분 : $\hat{Y} = \hat{A} + \alpha\hat{K} + (1-\alpha)\hat{L}$

여기서 A를 총요소생산성 혹은 솔로우잔차라고 한다. 총요소생산성은 자본과 노동 이외에 경제의 성장에 기여하는 것들을 망라하여 포함하고 있다. 예를 들면, 기술수준, 경제 및 사회제도, 산업의 구조 등이며 이들은 모두 경제의 생산성에 영향을 미칠 수 있다.

문제에서 주어진 자본량과 노동량의 증가율을 위의 식에 대입하면 다음과 같다.

$\hat{Y} = \hat{A} + 0.5\hat{K} + 0.5\hat{L}$

$5 = \hat{A} + 2 - 1, \ \hat{A} = 4$

모든 시장이 완전경쟁 상태인 경제에서 총생산함수는 $Y = AL^{\frac{2}{3}}K^{\frac{1}{3}}$이다. 매년 L, K, A가 각각 3%씩 증가하는 경제에 관한 설명으로 옳은 것을 모두 고른 것은? (단, Y는 국내총생산, L은 노동량, K는 자본량, A는 상수이다.) ▶ 2018년 감정평가사

ㄱ. 총생산함수는 규모수익불변이다.

ㄴ. 노동소득분배율은 $\frac{2}{3}$이다.

ㄷ. 경제성장률은 6%이다.

① ㄱ   ② ㄴ   ③ ㄱ, ㄴ

④ ㄴ, ㄷ   ⑤ ㄱ, ㄴ, ㄷ

출제이슈 성장회계
핵심해설 정답 ⑤

ㄱ. 옳은 내용이다.

총생산함수는 $Y = AL^{\frac{2}{3}}K^{\frac{1}{3}}$로서 1차동차 생산함수이며 규모수익불변의 성격을 가진다.

ㄴ. 옳은 내용이다.

노동의 총보수는 $LMP_L = \frac{2}{3}AK^{\frac{1}{3}}L^{\frac{2}{3}} = \frac{2}{3}Y$가 된다. 따라서 노동소득분배율은 $\frac{2}{3}$가 된다.

ㄷ. 옳은 내용이다.
경제성장률 = 총요소생산성증가율 + (자본분배몫 × 자본증가율) + (노동분배몫 × 노동증가율)

따라서 설문에서 경제성장률은 $3 + (\frac{1}{3} \times 3) + (\frac{2}{3} \times 3) = 3 + 1 + 2 = 6(\%)$가 된다.

모든 시장이 완전경쟁적인 갑국의 총생산함수는 $Y = AL^{\alpha}K^{1-\alpha}$ 이다. 갑국 경제에 관한 설명으로 옳은 것은? (단, Y는 총생산량, L은 노동투입량, K는 자본투입량, A는 총요소생산성이고, $A > 0$, $0 < \alpha < 1$, 생산물 가격은 1이다.) ▶ 2017년 감정평가사

① 총생산량이 100이고 α는 0.7일 때, 자본에 귀속되는 자본소득은 70이다.

② A가 불변이고 $\alpha = 0.7$일 때, 노동투입량이 3% 증가하고 자본투입량이 5% 증가하면 총생산량은 3% 증가한다.

③ $A = 3$일 때, 노동과 자본의 투입량이 2%로 동일하게 증가하면 총생산량은 2%로 증가한다.

④ 노동의 투입량이 5% 증가할 때, 자본의 투입량도 5% 증가된다면, 노동의 한계생산물은 변한다.

⑤ A가 1% 증가하고 노동과 자본의 투입량이 모두 동일하게 2% 증가할 때, α가 0.5보다 크다면 총생산량의 증가율은 5%이다.

출제이슈 성장회계
핵심해설 정답 ③

② 틀린 내용이다.

경제성장률 = 총요소생산성증가율 + (자본분배몫 × 자본증가율) + (노동분배몫 × 노동증가율)
따라서 A가 불변이고 $\alpha = 0.7$일 때, 노동투입량이 3% 증가하고 자본투입량이 5% 증가하는 경우
총생산량의 증가율은 0% + (0.3 × 5%) + (0.7 × 3%) = 3.6%가 된다.

③ 옳은 내용이다.

A가 3으로 불변이고 $\alpha = 0.7$일 때, 노동투입량이 2% 증가하고 자본투입량이 2% 증가하는 경우
총생산량의 증가율은 0% + (0.3 × 2%) + (0.7 × 2%) = 2%가 된다.

④ 틀린 내용이다.

노동의 한계생산물은 $MP_L = \alpha AK^{1-\alpha}L^{\alpha-1} = \alpha A \left(\dfrac{K}{L} \right)^{1-\alpha}$ 가 된다.

따라서 노동의 투입량이 5% 증가할 때, 자본의 투입량도 5% 증가한다면, $\left(\dfrac{K}{L} \right)$는 불변이므로 노동의 한계생산물도 불변이다.

⑤ 틀린 내용이다.

A가 1% 증가하고 노동과 자본의 투입량이 모두 동일하게 2% 증가할 때, α와 관계없이
총생산량의 증가율은 1% + (α × 2%) + $(1 - \alpha)$ × 2% = 3%가 된다.

갑국의 생산함수는 $Y = AL^{0.6}K^{0.4}$ 이다. 총요소생산성 증가율은 5%이고, 노동량과 자본량 증가율은 각각 −2%와 5%일 경우, 성장회계에 따른 노동량 1단위당 생산량 증가율은? (단, Y는 총생산량, A는 총요소생산성, L은 노동량, K는 자본량이다.) ▶ 2022년 감정평가사

① 5% ② 5.5% ③ 6.2%
④ 7.2% ⑤ 7.8%

출제이슈 성장회계
핵심해설 정답 ⑤

1인당 소득의 증가율 = 총요소생산성 증가율 + (자본분배몫 × 1인당 자본의 증가율) = 5% + (0.4 × 7%)

따라서 1인당 소득의 증가율은 7.8%가 된다.

갑국의 생산함수는 $Y = AK^{\frac{1}{3}}L^{\frac{2}{3}}$ 이다. 노동자 1인당 생산량증가율이 10%이고 총요소생산성 증가율은 7%일 경우, 성장회계에 따른 노동자 1인당 자본량 증가율은? (단, Y는 총생산량, A는 총요소생산성, K는 자본량 L은 노동량이다.) ▶ 2015년 감정평가사

① 3% ② 4.5% ③ 6%
④ 7% ⑤ 9%

출제이슈 성장회계
핵심해설 정답 ⑤

1인당 소득의 증가율 = 총요소생산성 증가율 + (자본의 분배몫 × 1인당 자본의 증가율)
10% = 7% + ($\frac{1}{3}$ × 1인당 자본의 증가율)이 성립한다.
따라서 1인당 자본의 증가율은 9%가 된다.

갑국의 총생산함수가 $Y = AK^{0.4}L^{0.6}$ 이다. 갑국 경제에 관한 설명으로 옳은 것을 모두 고른 것은? (단, Y는 생산량, A는 총요소생산성, K는 자본량, L은 노동량으로 인구와 같다.)

▶ 2019년 감정평가사

> ㄱ. 생산량의 변화율을 노동량의 변화율로 나눈 값은 0.6으로 일정하다.
> ㄴ. A가 3% 증가하면, 노동의 한계생산도 3% 증가한다.
> ㄷ. 1인당 자본량이 2% 증가하면, 노동의 한계생산은 1.2% 증가한다.
> ㄹ. A는 2% 증가하고 인구가 2% 감소하면 1인당 생산량은 2.8% 증가한다.

① ㄱ, ㄹ　　　　　② ㄴ, ㄷ　　　　　③ ㄷ, ㄹ
④ ㄱ, ㄴ, ㄹ　　　⑤ ㄱ, ㄷ, ㄹ

출제이슈 성장회계
핵심해설 정답 ④

ㄱ. $\widehat{Y} = \widehat{A} + 0.4\widehat{K} + 0.6\widehat{L}$ 이므로 생산량의 변화율을 노동량의 변화율로 나눈 값은 0.6으로 일정하다.

ㄴ. $MP_L = 0.6A\left(\dfrac{K}{L}\right)^{0.4}$, $\widehat{MP_L} = \widehat{A} + 0.4(\widehat{K} - \widehat{L})$ 이므로 A가 3% 증가하면, 노동의 한계생산도 3% 증가한다.

ㄷ. $\widehat{MP_L} = \widehat{A} + 0.4(\widehat{K} - \widehat{L})$ 이므로 1인당 자본량이 2% 증가하면, 노동의 한계생산은 0.8% 증가한다.

ㄹ. $\widehat{Y} - \widehat{L} = \widehat{A} + 0.4(\widehat{K} - \widehat{L})$ 이므로 A는 2% 증가, 인구가 2% 감소하면 1인당 생산량은 2.8% 증가한다.

B국의 총생산함수는 $Y = AK^{\frac{1}{4}}L^{\frac{3}{4}}$ 이다. 2015년 B국의 총생산 증가율이 4%, 총요소생산성 증가율이 2%, 노동량 증가율이 1%일 경우, 성장회계에 따른 2015년 자본량 증가율은? (단, Y는 총생산, A는 총요소생산성, K는 자본량 L은 노동량이다.)

▶ 2016년 감정평가사

① 1%　　　　　② 2%　　　　　③ 2.5%
④ 4%　　　　　⑤ 5%

출제이슈 성장회계
핵심해설 정답 ⑤

설문에서 경제성장률이 4%로 주어져 있으므로 다음이 성립한다.
4% = 2% + (0.25 × 자본증가율) + (0.75 × 1%)
따라서 위를 풀면, 자본증가율은 5%가 된다.

A국의 총생산함수가 $Y = K^{\frac{1}{2}} L^{\frac{1}{2}}$ 이다. 이에 관한 설명으로 옳은 것을 모두 고른 것은? (단, Y는 국민소득, K는 자본량, L은 노동량으로 인구와 같다.)

▶ 2016년 감정평가사

ㄱ. 총생산함수는 규모에 따른 수익불변의 성질을 가진다.
ㄴ. 1인당 자본량이 증가하면 1인당 국민소득은 증가한다.
ㄷ. 자본량이 일정할 때, 인구가 증가하면 1인당 국민소득은 감소한다.

① ㄱ   ② ㄴ   ③ ㄱ, ㄷ
④ ㄴ, ㄷ   ⑤ ㄱ, ㄴ, ㄷ

출제이슈 생산함수의 특징과 성장회계
핵심해설 정답 ⑤

ㄱ. 옳은 내용이다.

총생산함수는 $Y = L^{\frac{1}{2}} K^{\frac{1}{2}}$ 로서 콥–더글라스 1차동차 생산함수이며 규모수익불변의 성격을 가진다.

ㄴ. 옳은 내용이다.

총생산함수 $Y = L^{\frac{1}{2}} K^{\frac{1}{2}}$ 를 규모수익불변의 성질을 이용하여 변형하면 $y = \left(\dfrac{K}{L} \right)^{0.5} = k^{0.5}$ 가 된다. 이를 해석하면, 1인당 자본량이 증가하면 1인당 소득이 증가함을 알 수 있다.

ㄷ. 옳은 내용이다.

총생산함수 $Y = L^{\frac{1}{2}} K^{\frac{1}{2}}$ 를 규모수익불변의 성질을 이용하여 변형하면 $y = \left(\dfrac{K}{L} \right)^{0.5} = k^{0.5}$ 가 된다. 이를 해석하면, 자본이 일정할 때 인구가 증가하면 1인당 소득이 감소함을 알 수 있다.

폐쇄경제인 B국의 총생산함수가 $Y = AK^{\alpha}L^{1-\alpha}$이다. 전염병으로 인하여 L이 갑자기 감소함으로써 발생하는 변화에 관한 설명으로 옳은 것을 모두 고른 것은? (단, A와 K는 일정하며, Y는 총생산, α는 0과 1 사이의 상수값, A는 총요소생산성, K는 자본량, L은 노동량으로 인구와 같다.)

▶ 2016년 감정평가사

ㄱ. 총생산은 증가할 것이다.
ㄴ. 1인당 생산은 증가할 것이다.
ㄷ. 자본의 한계생산은 증가할 것이다.
ㄹ. 노동의 한계생산은 증가할 것이다.

① ㄱ, ㄴ   ② ㄱ, ㄷ   ③ ㄴ, ㄷ
④ ㄴ, ㄹ   ⑤ ㄷ, ㄹ

출제이슈 성장회계
핵심해설 정답 ④

ㄱ. 틀린 내용이다.
총생산함수가 $Y = AK^{\alpha}L^{1-\alpha}$일 때, A와 K가 일정한 경우 노동이 감소하면 총생산은 감소한다.

ㄴ. 옳은 내용이다.
총생산함수를 $Y = AK^{\alpha}L^{1-\alpha}$를 규모수익불변의 성질을 이용하여 변형하면 $y = A\left(\dfrac{K}{L}\right)^{\alpha} = Ak^{\alpha}$가 된다. 따라서 A와 K가 일정한 경우 노동이 감소하면 1인당 생산은 증가한다.

ㄷ. 틀린 내용이다.
총생산함수가 $Y = AK^{\alpha}L^{1-\alpha}$일 때, 자본의 한계생산은 $MP_K = A\alpha K^{\alpha-1}L^{1-\alpha} = \alpha A\left(\dfrac{L}{K}\right)^{1-\alpha}$가 된다. 따라서 A와 K가 일정한 경우 노동이 감소하면 자본의 한계생산은 감소한다.

ㄹ. 옳은 내용이다.
총생산함수가 $Y = AK^{\alpha}L^{1-\alpha}$일 때, 노동의 한계생산은 $MP_L = A(1-\alpha)K^{\alpha}L^{-\alpha} = (1-\alpha)A\left(\dfrac{K}{L}\right)^{\alpha}$가 된다. 따라서 A와 K가 일정한 경우 노동이 감소하면 노동의 한계생산은 증가한다.

경제성장모형에서 갑국의 총생산함수가 $Q = AL^{0.75}K^{0.25}$ 일 때, 옳지 않은 것은? (단, Q는 생산량, L은 노동량, K는 자본량, 시장은 완전경쟁시장이다.) ▶ 2020년 감정평가사

① 자본탄력성은 0.25이다.
② 노동분배율은 자본분배율보다 크다.
③ A는 총요소생산성이다.
④ 노동량, 자본량 및 총요소생산성이 각각 10%씩 증가하면 생산량은 10% 증가한다.
⑤ 총생산함수는 규모에 대한 수익불변이다.

출제이슈 성장회계
핵심해설 정답 ④

① 옳은 내용이다.
갑국의 총생산함수가 $Q = AL^{0.75}K^{0.25}$ 일 때, 성장회계에 따르면 다음이 성립한다.
경제성장률 = 총요소생산성증가율 + (자본분배몫 × 자본증가율) + (노동분배몫 × 노동증가율)
특히, 다른 모든 조건이 불변일 때, 자본분배몫은 경제성장률을 자본증가율로 나눈 값이므로 이를 생산의 자본탄력성으로 해석할 수 있으며, 설문에서 자본분배몫은 0.25이므로 자본탄력성도 0.25가 된다.

② 옳은 내용이다.
갑국의 총생산함수가 $Q = AL^{0.75}K^{0.25}$ 일 때, 노동분배율은 0.75, 자본분배율은 0.25이므로 노동분배율이 자본분배율보다 크다.

③ 옳은 내용이다.
갑국의 총생산함수가 $Q = AL^{0.75}K^{0.25}$ 일 때, A를 총요소생산성 혹은 솔로우잔차라고 한다. 총요소생산성은 자본과 노동 이외에 경제의 성장에 기여하는 것들을 망라하여 포함하고 있다. 예를 들면, 기술수준, 경제 및 사회제도, 산업의 구조 등이며 이들은 모두 경제의 생산성에 영향을 미칠 수 있다.

④ 틀린 내용이다.
갑국의 총생산함수가 $Q = AL^{0.75}K^{0.25}$ 일 때, 성장회계에 따르면 다음이 성립한다.
경제성장률 = 총요소생산성증가율 + (자본분배몫 × 자본증가율) + (노동분배몫 × 노동증가율)

따라서 제시된 자료(노동량, 자본량 및 총요소생산성이 각각 10%씩 증가)를 대입하면 다음과 같다.
경제성장률 = 10 + 0.25 × 10 + 0.75 × 10 = 20(%)가 된다.

⑤ 옳은 내용이다.
갑국의 총생산함수가 $Q = AL^{0.75}K^{0.25}$ 일 때 전형적인 1차동차 생산함수로서 규모에 대한 수익 불변의 특성을 보인다.

Issue 05 내생적 성장이론

장기적으로 경제성장을 촉진시킬 수 있는 방법으로 옳은 것을 모두 고른 것은?

▶ 2023년 감정평가사

ㄱ. 투자지출을 증가시켜 실물 자본을 증가시킨다.
ㄴ. 저축률을 낮추어 소비를 증가시킨다.
ㄷ. 교육 투자지출을 증가시켜 인적 자본을 증가시킨다.
ㄹ. 연구개발에 투자하여 새로운 기술을 개발하고 실용화한다.

① ㄱ, ㄴ   ② ㄴ, ㄷ   ③ ㄷ, ㄹ
④ ㄱ, ㄷ, ㄹ   ⑤ ㄱ, ㄴ, ㄷ, ㄹ

출제이슈 경제성장의 요인
핵심해설 정답 ④

ㄱ. 옳은 내용이다.

기업이 현재 보유하고 있는 자본량(예 공장, 건물, 기계, 차량, 재고 등)이 최적의 자본량에서 괴리되어 있을 때 이를 메우기 위해서 자본량을 조정하는 것을 투자라고 한다. 투자를 통해서 자본량이 축적되면 장기에 경제성장의 원동력이 되기도 한다.

ㄴ. 틀린 내용이다.

저축률이 낮아지고 소비가 증가할 경우 단기적으로 총수요가 증가하여 총생산이 증가할 수 있으나 저축률의 하락은 저축의 감소를 가져와 결국 투자가 감소하기 때문에, 자본의 축적을 저해하여 장기적으로 경제성장을 저해할 가능성이 크다.

ㄷ. 옳은 내용이다.

교육 부문에 투자지출을 증가시킬 경우 높은 생산성의 인적 자본이 증가하여 경제성장을 촉진시킬 수 있다. 특히 인적 자본을 강조하는 내생적 성장이론으로서 인적자본모형에 의하면 자본을 물적자본과 인적자본으로 구분하고 인적자본을 기계설비 등의 실물자본과 구별되는 개념으로서 교육이나 기능훈련 등으로 습득되어 인간에 체화되는 자본이며 기술 및 지식과는 구별되는 것으로 본다. 인적자본의 증가에 의해서 물적자본 및 노동의 생산성이 지속적으로 향상될 수 있다. 자본을 이렇게 인적자본으로 확장할 경우 자본의 수확체감이 일어나지 않을 수 있다. 인적자본과 실물자본이 동시에 축적된다면, 실물자본의 생산성이 지속적으로 상승하여 자본의 수확체감현상이 발생하지 않을 수 있고, 지속적인 경제성장이 가능하다.

ㄹ. 옳은 내용이다.

연구개발 부문에 투자지출을 증가시켜 새로운 기술을 개발하고 실용화할 경우 경제성장을 촉진시킬 수 있다. 특히 연구개발을 강조하는 내생적 성장이론으로서 R&D모형에 의하면 일국의 기술수준은 외생적으로 주어진 것이 아니며 내생적으로 자본과 노동의 투입에 의해서 생산될 수 있는 것으로 상정한다. 즉, 경제 내의 노동을 두 종류로 구분하여 경제 내에 재화를 생산하는 생산부문과 기술을 생산하는 연구개발부문에 투입되는 것으로 본다. 이를 통해 축적된 기술 및 지식의 수준이 지속적으로 증가가능하며 경제는 성장한다.

경제성장이론에 관한 설명으로 옳은 것은? ▶ 2018년 감정평가사

① 내생적 성장이론(endogenous growth theory)에 따르면 저소득국가는 고소득국가보다 빨리 성장하여 수렴현상이 발생한다.
② 내생적 성장이론에 따르면 균제상태의 경제성장률은 외생적 기술진보 증가율이다.
③ 솔로우 경제성장 모형에서 황금률은 경제성장률을 극대화하는 조건이다.
④ 솔로우 경제성장 모형에서 인구증가율이 감소하면 균제상태에서의 1인당 소득은 감소한다.
⑤ 솔로우 경제성장 모형에서 균제상태에 있으면, 총자본스톡 증가율과 인구증가율이 같다.

출제이슈 솔로우 모형과 내생적 성장이론
핵심해설 정답 ⑤

⑤ 옳은 내용이다.
솔로우모형의 균제상태에서는 1인당 자본, 1인당 생산 모두 불변이며 1인당 자본, 1인당 생산의 증가율이 모두 0이다. 그러나 총자본, 총생산은 모두 인구증가율(n)과 같은 속도로 증가한다.

1인당 자본 $k(=\dfrac{K}{L})$의 증가율 = Y의 증가율 − L의 증가율 = Y의 증가율 − n = 0

∴ 총생산 Y의 증가율 = n

성장이론에 관한 설명으로 옳은 것을 모두 고른 것은? ▶ 2025년 감정평가사

ㄱ. 내생적 성장모형에서는 1인당 생산의 장기성장률이 모형 안에서 결정된다.
ㄴ. 내생적 성장모형에서는 기술진보가 인구규모의 감소함수이다.
ㄷ. 솔로우(Solow)의 성장모형에서 기술진보는 외생적으로 결정된다.
ㄹ. 솔로우의 성장모형에서 저축과 투자는 단기적으로 서로 일치하지 않는다.

① ㄱ, ㄴ   ② ㄱ, ㄷ   ③ ㄱ, ㄹ
④ ㄴ, ㄷ   ⑤ ㄴ, ㄹ

출제이슈 솔로우 모형과 내생적 성장이론
핵심해설 정답 ②

내생적 성장모형에서는 기술진보가 내생적으로 결정되고, 기술진보는 연구개발을 담당하는 인력의 규모와 밀접한 양(+)의 상관관계를 가진다. 솔로우 성장모형에서 저축과 투자는 항상 일치해야 한다.

총생산함수 $Y = AK$를 가정하는 경제성장 이론에 대한 설명으로 옳지 않은 것은? (단, Y는 총산출량, A는 상수, K는 자본이다.)

▶ 2021년 지방직 7급

① 경제성장률이 저축률에 의존하지 않는다.
② 자본은 인적자본과 지식자본을 포함하는 포괄적 개념이다.
③ 개별 기업 차원에서는 자본의 한계생산이 체감할 수 있다.
④ 외생적 기술진보가 없어도 지속적 성장이 가능하다.
⑤ 인적 자본의 경우 경합성과 배제가능성을 모두 가진다.

출제이슈 AK 모형
핵심해설 정답 ①

자본을 물적자본뿐만 아니라 인적자본을 포괄하는 개념으로 확장할 경우 자본의 수확체감이 일어나지 않을 수 있다. 즉, AK 모형은 지식을 자본의 한 형태로 보거나, 또는 인적자본을 통해서 수확체감현상이 발생하지 않도록 고안된 모형이다. 자본의 외부경제성을 도입하여 개별적인 기업의 생산은 수확체감하지만, 경제 전체의 생산은 수확불변을 보이도록 하기도 한다. 따라서 이 모형은 한계생산감소의 가정을 완화하여 다음과 같은 생산함수를 가정한다.

$Y = AK$ (단, Y : 생산, K : 자본, A : 고정된 상수)

이때, 자본의 한계생산은 A로서 감소하지 않고 고정되어 있다. 자본의 한계생산이 감소하지 않기 위해서는 자본 K 를 광의로 확장하여 물적자본, 인적자본, 지식자본을 포괄할 경우로 해석한다. 개별 기업 차원에서 자본의 한계생산이 감소하더라도 전체 차원에서는 감소하지 않을 수도 있다. 따라서 기술진보 없이도 지속적 성장이 가능할 수 있다. 이때 인적자본의 경우 경합성과 배제가능성을 모두 가진다.

따라서 AK 모형은 솔로우모형과는 달리 생산요소의 축적만으로도 지속적인 경제성장이 가능하다. 이를 위해서 저축률이 성장률을 결정하는 중요한 요소이다. 따라서 저축률을 증가시키는 다양한 정부정책이 지속적인 경제성장을 가져올 수 있다. 솔로우모형에서는 저축률의 상승은 수준효과만 있고 성장효과는 없다. 그러나 AK 모형에서는 수준효과와 성장효과 모두 있다.

참고로 AK 모형에서 자본축적의 방정식을 도출하면 다음과 같다.

$\dot{k} = sAk - (n + \delta)k$

(단, $\dot{k}$: 1인당 자본의 축적, s : 저축률, n : 인구증가율, δ : 감가상각률, A : 고정된 상수)

만일 $sA > n + \delta$인 경우에는 1인당 자본도 지속적으로 증가하여 자본의 축적만으로도 지속적인 경제성장이 가능하게 된다. 이는 생산요소의 축적만으로 지속적 성장이 가능함을 의미한다. 이때 저축률이 성장률을 결정하는 중요한 요소이므로 저축률을 증가시키는 다양한 정부정책이 지속적인 경제성장을 가져올 수 있다.

경제성장모형인 $Y = AK$ 모형에서 A는 0.5이고 저축률은 s, 감가상각률은 δ일 때 이에 관한 설명으로 옳은 것은? (단, Y는 생산량, K는 자본량, $0 < s < 1$, $0 < \delta < 1$이다.)

▶ 2022년 감정평가사

① 자본의 한계생산은 체감한다.

② $\delta = 0.1$이고 $s = 0.4$이면 경제는 지속적으로 성장한다.

③ 감가상각률이 자본의 한계생산과 동일하면 경제는 지속적으로 성장한다.

④ $\delta = s$이면 경제는 균제상태(steady-state)이다.

⑤ 자본의 한계생산이 자본의 평균생산보다 크다.

출제이슈 AK 모형
핵심해설 정답 ②

① 틀린 내용이다.

    AK 모형에서 자본의 한계생산은 A로서 감소하지 않고 고정되어 있다. 자본의 한계생산이 감소하지 않기 위해서는 자본 K를 광의로 확장하여 물적자본, 인적자본, 지식자본을 포괄할 경우로 해석한다.

② 옳은 내용이다.

    AK 모형에서 자본의 축적은 다음과 같다.

    $\dot{K} = sY - \delta K = sAK - \delta K$, $\dot{k} = sAk - (n + \delta)k$

    (단, $\dot{K}$: 자본의 축적, s : 저축률, δ : 감가상각률, A : 고정된 상수, $\dot{k}$: 1인당 자본의 축적, n : 인구증가율)

    만일 $sA > \delta$이거나 $sA > n + \delta$인 경우에 자본의 축적에 따라서 지속적인 경제성장이 가능하다.

    설문에서 $A = 0.5$, $\delta = 0.1$, $s = 0.4$로 주어진 경우, $sA = 0.2 > \delta = 0.1$이므로 자본의 축적에 따라서 지속적인 경제성장이 가능하다.

③ 틀린 내용이다.

    AK 모형에서 $sA > \delta$인 경우에는 자본의 축적에 따라서 지속적인 경제성장이 가능하다. 따라서 감가상각률이 자본의 한계생산과 동일하면 경제는 지속적으로 성장한다는 지문은 틀린 것이 된다.

④ 틀린 내용이다.

    AK 모형에서 균제상태는 $sA = n + \delta$인 경우에 달성되므로 $\delta = s$이면 균제상태라는 지문은 틀린 것이 된다.

⑤ 틀린 내용이다.

    AK 모형에서 자본의 한계생산은 A로서 감소하지 않고 고정되어 있다. 따라서 자본의 한계생산과 자본의 평균생산이 동일하다.

> ▶ 2019년 지방직 7급

내생적 성장이론의 다양한 시사점이 아닌 것은?

① 이윤극대화를 추구하는 민간기업의 연구개발투자는 양(+)의 외부효과와 음(−)의 외부효과를 동시에 발생시킬 수 있다.
② 연구개발의 결과인 기술진보는 지식의 축적이므로 지대추구행위를 하는 경제주체들에 의하여 빠르게 진행될 수 있다.
③ 교육에 의하여 축적된 인적자본은 비경합성과 배제가능성을 가지고 있다.
④ 노동력 중 연구개발부문의 종사자는 기술진보를 통하여 간접적으로 생산량 증가에 기여한다.

출제이슈 내생적 성장이론
핵심해설 정답 ③

③ 틀린 내용이다.
내생적 성장모형의 하나로서 인적자본모형을 보면 자본을 물적자본과 인적자본으로 구분하고 인적자본을 기계설비 등의 실물자본과 구별되는 개념으로서 교육이나 기능훈련 등으로 습득되어 인간에 체화되는 자본이며 기술 및 지식과는 구별되는 것으로 본다. 인적자본모형에서 핵심적인 인적자본은 지식자본과는 달리 경합성과 배제가능성을 갖는다는 특징이 있다.

①, ②, ④는 모두 옳은 내용이며, 내생적 성장이론 중 R&D모형과 관련이 있다.
R&D모형에 의하면 일국의 기술수준은 외생적으로 주어진 것이 아니며 내생적으로 자본과 노동의 투입에 의해서 생산될 수 있는 것으로 상정한다. 즉, 경제 내의 노동을 두 종류로 구분하여 경제 내에 재화를 생산하는 생산부문과 기술을 생산하는 연구개발부문(④)이 존재하는데 기술진보가 연구개발부문에서 이루어지는 정도는 연구개발 인력뿐만 아니라 기존의 지식스톡이 얼마나 많은지에 영향을 받는다. 어느 개별기업이 다른 기업에 의해 축적된 지식을 이용할 수 있음을 고려하면, 개별기업의 지식자본수준은 경제 전체의 지식수준에 의해서 결정된다.

개별기업의 지식자본수준은 경제 전체의 지식자본 및 물적자본의 수준에 의존하여 개별기업의 생산수준은 결국 그 개별기업의 자본량뿐만 아니라 경제 전체의 자본량에도 의존한다. 이를 자본의 외부경제성(①, 양의 외부효과) 이라고 하며, 자본에 의해 축적되는 지식의 비경합성과 배제불가능성으로 인해 자본으로부터의 사적 이득이 사회적 이득보다 낮게 된다. 그러나 지식은 다른 사람이 이를 사용하는 것을 방지할 수 있어서 어느 정도는 배제가능성을 갖는 측면도 있다. 이는 기술에 대한 지식재산권 관련 법, 제도적 장치에 달려있으며, 이러한 제도가 잘 정비되어 있을 경우 지대추구행위에 의하여 지식, 기술이 축적될 수 있다. (②)

그런데 자본으로부터의 사적 이득이 사회적 이득보다 높은 경우에는 과도한 지식과 기술이 오히려 사회에 해악을 끼치고 있음을 의미하는데 이를 자본의 외부불경제성(①, 음의 외부효과) 이라고 한다. 다른 기업들도 곧 발명할 수 있었던 기술을 특정기업이 먼저 발명함으로써 오히려 다른 기업들과 사회 전체적으로 손해를 끼칠 수도 있다. 실증연구에 따르면, 음의 외부효과보다는 양의 외부효과가 더 큰 것으로 나타나고 있다.

신성장이론(New Growth Theory)에 대한 설명으로 옳지 않은 것은? ▶ 2019년 국가직 7급

① 기술혁신은 우연한 과학적 발견 등에 의해 외생적으로 주어진다고 간주한다.

② 기업이 연구개발에 참여하거나 기술변화에 기여할 때 경제의 지식자본스톡이 증가한다.

③ 개별 기업이 아닌 경제 전체 수준에서 보면 지식자본의 축적을 통해 수확체증(increasing returns)이 나타날 수 있다.

④ 지식 공유에 따른 무임승차 문제를 완화하기 위해 지적재산권에 대한 정부의 보호가 필요하다고 강조한다.

출제이슈 내생적 성장이론
핵심해설 정답 ①

먼저 ①은 틀린 내용이다.

내생적 성장이론은 기술혁신에 대해 막연히 외생적으로 주어진다고 간주하지 않는다. 솔로우모형의 가정으로서 기술진보율은 외생적으로 결정된다. 이를 보완하기 위해서 기술의 내생적 결정을 도입한 내생적 성장모형이 등장하였다. 내생적 성장이론 중 R&D모형의 특징은 다음과 같다.

경제 내의 노동을 두 종류로 구분하여 경제 내에 재화를 생산하는 생산부문과 기술을 생산하는 연구개발부문이 존재한다. 지식의 수준이 노동의 효율성을 결정하며, 노동의 효율성, 즉 지식 및 기술은 경제 내에서 지속적으로 증가 가능하다. (①, ②)

나아가 어느 개별기업이 다른 기업에 의해 축적된 지식을 이용할 수 있음을 고려하면, 개별기업의 지식자본수준은 경제 전체의 지식수준에 의해서 결정된다.

특히 자본의 투입량이 많을수록 생산이 많아지기 때문에 자연스럽게 생산의 과정에서 계속적인 지식의 축적이 발생하게 될 것이다. 따라서 지식자본의 축적은 자본량의 증가함수라고도 할 수 있다. 결국, 앞에서 살펴본 경제 전체의 지식수준과 자본량을 모두 고려하면, 개별기업의 생산수준은 그 개별기업의 자본량뿐만 아니라 경제 전체의 자본량에도 의존하게 된다. 따라서 경제 전체적으로 수확체증이 가능하게 된다. (③)

개별기업의 지식자본수준이 경제 전체의 지식자본 및 물적자본의 수준에 의존하여 개별기업의 생산수준은 개별기업 및 경제 전체의 지식과 자본량에 의존하게 되며 이를 자본의 외부경제성(양의 외부효과)이라고 한다. 그런데 자본에 의해 축적되는 지식의 비경합성과 배제불가능성으로 인해 자본으로부터의 사적 이득이 사회적 이득보다 낮게 된다. 그러나 지식은 다른 사람이 이를 사용하는 것을 방지할 수 있어서 어느 정도는 배제가능성을 갖는 측면도 있다. 이는 기술에 대한 지식재산권 관련 법, 제도적 장치에 달려있으며, 이러한 제도가 잘 정비되어 있을 경우 지대추구행위에 의하여 지식과 기술이 축적될 수 있다. (④)

> **내생적 성장이론에 대한 다음 설명 중 가장 옳지 않은 것은?** ▶ 2017년 서울시 7급
>
> ① $R\&D$ 모형에서 기술진보는 지식의 축적을 의미하며, 지식은 비경합성과 비배제성을 갖는다고 본다.
> ② $R\&D$ 모형과 솔로우(Solow) 모형은 한계수확체감의 법칙과 경제성장의 원동력으로서의 기술진보는 인정한다는 점에서는 동일하다.
> ③ 솔로우(Solow) 모형과 달리 AK 모형에서의 저축률 변화는 균제상태에서 수준효과뿐만 아니라 성장효과도 갖게 된다.
> ④ AK 모형에서 인적자본은 경합성과 배제가능성을 모두 가지고 있다.

출제이슈 내생적 성장이론
핵심해설 정답 ①

$R\&D$모형에 의하면 자본의 투입량이 많을수록 생산이 많아지기 때문에 자연스럽게 생산의 과정에서 계속적인 지식의 축적이 발생하게 될 것이다. 따라서 지식자본의 축적은 자본량의 증가함수라고도 할 수 있다. 결국, 앞에서 살펴본 경제 전체의 지식수준과 자본량을 모두 고려하면, 개별기업의 생산수준은 그 개별기업의 자본량뿐만 아니라 경제 전체의 자본량에도 의존하게 된다.

즉, 개별기업의 지식자본수준은 경제 전체의 지식자본 및 물적자본의 수준에 의존하여 개별기업의 생산수준은 결국 그 개별기업의 자본량뿐만 아니라 경제 전체의 자본량에도 의존한다. 이를 자본의 외부경제성(양의 외부효과)이라고 하며, 자본에 의해 축적되는 지식의 비경합성과 배제불가능성(①)으로 인해 자본으로부터의 사적 이득이 사회적 이득보다 낮게 된다. 그러나 지식은 다른 사람이 이를 사용하는 것을 방지할 수 있어서 어느 정도는 배제가능성을 갖는 측면도 있다. 이는 기술에 대한 지식재산권 관련 법, 제도적 장치에 달려있으며, 이러한 제도가 잘 정비되어 있을 경우 지대추구행위에 의하여 지식, 기술이 축적될 수 있다.

축적된 기술 및 지식의 수준이 노동의 효율성을 결정하며, 노동의 효율성, 즉 지식 및 기술은 경제 내에서 지속적으로 증가 가능하다. $R\&D$모형은 기술 및 지식이 모형 내에서 내생적으로 결정되는 모형으로서 자본의 한계생산이 감소하지 않게 된다. 경제학자에 따라서는 자본의 한계생산은 감소하지만, 기술진보에 의해서 생산함수가 지속적으로 상방이동하는 것으로 보는 경우도 있다. (②)

AK모형에 따르면 자본을 물적자본 이외에 지식자본 및 인적자본으로 포괄하는 개념으로 확장할 경우 자본의 수확체감이 일어나지 않을 수 있다. 따라서 기술진보 없이 지속적 성장이 가능할 수 있다. 특히, AK모형은 솔로우모형과는 달리 생산요소의 축적만으로도 지속적인 경제성장이 가능하다. 이를 위해서 저축률이 성장률을 결정하는 중요한 요소가 된다. 솔로우모형에서는 저축률의 상승은 수준효과만 있고 성장효과는 없다. 그러나 AK모형에서는 수준효과와 성장효과 모두 있다. (③)

인적자본의 경우 경합성과 배제가능성을 모두 가진다. AK모형의 자본은 지식자본 및 인적자본으로 포괄하는 개념이다. (④)

내생적 성장이론에 대한 다음의 설명 중 옳지 않은 것은?　　　▶ 2017년 국회직 8급

① $R\&D$모형에 따르면 연구인력의 고용이 늘어나면 장기 경제성장률을 높일 수 있다.

② AK모형은 자본을 폭넓게 정의하여 물적자본뿐만 아니라 인적자본도 자본에 포함한다.

③ AK모형에서는 기술진보가 이루어지지 않으면 성장할 수 없다.

④ $R\&D$모형에 따르면 지식은 비경합적이므로 지식자본의 축적이 지속적인 성장을 가능하게 한다.

⑤ AK모형에서는 자본에 대해 수확체감이 나타나지 않는다.

출제이슈 내생적 성장이론
핵심해설 정답 ③

내생적 성장이론 중 AK모형에 따르면 자본을 물적자본 이외에 지식자본 및 인적자본으로 포괄하는 개념으로 확장할 경우 자본의 수확체감이 일어나지 않을 수 있다. 따라서 기술진보 없이 기술수준이 일정하다고 하더라도 지속적 성장이 가능할 수 있다.

그러나 엄밀하게는 이 모형에도 기술이 지식자본, 인적자본으로 포섭될 수 있기 때문에 기술진보를 고려하지 않는다기보다는 수확체감이 일어나지 않도록 고안된 모형이다. 즉, 지식을 자본의 한 형태로 보고 있다.

자본을 지식자본 및 인적자본으로 확장하여 자본의 수확체감이 일어나지 않기 때문에 솔로우 모형과 달리 수렴성이 나타나지 않고 국가 간 소득격차가 유지될 수 있는 근거가 된다. 특히, AK모형은 생산요소의 축적만으로도 지속적인 경제성장이 가능하다. 이를 위해서 저축률이 성장률을 결정하는 중요한 요소가 된다.

따라서 저축률을 증가시키는 다양한 정부정책이 지속적이고 영구적인 경제성장을 가져올 수 있다. 참고로 AK모형에서는 저축률과 기술수준을 곱한 값이 감가상각률보다 클 경우 경제성장이 가능하다. 따라서 기술진보가 없더라도, 기술수준이 정체되어 있더라도 저축률의 상승이 경제성장을 달성할 수 있다.

PART

03

국제경제학

Issue 01   **자유무역의 효과**

> A국에서는 교역 이전 X재의 국내가격이 국제가격보다 더 높다. 교역 이후 국제가격으로 A국이 X재의 초과수요분을 수입한다면, 이로 인해 A국에 나타나는 효과로 옳은 것은? (단, 공급곡선은 우상향, 수요곡선은 우하향한다.)
>
> ▶ 2022년 감정평가사
>
> ① 교역 전과 비교하여 교역 후 생산자잉여가 감소한다.
> ② 교역 전과 비교하여 교역 후 소비자잉여가 감소한다.
> ③ 생산자잉여는 교역 여부와 무관하게 일정하다.
> ④ 교역 전과 비교하여 교역 후 총잉여가 감소한다.
> ⑤ 총잉여는 교역 여부와 무관하게 일정하다.

출제이슈   국제무역의 효과
핵심해설   정답 ①

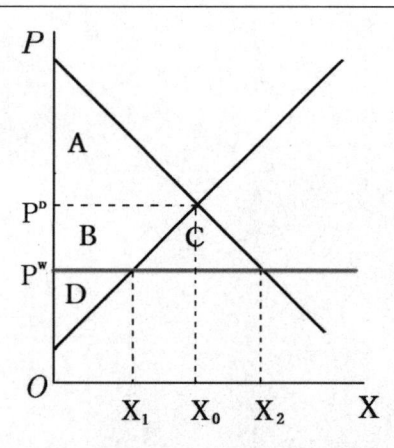

① 무역 이전의 상황
  ⅰ) 소비자잉여 : A
  ⅱ) 생산자잉여 : $B+D$
  ⅲ) 사회총잉여 : $A+B+D$

② 무역 이후의 상황
  ⅰ) 소비자잉여 : $A+B+C$
  ⅱ) 생산자잉여 : D
  ⅲ) 사회총잉여 : $A+B+C+D$

③ 무역 전후의 비교
  ⅰ) 소비자잉여 : $B+C$만큼 증가
  ⅱ) 생산자잉여 : B만큼 감소
  ⅲ) 사회총잉여 : C만큼 증가

① 옳은 내용이다. 교역 전과 비교하여 교역 후 생산자잉여는 감소한다.
② 틀린 내용이다. 교역 전과 비교하여 교역 후 소비자잉여는 증가한다.
③ 틀린 내용이다. 생산자잉여는 교역 여부와 관계가 있으며, 수입에 따라서 감소한다.
④ 틀린 내용이다. 교역 전과 비교하여 교역 후 총잉여는 증가한다.
⑤ 틀린 내용이다. 총잉여는 교역 여부와 관계가 있으며, 수입에 따라서 증가한다.

A국은 자동차 수입을 금하고 있다. 이 나라에서 자동차 한 대의 가격은 2억원이고 판매량은 40만 대에 불과하다. 어느 날 새로 선출된 대통령이 자동차 시장을 전격 개방하기로 결정했다. 개방 이후 자동차 가격은 국제시세인 1억원으로 하락하였고, 국내 시장에서의 자동차 판매량도 60만 대로 증가하였다. 이에 대한 설명으로 가장 옳은 것은? (단, 수요곡선과 공급곡선은 직선이며, 공급곡선은 원점을 지난다.)

▶ 2017년 서울시 7급

① 국내 소비자잉여 증가분은 국내 생산자잉여 감소분의 2배 이상이다.
② 국내 사회적잉여 증가분은 국내 생산자잉여 감소분보다 크다.
③ 국내 소비자잉여는 예전보다 2배 이상 증가하였다.
④ 국내 사회적잉여 증가분은 국내 소비자잉여 증가분의 절반 이상이다.

출제이슈 국제무역의 효과

핵심해설 정답 ③

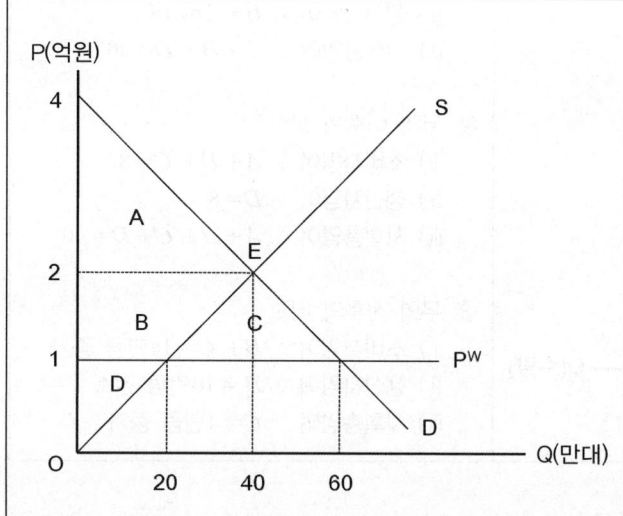

① 무역 이전의 상황
ⅰ) 소비자잉여 : $A = 40$
ⅱ) 생산자잉여 : $B + D = 40$
ⅲ) 사회총잉여 : $A + B + D = 80$

② 무역 이후의 상황
ⅰ) 소비자잉여 : $A + B + C = 90$
ⅱ) 생산자잉여 : $D = 10$
ⅲ) 사회총잉여 : $A + B + C + D = 100$

③ 무역 전후의 비교
ⅰ) 소비자잉여 : $B + C = 50$만큼 증가
ⅱ) 생산자잉여 : $B = 30$만큼 감소
ⅲ) 사회총잉여 : $C = 20$만큼 증가

① 틀린 내용이다.
국내 소비자잉여 증가분 50은 국내 생산자잉여 감소분 30의 2배 미만이다.

② 틀린 내용이다.
국내 사회적잉여 증가분 20은 국내 생산자잉여 감소분 30보다 작다.

③ 옳은 내용이다.
국내 소비자잉여는 90으로서 예전의 잉여 40보다 50만큼 증가하였고 2배 이상 증가하였다.

④ 틀린 내용이다.
국내 사회적잉여 증가분 20은 국내 소비자잉여 증가분 50의 절반 미만이다.

소국인 A국에서 X재의 국내 수요함수와 공급함수는 각각 $P = 12 - Q$, $P = Q$ (P : 가격, Q : 수량)이며, 세계시장에서의 X재 가격은 4이다. A국이 X재 시장을 전면 개방한 직후 국내 수요함수와 공급함수에 변화가 없다면, 개방 후 A국의 후생 변화는? (단, 후생은 소비자잉여와 생산자잉여의 합이다.)

▶ 2021년 국가직 7급

① 4만큼 증가 ② 6만큼 증가 ③ 8만큼 증가
④ 10만큼 증가 ⑤ 12만큼 증가

출제이슈 국제무역의 효과
핵심해설 정답 ①

설문에 주어진 정보를 이용하여 현재 시장상황을 묘사하면 다음의 그래프와 같다.

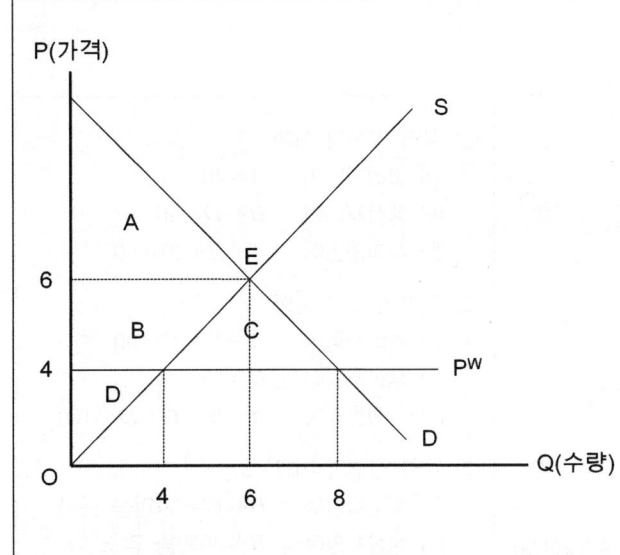

① 무역 이전의 상황
  ⅰ) 소비자잉여 : $A = 18$
  ⅱ) 생산자잉여 : $B + D = 18$
  ⅲ) 사회총잉여 : $A + B + D = 36$

② 무역 이후의 상황
  ⅰ) 소비자잉여 : $A + B + C = 32$
  ⅱ) 생산자잉여 : $D = 8$
  ⅲ) 사회총잉여 : $A + B + C + D = 40$

③ 무역 전후의 비교
  ⅰ) 소비자잉여 : $B + C = 14$만큼 증가
  ⅱ) 생산자잉여 : $B = 10$만큼 감소
  ⅲ) 사회총잉여 : $C = 4$만큼 증가

따라서 개방 후 A국은 사회후생이 4만큼 증가하였음을 알 수 있다. 이 과정에서 소비자잉여는 14만큼 증가하였고 생산자잉여는 10만큼 감소하였다.

Issue **02** 　　　**리카도 무역이론**

> 갑국과 을국의 무역 개시 이전의 X재와 Y재에 대한 단위당 생산비가 다음과 같다. 무역을 개시하여 두 나라 모두 이익을 얻을 수 있는 교역조건($\dfrac{P_X}{P_Y}$)에 해당하는 것은? (P_X는 X재의 가격이고, P_Y는 Y재의 가격이다.)
>
> ▶ 2015년 감정평가사
>
> | | X재 | Y재 |
> |---|---|---|
> | 갑국 | 5 | 10 |
> | 을국 | 8 | 13 |
>
> ① 0.45　　　　　　　② 0.55　　　　　　　③ 0.65
> ④ 0.75　　　　　　　⑤ 0.85

출제이슈 리카도 비교우위론, 유형1 : 단위노동투입량으로 비교우위 판정
핵심해설 정답 ②

양국이 교역을 시작하게 되면 교역조건은 양국의 상대가격비율 사이에서 결정된다.

즉, $(\dfrac{P_X}{P_Y})^A = (\dfrac{a_X}{a_Y})^A = \dfrac{5}{10}$와 $(\dfrac{P_X}{P_Y})^B = (\dfrac{a_X}{a_Y})^B = \dfrac{8}{13}$ 사이에서 결정된다. 교역조건이 양국의 상대가격비율 사이에서 결정되는 이유는 교역조건은 수출재와 수입재 사이의 상대가격이므로, 그 교역조건이 자국의 상대가격보다 크거나 작아야만 무역의 이득이 발생할 수 있기 때문이다.

따라서 양국 모두 무역으로부터 이득을 얻고 무역이 발생하기 위해서는 교역조건($\dfrac{P_X}{P_Y}$)이 $\dfrac{5}{10} \sim \dfrac{8}{13}$, 즉 0.5~0.62에서 결정되어야 한다. 이의 한 예로서 ② 0.55가 타당하다.

Issue 03 **헥셔 – 올린 이론**

A국은 자본이 상대적으로 풍부하고 B국은 노동이 상대적으로 풍부하다. 양국 간의 상품이동이 완전히 자유로워지고 양 국가 부분특화하는 경우, 헥셔 – 올린(Hecksher – Ohlin)모형과 스톨퍼 – 새뮤엘슨(Stolper – Samuelson)정리에서의 결과와 부합하는 것을 모두 고른 것은?

▶ 2012년 감정평가사

ㄱ. 두 국가의 자본가격은 같아진다.
ㄴ. B국 자본가의 실질소득이 증가한다.
ㄷ. A국 노동자의 실질소득이 감소하는 반면, B국 노동자의 실질소득은 증가한다.

① ㄱ   ② ㄱ, ㄴ   ③ ㄱ, ㄷ
④ ㄴ, ㄷ   ⑤ ㄱ, ㄴ, ㄷ

출제이슈 스톨퍼 – 사무엘슨 정리
핵심해설 정답 ③

ㄱ. 옳은 내용이다.
　　무역으로 인한 국가 간 재화의 자유로운 이동으로 인하여 양국의 요소가격은 같아지는데, 양국 간 임금 – 임대료 비율이 같아질 뿐만 아니라, 요소의 절대가격도 국가 간 동일해진다. 따라서 두 국가의 자본가격은 같아진다.

ㄷ. 옳은 내용이다.
　　A국은 노동과 자본만을 사용하여 노동집약재와 자본집약재를 생산하며 노동에 비해 상대적으로 자본이 풍부한 나라이므로, 무역이 발생할 경우 헥셔 – 올린 정리에 의하여 자본풍부국 A국은 자본집약재를 수출하고 노동집약재를 수입한다.

　　무역으로 인하여 수출재인 자본집약재의 가격이 상승하여 자본집약재의 생산이 증가한다. 이로 인해 자본에 대한 수요가 증가하고 자본보수가 상승한다. 자본보수의 상승에 따라서 생산은 노동집약적 방식으로 변화하고 이 과정에서 자본의 한계생산성은 상승하고 자본보수도 상승하게 된다. 결국 무역으로 인하여 자본의 실질보수는 상승한다.

　　반대로 무역으로 인하여 수입재인 노동집약재의 가격이 하락하여 노동집약재의 생산이 감소한다. 이로 인해 노동에 대한 수요가 감소하고 노동임금이 하락한다. 노동임금 하락에 따라서 생산은 노동집약적 방식으로 변화하고 이 과정에서 노동의 한계생산성은 하락하고 노동임금도 하락하게 된다. 결국 무역으로 인하여 노동의 실질보수는 하락한다.

> **헥셔 – 올린(Heckscher – Ohlin) 모형과 관련한 설명으로 옳지 않은 것은?** ▶ 2019년 지방직 7급
>
> ① 자본이 노동에 비해 상대적으로 풍부한 국가는 자본집약적인 상품을 수출한다.
> ② 생산요소들은 국내에서는 자유롭게 이동할 수 있지만 국가 간 이동은 불가능하다고 가정한다.
> ③ 생산요소의 국가 간 이동이 불가능한 경우 상품의 국제무역이 발생해도 생산요소의 가격은 불변이다.
> ④ 교역 대상 상품들의 국가 간 생산기술의 차이는 없다고 가정한다.

출제이슈 헥셔 – 올린 이론
핵심해설 정답 ③

리카도 이론에서는 생산요소로 오로지 노동만을 고려하지만 실제로는 다양한 생산요소가 필요하며, 다양한 요소를 고려할 경우 노동생산성만이 무역의 원인이 될 수는 없다. 헥셔 – 올린 이론은 노동 이외에 자본을 고려하고, 노동생산성보다는 요소부존도에 주목하고 있다.

헥셔 – 올린 이론에 의하면 노동풍부국은 노동집약재에 비교우위를 가지고, 반대로 자본풍부국은 자본집약재에 비교우위를 갖는다. 즉 국가 간에 요소부존도의 차이가 비교우위를 결정하게 된다.

① 옳은 내용이다.
노동풍부국에 노동집약재에 비교우위가 있어서 노동집약재를 특화하여 수출하고, 반대로 자본풍부국은 자본집약재에 비교우위가 있어서 자본집약재를 특화하여 수출한다. 자본이 노동에 비해 상대적으로 풍부한 국가는 자본집약적인 상품을 수출한다.

② 옳은 내용이다.
생산요소들은 국내에서는 산업 간 자유롭게 이동할 수 있지만 국가 간 이동은 불가능하다고 가정한다.

③ 틀린 내용이다.
요소가격균등화 정리에 의하면, 무역으로 인한 국가 간 재화의 자유로운 이동으로 인하여 양국의 요소가격은 같아지는데, 양국 간 임금 – 임대료 비율이 같아질 뿐만 아니라, 요소의 절대가격도 국가 간 동일해진다.

④ 옳은 내용이다.
교역 대상 상품들의 국가 간 기술체계는 동일하여 생산함수는 동일하다고 가정한다.

국제무역에서 립친스키의 정리(Rybczynski Theorem)에 대한 설명으로 옳은 것은?

▶ 2017년 국가직 9급

① 한 국가는 그 나라에 상대적으로 풍부하게 부존되어 있는 요소를 집약적으로 사용하는 재화에 비교우위를 갖게 되어 그 재화를 수출하고 다른 재화를 수입하게 된다.

② 국제무역은 국가 간에 생산요소의 직접적인 이동이 없이도 국가 간에 요소가격의 균등화를 가져올 수 있다.

③ 어떤 재화의 가격상승은 그 재화를 생산하는 데 집약적으로 사용된 생산요소의 실질가격을 증가시키고 다른 생산요소의 실질가격을 하락시킨다.

④ 어떤 생산요소의 부존량이 증가하게 되면 그 생산요소를 집약적으로 사용하는 재화의 절대생산량은 증가하고 다른 재화의 절대생산량은 감소한다.

출제이슈 립친스키 정리, 요소가격균등화 정리
핵심해설 정답 ④

립친스키 정리에 의하면, 소국경제를 대상으로 하여 생산이 변화하더라도 국제시장가격은 불변이고, 요소상대가격, 요소집약도도 모두 불변인 상황하에서 소규모 개방경제(재화가격이 불변인 상태)에서 어떤 생산요소의 부존량이 증가하면 그 생산요소를 집약적으로 사용하여 생산되는 재화의 생산량은 절대적으로 증가하지만, 그렇지 않은 재화의 생산량은 절대적으로 감소한다.

설문을 검토하면 다음과 같다.

① 헥셔 – 올린 정리에 대한 설명이다.
헥셔 – 올린 정리에 의하면 한 국가는 그 나라에 상대적으로 풍부하게 부존되어 있는 요소를 집약적으로 사용하는 재화에 비교우위를 갖게 되어 그 재화를 수출하고 다른 재화를 수입하게 된다.

② 요소가격균등화 정리에 대한 설명이다.
요소가격균등화 정리에 의하면, 무역으로 인한 국가 간 재화의 자유로운 이동으로 인하여 양국의 요소가격은 같아지는데, 양국 간 임금 – 임대료 비율이 같아질 뿐만 아니라, 요소의 절대가격도 국가 간 동일해진다. 즉, 국제무역은 국가 간에 생산요소의 직접적인 이동이 없이도 국가 간에 요소가격의 균등화를 가져올 수 있다는 것이다.

③ 스톨퍼 – 사뮤엘슨 정리에 대한 설명이다.
스톨퍼 – 사뮤엘슨 정리에 의하면 어떤 재화의 가격상승은 그 재화를 생산하는 데 집약적으로 사용된 생산요소의 실질가격을 증가시키고 다른 생산요소의 실질가격을 하락시킨다.

④ 옳은 내용이다. 립친스키 정리에 대한 설명이다.
립친스키 정리에 의하면 어떤 생산요소의 부존량이 증가하게 되면 그 생산요소를 집약적으로 사용하는 재화의 절대생산량은 증가하고 다른 재화의 절대생산량은 감소한다.

Issue 04 산업내 무역이론

> **산업내 무역에 관한 설명으로 옳은 것은?** ▶ 2014년 국가직 7급
>
> ① 산업내 무역은 규모의 경제와 관계없이 발생한다.
> ② 산업내 무역은 부존자원의 상대적인 차이 때문에 발생한다.
> ③ 산업내 무역은 경제여건이 다른 국가 사이에서 이루어진다.
> ④ 산업내 무역은 유럽연합 국가들 사이의 활발한 무역을 설명할 수 있다.

출제이슈 산업내 무역이론
핵심해설 정답 ④

국가 간 특정제품에만 특화하여 교역하는 경우 규모의 경제 효과에 의해서 가격경쟁력을 갖게 되고 교역이 가능하다. 그러나 다양성에 대한 충족은 불가능하게 된다. 반대로 국가 간 다양한 제품들을 서로 생산하여 교역하는 경우 규모의 경제 효과는 얻을 수 없으나 제품차별화에 따른 다양성 이득은 얻으며 교역 가능하다. 만일 국가 간 적절한 수의 다양한 제품에 특화하여 교역하는 경우 규모의 경제 효과와 제품차별화의 이득을 동시에 얻을 수 있다. 이는 국가 간에 기술체계 및 선호체계가 동일하더라도 무역이 발생할 수 있음을 보여주는 것이다.

① 틀린 내용이다.
산업내 무역은 규모의 경제하에서 제품이 다양화, 차별화되어 있는 상황의 경우 국가 간에 노동생산성과 요소부존도에 차이가 없더라도 무역이 발생할 수 있음을 보여준다.

② 틀린 내용이다.
헥셔-올린 이론에 의하면, 노동풍부국은 노동집약재에 비교우위가 있어서 노동집약재를 특화하여 수출하고, 반대로 자본풍부국은 자본집약재에 비교우위가 있어서 자본집약재를 특화하여 수출한다. 따라서 산업 간 무역은 부존자원의 상대적인 차이 때문에 발생한다.

③ 틀린 내용이다.
규모의 경제하에서 제품이 다양화, 차별화되어 있는 상황의 경우 국가 간에 노동생산성과 요소부존도에 차이가 없더라도 무역이 발생하는데 이는 국가 간에 기술체계 및 선호체계가 동일하더라도 산업내 무역이 발생할 수 있음을 보여주는 것이다. 국가 간에 기술체계 및 선호체계가 동일하고 제품차별화에 대한 요구는 경제여건이 비슷한 국가 사이에서 활발하게 이루어지게 된다.

④ 옳은 내용이다.
위의 내용에 따라서 산업내 무역은 경제여건이 비슷한 국가에서 발생하며 유럽연합 국가들 사이의 활발한 무역을 설명할 수 있다.

Issue 05   관세정책

> 소규모 개방경제에서 수입소비재 A재에 관세를 부과할 때, 이 시장에 나타날 경제적 효과에 관한 설명으로 옳은 것은? (단, 국내 수요곡선은 우하향, 국내 공급곡선은 우상향하며, A의 국제가격은 교역 이전의 국내가격보다 낮다.)
>
> ▶ 2013년 감정평가사
>
> ① 국내 소비자의 잉여는 증가한다.   ② 국내 생산자의 잉여는 감소한다.
>
> ③ 국내 소비는 감소한다.   ④ 국내 생산자의 생산량은 감소한다.
>
> ⑤ 국내의 사회적 총잉여는 증가한다.

출제이슈   관세부과의 효과

핵심해설   정답 ③

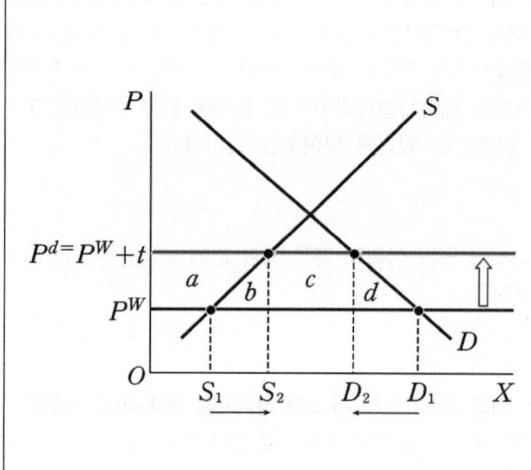

① 국제시장가격 : P^W 동일

② 국내시장가격 : P^W에서 $P^W + t$로 상승

③ 국내생산량 : S_1에서 S_2로 증가

④ 국내소비량 : D_1에서 D_2로 감소

⑤ 소비자잉여 변화 ΔCS : $a+b+c+d$만큼 감소

⑥ 생산자잉여 변화 ΔPS : a만큼 증가

⑦ 자중손실 : $-(b+d)$

① 틀린 내용이다. 국내 소비자의 잉여는 $a+b+c+d$만큼 감소한다.

② 틀린 내용이다. 국내 생산자의 잉여는 a만큼 증가한다.

③ 옳은 내용이다. 국내 소비는 D_1에서 D_2로 감소한다.

④ 틀린 내용이다. 국내 생산자의 생산량은 S_1에서 S_2로 증가한다.

⑤ 틀린 내용이다. 국내의 사회적 총잉여는 자중손실의 크기 $(b+d)$만큼 감소한다.

소국인 A 국은 쌀 시장이 전면 개방되었으나 국내 생산자를 보호하기 위해 관세를 부과하기로 하였다. 관세 부과의 경제적 효과로 옳지 않은 것은? (단, 국내수요곡선은 우하향하고 국내공급곡선은 우상향하며, 부분균형분석을 가정한다.) ▶ 2021년 국가직 7급

① 국내소비량은 감소하며, 수요가 가격탄력적일수록 감소 효과가 커진다.
② 국내생산과 생산자잉여가 증가한다.
③ 사회후생의 손실이 발생한다.
④ 수입의 감소로 국제가격이 하락하므로 국내가격은 단위당 관세보다 더 적게 상승한다.
⑤ 소국이 아니라 대국인 경우에는 관세로 인하여 국내가격이 관세부과 전보다 오히려 하락할 수도 있다.

출제이슈 관세부과의 효과
핵심해설 정답 ④

① 옳은 내용이다.
관세의 부과로 인하여 국내가격이 상승함에 따라서 국내소비량이 감소하고 소비자잉여가 감소한다. 특히 수요가 가격탄력적일수록 가격상승에 따라서 탄력적으로 소비를 줄이기 때문에 소비량의 감소 효과가 더 커진다.

② 옳은 내용이다.
관세의 부과로 인하여 국내가격이 상승함에 따라서 국내생산량이 증가하고 생산자잉여가 증가한다.

③ 옳은 내용이다.
위의 모형에서 보는 바와 같이 관세의 부과로 인하여 소비자잉여가 감소하고 생산자잉여는 증가하며 정부의 관세수입이 증가하지만, 사회후생의 손실이 $-(b+d)$ 만큼 발생한다.

④ 틀린 내용이다.
여기서 상정하고 있는 모형은 소국모형인바 관세부과로 인하여 수입이 감소하더라도 국제가격에 영향을 주지 못한다. 따라서 국제가격은 불변이므로 관세부과로 인한 국내가격은 최초의 국제가격 수준보다 단위당 관세만큼 상승한 금액이 된다.

⑤ 옳은 내용이다.
소국이 아니라 대국에서 관세부과 시 발생할 수 있는 메츨러의 역설은 다음과 같다.

ⅰ) 대국에서 관세를 부과하면, 수입재의 국제시장가격은 하락한다.
ⅱ) 이때 대국에서 국내가격은 하락한 국제시장가격에 관세를 더한 값으로서 관세부과 전 국내가격보다 상승하는 것이 일반적이다.
ⅲ) 그러나 관세부과 후에 수입재의 국제시장가격이 매우 큰 폭으로 하락하는 경우 그 하락한 국제가격에 관세를 더한 값인 관세부과 후 국내가격이 관세부과 전보다 하락할 수 있다.
ⅳ) 수입재에 관세를 부과하더라도 수입재의 국내가격이 오히려 하락하여서 관세를 통하여 국내수입대체재 부문을 보호할 수 없게 된다. 이를 메츨러의 역설이라고 한다.

보호무역을 옹호하는 주장의 근거가 아닌 것은?

▶ 2023년 감정평가사

① 자유무역으로 분업이 강력하게 진행되면 국가 안전에 대한 우려가 발생할 수 있다.

② 관세를 부과하면 경제적 순손실(deadweight loss)이 발생한다.

③ 환경오염도피처가 된 거래상대국으로부터 유해한 물질이 자유무역으로 인해 수입될 가능성이 높다.

④ 정부가 신생 산업을 선진국으로부터 보호해서 육성해야 한다.

⑤ 자유무역은 국내 미숙련근로자의 임금에 부정적 영향을 줄 수 있다.

출제이슈 보호무역의 근거와 관세의 효과

핵심해설 정답 ②

관세를 부과하면 아래와 같이 경제적 순손실이 발생한다. 경제적 순손실의 발생은 해당 국가의 사회후생을 감소시키기 때문에 관세부과를 통한 보호무역을 옹호하는 근거로 타당하지 않다.

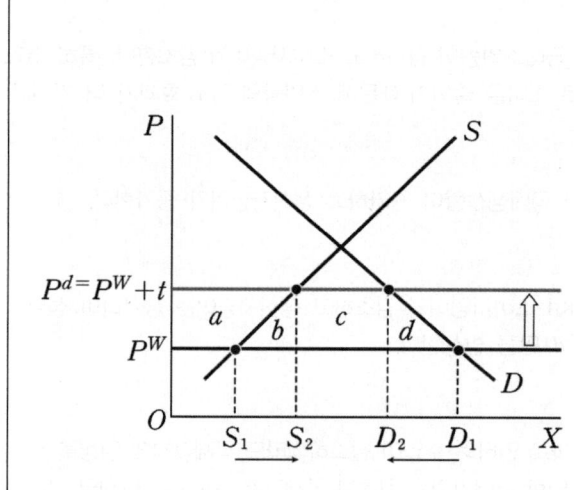

① 국제시장가격 : P^W 동일

② 국내시장가격 : P^W에서 $P^W + t$로 상승

③ 국내생산량 : S_1에서 S_2로 증가

④ 국내소비량 : D_1에서 D_2로 감소

⑤ 소비자잉여 변화 ΔCS : $a+b+c+d$만큼 감소

⑥ 생산자잉여 변화 ΔPS : a만큼 증가

⑦ 자중손실 : $-(b+d)$

관세의 부과로 인하여 소비자잉여가 감소하고 생산자 잉여는 증가하며 정부의 관세수입이 증가하지만, 사회후생의 손실이 $-(b+d)$만큼 발생한다. 따라서 선지 ②는 관세를 통한 보호무역의 근거가 될 수 없다.

선지 ②를 제외한 나머지는 ① 국가안보, ③ 환경보호, ④ 국내 신생산업 보호, ⑤ 국내 저임금노동자 보호 차원에서 보호무역을 옹호하는 근거가 될 수 있다.

A국에서 어느 재화의 국내 수요곡선과 국내 공급곡선은 다음과 같다.

국내 수요곡선 : $Q_d = 16 - P$

국내 공급곡선 : $Q_s = -6 + P$

A국이 자유무역을 허용하여 이 재화가 세계시장 가격 $P_w = 6$으로 거래되고 있다고 하자. 이 때, 단위당 2의 수입관세를 부과할 경우의 국내시장 변화에 대한 설명으로 옳지 않은 것은? (단, P는 이 재화의 가격이며, A국의 수입관세 부과는 세계시장 가격에 영향을 미치지 못한다.)

▶ 2018년 국가직 7급

① 소비자잉여는 18만큼 감소한다.　　② 생산자잉여는 2만큼 증가한다.

③ 수요량은 4만큼 감소한다.　　④ 사회후생은 4만큼 감소한다.

출제이슈　관세부과의 효과
핵심해설　정답 ③

설문에 주어진 정보를 이용하여 현재 관세가 부과된 상황을 묘사하면 다음과 같다.

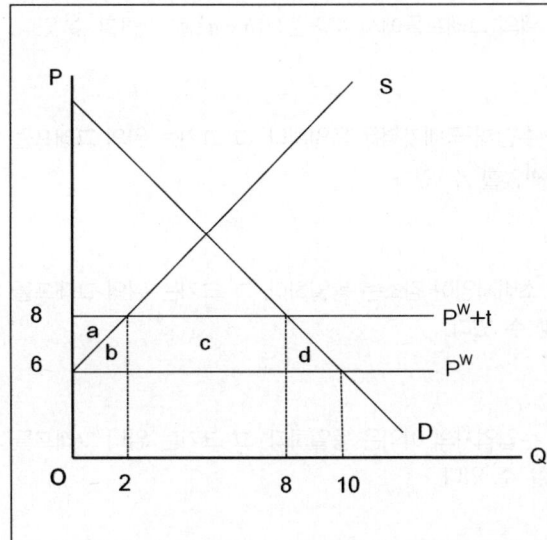

① 국제시장가격 : 6, 관세 전과 동일

② 국내시장가격 : 6에서 8로 상승

③ 국내생산량 : 0에서 2로 증가

④ 국내소비량 : 10에서 8로 2만큼 감소 (지문 ③)

⑤ 소비자잉여 변화 ΔCS : $a+b+c+d$만큼 감소

⑥ 생산자잉여 변화 ΔPS : a만큼 증가

⑦ 자중손실 : $-(b+d)$

소비자잉여 변화 ΔCS : $a+b+c+d = \dfrac{18 \times 2}{2} = 18$만큼 소비자잉여는 감소한다.

생산자잉여 변화 ΔPS : $a = \dfrac{2 \times 2}{2} = 2$만큼 생산자잉여는 증가한다.

자중손실 : $(b+d) = \dfrac{2 \times 2}{2} + \dfrac{2 \times 2}{2} = 4$만큼 사회후생은 감소한다.

Issue 06 비관세 무역정책

소규모 개방경제에서 관세부과와 수입할당(import quota)정책이 동일한 수입량을 발생시킨다고 할 때, 이에 대한 설명으로 옳은 것은? (단, 국내 공급곡선은 우상향, 국내 수요곡선은 우하향)

▶ 2018년 보험계리사

① 수입할당으로 인한 경제적 순손실(deadweight loss)은 관세부과로 인한 경제적 순손실보다 작다.

② 관세부과의 경우에 비해 수입할당은 수입재 국내가격을 덜 인상시킨다.

③ 관세부과로 인한 소비자잉여 감소는 수입할당으로 인한 소비자잉여 감소보다 더 크다.

④ 관세부과로 인한 정부의 관세수입과 수입할당으로 인한 수입업자의 이익은 동일하다.

출제이슈 관세와 수입쿼터
핵심해설 정답 ④

① 틀린 내용이다.

관세부과와 수입할당(import quota)정책이 동일한 수입량을 발생시킬 때, 수입할당으로 인한 경제적 순손실은 관세부과로 인한 경제적 순손실과 동일하다. 그 크기는 위의 그래프들에서 자중손실($b+d$)로 확인할 수 있다.

② 틀린 내용이다.

관세부과로 인한 수입재 국내가격과 수입할당으로 인한 수입재 국내가격은 동일하다. 그 크기는 위의 그래프들에서 국내시장가격이 P^W에서 $P^W + t$로 상승함에서 확인할 수 있다.

③ 틀린 내용이다.

관세부과로 인한 소비자잉여 감소와 수입할당으로 인한 소비자잉여 감소는 동일하다. 그 크기는 위의 그래프들에서 소비자잉여 감소분의 크기 $a+b+c+d$로 확인할 수 있다.

④ 옳은 내용이다.

관세부과로 인한 정부의 관세수입과 수입할당으로 인한 수입업자의 이익은 동일하다. 그 크기는 위의 그래프들에서 정부관세수입 및 수입업자이득의 크기 c로 확인할 수 있다.

Issue 07　경제통합

다음은 경제통합 형태에 대한 내용이다. 자유무역지역(free trade area), 관세동맹(customs union), 공동시장(common market)의 개념을 바르게 연결한 것은?　▶ 2017년 국가직 7급

> (가) 가맹국 간에는 상품에 대한 관세를 철폐하고, 역외 국가의 수입품에 대해서는 가맹국이 개별적으로 관세를 부과한다.
> (나) 가맹국 간에는 상품뿐만 아니라 노동, 자원과 같은 생산요소의 자유로운 이동이 보장되며, 역외 국가의 수입품에 대해서는 공동관세를 부과한다.
> (다) 가맹국 간에는 상품의 자유로운 이동이 보장되지만, 역외 국가의 수입품에 대해서는 공동관세를 부과한다.

	(가)	(나)	(다)
①	자유무역지역	관세동맹	공동시장
②	자유무역지역	공동시장	관세동맹
③	관세동맹	자유무역지역	공동시장
④	관세동맹	공동시장	자유무역지역

출제이슈　경제통합의 유형
핵심해설　정답 ②

지역경제통합은 통합된 가맹국 간의 무역장벽철폐를 원칙으로 하며, 가맹국 간의 밀착정도에 따라서 분류할 수 있다. ① 자유무역지역(free trade area)은 가맹국 간에는 관세를 완전히 철폐하되, 역외국가에 대해서는 가맹국이 개별적으로 관세를 부과하는 체제로서 NAFTA(북미자유무역협정)가 대표적인 예이다. ② 관세동맹(customs union)은 가맹국 간에는 관세를 완전히 철폐하되, 역외국가에 대해서 공동관세를 부과하는 체제이다. ③ 공동시장(common market)은 가맹국 간에는 관세를 완전히 철폐하되 역외국가에 대해서 공동관세를 부과하며, 가맹국 간 생산요소의 자유로운 이동을 허용하는 체제세를 부과하며, 가맹국 간 생산요소의 자유로운 이동을 허용할 뿐만 아니라 가맹국 간 상호협조하에 재정, 금융정책을 실시하는 체제로서 1999년 공동화폐 유로통화를 사용하게 된 EU(유럽연합)가 대표적인 예이다.

(가) 자유무역지역(free trade area)에 대한 설명이다. 가맹국 간에는 관세를 완전히 철폐하되, 역외국가에 대해서는 가맹국이 개별적으로 관세를 부과하는 체제이다.

(나) 공동시장(common market)에 대한 설명이다. 가맹국 간에는 관세를 완전히 철폐하되 역외국가에 대해서 공동관세를 부과하며, 가맹국 간 노동 및 자본, 자원 등 생산요소의 자유로운 이동을 허용하는 체제이다.

(다) 관세동맹(customs union)에 대한 설명이다. 가맹국 간에는 관세를 완전히 철폐하여 가맹국 간 상품의 자유로운 이동은 보장되지만, 역외국가에 대해서 공동관세를 부과하는 체제이다.

Chapter 02 국제금융이론

Issue 01 국제수지표

> **한국의 경상수지에 기록되지 않는 항목은?** ▶ 2016년 감정평가사

① 한국에서 생산된 쌀의 해외수출
② 중국인의 한국 내 관광지출
③ 한국의 해외빈국에 대한 원조
④ 한국 노동자의 해외 근로소득 국내송금
⑤ 한국인의 해외주식 취득

출제이슈 국제수지표의 계정별 이해
핵심해설 정답 ⑤

① 경상수지
  한국에서 생산된 쌀의 해외수출은 상품수지로서 경상수지에 해당한다.

② 경상수지
  중국인의 한국 내 관광지출은 서비스수지로서 경상수지에 해당한다.

③ 경상수지
  한국의 해외빈국에 대한 원조는 이전소득수지로서 경상수지에 해당한다.

④ 경상수지
  한국 노동자의 해외 근로소득 국내송금은 본원소득수지로서 경상수지에 해당한다.

⑤ 자본금융계정
  한국인의 해외주식 취득은 증권투자로서 자본금융계정에 해당하며 경상수지에 해당하지 않는다.

국제수지표의 금융계정(financial account)에 포함되는 거래가 아닌 것은? ▶ 2018년 감정평가사

① 한국 기업이 외국인 투자자에게 배당금을 지불한다.
② 한국 기업이 베트남 기업에 대해 50% 이상의 주식지분을 매입한다.
③ 외국 금융기관이 한국 국채를 매입한다.
④ 한국 금융기관이 외화자금을 차입한다.
⑤ 한국은행이 미국 재무성채권을 매입한다.

출제이슈 국제수지표의 계정별 이해
핵심해설 정답 ①

① 경상수지에 해당한다.
한국 기업이 외국인 투자자에게 배당금을 지불하는 경우, 이는 본원소득수지로서 경상수지에 해당한다.

② 자본금융계정에 해당한다.
한국 기업이 베트남 기업에 대해 주식지분을 매입하는 경우, 이는 증권투자로서 금융계정에 해당한다. 다만, 장기적으로 경영권 참여가 목적인 경우 직접투자로 고려될 수 있다.

③ 자본금융계정에 해당한다.
외국 금융기관이 한국 국채를 매입하는 경우, 이는 증권투자로서 금융계정에 해당한다.

④ 자본금융계정에 해당한다.
한국 금융기관이 외화자금을 차입하는 경우, 이는 기타투자로서 금융계정에 해당한다.

⑤ 자본금융계정에 해당한다.
한국은행이 미국 재무성채권을 매입하는 경우 이는 기타투자 및 준비자산으로서 금융계정에 해당한다. 참고로 준비자산이란 통화당국이 국제수지 불균형을 직접 보전하거나 또는 외환시장 개입을 통해서 국제수지 불균형을 조정하기 위해 사용되는 자산을 말한다. 이는 금, SDR, 달러화뿐만 아니라 각종 외화자산(예금 및 증권)도 포함된다. 한국은행의 외환보유액 변화는 바로 준비자산의 변화이다. 구별할 것으로 시중은행이 보유하고 있는 외환은 준비자산이 아닌 기타투자로서 금융계정에 해당한다.

Issue 02   국제수지 결정이론

갑국의 국민소득(Y)은 소비(C), 민간투자(I), 정부지출(G), 순수출(NX)의 합과 같다. 2016년과 같이 2017년에도 조세(T)와 정부지출의 차이($T-G$)는 음(−)이었고, 절대크기는 감소하였으며, 순수출은 (+)이었지만, 절대크기는 감소하였다. 이로부터 유추할 수 있는 2017년의 상황으로 옳은 것을 모두 고른 것은?

▶ 2018년 감정평가사

ㄱ. 국가채무는 2016년 말에 비해 감소하였다.
ㄴ. 순대외채권은 2016년 말에 비해 감소하였다.
ㄷ. 민간저축은 민간투자보다 더 많았다.
ㄹ. 민간저축과 민간투자의 차이는 2016년보다 그 절대크기가 감소하였다.

① ㄱ, ㄴ　　　　　② ㄱ, ㄷ　　　　　③ ㄴ, ㄷ
④ ㄴ, ㄹ　　　　　⑤ ㄷ, ㄹ

출제이슈　국제수지와 국민소득
핵심해설　정답 ⑤

ㄱ. 틀린 내용이다.
국가채무는 재정적자의 누적액을 의미한다. 따라서 2017년에 ($T-G$)는 음(−)이었기 때문에 2017년에도 재정적자가 지속적으로 누적되어 국가채무는 2016년에 비해 증가하였음을 의미한다.

ㄴ. 틀린 내용이다.
순수출은 (+)이므로 순대외채권의 증가를 의미한다. 그런데 2016년에 비해 2017년의 순수출이 절대크기는 감소하였으므로 순대외채권은 2016년의 증가분에는 미치지 못한다. 따라서 2017년의 순대외채권 증가분은 2016년의 증가분에 비해 줄어들지만 순대외채권의 누적액은 증가한다.

ㄷ. 옳은 내용이다.
다음 식에서 보듯이 ($T-G$)는 음(−)이었고, 순수출은 (+)이므로 저축은 투자를 상회함을 의미한다.
$$(S-I)+(T-G)=(X-M)$$
$$\quad\;\;(-)\qquad\;(+)$$

ㄹ. 옳은 내용이다.
민간저축과 민간투자의 차이는 다음과 같다. 2016년보다 그 절대크기가 감소하였다.
$$(S-I)=(X-M)-(T-G)$$
$$\quad\;\;(+)\qquad\;(-)$$

2016년에 비해 2017년은 순수출은 (+)이지만, 절대크기는 감소하였다. 그리고 재정적자는 (−)이지만 절대크기는 감소하였다. 따라서 이를 종합하면, 저축과 투자의 차이는 감소하게 된다.

국민소득 항등식을 기초로 하여 경상수지가 개선되는 경우로 옳은 것을 모두 고른 것은?

▶ 2017년 감정평가사

ㄱ. 민간소비 증가
ㄴ. 민간저축 증가
ㄷ. 민간투자 감소
ㄹ. 재정적자 감소

① ㄱ, ㄴ   ② ㄴ, ㄷ   ③ ㄴ, ㄹ
④ ㄱ, ㄷ, ㄹ   ⑤ ㄴ, ㄷ, ㄹ

출제이슈 국제수지와 국민소득
핵심해설 정답 ⑤

ㄱ. 틀린 내용이다.
　민간소비가 증가하면 민간저축이 감소하므로 경상수지가 악화된다.

ㄴ, ㄷ, ㄹ. 모두 옳은 내용이다.
　민간저축이 증가하거나, 민간투자가 감소하거나 재정적자가 감소하는 경우 $(S-I) + (T-G) = (X-M)$의
　좌변을 모두 증가시키기 때문에 경상수지는 개선된다.

개방경제의 국민소득계정에 관한 설명으로 옳은 것을 모두 고른 것은?　　▶ 2012년 감정평가사

> ㄱ. 국민소득이 소비, 투자, 정부지출의 합보다 큰 경우에 순수출은 반드시 양(+)이 된다.
> ㄴ. 민간투자가 민간저축보다 더 큰 경우에 순수출은 반드시 양(+)이 된다.
> ㄷ. 정부세금 수입이 지출보다 더 큰 경우에 순수출은 반드시 양(+)이 된다.

① ㄱ　　　　　　　　　　② ㄴ　　　　　　　　　　③ ㄷ
④ ㄱ, ㄴ　　　　　　　　⑤ ㄴ, ㄷ

출제이슈 국제수지와 국민소득
핵심해설 정답 ①

ㄱ. 옳은 내용이다.
수출입을 고려한 개방경제에서 국민소득은 다음과 결정된다.
$Y = C + I + G + X - M$ (단, C : 소비, I : 투자, G : 정부지출, X : 수출, M : 수입)
따라서 국민소득이 소비, 투자, 정부지출의 합보다 큰 경우에 순수출은 반드시 양(+)이 된다.

ㄴ. 틀린 내용이다.
개방경제의 국민소득 결정식을 변형해 보면 $S + T + M = I + G + X$ 가 되어 $(S - I) + (T - G) = (X - M)$
이 된다. 따라서 민간투자가 민간저축보다 더 큰 경우에 순수출의 부호는 정부저축의 크기에 달려있다. 만일
민간투자가 민간저축보다 더 크고 정부저축도 음수라면 순수출은 음(-)이 될 수 있다. 따라서 반드시 순수출이
양(+)이라는 것은 틀린 내용이다.

ㄷ. 틀린 내용이다.
개방경제의 국민소득 결정식을 변형해 보면 $S + T + M = I + G + X$ 가 되어 $(S - I) + (T - G) = (X - M)$
이 된다. 따라서 정부세금 수입이 지출보다 더 큰 경우에 순수출의 부호는 민간저축의 크기에 달려있다. 만일
정부세금 수입이 지출보다 더 크지만 민간저축이 절댓값 측면에서 재정흑자보다 훨씬 더 마이너스 방향으로
크다면 순수출은 음(-)이 될 수 있다. 따라서 반드시 순수출이 양(+)이라는 것은 틀린 내용이다.

Issue 03 환율의 의의

원/달러 환율의 하락(원화 강세)을 야기하는 요인으로 옳은 것은? ▶ 2017년 감정평가사

① 재미교포의 국내송금 감소
② 미국인의 국내주식에 대한 투자 증가
③ 미국산 수입품에 대한 국내수요 증가
④ 미국 기준금리 상승
⑤ 미국인 관광객의 국내 유입 감소로 인한 관광수입 감소

출제이슈 환율변화의 원인
핵심해설 정답 ②

① 환율상승
재미교포의 국내송금 감소는 외환유입의 감소를 초래하므로 환율상승의 원인이 된다.

② 환율하락
미국인의 국내주식에 대한 투자 증가는 외환유입을 가져오므로 환율하락의 원인이 된다.

③ 환율상승
미국산 수입품에 대한 국내수요 증가는 외환에 대한 수요를 증가시키므로 환율상승의 원인이 된다.

④ 환율상승
미국 기준금리 상승은 국내의 외화자본이 미국으로 유출되므로 환율상승의 원인이 된다.

⑤ 환율상승
미국인 관광객의 국내 유입 감소로 인한 관광수입 감소는 외환유입의 감소를 초래하므로 환율상승의 원인이 된다.

변동환율제도를 채택한 개방경제에서, 〈보기〉 중 이 경제의 통화가치를 하락시키는(환율 상승) 경우를 모두 고른 것은?

▶ 2019년 서울시 7급

보기

ㄱ. 원유 수입액의 감소
ㄴ. 반도체 수출액의 증가
ㄷ. 외국인의 국내주식 투자 위축
ㄹ. 자국 은행의 해외대출 증가

① ㄱ, ㄷ
② ㄱ, ㄹ
③ ㄴ, ㄷ
④ ㄷ, ㄹ

출제이슈 환율변화의 원인
핵심해설 정답 ④

ㄱ. 원유 수입액의 감소
원유 수입액이 줄어들면 외환의 수요가 줄어들게 되어 환율이 하락한다.

ㄴ. 반도체 수출액의 증가
반도체 수출액이 증가하면 외환의 공급이 증가하게 되어 환율이 하락한다.

ㄷ. 외국인의 국내주식 투자 위축
외국인의 국내주식 투자가 위축되면, 외환의 공급이 감소하게 되어 환율이 상승한다.

ㄹ. 자국 은행의 해외대출 증가
자국 은행의 해외대출이 증가하면 해외로 자본이 유출되어 환율이 상승한다.

따라서 환율이 상승하는 경우는 "ㄷ"과 "ㄹ"이다.

> 한국과 미국의 연간 물가상승률은 각각 4%와 6%이고 환율은 달러당 1,200원에서 1,260원으로 변하였다고 가정할 때, 원화의 실질환율의 변화는? ▶ 2019년 감정평가사
>
> ① 3% 평가절하   ② 3% 평가절상   ③ 7% 평가절하
>
> ④ 7% 평가절상   ⑤ 변화없다.

출제이슈 실질환율

핵심해설 정답 ③

1) 실질환율의 개념

명목환율은 자국통화와 외국통화의 교환비율로서 이는 외국화폐 1단위와 교환되는 자국화폐의 양으로 표시할 수 있다. 쉽게 말하면 외국화폐의 가격이 명복환율이나. 구매력 평가실에 의하면, 명목환율은 양국의 물기수준에 의하여 결정된다.

그러나 현실에서 환율은 양국의 구매력을 충분히 반영하지 못하는 경우가 많다. 따라서 양국의 구매력의 차이를 나타내는 척도가 필요한데 이를 실질환율이라고 하며, 자국상품과 외국상품의 교환비율을 의미한다. 실질환율은 외국상품 1단위와 교환되는 자국상품의 양으로서 $q = \dfrac{e P^*}{P}$ 로 표시할 수 있다.

실질환율은 외국재화의 자국재화에 대한 상대가격으로서 실질환율의 상승은 외국재화의 상대가격이 상승하는 것이고 실질환율의 하락은 외국재화의 상대가격이 하락하는 것이다. 따라서 실질환율은 자국 재화의 수출경쟁력을 의미하며, 높을수록 수출경쟁력이 높다.

2) 실질환율의 변화

실질환율은 $q = \dfrac{e P^*}{P}$ 이며 이를 변화율로 표시하면, $\hat{q} = \hat{e} + \widehat{P^*} - \widehat{P}$ 가 된다. 이를 해석하면 다음과 같다.

먼저 양국에 물가수준에 변화가 없는 경우 명목환율이 상승하면 실질환율은 상승하고 명목환율이 하락하면 실질환율은 하락한다.

자국의 물가수준이 내려가더라도 자국의 명목환율이 같은 비율로 하락한다면 실질환율은 불변이다. 즉, 자국의 물가수준이 내려가도 수출경쟁력이 강화되는 것은 아니고 불변인 것이다.

한편 자국의 물가수준이 오르더라도 자국의 명목환율이 같은 비율로 상승한다면 실질환율은 불변이다. 즉, 자국의 물가수준이 올라도 수출경쟁력이 악화되는 것은 아니고 불변인 것이다.

한국과 미국의 연간 물가상승률은 각각 4%와 6%이고 환율은 달러당 1,200원에서 1,260원으로 변하였다고 하였으므로 명목환율은 5% 상승하였다. 따라서 실질환율의 변화율은 $\hat{q} = \hat{e} + \widehat{P^*} - \widehat{P}$ 에 의하여 $\hat{q} = 5 + 6 - 4 = 7(\%)$ 이므로 7%가 상승하며, 7% 평가절하된 것으로 해석할 수 있다.

원/달러 명목환율, 한국과 미국의 물가지수가 다음과 같다. 2013년을 기준연도로 하였을 때, 2014년의 원/달러 실질환율의 변화는?

▶ 2015년 감정평가사

	2013년	2014년
원/달러 명목환율	1,000	1,100
한국의 물가지수	100	105
미국의 물가지수	100	102

① 불변   ② 3% 하락   ③ 3% 상승

④ 7% 하락   ⑤ 7% 상승

출제이슈 실질환율

핵심해설 정답 ⑤

1) 한국의 물가상승률

한국의 물가지수는 100에서 105로 상승하였으므로 5% 상승하였다.

2) 미국의 물가상승률

미국의 물가지수는 100에서 102로 상승하였으므로 2% 상승하였다.

3) 명목환율의 변화율

명목환율은 1,000에서 1,100으로 상승하였으므로 10% 상승하였다.

4) 실질환율의 변화율

위에서 구한 자료를 실질환율 변화율의 산식에 대입하면 다음과 같다.

실질환율의 변화율은 $\hat{q} = \hat{e} + \widehat{P^*} - \widehat{P} = 10 + 2 - 5 = 7(\%)$ 이므로 실질환율은 7% 상승한 것이다.

다음 ㉠, ㉡에 들어갈 내용으로 옳은 것은? ▶ 2015년 국가직 9급

원/달러 환율상승이 순수출을 증가시키기 위해서는 수출과 수입의 가격탄력성의 합이 (㉠) 보다 커야 하고, 이를 (㉡)이라고 한다.

	㉠	㉡
①	0	구매력평가설
②	1	구매력평가설
③	0	마샬 – 러너조건
④	1	마샬 – 러너조건

출제이슈 마샬 – 러너 조건
핵심해설 정답 ④

환율상승에 따른 경상수지의 변화는 환율상승에 따른 수출금액의 변화와 수입금액의 변화를 모두 고려해야 한다. 마샬 – 러너 조건에 의하면 환율상승 시 경상수지가 개선되기 위해서 외국의 수입수요탄력성(외국의 자국수출재에 대한 수요탄력성)과 자국의 수입수요탄력성의 합이 1보다 더 커야 한다.

다음 ( ) 안에 들어갈 내용이 순서대로 올바른 것은? ▶ 2011년 감정평가사

J-curve 효과는 환율이 (ㄱ)하면 '한국의 경상수지가 초기에는 (ㄴ)되고 시간이 경과된 후에는(도) (ㄷ)되는 효과가 나타나는 것'을 의미한다. (단, 환율은 미국달러에 대한 원화의 환율 : W/$, 양국의 물가수준은 불변)

① ㄱ. 상승, ㄴ. 악화, ㄷ. 개선
② ㄱ. 상승, ㄴ. 개선, ㄷ. 개선
③ ㄱ. 상승, ㄴ. 악화, ㄷ. 악화
④ ㄱ. 하락, ㄴ. 악화, ㄷ. 개선
⑤ ㄱ. 하락, ㄴ. 악화, ㄷ. 불변

출제이슈 *J* – curve 효과
핵심해설 정답 ①

환율상승 시 수출금액 증가·감소 효과와 수입금액의 감소·증가 효과를 모두 고려하여 환율상승이 경상수지를 개선시키는지 여부가 결정된다. 특히 마샬 – 러너 조건에 의하면 환율상승 시 경상수지가 개선되기 위해서는 외국의 수입수요탄력성(외국의 자국수출재에 대한 수요탄력성)과 자국의 수입수요탄력성의 합이 1보다 더 커야 한다.

환율상승에 따라서 수출공급이 늘어나기 위해서는 생산이 증가해야 한다. 그러나 현실에서는 곧바로 생산이 증가하지 못하고 상당한 시간이 소요될 수 있다. 이에 따라 환율이 (ㄱ. 상승)하더라도 단기적으로는 수출이 늘지 못하고 외화표시 수출가격만 하락하게 되어 국제수지가 (ㄴ. 악화)될 수 있다. 그러나 점차로 생산이 증가하고 수출이 증가하게 되면 일시적으로 악화되었던 국제수지는 차츰 (ㄷ. 개선)되어 가는데 이를 *J*-curve 효과라고 한다.

Issue 04 환율결정이론 1 – 구매력 평가설

> **구매력평가설이 성립할 때, 다음 설명 중 옳지 않은 것은?** ▶ 2013년 감정평가사
>
> ① 자국의 통화량이 증가할 때, 실질환율은 변화하지 않는다.
> ② 외국의 양적완화정책으로 외국의 물가가 상승하면, 자국의 실질 순수출이 증가한다.
> ③ 양국 물가상승률의 차이가 명목환율의 변화율에 영향을 준다.
> ④ 양국 간 무역에서 재정거래(arbitrage)에 의한 수익을 얻을 수 없다.
> ⑤ 양국 물가수준의 상대적 비율이 명목환율에 영향을 준다.

출제이슈 구매력 평가설
핵심해설 정답 ②

① 옳은 내용이다.
실질환율은 자국상품과 외국상품의 교환비율이므로 외국상품 1단위와 교환되는 자국상품의 양을 의미하며 실질환율은 $q = \dfrac{e\,P^*}{P}$ 로 표시할 수 있다. 따라서 구매력 평가설이 성립하면, 실질환율이 1이 됨을 알 수 있다. 따라서 구매력 평가설이 성립하면, 자국 통화량이 증가하더라도 실질환율은 불변이다.

② 틀린 내용이다.
위 ①에서 살펴본 바대로, 구매력 평가설이 성립하면, 외국의 양적완화정책으로 외국의 물가가 상승하더라도, 실질환율은 불변이다. 따라서 자국의 실질 순수출은 실질환율이 영향을 받기 때문에 실질환율이 불변인 한은 실질순수출도 불변이다.

③ 옳은 내용이다.
구매력 평가설에 의하면 환율 $e = \dfrac{P}{P^*}$ 즉 자국물가와 외국물가의 비율이 된다. 따라서 명목환율의 변화율은 자국의 물가상승률과 외국의 물가상승률의 차이에 의하여 결정된다.

④ 옳은 내용이다.
무역에 따른 규제, 운송비, 각종 거래비용 등이 없는 상황에서 가격이 신축적인 경우, 국가 간에 무역이 완전히 자유롭다면, 동일한 재화에 대한 자국의 가격과 외국의 가격이 같아지는 일물일가의 법칙이 성립한다. 따라서 양국 간 무역에서 재정거래(arbitrage)에 의한 수익을 얻을 수 없다.

⑤ 옳은 내용이다.
구매력 평가설에 의하면 환율 $e = \dfrac{P}{P^*}$ 즉 자국물가와 외국물가의 비율이 된다. 따라서 양국 물가수준의 상대적 비율이 명목환율에 영향을 준다.

다음 제시문의 ㉠ ~ ㉢에 들어갈 용어를 바르게 연결한 것은?

▶ 2018년 지방직 7급

구매력평가이론(Purchasing Power Parity theory)은 양국의 화폐 1단위의 구매력이 같도록 환율이 결정된다는 것이다. 구매력평가이론에 따르면 양국 통화의 (㉠)은 양국의 (㉡)에 따라 결정되며, 구매력평가이론이 성립하면 (㉢)은 불변이다.

	㉠	㉡	㉢
①	실질환율	경상수지	명목환율
②	명목환율	경상수지	실질환율
③	명목환율	물가수준	실질환율
④	실질환율	물가수준	명목환율

출제이슈 구매력 평가설과 실질환율
핵심해설 정답 ③

무역에 따른 규제, 운송비, 각종 거래비용 등이 없는 상황에서 가격이 신축적인 경우, 국가 간에 무역이 완전히 자유롭다면, 동일한 재화에 대한 자국의 가격과 외국의 가격이 같아지는 일물일가의 법칙이 성립한다.

만일 모든 재화에 대하여 일물일가의 법칙이 성립한다면, 자국과 외국 모두 소비패턴이 동일하고 모든 재화에 대한 가중치가 동일한 경우 환율은 양국의 물가, 즉 구매력에 의해서 결정된다. 이를 구매력 평가설이라고 한다.

구매력 평가설에 의하면 환율은 $e = \dfrac{P}{P^*}$ 즉 자국물가와 외국물가의 비율이 된다.

혹은 $e = \dfrac{1/P^*}{1/P} = \dfrac{외국화폐의\ 구매력}{자국화폐의\ 구매력}$ 이 된다.

한편, 실질환율은 자국상품과 외국상품의 교환비율이므로 외국상품 1단위와 교환되는 자국상품의 양을 의미하며 실질환율은 $q = \dfrac{e\,P^*}{P}$ 로 표시할 수 있다. 따라서 구매력 평가설이 성립하면, 실질환율이 1이 됨을 알 수 있다.

설문에서 구매력평가이론에 따르면 양국 통화의 (㉠ 명목환율)은 양국의 (㉡ 물가수준)에 따라 결정되며 구매력평가이론이 성립하면 (㉢ 실질환율)은 1로써 불변이다.

환율결정이론 중 구매력평가(Purchasing Power Parity)이론에 대한 설명으로 옳지 않은 것은?

▶ 2016년 국가직 7급

① 경제에서 비교역재의 비중이 큰 나라 간의 환율을 설명하는 데에는 적합하지 않다.
② 두 나라 화폐 간의 명목환율은 두 나라의 물가수준에 의해 결정된다고 설명한다.
③ 장기보다는 단기적인 환율의 움직임을 잘 예측한다는 평가를 받는다.
④ 동질적인 물건의 가격은 어디에서나 같아야 한다는 일물일가의 법칙을 국제시장에 적용한 것이다.

출제이슈 구매력 평가설
핵심해설 전답 ③

① 옳은 내용이다.

무역에 따른 규제, 운송비, 각종 거래비용 등이 없는 상황에서 가격이 신축적인 경우, 국가 간에 무역이 완전히 자유롭다면, 동일한 재화에 대한 자국의 가격과 외국의 가격이 같아지는 일물일가의 법칙이 성립한다. 만일 모든 재화에 대하여 일물일가의 법칙이 성립한다면, 자국과 외국 모두 소비패턴이 동일하고 모든 재화에 대한 가중치가 동일한 경우 환율은 양국의 물가 즉 구매력에 의해서 결정된다.

따라서 구매력 평가설에서 상정하는 경제는 국가 간에 무역이 자유롭고 고려하는 재화가 교역의 대상이 되어야 하는 것이다. 따라서 경제에서 비교역재의 비중이 큰 나라 간의 환율을 설명하는 데에는 적합하지 않다.

② 옳은 내용이다.

구매력 평가설에 의하면 환율 $e = \dfrac{P}{P^*}$ 즉 자국물가와 외국물가의 비율이 된다.

혹은 $e = \dfrac{1/P^*}{1/P} = \dfrac{외국화폐의\ 구매력}{자국화폐의\ 구매력}$ 이 된다.

③ 틀린 내용이다.

구매력 평가설은 무역에 따른 규제, 운송비, 각종 거래비용 등이 없는 상황에서 가격이 신축적인 경우를 상정하고 있다. 물가가 신축적인 경우는 장기에 해당한다. 따라서 구매력 평가설은 장기에 있어서 환율결정에 적합한 이론이다.

④ 옳은 내용이다.

구매력 평가설은 국가 간 일물일가의 법칙이 성립할 때 자국과 외국 모두 소비패턴이 동일하고 모든 재화에 대한 가중치가 동일한 경우 환율은 양국의 물가, 즉 구매력에 의해서 결정된다는 이론이다.

구매력 평가설의 전제가 되는 국가 간 일물일가의 법칙은 무역에 따른 규제, 운송비, 각종 거래비용 등이 없는 상황에서 가격이 신축적인 경우, 국가 간에 무역이 완전히 자유롭다면, 동일한 재화에 대한 자국의 가격과 외국의 가격이 같아지는 것으로서 이는 동질적인 물건의 가격은 어디에서나 같아야 한다는 일물일가의 법칙을 국제시장에 적용한 것이다.

2015년과 2020년 빅맥가격이 아래와 같다. 일물일가의 법칙이 성립할 때, 옳지 않은 것은?
(단, 환율은 빅맥가격을 기준으로 표시한다.) ▶2020년 감정평가사

	2015년		2020년	
원화가격	달러가격	원화가격	달러가격
5,000원	5달러	5,400원	6달러

① 빅맥의 원화 가격은 두 기간 사이에 8% 상승했다.
② 빅맥의 1달러 당 원화 가격은 두 기간 사이에 10% 하락했다.
③ 달러 대비 원화의 가치는 두 기간 사이에 10% 상승했다.
④ 달러 대비 원화의 실질환율은 두 기간 사이에 변하지 않았다.
⑤ 2020년 원화의 명목환율은 구매력 평가 환율보다 낮다.

출제이슈 구매력 평가설과 빅맥환율
핵심해설 정답 ⑤

① 옳은 내용이다.
　2015년의 빅맥의 원화가격은 5,000원, 2018년의 빅맥의 원화가격은 5,400원이므로 두 기간 동안 8% 상승하였음을 알 수 있다.

② 옳은 내용이다.
　2015년 빅맥가격을 이용한 구매력 평가설에 의한 환율 $e = 1,000$ (원/달러)이고, 2018년에는 $e = 900$ (원/달러)이므로 두 기간 동안에 10% 하락하였음을 알 수 있다.

③ 옳은 내용이다.
　위 ②에서 빅맥 구매력 평가설에 의한 환율이 10% 하락하였다는 것은 달러 대비 원화의 가치가 역으로 10% 상승하였음을 의미한다.

④ 옳은 내용이다.
　실질환율은 자국상품과 외국상품의 교환비율이므로 외국상품 1단위와 교환되는 자국상품의 양을 의미하며 실질환율은 $q = \dfrac{e P^*}{P}$ 로 표시할 수 있다. 따라서 구매력 평가설이 성립하면, 실질환율은 두 나라 물가수준의 차이에 관계없이 항상 1이 됨을 알 수 있다. 빅맥환율은 구매력 평가설을 적용한 환율이므로 역시 실질환율은 변화가 없음을 알 수 있다.

⑤ 틀린 내용이다.
　일물일가의 법칙이 성립하고 장기적으로 물가가 신축적인 상황에서 구매력 평가설이 성립한다고 가정하면, 구매력 평가설에 의한 환율이 이론상 명목환율이 되어야 한다. 다만, 실제 현실에서는 국가 간 교역에 있어서 무역장벽이 존재할 뿐만 아니라 비교역재가 존재하기 때문에 구매력 평가설이 성립하기 어려운 한계가 분명히 있다.

현재 한국과 미국의 햄버거 가격이 각각 5,000원, 5달러인 경우, 이에 관한 설명으로 옳은 것을 모두 고른 것은? (단, 햄버거를 대표상품으로 한다.) ▶ 2024년 감정평가사

ㄱ. 현재 구매력평가 환율은 1,000(원/달러)이다.
ㄴ. 변동환율제도하에서 현재 환율이 1,100(원/달러)이다. 장기적으로 구매력평가설이 성립하고 미국의 햄버거 가격과 환율이 변하지 않는다면, 장기적으로 한국의 햄버거 가격은 상승한다.
ㄷ. 변동환율제도하에서 현재 환율이 1,100(원/달러)이다. 장기적으로 구매력평가설이 성립하고 한국과 미국의 햄버거 가격이 변하지 않는다면, 장기적으로 환율은 상승한다.

① ㄱ
② ㄷ
③ ㄱ, ㄴ
④ ㄴ, ㄷ
⑤ ㄱ, ㄴ, ㄷ

출제이슈 구매력 평가설과 빅맥환율
핵심해설 정답 ③

만일 모든 재화에 대하여 일물일가의 법칙이 성립한다면, 자국과 외국 모두 소비패턴이 동일하고 모든 재화에 대한 가중치가 동일한 경우 환율은 양국의 물가, 즉 구매력에 의해서 결정된다. 이를 구매력 평가설이라고 한다.

구매력 평가설에 의하면 환율 $e = \dfrac{P}{P^*}$ 즉 자국물가와 외국물가의 비율이 된다. 문제에서 햄버거가 대표상품이라고 하였고, 한국 햄버거가격이 5,000원, 미국 햄버거가격이 5달러이므로 구매력평가설에 의한 환율은 1,000원/달러가 된다.

만일 현재 환율이 1,100원/달러라면, 5달러를 가지고 미국에서 햄버거를 사는 것보다는 한국에서 구매하게 되면 500원의 차익을 얻을 수 있다. 따라서 이러한 차익을 노리고 한국의 햄버거 수요가 늘게 되고, 미국의 햄버거 가격과 환율이 변하지 않는다는 전제하에 결국 한국 햄버거 가격은 상승한다.

각 나라의 빅맥가격과 현재 시장환율이 다음 표와 같다. 빅맥 가격을 기준으로 구매력 평가설이 성립할 때, 다음 중 자국통화가 가장 고평가(overvalued)되어 있는 나라는?

▶ 2017년 감정평가사

	빅맥가격	현재 시장환율
미국	3달러	–
영국	2파운드	1파운드=2달러
한국	3,000원	1달러=1,100원
인도네시아	20,000루피아	1달러=8,000루피아
멕시코	400페소	1달러=120페소

① 미국　　② 영국　　③ 한국　　④ 인도네시아　　⑤ 멕시코

출제이슈 구매력평가설과 빅맥환율
핵심해설 정답 ②

국가 (화폐단위)	시장환율	빅맥환율		시장환율과 빅맥환율 비교	
		빅맥 가격	빅맥 환율		
미국(달러)	–	3	–	–	–
영국(파운드)	0.5 (파운드/달러)	2 파운드	2/3 = 0.67	시장환율 < 빅맥환율	빅맥환율대비 고평가
한국(원)	1,100 (원/달러)	3,000원	3,000/3 = 1,000	시장환율 > 빅맥환율	빅맥환율대비 저평가
인도네시아 (루피아)	8,000 (루피아/달러)	20,000 루피아	20,000/3 = 6667	시장환율 > 빅맥환율	빅맥환율대비 저평가
멕시코(페소)	120 (페소/달러)	400 페소	400/3 = 133.3	시장환율 < 빅맥환율	빅맥환율대비 고평가

1) 영국 파운드화
   ① 영국 파운드화의 시장환율은 0.5파운드/달러인데, 빅맥환율은 0.67파운드/달러이다.
   ② 영국 파운드화의 시장환율은 빅맥환율에 비하여 낮으며 이는 영국 파운드화가 고평가되어 있음을 알려준다.
   ③ 빅맥환율을 기준으로 할 때, 영국 파운드화의 시장환율은 (0.67 − 0.5)/0.67 = 약 25% 낮은 상황이다.

2) 멕시코 페소화
   ① 멕시코 페소화의 시장환율은 120페소/달러인데, 빅맥환율은 133페소/달러이다.
   ② 멕시코 페소화의 시장환율은 빅맥환율에 비하여 낮으며 이는 멕시코 페소화가 고평가되어 있음을 알려준다.
   ③ 빅맥환율을 기준으로 할 때, 멕시코 페소화의 시장환율은 (133 − 120)/133 = 약 10% 낮은 상황이다.

3) 고평가된 통화
   따라서 문제에서는 가장 고평가되어 있는 통화를 묻고 있으므로 빅맥환율을 기준으로 할 때, 시장환율과 빅맥환율의 차이 비율이 가장 큰 영국 파운드가 가장 고평가되었다고 할 수 있다.

Issue 05   환율결정이론 2 - 이자율 평가설

> 현재 우리나라 채권의 연간 명목수익률이 5%이고 동일 위험을 갖는 미국채권의 연간 명목수익률이 2.5%일 때, 현물환율이 달러당 1,200원인 경우 연간 선물환율은? (단, 이자율 평가설이 성립한다고 가정한다.)
>
> ▶ 2019년 감정평가사
>
> ① 1,200원/달러   ② 1,210원/달러
> ③ 1,220원/달러   ④ 1,230원/달러
> ⑤ 1,240원/달러

출제이슈 무위험 이자율 평가
핵심해설 정답 ④

국가 간에 자본이동이 완전히 자유롭다면, 자국의 원화예금수익률(투자수익률)과 외국의 외화예금수익률(투자수익률)이 같아지는데 이를 이자율 평형 혹은 이자율 평가라고 한다. 이는 재화시장의 일물일가법칙이 국제금융시장에 적용된 것으로 볼 수 있다.

이자율 평가설에 의하면, 이자율 평가가 성립하여 양국의 기대예금수익률이 같아질 때, 더 이상 재정차익거래가 불가능하게 되어 외환시장 균형이 달성되고 환율이 결정된다. 이자율 평가가 성립하면 $i = i^* + \dfrac{e^e - e}{e}$ 가 성립한다. 특히, 위의 이자율 평가는 외국의 외화예금기대수익률에 예상환율상승률이 포함되어 있어서 위험을 내포하고 있다. 따라서 유위험 이자율 평가라고도 한다.

한편, 위험을 내포하고 있는 경우 선물환율을 이용하여 위험을 제거할 수 있다. 이와 같이 이자율 평가에 선물환율을 사용하여 양국의 기대수익률이 동일해지는 것을 무위험 이자율 평가 혹은 커버된 이자율 평가라고 한다.

따라서 무위험 이자율 평가식은 예상환율상승률 대신에 선물환율을 사용하므로
$i = i^* + \dfrac{F - S}{S}$ (단, F : 선물환율, S : 현물환율)와 같이 표현된다.
위의 내용에 따라서 풀면 다음과 같다.
설문에서 현재 한국의 채권수익률이 5%이고, 미국의 채권수익률은 2.5%이다. 현재 환율은 달러당 1,200원이다.
이를 무위험 이자율 평형조건식 $i = i^* + \dfrac{F - S}{S}$ (단, F : 선물환율, S : 현물환율)에 대입하면 다음과 같다.

무위험 이자율 평가설에 따라서 $0.05 = 0.025 + \dfrac{F - 1,200}{1,200}$ 가 되고, $F = 1,230$ (원/달러)가 된다.

한국과 미국의 인플레이션율이 각각 3%와 5%이다. 구매력평가설과 이자율평가설(interest parity theory)이 성립할 때, 미국의 명목이자율이 5%라면, 한국의 명목이자율은? (단, 기대인플레이션율은 인플레이션율과 동일하다.) ▸2024년 감정평가사

① 1%   ② 2%   ③ 3%
④ 4%   ⑤ 5%

출제이슈 무위험 이자율 평가
핵심해설 정답 ③

피셔방정식, 구매력 평가설, 이자율 평가설이 성립하는 경우 양국의 실질이자율은 동일하게 된다.

1) 미국, 피셔방정식

먼저, 미국의 경우, 인플레이션율이 5%이고, 명목이자율이 5%이므로 피셔방정식에 의하여 $5 = 0 + 5$가 성립하므로 실질이자율은 0%가 된다.

2) 양국의 실질이자율

양국의 실질이자율은 동일하므로 한국의 실질이자율도 0%가 된다.

3) 한국, 피셔방정식

이제 한국의 경우, 인플레이션율이 5%이고, 실질이자율이 0%이므로 피셔방정식에 의하여 $3 = 0 + 3$가 성립하므로, 명목이자율은 3%가 된다.

한국과 미국의 명목이자율은 각각 3%, 2%이다. 미국의 물가상승률이 2%로 예상되며 현재 원/달러 환율은 1,000원일 때 옳은 것을 모두 고른 것은? (단, 구매력 평가설과 이자율 평가설이 성립한다.)

▶ 2020년 감정평가사

ㄱ. 한국과 미국의 실질이자율은 같다.
ㄴ. 한국의 물가상승률은 3%로 예상된다.
ㄷ. 원/달러 환율은 1,010원이 될 것으로 예상된다.

① ㄱ 　　② ㄴ 　　③ ㄱ, ㄴ
④ ㄴ, ㄷ 　　⑤ ㄱ, ㄴ, ㄷ

출제이슈 구매력 평가설과 이자율 평가설
핵심해설 정답 ⑤

1) 이자율 평가설에 의하여

$i = i^* + \dfrac{e^e - e}{e}$ 이므로 $0.03 = 0.02 + \dfrac{e^e - e}{e}$ 이 되고, 예상환율상승률은 $\dfrac{e^e - e}{e} = 0.01$ 이 된다.

2) 구매력 평가설에 의하여

$\widehat{e^e} = \widehat{P^e} - \widehat{P^{e^*}} = \pi^e - \pi^{e^*}$ 이므로 $\widehat{e^e} = \pi^e - \pi^{e^*}$, $0.01 = \pi^e - 0.02$ 가 된다.

따라서 한국의 예상물가상승률은 $\pi^e = 0.03$ 이 된다.

3) 피셔방정식에 의하여

한국과 미국의 명목이자율은 각각 3%, 2%이고 한국과 미국의 물가상승률이 3%, 2%로 예상되므로 한국과 미국의 실질이자율은 모두 0%가 된다.

ㄱ. 옳은 내용이다.

위에서 살펴본 바와 같이 피셔방정식, 구매력 평가설, 이자율 평가설이 성립하는 경우 양국의 실질이자율은 동일하게 된다.

ㄴ. 옳은 내용이다.

$\widehat{e^e} = \widehat{P^e} - \widehat{P^{e^*}} = \pi^e - \pi^{e^*}$ 이므로 $\widehat{e^e} = \pi^e - \pi^{e^*}$, $0.01 = \pi^e - 0.02$ 가 된다.

따라서 한국의 예상물가상승률은 $\pi^e = 0.03$ 이 된다.

ㄷ. 옳은 내용이다.

한국과 미국의 명목이자율은 각각 3%, 2%이고 현재 원/달러 환율은 1,000원으로 주어져 있으므로 이를 이자율 평가설의 산식 $i = i^* + \dfrac{e^e - e}{e}$ 에 대입한다.

이자율 평가설에 의하여 $0.03 = 0.02 + \dfrac{e^e - 1,000}{1,000}$ 이 성립하므로 $e^e = 1,010$ 이 된다. 위에서 이미 예상환율상승률이 1%임을 구했으므로 그것을 활용하여도 같은 결과를 얻는다.

소규모 개방경제의 재화시장 균형에서 국내총생산(Y)이 100으로 고정되어 있고, 소비 $C = 0.6Y$, 투자 $I = 40 - r$, 순수출 $NX = 12 - 2\epsilon$이다. 세계 이자율이 10일 때, 실질환율은? (단, r은 국내이자율, ϵ은 실질환율, 정부지출은 없으며, 국가 간 자본이동은 완전하다.)

▶ 2020년 감정평가사

① 0.8　　　② 1　　　③ 1.2　　　④ 1.4　　　⑤ 1.5

출제이슈 국가 간 자본이동의 효과
핵심해설 정답 ②

1) 국내이자율

국가 간 자본이동은 완전하기 때문에 국내이자율과 세계이자율은 일치한다. 따라서 국내이자율은 10이 된다.

2) 재화시장의 균형

① 개방경제에서 재화시장의 균형은 총생산과 총수요가 일치해야 하므로 다음과 같다.
$Y = C + I + NX$ 이므로 $Y = 0.6Y + 40 - r + 12 - 2\epsilon$가 성립해야 한다.

② 이때, 국내이자율은 위에서 구한 10이고 총생산은 100임을 고려하자.
따라서 $100 = 60 + 40 - 10 + 12 - 2\epsilon$이 성립한다.

위의 식을 정리하면 실질환율은 $\epsilon = 1$이 된다.

Issue 06 $IS-LM-BP$ 모형

변동환율제도를 도입하고 있으며 자본이동이 완전히 자유로운 소규모 개방경제에서 최근 경기 침체에 대응하여 정부가 재정지출을 확대하는 경우 나타날 수 있는 현상으로 옳은 것을 〈보기〉에서 모두 고르면?

▶ 2017년 국회직 8급

보기

ㄱ. 균형이자율과 균형국민소득은 변화가 없다.
ㄴ. 국내통화가 평가절상되고 자본수지가 개선된다.
ㄷ. 수출이 감소하고 경상수지가 악화된다.
ㄹ. 균형이자율과 균형국민소득 모두 증가한다.

① ㄱ, ㄴ   ② ㄱ, ㄷ   ③ ㄷ, ㄹ   ④ ㄱ, ㄴ, ㄷ   ⑤ ㄴ, ㄷ, ㄹ

출제이슈 변동환율제도에서 재정정책의 효과
핵심해설 정답 ④

변동환율제도에서 확대재정정책의 효과는 다음과 같다.

변동환율제도에서 확대재정정책이 실시되면, 국민소득이 증가하고 이자율이 상승한다. 국내이자율이 국제이자율보다 상승하여 해외로부터 자본이 유입되고 자본수지 흑자가 되어 이로 인하여 환율하락 압력("ㄴ")이 나타난다. 변동환율제도이므로 환율은 하락하고 이로 인해 순수출이 감소하여 경상수지가 악화("ㄷ")된다. 순수출 감소로 국민소득이 감소하고 이자율이 하락한다. 결국 원래의 국민소득과 이자율로 회귀한다. 따라서 변동환율제도에서 확대재정정책이 실시되어도 국민소득과 이자율은 불변("ㄱ")이다.

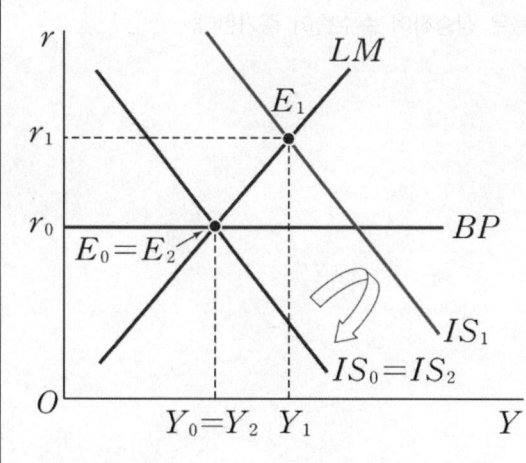

① 최초균형 E_0, 국내금리 = 국제금리 = r_0
② 확대재정정책 $IS_0 \rightarrow IS_1$
③ 대내균형 $E_0 \rightarrow E_1$ (이자율 상승, 소득 증가)
④ 대외불균형 국내금리 r_1 > 국제금리 r_0
⑤ 자본 유입, 국제수지 흑자, 환율하락 압력
⑥ 중앙은행은 외환시장에 개입하지 않는다.
⑦ 환율하락으로 순수출 감소
⑧ $IS_1 \rightarrow IS_2$ 이동, 국민소득 감소, 이자율 하락
⑨ IS의 이동은 국내금리가 높은 한은 계속, 국제수지(BP)가 균형이 될 때까지 계속
⑩ 새균형 E_2는 국민소득 불변, 이자율 불변

변동환율제를 채택한 A국이 긴축재정을 실시하였다. 먼델 − 플레밍 모형을 이용한 정책 효과에 관한 설명으로 옳은 것을 모두 고른 것은? (단, 완전한 자본이동, 소국개방경제, 국가별 물가수준 고정을 가정한다.)

▶ 2021년 감정평가사

ㄱ. 원화가치는 하락한다.　　　　　　ㄴ. 투자지출을 증가시킨다.
ㄷ. 소득수준은 변하지 않는다.　　　　ㄹ. 순수출이 감소한다.

① ㄱ, ㄴ　　　　　　② ㄱ, ㄷ　　　　　　③ ㄱ, ㄹ
④ ㄴ, ㄷ　　　　　　⑤ ㄴ, ㄹ

출제이슈 변동환율제도에서 재정정책의 효과
핵심해설 정답 ②

ㄱ. 옳은 내용이다.
　변동환율제도에서 긴축재정정책이 실시되면, 이자율이 하락한다. 따라서 국내이자율이 국제이자율보다 하락하여 해외로 자본이 유출되고 국제수지 적자가 되어 환율은 상승하여 원화가치는 하락한다.

ㄴ. 틀린 내용이다.
　변동환율제도에서 긴축재정정책이 실시되어도 종국적으로 국민소득과 이자율은 불변이다. 따라서 투자는 불변이다.

ㄷ. 옳은 내용이다.
　변동환율제도에서 긴축재정정책이 실시되어도 종국적으로 국민소득과 이자율은 불변이다.

ㄹ. 틀린 내용이다.
　변동환율제도에서 긴축재정정책이 실시되면, 이자율이 하락한다. 따라서 국내이자율이 국제이자율보다 하락하여 해외로 자본이 유출되고 국제수지 적자가 되어 환율은 상승하여 순수출이 증가한다.

소규모 개방경제의 먼델―플레밍(Mundell―Fleming)모형에서 정부의 재정긴축이 미치는 영향으로 옳은 것은? (단, 초기의 균형상태, 완전한 자본이동과 고정환율제, 국가별 물가수준 고정을 가정한다.)

▶ 2023년 감정평가사

① IS곡선 우측이동　　② 국민소득 감소　　③ LM곡선 우측이동
④ 통화공급 증가　　　⑤ 원화가치 하락

출제이슈 고정환율제도에서 재정정책의 효과
핵심해설 정답 ②

긴축재정정책이 실시되면, *IS* 곡선이 좌측으로 이동하면서 국민소득이 감소하고 이자율이 하락한다. 국내이자율이 고제이자율보디 하락하여 해외로 자본이 유출되고 국제수지 적자가 되어 이로 인하여 환율상승 입력(평가절하압력)이 나타난다. 고정환율제도이므로 중앙은행은 고정환율을 유지하기 위해 외환시장에 개입하여 외환을 매도하고 자국통화를 매수하므로 통화량은 감소한다(*LM*곡선 좌측이동). 통화량 감소로 이자율이 상승하고 투자가 감소하여 국민소득이 감소한다. 축소재정정책으로 하락했던 이자율이 다시 상승하여 원래의 이자율로 회귀하고 국민소득은 크게 감소한다.

자본 이동이 완전한 먼델 – 플레밍(Mundell – Fleming)모형에서 A국의 정부지출 확대정책의 효과에 관한 설명으로 옳은 것은? (단, A국은 소규모 개방경제이며, A국 및 해외물가수준은 불변, IS곡선은 우하향, LM곡선은 우상향) ▶ 2020년 감정평가사

① 환율제도와 무관하게 A국의 이자율이 하락한다.
② 고정환율제도에서는 A국의 국민소득이 증가한다.
③ 변동환율제도에서는 A국의 국민소득이 감소한다.
④ 고정환율제도에서는 A국의 경상수지가 개선된다.
⑤ 변동환율제도에서는 A국의 통화가치가 하락한다.

출제이슈 고정 및 변동환율제도에서 재정정책의 효과
핵심해설 정답 ②

1) 먼저 고정환율제도에서 재정정책의 효과는 다음과 같다.
고정환율제도에서 확대재정정책이 실시되면, 국민소득이 증가하고 이자율이 상승한다. 국내이자율이 국제이자율보다 상승하여 해외로부터 자본이 유입되고 국제수지 흑자가 되어 이로 인하여 환율하락 압력이 나타난다. 고정환율제도이므로 중앙은행은 고정환율을 유지하기 위해 외환시장에 개입하여 외환을 매입하고 자국통화를 매도하므로 통화량은 증가한다. 통화량 증가로 이자율이 하락하고 투자가 증가하여 국민소득이 증가한다. 확대재정정책으로 상승했던 이자율이 다시 하락하여 원래의 이자율로 회귀하고 국민소득은 크게 증가("②")한다. 한편 국민소득 증가는 수입을 증가시켜 순수출을 감소시킴으로써 경상수지를 악화("④")시킨다.

2) 변동환율제도에서 재정정책의 효과는 다음과 같다.
변동환율제도에서 확대재정정책이 실시되면, 국민소득이 증가하고 이자율이 상승한다. 국내이자율이 국제이자율보다 상승하여 해외로부터 자본이 유입되고 국제수지 흑자가 되어 이로 인하여 환율하락 압력이 나타난다. 변동환율제도이므로 환율은 하락("⑤")하고 이로 인해 순수출이 감소하여 경상수지는 악화된다. 순수출 감소로 국민소득이 감소하고 이자율이 하락한다. 결국 원래의 국민소득과 이자율로 회귀한다. 따라서 변동환율제도에서 확대재정정책이 실시되어도 국민소득과 이자율은 불변("①", "③")이다.

자본이동이 완전한 소규모 개방경제의 먼델–플레밍(Mundell – Fleming)모형에서 변동환율제 도인 경우, 긴축통화정책을 시행할 때 나타나는 경제적 효과를 모두 고른 것은? (단, 물가수준 은 고정이다.)

▶ 2022년 감정평가사

ㄱ. 소득 감소   ㄴ. 경상수지 개선
ㄷ. 자국 통화가치 절하   ㄹ. 해외자본 유입

① ㄱ, ㄴ   ② ㄱ, ㄷ   ③ ㄱ, ㄹ
④ ㄴ, ㄷ   ⑤ ㄷ, ㄹ

출제이슈 변동환율제도에서 통화정책의 효과
핵심해설 정답 ③

변동환율제도에서 긴축통화정책의 효과는 다음과 같다.

① 변동환율제도에서 긴축통화정책이 실시되면, 국민소득이 감소하고 이자율이 상승한다.
② 국내이자율이 국제이자율보다 상승하여 해외로부터 자본이 유입되고 국제수지 흑자가 되어 이로 인하여 환율 하락 압력이 나타난다.
③ 환율하락 압력이 나타나게 되면, 변동환율제도이므로 환율은 하락하고 이로 인해 순수출이 감소한다.
④ 순수출 감소로 국민소득이 감소하고 이자율이 하락한다.
⑤ 긴축통화정책으로 상승했던 이자율이 다시 하락하여 원래 이자율로 회귀하고 국민소득은 크게 감소한다.

따라서 설문에서 실질소득은 감소(ㄱ)하고 해외자본이 유입(ㄹ)되는 것이 옳다.

자본이동이 완전한 소규모 개방경제의 먼델—플레밍모형하에서 변동환율제인 경우, 중앙은행이 통화량을 증가시킬 때 발생하는 단기적 효과에 관한 설명으로 옳은 것을 모두 고른 것은? (단, 국내외 국가의 물가는 고정) ▶ 2025년 감정평가사

ㄱ. 순수출 증가   ㄴ. IS곡선의 우측 이동
ㄷ. LM곡선의 우측 이동 ㄹ. 자국화폐의 평가절상

① ㄱ, ㄴ   ② ㄱ, ㄷ   ③ ㄴ, ㄷ
④ ㄴ, ㄹ   ⑤ ㄷ, ㄹ

출제이슈 변동환율제도에서 통화정책의 효과
핵심해설 정답 없음

통화량 증가 → LM곡선 우측이동 → 이자율 하락 → 자본유출 → 환율상승 또는 자국화폐의 평가절하 → 순수출 증가 → IS곡선 우측 이동

고정환율제인 먼델 – 플레밍 모형에서 해외이자율이 상승할 경우, 자국에 나타나는 경제변화에 관한 설명으로 옳은 것은? (단, 자국은 자본이동이 완전히 자유로운 소규모 개방경제국이다.)

▶ 2017년 감정평가사

① 환율은 불변이고, 생산량은 감소한다.
② 환율은 불변이고, 무역수지는 증가한다.
③ 환율은 불변이고, 국내투자수요가 증가한다.
④ 환율에 대한 하락압력으로 통화량이 증가한다.
⑤ 국내이자율이 하락함에 따라 국내투자수요가 증가한다.

출제이슈 $IS-LM-BP$ 모형과 해외이자율이 상승
핵심해설 정답 ①

고정환율제도에서 해외이자율이 상승할 경우 국내이자율이 국제이자율보다 낮으므로 해외로 자본이 유출되고 국제수지 적자가 되어 이로 인하여 환율상승 압력이 나타난다. 고정환율제도이므로 중앙은행은 고정환율을 유지하기 위해 외환시장에 개입하여 외환을 매도하고 자국통화를 매입하므로 통화량은 감소한다. 통화량 감소로 이자율이 상승하고 투자가 감소하여 국민소득이 감소한다. 이에 따라서 설문을 검토하면 환율은 불변이고 생산은 감소한다.

① 최초균형 E_0, 국내금리 = 국제금리 = r_0
② 해외이자율 상승 $BP_0 \rightarrow BP_1$
③ 대내균형 E_0
④ 대외불균형 : 국내금리 r_0 < 국제금리 r_1
⑤ 자본 유출, 국제수지 적자, 환율상승 압력
⑥ 고정환율을 유지하기 위해 외환시장에 개입
⑦ 외환매도, 자국통화매입, 국내통화량 감소
⑧ $LM_0 \rightarrow LM_1$ 으로 이동하며, 이자율 상승
⑨ LM의 이동은 국내금리가 낮은 한은 계속, 국제수지(BP)가 균형이 될 때까지 계속
⑩ 새균형 E_1은 국민소득 감소, 이자율 상승

이자율 차이에 의해 나타난 자본수지 적자는 국내 통화량 감소를 초래하여 이자율을 상승시켜서 다시 국제수지는 균형을 이룬다. 즉, 이자율 차이에 의해 나타난 국제수지 불균형은 통화량 변화에 의하여 균형을 회복한다는 뜻이다.

Issue 07 국제통화제도

고정환율제를 채택하고 있는 정부가 시장균형환율보다 높은 수준의 환율을 설정했다고 할 때, 즉 자국통화가치를 균형수준보다 낮게 설정한 경우, 옳은 것을 모두 고른 것은?

▶ 2024년 감정평가사

ㄱ. 투기적 공격이 발생하면 국내 통화공급이 감소한다.
ㄴ. 투기적 공격이 발생하면 외환보유고가 감소한다.
ㄷ. 자본이동이 완전히 자유로운 경우, 중앙은행은 독립적으로 통화공급을 결정할 수 없다.
ㄹ. 투자자들이 국내통화의 평가절상을 기대하게 되면, 국내통화로 계산된 외국채권의 기대수익률이 하락한다.

① ㄱ, ㄴ ② ㄱ, ㄹ ③ ㄴ, ㄷ
④ ㄷ, ㄹ ⑤ ㄴ, ㄷ, ㄹ

출제이슈 환율제도
핵심해설 정답 ④

개방거시경제의 목표를 통화정책의 자주성, 자본이동의 자유성, 환율의 안정성이라고 한다면, 개방거시경제의 목표를 모두 달성하는 환율제도는 없다는 것으로서 크루그만의 삼자택일의 딜레마(trilemma) 혹은 불가능한 삼위일체라고 한다. 이는 환율을 안정적으로 유지(고정환율유지)하고 국가 간 자유로운 자본이동을 허용하며, 자국의 독자적인 통화정책을 보장하는 환율제도는 없다는 의미이다.

외국채권의 기대수익률은 외국채권의 자체의 수익률뿐만 아니라 환율 특히 예상환율에 의하여 결정된다. 만일 국내통화가 절상될 것으로 기대된다면, 환율이 하락할 것으로 예상되어 외국채권의 기대수익률은 하락한다.

다음은 환율제도에 관한 설명이다. 가장 옳지 않은 것은? ▶ 2015년 보험계리사

① 고정환율제도에서 자국통화가 저평가된 환율을 유지하면 인플레이션 압력이 발생할 수 있다.

② 고정환율제도에서 환율이 기초경제여건에서 괴리되면 외환투기가 발생할 수 있다.

③ 고정환율제도에 비해 자유변동환율제도에서 통화정책을 경기조절수단으로 사용하기가 더 어렵다.

④ 자유변동환율제도에서 환율변동에 따른 교역당사자의 환위험 부담이 있다.

출제이슈 환율제도의 비교

핵심해설 정답 ③

① 옳은 내용이다.

고정환율제도에서 자국통화가 저평가되도록 하려면 지속적으로 통화를 공급하여 자국통화의 가치를 떨어뜨려야 한다. 이 과정에서 필연적으로 인플레이션이 발생하게 된다.

② 옳은 내용이다.

고정환율제도에서는 현재 고정되어 있는 환율이 기초경제여건을 반영하지 못한 경우 정상적인 환율에서 괴리되어 있기 때문에 이를 이용한 외환을 통한 투기가 발생하게 된다. 기초경제여건상 분명히 환율변동의 요인이 발생했음에도 불구하고 인위적으로 환율을 고정시키는 경우 장기적으로는 결국 환율이 변동할 것으로 예상된다. 이러한 예상을 바탕으로 미리 외환을 매입 혹은 매도하는 투기행위가 발생할 수 있는 것이다.

③ 틀린 내용이다.

고정환율제도에서는 환율변화 압력이 있더라도 환율을 일정하게 유지하기 위해서 중앙은행이 외환시장에 개입하게 된다. 이 과정에서 외환자산과 국내통화의 교환이 발생하여 통화량이 필연적으로 변하게 된다. 따라서 고정환율제도에서는 통화정책의 자주성이 사라지기 때문에 통화정책을 경기조절수단으로 사용하기가 어렵다.

④ 옳은 내용이다.

국제거래에 있어서는 결제통화로서 많은 경우 기축통화(key currency)인 달러화가 이용될 것이고 특수한 경우 거래당사자 간 합의에 의하게 될 것이다. 문제는 국제거래 시 거래시점 혹은 계약시점과 결제시점이 다른 경우가 대부분인데 변동환율제도에서는 시점 간 환율이 변동할 수 있기 때문에 거래당사자들은 불측의 환위험에 노출되어 있다. 이때, 선물환거래, 환율변동보험, 상계(netting) 등을 활용하여 환위험을 헷징할 수 있다.

주요 국제통화제도 또는 협정에 대한 설명으로 옳은 것은? ▶2020년 지방직 7급

① 1960년대 미국의 경상수지 흑자는 국제 유동성 공급을 줄여 브레튼우즈(Bretton Woods) 체제를 무너뜨리는 요인이었다.

② 1970년대 초 금 태환을 정지시키고 동시에 미 달러화를 평가절상하면서 브레튼우즈 체제는 종식되었다.

③ 1970년대 중반 킹스턴(Kingston) 체제는 통화로서 금의 역할을 다시 확대하여 고정환율 체제로의 복귀를 시도하였다.

④ 1980년대 중반 플라자(Plaza) 협정으로 미 달러화의 평가절하가 추진되었다.

출제이슈 국제통화제도의 역사
핵심해설 정답 ④

① 틀린 내용이다.

1945년 이후 미국의 국제수지는 흑자였으나 이후 유럽과 일본경제가 회복하면서 1950년부터 적자로 전환되었고 그 규모는 갈수록 커졌다. 계속되는 국제수지 적자로 인해서 외국으로 달러가 계속 유출되었고 결국 외국의 달러보유고는 미국의 금준비금을 초과하였다(4배 이상 초과). 이런 상황에서 국제수지 적자문제를 해결하기 위해 미국은 평가절하를 해야 하나 달러에 대한 국제신뢰도 문제로 인해서 쉽게 할 수 없었다. 평가절하를 하게 되면, 미국을 신뢰하여 달러를 보유한 국가는 손실을 입게 되고, 미국을 불신하여 금으로 보유한 국가는 이득을 얻게 되기 때문이다. 1971년 미국은 금과 달러의 태환 중지를 선언함으로 브레튼우즈 체제는 붕괴되었다.

② 틀린 내용이다.

1971년 미국은 금과 달러의 태환 중지를 선언함으로 브레튼우즈 체제는 붕괴되고, 이후 스미소니언 협정을 통해 달러의 평가절하가 단행되었음에도 여전히 미국의 국제수지 적자는 계속되었다.

③ 틀린 내용이다.

1976년 1월 자메이카 킹스턴에서 IMF는 스미소니언 체제를 자유변동환율제도(킹스턴 체제)로 전환하였다. 킹스턴 체제에서는 회원국들에게 독자적으로 환율제도를 선택할 수 있는 재량권을 부여하였다.

④ 옳은 내용이다.

1980년대 초 미국의 불황 상황에서 레이건 행정부의 조세감면정책은 팽창적 재정정책으로서 이자율을 높이고 달러가치를 더욱 상승시켰다. 강한 달러는 미국의 경상수지 적자를 더욱 심화시켰고, 조세감면으로 인한 재정수입 감소는 재정 적자로 이어지게 되었다. 미국과 교역하는 다른 선진국들인 독일, 일본 등도 더 이상 국제수지흑자를 누적시킬 경우 미국과의 무역마찰이 증가할 것을 우려하여 미 달러의 평가절하에 동의하게 되었다. 미국, 영국, 프랑스, 독일, 일본 선진 5개국(Group of Five, G-5)의 재무장관들이 1985년 9월 미국 뉴욕시 플라자호텔에서 플라자 협정을 발표하였다. 플라자 협정은 미달러의 평가절하를 위해서 G-5 중앙은행들이 동시에 외환시장에 개입하여 보유달러를 매각하는 것이었으며 이로 인해 달러가치는 급속히 하락하였다.

불가능한 삼위일체(Impossible Trinity)에 대한 설명으로 옳은 것만을 모두 고르면?

▶ 2019년 국가직 7급

ㄱ. 한 경제가 자유로운 자본이동, 물가안정 및 통화정책의 독립성을 동시에 모두 유지하는 것은 불가능하다는 이론이다.

ㄴ. 이 이론에 따르면 자본시장을 완전히 개방한 국가가 고정환율제도를 채택하는 경우 통화정책을 이용하여 경기조절이 가능하다.

ㄷ. 이 이론에 따르면 고정환율제도를 운영하면서 동시에 통화정책의 독립성을 확보하기 위해서는 자본이동에 대한 제한이 필요하다.

① ㄴ   ② ㄷ
③ ㄱ, ㄴ   ④ ㄱ, ㄷ

출제이슈 크루그만의 삼자택일의 딜레마(trilemma) 혹은 불가능한 삼위일체
핵심해설 정답 ②

개방거시경제의 목표를 통화정책의 자주성, 자본이동의 자유성, 환율의 안정성이라고 한다면, 개방거시경제의 목표를 모두 달성하는 환율제도는 없다는 것으로서 크루그만의 삼자택일의 딜레마(trilemma) 혹은 불가능한 삼위일체라고 한다.

이는 환율을 안정적으로 유지(고정환율유지)하고 국가 간 자유로운 자본이동을 허용하며, 자국의 독자적인 통화정책을 보장하는 환율제도는 없다는 의미이다.

ㄱ. 틀린 내용이다. 자유로운 자본이동, 물가안정 및 통화정책의 독립성이 아니라 자유로운 자본이동, 환율의 안정 및 통화정책의 독립성이다.

ㄴ. 틀린 내용이다. 이 이론에 따르면 자본시장을 완전히 개방한 국가가 고정환율제도를 채택하는 경우 통화정책을 이용하여 경기조절이 불가능하다.

ㄷ. 옳은 내용이다. 이 이론에 따르면 고정환율제도를 운영하면서 동시에 통화정책의 독립성을 확보하는 것은 자본의 자유로운 이동성과 병존할 수 없다. 따라서 고정환율제도와 통화정책의 독립성을 확보하기 위해서는 자본의 자유로운 이동을 희생할 수밖에 없다.

박문각 감정평가사

조경국 경제학원론
1차 | 베스트 기출정선

제4판 인쇄 2025. 11. 20. | **제4판 발행** 2025. 11. 25. | **편저자** 조경국

발행인 박 용 | **발행처** (주)박문각출판 | **등록** 2015년 4월 29일 제2019-0000137호

주소 06654 서울시 서초구 효령로 283 서경 B/D 4층 | **팩스** (02)584-2927

전화 교재 문의 (02)6466-7202

저자와의
협의하에
인지생략

정가 42,000원
ISBN 979-11-7519-004-7